四川省科技计划资助（项目编号：2019YFS0062）

欧盟兽药
管理法规指南

主　　编◎吕晓华（四川大学）

易　　新（上海交通大学）

副 主 编◎陈　　建（四川省农业科学院）

马晓菊（成都中医药大学）

编　　委◎陈　　建（四川省农业科学院）
（按姓氏音序排）

霍　　娇（重庆市疾病预防控制中心）

李　　岩（四川大学）

吕晓华（四川大学）

马晓菊（成都中医药大学）

孙娟娟（河北农业大学）

田　　凤（农业农村部管理干部学院）

易　　新（上海交通大学）

应　　波（中国疾病预防控制中心）

岳秀英（四川省兽药监察所）

张一凡（美国韦恩州立大学）

编写秘书◎李燕君（四川大学）

四川大学出版社

项目策划：李天燕
责任编辑：许　奕
责任校对：敬铃凌
封面设计：墨创文化
责任印制：王　炜

图书在版编目（CIP）数据

欧盟兽药管理法规指南 / 吕晓华，易新主编．— 成
都：四川大学出版社，2020.12
ISBN 978-7-5690-1087-9

Ⅰ．①欧… Ⅱ．①吕… ②易… Ⅲ．①欧洲联盟－兽
医学－医药卫生管理－法规－指南 Ⅳ．① D952.16 62

中国版本图书馆 CIP 数据核字（2020）第 222420 号

书名　欧盟兽药管理法规指南

主　　编　吕晓华　易　新
出　　版　四川大学出版社
地　　址　成都市一环路南一段 24 号（610065）
发　　行　四川大学出版社
书　　号　ISBN 978-7-5690-1087-9
印前制作　四川胜翔数码印务设计有限公司
印　　刷　成都金龙印务有限责任公司
成品尺寸　185mm×260mm
印　　张　40.5
字　　数　990 千字
版　　次　2020 年 12 月第 1 版
印　　次　2020 年 12 月第 1 次印刷
定　　价　290.00 元

◆ 读者邮购本书，请与本社发行科联系。
电话：(028)85408408/(028)85401670/
(028)86408023　邮政编码：610065
◆ 本社图书如有印装质量问题，请寄回出版社调换。
◆ 网址：http://press.scu.edu.cn

四川大学出版社
微信公众号

序

我国是畜禽水产养殖大国，也是兽药生产和使用大国。近年来，我国兽药产业蓬勃发展，但也面临多重挑战，既要满足养殖业生产的需要，又要在保障公共卫生和食品安全中发挥保驾护航作用。如何在全球兽药行情不断变化、国际竞争日益激烈、公众对药物残留和细菌耐药性高度关注的今天，把握新形势、解决新问题，是我国兽药行业面临的一个重大课题。

兽药作为养殖业的重要投入品，对防治动物疾病、促进养殖业发展、保障畜产品有效供给起着重要作用。但兽药不合理使用或非法使用，导致动物体内兽药蓄积和残留，不仅影响动物安全，而且可通过食物链危害人类健康。兽药残留涉及的食品安全和耐药性问题日益受到社会的广泛关注，也成为政府重点监管的问题。

兽药产业的健康发展离不开健全的法制和规范的监管。加强兽药监管，提高兽药残留检测水平，科学、合理、安全用药，最大限度地减少和控制抗菌药物耐药性产生，对保证食品安全、促进经济发展、提高我国畜产品的国际竞争力具有十分重要的意义。从发达国家兽药管理的经验可以看出，要保证兽药监管运行有效，必须以健全的兽药管理法律体系为保障。经过不断探索实践，发达国家形成了较为完善的兽药管理法律体系。深入研究发达国家兽药管理体制，立足国情借鉴发达国家的有益经验和做法，是完善我国兽药管理体制的一条有效途径。

为深入学习贯彻党的十九大精神，提高兽药科学化管理水平，保障养殖业生产安全、食品安全、公共卫生安全和生态安全，保障畜产品安全有效供给，来自国内外高校、科研院所、兽药监察机构、疾病预防控制中心等单位的专家、青年学者共同编译了《欧盟兽药管理法规指南》一书，有助于推动畜牧兽医行业健康、规范发展，科学和标准地生产和使用兽药，促进养殖业转型升级，确保从养殖到餐桌全程控制，有效保障动物源性食品安全，为社会提供更多绿色、安全、优质的畜产品，满足人民日益增长的美好生活需要；同时，以他山之石促进提升兽药生产企业科学规范生产的意识和技术创新的水平。

加强兽药管理，意义重大，任务艰巨。提高兽药科学管理水平，保障畜产品安全有效供给，功在当代，利在千秋。

中华人民共和国农业农村部畜牧兽医局

前　言

保证动物安全，造福人类，兽药管理重于泰山。

兽药是养殖业生产的重要投入品，也是动物疫病防控的重要物资。近年来，我国兽药产业呈蓬勃发展态势，但也面临着多重挑战，既要满足养殖业生产需要，又要在保障公共卫生和食品安全中发挥保驾护航作用。如何在全球兽药行情不断变化、国际竞争日益激烈、社会各界对食品安全和细菌耐药性高度关注的今天，把握新形势、解决新问题，是我国兽药产业面临的一个重大课题。

党的十九大报告提出："人民健康是民族昌盛和国家富强的重要标志。""大健康"理念将从理论付诸实践，将实现全面构建从农田到餐桌的食品安全防线，这是党的十九大报告描绘的"健康中国"总体路线图。未来，中国将沿着"健康中国"路线图扎实前行，这对新时期的兽药产业发展、食品安全管理提出了更高的期望和要求。随着社会的进步、经济的繁荣、科技的发展，面对新形势，我国新时期兽药生产和管理需要科学的理论指导，因而要充分了解国外兽药管理的政策、法规，了解现阶段中外兽药管理的差距，提高兽药生产管理水平，保证兽药和动物产品卫生质量，制定科学的行业发展政策，使我国兽药及残留管理工作水平不断提高。

长期以来，我国兽药和畜产品的主要贸易伙伴是亚洲国家，但随着国家实力、产品竞争力不断提升，容量更大的欧美市场成为 21 世纪我国企业进军的主方向，我们与发达国家在兽药生产和畜牧生产等领域开展了广泛的交流和合作。在当今经济全球化的形势下，各国为了保护本国消费者、加强对进口产品的管理，针对药品管理制定了完整、严格的质量控制标准体系，各国药品管理制度与标准的差异成为兽药及畜产品的贸易壁垒，不利于国际经济合作的开展。因此，需进一步提高、完善食品和兽药管理，消除制度与标准的差异，立足国情，积极学习，提高自身水平，迎头赶上。

他山之石，可以攻玉。欧盟是综合实力很强的经济共同体，很多欧盟成员国亦是世界上兽药生产强国。2004 年欧盟动物保健品销售额为 48 亿美元，占全世界的 35%。欧洲是全球兽药产业的领导核心，兽药管理法治化程度较高，早已在世界范围内产生普遍的示范效应。药政、药监和药检三个体系并存，各司其职、彼此衔接、相互监督。药政体系负责制定兽药管理制度；药监体系负责兽药生产、经营和使用的监督；药检体系负责兽药产品质量检验，为行政执法部门提供技术支持。欧盟兽用生物制品注册管理起步亦较早，注册程序和技术要求相对全面、合理，管理模式较为成熟。中国兽药监管要变后进劣势为后发优势，通过学习和借鉴欧盟经验来优化兽药生产和监管体系、完善兽药管理制度，不失为一条可靠捷径。

遗憾的是，迄今为止，国内有关欧盟兽药管理的信息非常有限。评介欧盟兽药管理的文献，往往一鳞半爪，不见全貌。目前，甚至没有一部关于欧盟兽药管理法规的节选译本。有鉴于此，我们从欧盟法律官方网站（http://eur-lex.europa.eu/homepage.html）、欧洲食品安全局官方网站（http://www.efsa.europa.eu/）以及其他相关媒介提供的浩如烟海的文献当中，挑选出百万字的最新重要信息，形成欧盟兽药产品和加药饲料管理法规、欧盟药品生产质量管理规范（2018 版）、欧盟应对抗生素耐药性的法规、国际食品法典指南和操作规范等专题，编译成本书，勾勒出欧盟兽药管理的法规框架，为加快我国兽药管理科学化、制度化、规范化进程提供参考，为践行"健康中国"保驾护航。

《欧盟兽药管理法规指南》获四川省科技计划（编号：2019YFS0062）资助，在此表示衷心感谢！

编者

2020 年 3 月

目　录

第一部分
欧盟兽药产品和加药饲料管理法规

饲料安全直接关系到食品安全。要保证饲料安全，必须针对饲料原料、饲料添加剂和饲料产品的生产、市场准入、流通和使用环节，制定完备的法律法规、标准，并建立必要的监督检验机构，实施有效的监督检查，打击各种违法行为，规范饲料市场秩序。发达国家对饲料的管理有着较长的历史和成功的经验，值得我国借鉴。结合我国特点，制定科学、系统的饲料管理法规，实施科学、系统的管理，有助于实现饲料工业的可持续发展。

饲料原料、饲料添加剂、加药饲料，在法规上分属不同的范畴，但在内涵上这几类产品又存在一定的交叉。对于存在交叉的产品如何进行分类，经常困扰企业，甚至困扰监管部门，因为不同的分类可能适用不同的管理法规。为避免产品分类标准的不一致，便于监管部门工作，同时帮助饲料企业等利益相关方在法律条款较为清晰的框架下开展生产经营活动，欧盟委员会制定了区分饲料原料、饲料添加剂和其他相关产品的指南。

2011/25/EU 号欧盟委员会建议
制定区分饲料原料、饲料添加剂、生物杀灭剂和兽药产品的指南

（2011 年 1 月 14 日）

欧盟委员会考虑到《欧盟运行条约》，以及欧洲议会和欧盟理事会 2009 年 7 月 13 日发布的关于饲料投放市场和使用的欧盟（EC）767/2009 号条例［该条例对欧洲议会和欧盟理事会（EC）1831/2003 号条例进行了修订，同时废止了欧盟理事会 79/373/EEC 号指令，欧盟委员会 80/511/EEC 号指令，欧盟理事会 82/471/EEC、83/228/EEC、93/74/EEC、93/113/EC 和 96/25/EC 号指令以及欧盟委员会 2004/217/EC 号决定］，尤其考虑到欧盟（EC）767/2009 号条例第 7 条第 1 款，鉴于：

（1）饲料原料、饲料添加剂和兽药等其他产品的界定，对其上市条件有影响，这取决于适用的相关法律法规。

（2）饲料经营者及国家监管部门经常面临对这些产品进行分类的难题，可能会对整个欧盟范围内的营销造成影响。

（3）为避免上述产品分类标准的不一致，便于国家监管部门开展工作，同时帮助饲料经营者等利益相关方在法律条款较为清晰准确的框架下开展经营活动，应制定区分饲料原料、饲料添加剂和其他相关产品的非约束性指南。

（4）本建议所规定的措施符合食物链与动物健康常设委员会的意见。

兹通过本建议。

区分饲料原料、饲料添加剂和其他产品时，可参考本建议附录提供的指南。

2011 年 1 月 14 日于布鲁塞尔
欧盟委员会主席
若泽·曼努埃尔·巴罗佐

附录　区分饲料原料、饲料添加剂和其他产品的指南

本指南有助于国家监管部门和饲料经营者有效地执行和运用相关法律法规。

为了区别不同类型产品，本指南根据对上述产品监管的相关法律法规条款而制定，对所涉及的产品有特别定义，从而展现不同类型产品的标志性特征。

对于任何产品，区分产品类型的标准不应逐次运用而应同时运用，以便在综合考虑某种特定产品所有属性的基础上创建其概要。所有标准都不具有排他性，不分优先等级。

与其他产品类比不得用作差别对待性标准，但可能有助于对根据既定标准做出的决定进行评价，亦可用于一致性检查。

1　饲料法规

1.1　法律文本

有关法规做出如下定义。

（EC）178/2002 号条例第 3 条第 4 款规定如下。

饲料：加工、部分加工或未加工的用于经口喂饲动物的任何物质或产品，包括添加剂。

根据这一广义的定义，欧盟（EC）767/2009 号条例第 3 条进一步将饲料描述为："允许饲料以饲料原料、配合饲料、饲料添加剂、预混料或加药饲料的形式出现。"（译者注：欧盟对于配合饲料的定义与我国不同，配合饲料是指由两种或两种以上饲料原料组成的、添加或不添加饲料添加剂、经口喂饲动物的饲料，其表现为全价饲料或补充饲料。）

（EC）767/2009 号条例第 3 条第 2 款规定如下。

饲料原料：以天然状态、新鲜或加工状态存在的植物或动物源性产品及经工业化加工而成的制品，主要用于满足动物营养需要，还包括含或不含饲料添加剂的有机或无机物质，用于直接或加工后经口喂饲动物，或在配合饲料的配制过程中使用，或被用作预混料的载体。

载体：用于溶解、稀释、分散或以其他方式对饲料添加剂进行物理修饰的物质，以利于添加剂的储存、使用或功能发挥，其本身工艺特性不发生变化且自身不发挥任何功能性作用。

特殊营养用途饲料：通过明显区别于普通饲料的特殊成分或加工工艺来满足动物特殊营养目的的饲料。特殊营养用途饲料不包括 90/167/EEC 号指令中规定的加药饲料。

经口喂饲动物：饲料经由动物口腔进入消化道，以满足动物的营养需要和（或）维持健康动物的生产性能。

（EC）1831/2003 号条例第 2 条第 2 款（a）项规定如下。

饲料添加剂：除饲料原料和预混料以外的其他化学物质、微生物或制剂，被人为添加到饲料或饮水中，以发挥本条例第 5 条第 3 款所列举的一种或多种特定作用。

（a）改善饲料性状；

（b）改善动物产品品质；

（c）改善观赏鱼、鸟的颜色；

（d）满足动物的营养需要；

（e）减少畜牧生产对环境的影响；

（f）改善动物生产、性能或动物福利，尤其是通过影响肠道菌群或饲料消化率等手段；

（g）抑制球虫和组织鞭毛虫。

（EC）1831/2003 号条例第 2 条第 2 款（h）项规定如下。

加工助剂：本身不作为饲料的一类物质，在饲料或饲料原料的生产过程中被人为加入，以满足工艺需要，在终产品中可能造成非主观故意而是工艺上不可避免的此类物质及其衍生物的残留。上述残留对动物和人类的健康及环境不造成不利影响，对饲料终产品也没有任何技术性影响。

此外，（EC）767/2009 号条例背景介绍部分第 11 条有如下描述："……饲料原料主要用于满足动物对能量、营养素、矿物质、膳食纤维等的需要。除基础营养成分外，通常饲料原料不是化学定义非常明确的物质，其功能需要通过科学评估确定，饲料原料不具有饲料添加剂和兽药功能。"

……

1.2 饲料原料与饲料添加剂的区别

1.2.1 法律文本解读

"饲料添加剂是除饲料原料和预混料以外的物质"：一种产品不能既是饲料原料又是饲料添加剂。

"满足动物的营养需要"：尽管无法详尽列出所有相关要素，但是饲料原料最重要的特性如下：

（a）提供能量、营养素、矿物质或膳食纤维；

（b）维持肠道功能。

"主要目的是满足动物的营养需要"及"主要用于满足动物需要"：饲料原料除了为动物提供营养素这一基本功能，还有其他用途，例如可以作为载体，或者在动物肠道内不被消化。这符合"饲料"定义中"经口喂饲"的目的［满足动物的营养需要和（或）维持健康动物的生产性能］，与"饲料"定义中的主要预期用途一致。

1.2.2　在个案中应同时考虑的标准

生产和加工方法——化学定义和标准化或纯化水平：天然状态、新鲜或加工状态的植物或动物源性产品，以及上述物质经过简单加工而成的制品、有机或无机物质（如脂肪酸或碳酸钙），均可被视为饲料原料。化学定义明确的物质经过纯化且生产商能够保证其一定程度上的标准化，可视为饲料添加剂（如芳香油，尤其是从植物原料中提取的芳香油）。尽管如此，某些饲料原料也可以是化学定义明确的标准化物质（如蔗糖）。此外，天然植物的整株或某一部分，或通过粉碎、研磨、干燥等简单物理加工制成的产品都可作为饲料原料。

安全性和使用方法：如果出于对动物或人类健康的考虑，有必要制定某一产品在日粮中的最高限量，则该产品应归为饲料添加剂。但是，最大包含率也适用于某些特定饲料原料。饲料添加剂的存在应当能够有效解决产品在稳定性、均匀性、过量使用等方面的问题。饲料添加剂通常添加比例很低，但很多饲料原料，如矿物盐，在日粮中的添加比例也很低。

功能：饲料添加剂根据（EC）1831/2003 号条例第 5 条第 3 款中规定的功能进行定义。但是，这些功能不是饲料添加剂特有的。因此，饲料原料也有可能具有某种添加剂的功能（如增稠剂），但这不应是其唯一用途。

2　生物杀灭剂

2.1　法律文本

有关法规做出如下定义。

98/8/EC 号指令第 2 条第 1 款规定如下。

生物杀灭剂：含有一种或多种活性成分的活性物质及制剂，以某种形式包装后提供给用户，通过化学或生物方法，破坏、杀灭、抑制有害生物，预防有害生物的危害，或对有害生物进行有效控制。

活性物质：对有害生物或包括病毒和真菌在内的微生物具有广谱或特异性抑制作用的物质。

有害生物：任何对人类、人类活动或人类使用或生产的产品，或对动物、环境造成不利或有害影响的生物体。

（EC）1831/2003 号条例附录Ⅰ第 1 点（a）项规定如下。

防腐剂：在适宜条件下使用，能够防止饲料因微生物或其代谢产物作用而变质的化学物质或微生物。

98/8/EC 号指令第 1 条第 2 款还做出如下规定。

本指令适用于第 2 条第 1 款（a）项定义的生物杀灭剂，但不适用于下列指令所定义的或其条款所覆盖的产品：

　　……

（o）1970 年 11 月 23 日发布的关于饲料添加剂的欧盟理事会 70/524/EEC 号指令、1982 年 6 月 30 日发布的关于用于动物营养特定产品的欧盟理事会 82/471/EEC 号指令、1976 年 11 月 23 日发布的关于直接饲喂饲料销售的欧盟理事会 77/101/EEC 号指令。

......

98/8/EC 号指令附录 V 包含一个列有 23 个生物杀灭剂产品类型的详细清单，每类产品都有详细描述，与饲料有关的产品类型如下。

第 3 类产品：兽医卫生生物杀灭剂，包括动物饲养、维护、运输等过程中用于兽医卫生的生物杀灭剂产品。

第 4 类产品：食品和饲料区消毒剂，用于与人和动物的食品、饲料（包括饮用水）的生产、运输、储存或消费相关的设备、容器或器皿表面或管道的消毒。

第 5 类产品：饮用水消毒剂，用于人和动物饮用水消毒的产品。

第 20 类产品：食品或饲料防腐剂，通过控制有害生物生长繁殖来达到食品或饲料保藏目的的产品。

2.2　饲料和生物杀灭剂的区别

根据 98/8/EC 号指令第 1 条第 2 款，凡是饲料法规明确定义或属于饲料法规管辖范围的产品，包括加工助剂，都不是生物杀灭剂类产品，而属于饲料（饲料法规优先于生物杀灭剂法规）。

98/8/EC 号指令附录 V 列出的第 3 类和第 4 类产品不视作饲料。

但是，某些产品可能符合第 5 类或第 20 类产品的标准，也可视作饲料，通常是饲料添加剂。按照饲料法规优先于生物杀灭剂法规的原则，此类产品应归为饲料。用于动物饲料和饮水防腐的产品不作为生物杀灭剂管理。如果这类产品被列入第 5 类或者第 20 类产品，则不得用其喂饲动物。

3　兽药产品（VMPs）

3.1　法律文本

有关法规做出如下定义规定如下。

2001/82/EC 号指令第 1 条：

兽药产品：

（a）具有治疗或预防动物疾病作用的物质或物质组合；

（b）通过发挥药理学、免疫学或代谢作用，用于恢复、纠正或改善动物生理功能的物质或物质组合，或用于进行医学诊断的物质或物质组合。

加药饲料：已配制好的、不需进一步加工即可销售或直接喂饲动物的兽药产品或兽药产品与饲料的混合物，具有治疗、预防或兽药产品定义中所包含的其他作用。

2001/82/EC 号指令第 2 条第 2 款规定如下。

在综合考虑其所有特性的基础上，既符合兽药产品的定义又符合其他欧共体法规所涵盖的产品定义的产品，适用于本指令。

该指令的第 3 条第 1 款规定如下。

本指令不适用于：

（a）1990 年 3 月 26 日发布的欧盟理事会关于在欧共体内加药饲料生产、销售和使用条件的 90/167/EEC 号指令所定义的加药饲料；

······

（d）1970 年 11 月 23 日发布的欧盟理事会关于饲料添加剂的 70/524/EEC 号指令涵盖的所有添加剂，即根据该指令可将其加入动物饲料和补充饲料中；

······

（EC）767/2009 号条例第 13 条第 3 款还有如下规定。

饲料原料或者配合饲料的标签或标示不得声称：

（a）能够预防、治疗、治愈疾病，但根据欧盟（EC）1831/2003 号条例获批的抑制球虫和组织鞭毛虫制剂除外。本条禁令不适用于非病理状态下的营养失衡。

······

3.2 饲料和兽药产品的区别

如果对某一未分类产品的所有特性进行分析后得出其可能为兽药的结论，则应视其为兽药（兽药法规优先于饲料法规，已获批的饲料添加剂除外）。

加药饲料并非兽药，但根据（EC）767/2009 号条例背景介绍部分第 3 条的规定，加药饲料是一种包含药物预混剂的饲料，需根据兽医处方使用。

根据特殊营养用途饲料的定义（见前文 1.1）划定饲料和兽药产品的界限。如"慢性肝功能不全时维持肝脏功能""减少尿酸盐结石的形成""降低产乳热风险"等特殊营养目的可通过饲料实现。

欧洲议会和欧盟理事会 2001/82/EC 号指令
欧共体兽药产品法典

(2001 年 11 月 6 日)

(注：该指令将于 2022 年 1 月 28 日废止)

经下列指令修订：

欧洲议会和欧盟理事会 2004/28/EC 号指令（2004 年 3 月 31 日）

欧盟委员会 2009/9/EC 号指令（2009 年 2 月 10 日）

欧洲议会和欧盟理事会（EC）407/2009 号条例（2009 年 5 月 6 日）

欧洲议会和欧盟理事会 2009/53/EC 号指令（2009 年 6 月 18 日）

欧洲议会和欧盟理事会（EC）596/2009 号条例（2009 年 6 月 18 日）

欧洲议会和欧盟理事会：

考虑到《建立欧洲共同体条约》，尤其是第 95 条；

考虑到欧盟委员会的建议；

考虑到欧洲经济与社会委员会的意见；

遵循《建立欧洲共同体条约》第 251 条所规定的程序。

鉴于：

（1）关于统一各成员国兽药产品法律的欧盟理事会 81/851/EEC 号指令（1981 年 9 月 28 日发布）、关于统一各成员国兽药产品检验的分析、药理毒理及临床标准和试验方案法律框架的欧盟理事会 81/852/EEC 号指令（1981 年 9 月 28 日发布）、关于扩展统一各成员国兽药产品法律的欧盟理事会 81/851/EEC 号指令的范围以及为兽用生物制品制定附加条款的欧盟理事会 90/677/EEC 号指令（1990 年 12 月 13 日发布），以及关于统一有关兽药产品法律法规或行政行为及制定兽药产品附加条款的欧盟理事会 81/851/EEC 号指令范围扩展的欧盟理事会 92/74/EEC 号指令（1992 年 9 月 22 日发布），已做出多次重大修订，为了使这些指令清晰而合理，应将其合并。

（2）任何兽药产品生产和销售的规则都以维护公共卫生为主要目的。

（3）然而，这一目的必须通过不妨碍欧盟内部医药产品工业和贸易发展的手段来实现。

（4）目前，各成员国已制定有关兽药产品的法律法规或行政行为，此类条款在本质上有相异之处。这妨碍了欧盟的医药产品贸易，进而直接影响内部市场的运作。

（5）因此，必须消除这些障碍，而这需要统一相关法律条款。

（6）主管部门有必要从公共卫生和兽药产品自由流通的角度自主使用所有经批准的兽药产品的有用信息，此类信息须以经批准的产品特性概要的形式呈现。

（7）除了那些欧盟理事会制定的有关人用和兽用药品的监督与管理的欧共体程序和建立欧洲药品评估机构的（EEC）2309/93号条例规定的中央程序批准的兽药产品外，一个成员国的上市许可应当得到其他成员国主管部门的认可，除非有充分的理由证明相关兽药产品可能给人类或动物健康或给环境带来危害。若成员国对兽药产品的质量、安全或药效存有异议，应在欧共体一级对问题进行科学评价，从而就分歧做出一致决定，并对有关成员国具有约束力。该决定应采用快速程序通过，以确保欧盟委员会和成员国间的密切合作。

（8）鉴于此，应根据上述（EEC）2309/93号条例设立欧洲药品评价机构的规定，成立兽药产品委员会。

（9）本指令只是实现兽药产品自由流通目标的阶段措施之一。但为此有必要采取新措施，并根据既往经验，尤其是兽药产品委员会的经验，消除兽药产品自由流通的剩余壁垒。

（10）加药饲料不属于本指令的范围。但由于公共卫生和经济原因，必须禁止在加药饲料生产过程中使用未经批准的兽药产品。

（11）危害和疗效的概念是相对的，只能根据科学知识的进步和药品的使用来检验。上市许可申请附带的详细资料和文件须说明：药效价值胜于潜在危险。未做此说明的申请将被拒绝。

（12）如果兽药产品缺乏疗效或疗效证据不充分，应拒绝其上市许可。疗效的概念须与生产商所承诺的效果一致。

（13）如果标示的休药期不够长，无法消除兽药残留带来的健康危害，此类兽药产品的上市许可也应被拒绝。

（14）兽用生物制品通过上市许可前，生产商必须证明自己具有批量生产一致性药品的能力。

（15）在治疗动物的免疫反应影响到诊断、根除或控制动物疾病的国家或欧共体方案时，应授权主管部门禁止使用该兽用生物制品。

（16）在第一时间向顺势疗法兽药产品的使用者提供该产品性质的清晰说明，并充分保证其质量和安全性。

（17）必须对关于顺势疗法兽药产品的生产、控制及检查的规定进行统一，以便使安全、优质的兽药产品在欧共体流通。

（18）考虑到顺势疗法兽药产品的特性，例如其包含的活性物质非常少，且很难应用常规的临床试验统计方法，对投放到市场的、对动物不构成危害的剂型和剂量下无需注明治疗适应证的传统顺势疗法兽药产品，可使用专用的简化注册程序。

（19）兽药产品上市许可的一般规则须适用于标明治疗适应证或其现有风险（此风险须与理想的疗效相平衡）的顺势疗法兽药产品。在上报欧盟委员会的前提下，成员国应能够应用特定的规则来评价和保证宠物及外来物种的兽药产品安全性和药效。

（20）为了更好地保护人类和动物健康，避免在上市许可申请的审查过程中出现不必要的重复工作，成员国应有条不紊地编制其批准的每一种兽药产品的评估报告，并应要求交换报告。此外，若一种兽药产品的上市申请正在另一个成员国的积极审议中，成员国可暂停审查该申请，以便确认另一成员国审议的结果。

（21）为了促进兽药产品的流通及避免产品在成员国间的重复检查，对其生产及从第三国进口的最低要求及相应的许可须适用于兽药产品。

（22）无论其最终目的地是哪里，都必须遵守药品良好生产规范的原则，确保欧共体生产的兽药产品质量。

（23）应采取措施，确保兽药产品的经销商经成员国授权并保持适当的记录。

（24）统一的兽药产品性能测试及试验标准和试验方案有利于控制产品质量、保护公共卫生，通过制定适用于测试及资料编制的统一规则，有效促进产品流通。主管部门在统一测试方法和参考统一标准的基础上做出决定，有助于消除评价上的差异。

（25）当申请上市许可的兽药产品本质上类似于一个创新药（此产品与创新产品本质上类似）时，为确保其创新形式不处于劣势，建议对不需提供的药理学和毒理学试验结果或不需进行的临床试验的情况制定明确而详细的规定。然而，在没有重大原因的情况下，公共政策仍有理由不进行重复动物实验。

（26）国内市场建立后，只有在欧共体做出适当安排以确保出口国对兽药产品进行监管后，才能免除对从第三国进口的兽药产品质量的特别监管。

（27）为了确保兽药产品使用的持续安全，必须确保欧共体的药物警戒体系不断与科学技术进步相适应。

（28）为保护公共卫生，应对兽药产品给人体造成的副作用的相关信息进行收集与评估。

（29）药物警戒体系应把现有的有关无药效的数据纳入考虑范围。

（30）此外，收集关于药品非标签使用的不良反应资料，研究药品休药期的有效性和潜在的环境问题，有助于完善对兽药合理使用的常规监测。

（31）药物警戒领域的定义、术语及因技术发展和国际合作而产生的改变应纳入考虑范围。

（32）将日益广泛使用的电子化手段用于欧共体内已上市的兽药产品的不良反应信息交流，形成药物不良反应的单独报告点，同时确保与所有成员国的主管部门共享这些信息。

（33）欧共体须确保中央程序批准的产品和其他程序批准的产品的药物警戒体系保持一致。

（34）上市许可持有人应主动负责其投放市场的兽药产品的持续药物警戒性。

（35）执行本指令需采取的措施须遵循欧共体 1999/468/EC 号决定"关于制定赋予委员会实施权力的执行程序"（1999 年 6 月 28 日发布）。

（36）为了进一步保护公共卫生，有必要明确人类食用的食品不是来自兽药产品临床试验的动物，除非已按（EEC）2377/90 号条例"关于制定建立欧共体内动物源性食品的兽药产品最大残留限量的程序"（1990 年 6 月 26 日发布），对兽药产品规定了最大残留限量。

（37）应授权欧盟理事会执行委员会进行必要的修订以使附录Ⅰ适应科技进步。

（38）本指令应不影响涉及列于 B 部分附录Ⅱ的指令转换时限的成员国履行其义务。

兹通过本指令。

第Ⅰ篇　定义

第 1 条

为更好地理解本指令，有关术语定义如下：

1. 已删除。

2. 兽药产品：

（a）具有治疗或预防动物疾病作用的任何物质或复合物；

（b）通过发挥药理学、免疫学或代谢作用来恢复、纠正或改善生理机能，或进行医学诊断而用于动物的任何物质或复合物。

3. 已删除。

4. 物质。

任何物质，其来源可以是如下内容。

人类：人类血液和人类血液制品；

动物：微生物、整体动物、器官部分、动物分泌物、毒素、提取物和血液制品；

植物：微生物、整株植物、部分植物、植物分泌物、植物提取物；

化学物质：元素，自然产生的化学物质和通过化学反应获得的化学品。

5. 加药饲料预混剂：为后续生产加药饲料而预先准备的任何兽药产品。

6. 加药饲料：一种或多种兽药产品与一种或多种饲料的混合物，因其具有第 2 款所述的兽药产品的治疗、预防作用或其他作用，故可以不经进一步加工便上市销售及饲喂动物。

7. 免疫兽药产品：为产生主动或被动免疫或诊断免疫状态而给动物使用的兽药产品。

8. 顺势疗法兽药产品：根据《欧洲药典》所描述的顺势疗法兽药产品生产程序，或在没有顺势疗法兽药产品生产程序的情况下，由成员国现行药典规定所制备的任何兽药产品。顺势疗法兽药产品可能包括多种成分。

9. 休药期：根据本指令规定，休药期指从动物停止给药至动物产品生产所需的间隔时间。旨在通过确保此类食品不包含超过（EEC）2377/90 号条例制定的活性物质最大残留限量的兽药残留来保护公共卫生。

10. 不良反应：发生在动物疾病预防、诊断、治疗，以及生理机能恢复、纠正或改变的剂量下，兽药产品产生有害且无意识的作用。

11. 人体不良反应：人类接触兽药后产生的一种有害且无意识的反应。

12. 严重不良反应：危及生命，导致死亡、严重残疾或丧失功能的不良反应，是一种先天性异常/出生缺陷，或导致接受治疗的动物出现永久性或长期的症状。

13. 意外不良反应：不良反应的性质、严重性或后果与产品特性概要不符。

14. 定期安全性更新报告：包含第75条所述记录的定期报告。

15. 上市后监督研究：根据上市许可条款进行药物流行病学研究或临床试验，旨在确认并研究与批准的兽药产品有关的安全危害。

16. 非标签使用：未根据产品特性概要使用兽药产品，包括产品的误用和严重滥用。

17. 兽药产品的批发经营：不论是否盈利，兽药产品的采购、销售、进出口或任何其他商业活动。除了：

由兽药产品生产商自己供应；

依照第66条获得批准的个人零售供应兽药产品。

17a. 上市许可持有人的代理：由上市许可持有人指定个人（通常作为当地代理），以代表其在相关成员国进行相关事宜。

18. 机构：根据（EC）726/2004号条例成立的欧洲药品管理局（前身为欧洲药品评价署）。

19. 与产品使用相关的风险：

就动物或人类健康而言，与兽药产品的质量、安全和药效有关的任何风险；

任何对环境造成不良影响的风险。

20. 风险效益平衡：对兽药产品的积极治疗效果相对于上述风险的评价。

21. 兽医处方：根据适用的国家法律，由具有资质的专业人士开具的含兽药产品的处方。

22. 兽药产品名称：一个不会与通用名称混淆的虚构名称，或者是一个带有商标或上市许可持有人名称的通用或科学名称。

23. 通用名：世界卫生组织推荐的国际非专有名称，若没有该名称，则指通常使用的名称。

24. 规格：活性物质的含量，以剂量单位、体积单位或根据剂型的重量单位表示。

25. 直接包装：与药品直接接触的容器或其他包装形式。

26. 外包装：直接包装的包装形式。

27. 标签：直接包装或外包装上的信息。

28. 包装说明书：兽药产品随附的为使用者提供信息的小册子。

第Ⅱ篇　范围

第2条

1. 本指令适用于拟在成员国市场上销售并工业化制备的兽药产品，包括用于加药饲料的预混剂。

2. 若有疑问，在考虑其所有特性的情况下，产品可能属于兽药产品的定义，并在其他欧共体国家立法所涵盖的兽药产品的定义范围内，适用本指令的规定。

3. 尽管有第 1 款规定，本指令亦适用于第 50 条、第 50a 条、第 51 条和第 80 条所规定用作原料的活性物质，亦适用于第 68 条所规定的具有蛋白质同化、抗感染、抗寄生虫、抗炎作用及激素或精神药品药效的特定物质。

<h2>第 3 条</h2>

1. 本指令不适用于：

（a）1990 年 3 月 26 日发布的 90/167/EEC 号指令所定义的加药饲料，该指令规定了制备、销售和在欧盟使用加药饲料的条件。

（b）由一种或多种动物中提取的病原体和抗原所制造的、用于治疗同一地点的动物的非灭活兽用生物制品。

（c）以放射性同位素为基础的兽药产品。

（d）70/524/EEC 号指令（1970 年 11 月 23 日发布）所涵盖的添加剂；根据该指令，涉及动物饲料和动物补充饲料的饲料添加剂。

（e）在不违反第 95 条的情况下，为进行研究和开发而生产的兽药产品。

但（a）提及的加药饲料只能由本指令批准的预混剂制备。

2. 除了兽药产品持有、处方、配药和用药方面的规定，本指令不适用于：

（a）根据兽医处方，药房针对个别动物或一小群动物制备的兽药产品，通常称为随意处方。

（b）根据《欧洲药典》的规定，药房配制并打算直接供应给最终用户的兽药产品，通常称为法定处方。

<h2>第 4 条</h2>

1. 成员国可规定：本指令不适用于由一种或多种动物中提取的病原体和抗原所制造的、用于治疗同一地点的动物的非灭活兽用生物制品。

2. 对于仅用于宠物中的观赏鱼、笼鸟、信鸽、两栖动物、小型啮齿动物、白鼬和兔子的兽药产品，成员国可准许在其领土范围内，此类产品免受第 5 条至第 8 条的限制。但前提是此类产品不含需采取兽医控制及其他可能措施，防止此类产品未经许可就用于其他动物的物质。

<h1>第Ⅲ篇　上市</h1>

<h2>第 1 章　上市许可</h2>

<h2>第 5 条</h2>

1. 任何兽药产品不得在成员国上市销售，除非该成员国主管部门根据本指令批准了上市许可或根据（EC）726/2004 号条例批准了上市许可。

在主管部门根据第 1 段批准兽药产品首次许可时，任一动物种类、规格、药物剂型、给药途径、样式及任一变更和扩展应根据第 1 段批准许可或纳入首次上市许可。所有这些上市许可应视为全球上市许可，尤其是第 13 条第 1 款的许可。

2. 上市许可持有人应负责兽药的销售。委托代理人并不能免除上市许可持有人的法律责任。

第 6 条

1. 除非含有（EEC）2377/90 号条例附录Ⅰ、Ⅱ或Ⅲ包含的药理活性物质，否则作为给一种或多种食品动物使用的兽药产品不能获得上市许可。

2. 若（EEC）2377/90 号条例附录进行修订，上市许可持有人或（适用时）主管部门应采取一切必要措施，于欧盟官方公报发布该条例附录修正版之日起 60 天内修正或撤回上市许可。

3. 根据第 1 款的规定，含（EEC）2377/90 号条例附录Ⅰ、Ⅱ或Ⅲ之外的药理活性物质的兽药产品，可以被批准用于治疗马科动物，后者属于 1993 年 10 月 20 日发布的 93/623/EEC 号决定"建立登记马科动物随附的身份证明文件（护照）制度"和 1999 年 12 月 22 日发布的 2000/68 / EC 号决定"对 93/623/ EEC 号决定修订并建立识别马科的育种和生产的马科动物身份识别"，且不供人类食用的注册马科动物。被批准用于马科动物的兽药产品既不包括（EEC）2377/90 号条例附录Ⅳ中的活性物质，也不应用于批准的产品特性概要详细说明的治疗条件。

第 7 条

如果动物的健康状况有需要，成员国可批准经另一成员国根据本指令批准的兽药产品上市或给动物用药。

第 8 条

在发生严重动物疫病时，在没有合适药品的情况下以及告知欧盟委员会使用的详细情况后，成员国可制定条款，允许在未获得上市许可的情况下，暂时使用免疫兽药产品。

欧盟委员会可以利用第 1 段所列的办法，针对某些严重动物疫病在欧共体法规下做出明确规定。

如果一种动物从第三国进口或出口到第三国，并因此受到具体的有约束力的卫生规则的约束，则成员国可允许对有关动物使用某种免疫兽药产品，这种药品在有关成员国的上市许可范围之外，但已根据第三国的法规获得批准。成员国应采取一切适当措施，监督进口和使用此类免疫兽药。

第 9 条

除非已颁发上市许可，否则未经批准，不得对动物使用兽药。除了第 12 条第 3 款（j）项提及由国家主管部门认可的兽药产品检测，根据国家现行法律予以通知或许可。

第 10 条

1. 成员国应采取必要措施，确保在成员国没有对某一种非食品动物的症状进行有效治疗的获批兽药时，作为例外情况，主管兽医可根据其直接个人职责，特别是为了避免动物产生痛苦，采用以下药品对特定动物进行治疗：

（a）相关成员国根据本指令（EC）726/2004 号条例针对另一类动物或同类动物的另一症状而批准的兽药产品。

（b）如没有（a）项所述的产品，亦需：

（ⅰ）根据 2001/83/EC 号指令或（EC）726/2004 号条例在相关成员国获批的人用药品；

（ⅱ）根据本指令在另一个成员国被批准、用于该情况或其他情况下的同一种或另一种食品动物的兽药产品。

（c）如果没有（b）项所述药品，在有关成员国法律范围内，可使用经国家法规授权的人员根据兽医处方条目临时制备的兽药产品。

根据兽医职责，兽医可以亲自使用或监督他人使用此类药品。

2. 根据第 11 条的减损规则，本条第 1 款的规定也应适用于兽医对马科动物的治疗，根据 93/623/EEC 号和 2000/68/EC 号决定的规定，此类动物不会供人食用。

3. 根据第 11 条的减损规则，欧盟委员会应制定一份物质清单：

• 治疗马科动物的基本方法；

• 与其他用于马科动物的治疗方案相比，可带来额外的临床效益。

根据 93/623/EEC 号和 2000/68/EC 号决定的规定，主管部门制定的上述物质的休药期应不少于 6 个月。

这些旨在修订本指令非必要内容的措施，应按照第 89 条第 2 款（a）项所述程序审查通过。

第 11 条

1. 成员国应采取必要措施，确保在成员国没有对某一种食品动物的症状进行有效治疗的获批兽药时，作为例外情况，主管兽医可根据其直接个人职责，特别是为了避免动物产生痛苦，采用以下药品对特定动物进行治疗：

（a）相关成员国根据本指令（EC）726/2004 号条例针对另一类动物或同类动物的另一症状而批准的兽药产品。

（b）如没有（a）项所述的产品，亦需：

（ⅰ）根据 2001/83/EC 号指令或（EC）726/2004 号条例在相关成员国获批的人用药品。

（ⅱ）根据本指令在另一个成员国被批准、用于该情况或其他情况下的同一种或另一种食品动物的兽药产品。

（c）如果没有（b）项所述药品，在有关成员国法律范围内，可使用经国家法规授权的人员根据兽医处方条目临时制备的兽药产品。

根据兽医职责，兽医可以亲自使用或监督他人使用此类药品。

2. 第 1 款适用于（EEC）2377/90 号条例附录Ⅰ、Ⅱ或Ⅲ中所列的药品中含有的药理活性物质，并由兽医规定适当的休药期。

除非所用的药品提出了相关动物的休药期，否则特定休药期不得少于：

- 蛋类 7 天；
- 奶类 7 天；
- 含肥肉和内脏的家禽及哺乳动物肉类 28 天；
- 鱼肉 500 度日。

欧盟委员会可修改这些休药期或确定其他休药期。这样，欧盟委员会可以区分不同食品、动物、给药途径和（EEC）2377/90 号条例附录中的药理活性成分。这些旨在修订本指令非必要内容的措施，应按照第 89 条第 2 款（a）项所述程序审查通过。

3. 对于包含有（EEC）2377/90 号条例附录Ⅱ中活性成分的顺势疗法兽药产品，第 2 款提及的休药期应为零。

4. 兽医应根据本条第 1 款和第 2 款的规定，做好动物体检日期、所有者的详细情况、接受治疗动物数量、诊断、兽医开出的药品、给药剂量、治疗期和建议的休药期的完整记录，并应将这些记录至少保存 5 年供主管部门查阅。

5. 在不违反本指令其他条款的情况下，成员国应采取一切必要措施，关注根据第 1 段（b）项（ii）点规定允许用于食品动物的兽药产品的进口、销售、配发，以及有关药品信息。

第 12 条

1. 为取得兽药产品的上市许可，除依照（EC）726/2004 号条例规定的程序外，还应向有关成员国的主管部门提出申请。

对于拟用于一种或多种食品动物的兽药类产品，其药理活性物质尚未纳入（EEC）2377/90 号条例附录Ⅰ、Ⅱ或Ⅲ所述的动物种类中，只有在根据该条例提出制定最大残留限量的有效申请后，才能申请上市许可。最大残留限量制定的有效申请与申请上市许可之间至少间隔 6 个月。

然而，就第 6 条第 3 款提及的兽药产品而言，根据（EEC）2377/90 号条例的规定，无需做出最大残留限量制定的有效申请就可提出药品上市许可的申请。应当提交符合第 3 款规定的有关兽药产品质量、安全性和药效的所有科学证明文件。

2. 仅批准欧共体内部确定的申请人的兽药产品上市许可的申请。

3. 药品上市许可的申请应包括证明有关兽药产品质量、安全性和药效所需的所有管理信息和科学文件。应根据附录Ⅰ的要求递交该文件，其中应特别包含以下信息：

（a）负责将产品投放市场的人或企业名称、永久地址或注册登记地址，如有不同，同时列出相关生产商的名称及生产地点。

（b）兽药产品名称。

（c）兽药产品所有成分的定性和定量细节，包括由世界卫生组织（WHO）推荐使用的国际非专有名称（INN）或其化学名称。

（d）生产方法的描述。

（e）适应证、禁忌证与不良反应。

（f）兽药产品用于各种动物的剂量、剂型、用药方法和给药途径，以及建议有效期限。

（g）在储存兽药、动物给药和废物处理时应采取的预防和安全措施的理由，以及兽药产品可能对环境、人类和动植物健康造成潜在风险的说明。

（h）食品动物用兽药产品休药期的说明。

（i）生产商使用的检测方法描述。

（j）以下检测结果：

• 药物测试（理化、生物或微生物化学）；

• 安全性检测和残留检测；

• 临床前试验和临床试验；

• 用于评估兽药产品对环境的潜在风险的检测；对这一影响进行研究，并根据具体情况考虑对其加以限制的特殊规定。

（k）药物警戒系统的详细说明，并酌情说明申请人将建立的风险管理制度。

（l）根据第58条至第61条，在第14条产品特性概要的基础上，对兽药产品的直接包装和外包装以及包装说明书所做概要。

（m）证明生产商在本国获得许可生产兽药产品的文件。

（n）有关兽药产品在其他成员国或第三国获得的上市许可的副本，以及根据本指令提交的许可申请正在审查的成员国名单；申请人按照第14条或经成员国主管部门根据第25条核准的产品特性概要副本，以及建议的包装说明书副本，许可申请被欧共体或第三国驳回决定的详细说明以及驳回的原因。所有这些信息应定期更新。

（o）申请人有负责药物警戒的质量受权人的服务，以及有通报在欧共体或第三国发生药物不良反应的必要途径的证明。

拟用于一种或多种食品动物的兽药产品，含有一种或多种药理活性物质尚未纳入（EEC）2377/90号条例附录Ⅰ、Ⅱ或Ⅲ所述的动物种类中，应依照上述条例规定，递交证明文件，证明最大残留限量制定的有效申请已向欧洲药品管理局提交。

（j）项所述的与检测结果有关的文件和细节应附有第15条规定的详细的关键性摘要。

第 13 条

1. 根据第12条第3款（j）项的减损规则，且在不影响有关保护工业和商业财产的法律的前提下，申请人如能证明该兽药产品属于根据第5条规定已获批准的对照药的仿制药，且在成员国或欧共体内已使用不少于8年，则无需提供安全性和残留检测或临床前和临床试验的结果。

依照本规定批准的仿制兽药，自对照药首次上市之日起10年内不得投放市场。

第1款也适用于在提交仿制药申请的成员国未批准对照药的情况。在这种情况下，申请人应在申请书中注明批准对照药上市的成员国。若申请所在成员国的主管部门有要求，其他成员国主管部门应在一个月内传达对照药已获批准的确认信息和对照药全部成分，以及所需的其他相关文件。

然而，就鱼类或蜜蜂类以及欧盟委员会指定的其他动物用兽药产品而言，第 2 段规定的 10 年期限应延长至 13 年。

该措施旨在补充修订本指令的非必要元素，应根据第 89 条第 2 款（a）项所述程序审查通过。

2. 就本条款而言：

（a）对照药指在第 5 条含义范围内，按照第 12 条的规定批准的产品。

（b）仿制药指与对照药定性和定量相同的活性物质，且剂型与对照药相同的药品。适当的生物利用度研究表明，此类药品与对照药的生物等效性相同。活性物质的不同盐类、酯类、醚类、同分异构体、同分异构体混合物、复合物或衍生物应被视为相同的活性物质，除非它们在安全性和（或）药效方面有显著差异。在这种情况下，申请人必须提供额外资料，以证明已获批活性物质的各种盐类、酯类或衍生物的安全性和（或）药效。各种速释口服药物剂型应视为相同的剂型。如果申请人能够证明仿制药符合相关具体指南规定的有关标准，则不需进行生物利用度研究。

3. 如果兽药产品不符合第 2 款（b）项所述的仿制药定义，或生物等效性无法通过生物利用度研究证实，或与对照药相比，其活性物质、适应证、规格、药物剂型、给药途径发生变化，则应提供适当的安全性、残留检测、临床前试验或临床试验的结果。

4. 若与对照免疫兽药相似的免疫兽药无法符合仿制药的定义，尤其是两者的原料或生产工艺有差异时，则必须提供与这些条件相关的临床前试验或临床试验的结果。所提供的补充数据的类型和数量必须符合附录 I 和相关具体指南中所述的相关标准。不需提供对照药档案中其他测试和试验结果。

5. 如果用于一种或多种食品动物的兽药产品含有某种新的活性物质，该物质在 2004 年 4 月 30 日之前未在欧共体内获得批准，若该物质在药品第一次被获准上市之后 5 年内被批准，则用于另一种食品动物时，第 1 款第 2 分段规定的 10 年期限应延长 1 年。

然而，针对用于 4 种及以上食品动物的兽药上市许可，这个时限不应超过 13 年。

只有当上市许可持有人第一次申请时即确定了兽药在上市许可所覆盖动物体内的最大残留限量时，才可将 10 年期延长至 11 年、12 年或 13 年。

6. 进行以第 1 款至第 5 款内容以及由此产生的实际要求为目的的必要研究、测试和试验，不应视为与药品的专利权或补充保护证书相冲突。

第 13a 条

1. 根据第 12 条第 3 款（j）项的减损规则，且在不影响有关保护工业和商业财产的法律的前提下，申请人如能证明兽药产品中的活性物质已在欧共体内作为兽医用途使用不少于 10 年，且根据附录 I 所述条件具有明确的药效和可接受的安全性，则不需提供安全性和残留检测或临床前试验和临床试验的结果。申请人须提供适当的科学文献，证明其药效和可接受的安全水平。

2. 根据（EEC）2377/90 号条例提出的最大残留限量申请评估之后，欧洲药品管理局发布的评估报告可通过适当的方式作为科学文献使用，尤其是用于安全性检验。

3. 若申请人使用科学文献获得用于一种食品动物的兽药产品上市许可，并且为获得同一药品用于另一种食品动物的上市许可，根据（EEC）2377/90 号条例递交该药品相关的新的残留研究和进一步临床试验结果，依据第 13 条规定，在上市许可批准后 3 年内，不允许第三国使用此类研究或此类试验结果。

第 13b 条

含有其他获批兽药中活性物质的兽药产品，若尚未用于治疗目的，应根据第 12 条第 3 款（j）项的规定提供安全性和残留检测的结果，如必要，还应提供相关的新的临床前试验或临床试验的结果。但不需对每一种活性物质提供科学依据。

第 13c 条

兽药产品上市许可获得批准后，上市许可持有人可使用该药品档案中的药物、安全性与残留、临床前试验与临床试验文件，以进行后续的定性和定量相同的活性物质以及相同剂型兽药产品的上市许可申请。

第 13d 条

根据第 12 条第 3 款（j）项的减损规则，且针对免疫兽药的特殊情况，如果有充分理由证明无法开展试验，特别是由欧共体规定的，则申请人无需提供针对目标动物的现场试验结果。

第 14 条

产品特性概要应包含以下信息：

1. 兽药产品名称、规格和药物剂型。

2. 对药品进行管理必不可少的活性物质和辅料的成分与含量。应使用惯用名称或化学描述。

3. 药物剂型。

4. 临床资料。

4.1 目标动物；

4.2 特定目标动物的适应证；

4.3 禁忌证；

4.4 针对每种目标动物的特别警示；

4.5 使用时的特别注意事项，包括给动物服用药物的人的特别注意事项；

4.6 不良反应（频率与严重性）；

4.7 怀孕、哺乳期或生产期间的使用方法；

4.8 与其他药物的相互作用和其他形式的相互作用；

4.9 用量与给药途径；

4.10 过量用药（症状、急救措施与解毒剂）（若有必要）；

4.11 各种食品的休药期，包括休药期为零的食品。

5. 药理学特性。

5.1 药效学特性；

5.2 药物代谢动力学资料。

6. 药品详情。

6.1 辅料清单；

6.2 主要不相容性；

6.3 有效期，如有必要，药品复原后或第一次打开包装后的有效期；

6.4 储存的特别注意事项；

6.5 直接包装的性质与构成；

6.6 在适当情况下，未使用的兽药产品或使用后的废弃物处理的特殊注意事项。

7. 上市许可持有人。

8. 上市许可编号。

9. 首次上市许可或更新上市许可的日期。

10. 文本修订日期。

对于依据第 13 条的许可，当仿制药上市销售时，对照药产品特性概要中提及的仍适用于专利法的适应证或剂量部分不必包括在内。

第 15 条

1. 申请人应确保第 12 条第 3 款第 2 段所述详细的关键性摘要在提交主管部门之前，由持有技术或专业资格证书（在简历中列出）的人员起草并签字。

2. 具有第 1 款所述的技术或专业资格证书的人员，应根据附录Ⅰ所述的条款证明使用第 13 条第 1 款（a）项所述的科学文献是正当的。

3. 第 1 款所述人员的简历应附于详细的关键性摘要上。

第 2 章 适用于顺势疗法兽药产品的特殊条款

第 16 条

1. 成员国应确保在欧共体内生产和上市的顺势疗法兽药产品按照第 17 条、第 18 条和第 19 条进行注册，但根据 1993 年 12 月 31 日或之前的国家法律注册的此类兽药产品除外。本款适用于按照第 17 条、第 32 条和第 33 条第 1 款至第 3 款注册的顺势疗法兽药产品。

2. 成员国应制定第 17 条所述的顺势疗法兽药产品的简化注册程序。

3. 根据第 10 条的减损规则，顺势疗法兽药产品可由兽医给非食品动物服用。

4. 在豁免第 11 条第 1 款和第 2 款限制的前提下，成员国应允许兽医开具用于食品动物的顺势疗法兽药产品活性物质［见（EEC）2377/90 号条例附录Ⅱ］。成员国应采取适当措施，控制根据本指令用于同种动物的在另一个成员国注册的顺势疗法兽药产品的使用。

第 17 条

1. 在不违反（EEC）2377/90 号条例有关食品动物用药理活性物质最大残留限量规定的前提下，只有符合下列条件的顺势疗法兽药产品可采用特殊的简化注册程序：

（a）按照《欧洲药典》所述的给药途径给药；如果没有《欧洲药典》所述的给药途径，则按成员国现行药典给药。

（b）兽药产品的标签或与之有关的任何资料均无具体的治疗说明。

（c）有足够的稀释度以保证药品的安全性。具体地说，该药品每一份母体酊剂的含量不得超过万分之一。

若根据新的科学证据证明合理，欧盟委员会可调整（b）项和（c）项的规定。这些旨在修订本指令非必要内容的措施，应按照第 89 条第 2 款（a）项所述程序审查通过。

注册时，成员国应确定药品配制的分类。

2. 除第 25 条外，第 3 章规定的标准和程序规则适用于第 1 款所述兽药产品的特殊的简化注册程序，但治疗效果的证明除外。

第 18 条

特殊的简化注册申请可涵盖来自同一顺势疗法原种的一系列药品。申请材料应包括以下文件，以证明相关产品的质量和批次具有一致性：

• 顺势疗法原种在药典中的科学名称或其他名称，以及不同给药途径、药物剂型和须注明的稀释程度的说明。

• 在适当的参考文献的基础上，描述如何获得和控制顺势疗法原种，并证明其顺势疗法的性质；若顺势疗法兽药产品含有生物物质，说明为确保不含病原体而采取的措施。

• 各种剂型药品的生产与控制文件，以及稀释和势能化方法的说明。

• 相关药品的生产许可。

• 同一药品在其他成员国注册或获得许可的副本。

• 需注册药品的外包装及直接包装的一个或多个实物模型。

• 药品稳定性资料。

• 建议的休药期与所有必要的理由。

第 19 条

1. 第 17 条第 1 款所述以外的顺势疗法兽药产品，应根据第 12 条、第 13a 条、第 13b 条、第 13c 条、第 13d 条和第 14 条的规定进行申请。

2. 成员国可根据本国所采用的顺势疗法的原理和特点，对在其境内销售的第 17 条第 1 款中所述以外的宠物和非食品动物用顺势疗法兽药产品，采用或保留进行安全性检验、临床前试验和临床试验的特殊规定。在这种情况下，相关成员国应将现行的具体规则告知欧盟委员会。

第20条

本章不适用于顺势疗法免疫兽药产品。

第Ⅵ篇和第Ⅶ篇的规定适用于顺势疗法兽药产品。

第3章　上市许可的程序

第21条

1. 成员国应采取一切适当措施，确保批准兽药产品上市许可的程序最迟于有效申请递交之后210天内完成。

在两个或多个成员国申请同一兽药产品的上市许可，根据第31条至第43条的规定提交申请。

2. 如果一个成员国发现相同药品的另一上市许可申请正在另一成员国接受审查，则相关成员国应拒绝评估该申请，并建议申请人按照第31条至第43条的规定进行申请。

第22条

如果一个成员国根据第12条第3款（n）项规定被告知，另一成员国已批准正在申请上市许可的兽药产品，则应驳回该申请，除非该申请是按照第31条至第43条的规定提交的。

第23条

为审查根据第12条至第13d条规定提交的申请，成员国主管部门应：

1. 检查支持该申请而递交的文件是否符合第12条至第13d条的规定，并确定已满足上市许可的颁发条件。

2. 可将药品、原料、中间产品（必要时）或其他成分材料提交官方药品控制实验室或成员国以此为目的建立的实验室进行检查，以确保生产商所采用的检测方法，以及根据第12条第3款（i）项的规定，申请文件中描述的检测方法符合要求。

3. 可通过同样的方式，特别是通过国家或欧共体参比实验室的磋商，检查申请人提出的兽药残留分析方法是否符合第12条第3款（j）项第2点的要求。

4. 如适当，可要求申请人提供更多有关第12条、第13a条、第13b条、第13c条和第13d条所列内容的信息。如果主管部门采用这一行动方案，第21条中所述时限应延至更多所需资料提交之后。同样，这些时限应延至申请人做出口头或书面说明之后。

第24条

成员国应采取一切适当措施确保：

1. 主管部门确定兽药产品生产商和从第三国进口的进口商能够按照第12条第3款（b）项规定提供的详细资料进行生产，和（或）按照第12条第3款（l）项下申请文件所述方法进行控制试验。

2. 主管部门可批准兽药产品生产商和从第三国进口的进口商，在合理的情况下，将某一生产阶段和（或）需完成的某一控制试验交由第三国完成。在这种情况下，主管部门也应对有关第三国进行检查。

第 25 条

1. 当批准上市许可时，主管部门应告知许可持有人获批兽药的产品特性概要。

2. 上市许可获批以后，主管部门应采取一切必要措施，确保有关兽药产品的信息明确，特别是标签和包装说明书、获批的产品特性概要。

3. 主管部门应立即公布兽药产品上市许可以及获批的产品特性概要。

4. 主管部门应就兽药产品的药理、安全性和残留检测及临床前试验和临床试验结果草拟评估报告及意见。一旦有关兽药产品的质量、安全性或药效评估有新的可用信息，应及时更新评估报告。

删除属于商业机密的信息之后，主管部门应立即将评估报告公之于众。

第 26 条

1. 上市许可可能要求许可持有人在直接包装和（或）外包装及包装说明书（若要求包装说明书的，须注明其他安全或健康防护事项）上注明：与使用兽药有关的任何特别注意事项和由第 12 条第 3 款（j）项和第 13 条到第 13d 条规定的临床试验和药理试验，或由使用兽药产品所得经验而产生的任何其他警示。

2. 已删除。

3. 特殊情况下，与申请人进行商议后，上市许可可针对申请人采用特殊程序，特别是关于兽药产品的安全性，向主管部门通报有关其使用的任何事件以及采取的行动。只有当理由客观合理时，方可批准此类许可。许可延长应与这些条件的年度重新评估相联系。

第 27 条

1. 上市许可发布后，针对第 12 条第 3 款（d）项和（i）项所述的生产方法和控制方法，许可持有人必须考虑科技发展，介绍公认的科学方法检查兽药产品生产和控制方法的任何变化。

这些变化应经相关成员国主管部门批准。

2. 主管部门可要求申请人或上市许可持有人提供充足药品，以便对相关兽药残留鉴定实施控制。

应主管部门要求，上市许可持有人应提供专业技术以利于根据 96/23/EC 号指令（1996 年 4 月 29 日发布）"关于监测活体动物和动物产品中某些物质和残留物的措施"而建立的国家参比实验室对兽药产品残留分析的实施。

3. 上市许可持有人应在第一时间向主管部门提供涉及第 12 条第 3 款、第 13 条、第 13a 条、第 13b 条和第 14 条或附录Ⅰ所述内容或文件修订的最新信息。

特别是上市许可持有人应在第一时间通知批准主管部门兽药产品销售国主管部门采取的任何禁令或限制措施，以及可能对相关兽药产品的效益风险评估产生影响的其他新信息。

为了允许风险效益平衡的持续评估，主管部门可随时要求上市许可持有人递交显示风险效益平衡结果始终良好的资料。

4. 已删除。

5. 上市许可持有人应在第一时间通知主管部门，从批准许可的角度，对第 12 条至第 13d 条所述内容或文件中的建议进行任何更改。

第 27a 条

上市许可批准后，许可持有人应告知批准国主管部门该兽药产品在该成员国内实际投放市场的日期，并将获批的各项陈述纳入考虑范围。

如果该兽药产品停止投放批准国市场，不论暂时或永久，许可持有人也应告知该成员国主管部门。除非情况特殊，此类通知应于产品停止投放市场前 2 个月发出。

如果主管部门要求，特别是在药物警戒的情况下，上市许可持有人应向主管部门提供兽药产品销售量相关的一切数据以及其掌握的处方量的一切数据。

第 27b 条

欧盟委员会应采取适当的安排，对根据本指令批准的上市许可的事项变更进行审查。

欧盟委员会所采用的安排应以实施条例的形式进行。以补充的形式修订本指令非必要内容的措施应根据第 89 条第 2 款（a）项所述程序审查通过。

第 28 条

1. 在不违反第 4 款和第 5 款的前提下，上市许可有效期为 5 年。

2. 在风险效益平衡的再评估基础上，该上市许可可在 5 年后重新生效。

为此，上市许可持有人应根据第 1 款，在上市许可有效期到期前至少 6 个月内，提交质量、安全性和药效的相关文件（包括自上市许可批准后的所有修订版）的综合清单。主管部门可随时要求申请人提交所列文件。

3. 一旦上市许可重新生效，则应为无限期有效，除非主管部门依据药物警戒相关的正当理由，根据第 2 款决定执行一个额外的 5 年重新有效期。

4. 如果一个已投放批准国市场的兽药产品在 3 年内未获批准，则该许可应终止。

5. 在之前已投放于批准国市场的获批兽药产品连续 3 年未出现于该成员国市场时，该兽药产品的许可应终止。

6. 在特殊情况下以及出于人类或动物健康的考虑，主管部门批准豁免第 4 款和第 5 款的规定。该豁免应有充分的依据。

第 29 条

上市许可的批准不应减轻生产商及上市许可持有人（适当时）的一般法律责任。

第 30 条

1. 如果提交给主管部门的文件不符合第 12 条至第 13d 条第和第 15 条的要求，应驳回上市许可。

2. 如果审查第 12 条和第 13 条第 1 款所列的文件和内容，发现如下情况十分明显，也应驳回上市许可：

（a）在批准使用的情况下，兽药产品的风险效益平衡不佳，在畜牧业用兽药产品的申请中，应特别关注动物健康、动物福利及消费者安全等方面的效益；

（b）产品没有疗效或申请人未提供在接受治疗的动物中此类效果的充足证据；

（c）未阐明其成分的性质或含量；

（d）申请人建议的休药期不能充分确保来自治疗动物的食品不含可能威胁消费者健康的兽药残留，或建议的休药期支持证据不充足；

（e）申请人提出的标签或包装说明书不符合本指令要求；

（f）兽药产品销售的用途被欧共体其他法规禁止。

3. 即便符合欧共体法律，只要对维护公共卫生、保护消费者健康或动物健康是必需的，则主管部门可不批准兽药产品的上市许可。

申请人或上市许可持有人应对所提交的文件和数据的准确性负责。

第 4 章　互认程序与非中央注册程序

第 31 条

1. 根据本章规定的程序，应设立一个协调小组，以审查两个或更多成员国兽药产品批准上市许可的任何相关问题。欧洲药品管理局应向秘书处提供该协调小组信息。

2. 协调小组应由各成员国指定的一名三年任期可连任的代表组成。小组成员可安排由专家陪同。

3. 协调小组应制定自己的议事规则，经欧盟委员会同意后生效。该议事规则应公开。

第 32 条

1. 为了在一个以上的成员国批准一种兽药产品的上市许可，申请人应根据这些成员国相同的档案提交申请。档案应当包含第 12 条至第 14 条所述的所有管理信息和技术文件。所提交的文件应包括申请涉及的成员国名单。

申请人应要求一个成员国作为参考成员国，并依据第 2 款或第 3 款的规定，编写兽药产品评估报告。

在适当情况下，评估报告应包含以第 13 条第 5 款或第 13a 条第 3 款为目的的评估内容。

2. 如果兽药产品在申请时已获得一项上市许可，相关成员国应承认参考成员国批准的上市许可。为此，上市许可持有人应要求参考成员国就此兽药产品编制一份评估报告，或在必要时更新现有的评估报告。参考成员国应在收到有效申请 90 天内编制或更新评估报告。评估报告连同批准的产品特性概要、标签和包装说明书应送达相关成员国和申请人。

3. 如果兽药产品在申请时未获上市许可，则申请人应要求参考成员国编制一份评估报告草案，以及产品特性概要、标签和包装说明书草案。参考成员国应在收到有效申请后 120 天内编制这些草案，并将其送达相关成员国和申请人。

4. 在收到第 2 款和第 3 款提及的文件后 90 天内，相关成员国应审查评估报告、产品特性概要、标签和包装说明书，并通知参考成员国。参考成员国应将各方达成的协议记录在案，终止程序，并通知申请人。

5. 收到符合第 1 款所述申请的成员国，应根据批准的评估报告、产品特性概要、标签和包装说明书，在认可本协议后 30 天内做出决定。

第 33 条

1. 如果在第 32 条第 4 款允许的期限内，成员国有理由相信该兽药产品可对人类健康、动物健康或环境构成潜在严重威胁而未能通过此评估报告、产品特性概要、标签和包装说明书，则提供详细陈述原因的声明书送交参考成员国、其他相关成员国及申请人。将意见分歧之处第一时间告知协调小组。

若申请送达的成员国援引第 71 条第 1 款所述的理由，则其不再视为本章所涉及的成员国。

2. 欧盟委员会应通过指南，以界定对人类健康、动物健康或环境构成潜在严重危险。

3. 在协调小组内，第 1 款所述的所有成员国应尽其最大努力，就采取的行动达成一致意见。他们应向申请人提供口头或书面表达其观点的机会。如果在成员国与协调小组就分歧的理由进行沟通后 60 天内达成共识，参考成员国应将协议记录在案，终止程序，并通知申请人。第 32 条第 5 款适用。

4. 如果成员国在 60 天内未能达成共识，欧洲药品管理局将立即告知申请人第 36 条、第 37 条和第 38 条所规定的申请程序。对于无法达成协议的事项以及分歧原因，应向欧洲药品管理局提供详细的说明。应向申请人提供该信息的副本。

5. 申请人一旦被告知该事项已提交欧洲药品管理局，应立即向欧洲药品管理局送交第 32 条第 1 款第 1 分段提及的信息和副本。

6. 在第 4 款所述的情况下，批准了参考成员国的评估报告、产品特性概要、标签和包装说明书的成员国，可应申请人的要求，在不等待第 36 条规定的程序结果的情况下，批准该兽药产品的上市许可。在这种情况下，批准的上市许可将不影响该程序的结果。

第 34 条

1. 如果两个或更多申请人依据第 12 条至第 14 条，针对一个特殊兽药产品的上市许可提交两份或更多申请且成员国做出批准、暂停或驳回该兽药产品上市许可的决定，则成员国、欧盟委员会或上市许可持有人可向兽药产品委员会（以下简称"委员会"）按照第 36 条、第 37 条和第 38 条规定的申请程序提交该事项。

2. 为了促进欧共体内获准上市的兽药产品的统一管理，提高第 10 条和第 11 条规定的效率，各成员国应在 2005 年 4 月 30 日或之前向协调小组送交一份须编制统一产品特性概要的兽药产品清单。

协调小组应根据成员国的建议，商定一份药品清单，并将清单转交欧盟委员会。

清单上的药品应按照与欧洲药品管理局合作确定的时间表，依照第 1 款的规定执行。

欧盟委员会应与欧洲药品管理局合作，并考虑有关各方的意见，商定最终清单和时间表。

第 35 条

1. 在涉及欧共体利益的特殊情况下，成员国、欧盟委员会、申请人或上市许可持有人应在就上市许可申请、暂停或撤销，或上市许可方面其他必要的变更做出决定前，按照第 36 条、第 37 条和第 38 条规定的程序向委员会提交此事项，尤其考虑根据第Ⅶ篇收集的信息。

相关成员国或欧盟委员会应明确提交委员会审议的事项，并应通知申请人或上市许可持有人。

成员国和申请人或上市许可持有人应向委员会提交与该事项有关的所有可用信息。

2. 在向委员会提交一系列药品或治疗类别的情况下，欧洲药品管理局可以将该程序限制为许可的特定部分。

在这种情况下，只有此类药品在本章所述的上市许可程序范围内，第 39 条才适用于这些药品。

第 36 条

1. 如果申请人采纳了本条规定的程序，欧盟委员会应审议有关事项，并在该事项提交之日起 60 天内提出合理意见。

但如果根据第 34 条和第 35 条向欧盟委员会提出申请，则欧盟委员会在考虑上市许可持有人意见的基础上，可将该时限延长至 90 天。

在紧急情况下，根据委员会主席的建议，委员会可能会同意缩短时限。

2. 为了审议该事项，欧盟委员会应任命其中一名成员为报告起草人。委员会亦可任命独立专家就具体问题提供意见。委员会任命专家时，应当确定其任务，并规定完成这些任务的时限。

3. 在发布其意见书前，欧盟委员会应给申请人或上市许可持有人提供机会，让其在指定的期限内提交书面或口头解释。

欧盟委员会的意见应包括产品特性概要草案以及标签和包装说明书草案。

如果欧盟委员会认为适当，可请其他任何人提供与该事项有关的资料。

欧盟委员会可以暂停第 1 款规定的期限，允许申请人或上市许可持有人准备陈述书。

4. 当欧盟委员会意见如下时，欧洲药品管理局应立即告知申请人或上市许可持有人：

- 申请不满足许可标准；
- 申请人或上市许可持有人应修订第 14 条提及的产品特性概要；
- 许可视条件而定，有关条件被认为是安全有效使用兽药产品（包括药物警戒）所必需的；
- 须暂停、变更或撤销上市许可。

在收到意见书后 15 天内，申请人或上市许可持有人可向欧洲药品管理局呈交一份书面通知，陈述其要求进行意见书再审查的意向。在此情况下，他应在收到意见书后 60 天内向欧洲药品管理局陈述提出要求的详细理由。

在收到请求理由后 60 天内，欧盟委员会应根据 726/2004 号条例第 62 条第 1 款第 4 段重新审查其意见。得出结论的理由应附于本条第 5 款所述的评估报告。

5. 欧洲药品管理局应在欧盟委员会通过此意见书后 15 天内，向成员国、委员会及申请人或上市许可持有人送交委员会最终意见书和一份阐明兽药产品评估及评估结论依据的报告。

如果意见支持批准或维持上市许可，应附下列文件：

（a）第 14 条提及的产品特性概要草案，必要情况下，它可反映成员国之间兽医状况的差异；

（b）任何可影响第 4 段所指许可的条件；

（c）兽药产品安全有效使用的任何建议性条件或限制条件详情；

（d）标签和包装说明书草案。

第 37 条

欧盟委员会应在收到意见后 15 天内，考虑到欧共体法律，编制针对申请的决议草案。

如果该决议草案批准上市许可，则应将第 36 条第 5 款第 2 段提及的文件附在附件。

在例外的情况下，如果决议草案与欧洲药品管理局的意见不一致，欧盟委员会还应将分歧原因的详细解释附在附件中。

决议草案应送交成员国、申请人或上市许可持有人。

第 38 条

1. 欧盟委员会应依据第 89 条第 3 款所述程序，在该程序结束后 15 天内，做出最终决议。

2. 第 89 条第 1 款设立的常设委员会的议事规则，应根据本章规定的任务进行调整。

这些调整应包括以下内容：

- 除第 37 条第 3 款所述情况外，常设委员会的意见应以书面形式提出。

- 成员国应有 22 天的时间向欧盟委员会提交其对决议草案的书面意见。但如果必须紧急做出决议，委员会主席可根据紧急程度，设定更短时限。除特殊情况外，本时限不得少于 5 天。

- 成员国应有权选择提出书面要求，要求在常设委员会全体会议上讨论决议草案。

3. 如果欧盟委员会认为，一个成员国的书面意见提出了一些重要的科学性或技术性新问题，但欧洲药品管理局的意见中并没有涉及这些问题，则委员会主席应中止这一程序，并将申请发还欧洲药品管理局进一步审议。

4. 欧盟委员会应根据第 89 条第 2 款提及的程序，通过履行本段所必要的条款。

5. 第 1 段提及的决议应提交所有成员国并告知申请人或上市许可持有人。相关成员国与参考成员国应在被告知决议后 30 天内以此为参考批准或驳回上市许可，或变更上市许可条款。成员国应就此通知委员会和欧洲药品管理局。

第 39 条

1. 上市许可持有人申请变更本章规定批准的上市许可时，应向先前批准该兽药产品的所有成员国提交申请。

已删除。

欧盟委员会所采取的安排应以实施条例的形式进行。以补充的形式修订本指令非必要内容的措施应根据第 89 条第 2 款（a）项所述程序审查通过。

2. 在向欧盟委员会提交仲裁的情况下，第 36 条、第 37 条和第 38 条规定的程序适用于上市许可的变更。

第 40 条

1. 如果成员国认为，根据本章规定已被批准的上市许可条款的变更或其终止或撤回对保护人类或动物健康和环境是必要的，则相关成员国应就第 36 条、第 37 条和第 38 条所述的申请程序，立即向欧洲药品管理局提交该事宜。

2. 在不损害第 35 条规定的情况下，在有必要采取紧急行动保护人类或动物健康和环境的情况下，做出最终决定之前，成员国可暂停在其领土上销售和使用有关兽药产品。应在不迟于下一个工作日向欧盟委员会和其他成员国通报其行动的理由。

第 41 条

根据 87/22/EEC 号指令第 4 条的意见，在 1995 年 1 月 1 日之前，第 39 条和第 40 条应适用于成员国批准的兽医产品。

第 42 条

1. 欧洲药品管理局应发布一份关于本章规定的程序运作情况的年度报告，并将其提交欧洲议会和欧盟理事会，以供参考。

2. 欧盟委员会应至少每 10 年发布一份关于根据本章规定的程序所取得经验的报告，并应提出任何必要的修正案以完善程序。欧盟委员会应将该报告提交欧洲议会和欧盟理事会。

第 43 条

1. 第 33 条第 4 款、第 5 款及第 6 款和第 34 条至第 38 条不适用于第 17 条提及的顺势疗法兽药产品。

2. 第 32 条至第 38 条不适用于第 19 条第 2 款提及的顺势疗法兽药产品。

第Ⅳ篇　生产与进口

第 44 条

1. 成员国应采取一切适当措施，确保在其领土内生产兽药产品须取得生产许可。对于出口的兽药产品，也应要求生产许可证。

2. 第 1 款提及的生产许可要求适用于全部生产或部分生产以及分装、包装或展示等过程。

但如果药物配制、分装、包装或展示方面的变更等过程仅由零售药房的药剂师执行或由成员国合法授权的个人执行，则这些过程无需生产许可。

3. 成员国从第三国进口的兽药产品亦需要第 1 款提及的生产许可。本篇和第 83 条同样适用于进口兽药产品。

成员国应采取一切适当措施，确保其从第三国进口并运往另一成员国的兽药产品应附有第 1 款所述的生产许可文件副本。

4. 成员国应向欧洲药品管理局提交第 1 款提及的生产许可文件副本。欧洲药品管理局应将该资料录入第 80 条第 6 款所述的欧盟数据库。

第 45 条

为取得生产许可，申请人应满足下列条件：

（a）申请人应详细说明生产或进口的兽药产品和剂型，以及其生产地和（或）监管地。

（b）鉴于上述生产或进口，根据第 24 条规定，申请人应具备符合相关成员国药品生产、控制和储存的法律要求的适当的工作场所、技术设备和控制设施。

（c）在第 52 条所指的范围内，至少有一名质量受权人可以为申请人提供服务。

申请人应在其申请中提供详细资料，以确定其符合上述要求。

第 46 条

1. 成员国主管部门在其代表通过调查确定依照第 45 条提供的资料的准确性之前，不得批准生产许可。

2. 为了确保第 45 条的规定得到遵守，生产许可的条件是在获得生产许可时或在稍后时间履行所规定的某些义务。

3. 生产许可仅适用于申请中涉及的场所和申请中涉及的兽药产品和药物剂型。

第 47 条

各成员国应采取一切适当措施，确保自主管部门收到申请之日起，生产许可批准程序所需时间不超过 90 天。

第 48 条

如果生产许可持有人要求变更第 45 条第 1 段（a）项和（b）项所述的任何事项，与此要求相关的程序时间不得超过 30 天。特殊情况下，这一时限可延长到 90 天。

第 49 条

成员国主管部门可要求申请人提供第 45 条规定的详细资料和第 52 条所述的质量受权人的更多信息。若相关主管部门行使此项权利，则应暂停第 47 条和第 48 条所述的时限，直至提供所需的补充资料为止。

第 50 条

生产许可持有人有以下义务：

（a）按照有关成员国在生产和控制方面现有的法律要求，安排员工工作。

（b）只按照有关成员国的法律要求生产获批的兽医药品。

（c）如果生产许可持有人计划对第 45 条所述的事项做出任何更改，应事先通知主管部门；在任何情况下，若第 52 条所述质量受权人意外地被替换，应立即告知主管部门。

（d）允许有关成员国主管部门的代表随时进入其生产场地。

（e）使第 52 条所述质量受权人能够履行其职责，特别是供其使用一切必要的设施。

（f）遵守兽药产品生产质量管理规范的原则和指南，只使用根据药品生产质量管理规范生产的活性物质作为药品生产原料。

（g）根据目的地国的法律，做好所有提供的兽药产品的详细记录，包括样品。无论是否付款，每个交易至少应记录以下资料：

- 日期；
- 兽药产品名称；
- 供应数量；
- 收货方名称和地址；

• 批号。

在至少 3 年内，这些记录应可供主管部门检查之用。

第 50a 条

1. 在本指令中，生产活性物质作为原料应包括全部生产或部分生产或进口活性物质作为原料（见附录 I 第 c 节第 2 部分的定义），分装、包装或先于兽药产品的展示等各过程，包括由原料经销商再包装或再贴标签。

2. 欧盟委员会应通过任何必要的修正，以使第 1 款的规定适应科技进步。

欧盟委员会应根据第 89 条第 2 款（a）项所述程序审查通过这些旨在修订本指令非重要内容的措施。

第 51 条

第 50 条（f）项提及的兽药产品生产质量管理规范原则和指南，应由欧盟委员会以一项针对成员国的指令形式通过。欧盟委员会应根据第 89 条第 2 款（a）项所述程序审查通过这些旨在修订本指令非重要内容的措施。

欧盟委员会应公布详细指南并酌情进行修订，以适应科技进步。

欧盟委员应以详细指南的形式通过第 50 条（f）项所述的用于作为原料的活性物质生产的良好生产规范。

欧盟委员会亦应就第 44 条第 1 款提及的许可形式和内容、第 80 条第 3 款提及的报告，以及第 80 条第 5 款提及的生产质量管理规范证书的形式和内容，公布指南。

第 52 条

1. 成员国应采取一切适当措施，确保生产许可持有人永久和持续地聘用至少一名符合第 53 条规定并特别负责履行第 55 条规定的质量受权人为其提供服务。

2. 如果生产许可持有人本人符合第 53 条的规定，他可以自行承担第 1 款规定的责任。

第 53 条

1. 成员国应确保第 52 条第 1 款所述质量受权人符合第 2 款和第 3 款所述的资格条件。

2. 质量受权人应具有毕业文凭、证书或其他形式的正式的资格证书以表明其完成了大学课程的学习，或者一门相关成员国认可的等效课程的学习。这门课程的学习是指在下列学科科目中持续至少 4 年的理论和实践学习，科目包括药剂学、药学、兽医学、化学、药物化学和工艺学以及生物学。

如果该课程结束后有至少 1 年的理论和实践训练期，包括在向公众开放的药房实习至少 6 个月，通过大学水平考试，则大学课程最少学时可减至 3 年半。

若两所大学或公认的等效课程在同一成员国，而其中一门课程学时是 4 年，另一课程学时是 3 年，只要该成员国认为此毕业文凭、证书或完成两门课程所授予的其他正式资格证明等效，则该毕业文凭、证书或完成 3 年大学课程或其认可的等效课程所授予的其他正式资格证明可视为满足第 1 段所述学时的条款。

该课程至少包括以下基础科目的理论和实践教学：

- 实验物理学；
- 普通化学和无机化学；
- 有机化学；
- 分析化学；
- 药物化学，包括药品分析；
- 普通和应用生物化学（医学）；
- 生理学；
- 微生物学；
- 药理学；
- 制药工艺学；
- 毒理学；
- 生药学（动、植物源性天然物质、活性物质的组成和效用研究）。

这些科目的教学应均衡，使相关人员能够履行第 55 条规定的义务。

如果本段中提及的某些文凭、证书或其他正式资格证明未满足上述标准的规定，则成员国主管部门应确保相关人员能提供其拥有兽药产品生产与控制所需相关科目知识的证明。

3. 质量受权人应具有 2 年以上在一个或多个企业工作的执业经验，从事药品质量的定性分析、活性物质的定量分析和兽药产品质量检验工作。

如果大学课程持续至少 5 年，则实践经验的年限可减少 1 年；如果大学课程持续至少 6 年，则实践经验的年限可减少 1.5 年。

第 54 条

1. 在未遵循第 53 条规定的情况下，自 81/851/EEC 号指令适用之日起，在成员国境内从事第 52 条第 1 款所述活动的人员，应有资格继续在欧共体内从事此类活动。

2. 对于获得科学学科的毕业文凭、证书，或完成大学课程，或完成相关成员国认可的等效课程而授予其他正式资格证明的人员，且该学科有助于其参与第 52 条所述个人活动，若相关人员开始该课程的时间在 1981 年 10 月 9 日之前，则可视为有资格在该成员国履行第 52 条所述的个人义务，但前提是其已在 1991 年 10 月 9 日之前，在获得生产许可的一个或多个生产企业参与以下活动至少 2 年：为确保兽药产品质量，依据第 52 条的规定进行的生产监督和（或）活性物质定性与定量分析及必要的测试和检验。

如果相关人员在 1991 年 10 月 9 日前取得第 1 段所述的实际经验，则在其从事该项活动前，应按照第 1 段所述要求，再取得 1 年的实践经验。

第 55 条

1. 成员国应采取一切适当措施，确保第 52 条所述质量受权人在不损害其与生产许可持有人的关系的情况下，根据第 56 条所述的程序，有责任保证：

（a）在有关成员国境内生产的兽医药品，每批兽药的生产和检验均符合该成员国现行法律，并符合上市许可的要求。

（b）如果兽药产品来自第三国，即便是由欧共体国家生产，成员国也应对每一批进口兽药品进行全面的定性分析，至少对所有活性物质进行定量分析，并进行所有其他必要的检测或控制，以确保兽药产品的质量符合上市许可的要求。

如果在某一成员国境内接受管控的兽药批次，已在另一个成员国境内上市，并附有质量受权人签署的控制报告，则不受上述管控。

2. 对于从第三国进口的兽药产品，如果欧共体已与出口国做出适当安排，以确保兽药产品的生产者至少符合欧共体规定的良好生产规范标准，且第 1 款第 1 段（b）点提及的控制已在出口国执行，则质量受权人可不承担控制此类产品质量的责任。

3. 在任何情况下，尤其是兽药产品准予销售的情况下，质量受权人应在记录文件或其他相似文件中证明每个生产批次符合本条规定。在经营中，上述记录文件或相似文件应随时更新，并应在相关成员国条款规定的时限（至少 5 年）内的任何时候，接受主管部门代表的检查。

第 56 条

成员国通过适当的行政措施，或通过督促人员遵守专业行为准则，确保第 52 条所述质量受权人履行义务。

一旦质量受权人因未能履行其义务而受行政或纪律处分，则成员国可暂停其职务。

第 57 条

本篇条款均适用于顺势疗法兽药产品。

第 V 篇 标签和包装说明书

第 58 条

1. 除第 17 条第 1 款提及的兽药产品外，主管部门应批准兽药产品的直接包装和外包装。包装应包含根据第 12 条和第 13d 条规定提供的详细说明和文件及产品特性概要等信息，并应以清晰的文字形式展现：

（a）药品的名称、规格和剂型。如果药品仅含有一种活性物质，其名称为发明名称的，应提供通用名称。

（b）每单位药品中活性物质定性和定量声明，根据服用剂型以特定容量或重量表示；采用活性物质的通用名称。

（c）生产商的批号。

（d）上市许可号。

（e）生产许可持有者和生产许可持有者指定代理人（适用时）名称或企业名称及永久住址或注册的生产场所。

（f）兽药产品适用的动物种类、重量、生产方法和给药途径（若需）。应当为注明指定剂量提供空间。

（g）兽药产品针对食品动物、所有相关动物及有关食品（肉类及内脏、蛋、奶、蜂蜜）的休药期，包括休药期为零者。

（h）以简单语言表达的到期日。

（i）特别储存注意事项（如有）。

（j）处理未使用的药品或来源于兽药的废物的具体防护措施，适当时提供收集的参考方法。

（k）第 26 条第 1 款规定须注明的详细说明（如有）。

（l）有"仅供动物治疗"或第 67 条所述的药品"仅供动物治疗——仅供兽医处方使用"等字样。

2. 药物剂型和重量、容量或剂量单位数量内容只需显示在外包装上。

3. 附录 I 第 1 部分第 A 款涉及兽药产品活性物质的定性和定量组成的规定，均适用于第 1 款（b）项所规定的详细说明。

4. 第 1 款（f）项至（l）项提及的详细说明应以其上市国的主要语言或多种语言形式标示于兽药产品外包装和容器上。

5. 根据（EC）726/2004 号条例批准上市许可的兽药产品，成员国可能允许或要求：外包装应标明分发、持有、销售或任何必要的防护措施等附加信息。这些信息并不违反欧共体法律或上市许可的条件，并不是促销宣传。

这些附加信息应标示在带有蓝色边框的框中，以便清楚地与第 1 款所述信息分开。

第 59 条

1. 对于安瓿，外包装应提供第 58 条第 1 款第 1 段所列的详细说明。但在直接包装上仅需提供如下详细说明：

- 兽药产品名称；
- 活性物质数量；
- 给药途径；
- 生产商批号；
- 有效期；
- "仅供动物治疗"字样。

2. 包含单剂量（安瓿除外）的小型直接包装可提供第 1 段提及的详细说明，第 58 条第 1 款、第 2 款和第 3 款要求仅适用于其外包装。

3. 第 1 款、第 3 款和第 6 款所提及的详细说明，应以其上市国的主要语言或多种语言形式标示于兽药产品外包装和直接包装上。

第 60 条

没有外包装的兽药产品，应当按照第 58 条和第 59 条的规定在直接包装上突出显示所有说明事项。

第 61 条

1. 在兽药产品的包装中必须加入包装说明书，除非直接包装与外包装可提供本条规定的信息。成员国应采取一切适当措施，确保包装说明书仅与附带此说明书的兽药产品有关。包装说明书应以公众易于理解的文字、以兽药产品上市国的官方语言或多种语言书写。

第 1 段不影响以多种语言编写包装说明书，但前提是以多种语言编写的信息内容应相同。

在特定兽药产品只用于兽医给药用途时，该兽药产品和包装说明书可不提供特定详细说明以及以该产品上市国的官方语言和多种语言编写的包装说明书。

2. 主管部门应审批包装说明书。包装说明书应至少包含以下信息，按规定的顺序编排并应符合根据第 12 条至第 13d 条提供的详细说明和文件及获批产品特性概要：

（a）上市许可持有人及生产商的名称或公司名称、永久地址或注册营业地址，以及在适当情况下，上市许可持有人的代理人。

（b）兽药产品名称及紧随的规格与药物剂型。若产品仅包含一种活性物质，其名称仅是一个发明名称，则应提供通用名称。若兽药产品已根据第 31 条至第 43 条规定在多个成员国以不同名称获得上市许可，应提供各成员国批准的名称清单。

（c）适应证。

（d）只要禁忌证和副作用的详细说明对兽药产品的使用是必需的，就应提供禁忌证和副作用的详细说明。

（e）兽药产品治疗的动物种类、用于不同动物种类的剂量、给药方法和途径，以及正确的给药建议（如需）。

（f）如果兽药产品用于食品动物，则即使休药期为零，仍应提供休药期。

（g）如有，应提供特殊储存措施。

（h）如有，应提供第 26 条第 1 款规定的详细说明。

（i）如有，应提供未经使用的兽药或来自兽药的废物处理相关的特殊防护措施。

第 62 条

如果未遵循本篇条款，且送达相关人员的正式通知无效，则成员国主管部门可中止或撤回上市许可。

第 63 条

成员国对公众的供应条件、兽药产品定价和工业产权不受本篇条款约束。

第 64 条

1. 在不违反第 2 段的情况下，顺势疗法兽药产品应根据本篇条款予以贴标，以醒目字样标示"顺势疗法兽药产品"。

2. 除醒目字样"适应证未经审批的顺势疗法兽药产品"，第 17 条第 1 款提及的顺势疗法兽药产品的标签和包装说明书（如适合）应提供如下信息：

• 药品的科学名称，后面紧随标注第 1 条第 8 款所用药典符号表示的稀释度。如果顺势疗法兽药产品由一种以上药品组成，则标签可包括药品的科学名称之外的发明名称；

• 上市许可持有人和生产商（如适合）的名称和地址；

• 给药方法和给药途径（如需）；

• 清楚的有效期（年/月）；

• 药物剂型；

• 销售说明的内容；

• 特殊储存措施（如有）；

• 目标动物；

• 兽药产品的特别注意事项（如有）；

• 生产商批号；

• 注册号。

第Ⅵ篇 兽药产品的持有、经销和配制

第 65 条

1. 成员国应采取一切适当措施，确保兽药产品批发销售受许可的约束，并确保自主管部门接到批发销售许可申请之日起，批准程序所用时间不超过 90 天。

成员国可将一个零售商向另一零售商的小量供应排除在批发销售的定义范围之外。

2. 为了获得批发销售许可，申请人应具有符合相关成员国关于兽药产品储存和运输规定的技术人员及合适、充足的经营场所。

3. 经销许可持有人应做好详细记录。针对每笔进出的交易，至少应记录以下资料：

（a）日期；

（b）兽药产品的准确特征；

（c）生产批号、有效日期；

（d）接收或供应的数量；

（e）供应商或接收方的名称和地址。

至少 1 年进行一次详细审计，以比较进出的药品数量和目前库存数量，并记录任何不符之处。

在至少 3 年内，这些记录可供主管部门检查之用。

3a. 经销许可持有人应制订一个应急计划，确保有效执行主管部门要求的任何召回行动或与兽药产品生产商或上市许可持有人合作承担的任何召回行动。

4. 成员国应采取一切适当措施，确保批发商只向依照第 66 条规定获准从事零售活动的人供应兽药，或向依法获准从批发商处接收兽药的其他人供应。

5. 任何经销商（非上市许可持有人）从另一个成员国进口兽药产品，应通知进口国的上市许可持有人和主管部门。对于未根据（EC）726/2004 号条例获得许可的产

品，送达主管部门的通知应不违反该成员国法律规定的附加程序。

第 66 条

1. 成员国应采取一切适当措施，确保仅由根据相关成员国法律允许从事该业务的人进行兽药产品的零售供应。

2. 第 1 款允许零售供应兽药产品的人，应对只可凭处方供应的兽药产品做好详细记录。针对每笔进出的交易，至少应记录以下资料：

（a）日期；

（b）兽药产品的准确特征；

（c）生产批号、有效日期；

（d）接收或供应的数量；

（e）供应商或接收方的名称和地址；

（f）开具处方的兽医的姓名、地址和处方副本。

至少 1 年进行一次详细审计，以比较进出的药品数量和目前库存数量，并记录任何不符之处。

在至少 3 年内，这些记录可供主管部门检查之用。

3. 成员国可允许在其领土内供应由根据成员国法律就资格、记录和报告提供保证的注册人员开具或监督开具兽医处方用于食品动物的兽药产品。成员国应将国家法律相关规定通知欧盟委员会。这一条款不适用于口服或静脉治疗细菌感染的兽药的供应。

4. 已删除。

第 67 条

在不违反更严格的关于销售兽药产品和保护人类和动物健康的欧共体或国家法规的情况下，公开销售以下兽药产品时，需开具兽医处方。

（a）受官方限制供应或使用的兽药产品：

• 履行关于麻醉药品和精神药品的联合国公约所造成的限制；

• 欧共体法律对兽药产品使用的限制；

• 用于食品动物的兽药产品。

但成员国可根据委员会制定的标准豁免这项要求。以补充的形式修订本指令非必要内容的措施应根据第 89 条第 2 款（a）项所述程序审查通过。

成员国可继续采用国家规定，直至：

（ⅰ）根据第 1 分段所做决定的申请日期；

（ⅱ）2007 年 1 月 1 日（如截至 2006 年 12 月 31 日仍未通过该决定）。

（b）兽医须采取有特别预防措施的产品，以免对下列情况造成任何不必要的风险：

• 目标动物；

• 为动物给药的人员；

• 已删除；

• 环境。

（c）需要事先做出准确诊断才用于治疗或病理过程的兽药产品，或可能妨碍或干扰紧随的诊断或治疗措施的兽药产品。

（d）根据第 3 条第 2 款（b）项规定，针对食品动物的法定处方。

成员国应采取一切适当措施，确保仅按处方供应药品，所开具及供应的数量应仅为相关治疗所需的最小数量。

此外，含有在 5 年内批准用于兽药的活性物质的新兽药，应当开具处方。

第 68 条

1. 成员国应采取一切适当措施，确保依据现行国家法律获得批准的个人拥有或控制蛋白质同化、抗感染、抗寄生虫、抗炎、激素或精神药品性质的兽药产品或物质。

2. 成员国应保存一份允许拥有活性物质的生产商和经销商登记册。该活性物质可用于具有第 1 款所述性质的兽药产品的生产。这些人必须保存所有可能用于生产兽药产品的物质的详细交易记录，并保存这些记录至少 3 年以供主管部门检查。

3. 委员会应通过对第 1 款所述物质清单的修订。

以补充的形式修订本指令非必要内容的措施应根据第 89 条第 2 款（a）项所述程序审查通过。

第 69 条

1. 成员国应确保食品动物的所有人或饲养者在给动物用药后 5 年内，包括在 5 年内屠宰动物时，能够提供采购、拥有和给药凭证。

2. 成员国应尤其要求保存并至少提供下列资料的记录：

（a）日期；

（b）兽药产品的名称；

（c）数量；

（d）兽药产品供应商的名称和地址；

（e）接受治疗动物的识别。

第 70 条

根据第 9 条的减损规则，且在不违反第 67 条的情况下，成员国应确保在另一成员国提供服务的兽医可携带并给动物服用不超过每日需要量的少量兽药产品，批准用于提供该服务的成员国（以下简称"东道国"）的免疫兽药产品除外，但须符合下列条件：

（a）兽医执业的成员国主管部门已批准将产品投放第 5 条、第 7 条和第 8 条规定的市场。

（b）兽医用兽药产品为原厂包装运输的兽药产品。

（c）用于食品动物的兽药产品与东道国根据第 5 条、第 7 条和第 8 条批准的兽药产品具有相同质量和数量的活性物质。

（d）在另一成员国提供服务的兽医应熟悉该成员国的良好兽医规范，并确保遵守兽药产品标签上标注的休药期，除非他能合理了解并制订一个符合良好兽医规范的更长的休药期。

（e）兽医不得向东道国内接受治疗的动物的所有人或饲养者提供任何兽药产品，除非东道国的法规允许。但在这种情况下，他只能向他所治疗的动物提供最小数量的兽药产品，以便在此情况下完成动物的治疗。

（f）应要求兽医详细记录接受治疗的动物、诊断、使用的兽药产品、给药剂量、治疗期和采用的休药期。在至少 3 年内，这些记录可供主管部门检查之用。

（g）兽医携带的兽药产品的范围和数量不得超过良好兽医规范中的每日需要量。

第 71 条

1. 如果没有有关使用免疫兽药产品以消灭或控制动物疾病的欧共体具体法规，成员国可以根据其国家法规禁止在其领土上全部生产或部分生产、进口、拥有、销售、供应和（或）使用免疫兽药产品，如果确定：

（a）给动物施用的产品将影响对动物疾病诊断、控制或根除相关的国家计划的实施，或影响证明活体动物或食品或来源于接受治疗的动物的其他产品未受污染；

（b）该成员国没有需要由该产品提供免疫力的疾病。

成员国也可援引第 1 款的规定，以便依照第 31 条至第 43 条规定的非中央注册程序拒绝批准上市许可。

2. 成员国主管部门应将适用第 1 款规定的所有情况通知欧盟委员会。

第Ⅶ篇　药物警戒

第 72 条

1. 成员国应采取一切适当措施，鼓励向主管部门报告兽药产品的疑似不良反应。

2. 对于报告疑似严重或意外不良反应和人类不良反应的兽医专业人员和其他卫生相关专业人员，成员国可以提出具体要求。

第 73 条

为确保关于欧共体内批准的兽药产品的适当统一的监管决定，成员国应就兽药产品在正常使用条件下产生的疑似不良反应，制定一个兽药警戒系统。该系统收集对兽药产品监督管理有用的信息，特别是有关动物和人类使用兽药产品出现不良反应的信息，并对这些信息进行科学评估。

上述信息应与兽药产品销售和处方的现有数据进行核对。

各成员国应确保其他成员国及欧洲药品管理局接收到该系统收集的适当信息。这些信息应记录在（EC）726/2004 号条例第 57 条第 1 款（k）项提及的数据库中。所有成员国均可永久查阅，信息公布不得延迟。

该系统还应考虑与缺乏预期药效、非标签使用、休药期有效性研究相关的任何可用信息以及因使用该产品引发潜在环境问题的任何可用信息。此类环境问题根据第 77 条第 1 款提及的欧盟委员会指南予以诠释，且可影响兽药产品的效益－风险评估。

第 73a 条

与药物警戒、交流网络的运行和市场监督有关的活动资金应由主管部门永久控制，以确保其独立性。

第 74 条

1. 上市许可持有人应永久并持续聘用负责药物警戒的相应质量受权人。

2. 该质量受权人应居住在欧共体国家内，并须负责下列事项：

（a）建立和维护一个收集与核对任何疑似不良反应信息，并向企业员工（包括其代理人）报告的系统。欧共体国家可获得一致的此类信息。

（b）按照第 77 条第 1 款所述的指南，为主管部门编制第 75 条所述的报告，报告格式由主管部门规定。

（c）确保对主管部门提供进行效益－风险评估所需的补充信息，包括相关兽药产品销售量和处方量信息，做出完整而及时的答复。

（d）向主管部门提供与评估兽药产品效益－风险有关的任何其他资料，包括上市后监督研究方面的适当信息。

第 75 条

1. 上市许可持有人须详细记录发生在欧共体或第三国的所有疑似不良反应。

除特殊情况外，这些反应事件应按照第 77 条第 1 款所述的指南以电子报告的形式传达。

2. 上市许可持有人应记录引起其注意的与使用兽药产品相关的所有疑似严重不良反应和人类不良反应，并在获得信息后 15 天内，及时向其所在国主管部门报告。

上市许可持有人也应记录根据知识可预见的与使用兽药产品相关的所有疑似严重不良反应和人类不良反应，并在获得信息后 15 天内，及时向其所在国主管部门报告。

3. 上市许可持有人应确保根据第 77 条第 1 款所述指南，及时报告所有疑似严重意外不良反应、人类不良反应，以及发生在第三国的、通过兽药产品传播的任何可疑的传染性病原体的情况，以便欧洲药品管理局和批准兽药产品上市的成员国主管部门可于收到通知后 15 天内使用这些信息。

4. 根据第 2 款和第 3 款的减损规则，如果 87/22/EEC 号指令包含的兽药产品从本指令第 31 条和第 32 条的许可程序中受益，或受本指令第 36 条、第 37 条以及第 38 条的程序限制，则上市许可持有人应同时确保在欧共体内发生的所有疑似严重不良反应和人类不良反应均以该方式报告，以便参考成员国或其指定的主管部门查阅。参考成员国应负责对此类不良反应进行分析和跟踪。

5. 除非上市许可或紧随的批准条件另有要求，或第 77 条第 1 款所述指南要求，否则，所有不良反应报告应应要求立即或在批准许可后至少每 6 个月一次，直至产品上市，以定期安全性更新报告的形式提交至主管部门。定期安全性更新报告也应应要求立即或在产品首次投放市场后 2 年内至少每 6 个月，以及随后 2 年内每年一次提交。之后，这些定期安全性更新报告每3年或应要求更新和提交。

定期安全性更新报告应包括对兽药产品效益-风险平衡的科学评估。

6. 委员会可根据其业务经验修改第5款的规定。

以补充的形式修订本指令非必要内容的措施，应根据第89条第2款（a）项所述程序审查通过。

7. 在获得上市许可后，上市许可持有人可根据（EC）1084/2003号条例的程序，要求修订本条第5段所述时限。

8. 未事先或同时通知主管部门的情况下，上市许可持有人不得将其获批兽药产品的药物警戒相关信息向公众公开。

在任何情况下，上市许可持有人应确保此类信息客观，而非误导。

成员国应采取必要措施，确保未能履行这些义务的上市许可持有人受到有效的、适当的和惩诫性的惩罚。

第76条

1. 欧洲药品管理局应与成员国和欧盟委员会合作，建立一个数据处理网络，以促进在欧共体内销售的兽药的药物警戒信息交流，以便主管部门能够分享这些信息。

2. 利用第1款所述网络，成员国应确保在其境内发生的疑似严重不良反应和人类不良反应的报告，依照第77条第1款所述指南，于通知之日起至多15天迅速通报欧洲药品管理局和其他成员国。

3. 成员国应确保在其境内发生的疑似严重不良反应和人类不良反应的报告，于通知之日起至多15天迅速通报上市许可持有人。

第77条

1. 为方便在欧共体内部交流兽药产品药物警戒的相关信息，欧盟委员会应与欧洲药品管理局、各成员国和利益相关方合作制定收集、验证与报告不良反应事件的指南，包括按照国际认证术语进行兽药药物警戒信息电子交换的技术要求。

根据指南，上市许可持有人应使用国际认证术语传递兽药不良反应报告。

考虑到在药物警戒领域完成的国际合作工作，委员会应公布指南。

2. 为解释第1条第10款至第16款所述定义及本篇所述原则，上市许可持有人和主管部门应参考第1款所述的具体指南。

第78条

1. 如果由于兽药药物警戒资料评估结果，某一成员国认为应暂停、驳回或变更上市许以限制其适应证或可用性、修改剂量、添加禁忌证或制定新的防护措施，该成员国应立即通知欧洲药品管理局、其他成员国以及上市许可持有人。

2. 如果为保护人类或动物健康需要采取紧急行动，有关成员国可暂停兽药产品的上市许可，但最迟须于下一个工作日通知欧洲药品管理局、欧盟委员会及其他成员国。

3. 根据第1款或第2款通知欧洲药品管理局时，欧洲药品管理局应根据事件的紧急程度尽快提出意见。

根据欧洲药品管理局的意见，欧盟委员会可要求所有销售兽药的成员国立即采取临时措施。

应根据第 89 条第 3 款所述的程序通过最终措施。

第 79 条

欧盟委员会应在科技进步的基础上，对第 72 条至第 78 条进行必要修订。

这些旨在修订本指令非必要内容的措施，应按照第 89 条第 2 款（a）项所述程序审查通过。

第Ⅷ篇　监督与处罚

第 80 条

1. 相关成员国主管部门应通过反复检查和（如有必要）突击检查，在适当的情况下要求官方药品控制实验室或以此为目的的委托实验室进行样品检测，确保兽药产品符合相关法律的要求。

在有理由怀疑不符合第 51 条规定的情况下，主管部门可对用作兽药产品原料的有效成分的生产商或上市许可持有人的场所进行突击检查。这种检查也可应另一成员国、欧盟委员会或欧洲药品管理局的要求进行。

为了核实为取得合格证书而提交的数据是否符合《欧洲药典》的标准，当原料是《欧洲药典》的一个主题时，与《欧洲药典》相关的术语和质量规范制定的标准化机构（欧洲药品质量管理局）可要求欧盟委员会或欧洲药品管理局进行此类检查。

相关成员国主管部门可应生产商的要求对原料生产商进行检查。

此类检查应由主管部门授权的代表执行，该代表应获准：

（a）检查生产或贸易场所，以及由生产许可持有人委托根据第 24 条进行控制试验的实验室。

（b）采样，包括由官方药品控制实验室或一个成员国以此为目委托的实验室进行的独立分析。

（c）审查与检查对象有关的任何文件，但须遵守 1981 年 10 月 9 日各成员国在生产方法的说明方面对这些权力施加限制的规定。

（d）代表上市许可持有人检查上市许可持有人的场所、记录与文件，或执行第Ⅶ篇，尤其是第 74 条和第 75 条所述活动的任何机构。

2. 成员国应采取一切适当措施，确保免疫兽药产品的生产过程经过充分验证，并确保批次间的一致性。

3. 主管部门的授权代表应在第 1 款所述的每次检查后，报告第 51 条所述的良好生产规范的原则和指南，或（在适当情况下）第Ⅶ篇所述的要求是否得到遵守。应告知被检查的生产商或上市许可持有人报告的内容。

4. 在不妨碍欧洲与第三国之间可能达成的任何安排的情况下，成员国、欧盟委员会或欧洲药品管理局可要求建于第三国的生产商接受第 1 款所述的检查。

5. 在第 1 款所述检查后 90 天内，如检查确定生产商遵守欧共体法规所规定的良好生产规范的原则和指南，则生产商须获良好生产规范证书。

如果按《欧洲药典》要求进行检查，必要时可签发一份符合这一规定的证书。

6. 成员国应在由欧洲药品管理局管理的欧盟数据库中录入其签发的良好生产规范证书。

7. 如果第 1 款所述的检查结果是生产商不遵守欧共体法规所规定的良好生产规范的原则和指南，则该信息应记录在第 6 款所述的欧盟数据库中。

第 81 条

1. 成员国应采取一切适当措施，确保上市许可持有人与（在适当的情况下）生产许可持有人根据上市许可目的制定的方法，提供有关兽药产品和（或）构成成分以及生产过程的中间产品控制试验的证据。

2. 为执行第 1 款，成员国可要求免疫兽药产品的上市许可持有人向主管部门提交由质量受权人依据第 55 条签署的所有控制报告的副本。

免疫兽药产品的上市许可持有人应确保：至少至到期日，每批次兽药产品有充足的代表性样品库存，并应要求及时向主管部门提供样品。

第 82 条

1. 如果出于人类或动物健康考虑，必要时，成员国可要求免疫兽药产品的上市许可持有人在产品上市前，将某批次兽药样品和（或）兽药产品提交官方药品控制实验室进行检测。

2. 应主管部门要求，上市许可持有人应立即提供第 1 款所述样本，以及第 81 条第 2 款所述控制报告。

主管部门应通知批准该兽药产品的所有成员国和欧洲药品质量管理局，其控制某批次产品的意图。

在这种情况下，其他成员国主管部门不应采用第 1 款的规定。

3. 在研究第 81 条第 2 款所述控制报告后，负责实施控制的实验室应根据上市许可资料中的相关规定，重复生产商对成品进行的所有测试。

在所有相关成员国和（若适当的话）欧洲药品质量管理局同意的前提下，控制实验室的测试清单应仅限于合理测试。

根据（EC）726/2004 号条例批准的免疫兽药产品，只有在获欧洲药品管理局同意后，才可缩减控制实验室重复测试的清单。

4. 所有相关成员国应认可测试结果。

5. 除非欧盟委员会被告知需要更长时间进行测试，否则成员国应确保在收到样品后 60 天内完成测试工作。

主管部门应在同一时限内，将测试结果通知其他有关成员国、欧洲药品质量管理局、上市许可持有人及（如适用）生产商。

如果主管部门得出结论：某批兽药产品不符合生产商的控制报告或上市许可规定的规格，则主管部门可采取一切针对上市许可持有人和生产商的必要措施，在适当情况下，应通知批准相关兽药产品的其他成员国。

第 83 条

1. 当明确以下事项时，成员国主管部门应暂停、撤销、驳回或变更上市许可：

（a）当获批兽药用于畜牧业时，在批准的条件下使用，相关兽药的效益－风险评估结果不利，尤其不利于动物健康和动物福利以及消费者的安全与健康。

（b）兽药对拟治疗的动物种类没有治疗作用。

（c）兽药的质量和数量组成没有说明。

（d）建议的休药期不足以确保来自治疗动物的食品不含可能对消费者构成健康危害的兽药残留。

（e）兽药产品用于已被其他欧共体法规禁止的方面。

（已删除）

（f）根据第 12 条至第 13d 条和第 27 条规定，其申请文件中提供的信息不正确。

（g）未进行第 81 条第 1 款所述控制试验。

（已删除）

然而，在通过欧共体法律框架的过程中，当为保护公共卫生、消费者和动物健康必须采取行动时，主管部门可拒绝批准某兽药产品的上市许可。

2. 上市许可将被暂停、取消、撤回或变更，如果确定：

（a）第 12 条至第 13d 条所述的支持该项申请的事项未根据第 27 条第 1 款和第 5 款进行相应修订。

（b）未向主管部门传达第 27 条第 3 款所述的任何新信息。

第 84 条

1. 在不违反第 83 条的前提下，成员国应采取一切必要措施，确保禁止提供兽药产品，并确保将有关产品撤出市场，如果：

（a）当获批兽药用于畜牧业时，在批准的条件下使用，相关兽药的效益－风险评估结果不利，尤其不利于动物健康和动物福利以及消费者的安全与健康。

（b）兽药对拟治疗的动物种类没有治疗作用。

（c）兽药的质量和数量组成没有说明。

（d）建议的休药期不足以确保来自治疗动物的食品不含可能对消费者构成健康危害的兽药残留。

（e）未进行第 81 条第 1 款所述控制试验，或未履行第 44 条第 1 款所述生产许可批准相关的任何其他要求或义务。

2. 主管部门可仅将禁止供应和从市场上撤出限制在有争议的生产批次。

第 85 条

1. 如果不符合第 45 条所述的任一要求，成员国主管部门应暂停或撤销某一类剂型或所有剂型产品的生产许可。

2. 在不符合生产或从第三国进口相关规定的情况下，除第 84 条规定的措施外，成员国主管部门可暂停生产或从第三国进口，暂停或撤销某一类剂型或所有剂型产品的生产许可。

3. 成员国禁止向公众提供以下兽药广告：

（a）根据第 67 条，只能凭兽医处方购买。

（b）含精神药品或麻醉药品，如 1961 年和 1971 年《联合国公约》中包含的药品。

第 86 条

本篇的规定适用于顺势疗法兽药产品。

第 87 条

成员国应采取适当措施，支持兽医及其他相关专业人员向主管部门报告兽药产品的任何不良反应。

第Ⅸ篇　常设委员会

第 88 条

欧盟委员会应进行一切必要修订，使附录Ⅰ适应科技进步。

这些旨在修正本指令非必要内容的措施，应按照第 89 条第 2a 款所述程序审查通过。

第 89 条

1. 兽药产品常设委员会（以下简称"常设委员会"）协助欧盟委员会，以适应解除兽药产品行业技术贸易壁垒指令的技术进展。

2. 涉及本条款的，应采用 1999/468/EC 号决定第 5 条和第 7 条的规定，并应参考第 8 条的规定。

1999/468/EC 号决定第 5 条第 6 款规定的时限应为 3 个月。

2a. 涉及本条款的，应采用 1999/468/EC 号决定第 5a 条第 1 至 4 款以及第 7 条的规定，并应参考第 8 条的规定。

3. 涉及本条款的，应采用 1999/468/EC 号决定第 4 条和第 7 条的规定，并应参考第 8 条的规定。

1999/468/EC 号决定第 4 条第 3 款规定的时限应为 1 个月。

4. 常设委员会的议事程序应公开。

第 X 篇　一般条款

第 90 条

成员国应采取一切必要措施，确保相关主管部门相互交流适当信息，尤其是第 44 条所述许可、第 80 条第 5 款所述证书或产品上市许可要求的符合性。

应合理要求成员国在第一时间就第 80 条第 3 款中所述的报告与另一成员国的主管部门进行交流。

相关成员国检查员进行检查（如第 80 条第 1 款所述）所得结论应在欧共体内有效。

但是，作为例外，若成员国因人类或动物健康的严重原因而不能接受第 80 条第 1 款所述检查的结论，则该成员国应立即通知欧盟委员会和欧洲药品管理局。欧洲药品管理局应通知相关成员国。

欧盟委员会得知这些理由时，与有关成员国协商后，可要求主管部门的检查员重新检查。检查员可由非分歧缔约成员国的另外两名检查员陪同。

第 91 条

1. 各成员国应采取一切适当措施，确保欧洲药品管理局及时获知上市许可批准、驳回或撤销决定，上市许可驳回或撤销决定取消，产品供应或撤出市场禁令及其理由。

2. 如果出于兽药产品药效或保护公共卫生的目的，上市许可持有人有义务立即通知成员国为暂停兽药产品上市或将产品撤出市场所采取的一切行动及其原因。成员国应确保将此类信息传达给欧洲药品管理局。

3. 成员国应确保将可影响第三国卫生防护的第 1 款和第 2 款规定的行动的相关信息传达给相关国际组织，并抄送欧洲药品管理局。

第 92 条

成员国应互相通报在欧共体内生产和销售的顺势疗法兽药产品的质量和安全性信息，尤其是第 90 条和第 91 条所述信息。

第 93 条

1. 应兽药产品生产商或出口商或第三国进口国的要求，成员国应保证该生产商持有生产许可。成员国在签发此类证书时，应遵守以下条件：

（a）应考虑世界卫生组织现行的管理协议。

（b）对于在其境内获批供出口用的兽药产品，成员国应提供根据第 25 条批准的产品特性概要，或在没有产品特性概要的情况下提供等效文件。

2. 如果生产商未获得上市许可，应当向负责签发第 1 款所述证书的主管部门提供声明，陈述其未获许可的理由。

第 94 条

由成员国主管部门所作的本指令所述的任何决定，只能以本指令所列的理由为依据，并应详述其依据。

该决定应通知有关当事人，同时应告知其在现行法律下可采取的补救措施，以及允许采取此类补救措施的时限。

上市许可的批准或撤销决定应公布。

第 95 条

成员国不得从试验动物身上提取供人类食用的食品，除非主管部门规定了适当的休药期。休药期应为以下情况之一：

（a）至少按照第 11 条第 2 款的规定，包括在适当情况下，反映被测物质性质的安全系数。

（b）若欧共体根据（EEC）2377/90 号条例规定了最大残留限量，则应确保不超过食品中最大残留限量。

第 95a 条

成员国应确保为未使用或过期的兽药产品建立适当的收集系统。

第 95b 条

如果兽药产品依据（EC）726/2004 号条例被批准，且科学委员会根据该条例第 34 条第 4 款（d）项兽药产品安全性与有效使用规定提出建议条件或限制条件，则须依照本指令第 37 条和第 38 条规定的程序提交决议给成员国，以实施这些建议条件或限制条件。

第 XI 篇　最终措施

第 96 条

废止附录 II A 部分中提及的 81/851/EEC 号指令、81/852/EEC 号指令、90/677/EEC 号指令和 92/74/EEC 号指令，但不影响成员国根据附录 II B 部分所规定的转换为国家法律最后期限前的法律义务。

对上述被撤销指令的引用应视为对本指令的引用，并应按照附录 III 所列的关联表进行阅读。

第 97 条

本指令自其在《欧共体官方公报》上发表后第 20 天生效。

第 98 条

本指令适用于所有成员国。

附录Ⅰ　兽药产品检验的化学、药学和分析标准，安全性和残留检测，临床前试验和临床试验

目　录

1. 活性物质

2. 成品

G. 其他信息

第3部分 安全性与残留检验

A. 安全性检验

第Ⅰ章 性能检验（检验的性能）

1. 成品及其活性物质的准确鉴定

2. 药理学

2.1 药效学

2.2 药物代谢动力学

3. 毒理学

3.1 单剂量给药毒性

3.2 重复剂量给药毒性

3.3 目标动物的耐受性

3.4 生殖毒性（含发育毒性）

3.4.1 生殖毒性研究

3.4.2 发育毒性研究

3.5 遗传毒性

3.6 致癌性

3.7 特例

4. 其他要求

4.1 特殊研究

4.2 残留物的微生物学特性

4.2.1 对人类肠道菌群的潜在影响

4.2.2 对工业食品加工用微生物的潜在影响

4.3 对人类的观察

4.4 耐药性发展

5. 用户安全

6. 环境风险评估

6.1 不含或不由转基因生物组成的兽药产品的环境风险评估

6.2 包含或由转基因生物组成的兽药产品的环境风险评估

第Ⅱ章 详细资料与文件

B. 残留物检验

第Ⅰ章 性能检验

1. 简介

2. 代谢与残留物动力学

2.1 药物代谢动力学（吸收、分布、代谢与排泄）

2.2 残留物的衰减

    4. 佐剂鉴定及分析

    5. 赋形剂成分鉴定及分析

    6. 安全性检验

    7. 无菌及纯度检验

    8. 残余含水量

    9. 灭活

  F. 批次一致性

  G. 稳定性检验

  H. 其他信息

第3部分　安全性检验

  A. 简介与一般要求

  B. 实验室检测

    1. 单一剂量一次性给药的安全性

    2. 一次性过量给药的安全性

    3. 单一剂量重复性给药的安全性

    4. 繁殖性能检查

    5. 免疫功能检查

    6. 活疫苗的特殊要求

    6.1 疫苗株的传播

    6.2 在接种疫苗的动物中传播

    6.3 减毒疫苗毒性逆转

    6.4 疫苗株的生物学特性

    6.5 菌株重组或基因组重配

    7. 用户安全

    8. 残留物研究

    9. 相互作用

  C. 现场研究

  D. 环境风险评估

  E. 包含或由转基因生物组成的兽药产品的环境风险评估

第4部分　药效检验

  第Ⅰ章

  1. 总则

  2. 试验规程

  第Ⅱ章

  A. 一般要求

  B. 实验室研究

  C. 现场试验

第5部分　详细资料与文件

简介与总则

1. 鉴于欧盟委员会在欧盟药事法规第 6B 卷中公布的指导意见、申请人须知、兽药产品、档案的陈述内容，根据第 12 条至第 13d 条提出的上市许可申请所附详细资料和文件应按照本附录所列的要求提供。

2. 整理上市许可的申请资料时，申请人还应考虑兽药信息的现状、欧洲药品管理局发布的兽药产品质量、安全性和药效相关的科学指南，以及欧盟委员会发布的欧盟药事法规中其他欧盟药品指南的相关规定。

3. 对于免疫兽药产品以外的兽药产品，兽药产品质量（理化、生物和微生物检验）方面的资料，所有相关专论，包括通用专论和《欧洲药典》通用章节均适用。对于免疫兽药产品，质量、安全性和药效方面的资料，所有相关专论，包括通用专论和《欧洲药典》通用章节均适用。

4. 生产过程应符合 91/412/EEC 号指令规定的兽药产品良好生产规范的原则和指南，并符合欧盟委员会在欧盟药事法规第 4 卷中公布的欧盟药品生产质量管理规范（GMP）。

5. 兽药产品评估相关的所有信息，不论对产品有利与否，都应包含在产品申请信息内。尤其应提供与兽药产品有关的任何不完整或被放弃的检测或试验的所有相关细节。

6. 药理学、毒物学、残留物和安全性检测试验应符合 2004/10/EC 号指令和 2004/9/EC 号指令规定的良好实验室规范（GLP）。

7. 成员国应确保所有动物实验均按照 86/609/EEC 号指令进行。

8. 为监控效益-风险评估，应向主管部门提交原申请文件中未列出的最新信息以及所有药物警戒信息。获得上市许可后，如兽药产品的档案内容有任何变更，应根据管理获批兽药产品的（EC）1084/2003 号条例第 1 条或（EC）1085/2003 号条例第 1 条的规定，向主管部门提交。

9. 2001/18/EC 号指令第 2 条所指的含有转基因生物的兽药产品的释放所涉及的环境风险评估应在档案中提供。资料应按照欧洲议会和欧盟理事会 2001/18/EC 号指令和726/2004 号条例的规定提交，同时将欧盟委员会公布的指导文件纳入考虑范围。

10. 在申请特定动物种类和较小市场份额的兽药产品上市许可时，可以采用更灵活的方法。在这种情况下，应考虑相关科学指南和（或）科学建议。

第Ⅰ篇 免疫兽药产品以外的兽药产品的要求

除第Ⅲ篇另有规定外，下列规定适用于免疫兽药产品以外的兽药产品。

第1部分 资料概要

A. 管理信息

作为申请主体的兽药产品，应明确其名称和活性物质名称、规格、剂型、给药途径和方式［见本指令第12条第3款（f）项］以及产品最终外观的说明，包括包装、标签和包装说明书［见本指令第12条第3款（l）项］。

申请人的姓名和地址，涉及生产、检测和放行等不同阶段的生产商的姓名和地址（包括成品生产商和原料药生产商），以及相关进口商名称和地址。

申请人应确定提交的支持申请的文件数量和名称，并注明所提供的样品（如有）。

管理信息应附一份文件，表明生产商被批准生产第44条所定义的有关兽药产品以及已获批的成员国名单，经成员国批准的第14条规定的所有产品特性概要副本以及已提交或拒绝申请的成员国名单。

B. 产品特性概要、标签和包装说明书

申请人应根据第14条的规定提出产品特性概要。

应按照本指令第Ⅴ篇提供直接包装和外包装的建议标签文本，并附符合第61条要求的包装说明书。此外，申请人应以至少一种欧盟官方语言提供一份或多份兽药产品的最终展示样本或模型。如事先得到主管部门的同意，该样本或模型可以黑白或电子方式提供。

C. 详细关键点概要

根据第12条第3款的规定，应就药品质量（理化、生物或微生物检验）、安全性检验和残留检验、临床前试验和临床试验以及评估兽药产品对环境造成潜在风险的试验结果提供详细关键点概要。

每一项详细关键点概要应根据提交申请时的科学知识状况编写。它应包含对构成上市许可档案的各种检测和试验的评估，还应提供涉及兽药产品质量、安全性和药效评估的所有要点。应提供详细的检测和试验结果，以及准确的参考文献。

所有重要数据应以表格形式或图表形式汇总在附录中。详细关键点概要和附录应包含对主要文件所载信息的精确交叉引用。

详细关键点概要应签名并注明日期，同时附上作者的教育背景、培训和职业经历信息。应注明作者与申请人的职业关系。

如果活性物质已根据2001/83/EC号指令附录Ⅰ的规定被列为人用药品，则本附录第2.3节第2模块规定的质量汇总要求可酌情取代与活性物质或（适用时）成品相关的文件汇总。

如果主管部门已公开宣布成品的化学、药物和生物/微生物资料可能只包含在通用技术文件（CTD）中，则有关药品检测结果的详细关键点可以质量汇总表的形式提交。

在适用于特定动物种类或较小市场的情况下，可以在不经主管部门事先同意的情况下使用质量汇总表。

第2部分 药品质量（理化、生物/微生物）信息

基本原则与要求

根据第12条第3款（j）项第1段申请上市许可时，应一并递交的详细资料与文件须符合下列规定。应按照下列要求进行提交。

药品（理化、生物/微生物）数据应包括活性物质和兽药成品信息，如生产过程、特性和性能、质量控制程序和要求、稳定性以及兽药成分、开发和说明的描述。

所有专论，包括《欧洲药典》或（如果《欧洲药典》中没有）成员国药典的一般专论和通用章节均适用。

所有的测试程序应符合分析和控制原料和成品质量的标准，并应考虑到已有的指南和要求。应提供验证研究的结果。

应详细描述所有试验程序，以便在主管部门要求的控制试验中可重复进行。详细描述任何可能使用的特殊仪器和设备，如有可能应附有图表。实验室试剂的配方，如有必要，应补充提供制备方法。对于《欧洲药典》或成员国药典中提及的检测程序，可用有关药典的详细参考代替此描述。

如有需要，应使用《欧洲药典》的化学和生物参比材料。使用其他参考制剂和标准的，应当详细标识和说明。

如果活性物质已按照2001/83/EC号指令附录Ⅰ的规定被列为人用药品，则本指令第3模块规定的药品质量（理化、生物/微生物）信息可酌情取代与活性物质或成品相关的文件。

活性物质或成品的药品理化和生物/微生物信息，只有在主管部门公开宣布允许的情况下，才能以CTD的形式提交。

在申请特定动物种类和较小市场份额的兽药产品上市许可时，可以在没有主管部门事先同意的情况下采用CTD格式。

A. 成分的定性和定量分析

1. 定性资料

药品所有成分的定性资料指下列规定或说明：

• 活性物质；

• 赋形剂的成分，不论其性质或使用数量，包括色素、防腐剂、佐剂、稳定剂、增稠剂、乳化剂、香料和芳香物质；

• 成分，预期被动物摄入或其他方式服用的兽药产品的外部覆盖物，如胶囊、明胶胶囊。

应补充直接包装和相关的二次包装、密封方式（适当情况下）的详细信息，以及使用兽药产品或给药设备、供药品使用的设备的详细信息。

2. 常用术语

虽然适用第12条第3款（c）项的其他规定，但是用于描述兽药产品成分的常用术语指：

- 对于《欧洲药典》中出现的成分，或无此类药典时在成员国药典中出现的成分，在涉及药典的相关专论的主要标题中提到的成分。

- 对于其他成分，则指 WHO 推荐的国际非专有名称（INN），该名称可能会有另一个非专有名称，如果没有这些名称，则为确切的科学名称；没有国际非专有名称或确切科学名称的成分，应说明其制备和补充的方法和来源，或在适当的情况下，补充其他有关细节。

- 对于色素，用 78/25/EEC 号指令指定的"E"代码进行标注。

3. 定量资料

3.1　为提供兽药产品中所有活性物质的定量资料，有必要根据药物剂型，确定质量或生物活性单位的数量——每单位剂量或每单位质量或每单位体积活性物质。

无法用化学方法进行定义的物质应使用生物活性单位。如果 WHO 定义了生物活性的国际单位，应采用。如果没有定义国际单位，生物活性单位应以适用的《欧洲药典》单位来表示，提供关于物质活性的明确信息。

在可能的情况下，应注明每单位质量或体积的生物活性。补充信息：

- 对于单剂量制剂，在适当的情况下，以单位容器内每一活性物质的质量或生物活性单位为准，并考虑产品重组后的可用体积；

- 对于以滴剂给药的兽药产品，以每滴药水所含的活性物质的质量或生物活性单位为准，或以 1 毫升或 1 克制剂中所含的滴剂数量为准；

- 对于糖浆、乳液、颗粒制剂和其他剂型，以测量的数量中活性物质的数量或生物活性单位为准。

3.2　以化合物或衍生物形式存在的活性物质应按照其总质量定量描述，必要时或相关时应以活性物质或分子的质量描述。

3.3　第一次在任何成员国申请上市许可的含有活性物质的兽药产品，其盐或水合物的活性物质的定量描述应系统地以活性物质在分子中的质量表示。所有随后在成员国获批的兽医产品，应以相同的方式描述相同活性物质的数量组成。

4. 药物制剂开发

应就成分的选择、组成成分、直接包装、可能的进一步包装、相关的外包装、成品中赋形剂的预期功能和成品生产工艺等进行说明。说明应有开发制剂的科学数据支持。过量投料应说明理由。微生物特性（微生物纯度和抗菌活性）和使用说明应证明适用于上市许可申请文件中的兽药产品的预期用途。

B. 生产方法描述

应标明每个生产商及生产和检测中所涉及的各生产场所或设施的名称、地址和责任。

符合第 12 条第 3 款（d）项规定的上市许可申请对生产方法的描述，应以适当的方式说明所使用操作的性质。

为此，应至少包括：

- 提及生产的不同阶段，以评估生产剂型所采用的过程是否会对成分产生不利的影响。

- 在连续生产的情况下，为确保成品的均匀性而采取的相关预防措施的详细信息。
- 实际的生产配方，包括使用的所有物质的数量、赋形剂的数量，但在剂型允许的范围内，可以粗略的方式描述；应提及在生产过程中可能消失的任何物质；任何过量投料应注明并证明合理。
- 对进行过程控制试验抽样的生产阶段和适用限值的说明，如果支持该申请文件中的其他数据，表明这种试验对成品的质量控制是必要的。
- 对生产过程进行试验研究，并在适当情况下针对生产规模批次制订工艺验证方案。
- 对于使用非药典标准灭菌条件的无菌产品，采用的灭菌过程和（或）无菌程序的详细信息。

C. 原料控制

1. 一般要求

本段所指的原料指兽药产品的所有成分，（如有必要）及其容器和封条，参见上文第 A 节第 1 点。

档案应包括所有批次原料的质量控制测试的技术参数和信息。

对每批原料进行的例行测试必须在申请上市许可时注明。使用药典以外检验方法的，应当证明原料符合药典质量要求。

如果欧洲药品质量管理局对原料、活性物质或赋形剂签发了适用性证书，则该证书组成可参考《欧洲药典》等相关专论。

凡提及适用性证书，生产商应向申请人提供书面形式保证，确保自欧洲药品质量管理局颁发适用性证书以来，生产工艺没有变化。

应提供原料分析证书，以证明符合规定的标准。

1.1　活性物质

应注明生产商以及参与生产和检测活性物质的生产场所或设施的名称、地址和责任。

对于定义明确的活性物质，活性物质生产商或申请人可以将以下信息作为活性物质主文件直接以单独文件的形式提交主管部门：

（a）生产过程的详细描述；

（b）生产中质量控制的描述；

（c）工艺验证的描述。

在这种情况下，生产商应向申请人提供所有必要的数据，以便申请人对兽药产品负责。生产商应以书面形式向申请人保证批次的一致性。在未通知申请人的情况下，不得修改生产工艺或技术参数。应向主管部门提供支持变更申请的文件和资料，同时将其提供给涉及活性物质主文件的申请人。

此外，在没有活性物质适用性证书的情况下，应提供关于生产工艺、质量控制、杂质以及分子结构证据的资料。

（1）生产过程的信息应包括代表申请人对活性物质生产承诺的活性物质生产过程的描述。应列出生产活性物质的所有材料，并确定各材料在工艺中的用处。应提供有关这些材料的质量和控制的资料。应提供材料符合其预期用途的标准的信息。

（2）质量控制信息应包括每个关键步骤进行的测试（包括验收标准）、中间产品质量与控制信息和工艺验证和（或）评估研究（视情况而定）。在适当情况下，还应包括活性物质分析方法的验证数据。

（3）与杂质有关的信息须说明可预测的杂质以及观察到的杂质的水平和性质，还应包含有关这些杂质安全性的信息。

（4）对于生物技术兽药产品，分子结构的证据应包括氨基酸序列示意图和相对分子质量。

1.1.1　《欧洲药典》所列的活性物质

《欧洲药典》的一般和特定专论应适用于所有出现在其中的活性物质。

符合《欧洲药典》或成员国药典要求的成分应视为符合第 12 条第 3 款（i）项的规定。在这种情况下，分析方法和程序的描述须用有关药典的具体参考代替。

在这种情况下，如果《欧洲药典》或成员国药典中的描述不足以确保物质的质量，主管部门可要求申请人提供更合适的描述，包括特定杂质的限值及其检测验证程序。

主管部门应通知有关药典的主管部门。上市许可持有人须向该药典的主管部门提供所指的不足之处的详情及适用的附加描述。

如果活性物质在《欧洲药典》中未提及，但在成员国药典中有描述，则采用成员国药典。

如果活性物质在《欧洲药典》或成员国药典中均未提及，而在第三国药典中证实了其适用性，则可采用第三国药典。在这种情况下，申请人应提交药典的副本并随附译文（如合适时）。须提交证明该药典能够充分控制活性物质质量的数据。

1.1.2　《欧洲药典》未列的活性物质

在任何药典中未列的成分应以专论的形式对其进行描述，标题如下：

（a）符合第 A 章第 2 点要求的成分名称，须以商业或科学同义词进行补充。

（b）物质的定义，采用《欧洲药典》中所使用的类似格式进行记录，应随附任何必要的说明性证据，特别是关于分子结构的证据。如果物质仅可用其生产工艺进行描述，则该描述应足够详细，以描述其在组成和效果上都是稳定的。

（c）鉴定方法可以生产该物质所用的完整技术形式和应作为常规事项进行的检测的形式加以描述。

（d）纯度分析应描述每种可预测杂质，特别是有害杂质。如有必要，描述那些与活性物质结合后可能影响药品的稳定性或歪曲分析结果的杂质。

（e）应描述与成品有关的控制参数（如颗粒大小和无菌性）的检测和限值及相关的验证方法。

（f）关于植或动物起源的复杂物质，必须区分以下两种情况：多种药理作用导致对主要成分进行化学、物理或生物控制；在含有一组或多组具有类似活性成分的情况下，可接受一种综合的检验方法。

这些数据应证明，拟用的检测程序足以控制确定来源的活性物质的质量。

1.1.3 易影响生物利用率的理化特性

如果兽药产品的生物利用度取决于活性物质，无论活性物质是否列在药典中，应提供有关活性物质的下列信息：

- 结晶形态和溶解度系数；
- 粉碎后的粒度（如适用）；
- 水合状态；
- 油/水分配系数；
- pK/pH 值。

前 3 项不适用于仅在溶液中使用的物质。

1.2 赋形剂

《欧洲药典》的一般专论和具体专论适用于其中出现的所有物质。

赋形剂应符合适当的《欧洲药典》专论的要求。如无此类专论，可参考成员国的药典。如无此类药典，可参考第三国的药典。这种情况下，须证明该专论的适用性。在适当的情况下，须补充专论所规定的关于控制参数（如粒度、无菌、残留溶剂）的附加检测。如无药典专论，须提出并证明一个技术参数。须遵循第 1.1.2 节（a）～（e）中为活性物质设定的参数要求。须提供建议方法及其支持的验证数据。

兽药产品所含色素的安全性应符合 78/25/EEC 号指令的规定，但某些局部使用的兽药产品，如杀虫项圈和耳标，可以使用其他色素。

色素应符合 95/45/EC 号指令中规定的纯度标准。

对于新赋形剂，即首次用于兽药产品或通过新的给药途径使用的赋形剂，需提供其生产、特性和控制的详细信息，并与支持安全性的临床和非临床数据相互参照。

1.3 容器密封系统

1.3.1 活性物质

须提供活性物质的容器密封系统的信息。所需信息的水平应由活性物质的物理状态（液体、固体）决定。

1.3.2 成品

须提供成品的容器密封系统的信息。所需信息的水平由兽药的给药途径和剂型的物理状态（液体、固体）决定。

包装材料应符合适当的《欧洲药典》专论的要求。如无此类专论，可参考成员国药典。如无此类药典，可参考第三国的药典。这种情况下，须证明该专论的适用性。

如无药典专论，须提出并证明一个包装材料的技术参数。

需提交包装材料选择与适用性的科学数据。

对于接触产品的新型包装材料，须提交其构成、生产和安全性的信息。

应提供兽药产品定量给药或给药装置的技术参数及（如适用）性能数据。

1.4 生物源性物质

如果在兽药产品生产中使用微生物、植物或动物源性组织、人类或动物的细胞或体液（含血液）或生物技术构成的细胞等材料，应描述和记录原料的来源和历史。

原料的描述应包括生产策略、纯化/灭活程序及其验证，以及为确保成品质量、安全性和批次一致性而设计的所有过程控制程序。

如果使用细胞库，应说明细胞特性在生产过程中不变且在传代中保持不变。

种子材料、细胞库和血清池，在可能的情况下，从这些材料中提取的原料都应进行异源性物质的检测。

在使用动物或人类起源的原料时，应描述所采用的免受潜在病原体侵害的措施。

如果不可避免存在潜在病原体，只有进一步加工确保其消除和（或）灭活并经相关验证后方可使用该物质。

应提供文件以证明与疯牛病（TSE）传播有关的源自动物的种子材料、细胞种子、血清和其他材料符合《关于将通过人用和兽药产品传播动物海绵状脑病媒介的风险最小化的指南释义》，以及《欧洲药典》相应专论。欧洲药品质量管理局参照《欧洲药典》的有关专论颁发的适用性证书可用于证明其合规性。

D. 生产过程中间阶段进行的控制检验

资料应包括与产品控制检验有关的细节，这些检验可在生产过程的中间阶段进行，以确保技术特性和生产过程的一致性。

这些检验对于检验兽药产品配方的符合性是必不可少的，特别是在申请人建议一种检验成品的分析方法，但该方法不包括所有活性物质（或所有与活性物质要求相同的辅料成分）的检验的情况。

当产品的质量控制取决于生产过程的控制检验时，特别是如果该物质是根据其生产工艺进行定义时，生产过程中间阶段进行的控制检验是必要的。

如果中间产品可在进一步加工或初装配之前储存，则应根据稳定性研究所得的数据定义中间产品的有效期。

E. 成品检验

一批成品包括由相同初始数量的原料制成，经过相同系列的生产和（或）灭菌操作，或在连续生产过程中在一定时间内生产的所有单位。

上市许可申请应列出对每批成品的常规检测。非常规检测的频率应予以说明。应标明放行限值。

资料应包括与成品放行时的控制试验相关的细节。应按照下列要求提交：

• 《欧洲药典》的规定，或无此类药典时成员国药典的规定，应适用于其中定义的所有产品。

• 除在《欧洲药典》相关专论和通用章节或无此类药典时成员国药典中提及的检测程序和限值，应有证据可证明如按照专论所述进行检测，产品质量将符合药典对相关剂型的要求。

1. 成品的一般特性

对成品一般特性的一些检测应始终包括在成品检验中。在适用的情况下，这些检测应与平均质量和最大误差的控制、机械、物理或微生物测试、感官特性、物理特性（如密度、pH值、折射率）有关。对于每一特性，在每个特定情况下，申请人应详细说明标准和容许误差。

在适当情况下，当《欧洲药典》或成员国药典未规定测试条件、所用设备和标准时，应详细说明测试条件。前述同样适用于药典所规定的方法不适用时。

此外，必须口服的固体药物制剂应接受体外研究，研究活性物质的释放和溶出率，除非另有证明。如果有关成员国的主管部门认为有必要，其他的给药途径也应进行此类研究。

2. 活性物质的鉴定与分析

对活性物质的鉴定与分析应在每生产批次的代表性样品中或个别分析的剂量单位中进行。

除非有适当的理由，在生产过程中，成品中活性物质含量的最大可接受偏差不得超过5%。

在稳定性检验的基础上，生产商应提出并证明建议的有效期内成品中活性物质含量的最大可接受偏差限值。

在某些特别复杂的混合物中，对数量非常多或含量非常低的活性物质的检测需要对每一生产批次进行复杂而困难的测定，那么在明确条件下，在生产过程的中间阶段，可以省略成品中一个或多个活性物质的测定。这种技术简化不能推广到有关物质的特性说明。简化的技术应补充定量评价方法，使主管部门在药品上市后，对其合规性进行验证。

当物理化学方法无法提供产品质量的足够信息时，必须进行体内或体外生物实验。这种实验应尽可能包括参比材料和能够计算可信区间的统计分析。如果这些检测不能在成品中进行，则在生产的中间阶段进行，在生产过程越晚的阶段越好。

如果在成品的生产过程中发生降解，须标明生产后即刻每一降解成品和全部降解成品的最大可接受水平。

如果B部分给出的资料显示一个用于兽药产品生产的重要活性物质过量投料，或稳定性试验数据表明，活性物质的含量在储存中减少，则成品控制检验的描述应包括针对物质所经受的改变而进行的化学和（适当时）毒理药理学研究，以及降解产物的特性和（或）分析。

3. 赋形剂成分的鉴定与分析

应对每一种抗微生物防腐剂和容易影响活性物质生物利用率的赋形剂进行强制性鉴定和上下限测试，除非其他适当试验保证了生物利用率。应对任何抗氧化剂和易于对生理功能产生不利影响的赋形剂进行强制性鉴定和上下限测试，包括释放时氧化剂的下限测试。

4. 安全性检验

除申请上市许可时提交的毒理药理学测试外，安全性检验的详细资料（如无菌性和细菌内毒素）应包括在分析资料中，此类检测应作为常规事项，以核实产品质量。

F. 稳定性检验

1. 活性物质

应详细说明活性物质的复验期和储存条件，除非活性物质在《欧洲药典》专论中有记载且成品生产商在使用该活性物质制造成品之前，对该活性物质进行了全面复验。

应提供稳定性数据以支持确定的复验期和储存条件。须介绍进行的稳定性研究类型、采用的规程、分析程序及其带详细结果的验证。须提交带实验报告摘要的稳定性承诺。

但是，如果来自建议来源的活性物质带有适用性证书，且规定了复验期和储存条件，则不要求该来源活性物质的稳定性数据。

2. 成品

应说明对申请人建议的有效期、储存条件和有效期内的规格的研究情况。

须介绍进行的稳定性研究类型、采用的规程、分析程序及其带详细结果的验证。

如果成品在使用前需要进行重新配置或稀释，则需提供重新配置或稀释后成品的有效期和规格的详细信息，并提供相关的稳定性数据。

在多剂量容器的情况下，须提供产品首次打开之后的稳定性数据以确定成品在使用情况下的有效期。

成品易产生降解产物时，申请人应当声明，并注明鉴定方法和检验程序。

结论应包含分析结果、证明建议的有效期和使用中的有效期、在建议储存条件下和有效期结束时的成品规格，以及（如适当）在建议储存条件下成品使用中的有效期。

应标明在有效期内每一降解成品和全部降解成品的最大可接受水平。

在认为可能存在相互作用风险时，特别是涉及注射制剂时，应提交成品与容器之间相互作用的研究报告。

须提交带实验报告摘要的稳定性承诺。

G. 其他信息

前述章节中未涉及的兽药产品质量的相关信息可包含在档案中。

对加药预混料（欲添入加药饲料中的产品），应提供混合率、混合说明、饲料均匀性、相容性/适宜饲料、饲料的稳定性以及建议的饲料有效期等相关信息，还应提供建议使用说明，以便用这些预混料生产加药饲料。

第 3 部分　安全性与残留检验

第 12 条第 3 款（j）项第 2 段和第 4 段规定申请上市许可所附的详细资料与文件，应按照下列要求提交。

A. 安全性检验

第 I 章　性能检验（检验的性能）

安全性文件应显示：

（a）兽药产品的潜在毒性以及在建议的动物使用条件下可能发生的任何危险或不良影响。这些应与相关病理状况的严重程度联系起来进行评估。

（b）来自接受治疗动物的食品中的兽药残留对人类的潜在有害影响，以及这些兽药残留给食品的工业加工过程造成的困难。

（c）人类接触兽药产品，如在给动物服药期间，可能造成的潜在危险。

（d）使用兽医药品对环境造成的潜在风险。

所有结果应可靠、有效。适当时，数学和统计学程序应用于实验方法设计和结果评估。此外，应提供产品的治疗潜力和使用危害等信息。

在某些情况下，可能有必要测试母体化合物的代谢物，这些代谢物代表相关残留物。

首次在药品领域使用的赋形剂，应视为活性物质。

1. 成品及其活性物质的准确鉴定

- 国际非专有名称（INN）；
- 国际纯粹与应用化学联合会（IUPAC）名称；
- 化学文摘服务社（CAS）编号；
- 治疗学、药理学和化学分类；
- 同义词和缩略语；
- 结构式；
- 分子式；
- 分子量；
- 纯度；
- 杂质的定性和定量成分；
- 物理性质的描述；
- 熔点；
- 沸点；
- 蒸汽压；
- 在水和有机溶剂中的溶解度，以 g/L 表示，注明温度；
- 密度；
- 折射、旋转等的光谱；
- 产品配方。

2. 药理学

药理学研究在阐明兽药产品产生治疗效果的机制方面具有重要意义，因此，在实验动物和目标动物中进行的药理学研究应包括在第 4 部分。

同时，药理学研究也有助于理解毒理学现象。此外，如果兽药产品在没有毒性反应的情况下产生药理作用，或其剂量低于诱发毒性所需剂量，则在评估兽药产品安全性时应考虑到这些药理作用。

因此，在安全文件之前，必须有在实验动物进行的药理学研究的详细资料和在目标动物临床研究中观察到的所有相关信息。

2.1 药效学

应提供关于活性物质作用机制的信息，以及一级和二级药效学效应的相关信息，以帮助了解动物研究中的任何不良作用。

2.2 药物代谢动力学

提供毒理学研究所用动物体现活性物质及其代谢物去向的数据，包括吸收、分布、代谢和排泄（ADME）。这些数据应与药理学和毒理学研究中的剂量或效应相关，以确定足够的暴露量。第 4 部分应包括对第 A.2 节第 1 章第 4 部分目标动物研究中获得的药物代谢动力学数据的比较，以便确定对目标动物毒性的毒理研究中获得结果的相关性。

3. 毒理学

毒理学文件应遵循欧洲药品管理局发布的关于特定研究的检测与指导的一般方法指南。指南应包括：

（a）所有用于食品动物的新兽药产品都要进行基本检测，以评估食品动物中存在的兽药残留的安全性；

（b）根据具体的毒理学问题，如与活性物质的结构、类别和作用方式有关的问题，可能需要进行额外检测；

（c）可能有助于解释基本检测或额外检测中获得的数据的特殊检测。

研究应针对活性物质而非配方产品进行。如果需要对配方产品进行研究，将在下文规定。

3.1 单剂量给药毒性

单剂量毒性研究可用于预测：

- 急性药物过量对目标动物的可能影响；
- 意外给药对人类可能产生的影响；
- 可用于重复剂量研究的剂量。

单剂量毒性研究应揭示该物质的急性毒性作用及其发作与缓解的时间进程。

将要进行的研究应以用户安全信息这一标准来选择，例如可以预计使用者会因吸入或皮肤接触而暴露于兽药产品，则应研究这些暴露途径。

3.2 重复剂量给药毒性

重复剂量毒性试验旨在揭示重复给药或联合给药引起的任何生理和（或）病理变化，并确定这些变化与剂量的关系。

对于仅供非食品动物使用的药理活性物质或兽药产品，通常应对一种实验动物进行重复剂量毒性研究。这项研究可能被对目标动物进行的研究所取代。应根据临床使用的建议条件选择给药的频率和途径，以及研究的持续时间。研究人员应说明试验的范围和持续时间以及所选择的剂量。

对于拟用于食品动物的物质或兽药产品，应在啮齿动物和非啮齿动物中进行重复剂量90天毒性试验，以确定靶器官和毒理学终点，并在适当情况下确定用于慢性毒性试验的适宜动物种类和剂量水平。

研究者应根据现有的关于产品在动物和人体代谢的知识，给出选择试验动物的理由。试验样品应口服。研究者应明确说明给药途径和频率以及试验持续时间并说明原因。

通常应选择最大剂量，以显现有害作用。最低剂量水平不应产生任何毒性表现。

毒性作用的评估应以观察行为、生长、血液学和生理测试为基础，特别是与排泄器官有关的测试，以及尸检报告和相应的组织学数据。每组测试的选择和范围取决于所使用的动物种类和当时的科学知识状况。

如果已知物质的新组合已经按照本指令的规定进行了研究，重复剂量试验可由研究者适当修改，但毒性试验已显示出增强或出现新的毒性作用者除外，研究者应提出修改的理由。

3.3　目标动物的耐受性

根据第 4 部分第 I 章第 4 部分的要求，对在目标动物研究中（通常采用最终药物剂型）观察到的任何不耐受表现，应提供总结。应注明有关的研究、不耐受发生的剂量以及有关的动物和品种。还应提供任何意外生理变化的详细信息。这些研究的完整报告应列入第 4 部分。

3.4　生殖毒性（含发育毒性）

3.4.1　生殖毒性研究

本研究的目的是确定在受试兽药产品或物质使用过程中可能对雄性或雌性生殖功能造成的损害或对后代的有害影响。

对拟用于食品动物的药理活性物质或兽药产品，应以多代繁殖研究的形式进行对繁殖功能的研究，目的是检测对哺乳动物繁殖的影响。内容包括雄性和雌性生育能力、交配、受孕、植入、维持妊娠至分娩、分娩、哺乳、后代存活、生长发育、从出生到断乳、性成熟以及后代成年后的生殖功能。应使用至少 3 个剂量水平。应选择最大剂量，以显现有害作用。最低剂量水平不应产生任何毒性表现。

3.4.2　发育毒性研究

对拟用于食品动物的药理活性物质或兽药产品，应进行发育毒性试验。这些试验的目的是检测自着床、怀孕直至预期分娩日前一天暴露于母体对怀孕雌性、子宫和胎儿发育的任何不良反应。这些不良反应包括与非怀孕雌性相比毒性增强、胚胎或胎儿死亡、胎儿生长改变以及胎儿结构改变。需要对大鼠进行发育毒性试验。根据结果，可能需要根据既定的指南，对第二种实验动物进行研究。

对不用于食品动物的药理活性物质或兽药产品而言，发育毒性研究应在至少一种实验动物中进行，可能是目标动物（如果该产品是用于可能被用于繁殖的雌性动物）。但是，如果使用兽药产品会导致使用者的显著暴露，则须进行标准发育毒性研究。

3.5　遗传毒性

应进行遗传毒性试验，以揭示物质可能引起细胞遗传物质的变化。任何首次列入兽药产品的物质都必须对其遗传毒性进行评估。

通常应对活性物质按照既定指南进行体外和体内遗传毒性试验。在某些情况下，可能还需要检测作为食品残留物出现的一种或多种代谢物。

3.6　致癌性

是否需要进行致癌性试验取决于遗传毒性试验的结果、构效关系以及在较长期研究中可能与肿瘤有关的全身毒性试验的结果。

任何已知的毒性机制的种属特异性，以及实验动物、目标动物和人类之间的代谢差异均应予以考虑。

如果需要进行致癌性试验，一般需要进行为期 2 年的大鼠研究和为期 18 个月的小鼠研究。如果有适当的科学依据，可以只在一种啮齿动物中进行致癌性研究，最好是大鼠。

3.7　特例

外用兽药，应对目标动物进行全身吸收研究。如果证明全身吸收可以忽略，可省略重复剂量毒性试验、生殖毒性试验和致癌性试验，除非：

- 在预期的使用条件下，预计动物经口服用兽药产品；
- 在预期的使用条件下，预计使用兽药产品的人通过经皮途径之外的其他途径接触兽药产品；
- 活性物质或代谢物可进入治疗后动物的饲料中。

4. 其他要求

4.1　特殊研究

对于特定种类的物质，或如果在动物重复剂量研究中观察到的影响包括显示免疫毒性、神经毒性或内分泌功能障碍的变化，则需要进行进一步的检测，如致敏性研究或迟发性神经毒性检测。根据产品的性质，可能有必要进行额外的研究，以评估潜在的毒性作用或刺激的潜在机制。此类研究通常用最终药物剂型进行。

在设计这种研究并评价其结果时，应考虑到科学知识的状况和既定指南。

4.2　残留物的微生物学特性

4.2.1　对人类肠道菌群的潜在影响

抗菌化合物残留对人体肠道菌群的潜在微生物影响应按照既定指南进行研究。

4.2.2　对工业食品加工用微生物的潜在影响

在某些情况下，可能需要进行试验以确定微生物活性残留物是否会干扰食品工业加工的工艺过程。

4.3　对人类的观察

应提供信息，说明兽药产品的药理活性物质是否用于人类治疗的药物。如果是，则应将观察到的人类所有影响（包括不良反应）及其原因进行汇总，只要这些影响对评估兽药产品的安全性可能是重要的，适当时还应包括已发表的研究结果。兽药成分不使用或不再作为药品用于人类治疗的，应说明原因。

4.4　耐药性发展

与人类健康相关的可能出现的耐药细菌的数据对于兽药产品来说是必要的。其中，这种耐药性的发展机制特别重要。必要时，应提出措施，以限制兽药产品的预期使用而产生的细菌耐药性。

与该产品临床使用有关的耐药性应按照第4部分进行说明。如有关联，应对第4部分所列数据进行交叉引用。

5. 用户安全

本节应包括对先前章节中发现影响的讨论，并将其与人体接触产品的类型和程度联系起来，以制定适当的用户警告和其他风险管理措施。

6. 环境风险评估

6.1　不含或不由转基因生物组成的兽药产品的环境风险评估

进行环境风险评估的目的在于评估兽药产品的使用可能对环境造成的潜在有害影响，并确定可能需要采取的任何预防措施，以减少此类风险。

这项评估通常应分两个阶段进行。评估的第一阶段应始终执行。评估的细节应遵循既定指南。它应指明兽药产品暴露于环境后对环境的潜在风险及风险等级，特别应考虑到下列事项：

- 目标动物和建议使用方式；
- 给药方法，特别是产品可能直接进入环境系统的程度；
- 兽药产品可能的排泄方式，其活性物质通过接受治疗的动物进入环境，并在此类排泄物中的存留；
- 未使用兽药产品或其他废弃产品的处置。

在第二阶段，应按照既定指南，对兽药产品在特定生态系统的去向和作用进行进一步专门研究。产品暴露在环境中的程度以及相关的理化、药理和（或）毒理特性的信息，包括在本指令规定的其他检测和试验进行期间获得的可能有明确风险的代谢物，都应纳入考虑范围。

6.2　包含或由转基因生物组成的兽药产品的环境风险评估

对于含有转基因生物体的兽药产品，上市许可申请还应随附 2001/18/EC 号指令第 C 部分第 2 条规定的文件。

第Ⅱ章　详细资料与文件

安全性检验的资料应包含以下内容：

- 资料中所有研究的索引；
- 申请人在提交时知晓所有数据（无论有利或不利）的声明；
- 省略任何类型研究的理由；
- 采用替代研究的解释；
- 讨论根据 2004/10/EC 号指令进行的符合良好实验室规范（GLP）的研究对总体风险评估的贡献。

每份研究报告应包括：

- 研究计划（方案）的副本；
- 符合良好实验室规范的声明（适用时）；
- 对使用的方法、仪器和材料的描述；
- 对测试系统的描述及理由；
- 对所获得的结果的详细描述，以便能够独立于作者的解释而对结果进行客观评价；
- 结果的数据统计分析（适用时）；
- 对结果进行讨论，对观察到的和没有观察到的影响水平进行评论，对任何不寻常的发现进行评论；
- 对活性物质安全性研究结果的详细描述与透彻讨论，以及其与评估兽药残留对人类潜在风险的相关性。

B. 残留物检验

第Ⅰ章 性能检验

1. 简介

2377/90 号条例的定义适用于本附录。

研究接受治疗动物的可食用组织或鸡蛋、牛奶和蜂蜜中残留物衰减的目的是确定在什么条件下，这些动物生产的食品中可能会有何种程度的兽药残留。此外，这些研究应能确定休药期。

用于食品动物的兽药产品，其残留物的文件应说明：

（a）兽药产品残留物或代谢物在接受治疗动物的可食用组织或鸡蛋、牛奶和蜂蜜中的残留程度和持续时间；

（b）为了防止接受治疗动物对食品消费者的健康造成任何风险，或给食品工业加工造成困难，可以建立可行的且可在实际农场条件下观察的休药期；

（c）在残留物衰减研究中使用的分析方法已得到充分的验证，从而提供必要的保证，保证所提交的残留物数据适合作为休药期的基础。

2. 代谢与残留物动力学

2.1 药物代谢动力学（吸收、分布、代谢与排泄）

药物动力学数据的摘要应与第4部分中提交的目标动物药物代谢动力学研究交叉参考。不需要提交完整的研究报告。

兽药残留的药物代谢动力学研究的目的是评价药物在目标动物体内的吸收、分布、代谢和排泄。

最终产品，或与最终产品生物利用率具有可比性的配方，应以最大建议剂量给予目标动物。

应就给药途径充分说明兽药产品的吸收程度。如果证明局部用药产品的全身吸收可以忽略不计，则不需要进一步的残留物研究。

应描述兽药产品在目标动物体内的分布，应考虑血浆蛋白结合或进入奶或蛋中和蓄积在亲脂性化合物中的可能性。

描述兽药产品在目标动物体内的排泄途径。应鉴定并描述主要代谢物。

2.2 残留物的衰减

这些研究的目的是测定在最后一次给药后，目标动物体内残留物的衰减速率，以确定休药期。

实验动物接受足够次数的兽药产品最终剂量后，应使用经过验证的分析方法确定残留物含量。应详细说明所采用的技术程序和方法的可靠性和灵敏度。

3. 残留物分析方法

应详细描述在残留物衰减研究中使用的分析方法及其验证。

应描述下列特征：

- 特异性；
- 准确性；
- 精密度；
- 检测限；
- 定量限；
- 在正常实验条件下的实用性和适用性；
- 干扰的敏感性；
- 已产生的残留物的稳定性。

建议的分析方法的适用性应考虑提交申请时科学和技术知识的状态进行评估。

分析方法应以国际通用的格式进行说明。

第Ⅱ章　详细资料与文件

1. 产品鉴定

须提供测试用兽药产品的鉴定结果，包括：

- 成分；
- 相关批次的物理和化学（药效和纯度）测试结果；
- 批次鉴定；
- 与最终产品的关系；
- 标记物质的特定活性和放射性纯度；
- 标记原子在分子中的位置。

残留物检验的资料应包括：

- 资料中所有研究的索引；
- 申请人在提交时知晓所有数据（无论有利还是不利）的声明；
- 省略任何类型研究的理由；
- 采用替代研究的解释；
- 讨论根据 2004/10/EC 号指令进行的符合良好实验室规范（GLP）的研究对总体风险评估的贡献；
- 休药期建议。

每份研究报告应包括：

- 研究计划（方案）的副本；
- 符合良好实验室规范的声明（如适用时）；
- 对使用的方法、仪器和材料的描述；
- 对所获得的结果的详细描述，以便能够独立于作者的解释而对结果进行客观评价；
- 对结果的数据统计分析（如适用时）；
- 对结果的讨论；
- 客观地讨论所取得的结果，并就必要的休药期提出建议，以确保从接受治疗动物获得的食品中不含对消费者健康构成危害的兽药残留。

第 4 部分　临床前试验与临床试验

根据第 12 条第 3 款（j）项第 3 段规定申请上市许可时，其详细资料与文件应按照下列要求提交。

第Ⅰ章　临床前试验要求

需要进行临床前试验来确定产品的药理活性和耐受性。

A. 药理学

A.1　药效学

应描述兽药产品中所含活性物质的药效学效应。

首先，须充分描述实践中推荐应用的药理效果的作用原理。结果应用数量术语表达（如剂量效应曲线、时间效应曲线等），并在可能的情况下与熟悉的物质比较活性。如果声称某种活性物质具有较好疗效，须证明数据具有统计学差异。

其次，应提供活性物质的整体药理学评估，应特别参照可能产生的次要药理效应。通常，应对主要身体功能的影响进行研究。

应研究产品的其他特点（如给药途径或配方）对活性物质的药理活性的影响。

当建议剂量接近可能产生不良反应的剂量时，应加强研究。

试验技术，除非是标准程序，应详细描述以便进行重复试验，研究者应确定其有效性。试验结果应清楚地列出，对于特定类型的试验，应引述其统计学显著性。

除非有充分的反对理由，应研究由于反复服用受试物而做出的任何数量的修改。

联合用药的固定组合可根据药理或临床适应证提示。在第一种情况下，药效学和（或）药物代谢动力学研究应证明其相互作用，使组合具有临床应用价值。在第二种情况下，如果通过临床试验寻求药物组合的科学依据，则研究应确定该组合的预期效果是否能在动物身上得到证实，至少应检查任何不良反应。如果组合包含新的活性物质，则事先应对该活性物质进行深入研究。

A.2 耐药性发展

在相关情况下，可能出现的临床相关性耐药细菌的数据对于兽药产品来说是必要的。其中，这种耐药性的发展机制特别重要。应由申请人提出措施，以限制兽药产品的预期使用产生的细菌耐药性。

在相关的情况下，应当对第3部分中所列的数据进行交叉引用。

A.3 药物代谢动力学

在评估兽药产品的临床安全性和药效时，需要新的活性物质的基本药物代谢动力学数据。

目标动物的药物代谢动力学研究的目标可分为三个主要方面：

（i）描述性药物代谢动力学，确定基本参数值；

（ii）使用这些参数来研究剂量方案，血浆和组织浓度随时间的变化与药理、疗效或毒性作用之间的关系；

（iii）在适当情况下，比较不同目标动物的药物代谢动力学，探索可能的种属差异对兽药产品的目标动物安全性和疗效的影响。

在目标动物中，药物代谢动力学研究通常作为药效学研究的补充，以支持建立有效剂量方案（给药途径和部位、剂量、给药间隔、给药次数等）。可能需要进行更多的药物代谢动力学研究，以根据特定群体变量制订给药方案。

在根据第3部分提交药物代谢动力学研究的情况下，可参照此类研究进行交叉引用。

对于根据本指令的规定进行了研究的已知物质的新组合，如果可以证明将活性物质作为固定组合使用不会改变其药物代谢动力学特性，则无需对固定组合进行药物代谢动力学研究。

应采取适当的生物利用率研究建立生物等效性：

- 将用新配方的兽药产品与现有产品进行比较；
- 在必要的情况下，将一种新的给药方法与现有的方法进行对比。

B. 目标动物的耐受性

应在目标动物中对兽药产品的局部和全身耐受性进行研究。研究目的在于描述不耐受反应，并使用推荐给药途径建立足够的安全限值。这可以通过增加治疗剂量和（或）治疗期限获得。试验报告应包括所有预期的药理作用和不良反应的详细情况。

第Ⅱ章　临床试验要求

1. 总则

临床试验的目的是通过建议给药途径，证明或证实兽药在建议的给药方案中使用后的效果，并根据动物种类、年龄、品种、性别、用法说明和可能产生的任何不良反应，明确其适应证和禁忌证。

实验数据应由正常现场环境下获得的数据加以确认。

除非有正当理由，临床试验应与对照临床试验（对照动物）一起进行。观察到的疗效应与已在欧盟内获得批准用于同一目标动物的相同适应证的兽药或安慰剂或不治疗的目标动物的疗效进行比较。所有取得的结果，无论是有利还是不利，都应报告。

除非有正当理由，在临床试验的方案设计、分析和评估中应使用既定的统计原则。

对于主要用于增强性能的兽药产品，应特别注意：

（a）动物产品的产量；

（b）动物产品的质量（感官、营养、卫生和技术质量）；

（c）目标动物的营养效率与生长；

（d）目标动物的一般健康状况。

2. 临床试验的实施

所有兽医临床试验应按照详细的试验规程进行。

除非另有正当理由，临床现场试验应按照良好临床规范的既定原则进行。

在开始现场试验之前，应取得实验动物所有人的知情同意并记录在案。特别是应以书面形式告知动物所有人实验动物随后的处理或从实验动物中提取食品的结果。通知的副本（动物所有人签名并标明日期）应包含在试验文档中。

除非是盲法设计的现场试验，第55条、第56条、第57条的规定适用于拟用于兽医现场试验的制剂的标签。在所有情况下，标签上应醒目出现"仅供兽医现场试验使用"字样。

第Ⅲ章　详细资料与文件

关于疗效的资料应包括所有临床前试验和临床试验记录和（或）试验结果，无论对兽药产品有利或不利，以便能够对产品的风险和效益进行客观的全面评估。

1. 临床前试验结果

如可能，应提供以下结果的详细资料：

（a）证明药理作用的试验；

（b）证明其疗效的药效学机制的试验；

（c）证明主要药物代谢动力学特征的试验；

（d）证明目标动物安全性的试验；

（e）研究耐药性的试验。

如果在试验过程中出现意外的结果，应详细记录。

此外，所有临床前研究均须提供以下资料：

（a）概要；

（b）详细的试验方案，说明所使用的方法，仪器和材料，动物种类、年龄、体重、性别、数量、品种或品系，动物鉴定，剂量，给药途径和给药时间表等；

（c）对结果进行统计分析（如相关时）；

（d）对获得结果进行客观讨论，得出关于兽药产品疗效和安全性的结论。

这些数据的全部或部分省略应被证明合理。

2. 临床试验结果

各研究人员应在各自的记录表上对个别动物治疗和在成组记录表上对成组治疗提供所有详情。

所提供的资料须采用以下格式：

（a）负责人的姓名、地址、职务和资格；

（b）治疗地点和日期、动物所有人的姓名和地址；

（c）临床试验方案的详细资料，说明所使用的方法，包括随机和盲法，以及给药途径，给药时间表，剂量，实验动物的鉴定、种类、品种或品系、年龄、体重、性别、生理状况等详细信息；

（d）动物管理和饲养方法，说明饲料的组成和饲料添加剂的性质和含量；

（e）病例（尽可能完整），包括任何并发症的发生和病程；

（f）诊断和诊断方法；

（g）临床表现，如果可能，按照常规标准；

（h）准确鉴定用于临床试验的兽药制剂的配方和有关批次的理化试验结果；

（i）在给药（口服或注射）期间所使用的兽药产品的剂量、给药方法、给药途径、给药次数及注意事项（如有）；

（j）治疗时间与随后的观察时间；

（k）在试验期间服用其他兽药产品的详细信息，无论在试验前还是试验同时，后一种情况下，提供观察到的任何相互影响的详细信息；

（l）所有临床试验结果，根据临床试验方案中规定的疗效标准和终点充分描述结果，包括统计分析的结果（如适当）；

（m）任何意外事件的详细信息，不论是否有害，以及就此采取的任何措施，如有可能，应研究因果关系；

（n）对动物性能的影响（适当时）；

（o）对来自接受治疗动物的食品质量的影响，特别是打算用作性能增强剂的兽药产品；

（p）各单独案例中安全性和药效的结论，或在具体大规模治疗中以频率或其他适合变量进行总结。

省略（a）至（p）中的一项或多项应证明合理。

上市许可持有人须做出一切必要的安排，以确保在兽药产品不再获批后，构成资料档案作为数据基础的原始文件至少保存 5 年。

就每项临床试验而言，临床观察应以临床试验及结果概要的形式概括，并特别注明：

（a）单独或成组治疗的对照和试验动物的数目，并按种类、品种或品系、年龄和性别分类。

（b）提前退出试验的动物数目和退出原因。

（c）就对照动物而言，无论是否：

• 接受治疗；

• 使用安慰剂；

• 用于相同目标动物的相同适应证，接受欧盟批准的其他兽药产品治疗；

• 接受不同配方或不同给药途径的同一活性物质。

（d）观察到的不良反应的频率。

（e）观察对动物性能的影响（适当时）。

（f）关于实验动物因年龄、饲养方式或饲养目的，或需要特别考虑的生理或病理状况而可能增加风险的详细资料。

（g）结果的统计评价。

最后，研究人员应对在建议条件下使用兽药产品的药效和安全性进行全面总结，特别是适应证和禁忌证的信息、剂量和平均治疗时间、（适当时）与其他兽药产品或饲料添加剂的相互作用，以及将在治疗期间采用的特殊预防措施和观察到的药物过量的临床症状。

就固定组合产品而言，与有关活性物质单独服用时相比，研究人员还应对产品的安全性和药效进行总结。

第Ⅱ篇　免疫兽药产品的要求

在不违反欧盟法律对控制和根除特定动物传染病的专门规定的前提下，以下规定适用于免疫兽药产品，除非当成品预计用于第Ⅲ篇和相关指南中定义的动物种类或特殊适应证。

第 1 部分　资料概要

A. 管理信息

作为申请主体的免疫兽药产品，应以其名称和活性物质名称、生物活性、效价或滴度、药物剂型、服用方法和途径（适当时）、产品最终外观的说明（包括包装、标签和包装说明书）来明确。稀释剂可能与疫苗药瓶包装在一起，也可能分开包装。

资料中应包括最终疫苗制备所需稀释剂的信息。免疫兽药产品应视为一个产品，即使需要一个以上稀释剂来进行成品的不同制备，这因不同服药途径或方法而有所不同。

申请人的姓名和地址，涉及生产、检测和放行等不同阶段的生产商的名称和地址

（包括成品生产商和原料药生产商），以及相关进口商的名称与地址。

申请人应确定提交的支持申请的文件数量和名称，并注明所提供的样品（如有）。

管理信息应附一份文件，表明生产商被批准生产第 44 条定义的有关免疫兽药产品。此外，还应提供在生产场所处理的生物名单。

申请人须提交已获批的成员国名单，以及已提交或拒绝申请的成员国名单。

B. 产品特性概要、标签和包装说明书

申请人应按照第 14 条的规定提出产品特性概要。

应按照本指令第 V 篇提供直接包装和外包装的建议标签文本，并附符合第 64 条要求的包装说明书。此外，申请人应以至少一种欧盟官方语言提供一份或多份兽药产品的最终展示样本或模型。如事先得到主管部门的同意，该样本或模型可以黑白或电子方式提供。

C. 详细关键点概要

第 12 条第 3 款规定的详细关键点概要，应根据提出申请时的科学知识状况编写。它应包含组成上市许可资料的各种检测和试验的评估，并应说明与免疫兽药产品质量、安全性和药效评估相关的所有要点。应提交试验和测试的详细结果以及准确的参考文献。

所有重要数据应以表格形式或图表形式汇总在附录中。详细关键点概要和附录应包含对主要文件所载信息的精确交叉引用。

详细关键点概要应签名并注明日期，同时附上作者的教育背景、培训和职业经历的信息。应当注明作者与申请人的职业关系。

第 2 部分　药品质量（理化、生物/微生物学）信息

所有检测程序都应符合对原料和成品质量进行分析和控制的必要标准，并应经过验证。应提供验证研究的结果。任何可能使用的特殊仪器和设备都应详细描述，尽可能附上图表。如有必要，生产方法中须注明实验室试剂配方。

对于《欧洲药典》或成员国药典中包含的检测程序，可通过详细引用相关药典，代替上述描述。

在可能的情况下，须使用《欧洲药典》所述化学和生物参比材料。如果使用其他参照制剂和标准，须对其进行详细鉴定和说明。

A. 成分的定性和定量分析

1. 定性资料

免疫兽药产品所有成分的定性资料是指以下的名称或说明：

- 活性物质；
- 佐剂成分；
- 赋形剂成分，不管其性质或使用数量，包括防腐剂、稳定剂、乳化剂、色素、香料、芳香物、标志物等；
- 用于动物的药剂成分。

应补充有关容器和相应密封方式的详细数据，以及免疫兽药产品使用或给药使用的

设备详情，这些设备将与药品一并交付。如果设备不与免疫兽药产品一起交付，在评估产品需要时，须提供有关设备的相关信息。

2. 常用术语

虽然适用第 12 条第 3 款（c）项的其他规定，但是用于描述免疫兽药成分的常用术语指：

• 《欧洲药典》中出现的成分，或在成员国药典中出现的成分，在有关药典的相关专论的主要标题中提到的成分。

• 其他成分，则指 WHO 推荐的国际非专有名称（INN），该名称可能会有另一个非专有名称，如果没有这些名称，则为确切的科学名称；没有国际非专有名称或确切科学名称的成分，应说明其制备和补充的方法和来源，或在适当的情况下，补充其他有关细节。

• 对于色素，用 78/25/EEC 号指令指定的"E"代码进行标注。

3. 定量资料

为了提供免疫兽药活性物质的定量资料，应尽可能详细说明生物的数量，特定蛋白质的含量、质量、国际单位（IU）或生物活性单位的数量（单位或体积），以及佐剂和辅料的成分、每种辅料的质量或体积，并适当考虑到 B 节所提供的细节。

凡已定义生物活性国际单位的，须使用该单位。

对于尚无已发表数据的生物活性单位，应提供有关成分活性的明确信息，如说明确定剂量的方法所依据的免疫效应。

4. 产品开发

须提供有关成分、组分和容器的说明，并提供支持产品开发的科学数据。过量投料应说明其理由。

B. 生产方法描述

根据第 12 条第 3 款（d）项申请上市许可时，须提供生产方法说明。应以适当的方式描述所使用操作的性质。

鉴于此目的，说明至少应包括：

• 生产过程的各个阶段（包括抗原生产和纯化过程），以便对生产过程的可重复性和成品的不良反应风险，如微生物污染，进行评估；对生产过程中关键阶段的验证进行论证，对整个生产过程的验证进行论证，提供使用所述方法连续生产 3 个批次的结果。

• 在连续生产的情况下，为确保每批成品的均匀性和一致性而采取的预防措施的详细内容。

• 在适当阶段使用的所有物质，包括在生产过程中无法回收的物质。

• 混料细节，包括所有使用物质数量的详细资料。

• 在生产过程中抽样以进行控制试验的生产阶段的说明。

C. 原料生产与控制

本段中原料是指在免疫兽药产品生产中使用的所有组分。由几种用于生产活性物质的组分组成的培养基应视为一种原料物质。然而，只要主管部门认为培养基的定性和定量组成信息与成品质量及可能带来的风险有关，就须提供此类信息。如果使用动物源性材料制备这些培养基，则必须包括使用的动物种类和组织。

资料应包括技术参数和所有批次原料的质量控制所需的信息、试验资料和所有使用组分的每批次结果，并按照下列规定提交。

1. 《欧洲药典》所列的原料

《欧洲药典》专论适用于其中出现的所有原料。

对于其他物质，各成员国可要求在其境内生产的产品遵守本国的国家药典要求。

符合《欧洲药典》或成员国药典要求的成分，应视为完全符合第 12 条第 3 款（i）项的规定。在这种情况下，可以详细引用上述药典代替对分析方法的描述。

在任何情况下，色素应符合 78/25/EEC 号指令的要求。

对每批原料进行的常规检测必须在申请上市许可时注明。如果使用《欧洲药典》以外的检验方法，必须证明原料符合《欧洲药典》的质量要求。

如果《欧洲药典》专论或成员国药典中的技术参数或其他规定不足以保证原料的质量，主管部门可要求申请人提供更适当的技术参数以获得上市许可。应当向有关药典的主管部门报告药典所述不足以确保物质质量。

在《欧洲药典》和成员国药典均未描述原料的情况下，可接受符合第三国药典专论的规定。在这种情况下，申请人应提交该专论的副本，并在必要时提供该专论所记载检测程序的验证和相应的译本。

使用动物源性原料时，应遵守《欧洲药典》的相关专论，包括一般专论和通用章节。所进行的试验和控制应与原料相适应。

申请人应当提供文件，证明原料和兽药产品符合《关于将通过人用和兽药产品传播动物海绵状脑病媒介的风险最小化的指南释义》，遵守《欧洲药典》相应专论的要求。可使用欧洲药品质量管理局颁发的适用性证书并引用《欧洲药典》相关专论，证明其合规性。

2. 《欧洲药典》未列的原料

2.1 生物源性原料

应以专论的形式进行描述。

只要有可能，疫苗生产应以种子系统和已建立的细胞种子为基础。对于含有血清的免疫兽药产品的生产，应注明生产动物的来源、一般健康状况和免疫学状况，以及既定的原料库。

原料的来源，包括地理区域和历史，应予以描述和记录。对于转基因原料，信息应包括对原始细胞或病毒株的描述、表达载体的构建（名称、来源、复制子功能、启动子、增强子及其他调节元件）、对有效插入 DNA 或 RNA 序列的控制、细胞质粒载体寡核苷酸序列、用于共同转染的质粒、添加或删除的基因、最终构建及基因表达的生物性质、复制数以及遗传稳定性的描述。

对种子材料，包括细胞种子和生产抗血清所用的原料血清，应进行鉴定和外来制剂检验。

应提供生产过程中各阶段使用的所有生物源性物质的相关信息。信息应包括：

• 材料来源的详细信息；

- 有关处理、纯化和灭活的详细信息，以及生产过程中此类工艺和控制的验证数据；
- 每批材料进行污染检测的详细资料。

如果检测到或怀疑存在外来物质，相应材料应废弃。只有在非常特殊的情况下，产品进一步加工确保其消除和（或）灭活，才使用相应材料，应说明这种外来物质被消除和（或）灭活。

使用细胞种子时，细胞特性应保持不变，直到用于生产的最高传代水平。

对于减毒活疫苗，必须证明种子的减毒特性的稳定性。

应提供文件，证明源自与海绵状脑病（TSE）传播相关动物的种子材料、细胞种子、血清批次和其他材料符合《关于将通过人用和兽药产品传播动物海绵状脑病媒介的风险最小化的指南释义》，遵守《欧洲药典》相应专论的要求。可使用欧洲药品质量管理局颁发的适用性证书并引用《欧洲药典》相关专论证明其合规性。

必要时，应提供检测程序中使用的生物性原料或试剂的样品，以便主管部门安排进行检查试验。

2.2　非生物源性原料

应以专论的形式，采用下列标题进行描述：

- 满足第 A 节第 2 点要求的原料名称，由其他行业或科学同义词补充；
- 原料的描述，形式与《欧洲药典》中描述项目所用形式类似；
- 原料功能；
- 鉴定方法；
- 原料储存过程中可能需要采取的任何特别预防措施，如有必要，应规定原料的储存期。

D. 生产过程的控制检验

（1）档案应包括与控制试验有关的资料，这些试验针对中间产品进行，目的是验证生产过程与最终产品的一致性。

（2）对于灭活或脱毒疫苗，灭活或脱毒试验须在灭活或脱毒结束及中和作用（如发生此种情况）结束后、下一生产步骤开始前，在生产运行期间尽快进行。

E. 成品控制检验

对于所有检验，应准确描述成品分析技术，以便进行质量评估。

资料须包含与成品控制试验有关的资料。在存在适当专论的情况下，如果使用《欧洲药典》专论或成员国药典以外的检测程序和限值，则必须提供证据证明，如果按照这些专论进行检验，成品符合该药典对有关药物剂型的质量要求。上市许可申请应列出上述对成品各批代表样本开展的检验。应说明在每个批次上进行的检验频率。应注明放行限值。

如有需要，应使用《欧洲药典》的相关化学和生物参比材料。使用其他参考制剂和标准的，应当详细标识和说明。

1. 成品一般特性

在适用的情况下，一般特性测试涉及平均质量和最大偏差控制、机械、物理或化学试验、物理特性（如密度、pH 值、黏度）等。对于每一项特性，申请人应在每一特定情况下制定具有适当置信区间的标准。

2. 活性物质的鉴定

必要时，应进行特定的鉴定测试。

3. 批次滴度或效价

应对每批活性物质进行定量检测，以显示每批活性物质含有适当的效能或滴度，以确保其安全性和有效性。

4. 佐剂鉴定及分析

在有检测程序的情况下，应对成品的佐剂及其定性和定量成分进行验证。

5. 赋形剂成分鉴定及分析

在必要的情况下，赋形剂应至少接受鉴定试验。

对于防腐剂，须强制进行上限和下限检测。对可能引起不良反应的任何其他赋形剂组分须强制进行上限检测。

6. 安全性检验

除按照本节第3部分（安全性检验）提交检验结果外，还须提交批次安全性的详细资料。这些试验最好是在至少一种最敏感的目标动物中进行的过量给药研究，并且至少是建议的具有最大风险的给药途径。当足够数量的连续生产批次已经生产并经证明符合要求时，为了保护动物福利，可以放弃常规性批量安全性试验。

7. 无菌及纯度检验

应根据免疫兽药产品的性质、使用方法和生产条件，进行适当的试验，以证明没有受到外来物或其他物质的污染。如果对各个批次进行常规检验的次数少于《欧洲药典》的相关要求，则检验须严格遵守药典的规定。如果根据药典进行全面检验，必须提供证据证明免疫兽药产品符合要求。

8. 残余含水量

每批冻干产品须进行残余含水量检测。

9. 灭活

对于灭活疫苗，必须在最终容器中对产品进行验证灭活疫苗的试验，除非已于工艺后期完成灭活检验。

F. 批次一致性

为确保产品各批次质量一致，证明其合规性，应提供3个连续批次的完整方案，提供生产过程和成品的所有检测结果。

G. 稳定性检验

第12条第3款（f）项和（i）项规定的上市许可申请的详细资料和文件，应按照下列要求提交。

应说明为支持申请人建议的有效期而进行的试验。这些检验必须始终为实时研究，并且应针对按照所述生产工艺生产足够数量的批次，以及储存在最终容器中的产品进行检验。这些检验包括生物和理化稳定性检验。

结论应包含分析结果，证明在所有建议的储存条件下建议的有效期是合理的。

对于在饲料中给药的产品，必要时还应提供产品在不同混合阶段根据建议说明书混料时的有效期。

如果成品在使用前需要重新组合，或随饮用水给予，则需要提供重组产品的建议有效期。应提交支持重组产品有效期建议的数据。

从组合产品获得的稳定性数据可用作含一种或多种相同组分衍生产品的初步数据。

须证明建议有效期是合理的。

须证明防腐剂的药效。

可以仅提供同一生产商生产的其他类似免疫兽药产品中的防腐剂药效信息。

H. 其他信息

前面章节中未涉及的与免疫兽药产品质量有关的信息可以列入档案。

第3部分 安全性检验

A. 简介与一般要求

安全性检验应显示免疫兽药产品的潜在风险，这些风险可能在建议条件下发生在动物身上。应结合产品的潜在益处，对潜在风险进行评估。

如果免疫兽药产品由活体生物组成，特别是那些可能被接种的动物所释放的活体生物，应对未接种的动物或任何其他可能暴露的动物的潜在风险进行评估。

应对目标动物进行安全性研究。使用剂量应为建议使用的产品数量，用于安全性检验的批次须来自根据第2部分所述生产工艺生产的批次。

对于含有活体生物的免疫兽药产品，在B.1和B.2节所述的实验室试验中使用的剂量应为含有最高滴度的产品数量。必要时可调整抗原浓度以达到所需剂量。对于灭活疫苗，除非有正当理由，所使用的剂量应为建议使用的抗原的最高剂量。

应包含用于评估人类接触兽药产品（例如在给动物用药期间）可能导致的潜在风险的安全文件。

B. 实验室检验

1. 单一剂量一次性给药的安全性

免疫兽药产品应按建议剂量和建议的给药途径，给予拟使用的每种动物，包括最低给药年龄的动物。应观察和检查动物的全身反应和局部反应。在适当的情况下，这些研究应包括对注射部位进行详细的尸检、宏观和微观检查。还应记录其他指标，如直肠温度和性能测量值。

应当对动物进行观察和检查，直到可能不再发生反应为止。在所有情况下，给药后观察和检查期应不少于14天。

本研究可能是第3点要求的重复剂量研究的一部分，如果第2点要求的过量给药研究结果没有显示全身反应或局部反应迹象，则此项研究可省略。

2. 一次性过量给药的安全性

仅活体免疫兽药产品需要进行过量给药检验。

通过各种推荐给药途径，给予最敏感的目标动物过量药物，如果选择若干相似给药途径中最为敏感的一种，则须证明做法合理。对于注射用免疫兽药，应根据可在任何单一注射部位使用的最大剂量选择给药剂量和给药途径。在给药后至少观察和检查动物

14 天，观察其全身反应和局部反应。还应记录其他指标，如直肠温度和性能测量值。

在适当的情况下，若第 1 点未对注射部位进行详细的尸检、宏观和微观检查，则此研究须包括这些检查。

3. 单一剂量重复性给药的安全性

对于需要多次给药，作为基本免疫接种计划一部分的免疫兽药产品，需要对重复给予单一剂量的情况进行研究，以揭示这种给药所产生的任何不良影响。这些试验应在目标动物的最敏感者（如某些品种、年龄）中进行，使用每一种建议给药途径。

末次给药后，须对动物进行为期至少 14 天的观察和检查，观察其全身反应和局部反应。还应记录其他指标，如直肠温度和性能测量值。

4. 繁殖性能检查

当数据表明产品的原料可能是潜在的危险因素时，应考虑使用推荐剂量，通过最为敏感的给药途径，检查雄性及非怀孕和怀孕雌性的繁殖性能。此外，检查对后代的有害影响以及对致畸和流产的影响。

这些研究可构成第 1、2、3 点所述的安全性研究或 C 节所规定的现场研究的一部分。

5. 免疫功能检查

可能对接种疫苗的动物及其后代的免疫反应造成不利影响的免疫兽药产品，须进行相应的免疫功能检查。

6. 活疫苗的特殊要求

6.1　疫苗株的传播

应使用最可能导致传播的推荐给药途径，研究疫苗毒株在接种疫苗与未接种疫苗的目标动物之间的传播。此外，可能有必要对传播活疫苗毒株高度敏感的非目标动物进行研究。

6.2　在接种疫苗的动物中传播

检测粪便、尿液、牛奶、鸡蛋、口腔、鼻腔和其他分泌物是否存在相应的毒株。此外，可能需要研究疫苗株在体内的传播，特别是毒株复制的好发部位。对于 2003/99/EC 号指令所指的人兽共患病活疫苗，须特别考虑毒株在注射部位的持久性。

6.3　减毒疫苗毒性逆转

应对主种子进行毒性逆转研究。若主种子数量不够，则对用于生产的最低传代种子进行检验。如果使用其他传代种子，须证明做法合理。进行初次免疫应采用最可能导致毒性逆转的接种途径。应在 5 组目标动物中连续传代，除非有正当理由进行更多传代，或毒株从试验动物中消失更快。当毒株未能充分复制时，应在目标动物中进行尽可能多的传代。

6.4　疫苗株的生物学特性

为了尽可能准确地确定疫苗毒株的内在生物学特性（如神经趋向性），可能需要进行其他检测。

6.5　菌株重组或基因组重配

应讨论野生株或与其他菌株重组或基因组重配的可能性。

7. 用户安全

本节应包括对先前章节中发现影响的讨论，并将其与人体接触产品的类型和程度联系起来，以制定适当的用户警告和其他风险管理措施。

8. 残留物研究

对于免疫兽药产品，通常不需要进行残留物研究。但是，若佐剂和（或）防腐剂用于免疫兽药产品生产，应考虑食品中兽药残留的可能性。如果必要，应研究此类残留物的影响。

应提出休药期建议，并就已进行的残留物研究讨论是否适当。

9. 相互作用

如果在产品特性概要中有与其他免疫兽药产品的相容性声明，则应研究联合使用的安全性。应描述其他已知的与兽药产品的相互作用。

C. 现场研究

除非有正当理由，实验室研究的结果应补充来自现场研究的数据，使用根据上市许可申请中描述的生产过程生产的批次。应于同一现场研究安全性和药效。

D. 环境风险评估

进行环境风险评估的目的在于评估兽药产品的使用可能对环境造成的潜在有害影响，并确定可能需要采取的任何预防措施，以减少此类风险。

这项评估通常应分两个阶段进行。评估的第一阶段应始终执行。评估的细节应遵循既定指南。它应指明兽药产品暴露于环境后对环境的潜在风险及风险等级，特别应考虑到下列事项：

- 目标动物和建议使用方式；
- 给药方法，特别是产品可能直接进入环境系统的程度；
- 兽药产品可能的排泄方式、其活性物质通过接受治疗动物进入环境，并在此类排泄物中的存留；
- 未使用兽药产品或其他废弃产品的处置。

对于可能是人兽共患病活疫苗菌株的情况，应评估其对人类的风险。

如果第一阶段评估结论表明产品在环境中有潜在暴露，则申请人应着手进行第二阶段评估，评估兽药产品对环境可能构成的潜在风险。必要时，应就产品（对土壤、水源、空气、水体以及非目标生物）的影响进行进一步研究。

E. 包含或由转基因生物组成的兽药产品的环境风险评估

若兽药产品包含或由转基因生物组成，则申请还应附 2001/18/EC 号指令第 2 条和 C 部分规定的文件。

第4部分　药效检验

第Ⅰ章

1. 总则

本部分描述的试验目的是证明或确认免疫兽药产品的药效。申请人对产品的性质、效果和使用所做的所有声明应得到上市许可申请所包含的具体试验结果的充分支持。

2. 试验规程

所有药效试验应按照充分考虑的详细方案进行，在试验开始前应以书面形式记录。试验动物的福利应接受兽医监督，并在制订任何试验方案时和在整个试验过程中充分考虑。

应为疗效试验的组织、实施、数据收集、文件编制和验证提前建立系统的书面程序。

除非另有正当理由，现场试验应按照良好临床规范的既定原则实施。

在开始现场试验前，应取得实验动物所有人的知情同意并记录在案。特别是应以书面形式告知动物所有人实验动物随后的处理或从实验动物中提取食品的结果。通知的副本（动物所有人签名并标明日期）应包含在试验文档中。

除非是盲法设计的现场试验，第55条、第56条、第57条的规定适用于拟用于兽医现场试验的制剂标签。在所有情况下，标签上应醒目出现"仅供兽医现场试验使用"字样。

第Ⅱ章

A. 一般要求

（1）抗原或疫苗株的选择应根据兽医流行病学数据进行合法性证明。

（2）实验室中进行的药效试验应为对照试验，包括不经治疗的对照组动物，除非不经治疗的对照动物不符合动物福利以及药效可另提供证据证明。

通常，这些实验室试验应得到现场试验的支持，包括不经治疗的对照动物。

所有试验都应以足够精确的细节加以描述，以便在应主管部门要求进行的对照试验中可重复进行。研究者应证明所有相关技术的有效性。

所取得的一切结果，不论有利或不利，均应报告。

（3）免疫兽药产品的疗效应通过建议的给药途径和建议的给药时间表，对推荐接种疫苗的每种目标动物进行证明。如果适当的话，应充分评估被动获得和先天获得的抗体对疫苗效力的影响。除非有正当理由，免疫的开始和持续时间应由试验数据确定和支持。

（4）多价免疫兽药和组合免疫兽药的各成分的疗效应得到证明。如果该产品与另一种兽药产品联合使用或同时使用，两种产品应能相互兼容。

（5）当某一产品成为申请人推荐的免疫接种计划的一部分时，应证明该免疫兽药产品的启动或增强效应以及对整个免疫接种计划有效性的贡献。

（6）所使用的剂量应为建议使用的产品数量，用于药效检验的批次应取自申请文件第2部分所述的生产工艺生产的批次。

（7）若产品特性概要中附有其他免疫药品兼容性声明，应观察药品混合使用的药效。应描述其他已知的与其他兽药产品的相互作用。如果得到适当研究的支持，可以允许药品联合使用。

（8）对用于动物的诊断性免疫兽药产品，申请人应说明如何解释该产品的反应。

（9）对用于区分接种动物和受感染动物（标记疫苗）的疫苗，其药效声明应取决于体外诊断试验，应提供足够的诊断试验数据，以便充分评估与标记特性相关的声明。

B. 实验室研究

（1）原则上，应在良好控制的实验室条件下，在推荐使用的条件下，目标动物进行免疫接种后，通过激发试验证明该免疫兽药的药效。在条件允许的情况下，进行激发试验的条件应模拟感染的自然条件。应提供激发试验菌株的详细信息及其相关性。

对于活疫苗，除非有正当理由，应使用最低滴度或效价的批次。对于其他产品，除非另有规定，应使用最低有效含量的批次。

（2）如有可能，应详细说明并记录通过推荐的给药途径给目标动物施用免疫兽药后启动的免疫机制（细胞/体液介导、局部/整体免疫球蛋白）。

C. 现场试验

（1）除非有正当理由，实验室试验的结果应补充来自现场试验的数据，使用上市许可申请中描述的代表生产过程的批次。安全性和药效可采用同一现场进行研究。

（2）在实验室试验不能支持疗效的情况下，仅凭现场试验结果是可以接受的。

第5部分　详细资料与文件

A. 简介

安全性和药效研究的档案应包括对实验对象的介绍以及根据第3部分和第4部分进行的检测和总结，以及公开发表的参考文献。该总结应包括对所有结果做出的客观讨论，并得出免疫兽药产品安全性和药效的结论。应注明并讨论省略的检测或试验。

B. 实验室研究

对于所有研究，应提供以下资料：

（1）概要；

（2）实施研究的机构名称；

（3）详细的实验方案，描述采用的方法、仪器和材料，动物的种类、品种或品系，动物所在的地点、身份及编号、圈养和饲养的条件［除其他事项外，特别说明是否含任何特定病原体和（或）特定抗体、饲料中所含添加剂的性质和数量］，剂量，给药途径，给药时间表和日期，以及所用统计方法的描述与说明等详细信息；

（4）对照动物，是否使用安慰剂或未进行任何治疗；

（5）试验动物，在适当的情况下，是否使用过待测试产品或欧盟批准的其他产品；

（6）所有整体的和单独的观察和结果（用平均数和标准差表示），无论有利或不利，应详细描述数据，以便能够对结果做出独立于作者解释的客观评估。以表格形式列出原始数据，通过解释和演示的方式，结果可随附记录及显微照片等的副本；

（7）观察到的不良反应的性质、频率及持续时间；

（8）提前退出研究的动物数量及退出原因；

（9）检测程序要求的结果统计分析，以及数据间的变异；

（10）并发疾病的发生及病程；

（11）研究过程中必须使用的其他相关兽药产品（待测产品除外）的详细信息；

（12）对结果所做的客观讨论，并得出产品安全性和药效的结论。

C. 现场试验

现场试验相关信息应非常详细，以便做出客观判断。其中应包括以下信息：

（1）概要；

（2）负责人的姓名、地址、职务和资格；

（3）治疗地点和日期、姓名和地址相关的识别码；

（4）试验方案的详细资料，说明使用的方法、仪器和材料、给药路线、给药时间、剂量、动物种类、观察时间、血清学反应，以及对给药后动物进行的其他研究的详细信息；

（5）对照动物，是否使用安慰剂或未进行任何治疗；

（6）试验动物与对照动物的鉴定（集体或个体，视情况而定），如种类、品种或品系、年龄、体重、性别、生理状况；

（7）对饲养方法的简要说明，说明饲料中使用的添加剂的性质和数量；

（8）所有有关观察、表现和结果资料用平均数和标准差表示，对个体进行测试和测量时，应当注明动物数目；

（9）所有试验相关的观察和结果，不论有利或不利，都有完整的观察结果和评估产品所需的客观检测结果，必须说明所采用的技术，并说明结果中任何变化的重要性；

（10）对动物生产性能的影响；

（11）提前退出试验的动物编号（数量）及退出原因；

（12）观察到的不良反应的性质、频率及持续时间；

（13）并发疾病的发生及病程；

（14）在试验前使用，或与研究产品同时使用，或在试验期间使用其他兽药产品（试验产品除外）的详细信息，以及观察到的任何相互影响的详细信息；

（15）对结果所做的客观讨论，并得出产品安全性和药效的结论。

第6部分　参考文献

应详细列出第Ⅰ篇提及的概要引用的参考文献，并提供副本。

第Ⅲ篇　特殊上市许可申请的要求

1. 仿制兽药产品

根据第13条，仿制兽药产品提出的申请应包括本附录第Ⅰ篇第1部分和第2部分所述的数据、环境风险评估与数据，证明产品具有与对照兽药相同的定性和定量的活性物质成分、与对照兽药相同的剂型，以及与对照兽药生物等效的数据。对照兽药是生物制品的，应符合第2节关于生物相似性兽药的文件要求。

仿制兽药产品的安全性与药效的详细关键点概要应特别侧重以下要素：

• 说明基本相似的理由；

• 一份关于活性物质中杂质的摘要，以及成品（包括在储存过程中产生的相关分解产物）中所含杂质的摘要，并对这些杂质进行评估；

• 对生物等效性研究的评估或没有参照既定指南进行研究的解释；

• 如适用，申请人应提供额外资料，以证明认可活性物质的不同盐类、酯类或衍生物的安全性及药效相同；这些数据应包括证据，证明疗效和（或）毒性的药物代谢动力学或药效学特性没有变化，而这些变化可能影响安全性或药效。

产品特性概要中，在药品和（或）其治疗组属性中未知或推断的每项声明均应在非临床或临床概述（摘要）中进行讨论，并由已发表的文献和（或）其他研究加以证实。

拟通过肌肉注射、皮下注射或经皮给药途径使用的仿制兽药，应提供以下附加数据：

• 证明给药部位相同或不同的残留物衰减情况的证据，可通过适当的残留物衰减研究加以证明；

• 证明给药部位目标动物耐受性的证据，可经过适当的目标动物耐受性研究加以证明。

2. 类似的生物兽药产品

根据第 13 条第 4 款的规定，若与对照兽用生物制品相似的兽用生物制品不符合仿制兽药的定义，须提供的信息不应仅限于第 1 部分和第 2 部分（药理、化学和生物学数据），应补充生物等效性和生物利用率数据。在这种情况下，应特别提供关于产品安全性和药效的补充数据。

• 补充数据的类型与数量（如毒理学和其他安全性研究，以及适当的临床研究）应根据相关科学指南视具体情况而定。

• 由于兽用生物制品的多样性，主管部门应考虑到每种兽药产品的具体特性，确定第 3 部分和第 4 部分预期的必要研究。

适用的一般原则应在欧洲药品管理局采用的指南中加以说明。该指南应考虑到有关兽用生物制品的特性。对照兽用生物制品如有不止一种适应证，则应证明类似的生物兽用药品的药效和安全性正当合理，或者在必要时，对每一种声称的适应证分别进行论证。

3. 公认的兽医用药

对于第 13a 条中所述的"公认的兽医用途"兽药产品中的活性物质，具有公认的药效和可接受的安全水平，适用下列具体规定。

申请人应提交本附录中第 I 篇所述的第 1 部分和第 2 部分。

对于第 3 部分和第 4 部分，详细的科学参考文献应涉及安全性和药效的各方面要求。

为了证明公认的兽医用药，下列特定规则应适用。

3.1 为了确立公认的兽医用药，应考虑以下因素：

（a）活性物质已使用时间；

（b）活性物质的使用数量；

（c）活性物质适用的科学价值程度（于已发表的科学文献中体现）；

（d）科学评价的一致性。

确认含不同物质的公认的兽医用药可能需要不同时间。但是，在任何情况下，在欧盟内首次有系统和有文件记载地将该物质作为兽药产品使用后，确认公认的兽医用药所需的时间不得少于 10 年。

3.2 申请人提交的文件应涵盖通过建议的给药途径和给药方案针对目标动物的建议适应证使用产品的安全性和（或）药效评价的所有方面。必须包括有关参考文献综述，同时考虑到上市前和上市后研究，以及发表的有关流行病学特别是比较流行病学研究经验的科学文献。所有文件，不论有利或无利，都应予以通报。对于公认的兽医用途的规定，必须阐明，如果上市许可申请能解释和证明使用这些信息来源是合理的，则参考文献引用其他来源的证据（上市后研究、流行病学研究等），而不仅仅是相关检测和试验的数据可以作为证明产品安全性和药效的有效证据。

3.3 必须特别注意任何省略的资料，必须说明尽管没有进行某些研究，可接受的安全性和（或）药效仍然能够得到支持的原因。

3.4 安全性和药效的详细关键点概要必须解释所提交的产品不同于拟上市产品的数据相关性。必须对所研究的产品是否可视为与该产品相似做出判断。为此，尽管存在差异，仍然申请该产品的上市许可。

3.5 含有相同成分的其他产品的上市后使用经验尤为重要，申请人应特别关注。

4. 联用兽药产品

根据第 13b 条提交的申请，应提供包含第 1 部分、第 2 部分、第 3 部分和第 4 部分的有关混合兽药产品的资料。无需提供每种活性物质的安全性和药效研究，但可包含固定混合应用中各种物质的信息。基于动物福利的理由和减少不必要的动物实验，提交每一种不同活性物质的数据、相关的用户安全性研究、残留物的衰减研究和对固定组合的联用产品的临床研究，可能被视为对联用产品数据省略的合理解释，除非怀疑相互作用导致毒性增强。在适用的情况下，应提供生产场所的信息和外来物质的安全评估。

5. 知情同意程序

根据第 13c 条提出的上市许可申请应包含本附录第 I 篇第 1 部分所述数据，条件是原始兽药产品的上市许可持有人同意申请人参考该产品档案第 2 部分、第 3 部分和第 4 部分的内容。在这种情况下，无需递交质量、安全性和药效的详细关键概要。

6. 特殊情况的申请文件

如果根据本指令第 26 条第 3 款的规定，申请人不能提供正常使用条件下的药效和安全性的全面数据，仍可批准上市许可，但须承担某些特定义务，要求申请人介绍特定的程序，特别是有关兽药产品的安全性和药效的程序。

确定本节所述的所有申请的基本要求应遵循欧洲药品管理局的指南。

7. 混合上市许可的申请文件

混合上市许可的申请文件由第 3 部分和（或）第 4 部分中申请人进行的安全性和药效研究以及参考文献组成。所有其他部分均应符合本附录第 I 篇第 1 部分所述的格式。主管部门应根据具体情况接受申请人建议的格式。

第 IV 篇　特殊兽药产品上市许可申请的要求

本部分规定了与所含活性物质性质有关的特殊兽药产品的具体要求。

第 1 部分

1. 免疫兽药产品

A. 疫苗抗原主文件

对于特殊免疫兽药产品，根据对第 C 节第 2 部分第 II 篇关于活性物质规定的减损规则，引入疫苗抗原主文件的概念。

鉴于本附录的目的，疫苗抗原主文件是指疫苗上市许可申请资料的一个独立部分，包括所有活性物质的质量相关信息，这些物质是该兽药产品的一部分。该独立部分对由同一个申请人或上市许可所有人提出的一种或多种单价和（或）联合疫苗，视为通用。

欧洲药品管理局应通过提交和评估疫苗抗原主文件的科学准则。疫苗抗原主文件的提交和评估程序应遵循欧盟委员会在欧盟药事法规第 6B 卷"申请人须知"中发布的指南。

B. 多毒株资料

对于特殊免疫兽药产品（口蹄疫、禽流感和蓝舌病），根据对第 C 节第 2 部分第 II 篇关于活性物质的规定的减损规则，引入多毒株资料的概念。

多毒株资料是指包含相关数据的独立资料，用于对所选的不同毒株/毒株组合进行独立而深入的科学评估，以允许批准抗原变异病毒疫苗上市。

欧洲药品管理局应通过提交和评估多毒株资料的科学准则。多毒株资料的提交和评估程序应遵循欧盟委员会在欧盟药事法规第 6B 卷"申请人须知"中发布的指南。

2. 顺势疗法兽药产品

本节对第 I 篇第 2 部分和第 3 部分针对第 1 条第 8 款中定义的顺势疗法兽药产品的申请做出具体规定。

第 2 部分

第 2 部分的规定适用于第 17 条第 1 款所指顺势疗法兽药产品根据第 18 条顺势疗法兽药产品简化注册程序的申请文件提交，以及在第 19 条第 1 款进行以下修改后涉及的其他顺势疗法兽药产品的申请文件提交。

（a）术语：上市许可申请资料中的顺势疗法药物的拉丁名称应与《欧洲药典》标题一致，若《欧洲药典》中没有，则与成员国药典一致。在有关情况下，应提供各成员国使用的传统名称。

（b）原料控制：原料的详细资料和文件，如所有使用的原料，以及直至最终稀释加入顺势疗法兽药成品中的中间产品。随申请一并附上顺势疗法药物的额外数据作为补充。

一般质量要求应适用于所有原料和生产过程的中间步骤，直至最终稀释加入顺势疗法成品中。如含有有毒成分，如果可能，应在最终稀释时加以控制。但是如果由于稀释度高而无法做到这一点，应于较早阶段控制有毒成分。生产过程中的每一个步骤，从原料到最终稀释加入成品中，都必须充分描述。

如果涉及稀释，稀释步骤应根据《欧洲药典》相关专论中的顺势疗法生产方法执行，如果《欧洲药典》中没有生产方法，则根据成员国药典执行。

（c）成品药物的控制检验：顺势疗法兽药成品应适用于一般质量要求。任何例外情况应由申请人适当说明理由。

应对所有毒理学相关成分进行鉴定与检验。如果证明由于在成品中稀释等原因而无法对所有毒理学相关成分进行鉴定与检验，则应通过生产和稀释过程的完全验证来证明质量。

（d）稳定性检验：应证明成品的稳定性。顺势疗法原种的稳定性数据通常可转移至由此获得的稀释制剂/势能化制剂。如果由于稀释程度无法对活性物质进行鉴定或检验，则应参照药物剂型的稳定性数据。

第3部分

第3部分的条款适用于本指令第17条第1款所述顺势疗法兽药产品的简化注册，而不违反（EEC）2377/90号条例食品动物用顺势疗法兽药产品的相关规定。

任何省略的信息必须合理，如必须证明尽管未进行某些研究，可接受的安全水平仍可得到支持的原因。

附录 Ⅱ

第 A 部分

废止的指令及其后续修正（参见第 96 条）。

第 B 部分

转换为国家法律的时限（参见第 96 条）。

附录 Ⅲ

关联表

（略）

为了提高兽药产品的可用性，减轻政府行政负担，刺激兽药生产企业竞争和创新，改善欧盟内部市场功能，同时应对抗菌药物耐药性带来的公共卫生风险，2018 年 12 月 11 日，欧洲议会和欧盟理事会正式签发（EU）2019/6 号关于兽药产品管理及废止 2001/82/EC 号指令的条例。该条例力求将包括上市许可程序在内的所有兽药相关法规涵盖在一个有效处理兽药领域特殊问题的法案当中。条例的主要内容如下：①批准所有类型兽药产品（欧盟层面）中央上市许可的可能性；②简化上市许可后确认程序规则；③鼓励创新，为小品种兽药许可提交的数据提供支持；④应对抗菌药物耐药性威胁的特殊措施——简化兽药许可程序，包括中央、互认和分权程序。条例将于 2022 年 1 月 28 日正式实施，同时废止实施 20 余年的欧共体兽药产品法典（2001/82/EC）。

欧洲议会和欧盟理事会（EU）2019/6 号关于兽药产品管理及废止 2001/82/EC 号指令的条例

（欧洲经济区相关文本）

欧洲议会和欧盟理事会根据《欧盟运作条约》，特别是其中第 114 条和第 168 条第 4 款（b）项，考虑到欧盟委员会的建议，将立法草案提交各国议会后，考虑到欧洲经济与社会委员会的意见，考虑到各区域委员会的意见，依照普通立法程序提出法案，鉴于：

（1）欧洲议会和欧盟理事会 2001/82/EC 号指令、欧洲议会和欧盟理事会（EC）726/2004 号条例构成了欧盟内部兽药产品上市、生产、进口、出口、供应、药物警戒、控制和使用的监管框架。

（2）根据既往经验和欧盟委员会对兽药市场运作情况的评估，兽药产品的监管框架应适应科学进步、当前市场状况和经济现状，同时继续确保高水平地保护动物健康、动物福利和环境，保障公众健康。

（3）兽药产品监管框架应考虑到欧盟内部兽药行业和兽药产品贸易的需要。它还应将 2010 年 3 月 3 日欧盟委员会发布的"欧洲 2020：明智、可持续和包容性增长战略"中提出的主要政策目标整合起来。

（4）经验表明，兽药产业的需求与人用药产业的需求有很大差别。特别是人用药和兽药市场投资的驱动力不同。例如，在兽医领域有很多动物种类，这既造成了分散的市场，又需要进行重大投资，以便将现有的一种动物药品的许可扩大到另一种动物。此外，兽药行业的定价机制遵循截然不同的逻辑。因此，兽药的价格通常大大低于人用药。动物药品产业的规模只相当于人用药品产业规模的很小部分。因此，制定一个符合兽医领域特点的监管框架是必要的，这一框架不能完全以人用药品市场为模板。

（5）本条例旨在减轻行政负担，扩大国内市场，增加兽药产品的供应，同时保证最高水平的公共卫生、动物健康及环境保护。

（6）通过识别代码对兽药产品包装进行识别是欧盟成员国的普遍做法。这些成员国已开发了与国家数据库相联系的国家级综合电子系统，以使这类代码能正常运作。在成本和行政后果方面，尚未对采用统一的全欧盟体系进行任何评估。相反，各成员国应有可能在国家层面上决定是否采用一种将识别代码添加到兽药产品外包装信息的体系。

（7）但是，目前在国家层面上使用的现行识别代码系统各不相同，没有标准格式。欧盟委员会应采用统一的规则，以便制定统一的识别码，为在国家一级的使用提供可能。欧盟委员会采用这类识别码的规则并不妨碍各成员国对这类识别码的选择。

（8）尽管农民和其他经营者有义务根据在欧盟层面通过的关于饲养动物健康、良好的畜牧业、良好的卫生、饲料、管理和生物安全的法规采取措施，但由于动物健康和福利的原因，动物可能罹患各种疾病，需要使用兽药产品进行预防或治疗。动物疾病的影响及必要的控制措施可能对动物个体、动物种群、动物饲养者和经济造成破坏性打击。可传染给人类的动物疾病也可能对公共卫生产生重大影响。因此，欧盟应提供充足有效的兽药产品，以确保高水平的动物健康和公共卫生，并促进农业和水产养殖业的发展。

（9）本条例应为兽药产品制定高质量、安全和有效的标准，以回应对公共卫生和动物健康的共同关切。同时，本条例应统一兽药产品许可和投放欧盟市场的规则。

（10）本条例不适用于未经工业加工的兽药产品，如未经加工的血液。

（11）抗寄生虫药还包括具有驱虫活性的物质，这些物质可作为兽药产品使用。

（12）到目前为止，用于治疗动物的传统草药产品的资料不足，无法建立一个简化系统。因此，欧盟委员会应根据各成员国提供的关于在其领土内使用该种产品的资料，审查是否可能采用这种简化系统。

（13）本条例适用于兽药产品，包括 2001/82/EC 号指令称为"预混剂"和在本条例中被视为兽药产品的药物剂型，直至该类产品被掺入加药饲料或中间产品中为止，适用于欧洲议会和欧盟理事会（EU）2019/4 号条例（编者注：将于 2022 年 1 月 28 日实施取代 90/167/EEC 号指令的新加药饲料管理条例）者除外。

（14）应确保某些通过饲料或饮用水口服的兽药产品合理使用和剂量适宜，特别是对动物群体进行治疗时，应在产品信息中适当地加以说明。为避免交叉污染和减少抗菌药物耐药性，应列出用于给药的设备进行清洁的补充说明。为改善获批和处方口服兽药产品经加药饲料以外的途径的有效性和安全使用，如将饮用水与兽药产品混合，或将兽药产品人工混合加入饲料中，由动物饲养者喂饲食品动物，欧盟委员会应在必要时采取授权行为。欧盟委员会应考虑根据（EC）726/2004 号条例设立的欧洲药品管理局的科学建议，如采取措施最大限度地减少用药过量或剂量不足、非目标动物意外用药、交叉污染的风险以及这些产品在环境中的扩散。

（15）为统一欧盟兽药产品的内部市场，并改善兽药产品的自由流动，应制定此类产品许可程序的规则，确保所有申请程序的条件相同，并为所有相关方提供一个透明框架。

（16）强制采用中央许可程序的产品包括：含有新活性物质的产品，以及含有或由工程化组织或细胞组成的产品，包括不含血液成分（如血浆、血小板浓缩物或红细胞）的新型治疗兽药产品。同时，为了确保任何可用的兽药产品在欧盟内的最广泛应用，应采用一切适当方式便于中小型企业（SMEs）完成中央许可程序。中央许可程序应扩展到按此程序递交申请的任何兽药，包括国家许可兽药产品的仿制药。

（17）对于已获批的免疫兽药产品，如针对禽流感、蓝舌病、口蹄疫或马流感的，更换或添加新的抗原或新的毒株不应视为添加新的活性物质。

（18）由于欧盟不同地区的不同需求，以及中小型企业的经营模式不同，应保持兽药产品的国家许可程序。还应确保在一个成员国获得的上市许可在其他成员国得到承认。

（19）为了帮助申请人，特别是中小型企业遵守本条例的规定，成员国应向申请人提供建议。除欧洲药品管理局提供的业务指导文件、其他意见和援助外，还应提供咨询意见。

（20）为避免申请人和主管部门不必要的行政和经济负担，只对兽药产品许可申请进行一次全面深入的评估。因此，制定互认国家许可的特别程序是恰当的。

（21）此外，应根据互认程序制定规则，以毫不拖延地解决兽药产品互认和分权程序协调小组（以下简称"协调小组"）中各成员国主管部门之间的任何分歧。本条例也为协调小组制定新任务，包括每年拟备一份参考兽药产品清单，以统一产品特性概要、发布药物警戒建议，以及参与信号管理过程。

（22）如果成员国或欧盟委员会认为有理由相信一个兽药产品可能存在对人类、动物健康或环境的潜在严重风险，应在欧盟层面进行产品的科学评价，就分歧之处，在全面效益－风险评估的基础上，做出对相关成员国有约束力的决定。

（23）除非已获批并证明其质量、安全性和药效，否则任何兽药产品不得在欧盟投放市场。

（24）对拟用于食品动物的兽药，只有产品所含的药理活性物质获（EC）470/2009号条例及根据该条例通过的任何有关该兽药产品适用的动物种类的法令批准时，才可获上市许可。

（25）然而，在某些情况下，可能没有合适的获批兽药产品。在这些情况下，应允许兽医按照严格的规定，仅出于动物健康或动物福利的目的，为其职责范围内的动物开具其他药品。对于食品动物，兽医应确保规定适当的休药期，以使有害的兽药残留不进入食物链，因此在使用抗菌药物时应特别注意。

（26）成员国应在应对联盟列出的疾病或新出现的疾病，以及成员国的卫生状况需要时，允许特殊使用未获上市许可的兽药产品。

（27）考虑到有必要对兽药产品上市许可变更制定简单的规则，只有可能影响公共卫生、动物健康或环境的变更才要求进行科学评估。

（28）欧洲议会和欧盟理事会2010/63/EU号指令为保护用于科学目的的动物，提出了减少、替代、优化（3R）的原则。兽药临床试验豁免执行该指令。为兽药产品提供安全性和药效等重要信息的临床试验在设计和实施时，应以能提供最满意结果的同时使用最少数量的动物为原则，操作过程应最大可能不引起动物疼痛和痛苦，同时应尽量遵循 2010/63/EU 号指令确立的原则，包括使用替代测试方法，尽可能遵循兽药注册技术要求国际协调委员会（VICH）的指导原则。

（29）人们认识到，改善信息获取的途径有助于提高公众意识，使公众有机会表达意见，并使主管部门能适当考虑这些意见。因此，在主管部门删除任何商业机密信息之后，公众应当能够访问产品数据库、药物警戒数据库以及生产和批发销售数据库中的信息。欧洲议会和欧盟理事会（EC）1049/2001 号条例尽可能充分地给予了公众查阅文件的权利，并制定了这种查阅文件的一般原则和限制。因此，欧洲药品管理局应尽可能广泛地查阅这些文件，同时谨慎地平衡尊重公众信息知晓权与现有数据保护要求。某些公共和私人利益，如个人资料或商业机密信息，应根据（EC）1049/2001 号条例以例外的方式加以保护。

（30）企业对开发针对规模有限市场的兽药产品兴趣不大。为了促进欧盟内兽药产品在这些市场的可用性，在某些必要的情况下，可批准尚未提交完整申请资料的药品上市许可，这要基于对该情况的效益－风险评估，并规定其特定的义务。值得一提的是，在兽药产品用于少数动物种类或用于治疗或预防不常见或仅在有限的地理区域发生的疾病的情况下，应批准这种上市许可。

（31）对于所有新的上市许可申请，应强制性要求环境风险评估，并应分为两个阶段。第一阶段应评估产品、其活性物质和其他成分的环境暴露程度，第二阶段应评估活性残留物对环境的影响。

（32）如果担心一种药物可能对环境造成严重危险，可在欧盟环境法规的范围内审查该物质。特别是根据欧洲议会和欧盟理事会 2000/60/EC 号指令，应确定该物质是否应列入地表水监测名单，以便收集关于该物质的监测数据。或许应当将其列入优先物质清单，并为其制定一项环境质量标准，以及确定减少其对环境排放的措施。这些措施可包括根据欧洲议会和欧盟理事会 2010/75/EU 号指令，通过采用最佳可用技术（BAT）减少制造业排放的措施，特别是在起草或修订相关最佳可用技术参考文件及其附带的 BAT 结论时，已将药物活性成分的排放确定为一个关键的环境问题。

（33）检验、临床前研究和临床试验是药品企业的重要投资，以此在申请上市许可时提交必要的数据，或为兽药产品的药理活性物质设定最大残留限量。应保护这种投资，以促进研究和创新，特别是在小品种兽药产品和抗菌药物方面的研究和创新，从而确保欧盟能够获得必要的兽药产品。因此，应保护提交给主管部门或欧洲药品管理局的数据不被其他申请人使用。然而，为了允许竞争，这种保护应在时间上受到限制。类似的投资保护应适用于支持一种新的药物剂型、给药途径或剂量的研究，以减少抗菌药物或抗寄生虫药物耐药性或改善效益－风险平衡。

（34）如果兽药产品是在欧盟内获批的兽药产品仿制药，则不应要求在申请上市许可时提交某些详细资料和文件。

（35）人们认识到，药品对环境的潜在影响可能取决于所用的数量和可能到达环境的药物成分数量。因此，如果有证据表明，某一药品的某一成分对环境构成威胁，并已就该成分提交了上市许可申请，以销售某种仿制兽药，则应要求提供有关该成分对环境的潜在影响的数据，以保护环境。在这种情况下，申请人应共同努力提供此类数据，以降低成本并减少脊椎动物的实验。通过以活性物质为基础的审查（专论）系统，对兽用活性物质的环境性质建立一个单独的欧盟评价系统，是一种可能的替代办法。因此，欧盟委员会应向欧洲议会和欧盟理事会提交一份报告，审查这种专论系统和其他可能的替代办法的可行性，以便对兽药产品进行环境风险评估，并酌情提出立法建议。

（36）对技术文件的保护应适用于新的兽药产品，以及支持或参照现有上市许可的产品创新而开发的数据。在这种情况下，变更或申请上市许可可以部分引用先前的上市许可或变更申请中提交的数据，并应包括为支持现有产品的必要创新而专门开发的新数据。

（37）生物制品生产工艺差异或使用辅料的变化可能导致仿制产品特性的差异。因此，在申请仿制生物兽药产品上市许可时，应证明生物等效性，以确保在现有知识基础上，质量、安全性和药效是相似的。

（38）为避免给主管部门和制药工业造成不必要的行政和财政负担，一般来说，兽药产品的上市许可应无时限。续期核准上市许可的条件应仅在例外情况下才适用，并须适当证明其合理性。

（39）应当认识到，在某些情况下，仅靠科学的风险评估不能提供风险管理决策所需要的所有信息，还应考虑其他相关因素，包括社会、经济、伦理、环境和福利因素，以及管理的可行性。

（40）在某些情况下，如公共卫生或动物健康受到重大关注，但科学上仍有不确定性，可考虑世界贸易组织（WTO）《实施卫生与植物卫生措施协议》第5条第7款，采取适当措施。欧盟委员会已在2000年2月2日关于预防原则的来文中对该协议做出解释。在这种情况下，各成员国或欧盟委员会应设法获得更多的必要资料，以便更客观地评价特别关切的问题，并应在适当的时间内审查相应的措施。

（41）在欧盟和世界范围内，抗菌药物耐药性对人类和动物都是一个日益严峻的健康问题。由于这一问题的复杂性、跨国界性和沉重的经济负担，其已成为影响整个社会的全球公共卫生问题，需要按照"同一健康"方法采取紧急和统一的部门间行动。行动包括加强对抗菌药物的谨慎使用，避免常规预防性和防制性使用，限制在动物中使用对预防或治疗危及生命的人体感染至关重要的抗菌药物，并鼓励开发新的抗菌药物。必须确保在兽用抗菌药的标签上有适当的警告和指导。兽医领域应限制某些新的或对人类极其重要的抗菌药物上市许可条款未涵盖的用途。应加强兽用抗菌药物广告的管理，批准上市许可应充分考虑兽用抗菌药物的风险和效益。

（42）有必要降低人用和兽用抗菌药物产生耐药性的风险。因此，抗菌兽药产品的申请应包含关于该产品的使用可能导致人或动物或相关生物产生抗菌药物耐药性的潜在风险的信息。为了确保高水平的公共卫生和动物健康，兽用抗菌药物只有在经过认真的、科学的效益-风险评估后才能获得批准。如有必要，应在上市许可中列明限制使用兽药产品的条件。这些条件应包括限制使用不符合上市许可条款的兽药产品，特别是不符合产品特性概要的产品。

（43）联合使用多种抗菌活性物质可能带来产生抗菌药物耐药性的特殊风险。因此，在评估是否批准兽药产品时，应考虑这种联合使用。

（44）新抗菌药物的开发速度不及现有抗菌药物耐药性的发展速度。鉴于开发的新抗菌药物有限，必须尽可能长时间地保持现有抗菌药物的药效。在兽药产品中使用抗菌药物可能加速耐药微生物的出现和传播，并可能降低目前数量有限的抗菌药治疗人类感染的有效率。因此，不允许滥用抗菌药物。抗菌药物产品不应用于预防，除非在明确界定感染风险非常高或其后果可能非常严重的情况下，对个别动物或数量有限的动物进行用药。抗菌兽药不应用于预防，除非在特殊情况下，只对个别动物使用。只有在感染或传染性疾病在一群动物中的传播风险很高且没有合适的替代方法时，才将抗菌药物用于防控。应使动物预防性和防制性使用减少，使其在动物抗菌药物总使用中所占的比例更小。

（45）为了加强成员国关于谨慎使用抗菌药物的国家政策，特别是那些对治疗人类感染很重要，同时在兽医领域也必须使用的抗菌药物，可能有必要对其加以限制或禁止使用。因此，应允许成员国根据科学建议确定使用抗菌药物的限制性条件，例如使其处方与抗菌药物敏感试验相适应，以确保没有其他可用的抗菌药物能有效或适当地治疗确诊的疾病。

（46）为了尽可能长久地保持某些抗菌药物治疗人类感染的药效，可能有必要将这些抗菌药物只用于人类。因此，根据欧洲药品管理局的科学建议，有可能决定这些抗菌药物不在兽医领域上市。在就抗菌药物做出此类决定时，欧盟委员会还应考虑到欧洲食品安全局（EFSA）和其他相关欧盟机构就此事项提出的建议，进而也考虑到世界卫生组织（WHO）、世界动物卫生组织（OIE）和食品法典委员会等相关国际组织的建议。

（47）如果使用抗菌药物不当，将对公共卫生或动物健康造成威胁。因此，抗菌兽药产品只能在兽医处方中使用。兽医在确保谨慎使用抗菌药物方面发挥关键作用，因此，兽医应根据其对抗菌药物耐药性的认识、流行病学和临床知识以及对个别动物或动物种群的危险因素的了解，开具抗菌药物处方。此外，兽医应该遵守其职业行为准则。兽医在开具处方时应确保不存在利益冲突，同时确认其零售活动符合国家法律。特别是兽医在开具处方时不应直接或间接受到经济激励的影响。此外，兽医供应的兽药应限制在治疗其照料的动物所需的数量。

（48）谨慎使用抗菌药物是解决抗菌药物耐药性问题的基础。所有利益相关方应共同促进谨慎使用抗菌药物。因此，必须考虑并进一步拟订关于在兽医领域谨慎使用抗菌药物的指南。确定危险因素和制定使用抗菌药物的标准，以及确定替代措施，可有助于避免不必要地使用抗菌药物，包括防制性使用。此外，应允许成员国采取进一步的限制性措施，执行关于谨慎使用抗菌药物的国家政策。但这些措施不得过分限制国内市场的运作。

（49）在评估欧盟内某些抗菌兽药的效益－风险平衡时，必须考虑国际层面的抗菌药物耐药性发展。抗菌药物耐药性生物可通过消费来自欧盟或第三国的动物源性产品、通过与动物或人的直接接触或通过其他方式传播给欧盟和第三国的人和动物。因此，在欧盟内限制使用兽用抗菌药物的措施应以科学建议为基础，并应结合与第三国和国际组织合作的范围加以考虑。出于这些原因，还应以非歧视性和相称的方式确保第三国的经营者遵守与向欧盟出口的动物和动物源产品的抗菌药物耐药性有关的某些基本条件。任何此类行动都应履行有关国际协定下的欧盟义务。这应有助于开展国际性应对抗菌药物耐药性行动，特别是根据 WHO 全球行动计划和 WHO 关于抗菌药物耐药性和谨慎使用抗菌药物的战略。

（50）欧盟层面仍然缺乏足够详细和可比的数据，以确定抗菌药物耐药性趋势、确定需要制定的措施以便限制抗菌药物耐药性的危险因素和监测已经采取的措施的效果。因此，继续收集这些数据，并循序渐进地进一步利用这些数据非常重要。在获得这些数据时，应结合人类使用抗菌药物的数据以及在动物、人类和食品中发现的抗菌药物耐药性生物的数据一起进行分析。为确保收集的数据能得到有效利用，应就数据的收集和交换制定适当的技术规则。各成员国应在欧洲药品管理局的协调下负责收集兽用抗菌药物销售和使用的数据。当成员国用于收集销售和使用抗菌药物数据的程序足够可靠时，应进一步调整收集数据的义务。

（51）市场上大多数兽药产品已获国家上市许可。欧盟各成员国兽药产品的产品特性概要缺乏统一标准，给兽药产品在欧盟内的流通造成额外和不必要的障碍。因此，至少在兽药产品的剂量、用途和警告方面，有必要统一产品特性概要。

（52）为了减轻成员国的行政负担和最大限度地供应兽药产品，应制定兽药产品包装和标签提交的简化规则。应减少所提供的文本信息，并在可能的情况下，发展象形文字和缩略语，作为这种文本信息的替代。象形文和缩略语应该在欧盟内标准化。应谨慎行事，以免这些规则危及公共卫生、动物健康或环境安全。

（53）此外，成员国应有权选择在其领土内批准的兽药产品的产品特性概要、标签和包装说明书使用的文本语言。

（54）为了增加欧盟内兽药产品的供应，可批准同一成员国的同一上市许可持有人针对某一特定兽药产品的多个上市许可。在这种情况下，所有与产品相关的兽药产品特性和支持该兽药产品申请的数据应该相同。但是，某一特定兽药产品的多个申请不应被用来规避互认的原则，因此，在不同成员国，这类申请应在互认程序的框架内进行。

（55）药物警戒规则对于保护公共卫生、动物健康和环境是必要的。收集不良反应事件的信息有助于更好地使用兽药产品。

（56）对动物使用兽药后观察到的环境事件也应报告为疑似不良反应事件。例如，这类事件可能包括一种物质造成的土壤污染显著增加到被认为对环境有害的水平，或地表水生产的饮用水中兽药浓度过高。

（57）主管部门、欧洲药品管理局和上市许可持有人应鼓励和促进疑似不良反应事件的报告，特别是由兽医和其他卫生保健专业人员在履行职责期间发生的此类事件，并促进兽医就报告获得适当的反馈。

（58）既往经验表明，采取措施改善药物警戒系统的运作是必要的，应该在欧盟层面整合和监控数据，确保欧盟批准的所有兽药产品的警戒系统一致。同时，随着药物警戒定义、术语、技术的国际统一，欧盟的药物警戒系统也应随之变化。

（59）上市许可持有人应负责持续维护药物警戒系统，以确保持续评估其投放市场的兽药产品的效益－风险平衡。他们应收集与其产品有关的不良反应事件报告，包括在上市许可条款之外使用兽药的报告。

（60）必须增加部门之间的资源共享，提高药物警戒系统的效率。收集的数据应上传到一个统一报告点，确保信息共享。主管部门应利用这些数据，以确保持续评估市场上兽药产品的效益－风险平衡。

（61）在特定情况下，或从公共卫生、动物健康、环境的角度来看，有必要补充批准时可用的安全性和药效数据，并在兽药产品上市后提供补充信息。因此，有可能强制要求上市许可持有人进行上市后研究。

（62）应建立欧盟层面的药物警戒数据库，以记录和整合欧盟批准上市许可的所有兽药产品的疑似不良反应事件信息。该数据库应改进对疑似不良反应事件的监测，并为主管部门之间的药物警戒监测和工作分担提供便利。该数据库应包括与现有国家药物警戒数据库交换数据的机制。

（63）主管部门和欧洲药品管理局为评价其收到的疑似不良反应事件信息而采取的程序，应符合欧盟委员会将通过的《良好药物警戒规范措施》，并应适当根据欧盟委员会现行兽药产品药物警戒准则制定共同标准。主管部门或欧洲药品管理局以这种方式进行的评价，可作为确定这些兽药产品的效益－风险平衡是否发生变化的手段之一。然而，强调信号管理过程是实现这一目的的"黄金标准"，应予以重视。信号管理过程包括信号检测、验证、确认、分析和确定优先级、评估和行动建议等。

（64）有必要对兽药产品的整个销售链进行控制，从生产或进口到欧盟，再到供应给最终用户。来自第三国的兽药产品应遵循适用于欧盟内兽药生产的相同要求，或符合经确认至少与之相当的要求。

（65）兽药产品的平行贸易涉及从一个成员国向另一个成员国的兽药产品贸易，与进口不同，后者是来自第三国的产品。应监管根据国家程序、分权程序、互认程序或后续认可程序批准的兽药产品平行贸易，以确保货物自由流动的原则只限于以协调一致的方式维护公共卫生和动物健康，并尊重欧洲法院（以下简称"法院"）的判例法。在这方面采取的任何行政程序都不应带来过多的负担。特别是对这种平行贸易的许可批准都应以简化程序为基础。

（66）为了促进兽药产品的流通，防止在多个成员国进行重复检查，在第三国生产或从第三国进口的兽药产品应适用最低要求。

（67）在欧盟内生产的兽药产品的质量应得到保证，不论其最终目的地是哪里，都应遵守药品良好生产规范的原则。

（68）在从动物中制备活性物质时，为本条例制定的良好生产规范应考虑到欧盟和国际动物福利标准。此外，也应考虑采取措施，防止或尽量减少向环境排放活性物质。任何此类措施只有在评价其影响之后才能采取。

（69）为确保统一适用药品生产质量管理规范和药品流通质量管理规范的原则，主管部门在监管生产商和批发分销商时，应以《关于检查和信息交流的欧共体规程汇编》为基础。

（70）第2条第3款所指的灭活免疫兽药产品，虽然应按照良好生产规范的原则生产，但由于其生产方式不同于工业生产制备的产品，因此应具体制定详细的良好生产规范指南。这将使其在不影响生产和供应的情况下保持质量。

（71）企业须持有许可，才能分销批发兽药产品，并须遵守药品流通质量管理规范，以保证妥善储存、运输和处理兽药。各成员国有责任确保这些条件得到满足。这些许可在欧盟内有效，在兽医药品平行贸易的情况下也应提出要求。

（72）为了确保透明度，应在欧盟层面建立一个数据库，以公布经成员国主管部门检查认定遵守适用的欧盟法规的批发经销商名单。

（73）欧盟应统一管理向公众提供兽药产品的条件。兽药产品只能由所在成员国批准的人员供应。同时，为了改善在欧盟内获得兽药产品的机会，应允许经所在成员国主管部门批准的兽药产品零售商通过互联网向其他成员国买方销售非处方兽药。然而，考虑到目前一些成员国远程销售处方兽药，应允许这些成员国在某些条件下并仅在其领土内继续这种做法。在这种情况下，这些成员国应采取适当措施，避免这种供应所造成的意外后果，并制定适当的处罚规则。

（74）兽医在供应受兽医处方管制的兽药产品而不自行配药时，应始终开具兽医处方。兽医自行给予此类药品时，应按国家具体规定确定是否需要开具兽医处方。此外，兽医应该保存他们使用过的药品的记录。

（75）非法向公众远程销售兽药产品可能对公共卫生和动物健康构成威胁，因为假药或劣药可能以这种方式到达公众。应对这种威胁是必要的。应该考虑到，欧盟尚未统一向公众提供药品的具体条件，因此成员国可以在《欧盟运行条约》范围内对向公众提供药品施以附加条件。

（76）在审查药品供应条件是否符合欧盟法律时，欧洲法院已经认识到，在人用药品方面，药品的疗效与其他商品有很大区别，这决定了药品的特殊性。欧洲法院还认为，人类健康和生命在《欧盟运行条约》保护的资产和利益中居首位，成员国应确定并必须实现他们希望为公共卫生提供的保护水平。由于这一保护水平可能因成员国不同而异，因此，必须允许成员国对在其领土上向公众提供药品的条件有一定的自由裁量权。因此，成员国应在保护公共卫生的合理条件下，能够通过互联网服务将兽药产品进行远程销售。这些条件不应过度限制内部市场的运作。在这方面，成员国应能使零售的兽药产品的供应符合保护公众、动物健康或环境的更严格条件，只要这些条件与风险相称，而且不过分限制内部市场的运作。

（77）为了确保远程销售的兽药产品符合安全标准，应协助公众识别合法供应兽药产品的网站。应制定一个统一标志，在整个欧盟内都能识别，同时允许识别在该成员国中远程销售兽药产品的人员的身份。欧盟委员会应为这样一个统一标志拟订设计方案。向社会公开销售兽药产品的网站，应当与有关主管部门的网站链接。各成员国主管部门网站及欧洲药品管理局网站应解释使用该统一标志的原因。所有这些网站应链接起来，以便向公众提供全面的信息。

（78）各成员国应继续设立处理兽药产品废料的收集系统，以控制此类产品在保护人类和动物健康或环境方面可能引起的任何风险。

（79）即使是非处方兽药，广告也会影响公共卫生和动物健康，带来恶性竞争。因此，兽药产品广告应符合一定的标准。有资格开具处方或供应兽药的人，可根据其在动物健康方面的知识、培训和经验，正确评估广告中提供的信息。向不能正确评估与使用兽药产品的人宣传兽药产品可能导致药物滥用或过度消费，从而危害公共卫生、动物健康或环境。但是，为了保护其领土内的动物健康，成员国应能够在限制条件下允许向专业动物饲养者宣传免疫兽药产品。

（80）关于兽药产品的广告，成员国的经验表明，必须强调饲料和生物杀灭产品与兽药产品之间的区别，因为这种区别经常在广告中被歪曲。

（81）本条例中的广告规则应视为补充欧洲议会和欧盟理事会 2006/114/EC 号指令中一般规则的具体规则。

（82）如果药品在一个成员国获得许可，而兽医已在该成员国为个别动物或一群动物开出处方，原则上该兽医处方应被认可，而该药品亦可在另一成员国开出。取消对这种认可的管理和行政障碍不应影响兽医拒绝分发处方所列药品的任何专业或道德义务。

（83）应通过采用兽医处方范本格式，列出确保药品安全有效使用的必要信息，以促进兽医处方认可原则的执行。只要不妨碍其他成员国的兽药处方得到承认，成员国就可要求在其兽医处方中提供更多信息。

（84）兽药产品的信息对于卫生专业人员、主管部门和企业做出明智决定来说至关重要。关键之一是建立一个欧盟数据库，该数据库应整理在欧盟获得的上市许可信息。该数据库应提高总体透明度，精简和方便主管部门之间的信息交流，并防止重复报告要求。

（85）通过监管来核查遵守法律要求的情况，对于确保在欧盟内有效实现本条例的目标至关重要。因此，成员国主管部门有权在兽药产品的生产、销售和使用的所有阶段进行检查。为保证检查的有效性，主管部门应进行突击检查。

（86）主管部门应根据不同情况下的预期风险和合规水平，确定监管频率。这种方法应使主管部门能够在风险最高的地方分配资源。但在某些情况下，无论风险水平或预期违规情况如何都应执行监管措施，如在批准生产许可之前。

（87）在某些情况下，成员国监管系统故障会严重阻碍本条例目标的实现，并可能导致对公共卫生、动物健康和环境产生风险。为确保对整个欧盟的监管采取协调一致的措施，欧盟委员会应能够在各成员国进行审计，以核查国家监管系统的运作情况。进行这些审计应避免任何不必要的行政负担，应尽可能与各成员国协调，并与欧洲议会和欧盟理事会（EU）2017/625 号条例规定进行的任何其他委员会审计相协调。

（88）为了确保成员国执法的透明性、公正性和一致性，成员国有必要建立适当的处罚框架，以便对违规行为给予有效、相称和惩诫性的惩罚，因为违规可能导致动物健康、公共卫生和环境受到损害。

（89）企业和主管部门经常面临区分兽药产品、饲料添加剂、生物杀灭剂和其他产品的需要。为了避免在处理此类产品时出现不一致，增加法律确定性，并为成员国的决策过程提供便利，应设立一个成员国协调小组，除其他任务外，它应在个案的基础上提供建议，确定产品是否属于兽药产品的范畴。为了确保法律的确定性，欧盟委员会可以决定特定产品是否为兽药产品。

（90）鉴于顺势疗法兽药产品的特殊性，特别是其成分，有必要制定一种特殊的、简化的注册程序，并对某些投放市场但无适应证的顺势疗法兽药产品的包装说明书做出具体规定。顺势疗法药品的质量与其使用无关，因此不必对质量要求和规则进行具体规定。此外，虽然根据本条例许可的顺势疗法兽药产品的使用与其他获批兽药产品相同，但本条例并没有规定注册顺势疗法兽药产品的使用。因此，使用此类已注册的顺势疗法兽药产品必须遵守国家法律，而根据欧洲议会和欧盟理事会 2001/83/EC 指令注册的顺势疗法兽药产品也是如此。

（91）为了保护公共卫生、动物健康和环境，本条例规定的欧洲药品管理局的活动、服务和任务应得到充分资助。应通过向企业收取费用来资助这些活动、服务和任务。但是，这些收费不应影响成员国对国家级活动和任务收取费用的权利。

（92）一般认为，2009/9/EC 号指令最近修订的 2001/82/EC 指令附录 I 所载的上市许可申请是有关兽药产品的质量、安全性和药效的技术文件的现行规定，在实践中运行良好。因此，没有迫切需要大幅度改变这些要求。然而，有必要调整这些要求，以回应与国际科学进展或最新发展，包括来自 VICH、WHO、经济合作与发展组织（OECD）标准的差异之处，并考虑到开发新的治疗兽药的需要，同时避免对现行规定进行重大修订，特别是不改变它们的结构。

（93）为了使本条例适应该行业的科学发展，有效地行使欧盟委员会的监督权力，并在欧盟内引进统一的标准，应根据《欧盟运行条约》第 290 条把采取行动的权力下放欧盟委员会，以制定指定用于治疗人类某些感染的抗菌药物标准；确定有关抗菌药物数据收集的要求、收集方法和质量保证规则；制定规则，确保经加药饲料以外的途径，有效安全地口服获批兽药和处方兽药；详细说明马科动物终身身份证明文件中有关信息的内容和格式；根据新的科学证据修订休药期规则；就第三国经营者为促进生长或增加产量而禁止在动物中使用抗菌药物产品的规定的适用情况以及禁止使用指定的抗菌药物的规定，提供必要的详细规则；规定罚款或定期缴纳罚金的程序以及收取罚款的条件和方法；修订附录 II，以便（ⅰ）使有关兽药质量、安全性和药效的技术文件的要求适应技术和科学发展；（ⅱ）达到足够的详细程度，确保法律的确定性和一致性，以及任何必要的更新。特别重要的是，欧盟委员会在筹备工作期间进行适当协商，包括在专家一级进行协商，都应按照 2016 年 4 月 13 日发布的《机构间协议》中关于更好地制定法律的原则进行。特别是为了确保平等参与制定授权法案的工作，欧洲议会和欧盟理事会与各成员国的专家同时收到所有文件，其专家可系统地参加委员会关于制定授权法案的专家组会议。

（94）为确保本条例实施的统一条件，应赋予欧盟委员会执行权。这些权力应根据欧洲议会和欧盟理事会（EU）182/2011 号条例予以执行。

（95）兽医在其他成员国提供服务时，应遵守东道国根据欧洲议会和欧盟理事会 2005/36/EC 号指令以及欧洲议会和欧盟理事会 2006/123/EC 号指令所制定的任何成员国法规。

（96）考虑到对现行法规所做的主要修改，并以改善欧盟内部市场运作为目标，为制定明确、详细和直接适用的规则，条例形式是取代 2001/82/EC 号指令的适当法律文本。此外，条例可确保法律要求在欧盟内以统一的方式在同一时间得以实施。

（97）如果本条例的目标，即建立兽药产品的管理规则，确保人类、动物和环境健康以及欧盟内部市场的运作，不能由成员国充分实现，而是在联盟层面能更好地实现，则欧盟可根据《欧盟运行条约》第 5 条规定的辅助原则，采取措施。依照该条所述的相称原则，本条例不会超出实现这一目标所需的范围。

兹通过本条例。

第 I 章　目的、范围和定义

第 1 条　目的

本条例对兽药产品的上市、生产、进出口、供应、药物警戒、药品监督管理和使用等做出规定。

第 2 条　适用范围

1. 本条例适用于工业生产或涉及工业生产过程并准备投放市场的兽药产品。

2. 除本条第 1 款所述产品外，第 94 条和第 95 条也适用于用作兽药原料药的活性物质。

3. 除本条第 1 款所述产品外，第 94 条、第 105 条、第 108 条、第 117 条、第 120 条、第 123 条和第 134 条也适用于从某一流行病学单位中的动物获得的病原体和抗原制成的灭活免疫兽药产品，用于治疗同一流行病学单位中的动物，或用于治疗流行病学联系明确的单位中的动物。

4. 根据本条第 1 款和第 2 款的减损规则，第 55 条、第 56 条、第 94 条、第 117 条、第 119 条、第 123 条、第 134 条和第 IV 章第 5 节仅适用于根据第 5 条第 6 款批准的兽药产品。

5. 根据本条第 1 款的减损规则，第 5 至 15 条、第 17 至 33 条、第 35 至 54 条、第 57 至 72 条、第 82 至 84 条、第 95 条、第 98 条、第 106 条、第 107 条、第 110 条、第 112 至 116 条、第 128 条、第 130 条和第 136 条不适用于根据第 86 条注册的顺势疗法兽药产品。

6. 除第 1 款所述产品外，第 VII 章还应适用于：

（a）具有蛋白质同化、抗感染、抗寄生虫、抗炎、激素作用以及麻醉药品或精神药品特性，并可用于动物的物质；

（b）根据兽医处方，药房或根据国家法律获准的人针对个别动物或一小群动物制备的兽药产品（随意处方）；

（c）根据《欧洲药典》的规定，药房配制并打算直接供应给最终用户的兽药产品（法定处方）。

7. 本条例不适用于：

（a）含有未经工业化处理的自体或异体细胞或组织的兽药产品；

（b）以放射性同位素为基础的兽药产品；

（c）欧洲议会和欧盟理事会（EC）1831/2003 号条例第 2 条第 2 款（a）项定义的饲料添加剂；

（d）拟用于研究和开发的兽药产品。

（e）（EU）2019/4 号条例第 3 条第 2 款（a）项和（b）项定义的加药饲料和中间产品。

8. 除中央上市许可程序外，本规定不影响成员国有关收费的规定。

9. 本条例不得影响成员国维持或在其领土上实施它认为适当的关于麻醉药品和精神药品的任何国家管制措施。

第 3 条　法律冲突

1. 如果本条例第 2 条第 1 款所述的兽药产品也属于欧洲议会和欧盟理事会（EU）528/2012 号条例或欧洲议会和欧盟理事会（EC）1831/2003 号条例的管辖范围，且本条例的条款与（EU）528/2012 号条例或（EC）1831/2003 号条例有冲突，以本条例规定为准。

2. 为实现本条第 1 款的目的，欧盟委员会可以通过执行法案的方式，就某一特定产品或某一组产品是否应被视为兽药产品做出决定。执行法案应按照第 145 条第 2 款所述程序审查予以通过。

第 4 条　定义

鉴于本条例的目的，术语定义如下。

（1）兽药产品指满足至少以下一个条件的任何物质或物质组合：

（a）具有治疗或预防动物疾病的作用；

（b）其目的是通过发挥药理学、免疫学或代谢作用，用于动物以恢复、纠正或改变其生理功能；

（c）其目的是用于动物，以便做出医学诊断；

（d）其目的是对动物实施安乐死。

（2）物质指以下来源的任何物质：

（a）人类；

（b）动物；

（c）植物；

（d）化学物。

（3）活性物质指用于生产兽药产品的任何物质或混合物，当用于生产时，该物质或混合物在生产过程中成为该产品的活性成分。

（4）赋形剂是指兽药产品的活性物质或者包装材料以外的任何成分。

（5）免疫兽药产品指由为产生主动免疫或被动免疫，或诊断动物的免疫状态而用于动物的兽药产品。

（6）生物兽药产品指活性物质为生物物质的兽药产品。

（7）生物物质指由生物源产生或提取的，需要结合物理－化学－生物检测，对其特征和质量进行确定，并具备生产及控制过程的物质。

（8）对照兽药产品是指根据本条例第 44 条、第 47 条、第 49 条、第 52 条、第 53

条或者第 54 条的规定，依照本条例第 8 条提出的申请批准的兽药产品。

（9）仿制兽药产品是指具有与对照兽药相同定性和定量组成的活性物质以及相同剂型，并与对照兽药生物等效的兽药产品。

（10）顺势疗法兽药产品指根据《欧洲药典》所描述的顺势疗法生产工艺，或在没有顺势疗法生产工艺的情况下，根据成员国现行药典规定所制备的顺势疗法药物储备物制成的兽药产品。

（11）抗菌药物耐药性指在浓度通常足以抑制或杀死同种微生物的抗菌药物存在的情况下微生物生存或生长的能力。

（12）抗菌药物是指用于治疗或预防感染、传染病的对微生物具有直接作用的任何物质，包括抗生素、抗病毒药物、抗真菌药物和抗原生动物药物。

（13）抗寄生虫药物是指杀死或阻断寄生虫生长的物质，用于治疗或预防由寄生虫引起或传播的感染、侵染或疾病，包括具有驱虫活性的物质。

（14）抗生素是指用于治疗、预防感染或传染病，直接作用于细菌的物质。

（15）防制是指在一群动物中的部分动物被诊断为临床疾病后，对该群动物给药，目的是治疗患病动物，并控制疾病避免向密切接触和处于危险中的动物传播，这些动物可能已经被亚临床感染。

（16）预防是指在疾病的临床症状出现之前，对动物或动物种群给药，防止疾病或感染的发生。

（17）临床试验是指旨在在现场条件下检验兽药产品在正常畜牧条件下的安全性或药效，或作为正常兽医实践的一部分，以取得或变更上市许可为目的的研究。

（18）临床前研究指不包括在临床试验定义范围内的研究，目的是研究兽药产品的安全性或药效，以便取得或变更兽药的上市许可。

（19）效益－风险平衡指评估兽药产品对下列与使用该产品有关的风险的影响：

（a）与动物或人类健康有关的兽药产品的质量、安全性和药效的风险；

（b）对环境产生不良影响的风险；

（c）与抗菌药物耐药性发展有关的风险。

（20）通用名指世界卫生组织（WHO）推荐的国际非专有名称，若无非专有名称，则指通常使用的名称。

（21）兽药名称指不容易与通用名称混淆的发明名称，或附有商标或上市许可持有人名字的通用或科学名称。

（22）规格指兽药产品中活性物质的含量，根据剂型以单位剂量、单位体积或单位重量定量表示。

（23）主管部门指成员国根据第 137 条指定的部门。

（24）标签指直接包装或外包装上的信息。

（25）直接包装指与兽药产品直接接触的容器或任何其他形式的包装。

（26）外包装指直接包装者。

（27）包装说明书指有关兽药产品的文件小册子，其中附有确保其安全有效使用的信息。

（28）查阅书指由数据所有人或其代表签署的原始文件，该文件表明，该数据可用于与主管部门、根据（EC）726/2004 号条例所设立的欧洲药品管理局有关的申请人的利益或欧盟委员会用于本条例的目的。

（29）有限市场指下列产品类型之一的市场：

（a）治疗或预防不经常发生或在有限地理区域内发生的疾病的兽药产品；

（b）用于牛、羊、猪、鸡、狗和猫等之外的动物品种的兽药产品。

（30）药物警戒是指与发现、评估、认识和预防疑似不良反应事件或药品相关的任何其他问题有关的科学和活动。

（31）药物警戒系统主文件指上市许可持有人就一种或多种获批的兽药产品所使用的药物警戒系统的详细描述。

（32）监管指主管部门为核查是否遵守本条例而进行的任何工作。

（33）兽药处方指由兽医签发的用于兽药产品或用于动物的人用药品的文件。

（34）休药期指最后一次给动物使用兽药产品到该动物生产食品之间的最短时间。在正常使用该动物生产食品的情况下，必须确保食品不含有对公共卫生有害的兽药残留。

（35）上市是指首次在整个欧盟市场或（视情况而定）在一个或多个成员国供应兽药产品。

（36）批发销售指包括采购、持有、供应或出口（不论是否盈利）兽药产品的所有活动，向公众零售兽药产品除外。

（37）水生动物指欧洲议会和欧盟理事会（EU）2016/429 号条例第 4 条第 3 款所指的动物。

（38）食品动物指（EC）470/2009 号条例第 2 条（b）项定义的食品动物。

（39）变更指对第 36 条所指的兽药产品的上市许可条款的变更。

（40）兽药产品广告指就兽药产品做出任何形式的陈述，以促进兽药产品的供应、批发、销售、处方或使用，包括提供样品和赞助。

（41）信号管理过程是指对兽药产品的药物警戒数据进行主动监测的过程，以评估药物警戒数据，并确定这些兽药产品的效益－风险平衡是否有变化，以监测动物或公共卫生风险以及保护环境。

（42）对人类或动物健康或环境的潜在严重风险是指由于使用兽药产品而产生的严重风险极有可能影响人类或动物的健康或环境的情况。

（43）新型治疗兽药是指：

（a）专为基因治疗、再生医学、组织工程、血液制品治疗、噬菌体治疗而设计的兽药产品；

（b）纳米技术制成的兽药产品；

（c）其他被认为是兽医新领域的治疗方法。

（44）流行病学单位指（EU）2016/429 号条例第 4 条第 39 款定义的流行病学单位。

第Ⅱ章 上市许可——一般条款和申请规则

第1节 一般条款

第5条 上市许可

1. 兽药产品只有在主管部门或（视情况而定）欧盟委员会根据第44条、第47条、第49条、第52条、第53条或第54条批准该产品上市许可后，方可投放市场。

2. 兽药产品的上市许可有效期不受限制。

3. 批准、拒绝、暂停、撤销或以变更方式修改上市许可的决定，应予以公开。

4. 兽药产品的上市许可只应授予定居欧盟的申请人。这一要求也同样适用于上市许可持有人。

5. 一种或多种食品动物用兽药产品，只有其药理活性成分根据（EC）470/2009号条例和在此基础上通过的其他任何法令被允许用于有关动物种类时，才能批准其上市许可。

6. 对于专门作为宠物饲养的动物的兽药产品：对于水族动物或池塘动物、观赏鱼、笼鸟、信鸽、玻璃容器饲养的动物、小型啮齿动物、雪貂和兔子等，成员国可允许豁免执行本条规定，前提是这些兽药产品无需兽医处方，且该成员国已采取一切必要措施，防止未经许可将这些兽药产品用于其他动物。

第6条 上市许可申请的提交

1. 上市许可申请应提交有关主管部门，按照下列任何程序批准上市许可：

（a）第46条和第47条规定的国家程序；

（b）第48条和第49条规定的分权程序；

（c）第51条和第52条规定的互认程序；

（d）第53条规定的后续确认程序。

2. 根据第42条至第45条规定的中央上市许可程序，上市许可申请应提交给欧洲药品管理局。

3. 第1款和第2款所述申请应以电子方式提交，并应采用欧洲药品管理局提供的格式。

4. 申请人应对提交的文件和资料的准确性负责。

5. 主管部门或欧洲药品管理局应于收到申请之日起15日内，告知申请人是否已提交第8条规定的全部资料及文件，确定申请是否有效。

6. 主管部门或（视情况而定）欧洲药品管理局认为申请资料不全时，应通知申请人，并规定提交遗漏资料和文件的期限。申请人未在规定期限内提供遗漏资料和文件的，视为撤回申请。

7. 申请人在收到第49条第7款、第52条第8款或第53条第2款规定的资料后，在6个月内未提供所需文件完整译本的，视为撤回申请。

第7条 语言

1. 除成员国另有规定外，产品特性概要和标签及包装说明书上的信息的语言应是兽药产品上市供应的成员国的一种或多种正式语言。

2. 兽药产品标签可用几种语言标示。

第2节 资料要求

第8条 申请须提交的资料

1. 上市许可申请须包括下列资料：

（a）附录 I 所列的管理资料；

（b）根据附录 II 的要求，证明兽药产品质量、安全性和药效必需的技术文件；

（c）药物警戒系统主文件概要。

2. 申请涉及抗菌药物的，除第 1 款所列资料、技术文件和概要外，还应提交下列资料：

（a）关于在动物中使用抗菌兽药产品对公共卫生或动物健康或环境的直接或间接风险的文件；

（b）关于减少风险措施的资料，以限制与使用兽药产品有关的抗菌药物耐药性的发展。

3. 如果申请涉及拟用于食品动物的兽药产品，以及所涉及的药理活性物质尚未被（EC）37/2010 号条例和在此基础上通过的其他任何法令批准用于有关动物种类，除第 1 款所列资料外，还应提交一份文件，证明已根据该条例向欧洲药品管理局提出制定最大残留限量的有效申请。

4. 本条第 3 款不适用于根据（EU）2016/429 号条例第 114 条第 1 款（c）项所述的终身身份证明文件和在此基础上通过的其他任何法令中声明不拟屠宰供人类食用的马科动物的兽药产品，以及所含活性物质不符合（EC）470/2009 号条例或在此基础上通过的任何法令的兽药产品。

5. 如果申请涉及含有或由转基因生物组成的兽药产品，属于欧洲议会和欧盟理事会 2001/18/EC 号指令第 2 条所指范围，则除第 1 款所列资料、技术文件和概要外，申请还应附：

（a）根据 2001/18/EC 号指令 B 部分的规定，主管部门书面同意出于研发目的，将转基因生物释放到环境中的副本；

（b）完整的技术文件，提供 2001/18/EC 号指令附录 III 和附录 IV 要求的完整技术文件资料；

（c）按照 2001/18/EC 号指令附录 II 所述原则进行环境风险评估；

（d）为研发目的而进行的任何研究的结果。

6. 如果申请根据第 46 条和第 47 条规定的国家程序提交，除本条第 1 款所列资料、技术文件和概要外，申请人还应提交一份声明，声明未在其他成员国或（视情况而定）

欧盟提交同一种兽药产品上市许可申请，且其他成员国或欧盟未批准此类兽药上市许可。

第3节　临床试验

第9条　临床试验

1. 进行临床试验申请，应根据适用的成员国法律提交至临床试验所在地的成员国主管部门。

2. 批准临床试验的条件是：临床试验中使用的食品动物或其产品不得进入人类食物链，除非主管部门规定了适当的休药期。

3. 主管部门应于收到有效申请之日起60日内，做出批准或拒绝临床试验的决定。

4. 进行临床试验时，应充分考虑兽药注册技术要求国际协调委员会（VICH）良好临床实践的国际准则。

5. 为提供第8条第1款（b）项所述的文件，临床试验数据应与上市许可申请一并提交。

6. 对于来自欧盟以外的临床试验数据，只有根据VICH良好临床实践的国际准则设计、实施和报告时，才予以考虑，以评估兽药上市许可申请。

第4节　标签和包装说明书

第10条　兽药产品的直接包装标签

1. 根据第11条第4款的规定，兽药产品的直接包装应仅包含以下信息：

（a）兽药产品的名称、规格和剂型；

（b）每单位药品中活性物质的定性和定量声明，或以服用剂型依据特定容量或重量表示，采用活性物质的通用名称；

（c）批号，前面加"Lot"字样；

（d）上市许可持有人的姓名或公司名称或商标名称；

（e）目标动物；

（f）有效期，格式为"mm/yyyy"，前接缩写"Exp."；

（g）特殊的储存注意事项，如有；

（h）给药途径；

（i）如适用，即使休药期为零，仍应提供休药期。

2. 本条第1款所述信息应以易读、易理解的文字，或按照第17条第2款所述全欧盟通用的缩写或象形文字表示。

3. 尽管有第1款的规定，成员国可决定，在其领土内供应的兽药产品的直接包装上，应在第1款要求的资料中增加识别码。

第11条　兽药产品的外包装标签

1. 兽药产品的外包装应仅包含以下信息：

（a）第 10 条第 1 款所列信息；

（b）兽药产品的重量、数量或直接包装单位的数量；

（c）兽药产品必须远离儿童的视线和触及范围的警示；

（d）兽药产品仅用于动物治疗的警示；

（e）在不影响第 14 条第 4 款的情况下，建议阅读包装说明书；

（f）顺势疗法兽药产品注明"顺势兽药产品"；

（g）不需要兽医处方的兽药产品的适应证；

（h）上市许可编号。

2. 成员国可决定，在其领土内供应的兽药产品的直接包装上，应在第 1 款要求的资料中增加识别码。该代码可代替第 1 款（h）项所述的上市许可编号。

3. 本条第 1 款所述信息应以易读、易理解的文字，或按照第 17 条第 2 款所述全欧盟通用的缩写或象形文字表示。

4. 如果没有外包装，应在直接包装上标明第 1 款、第 2 款规定的全部内容。

第 12 条　兽药产品的直接小包装单位标签

1. 根据第 10 条的减损规则，直接小包装单位（因过小而无法以可读形式包含该条所述信息）应仅包含以下信息：

（a）兽药产品名称；

（b）活性物质数量；

（c）批号，前面加"Lot"字样；

（d）有效期，格式为"mm/yyyy"，前接缩写"Exp."。

2. 本条第 1 款所称直接包装单位，应具有符合第 11 条第 1 款、第 2 款、第 3 款规定的信息的外包装。

第 13 条　兽药产品直接包装或外包装的附加信息

根据第 10 条第 1 款、第 11 条第 1 款和第 12 条第 1 款的减损规则，成员国可在其领土内，应申请人的要求，允许申请人在兽药产品的直接包装或外包装上增加与产品特性概要相符的、非兽药产品广告的额外有用信息。

第 14 条　兽药产品包装说明书

1. 上市许可持有人须为每个兽药产品提供包装说明书，并应至少包含以下信息：

（a）上市许可持有人及生产商的名称或公司名称、永久地址或注册营业地点，以及在适当情况下，上市许可持有人的代理人；

（b）兽药产品的名称、规格与剂型；

（c）活性物质的定性和定量组成；

（d）兽药产品治疗的动物种类，用于各种动物的剂量、给药方法和途径，正确给药建议（如需）；

（e）适应证；

（f）禁忌证和不良反应；

（g）如适用，即使休药期为零，仍应提供休药期；

（h）如有，应提供特殊储存措施；

（i）安全或健康防护必需的信息，包括与使用有关的任何特别预防措施和任何其他警告；

（j）关于第117条所述适用于有关兽药产品的收集系统的资料；

（k）上市许可编号；

（l）上市许可持有人或其代理人的详细联系方式，以便报告疑似不良反应事件；

（m）第34条规定的兽药产品类别。

2. 包装说明书可附有与上市许可一致的销售、持有或任何必要预防措施相关的附加信息，但该信息并非促销信息。该补充资料应在包装说明书中清楚地与第1款所述资料分开。

3. 包装说明书应以公众可理解的方式编写和设计，使其易读、清晰和易懂。成员国可决定以纸质或电子方式提供，或两者皆要求。

4. 根据第1款的减损规则，依照本条规定所要求的资料可以在兽药产品的包装上提供。

第15条　关于产品信息的一般要求

第10条至第14条所列资料应符合第35条规定的产品特性概要。

第16条　顺势疗法兽药产品的包装说明书

根据第14条第1款的减损规则，按照第86条注册的顺势疗法兽药产品包装说明书应仅包含以下信息：

（a）药品的科学名称，紧接使用《欧洲药典》符号表示的稀释度，如果没有，则使用成员国现行药典；

（b）上市许可持有人和（如适合）生产商的名称和地址；

（c）给药方法和（如需）给药途径；

（d）剂型；

（e）特殊储存措施，若有；

（f）目标动物，以及在适当情况下，每种目标动物的剂量；

（g）如适用，顺势疗法兽药产品的特别注意事项；

（h）注册号；

（i）休药期，如适用；

（j）"顺势疗法兽药产品"字样。

第17条　本部分的执行权限

1. 欧盟委员会应通过执行法案，为第10条第3款和第11条第2款所述的识别码制定统一规则。执行法案应按照第145条第2款所述程序审查通过。

2. 欧盟委员会应通过执行法案，通过一份为第 10 条第 2 款和第 11 条第 3 款的目的而使用的全欧盟通用的缩略语和象形文字清单。执行法案应按照第 145 条第 2 款所述程序审查通过。

3. 欧盟委员会应通过执行法案，对第 12 条所述的小型直接包装单位的大小提供统一规则。执行法案应按照第 145 条第 2 款所述程序审查通过。

第 5 节　基于知情同意和文献数据的仿制、复方和混合兽药产品的申请资料要求

第 18 条　仿制兽药

1. 根据第 8 条第 1 款（b）项的减损规则，如果符合下列所有条件，可不要求仿制兽药的上市许可申请提供有关安全性和药效的文件：

（a）生物利用度研究已证明仿制兽药与对照兽药具有生物等效性，或提供了不进行此类研究的依据；

（b）申请符合附录 II 规定的要求；

（c）申请人可证明其申请涉及对照兽药的仿制兽药，而第 39 条和第 40 条规定的该对照兽药的技术文件的保护期限已过或将在 2 年内届满。

2. 仿制兽药的活性物质由不同盐类、酯类、醚类、同分异构体、同分异构体混合物、复合物或与对照兽药中使用的活性物质不同的衍生物组成，应视为与对照兽药中使用的活性物质相同，但在安全性或药效方面有显著差异者除外。如果在安全性或药效上有显著差异，申请人必须提交额外资料，以证明该对照兽药的认可活性物质的各种盐、酯或衍生物的安全性或药效。

3. 仿制兽药的多种速释口服制剂，应视为同一剂型。

4. 如果提交仿制药申请的成员国未批准对照兽药上市许可，或者按照第 42 条第 4 款的规定提交了对照兽药上市许可申请，申请人应当在申请中注明已批准对照兽药上市许可的成员国。

5. 主管部门或（视情况而定）欧洲药品管理局应向批准上市许可的成员国主管部门索取有关对照兽药的资料。这些资料须在收到要求后 30 天内送达提出要求者。

6. 仿制兽药产品特性概要应与对照兽药相同。但是，该规定不适用于对照兽药的产品特征概要中提及的在批准仿制药上市时仍受专利法保护的适应证或剂型。

7. 主管部门或（视情况而定）欧洲药品管理局可要求对照兽药在 2005 年 10 月 1 日前获批的仿制兽药上市许可申请人提供与仿制兽药有关的潜在环境风险的安全数据。

第 19 条　混合兽药产品

1. 根据第 18 条第 1 款的减损规则，当兽药产品因下列一个或多个原因不符合仿制兽药的全部特征时，应要求获得适当的临床前研究和临床试验结果：

（a）与对照兽药相比，仿制兽药的活性物质、适应证、规格、剂型或给药途径发生变化；

（b）生物利用度研究不能用于证明与对照兽药生物等效；

（c）生物兽药产品与对照生物兽药产品的原料或生产工艺有差异。

2. 混合兽药产品的临床前研究或临床试验可与欧盟或第三国批准的对照兽药批次一起进行。

申请人须证明在第三国获批的对照兽药是按照与欧盟为对照药制定的要求相同的规定获批的，而且两者高度相似，可以在临床试验中相互替代。

当批次产品在第三国生产时，申请人应通过最先进的分析检测证明，这两种对照产品高度相似，可以在临床试验中相互替代。

第20条　复方兽药产品

根据第8条第1款（b）项的减损规则，含有多种活性物质的兽药产品，每种活性物质已被批准用于兽药产品，则无需提供与每种活性物质有关的安全性和药效数据。

第21条　基于知情同意的申请

根据第8条第1款（b）项的减损规则，如果兽药产品上市许可申请人以查阅书的形式使用已获批兽药产品提交的技术文件，则无需提供有关该兽药产品质量、安全性和药效的技术文件。

第22条　基于文献数据的申请

1. 根据第7条第1款（b）项的减损规则，如果申请人证明兽药产品的活性物质已经在欧盟内的兽医领域得到充分使用至少10年，且证明其药效并提供可接受的安全水平，则无需提供安全性和药效的文件。

2. 申请应符合附录Ⅱ的要求。

第6节　在有限市场和特殊情况下的上市许可要求

第23条　有限市场的上市许可申请

1. 根据第8条第1款（b）项的减损规则，如符合下列所有条件，申请人无需提供附录Ⅱ要求的全面安全性或药效文件：

（a）兽药产品上市销售对动物或公共卫生的益处大于未提供某些文件带来的固有风险；

（b）申请人提供证据，证明该兽药产品只适用于有限市场。

2. 依照本条规定获得上市许可的兽药产品，应在产品特性概要中明确说明，由于缺乏全面的安全性或药效数据，仅进行了有限的安全性或药效评估。

第24条　有限市场的上市许可有效期及其重新审查程序

1. 根据第5条第2款的减损规则，有限市场的上市许可有效期为5年。

2. 在本条第1款规定的5年有效期届满前，根据第23条获批的有限市场上市许可，应根据上市许可持有人的申请重新审查。该申请应包括最新的效益－风险评估。

3. 有限市场上市许可持有人应在本条第 1 款所述有效期届满前至少 6 个月向主管部门或欧洲药品管理局提交重新审查申请。重新审查申请以证明继续符合第 23 条第 1 款规定的条件为限。

4. 提交重新审查申请时，有限市场的上市许可继续有效，直至主管部门或（视情况而定）欧盟委员会做出决定。

5. 主管部门或（视情况而定）欧洲药品管理局应评估重新审查申请和延长上市许可有效期申请。

在评估的基础上，如果效益－风险平衡仍然为正，主管部门或（视情况而定）欧盟委员会应将上市许可有效期延长 5 年。

6. 主管部门或（视情况而定）欧盟委员会可随时就获准在有限市场销售的兽药产品颁发有效期不受限制的上市许可，条件是有限市场上市许可持有人提交第 23 条第 1 款所述缺乏的安全性或药效的数据。

第 25 条　特殊情况下的上市许可申请

根据第 8 条第 1 款（b）项的减损规则，在动物或公共卫生有关的特殊情况下，申请人可以提交不符合该项所有要求的申请，而由于该申请，兽药产品上市销售在动物或公共卫生领域可直接获得的利益超过未提供某些质量、安全性或药效文件所带来的固有风险。在这种情况下，应要求申请人证明，出于客观和可核查的原因，不能提供附录 Ⅱ 所要求的某些质量、安全性或药效文件。

第 26 条　特殊情况下的上市许可条款

1. 在第 25 条所述的特殊情况下，可根据以下一项或多项对上市许可持有人的要求，批准上市许可：

（a）提出条件或限制的规定，特别是关于兽药产品安全性的条件或限制；

（b）要求在适当情况下向主管部门或欧洲药品管理局通报与使用兽药产品有关的任何不良反应事件；

（c）进行上市后研究的规定。

2. 依照本条规定获得上市许可的兽药产品，应在产品特性概要中明确说明，由于缺乏全面的质量、安全性或药效数据，仅进行了有限的质量、安全性或药效评估。

第 27 条　在特殊情况下上市许可的有效性及其重新审查程序

1. 根据第 5 条第 2 款的减损规则，特殊情况下的上市许可有效期为一年。

2. 在本条第 1 款规定的一年有效期届满前，根据第 25 条和第 26 条批准的上市许可，应根据上市许可持有人的申请重新审查。该申请应包括最新的效益－风险评估。

3. 在特殊情况下，上市许可持有人应在第 1 款所指的一年有效期届满前至少三个月向批准该上市许可的主管部门或在适当情况下向欧洲药品管理局提出重新审查的申请。重新审查申请书应注明与动物健康或公共卫生有关的特殊情况仍然存在。

4. 当提交重新审查申请时，上市许可应在主管部门或（视情况而定）欧盟委员会做出决定前仍有效。主管部门或欧洲药品管理局应视情况评估申请。

5. 在评估的基础上，如果效益－风险平衡仍然为正，主管部门或（视情况而定）欧盟委员会应将上市许可的有效期延长一年。

6. 主管部门或（视情况而定）欧盟委员会可随时就根据第 25 条和第 26 条获准的兽药产品颁发有效期不受限制的上市许可，条件是上市许可持有人须提交第 25 条所述缺乏的质量、安全或药效数据。

第 7 节　审查申请和批准上市许可

第 28 条　审查申请

1. 对根据第 6 条提交的申请，主管部门或（视情况而定）欧洲药品管理局应：

（a）核实所提交的文件符合第 8 条规定的要求；

（b）根据所提供的质量、安全性和药效文件评价兽药产品；

（c）对兽药产品的效益－风险平衡做出评估结论。

2. 在审查第 8 条第 5 款所述含有或包含转基因生物的兽药产品的上市许可申请过程中，欧洲药品管理局应与欧盟委员会或成员国根据 2001/18/EC 号指令设立的机构进行必要的磋商。

第 29 条　审查申请过程中实验室的要求

1. 主管部门或（视情况而定）欧洲药品管理局可要求申请人向欧盟参比实验室、官方药品控制实验室或成员国指定的实验室，提供兽药产品样品：

（a）对兽药产品、原料、必要时的中间产品或其他组成物料进行检测，以确保生产商所采用并在申请文件中描述的控制方法是令人满意的；

（b）使用申请人提供的样品验证，申请人为安全性检测和残留物检测提出的分析检测方法是令人满意的，适合用来反映兽药残留水平，特别是那些超过（EC）470/2009 号条例和（EU）2017/625 号条例决定制定的最大残留限量的药理活性物质。

2. 第 44 条、第 47 条、第 49 条、第 52 条和第 53 条规定的时限应暂停，直至提供第 1 款所要求的样品为止。

第 30 条　第三国生产商的信息

对根据第 6 条提出的申请，主管部门或（视情况而定）欧洲药品管理局应通过第 88 条、第 89 条和第 90 条规定的程序，查明第三国兽药生产企业能够按照第 8 条第 1 款规定提交的申请文件描述的方法生产有关兽药产品或者进行控制试验。主管部门或（视情况而定）欧洲药品管理局可要求有关主管部门提供资料，以确定兽药生产企业有能力从事本条所述活动。

第 31 条　申请人提供补充资料

对根据第 6 条提交的申请，申请人提交的补充资料不足时，主管部门或（视情况而定）欧洲药品管理局应通知申请人。主管部门或（视情况而定）欧洲药品管理局应要求申请人在规定期限内提供补充资料。在这种情况下，第 44 条、第 47 条、第 49 条、第 52 条和第 53 条规定的时限应暂停，直至提供补充资料为止。

第 32 条 撤回申请

1. 第 44 条、第 47 条、第 49 条、第 52 条和第 53 条所述决定做出之前，申请人可随时撤回向主管部门或（视情况而定）欧洲药品管理局提交的上市许可申请。

2. 第 28 条所指申请审查完毕前，申请人撤回其向主管部门或（视情况而定）欧洲药品管理局提交的上市许可申请时，应将理由告知根据第 6 条提交申请的主管部门或（视情况而定）欧洲药品管理局。

3. 在删除商业机密信息后，主管部门或（视情况而定）欧洲药品管理局应将撤回申请的信息连同已拟定的报告或意见（如适用）一并公开。

第 33 条 评估结果

1. 主管部门或欧洲药品管理局依据第 28 条规定审查申请时，应分别拟订评估报告或意见。如做出有利的评估，该评估报告或意见应包括下列内容：

（a）第 35 条所述的产品特性概要；

（b）兽药产品供应或安全有效使用必须采取的任何条件或限制的详细资料，包括按照第 34 条对兽药产品的分类；

（c）第 10 条至第 14 条所述标签和包装说明书的文本。

2. 对于不利的评估，第 1 款所述的评估报告或意见应载有得出结论的理由。

第 34 条 兽药产品的分类

1. 根据第 5 条第 1 款，主管部门或欧盟委员会应将下列兽药产品归为处方兽药：

（a）含有麻醉药品或精神药品，或经常用于非法制造这些药物或物质的兽药产品，包括联合国 1961 年《麻醉药品单一公约》1972 年修正案、1971 年《联合国精神药品公约》、1988 年《联合国禁止非法贩运麻醉药品和精神药品公约》或欧盟关于药物前体的法规所涵盖的药物；

（b）用于食品动物的兽药产品；

（c）抗菌兽药产品；

（d）需要事先做出准确诊断的病理过程的治疗产品，或使用这些产品可能产生妨碍或干扰随后的诊断或治疗措施的效果；

（e）用于动物安乐死的兽药产品；

（f）含有活性物质的兽药产品，该活性物质在欧盟内获批不足 5 年；

（g）免疫兽药产品；

（h）在不影响 96/22/EC 号指令的情况下，含有具有激素或甲状腺抑制作用或 β－激动剂活性物质的兽药产品。

2. 尽管有本条第 1 款的规定，依照成员国国家法律或第 35 条所述产品特性概要所载特别注意事项，主管部门或（视情况而定）欧盟委员会仍可将兽药产品归为处方兽药。

3. 根据第 1 款的减损规则，除第 1 款（a）项、（c）项、（e）项和（h）项所述兽药产品外，如符合下列所有条件，主管部门或（视情况而定）欧盟委员会可将兽药产品列为非处方兽药：

（a）兽药产品仅用于不需要特殊知识或技能的药物剂型；

（b）即使使用不当，兽药产品对接受治疗的动物、使用该产品的人或环境也不存在直接或间接风险；

（c）兽药产品的产品特性概要不含任何因正确使用而引起潜在严重不良反应事件的警告；

（d）兽药产品或含有相同活性物质的任何其他产品以前均未经常报告不良反应事件；

（e）产品特性概要不涉及与未经处方而常用的其他兽药产品联合使用的禁忌证；

（f）即使在兽药产品使用不当的情况下，来自接受治疗动物的食品中的兽药残留也不存在公共卫生风险；

（e）即使含有此类物质的兽药产品使用不当，对公众卫生或动物健康也不会产生抗菌药物耐药性风险。

第 35 条　产品特性概要

1. 第 33 条第 1 款（a）项中所述产品特性概要应按下列顺序包含以下信息。

（a）兽药产品名称、规格和剂型，以及（如适用）在不同成员国批准的兽药产品名称清单。

（b）对适当给予兽药产品的至关重要的活性物质或活性物质的定性和定量成分，辅料和其他成分的通用名称或化学描述、定性和定量组成。

（c）临床资料：

（ⅰ）目标动物；

（ⅱ）适用于每一种目标动物的适应证；

（ⅲ）禁忌证；

（ⅳ）特别警示；

（ⅴ）使用的特别注意事项，包括对目标动物的安全使用的特别注意事项、对使用兽药产品的人员的特别注意事项，以及保护环境的特别注意事项；

（ⅵ）不良反应事件的频率和程度；

（ⅶ）怀孕期、哺乳期或生产期的使用方法；

（ⅷ）与其他药物的相互作用和其他形式的相互作用；

（ⅸ）给药途径和剂量；

（ⅹ）过量用药的症状，如适用，过量用药的急救措施和解毒剂；

（ⅺ）特殊使用限制；

（ⅻ）使用的特殊条件，包括限制使用抗菌药物和抗寄生虫兽药产品，以限制产生抗菌药物耐药性的风险；

（ⅷ）如适用，即使休药期为零，仍应提供休药期。

（d）药理学信息：

（ⅰ）解剖治疗化学兽医代码（ATCvet 代码）；

（ⅱ）药效学；

（ⅲ）药物代谢动力。

（ⅰ）、（ⅱ）及（ⅲ）项以外的免疫兽药产品的免疫信息。

（e）药品详情：

（ⅰ）主要不相容性；

（ⅱ）药品重组后或者直接包装首次打开后的有效期；

（ⅲ）储存的特别注意事项；

（ⅳ）直接包装的性质和组成；

（ⅴ）兽药产品使用回收计划的要求，以处置未使用的兽药产品或因使用兽药产品而产生的废物，并在适当情况下，就处置未使用的兽药产品或因使用兽药产品而产生的废物采取额外预防措施。

（f）上市许可持有人的姓名。

（g）上市许可编号。

（h）首次获得上市许可日期。

（i）产品特性概要的最后修订日期。

（j）如适用，对于第 23 条或第 25 条所指的兽药产品，声明：

（ⅰ）"针对有限市场批准上市许可，因此根据文件的定制要求进行评估"。

（ⅱ）"针对特殊情况批准上市许可，因此根据文件的定制要求进行评估"。

（k）第 117 条所述适用于有关兽药产品的收集系统的资料。

（l）第 34 条所述的兽药产品在其获批的每个成员国中的分类。

2. 如属仿制兽药，对照兽药的产品特征概要中提及的适应证或剂型，在成员国将该仿制药上市时受专利法保护的，可以省略。

第 36 条　批准上市许可的决定

1. 第 5 条第 1 款所述的批准上市许可的决定，应根据依照第 33 条第 1 款规定编制的文件做出，并应列明有关该兽药产品上市的任何附带条件，以及产品特性概要（"上市许可条款"）。

2. 如果申请涉及抗菌兽药产品，则主管部门或（视情况而定）欧盟委员会可要求上市许可持有人进行上市后研究，以确保考虑到潜在的抗菌药物耐药性，效益－风险平衡仍为正。

第 37 条　拒绝上市许可的决定

1. 第 5 条第 1 款所述拒绝上市许可的决定，应根据第 33 条第 1 款所编制的文件做出，并应有正当理由，包括拒绝的理由。

2. 如符合下列任何一项条件，上市许可将被拒绝：

（a）申请不符合本章规定的；

（b）兽药产品的效益－风险平衡为负；

（c）申请人未提供有关兽药产品的质量、安全性或药效的充足资料；

（d）该产品是一种抗菌兽药产品，作为性能增强剂用于促进动物生长或增加动物的产量；

（e）建议的休药期不够长，不能确保食品安全或没有充分的证据；

（f）出现抗菌药物耐药性或抗寄生虫耐药性，对公共卫生的风险超过了兽药产品对动物健康的益处；

（g）申请人没有针对目标动物提供足够的药效证明；

（h）产品的定性或定量成分没有如申请所述；

（i）对公众或动物健康或环境的风险问题没有得到充分解决；

（j）兽药产品内的活性物质符合持久性、生物蓄积性、毒性或极持久性、强生物蓄积性的标准，且该兽药产品拟用于食品动物，但经证明该活性物质对预防或控制动物健康的一个严重危害是必不可少的情况除外。

3. 如果抗菌兽药产品是用于治疗第 5 款规定的某些人类感染，则应拒绝抗菌兽药产品的上市许可。

4. 欧盟委员会可根据第 147 条通过授权法案，以作为本条例的补充，规定指定用于治疗人体某些感染的抗菌药物的标准，以保持这些抗菌药物的效力。

5. 欧盟委员会应通过实施法案的方式，指定用于治疗某些人类感染的抗菌药物。这些实施法案应按照第 145 条第 2 款所述程序审查通过。

6. 欧盟委员会在通过第 4 款和第 5 款所述法案时，应考虑到欧洲药品管理局、欧洲自由贸易区和其他有关欧盟机构的科学意见。

第8节　技术文件的保护

第 38 条　技术文件的保护

1. 在不影响 2010/63/EU 号指令的要求和义务的前提下，为了获得或变更上市许可而首次提交的质量、安全性和药效技术文件不得被其他申请人用于申请或变更上市许可条款，除非：

（a）本条例第 39 条和第 40 条规定的技术文件保护期已过，或将在不到 2 年内届满；

（b）申请人已取得该文件查阅书形式的书面协议。

2. 第 1 款所指的技术文件的保护（"技术文件的保护"）也应适用于产品未批准或不再批准兽药产品的成员国。

3. 任何上市许可或变更上市许可条款仅在规格、药物剂型、给药途径或展示方面与已批准的上市许可不同，应视为与已批准的上市许可相同，以适用技术文件保护规则。

第 39 条　技术文件的保护期限

1. 技术文件的保护期为：

（a）用于牛、羊、猪、鸡、狗和猫的兽药产品为 10 年；

（b）用于牛、羊、猪、鸡、狗和猫的含抗菌活性物质（该活性物质在兽药产品提交申请时尚未被欧盟认可用于兽药产品）的抗菌兽药产品为 14 年；

（c）蜂用兽药产品为 18 年；

（d）（a）项和（c）项所列动物种类以外的兽药产品为 14 年。

2. 技术文件的保护，自兽药产品按照第 5 条第 1 款的规定获得上市许可之日起生效。

第 40 条　技术文件保护的延长和追加期限

1. 对第 39 条第 1 款（a）项或（b）项所列的一种以上动物批准首次上市许可，或根据第 67 条批准将上市许可扩展全第 39 条第 1 款（a）项或（b）项所列的另　种动物，则第 39 条规定的保护期限，每增加一种目标动物，应延长 1 年。但前提是，如有变化，应在第 39 条第 1 款（a）项或（b）项规定的保护期届满前至少 3 年提交申请。

2. 对第 39 条第 1 款（a）项或（b）项所列的一种以上动物批准首次上市许可，或根据第 67 条批准将上市许可扩展至第 39 条第 1 款（a）项或（b）项未列的另一种动物，则第 39 条规定的保护期，每增加一种目标动物，应延长 4 年。但前提是，如有变化，应在第 39 条第 1 款（a）项或（b）项规定的保护期届满前至少 3 年提交申请。

3. 根据第 39 条规定的首次上市许可技术文件的保护期，同一上市许可的任何变更或新增许可，延长追加期限不得超过 18 年。

4. 如果兽药产品上市许可或上市许可条款变更申请人根据（EC）470/2009 号条例提交了关于确定最大残留限量的申请，并在申请过程中提交了安全性、残留试验、临床前研究和临床试验结果，其他申请人在其获准上市许可之日起 5 年内不得引用这些测试、研究和试验的结果。只要其他申请人已获得关于这些测试、研究和试验结果的查阅书，禁止使用这些结果的规定则不再适用。

5. 对依照第 67 条批准的上市许可条款进行变更，涉及药物剂型、给药途径、给药剂量的变更，应经欧洲药品管理局或第 66 条所述主管部门评估，证明：

（a）降低抗菌药物或抗寄生虫药的耐药性；

（b）改善兽药产品的效益－风险平衡，相关的临床前研究或临床试验的结果应受保护 4 年。

只要其他申请人已获得关于这些研究和试验结果的查阅书，禁止使用这些结果的规定则不再适用。

第 41 条　专利相关的权利

根据第 18 条规定为申请上市许可而进行必要的检测、研究和试验，不得视为与专利相关的权利或兽药产品和人用药品的补充保护证书相抵触。

第Ⅲ章　批准上市许可的程序

第1节　上市许可在欧盟内有效
（中央上市许可）

第42条　中央上市许可的范围

1. 中央上市许可在欧盟内有效。

2. 中央上市许可程序适用于下列兽药产品。

（a）通过以下生物技术手段之一开发的兽药产品：

（ⅰ）重组 DNA 技术；

（ⅱ）控制原核生物和真核生物（包括转化的哺乳动物细胞）中生物活性蛋白编码基因的表达；

（ⅲ）杂交和单克隆抗体法。

（b）主要用于提高性能的兽药产品，以促进动物的生长或提高动物的产量。

（c）提交申请之日，所含的活性物质在欧盟内尚未被批准的兽药产品。

（d）含有或由工程改造的同种异体组织或细胞组成的生物兽药产品。

（e）新型治疗兽药产品。

3. 第2款（d）项和（e）项不适用于完全由血液成分组成的兽药产品。

4. 除第2款所述的兽药产品外，如该兽药产品在欧盟内未获其他类型上市许可，则可批准中央上市许可。

第43条　中央上市许可的申请

1. 中央上市许可申请应提交给欧洲药品管理局。申请应连同向欧洲药品管理局支付的申请审查费用一并递交。

2. 兽药产品申请中央上市许可时应注明在欧盟内使用的唯一名称。

第44条　中央上市许可程序

1. 欧洲药品管理局应评估第43条所述申请。作为评估的结果，欧洲药品管理局应编写一份载有第33条所述资料的意见。

2. 欧洲药品管理局应在收到有效申请后210天内提出第1款所述意见。在特殊情况下，如需要某一专门知识，最后期限最多可延长90天。

3. 当申请人就其主要关注的兽药产品，特别是从动物健康和治疗创新的角度，申请上市许可时，可要求加快评估程序。此项要求应有充分证明。如果欧洲药品管理局接受请求，则210天的期限应减为150天。

4. 欧洲药品管理局的意见应传达至申请人。申请人可于收到意见后15天内，书面通知欧洲药品管理局要求重新审查该意见。在这种情况下，第45条适用。

5. 申请人未按照第4款的规定提出书面通知的，欧洲药品管理局应立即将其意见提交欧盟委员会。

6. 欧盟委员会可要求欧洲药品管理局澄清其意见的内容，在这种情况下，欧洲药品管理局应在 90 天内对此项要求做出答复。

7. 申请人应在欧洲药品管理局规定的期限内，最迟应在依照本条第 8 款将决定草案提交至主管部门之日，依照第 7 条规定向欧洲药品管理局提交产品特性概要、包装说明书和标签的必要译本。

8. 在收到欧洲药品管理局意见后 15 天内，欧盟委员会应拟订一份关于申请的决定草案。如果决定草案欲批准上市许可，则应包含第 1 款拟订的欧洲药品管理局的意见。如果决定草案与欧洲药品管理局的意见不一致，欧盟委员会应在附件中详细说明产生分歧的原因。欧盟委员会应将决定草案送交各成员国主管部门和申请人。

9. 欧盟委员会应通过实施法案的方式，根据本节和欧洲药品管理局的意见，做出批准或拒绝中央上市许可的决定。实施法案应按照第 145 条第 2 款所述程序审查通过。

10. 在删除商业机密信息后，欧洲药品管理局应公开其意见。

第45条　重新审查欧洲药品管理局的意见

1. 申请人依照第 44 条第 4 款的规定要求对欧洲药品管理局的意见进行重新审查的，应在收到意见后 60 天内，将重新审查请求的具体理由提交欧洲药品管理局。

2. 在收到请求的详细理由后 90 天内，欧洲药品管理局应重新审查其意见。所做结论和做出这些结论的理由应作为其意见的附件，并应成为其组成部分。

3. 欧洲药品管理局应在重新审查其意见后 15 天内，将其意见提交欧盟委员会和申请人。

4. 继本条第 3 款规定的程序之后，第 44 条第 6 款至第 10 款应适用。

第2节　上市许可在一个成员国有效
（国家上市许可）

第46条　国家上市许可的范围

1. 向申请国家上市许可的成员国主管部门提交申请。主管部门应根据本节及适用的国家法律规定批准上市许可。国家上市许可仅在批准该上市许可的主管部门所在成员国有效。

2. 第 42 条第 2 款范围内的兽药产品，或已获国家上市许可，或申请国家上市许可时正在等待另一成员国批准国家上市许可的兽药产品，不得授予国家上市许可。

第47条　国家上市许可程序

1. 批准或者拒绝兽药产品的国家上市许可程序，应自提出有效申请之日起 210 天内完成。

2. 主管部门应拟订载有第 33 条所述资料的评估报告。

3. 删除商业机密信息后，主管部门应公开评估报告。

第3节　上市许可在几个成员国有效

（分权上市许可）

第48条　分权上市许可的范围

1. 分权上市许可应由申请人根据本节寻求获得上市许可的成员国（相关成员国）主管部门批准。分权上市许可应在这些成员国有效。

2. 已获国家上市许可的兽药产品，或正在申请一个分权上市许可者，或属于第42条第2款范围内的兽药产品，不得授予分权上市许可。

第49条　分权上市许可程序

1. 分权上市许可的申请，应提交至申请人选择的成员国（参考成员国）主管部门，以编制评估报告，并根据本节的规定行事，同时提交至其他相关成员国主管部门。

2. 申请应列出相关成员国。

3. 如果申请人申明不再将一个或多个成员国视为相关成员国，这些成员国的主管部门应将其认为与撤回申请有关的任何资料提供给参考成员国和其他相关成员国的主管部门。

4. 在收到有效申请后120天内，参考成员国主管部门应编制载有第33条所述资料的评估报告，并将其送交相关成员国主管部门和申请人。

5. 相关成员国主管部门应自收到第4款所述评估报告之日起90天内，审查该报告，并通知参考成员国主管部门，是否因该兽药产品可能对人类或动物健康或环境造成严重危害而对该报告提出任何异议。参考成员国主管部门应将审查结果的评估报告送交相关成员国的主管部门和申请人。

6. 在收到第4款所述评估报告之日起90天内，相关成员国主管部门应审查报告，并通知参考成员国主管部门是否反对报告，理由是兽药产品是否可能给人类或动物健康或环境带来潜在的严重威胁。参考成员国主管部门应将该项审查结果的评估报告提交相关成员国主管部门和申请人。

7. 应参考成员国或任何相关成员国主管部门的要求，在第5款所述期间内召集协调小组审查评估报告。

8. 如果评估报告有利，且没有相关成员国主管部门将第5款所述反对意见通知参考成员国主管部门，则参考成员国主管部门应记录已达成协议，终止程序，并立即通知申请人和所有成员国主管部门。相关成员国主管部门应在收到参考成员国主管部门提供的有关协定的资料和申请人提供的产品特性概要、标签和包装说明书的完整译本后30天内，根据评估报告批准上市许可。

9. 如果评估报告不利，且相关成员国主管部门均未将第5款所述反对意见通知参考成员国主管部门，则参考成员国主管部门应记录有拒绝批准上市许可的情况，终止程序，并立即通知申请人和所有成员国主管部门。

10. 如果相关成员国主管部门按照本条第5款通知参考成员国主管部门其反对评估

报告，则适用第 54 条所述程序。

11. 在分权上市许可程序的任何阶段，如果相关成员国主管部门援引第 110 条第 1 款所述理由禁止销售兽药产品，该成员国将不再被视为相关成员国。

12. 在删除商业机密信息后，参考成员国主管部门应公开评估报告。

第 50 条　申请人请求重新审查评估报告的要求

1. 在收到第 49 条第 5 款所述评估报告之日起 15 天内，申请人可以向参考成员国主管部门提出书面通知，要求重新审查评估报告。在这种情况下，申请人应在收到评估报告后 60 天内，将提出这种要求的详细理由提交参考成员国主管部门。参考成员国主管部门应立即将该请求和详细理由提交协调小组。

2. 协调小组应在收到要求重新审查评估报告的详细理由后 60 天内，重新审查评估报告。协调小组所做结论及其理由应作为评估报告的附件，并成为评估报告的组成部分。

3. 参考成员国主管部门应于重新审查评估报告之日起 15 天内，将评估报告送交申请人。

4. 依照本条第 3 款规定的程序，第 49 条第 7 款、第 8 款、第 10 款和第 11 款应适用。

第 4 节　国家上市许可的互认

第 51 条　国家上市许可互认的范围

根据第 47 条获准的兽药产品国家上市许可，应在其他成员国中按照第 52 条规定的程序被认可。

第 52 条　国家上市许可互认程序

1. 国家上市许可互认申请应提交给根据第 47 条批准国家上市许可的成员国主管部门（参考成员国）和申请获得上市许可的成员国主管部门（相关成员国）。

2. 互认申请应列出相关成员国。

3. 批准国家上市许可的决定与提交互认国家上市许可的申请之间至少间隔 6 个月。

4. 如果申请人申明不再将一个或多个成员国视为相关成员国，这些成员国的主管部门应将其认为与撤回申请有关的任何资料提供给参考成员国和其他相关成员国的主管部门。

5. 在收到有效互认申请后 90 天内，参考成员国主管部门应编制载有第 33 条所述兽药产品资料的更新的评估报告，并将其送交相关成员国主管部门和申请人。

6. 相关成员国主管部门应自收到第 5 款所述评估报告之日起 90 天内，审查该报告，并通知参考成员国主管部门，是否因该兽药产品可能对人类或动物健康或环境造成严重危害而对该报告提出任何异议。参考成员国主管部门应将审查结果的评估报告送交有关成员国主管部门和申请人。

7. 应参考成员国或任何相关成员国主管部门的要求，应在第 6 款所述期间内召集协调小组审查更新后的评估报告。

8. 如果评估报告有利，且没有相关成员国主管部门将第 6 款所述反对意见通知参考成员国主管部门，则参考成员国主管部门应记录已达成协议，终止程序，并立即通知申请人和所有成员国主管部门。相关成员国主管部门应在收到参考成员国主管部门提供的有关协定的资料和申请人提供的产品特性概要、标签和包装说明书的完整译本后 30 天内，根据评估报告批准上市许可。

9. 如果相关成员国主管部门按照本条第 6 款通知参考成员国主管部门其反对评估报告，则适用第 54 条所述程序。

10. 在互认程序的任何阶段，如果相关成员国主管部门援引第 110 条第 1 款所述理由禁止销售兽药产品，该成员国将不再被视为相关成员国。

11. 在删除商业机密信息后，参考成员国主管部门应公开评估报告。

第 5 节　互认和分权上市许可程序的后续确认

第 53 条　新增成员国对上市许可的后续确认

1. 完成第 49 条规定的分权程序或第 52 条规定的互认程序批准上市许可后，上市许可持有人可按照本条规定的程序，向新增成员国的主管部门以及适用的第 49 条或第 52 条所述参考成员国的主管部门提交上市许可申请，除第 8 条所述资料外，申请还应包括以下内容：

（a）批准、暂停、撤销与兽药产品有关的上市许可的所有决定清单；

（b）自第 49 条第 7 款规定的分权程序或第 52 条第 8 款规定的互认程序批准上市许可以来所引入的变更信息；

（c）药物警戒数据概要报告。

2. 适用的第 49 条或第 52 条所述参考成员国主管部门应在 60 天内向其他新增成员国主管部门转发批准上市许可及其任何变更的决定，并应在此期间编制并转发一份关于该上市许可及其变更的最新评估报告（如适用），并相应地通知申请人。

3. 每个新增成员国主管部门应在收到第 1 款所述数据和信息以及产品特性概要、标签和包装说明书的完整译本后，根据第 2 款所述的最新评估报告，批准上市许可。

4. 根据本条第 3 款的减损规则，如一个新增成员国主管部门有理由以该兽药产品会对人类或动物健康或环境构成潜在严重威胁为由，拒绝批准该兽药的上市许可，最迟应在收到第 1 款所述数据和资料以及第 2 款所述最新评估报告后 60 天内，向适用的第 49 条或第 52 条所述参考成员国主管部门、第 49 条或第 52 条所述相关成员国主管部门和申请人提出异议，并详细说明理由。

5. 如果一个新增成员国主管部门根据第 4 款提出异议，参考成员国主管部门应采取任何适当措施，就提出的异议达成协议。参考成员国和新增成员国主管部门应尽最大努力就所采取的行动达成共识。

6. 参考成员国主管部门应给申请人提供机会，就新增成员国主管部门提出的异议，以口头或书面形式提出申请人的观点。

7. 在参考成员国主管部门采取措施后，如果参考成员国、已批准上市许可的相关成员国和新增成员国主管部门达成协议，新增成员国主管部门应根据第 3 款批准上市许可。

8. 如果参考成员国主管部门未能在提出本条第 4 款所述反对意见之日起 60 天内与相关成员国和新增成员国主管部门达成协议，欧盟委员会应按照第 54 条规定的审查程序，将申请连同本条第 2 款所述最新评估报告以及新增成员国主管部门的反对意见一并移交协调小组。

第 6 节　审查程序

第 54 条　审查程序

1. 如果相关成员国的主管部门按照第 49 条第 5 款、第 52 条第 6 款、第 53 条第 8 款或第 66 条第 8 款分别对评估报告或更新的评估报告提出异议，应立即向参考成员国主管部门、相关成员国主管部门以及申请人或上市许可持有人详细说明任何反对理由。参考成员国主管部门应立即将异议提交协调小组。

2. 在收到异议后 90 天内，参考成员国主管部门应采取任何适当的措施，以便就提出的异议达成共识。

3. 参考成员国的主管部门应给申请人提供机会，以口头或书面形式提出他们的观点。

4. 第 49 条第 1 款、第 52 条第 1 款、第 53 条第 1 款和第 66 条第 1 款所指的主管部门达成协议时，参考成员国主管部门应终止程序，并通知申请人或上市许可持有人。相关成员国主管部门应批准或变更上市许可。

5. 如果第 49 条第 1 款、第 52 条第 1 款、第 53 条第 1 款和第 66 条第 1 款所指的主管部门达成一致拒绝上市许可或拒绝变更，参考成员国主管部门应终止程序，并通知申请人或上市持有人，适当证明拒绝的理由。此后，相关成员国主管部门应拒绝上市许可或拒绝变更上市许可。

6. 如果第 49 条第 1 款、第 52 条第 1 款、第 53 条第 1 款和第 66 条第 1 款所指的主管部门之间未能达成一致，协调小组应向欧盟委员会分别提供第 49 条第 5 款、第 52 条第 6 款、第 53 条第 2 款和第 66 条第 3 款所述的评估报告，并最迟在本条第 1 款所述异议提出之日起 90 天内提供有关异议的资料。

7. 欧盟委员会应在收到第 6 款所述报告和资料后 30 天内，就该申请拟订一项决定草案。欧盟委员会应将决定草案转交主管部门和申请人或上市许可持有人。

8. 欧盟委员会可要求主管部门或欧洲药品管理局做出澄清。第 7 款规定的时限应暂停，直至做出澄清为止。

9. 为根据第 66 条的规定对需要评估的变更情况执行工作分担程序时，本条所指参考成员国主管部门应理解为根据第 65 条第 3 款商定的成员国主管部门，本条所指相关成员国应理解为相关成员国。

10. 欧盟委员会应通过实施法案，做出批准、变更、拒绝或撤销上市许可或拒绝变更的决定。实施法案应按照第 145 条第 2 款所述程序审查通过。

第Ⅳ章　上市许可后的措施

第 1 节　欧盟产品数据库

第 55 条　欧盟兽药产品数据库

1. 欧洲药品管理局应和各成员国合作，建立和维护欧盟兽药产品数据库（简称"产品数据库"）。

2. 产品数据库应包含以下信息。

（a）欧盟委员会和主管部门在欧盟内批准的兽药产品：

（ⅰ）兽药产品名称；

（ⅱ）活性物质及兽药产品的规格；

（ⅲ）产品特性概要；

（ⅳ）包装说明书；

（ⅴ）评估报告；

（ⅵ）生产兽药产品的场所清单；

（ⅶ）兽药产品在成员国上市的日期。

（b）主管部门在欧盟内依照第Ⅴ章注册的顺势疗法兽药产品：

（ⅰ）注册顺势疗法兽药产品名称；

（ⅱ）包装说明书；

（ⅲ）生产注册顺势疗法兽药产品的场所清单。

（c）根据第 5 条第 6 款允许在成员国使用的兽药产品。

（d）每种兽药产品的年销售量和供应情况信息。

3. 欧盟委员会应通过实施法案，采取必要措施和做出实际安排：

（a）产品数据库的技术参数，包括与现有国家系统交换的电子数据交换机制和电子提交格式；

（b）产品数据库运作的实际安排，特别是确保商业机密信息的保护和信息交换的安全；

（c）产品数据库中应包括、更新和共享的信息的详细说明，以及由谁提供；

（d）产品数据库的任何功能不可用时应采取的应急安排；

（e）除本条第 2 款所述的资料外，还应酌情列入产品数据库的数据。

实施法案应按照第 145 条第 2 款所述程序审查通过。

第 56 条　产品数据库的使用

1. 主管部门、欧洲药品管理局和欧盟委员会应充分利用产品数据库中的信息。

2. 上市许可持有人应能完全查阅产品数据库中与其有关的上市许可信息。

3. 公众可以访问产品数据库中的信息，如兽药产品清单、产品特性概要、包装说明书，以及主管部门删除商业机密资料后的评估报告，但不得更改其中的信息。

第2节 成员国的数据收集和上市许可持有人的责任

第57条 兽用抗菌药物的数据收集

1. 各成员国应收集兽用抗菌药物销售量和使用量的可比数据，以便依照本条和在第5款规定的时限内，直接或间接地评价在农场层面食品动物中使用这些产品的情况。

2. 各成员国应按照第5款的规定并在该款所述时限内向欧洲药品管理局发送关于每种动物和每种兽用抗菌药物销售量和使用量的核对数据。欧洲药品管理局应与成员国和其他欧盟机构合作，分析这些数据，并发表年度报告。欧盟药品管理局在通过任何有关准则和建议时应考虑这些数据。

3. 欧盟委员会可根据第147条通过授权法案，规定下列各项要求，以补充本条规定：

（a）应当收集兽用抗菌药物种类的数据；

（b）成员国和欧洲药品管理局应做出质量保证，以确保数据的质量和可比性；

（c）关于收集兽用抗菌药物数据的方法和将这些数据移交欧洲药品管理局的方法的规则。

4. 欧盟委员会可通过实施法案，制定按照本条收集数据的格式。实施法案应按照第145条第2款所述程序审查通过。

5. 应允许成员国对本条规定的义务采取逐步渐进的做法，以便：

（a）自2022年1月28日起2年内，至少应收集2018年12月11日欧盟委员会执行2013/652/EU号决议所包括的动物种类和兽药类别的数据；

（b）自2022年1月28日起5年内，应收集所有食品动物的数据；

（c）自2022年1月28日起8年内，应收集其他养殖或者饲养动物的数据。

6. 第5款（c）项的任何规定均不得理解为包括有义务从饲养伴侣动物的自然人收集数据。

第58条 上市许可持有人的责任

1. 上市许可持有人须负责其兽药产品的销售。指定代表并不能免除上市许可持有人的法律责任。

2. 上市许可持有人应在其职责范围内，确保其兽药产品的适当和持续供应。

3. 获上市许可后，上市许可持有人须就该上市许可申请所述生产工艺和控制方法，考虑科学技术进步，并提出任何可能需要做出的变更，以使该兽药产品能以普遍接受的科学方法生产和控制。变更的提出，依照本章第3节规定的程序。

4. 上市许可持有人须确保产品特性概要、包装说明书及标签与最新的科学知识保持一致。

5. 在第39条和第40条规定的对照兽药产品技术文件的保护期限届满之前，上市许可持有人不得在欧盟市场上销售仿制药产品和混合药产品。

6. 上市许可持有人应在产品数据库中记录获批兽药产品的上市日期、每种兽药产品在每个相关成员国的供货情况，以及在适用情况下，有关上市许可暂停或撤销的日期。

7. 应主管部门的要求，上市许可持有人应向其提供足够数量的样本，以便其对投放欧盟市场的兽药产品进行监管。

8. 应主管部门的要求，上市许可持有人应提供专业技术知识，以便根据（EU）2017/625 指令在指定的国家参比实验室进行兽药残留检测分析。

9. 应主管部门或欧洲药品管理局的要求，上市许可持有人应在该要求规定期限内，提供证明效益－风险平衡为正的资料。

10. 上市许可持有人应在第一时间将某一成员国或第三国主管部门实施的禁令或限制令，以及任何可能影响到兽药产品效益－风险平衡的最新信息，包括根据第 81 条规定进行信号管理的结果，通知批准上市许可的主管部门或（视情况而定）欧盟委员会。

11. 上市许可持有人须在规定期限内向主管部门、欧盟委员会或（视情况而定）欧洲药品管理局提供其持有的有关兽药产品销量的所有数据。

12. 上市许可持有人应在产品数据库中记录其每一种兽药产品的年销售量。

13. 上市许可持有人如欲停止上市兽药产品，在采取该行动前，应第一时间通知批准上市许可的主管部门或（视情况而定）欧盟委员会，并说明采取该行动的理由。

第 59 条　中小型企业

成员国应根据本国法律采取适当措施，就中小型企业遵守本条例的要求向其提供咨询意见。

第 3 节　上市许可条款的变更

第 60 条　变更

1. 欧盟委员会应通过执行法案，制定一份不需要评估的变更清单。执行法案应按照第 145 条第 2 款所述程序审查通过。

2. 欧盟委员会在通过第 1 款所述执行法案时应考虑以下标准：

（a）需要对变更进行科学评估，以确定对公共卫生、动物健康或环境的风险；

（b）变更是否影响兽药产品的质量、安全性和药效；

（c）变更是否只表示对产品特性概要的轻微更改；

（d）变更是否属于行政性质。

第 61 条　无需评估的变更

1. 如果变更已列入第 60 条第 1 款所述清单内，上市许可持有人须在变更实施后 30 天内将变更记录在产品数据库内，包括以第 7 条所述语言编制的产品特性概要、标签或包装说明书（如适用）。

2. 如有必要，主管部门或（经中央上市许可程序批准兽药产品上市许可的情况下）

欧盟委员会应通过实施法案，根据本条第 1 款所述变更，修订上市许可条款。实施法案应按照第 145 条第 2 款所述程序审查通过。

3. 在国家上市许可条款变更的情况下，参考成员国主管部门或（视情况而定）欧盟委员会应通知上市许可持有人和相关成员国主管部门，是否通过在产品数据库中记录该信息批准或拒绝变更。

第 62 条　需要评估的变更申请

1. 如果变更未列入第 60 条第 1 款所述清单，则上市许可持有人应向批准上市许可的主管部门或（视情况而定）欧洲药品管理局提交一份需要评估的变更申请。申请应以电子方式提交。

2. 第 1 款所述申请应包括：

（a）对变更情况的说明；

（b）第 8 条所述与变更有关的数据；

（c）受申请影响的上市许可详情；

（d）如果该变更导致同一上市许可条款的相应变更，则应说明此类相应变更；

（e）如果变更涉及根据互认或分权程序批准的上市许可，则列出批准上市许可的成员国名单。

第 63 条　产品信息的相应变更

如果变更导致产品特性概要、标签或包装说明书的相应变更，则这些变更应视为变更的一部分，以便对变更申请进行审查。

第 64 条　成组变更

对于在根据第 60 条第 1 款就同一上市许可而制定的清单中未包含的多项变更，或在该清单中针对多项不同的上市许可而未包含的一项变更，上市许可持有人可就所有变更提交一份申请。

第 65 条　工作分担程序

1. 当上市许可持有人申请一项或多项在所有相关成员国均为相同的变更，而该变更未列于第 60 条第 1 款就多项由同一上市许可持有人持有并已获不同成员国主管部门或欧盟委员会批准的上市许可而制定的清单时，该上市许可持有人应向所有相关成员国主管部门提交一份相同的申请，并向欧洲药品管理局提交一份中央上市许可兽药产品的变更申请。

2. 第 1 款所述上市许可为中央上市许可时，欧洲药品管理局应按照第 66 条规定的程序对该申请进行评估。

3. 第 1 款所述上市许可不是中央上市许可时，协调小组应按照第 66 条规定的程序，在批准上市许可的主管部门中指派其中之一对申请进行评估。

4. 欧盟委员会可通过实施法案，就工作分担程序的运作做出必要安排。实施法案应按照第145条第2款规定的审查程序予以通过。

第66条　变更评估程序

1. 如果变更申请符合第62条的规定，主管部门、欧洲药品管理局、根据第65条第3款指定的主管部门或（视情况而定）参考成员国主管部门应在15天内确认收到有效申请。

2. 如果申请不完整，主管部门、欧洲药品管理局、根据第63条第3款指定的主管部门或（视情况而定）参考成员国的主管部门应要求上市许可持有人在合理期限内提供遗漏的信息和文件。

3. 主管部门、欧洲药品管理局、根据第63条第3款指定的主管部门或（视情形而定）参考成员国主管部门，应评估申请，并依照第33条的规定，分别拟订变更的评估报告或意见。评估报告或意见应自收到有效申请之日起60天内提出。因申请的复杂性，评估需较多时间的，有关主管部门或欧洲药品管理局可酌情延长至90天。在这种情况下，有关主管部门或（视情况而定）欧洲药品管理局应通知相应的上市许可持有人。

4. 在第3条所述期限内，主管部门或（视情况而定）欧洲药品管理局可要求上市许可持有人在规定的时限内提供补充资料。在补充资料提供之前，程序应暂停。

5. 如果第3款所述意见由欧洲药品管理局提出，意见应由其送达欧盟委员会和上市许可持有人。

6. 如果第3款所述意见由欧洲药品管理局根据第65条第2款提出，意见应由其送达所有相关成员国主管部门、欧盟委员会和上市许可持有人。

7. 如果第3款所述评估报告由根据第65条第3款指定的主管部门或参考成员国主管部门编写，报告应由其送达所有相关成员国主管部门和上市许可持有人。

8. 主管部门对其收到的本条第7款所指评估报告持有异议的，适用第54条规定的审查程序。

9. 根据第8款所述程序的结果（如适用），第3款所述意见或评估报告应立即送达上市许可持有人。

10. 收到意见或评估报告后15日内，上市许可持有人可以向主管部门、欧洲药品管理局、根据第65条第3款指定的主管部门或参考成员国主管部门提交书面申请，请求对意见或评估报告重新审查。要求重新审查的详细理由应在收到意见后60天内，视情况提交给主管部门、欧洲药品管理局、根据第65条第3款指定的主管部门或参考成员国主管部门。

11. 在收到要求重新审查的理由之日起60天内，主管部门、欧洲药品管理局、依照第65条第3款指定的主管部门或（视情况而定）参考成员国主管部门应重新审查上市许可持有人要求重新审查的意见或评估报告中的要点，并采纳经重新审查的意见或评估报告。所做结论的理由应附于重新审查的意见或评估报告中。

第67条　终止变更评估程序的措施

1. 在完成第66条规定的程序后30天内，并在适用的情况下，收到上市许可持有人提供的产品特性概要、标签和包装说明书的完整译本后，主管部门、欧盟委员会或根据第 62 条第 2 款（e）项所列成员国的主管部门应根据第 66 条所述意见或评估报告，修订或拒绝变更上市许可，并将拒绝的理由通知上市许可持有人。

2. 如属中央上市许可，欧洲委员会须就有关变更拟订一份决定草案。如果决定草案与欧洲药品管理局的意见不一致，欧盟委员会应附详细说明解释与欧洲药品管理局意见不一致的理由。欧盟委员会应通过实施法案，做出修订上市许可或拒绝变更的决议。实施法案应按照第 145 条第 2 款所述程序审查通过。

3. 主管部门或（视情况而定）欧洲药品管理局应立即将修订后的上市许可通知上市许可持有人。

4. 主管部门、欧盟委员会、欧洲药品管理局或根据第 62 条第 2 款（e）项所列成员国的主管部门应酌情对产品数据库进行相应更新。

第 68 条　需要评估的变更的实施

1. 上市许可持有人只有在主管部门或（视情况而定）欧盟委员会根据该变更修订了上市许可的批准决定、设定了实施期限并已按照第 67 条第 3 款通知上市许可持有人后，方可实施需要评估的变更。

2. 如主管部门或欧盟委员会要求，上市许可持有人应立即提供与实施变更有关的任何信息。

第 4 节　统一国家许可兽药的产品特性概要

第 69 条　统一兽药产品特性概要的范围

应按照第 70 条和第 71 条规定的程序编制统一的产品特性概要，用于：

（a）具有相同定性和定量组成的活性物质以及相同剂型，并已根据第 47 条在不同成员国批准同一上市许可持有人上市许可的对照兽药产品；

（b）仿制兽药产品和混合兽药产品。

第 70 条　统一对照兽药产品特性概要的程序

1. 主管部门应每年向协调小组提交一份根据第 47 条批准上市许可的对照兽药产品清单及其产品特性概要，如果主管部门认为这些产品特性概要应符合统一产品特性概要的程序的话。

2. 上市许可持有人可向协调小组提交已根据第 47 条在不同成员国获得上市许可的不同兽药名称清单和不同产品特性概要，以申请统一对照兽药产品特性概要的程序。

3. 协调小组应考虑各成员国根据第 1 款提供的清单，或上市许可持有人根据第 2 款提出的任何申请，每年拟定并公布一份对照兽药产品清单。该清单须统一其产品特性概要，并就每种对照兽药指定一个参考成员国。

4. 拟订须统一其产品特性概要的对照兽药产品清单时，协调小组可考虑欧洲药品管理局关于应统一的兽药产品种类或类别的建议，决定统一产品特性概要工作的优先次序，以保护人类或动物健康或环境（包括减轻环境风险的措施）。

5. 应本条第 3 款所述参考成员国主管部门的要求，上市许可持有人应向协调小组提供一份摘要，说明产品特性概要之间的差异、根据第 7 条统一产品特性概要、包装说明书和标签的建议、根据第 8 款提交的与相关的统一建议有关的适当现有数据支持。

6. 在收到第 5 款所述信息后 180 天内，参考成员国主管部门应与上市许可持有人协商，审查根据第 5 款提交的文件，编制报告并将其提交给协调小组和上市许可持有人。

7. 收到报告后，如果协调小组就产品特性的统一概要达成共识，则参考成员国主管部门应记录已达成协议，终止程序，相应地通知上市许可持有人，并将产品特性的统一概要转交同一上市许可持有人。

8. 上市许可持有人应在协调小组规定的期限内，按照第 7 条的规定，向各相关成员国的主管部门提交产品特性概要、包装说明书和标签的必要译本。

9. 根据第 7 款的规定达成协议后，各相关成员国主管部门应在收到第 8 款所述译本之日起 30 天内，按照协议修改上市许可。

10. 在开始第 11 款所述程序之前，参考成员国主管部门应采取任何适当措施，在协调小组内达成协议。

11. 在本条第 10 款所述工作之后，如果由于缺乏共识而未能就产品特性的统一概要达成协议，则适用第 83 条和第 84 条所述欧盟权益转移程序。

12. 为维持产品特性概要的统一程度，有关上市许可日后如有任何变更，均须遵照互认程序。

第 71 条　统一仿制兽药和混合兽药产品特性概要的程序

1. 当第 70 条所述程序已终止，并就对照兽药的产品特性达成一致意见时，应在每个成员国主管部门做出决定后 60 天内，依照第 62 条，就适用的仿制兽药产品特性概要，统一以下各部分：

（a）目标动物；

（b）第 35 条第 1 款（c）项所述的临床资料；

（c）休药期。

2. 根据第 1 款的减损规则，对有额外临床前研究或临床试验支持混合兽药产品上市许可的，则第 1 款所述产品特性概要的有关部分可无需统一。

3 仿制兽药和混合兽药的上市许可持有人须确保其产品的产品特性概要与对照兽药的产品特性概要基本相同。

第 72 条　某些兽药产品的环境安全文件和环境风险评估

1. 第 70 条第 1 款所述名单，不得载有 2005 年 10 月 1 日前获批准的、对环境有潜在危害的、未经环境风险评估的对照兽药产品。

2. 如果对照兽药在 2005 年 10 月 1 日之前获得批准，并被确定对环境有潜在危害，而未接受环境风险评估，主管部门应考虑第 156 条所述审查，要求上市许可持有人更新

第 8 条第 1 款（b）项所述相关环境安全文件，并在适用时，对此类对照兽药的仿制兽药进行环境风险评估。

第 5 节　药物警戒

第 73 条　欧盟药物警戒系统

1. 成员国、欧盟委员会、欧洲药品管理局及上市许可持有人应合作建立和维护欧盟药物警戒系统，就获批兽药产品的安全性及功效，执行药物警戒任务，以确保持续评估效益－风险平衡。

2. 主管部门、欧洲药品管理局及上市许可持有人须采取必要措施，提供可用的报告方法，鼓励报告以下疑似不良反应事件：

（a）任何动物对兽药产品的任何不利和意外反应；

（b）不论是否符合产品特性概要，对动物用药后，观察到兽药疗效不佳；

（c）对动物用约后观察到的任何环境事件；

（d）接触兽药产品的人的任何有害反应；

（e）在遵守规定的休药期后，发现动物源产品中的药理活性物质或标记物残留量超过根据（EC）470/2009 号条例制定的最大残留限量的任何情况；

（f）任何疑似通过兽药产品传播传染病的情况；

（g）动物对人用药品的任何不利和意外反应。

第 74 条　欧盟药物警戒数据库

1. 欧洲药品管理局应与成员国合作，建立和维护药物警戒数据库，用于报告和记录第 73 条第 2 款所述疑似不良反应事件（药物警戒数据库），其中还应包括第 77 条第 8 款所述负责药物警戒的质量受权人的资料、药物警戒系统主文件的参考编号、依照第 126 条规定的信号管理过程的结果以及药物警戒检查的结果。

2. 药物警戒数据库应与第 55 条所述产品数据库相连接。

3. 欧洲药品管理局应与各成员国和欧盟委员会合作，拟订药物警戒数据库的功能技术参数。

4. 欧洲药品管理局应确保所报告的信息已上传到药物警戒数据库中，并按照第 75 条的规定提供查阅服务。

5. 药物警戒数据库应建立数据处理网络，允许成员国、欧盟委员会、欧洲药品管理局和上市许可持有人之间传输数据，以确保在发生与药物警戒数据有关的警报时，可参照第 129 条、第 130 条和第 134 条的规定选择风险管理措施和其他任何适当措施。

第 75 条　药物警戒数据库的使用

1. 主管部门应充分利用药物警戒数据库。

2. 上市许可持有人应可使用与其持有上市许可的兽药产品相关的药物警戒数据库，以及与他们不持有上市许可的兽药产品相关的其他非机密数据，而这些非机密数据的范围是他们遵守第 77 条、第 78 条和第 81 条所述其药物警戒职责所必需的。

3. 公众可查阅药物警戒数据库,但不得更改其中关于下列信息的资料:

(a) 按兽药产品、动物品种和疑似不良反应事件类型划分,从 2022 年 1 月 28 日起,每年报告的疑似不良反应事件的数量和最近 3 年内发生的数量;

(b) 第 81 条第 1 款所述的,由上市许可持有人对兽药产品和产品系列所进行的信号管理过程产生的结果的资料。

第 76 条 疑似不良反应事件的报告和记录

1. 主管部门应在收到疑似不良反应事件报告后 30 天内,将向其报告并发生在成员国领土内的所有疑似不良反应事件记录在药物警戒数据库中。

2. 上市许可持有人应在药物警戒数据库中记录所有已报告的发生在欧盟或第三国的、已在科学文献中发表的与其获批的兽药产品有关的疑似不良反应事件,不得延误,不得迟于收到疑似不良反应事件报告后 30 天。

3. 如果中央许可或国家许可的兽药产品属于第 82 条所述欧盟权益范围,则欧洲药品管理局可要求其上市许可持有人,在第 73 条第 2 款所列数据的基础上,收集特定的药物警戒数据,并开展上市后安全性监督研究。欧洲药品管理局应当详细说明要求的理由,规定适当期限,并通知主管部门。

4. 主管部门可要求获国家许可兽药产品的上市许可持有人收集第 73 条第 2 款所列数据之外的特定药物警戒数据,并进行上市后监督研究。主管部门应详细说明要求的理由,制定适当期限,并通知其他主管部门和欧洲药品管理局。

第 77 条 上市许可持有人的药物警戒责任

1. 上市许可持有人应建立并维护一套系统,收集、整理和评估有关其获批兽药产品的疑似不良反应事件的信息,以履行其药物警戒职责(药物警戒系统)。

2. 上市许可持有人须备存一份或多份药物警戒系统主文件,详细描述其获批兽药产品的药物警戒系统。对于每一种兽药产品,上市许可持有人不得拥有一个以上药物警戒系统主文件。

3. 上市许可持有人应指定一名当地或区域代表,负责接收疑似不良反应事件的报告,该代表应能够使用相关成员国的语言进行沟通。

4. 上市许可持有人应负责对其持有上市许可的兽药产品进行药物警戒,并通过适当方式持续评估该兽药产品的效益-风险平衡,并在必要时采取适当措施。

5. 上市许可持有人应遵守兽药产品的良好药物警戒规范。

6. 欧盟委员会应通过实施法案,对兽药产品的良好药物警戒规范以及药物警戒系统主文件及其概要的格式和内容,采取必要措施。实施法案应按照第 145 条第 2 款所述程序审查通过。

7. 如果上市许可持有人已将药物警戒任务外包给第三国,则应在药物警戒系统主文件中详细说明这些安排。

8. 上市许可持有人应指定一名或多名负责药物警戒的质量受权人,执行本条例第

78 条规定的任务。该质量受权人须在联盟内定居及执业，并须具备适当的资格，长期接受上市许可持有人管理。每一药品警戒系统主文件应只指定一名质量受权人。

9. 在第 78 条规定的条件下，本条第 8 款所述的负责药物警戒的质量受权人可将其任务外包给第三国。在这种情况下，这些安排应在外包合同中详细说明，并记录在药物警戒系统主文件中。

10. 上市许可持有人应根据药物警戒数据的评估，在必要时，及时提交根据第 62 条变更上市许可条款的申请。

11. 未事先或同时将其意图通知批准上市许可的主管部门或（视情况而定）欧洲药品管理局，上市许可持有人不得将有关其兽药产品的药物警戒信息向公众发布。上市许可持有人应确保此类公告信息客观呈现，而非误导。

第 78 条 负责药物警戒的质量受权人

1. 第 77 条第 8 款所指负责药物警戒的质量受权人，应保证履行下列职责：

（a）拟订和维护药物警戒系统主文件；

（b）给药物警戒主文件分配参考编号，并将该参考编号送达每种产品的药物警戒数据库；

（c）将业务地点通知主管部门或（视情况而定）欧洲药品管理局；

（d）建立和维护一套系统，确保收集和记录所有提请上市许可持有人注意的可疑不良反应事件，至少可在欧盟的一个网站查阅；

（e）编制第 76 条第 2 款所指疑似不良反应事件报告，必要时进行评估，并记录在药物警戒数据库中；

（f）确保主管部门或欧洲药品管理局对评估兽药产品效益－风险所需的额外信息的要求，均得到完整而及时的答复；

（g）向主管部门或（视情况而定）欧洲药品管理局提供与监测兽药产品效益－风险有关的任何其他资料，包括上市后安全性监督研究的适当信息；

（h）应用第 81 条所述信号管理过程，并确保为履行第 77 条第 4 款所述职责做出任何安排；

（i）监测药物警戒系统，并确保在必要时拟订和执行适当的预防或纠正行动计划，并在必要时确保对药物警戒系统主文件的修订；

（j）确保参与药物警戒活动的上市许可持有人的所有员工接受继续培训；

（k）在收到第三国采取的与药物警戒数据有关的任何监管措施后 21 天内，将这些措施通知主管部门和欧洲药品管理局。

2. 第 77 条第 8 款所指的质量受权人，应为上市许可持有人进行药物警戒检查的联络人。

第 79 条 主管部门和欧洲药品管理局的药物警戒责任

1. 主管部门应制定必要的程序，按照第 81 条第 2 款的规定评估药物警戒数据库中记录的信号管理过程的结果，以及向其报告的疑似不良反应事件，考虑选择风险管理措施，并采取第 129 条、第 130 条和第 134 条所述有关上市许可的任何适当措施。

2. 主管部门应就报告疑似不良反应事件对兽医和其他卫生专业人员提出具体要求。在需要收集、整理或分析具体药物警戒数据的情况下，欧洲药品管理局可为兽医或其他卫生专业人员组织线下会议或线上会议。

3. 主管部门和欧洲药品管理局应公开与使用兽药产品有关的不良反应事件的所有重要信息。在事先或同时通知上市许可持有人的情况下，应通过任何公开可用的交流方式及时完成。

4. 主管部门应通过第 123 条和第 126 条所述的监管和检查，核实上市许可持有人是否遵守本节规定的药物警戒要求。

5. 欧洲药品管理局应制定必要的程序，评估向其报告的有关中央许可的兽药产品的疑似不良反应事件，并向欧盟委员会建议风险管理措施。欧盟委员会应采取第 129 条、第 130 条和第 134 条所述的有关上市许可的任何适当措施。

6. 主管部门或（视情况而定）欧洲药品管理局可随时要求上市许可持有人提交药物警戒系统主文件的副本。上市许可持有人最迟应在收到要求后 7 天内提交该副本。

第 80 条　主管部门的任务委托

1. 主管部门可将第 79 条所述委托给它的任何任务，委托给另一成员国的主管部门，但须经另一成员国书面同意。

2. 委托方主管部门应将第 1 款所述委托通知欧盟委员会、欧洲药品管理局及其他主管部门，并予以公告。

第 81 条　信号管理过程

1. 上市许可持有人须在必要时，考虑销售数据及其他有关的药物警戒数据，对其兽药产品实施信号管理过程。而这些数据可预先知悉，并可用于该信号管理过程。这些数据可能包括从科学文献综述中收集的科学信息。

2. 如果信号管理过程的结果表明效益－风险平衡发生了变化或出现了新的风险，上市许可持有人应在 30 天内及时通知主管部门或（视情况而定）欧洲药品管理局，并依照第 77 条第 10 款规定采取必要的行动。

上市许可持有人应至少每年记录所有信号管理过程的结果，包括效益－风险平衡的结论，如果适用，还应在药物警戒数据库中引用相关科学文献。

如属第 42 条第 2 条（c）项所述的兽药产品，上市许可持有人须在药物警戒数据库中记录所有信号管理过程的结果，包括效益－风险平衡的结论，以及（如适用）根据上市许可中规定的频率引用相关科学文献。

3. 主管部门和欧洲药品管理局可以决定对某一特定兽药产品或一组兽药产品实施有针对性的信号管理过程。

4. 为实现第 3 款的目的，欧洲药品管理局和协调小组应分担与目标信号管理过程有关的任务，并应共同为每一种兽药产品或一组兽药产品选择一个主管部门或负责该目标信号管理过程的机构（牵头机构）

5. 在选择牵头机构时，欧洲药品管理局和协调小组应考虑到任务的公平分配，并应避免重复工作。

6. 如果主管部门或欧盟委员会认为有必要采取后续行动，则应采取第129条、第130条和第134条所述的适当措施。

第6节　欧盟权益转移

第82条　欧盟权益转移的范围

1. 凡涉及欧盟权益，特别是与兽药产品质量、安全性或药效有关的公共卫生或动物健康或环境的权益，上市许可持有人、任何成员国的主管部门或欧盟委员会可将其关注事项提交欧洲药品管理局，以适用第83条规定的程序。应明确指出所关注的事项。

2. 上市许可持有人、有关主管部门或欧盟委员会应通知其他有关人士。

3. 应欧洲药品管理局的要求，成员国和上市许可持有人应向其提交有关欧盟权益转移的信息。

4. 欧洲药品管理局可将欧盟权益的转移限制在上市许可条款的特定部分。

第83条　欧盟权益转移程序

1. 欧洲药品管理局应在其网站上公布根据第82条提交的资料，并邀请有关各方提出意见。

2. 欧洲药品管理局应要求第139条所述委员会审议所述事项，委员会应在提交事项之日起120天内提出合理的意见。委员会可考虑有关的上市许可持有人的意见，将该期限再延长最多60天。

3. 委员会在发表意见前，须给有关上市许可持有人提供机会，在指定时限内做出解释。委员会可暂停执行第2款所述时限，以便上市许可持有人准备解释说明。

4. 为了审议该事项，委员会应任命一名成员担任报告起草人。委员会可任命独立专家就具体问题提供咨询意见。委员会委派专家时，应确定其任务，并规定完成任务的期限。

5. 在委员会通过意见后15天内，欧洲药品管理局应将委员会的意见，连同一种或多种兽药产品的评估报告，以及做出结论的理由，送交各成员国、欧盟委员会和有关的上市许可持有人。

6. 在收到委员会意见15天内，上市许可持有人可书面通知欧洲药品管理局其有意要求重新审查意见。在这种情况下，上市许可持有人应在收到意见后60天内，将要求重新审查的详细原因告知欧洲药品管理局。

7. 委员会应在收到第6款所述请求后60天内重新审查其意见。所做结论的理由应附于第5款所述的评估报告中。

第84条　欧盟权益转移后的决议

1. 欧盟委员会应在收到第83条第5款所述意见之日起15天内，按照第83条第6

款和第 7 款所述程序，拟订一项决议草案。如果决议草案与欧洲药品管理局的意见不一致，欧盟委员会还应在决议草案附件中详细说明产生分歧的原因。

2. 决议草案应提交各成员国。

3. 欧盟委员会应通过实施法案，就欧盟权益转移做出决定。实施法案应按照第 145 条第 2 款所述程序审查通过。除在权益转移通知中另有规定的，根据第 82 条的规定，权益转移所涉及的兽药产品，由欧盟委员会决定。

4. 如果权益转移所涉及的兽药产品已根据国家程序、互认程序或分权程序获批准，则应将第 3 款中所述的欧盟委员会决议通知所有成员国，并将有关资料送达有关上市许可持有人。

5. 有关主管部门和上市许可持有人，应在收到通知之日起 30 天内，就有关兽药产品的上市许可采取任何必要的行动，以遵守本条第 3 款所述欧盟委员会的决议，但该决议另有规定期限者除外。适当情况下，该行动应包括要求上市许可持有人提交第 62 条第 1 款所述变更的申请。

6. 对于权益转移所涉及的经中央程序批准的兽药产品，欧盟委员会须将第 3 款所述决议送达上市许可持有人，并将该决议通知各成员国。

7. 经国家程序批准的兽药产品，经转移程序后应转入互认程序。

第 V 章　顺势疗法兽药产品

第 85 条　顺势疗法兽药产品

1. 符合第 86 条规定条件的顺势兽药产品，应依照第 87 条的规定注册。

2. 不符合第 86 条规定条件的顺势兽药产品，适用第 5 条的规定。

第 86 条　顺势疗法兽药产品的注册

1. 符合下列所有条件的顺势疗法兽药产品，须办理注册手续：

（a）按照《欧洲药典》所述给药途径给药；如果没有，则按成员国现行药典给药。

（b）有足够的稀释度以保证药品的安全性，其含量不得超过母酊剂含量的万分之一。

（c）标签或任何有关资料上均未显示适应证。

2. 成员国除本章规定的程序外，还可规定顺势疗法兽药产品的注册程序。

第 87 条　顺势疗法兽药产品的注册申请和程序

1. 顺势疗法兽药产品注册申请应包括下列文件：

（a）顺势疗法兽药产品在药典中的科学名称或其他名称，以及须登记的各种给药途径、药物剂型与稀释程度的说明。

（b）在适当的参考文献的基础上，描述如何制备和控制顺势疗法兽药产品，并证明顺势疗法兽药产品的性质；若顺势疗法兽药产品含有生物物质，说明为确保不含病原体而采取的措施。

（c）各种剂型药物的生产与控制文件，以及稀释和势能化方法的说明。

（d）有关顺势疗法兽药产品的生产许可。

（e）同一药品在其他成员国取得的任何注册的副本。

（f）需注册的顺势疗法兽药产品的包装说明书、外包装和直接包装上的文字。

（g）有关顺势疗法兽药产品稳定性的数据。

（h）针对拟用于食品动物的兽药产品，其活性物质应为根据（EC）470/2009号条例和基于该条例通过的任何法规允许的药理活性物质。

2. 申请注册的顺势疗法兽药产品，可包括一系列相同药物剂型及源自相同顺势疗法药物的顺势疗法兽药产品。

3. 主管部门可决定供应注册顺势疗法兽药产品的条件。

4. 顺势疗法兽药产品的注册程序应在提出有效申请之日起90天内完成。

5. 顺势疗法兽药产品的注册持有人与上市许可持有人具有相同的义务，但须符合第2条第5款的规定。

6. 顺势疗法兽药产品的注册只应授予在欧盟定居的申请人。在欧盟定居的要求也应适用于注册持有人。

第Ⅵ章 生产、进口和出口

第88条 生产许可

1. 从事以下任何活动均须取得生产许可：

（a）生产兽药产品，即使仅供出口；

（b）兽药产品生产过程的任何部分或使兽药产品达到其最终状态的过程，包括加工、配置、包装和重新包装、贴标签和重新贴标签、储存、消毒、检测或作为生产过程一部分的放行；

（c）进口兽药产品。

2. 尽管有第1款的规定，但成员国可决定，对于按照第103条和第104条仅在直接向公众零售的情况下，兽药产品的制备、分装、更改包装、陈列，不要求生产许可。

3. 在第2款适用的情况下，应提供每一部分的包装说明书，并应注明批号和有效期。

4. 主管部门应将其批准的生产许可记录在根据第91条建立的生产和批发销售数据库中。

5. 生产许可在整个欧盟内有效。

第89条 生产许可的申请

1. 生产许可申请应提交至生产场所所在的成员国主管部门。

2. 生产许可申请应至少包括下列资料：

（a）拟生产或进口的兽药产品；

（b）申请人的姓名或公司名称、永久地址或注册营业地点；

（c）拟生产或进口的药物剂型；

（d）拟生产或进口兽药产品的生产场所的详细资料；

（e）申请人符合第 93 条和第 97 条规定的声明。

第 90 条　生产许可的批准程序

1. 在批准生产许可前，主管部门应对生产场所进行检查。

2. 主管部门要求申请人除提交第 89 条所述申请外，还应提供其他资料。主管部门行使该项权利时，应暂停或撤销本条第 4 款所述期限，直至申请人提交所需补充资料为止。

3. 生产许可仅适用于生产场所和第 89 条所述申请中指明的药物剂型。

4. 成员国应制定批准或拒绝生产许可的程序。该程序不得超过自主管部门收到申请之日起 90 天。

5. 主管部门可要求申请人提交除第 92 条规定申请资料以外的更多信息。主管部门行使此项权利时，本条第 3 款所述时限应暂停至提交所需补充资料为止。

6. 可有条件地批准生产许可，但须要求申请人在指定期限内采取行动或引入特定程序。在已有条件批准生产许可时，不符合条件的，暂停或撤销生产许可。

第 91 条　生产和批发销售数据库

1. 欧洲药品管理局应建立并维护一个关于生产、进口和批发销售的欧盟数据库（生产和批发销售数据库）。

2. 生产和批发销售数据库应包括有关主管部门批准、暂停或撤销任何生产许可、经营许可、良好生产规范证书的信息以及原料药生产商、进口商和销售商的注册信息。

3. 主管部门应将依照本条例第 90 条、第 94 条和第 100 条批准的生产和经营许可证书资料，连同依照本条例第 95 条注册的原料药生产商、进口商和销售商资料，记录在生产和批发销售数据库中。

4. 欧洲药品管理局应与各成员国和欧盟委员会合作，为生产和批发销售数据库拟订功能技术参数，包括以电子方式提交数据的格式。

5. 欧洲药品管理局应确保对向生产和批发销售数据库报告的信息进行整理和检索，并确保信息共享。

6. 主管部门应充分利用生产和批发销售数据库。

7. 公众应可查阅生产和批发销售数据库的资料，但不得更改其中的资料。

第 92 条　生产许可的变更申请

1. 生产许可持有人要求变更生产许可的，审查该申请的程序自主管部门收到申请之日起不超过 30 天。在有正当理由的情况下，包括有必要进行检查时，主管部门可将此时限延长至 90 天。

2. 第 1 款所述申请应包括所要求的变更的说明。

3. 在第 1 款规定的时限内，主管部门可要求生产许可持有人在规定的时限内提供补充资料，并决定是否进行检查。在提供补充资料之前，应暂停该程序。

4. 主管部门应评估第 1 款所述申请，将评估结果通知生产许可持有人，并在适当时修订生产许可、更新生产和批发销售数据库。

第 93 条　生产许可持有人的义务

1. 生产许可持有人须：

（a）为进行生产许可所述活动，拥有适当及足够的生产场所、技术设备及检测设施；

（b）拥有至少有一名第 97 条所述质量受权人为其服务，并确保该质量受权人按照该条的规定行事；

（c）使第 97 条所述质量受权人能够履行职责，特别是通过提供查阅所有必要文件和厂房的机会，并供其使用一切必要的技术设备和检测设施；

（d）在第 97 条所述质量受权人被更换前，应至少提前 30 天通知主管部门，如果由于意外更换而无法事先通知，则立即通知主管部门；

（e）按照有关成员国在生产和控制方面现行法律的要求，拥有合规的工作人员为其服务；

（f）允许主管部门的代表随时进入其场所；

（g）按照第 96 条规定，对生产许可持有人提供的所有兽药产品进行详细记录，并保存每批样品；

（h）只向兽药批发分销商供应兽药产品；

（i）如果生产许可持有人获悉在生产许可范围内的兽药产品属伪造或涉嫌伪造，不论此类兽药产品是否在合法供应链内销售，或以非法手段，包括以互联网方式非法销售，均应立即通知主管部门及上市许可持有人；

（j）遵守兽药产品生产质量管理规范的规定，只将按照兽药产品生产质量管理规范生产并按照兽药产品流通质量管理规范销售的原料药作为原料；

（k）按照第 95 条的规定，核实生产许可持有人获得原料药的生产商、销售商和进口商在其所在成员国的主管部门注册；

（l）根据风险评估，对生产许可持有人获得原料药的生产商、分销商和进口商进行审核。

2. 欧盟委员会应通过实施法案，对本条第 1 款（j）项所述作为原料的兽药和原料药的良好生产规范采取措施。实施法案应按照第 145 条第 2 款所述程序审查通过。

第 94 条　生产质量管理规范证书

1. 经检查确定所涉生产商符合本条例规定的要求和第 93 条第 2 款所述实施法案规定的，在检查后的 90 日内，主管部门应向有关生产场所颁发生产质量管理规范证书。

2. 本条第 1 款所指检查结果，系生产商不符合良好生产规范的，应将该信息录入第 91 条所述生产和批发销售数据库。

3. 对生产商进行检查后得出的结论应在整个欧盟内有效。

4. 主管部门、欧盟委员会或欧洲药品管理局可要求在第三国设立的生产商接受第 1 款所述的检查，但不得损害欧盟与第三国之间可能已达成的任何协议。

5. 兽药产品的进口商应确保，在向欧盟提供这些产品之前，在第三国设立的生产商拥有由主管部门颁发的生产质量管理规范证书。如果第三国是欧盟与第三国之间达成协议的一方，则有等效的确认。

第 95 条 设立在欧盟的原料药进口商、制造商和销售商

1. 欧盟内兽药产品的原料药进口商、生产商和销售商，应向所在成员国主管部门登记其活动，并遵守药品生产质量管理规范或药品流通质量管理规范（如适用）。

2. 向主管部门登记活动的登记表至少应包括下列内容：

（a）姓名或公司名称、永久地址或注册营业地点；

（b）进口、生产或销售的原料药；

（c）有关场所及技术设备的详细资料。

3. 第 1 款所述原料药进口商、生产商和销售商，应在其活动开始前至少 60 天向主管部门提交登记表。2022 年 1 月 28 日之前运营的原料药进口商、生产商和销售商，应于 2022 年 3 月 29 日前将登记表提交主管部门。

4. 主管部门根据风险评估，决定是否进行检查。主管部门自收到登记表之日起 60 天内通知将进行检查的，在主管部门通知可以开始活动前，不得开始活动。在这种情况下，主管部门应进行检查，并在通知检查之日起 60 天内将检查结果告知第 1 款所述原料药进口商、生产商和销售商。在收到登记表之日起 60 天内，主管部门仍未通知进行检查的，可以开始活动。

5. 第 1 款所述原料药进口商、制造商及销售商，应每年向主管部门通报已发生的与登记表所载资料有关的变更。对生产、进口或者销售的原料药的质量或安全可能产生影响的变化，应当立即通知。

6. 主管部门应将依照本条第 2 款和第 132 条规定提供的资料，输入第 91 条所述生产和批发销售数据库。

7. 本条不影响第 94 条。

8. 欧盟委员会应通过实施法案，对作为兽药产品原料的原料药药品流通质量管理规范采取措施。实施法案应按照第 145 条第 2 款所述程序审查通过。

第 96 条 记录保存

1. 生产许可持有人须就其供应的所有兽药产品记录下列资料：

（a）交易日期；

（b）兽药产品名称、上市许可编号（如适用），以及药物剂型和规格（如适用）；

（c）供应量；

（d）收货方姓名或公司名称、永久地址或注册营业地点；

（e）批号；

（f）有效期。

2. 第 1 款所述的记录，应在该批次有效期满后 1 年内或记录之日起至少 5 年内（以较长者为准）供主管部门检查。

第 97 条　生产和批次放行质量受权人

1. 生产许可持有人须长期聘用至少一名符合本条规定的质量受权人，专门负责履行本条所述义务。

2. 第 1 款所述质量受权人，应具有药学、医学、兽医学、化学、药物化学与技术、生物学等一门以上科学学科的本科以上学历。

3. 第 1 款所述质量受权人，应具有至少 2 年以上的实践经验，多次从事药品质量保证、药品质量定性分析、活性物质定量分析以及为保证兽药质量所必需的检验工作。第 1 款所要求的实践经验年限，如大学课程学习满 5 年，可缩短 1 年，如大学课程学习满 6 年，可缩短 1.5 年。

4. 生产许可持有人如属自然人，本人符合第 2 款和第 3 款规定的条件，可承担第 1 款所述责任。

5. 主管部门应制定适当的行政程序，以验证第 1 款所述质量受权人是否符合第 2 款和第 3 款的条件。

6. 第 1 款所述质量受权人应确保每批兽药产品均符合药品生产质量管理规范，并遵照上市许可条款的规定进行测试。该质量受权人应就此拟订一份控制报告。此类控制报告应在全欧盟范围内有效。

7. 对于进口兽药产品，第 1 款所述质量受权人应确保每个进口兽药批次都至少经过欧盟内对所有活性物质的定性和定量分析，并确保其他必要的检测，以保证兽药产品的质量符合上市许可的要求，并确保所生产的批次符合良好生产规范。

8. 第 1 款所述质量受权人应对每批放行的产品进行记录，这些记录应随业务进展而保持更新，并应在批次有效期满后 1 年或自记录之日起至少 5 年内（以较长者为准），供主管部门检查。

9. 在欧盟生产的兽药产品，经出口后又从第三国进口回欧盟内的，适用第 6 款。

10. 如果兽药产品从与欧盟就实施药品生产质量管理规范达成协议的第三国进口，至少相当于第 93 条第 2 款规定的标准，并且证明本条第 6 款所述检验已在出口国进行，除进口成员国主管部门另有规定外，质量受权人可免除本条第 7 款规定的必要检验，自行编制本条第 6 款规定的控制报告。

第 98 条　兽药产品证书

1. 应兽药产品生产商、出口商或者第三国进口国主管部门要求，主管部门或欧洲药品管理局应证明：

（a）生产商持有生产许可证书；

（b）生产商持有第 94 条所述生产质量管理规范证书；

（c）有关兽药产品已获该成员国的上市许可，或在向欧洲药品管理局提出要求时，已获中央上市许可。

2. 主管部门或（视情况而定）欧洲药品管理局签发此类证书时，应考虑有关证书内容和格式的现行管理要求。

第Ⅶ章　供应和使用

第1节　批发销售

第99条　经营许可

1. 兽药产品批发销售应持有兽药经营许可。

2. 经营许可持有人应在欧盟定居。

3. 经营许可在欧盟内有效。

4. 成员国可以决定，从一个零售商向同一成员国的另一个零售商供应少量兽药产品，不要求持有经营许可。

5. 根据第1款的减损规则，生产许可持有人无需持有生产许可所涵盖的兽药产品经营许可。

6. 欧盟委员会应通过实施法案，对兽药产品流通质量管理规范采取措施。实施法案应按照第145条第2款所述程序审查通过。

第100条　经营许可的申请和程序

1. 经营许可申请应提交给批发销售商所在成员国的主管部门。

2. 申请人应在申请中证明符合下列条件：

（a）申请人拥有符合国家法律规定的技术合格的工作人员，特别是至少有一名被指定为负责人的人员；

（b）申请人拥有适当和足够的场所，符合有关成员国在储存和处理兽药产品方面的规定；

（c）申请人应有一项计划，确保有效地执行主管部门或欧盟委员命令，或与相关兽药产品生产商或上市许可持有人合作，从市场撤回或召回有关产品；

（d）申请人有适当的记录保存制度，确保符合第101条所述要求。

3. 成员国应制定批准、拒绝、暂停、撤销或变更经营许可的程序。

4. 第3款所述程序不得超过90天，如适用，自主管部门收到根据国家法律提交的申请之日算起。

5. 主管部门应：

（a）将评审结果通知申请人；

（b）批准、拒绝或变更经营许可；

（c）将批准的有关信息上传至第91条所述生产和批发销售数据库。

第101条　批发销售商的义务

1. 批发销售商只可向上市许可持有人或其他经营许可持有人购买兽药产品。

2. 批发销售商只能向依照第 103 条第 1 款获准在成员国从事零售活动的人员、其他兽药产品批发销售商以及国家法律规定的其他人员或者单位供应兽药产品。

3. 经营许可持有人应长期拥有至少一名批发销售负责人提供服务。

4. 批发销售商应在其责任范围内，确保向依照第 103 条第 3 款获准供应兽药产品的人员适当和持续供应兽药产品，以满足有关成员国对动物健康的需要。

5. 批发销售商应遵守第 99 条第 6 款规定的兽药产品流通质量管理规范。

6. 如果批发销售商认定所接收或供应的兽药产品为伪造或涉嫌伪造，应立即通知主管部门，并在适当情况下通知上市许可持有人。

7. 批发销售商应就每笔交易至少保存以下详细记录：

（a）交易日期；

（b）兽药产品名称，如适用，药物剂型和规格；

（c）批号；

（d）兽药产品的有效期；

（e）接收或供应的数量，说明包装的大小和数量；

（f）采购时供应商的姓名或公司名称、永久地址或注册营业地点，销售时收货方的姓名或公司名称、永久地址或注册营业地点。

8. 经营许可持有人应至少每年对存货进行详细盘点，并将入库和出库的兽药产品与现有存货进行比较。发现的任何差异应予以记录。记录保存期为 5 年。

第 102 条　兽药产品的平行贸易

1. 为实现兽药产品的平行贸易，批发销售商应确保其拟从一个成员国（来源国）获得并在另一个成员国（目的国）销售的兽药产品与目的国已批准的兽药产品具有共同来源。兽药产品如符合下列所有条件，即属同源：

（a）活性物质和辅料的定性和定量组成相同；

（b）药物剂型相同；

（c）临床资料相同，如适用，休药期相同；

（d）由同一生产商生产，或按照同一配方由持有许可证的生产商生产。

2. 从来源国获得的兽药产品应符合目的国的标签和语言要求。

3. 主管部门应制定兽药平行贸易管理办法和批准兽药平行贸易申请的管理办法。

4. 目的国主管部门应在第 55 条所述的产品数据库中向公众提供在该成员国平行贸易的兽药产品清单。

5. 非上市许可持有人的批发销售商应通知上市许可持有人和来源国主管部门，其有意将该兽药产品平行交易给目的成员国。

6. 每个有意将兽药产品平行交易给目的成员国的批发销售商应至少履行以下义务：

（a）向目的国主管部门提交一份声明，并采取适当措施，确保来源国的批发销售商随时通知其任何药物警戒问题；

（b）在向目的国主管部门提交兽药产品平行贸易申请前至少一个月，通知目的国的上市许可持有人拟从来源国获得兽药产品并将其在目的国销售；

（c）向目的国主管部门提交书面声明，说明目的国的上市许可持有人已根据（b）项获得通知，并附上该通知的副本；

（d）不得交易因质量、安全性或药效原因从来源国或目的国市场召回的兽药产品；

（e）收集疑似不良反应事件，并向平行交易兽药产品的上市许可持有人报告。

7. 第4款所述兽药产品的清单应附以下资料：

（a）兽药产品名称；

（b）活性物质；

（c）药物剂型；

（d）目的国的兽药产品分类；

（e）来源国的兽药产品上市许可编号；

（f）目的国的兽药产品上市许可编号；

（g）来源国和目的国的批发销售商姓名或公司名称、永久地址或注册营业地点。

8. 本条不适用于中央许可的兽药产品。

第2节 零售

第 103 条 兽药产品的零售与记录保存

1. 兽药产品零售规则除本条例另有规定外，由国家法律规定。

2. 在不违反第99条第4款规定的情况下，兽药零售商只能向兽药经营许可持有人购买兽药。

3. 兽药零售企业应对每笔根据第34条的规定需要开具兽药处方的兽药交易，详细记录下列情况：

（a）交易日期；

（b）兽药产品名称，如适用，药物剂型和规格；

（c）批号；

（d）接收或供应的数量；

（e）采购时供应商的姓名或公司名称、永久地址或注册营业地点，销售时收货人的姓名或公司名称、永久地址或注册营业地点；

（f）开具处方兽医的姓名及联系方式，并在适当情况下附上兽医处方副本；

（g）上市许可编号。

4. 如有必要，成员国可要求零售商保存不受兽医处方约束的任何兽药产品交易的详细记录。

5. 零售商应至少每年对库存进行一次详细盘点，并将入库和出库的兽药产品数量与现有库存数量进行比较。发现的任何差异均应予以记录。本条第3条款所述详细审计和记录，根据第123条的规定可供主管部门检查之用，为期5年。

6. 各成员国可以保护公共卫生和动物健康或保护其领土上零售兽药产品的环境为理由，施加合理的条件，但这些条件必须符合欧盟法规，并且是相称的和非歧视性的。

第 104 条　兽药产品的远程零售

1. 根据本条例第 103 条第 1 款规定获准供应兽药产品的人员，可通过欧洲议会和欧盟理事会（EU）2015/1535 号指令所指的互联网服务，向在欧盟内的自然人或法人提供兽药产品。但此类兽药产品不受本条例第 34 条规定的兽医处方的限制，且有关人员必须遵守本条例及零售兽药产品的成员国的适用法律。

2. 根据本条第 1 款的减损规则，成员国可允许根据本条例第 103 条第 1 款规定获准供应兽药产品的人员，通过互联网提供符合第 34 条规定的兽医处方兽药产品，但前提是成员国须为这种兽药产品供应提供一个安全系统。这种许可只应授予在其领土内定居的人员，兽药产品供应只应在该成员国领土内进行。

3. 第 2 款所指成员国应确保采取适当措施，以确保遵守通过互联网提供兽医处方兽药产品的要求，并应在利用第 2 款所述减损规则的情况下，通知欧盟委员会和其他成员国，并在必要时与欧盟委员会和其他成员国合作，以避免这种供应的任何意外后果。各成员国应制定适当的处罚规则，以确保遵守所通过的国家法规，包括撤销该许可的规则。

4. 本条第 1 款和第 2 款所述人员和活动应受零售商所在成员国主管部门根据第 123 条所述监管。

5. 除欧洲议会和欧盟理事会 2000/31/EC 指令第 6 条规定的信息要求外，通过互联网销售兽药产品的零售商应至少提供以下信息：

（a）兽药产品零售商所在成员国主管部门的联系方式；

（b）到根据本条第 8 款建立的成员国网站的超链接；

（c）依照本条第 6 款制定的出现在网站每个页面的醒目统一标识，该标识与向公众远程销售兽药产品有关，并包含指向在第 8 款（c）项所述授权零售商名单中的零售商的超链接。

6. 根据第 7 款的规定，欧盟委员会应制定一个在欧盟内可识别的统一标识，同时使其能够识别远程销售兽药产品者所在的成员国。该标识应醒目地出现在远程销售兽药产品的网站上。

7. 欧盟委员会应通过实施法案，通过本条第 6 款所述的统一标识的设计。实施法案应按照第 145 条第 2 款所述程序审查通过。

8. 各成员国应建立兽药产品远程销售网站，至少提供以下信息：

（a）根据第 1 款和第 2 款，适用于通过互联网远程销售兽药产品的国家法规信息，包括成员国之间在兽药产品供应分类方面可能存在差异的信息；

（b）有关统一标识的信息；

（c）根据第 1 款和第 2 款，在成员国设立的允许通过互联网远程销售兽药产品的零售商名单及其网址。

9. 欧洲药品管理局应建立一个网站，提供有关统一标识的信息。欧洲药品管理局网站应明确指出，各成员国网站载有有关成员国批准的通过互联网远程销售兽药产品的零售商信息。

10. 成员国可以保护公共卫生为理由，对其境内通过互联网服务向公众远程销售兽药产品施加合理的条件。

11. 各成员国建立的网站应包含到根据第 9 款设立的欧洲药品管理局网站的超链接。

第 105 条　兽医处方

1. 对于用于防制的抗菌药物产品，只有在兽医明确诊断出感染性疾病后，才能开具兽医处方。

2. 兽医应能够为其开具抗菌药物处方提供正当理由，特别是用于防制和预防。

3. 兽医处方必须经临床检查或者兽医对动物的健康状况做出适当评估后，方可开具。

4. 根据第 4 条第 33 款和本条第 3 款的减损规则，成员国可允许兽医以外的专业人员开具兽医处方，而该专业人员按照当时适用的国家法律规定已具备开具兽医处方的资格。此种处方只应在该成员国有效，并不包括需要兽医诊断的抗菌药物产品和任何其他兽药产品的处方。

兽医以外的专业人员开具的兽医处方，应比照本条第 5 款、第 6 款、第 8 款、第 9 款、第 11 款的规定执行。

5. 兽医处方应至少包括以下内容：

（a）确定需要治疗的动物或动物群体；

（b）动物所有者或饲养者的姓名及联络方式；

（c）开具日期；

（d）兽医的姓名和联系方式，包括（如有）专业资格编号；

（e）兽医的签名或同等的电子身份证明；

（f）开具的药品名称，包括其活性物质；

（g）药物剂型和规格；

（h）开具的数量或包装数量，包括包装大小；

（i）给药方案；

（j）食品动物品种，休药期，即使休药期为零；

（k）确保适当使用的必要警示，包括在相关情况下确保谨慎使用抗菌药物；

（l）按照第 112 条、第 113 条、第 114 条规定开具药品处方，应声明其效果；

（m）按照第 107 条第 3 款和第 4 款规定开具药品处方，应声明其效果。

6. 药品的数量应当以治疗所需的数量为限。对用于防制或预防的抗菌药物产品，应只开有限期限的处方，以覆盖风险期。

7. 根据第 3 款开具的兽医处方应在全欧盟得到认可。

8. 欧盟委员会可通过实施法案，为本条第 5 款的各项要求制定一种示范格式。该示范格式也应提供电子版。实施法案应按照第 145 条第 2 款所述程序审查通过。

9. 处方药品应按照国家有关法律规定供应。

10. 抗菌药物兽药处方自开具之日起 5 天内有效。

11. 除本条规定的要求外，成员国还可制定兽医开具兽医处方时的记录保存规则。

12. 尽管有第 34 条的规定，除适用的国家法律另有规定外，凡属本条规定的兽医处方兽药产品，可由兽医本人在没有兽医处方的情况下使用。兽医应依照国家有关法律规定，保存无处方时的个人用药记录。

第 3 节　使用

第 106 条　兽药产品的使用

1. 兽药产品应按照上市许可条款使用。

2. 根据本节使用兽药应不影响（EU）2016/429 号条例第 46 条和第 47 条。

3. 各成员国可制定其认为执行第 110 条至第 114 条和第 116 条所必需的任何程序。

4. 如有正当理由，成员国可决定兽药产品只应由兽医管理。

5. 第 2 条第 3 款所称免疫兽药，仅在特殊情况下，按照兽医处方使用于其所述动物，且目标动物品种和适应证尢批准使用的免疫兽药，方可使用。

6. 欧盟委员会应根据第 147 条的规定通过授权法案，以便在必要时补充本条，制定有关适当措施的规则，以确保通过加药饲料以外的途径有效和安全地使用经批准和处方的口服兽药，如将饮用水与兽药产品混合，或将兽药产品手工混合到饲料中，由动物饲养者对食品动物给药。欧盟委员会在通过这些授权法案时，应考虑欧洲药品管理局的科学咨询意见。

第 107 条　抗菌药物的使用

1. 抗菌药物不应常规使用，也不应用于弥补卫生条件差、畜牧业生产不充分、照料不足或农场管理不善。

2. 抗菌药物不得以促进生长或增产为目的用于动物。

3. 抗菌药物不得用于预防，除特殊情况，当感染或传染性疾病的风险非常高且可能造成严重后果时，方可给个别动物或数量有限的动物使用。

在这种情况下，在第 1 款规定的条件下，用于预防的抗菌药物仅限于个别动物使用。

4. 只有当感染或传染性疾病在动物群体中传播的风险很高，且没有其他合适的替代方法时，抗菌药物方可用于防制。成员国可就其他合适的替代办法提供指导，并应积极支持制定和应用准则，促进对与防制有关的风险因素的认识，包括启动防制的标准。

5. 含有第 37 条第 5 款规定的抗菌药物的药品，不得按照第 112 条、第 113 条、第 114 条的规定使用。

6. 欧盟委员会可通过实施法案，并考虑欧洲药品管理局的科学咨询意见，制定抗菌药物清单：不得按照第 112 条、第 113 条、第 114 条的规定使用，或有条件地按照第 112 条、第 113 条和第 114 条的规定使用。

在通过这些实施法案之前，欧盟委员会应考虑以下标准：

（a）按照第 112 条、第 113 条和第 114 条使用抗菌药物对动物或公共卫生的风险；

（b）发生抗菌药物耐药性对动物或公共卫生的风险；

（c）是否有其他动物治疗方法；

（d）人类是否可用其他抗菌药物治疗；

（e）如果受这种情况影响的动物得不到治疗，对水产养殖和农业的影响。

实施法案应按照第 145 条第 2 款所述程序审查通过。

7. 如果对动物使用某些抗菌药物违反了谨慎使用抗菌药物的国家政策，成员国可进一步限制或禁止在其领土上的动物中使用这些抗菌药物。

8. 各成员国根据第 7 款采取的措施应是适当和合理的。

9. 成员国应将其根据第 7 款采取的任何措施通知欧盟委员会。

第 108 条　食品动物所有者和饲养者的记录保存

1. 食品动物所有者或（所有者不亲自饲养动物时）饲养者应保存使用的兽药产品记录，并在适用的情况下保存兽医处方副本。

2. 第 1 款所述记录应包括：

（a）动物首次使用兽药产品的日期；

（b）兽药产品名称；

（c）兽药产品的给药量；

（d）供应商的名称或公司名称、永久地址或注册营业地点；

（e）取得其使用药品的证据；

（f）确定所治疗的动物或动物群体；

（g）开具处方兽医的姓名和联系方式（如适用）；

（h）休药期，即使休药期为零；

（i）治疗时间。

3. 根据本条第 2 款所记录的资料，如果已载于兽医处方副本、农场保存的记录或第 8 条第 4 款所述马科动物终身身份证明文件中，则不需要单独记录。

4. 成员国可为食品动物所有者和饲养者的记录保存制定额外的要求。

5. 这些记录中所载的资料应按照第 123 条的规定供主管部门在至少 5 年内进行检查。

第 109 条　马科动物的记录保存义务

1. 欧盟委员会应根据第 147 条通过授权法案，以补充本条例关于适用第 112 条第 4 款和第 115 条第 5 款所必需的资料的内容和格式，并载于第 8 条第 4 款所述的终身身份证明文件中。

2. 欧盟委员会应通过实施法案，制定输入适用第 112 条第 4 款和第 115 条第 5 款所需资料的示范格式，并将其载于第 8 条第 4 款所述的终身身份证明文件中。实施法案应按照第 145 条第 2 款所述程序审查通过。

第 110 条　免疫兽药产品的使用

1. 主管部门可根据适用的国家法律,禁止在其领土内或部分领土内生产、进口、批发、拥有、销售、供应或使用免疫兽药产品,如果符合下列条件之一:

(a) 使用免疫兽药产品可能干扰诊断、控制或根除动物疾病的国家计划;

(b) 使用免疫兽药产品可能给证明活体动物未患病,或来源于接受治疗动物的食品或其他产品未受污染造成困难;

(c) 从有关领土的地理分布而言,该产品旨在提供免疫力的病原菌株基本上不存在。

2. 成员国主管部门应将适用第 1 款规定的所有情况通知欧盟委员会。根据本条例第 106 条第 1 款的减损规则,在没有本条例第 116 条所述的兽药产品的情况下,如果暴发了(EU)第 2016/429 号条例第 5 条所列疾病或该条例第 6 条所列的新出现的疾病,主管部门可以允许使用未经欧盟批准的免疫兽药产品。

3. 根据本条例第 106 条第 1 款的减损规则,当一种免疫兽药产品已获批准,但在欧盟内不再适用于治疗(EU)2016/429 号条例第 5 条或第 6 条未提及但已在欧盟内存在的疾病时,为了动物健康、动物福利和公共卫生的利益,主管部门可允许使用未经欧盟批准的免疫兽药产品。

4. 第 1 款、第 2 款和第 3 款适用时,主管部门应立即通知欧盟委员会,并说明在执行这些条款时所施加的条件。

5. 如果一种动物要出口到第三国,并因此须遵守该第三国具有约束力的具体卫生规则,主管部门可允许仅为该动物使用一种免疫兽药,该药品不在有关成员国的上市许可范围之内,但在其出口的第三国允许使用。

第 111 条　在其他成员国提供服务的兽医使用兽药产品

1. 对于在成员国(东道国)内提供兽医服务的兽医,应允许其拥有和使用未获东道国批准的兽医用兽药产品,其数量不得超过兽医规定治疗所需的数量,但应符合下列条件:

(a) 兽医所属成员国主管部门或欧盟委员会已批准该兽药产品上市许可;

(b) 有关兽药产品由兽医以原包装运输;

(c) 兽医应遵守东道国的良好兽医规范;

(d) 兽医对所使用的兽药产品的标签或者包装说明书上注明的休药期做出规定;

(e) 兽医不得将任何兽药零售给在东道国接受治疗的动物的所有者或饲养者,除非东道国的法规允许。

2. 第 1 款不适用于免疫兽药产品,但毒素和血清除外。

第 112 条　上市许可条款以外的非食品动物使用兽药产品

1. 根据第 106 条第 1 款的减损规则,如果成员国没有获批兽药产品用于非食品动物的适应证,负责的兽医可根据其直接个人责任,特别是为避免引起动物无法接受的痛苦，对有关动物进行下列治疗：

（a）根据本条例批准在有关成员国或另一成员国用于同一种或另一种动物的同一适应证或另一适应证的兽药产品；

（b）如果没有本款（a）项所述兽药，则根据2001/83/EC号指令或（EC）726/2004号条例批准的人用药品；

（c）如果没有本款（a）项或（b）项所述的药品，根据兽医处方条款临时制备的兽药产品。

2. 除第1款所述的免疫兽药产品外，如没有可用的兽药产品，负责的兽医可根据其直接个人责任，特别是为避免引起动物无法接受的痛苦，以第三国为同一种动物和同一适应证批准的兽药产品，对非食品动物进行特殊治疗。

3. 兽医可以根据国家规定，亲自给药或由他人负责给药。

4. 本条也应适用于兽医对马科动物的治疗，但在第8条第4款所述的终身身份证明文件中声明该动物将不供人类食用。

5. 本条也适用于有关成员国没有获批兽药产品的情况。

第113条　上市许可条款以外的食品动物使用兽药产品

1. 根据第106条第1款的减损规则，如果成员国没有获批兽药产品用于陆生食品动物的适应证，负责的兽医可根据其直接个人责任，特别是为避免引起动物无法接受的痛苦，对有关动物进行下列治疗：

（a）根据本条例批准在有关成员国或另一成员国用于同一种或另一种陆生食品动物的同一适应证或另一适应证的兽药产品；

（b）如果没有本款（a）项所述兽药，则有关成员国根据本条例批准可用于相同适应证的非食品动物的兽药产品；

（c）如果没有本款（a）项或（b）项所述的药品，则根据2001/83/EC号指令或（EC）726/2004号条例批准的人用药品；

（d）如果没有本款（a）项、（b）项或（c）项所述的药品，则根据兽医处方条款临时制备的兽药产品。

2. 除第1款所述免疫兽药产品外，如果没有可用的兽药产品，负责的兽医可根据其直接个人责任，特别是为避免引起动物无法接受的痛苦，对陆生食品动物可使用第三国为同一种动物和同一适应证批准的兽药产品进行治疗。

3. 兽医可以根据国家规定，亲自给药或由他人负责给药。

4. 依照本条第1款和第2款使用的药品中所含的活性物质，应按照（EC）470/2009号条例及根据该条例通过的任何法令予以批准。

5. 本条也适用于有关成员国没有获批兽药产品的情况。

第114条　水生食品动物使用兽药产品

1. 根据第106条第1款的减损规则，如果成员国没有获批兽药产品用于水生食品动物的适应证，负责的兽医可根据其直接个人责任，特别是为避免引起动物无法接受的痛苦，对有关动物进行下列治疗：

（a）根据本条例，在有关成员国获批可用于同一或另一水生食品动物的同一适应证或另一适应证的兽药产品；

（b）如果没有本款（a）项所述的药品，根据本条例在有关成员国或另一成员国批准用于陆生食品动物、含有根据第3款制定的清单所列物质的兽药产品；

（c）如果没有本款（a）项或（b）项所述的药品，根据2001/83/EC号指令或（EC）726/2004号条例批准的、含有根据第3款制定的清单所列物质的人用药品；

（d）如果没有本款（a）项、（b）项或（c）项所述的药品，根据兽医处方条款临时制备的兽药。

2. 根据第1款（b）项和（c）项的减损规则，并在确定第3款所述清单之前，负责的兽医可根据其直接个人责任，特别是为避免引起动物无法接受的痛苦，对某一特定饲养地的水生食品生动物使用下列药品：

（a）在有关成员国或另一个成员国批准用于陆生食品动物的兽药；

（b）如果没有本款（a）项所述的药品，根据2001/83/EC号指令或（EC）726/2004号条例批准的人用药品。

3. 欧盟委员会最迟应在2022年1月28日起5年内通过实施法案，制定一份欧盟授权用于陆生食品动物的兽药产品中使用物质清单，或根据2001/83/EC或（EC）726/2004号条例授权用于人用药品中所含物质清单，根据本条第1款的规定用于水生食品动物。实施法案应按照第145条第2款所述程序审查通过。

欧盟委员会在通过这些实施法案时，应考虑下列标准：

（a）如果用这些物质治疗水生食品动物，对环境造成的风险；

（b）当受影响的水生食品动物不能不接受第107条第6款所列的抗菌药物时，对动物和公共卫生的影响；

（c）在水生食品动物中是否有其他药物、治疗方法，以及预防或治疗水生动物某些疾病或适应证的措施。

4. 除第1款和第2款所述免疫兽药产品外，如果没有可用的兽药产品，负责的兽医可根据其直接个人责任，特别是为避免引起动物无法接受的痛苦，对水生食品动物可使用第三国为同一种动物和同一适应证批准的兽药产品进行治疗。

5. 兽医可以根据国家规定，亲自给药或由他人负责给药。

6. 依照本条第1款、第2款和第4款使用的药品中所含的活性物质，应按照（EC）470/2009号条例及根据该条例通过的任何法令予以批准。

7. 本条也适用于有关成员国没有获批兽药产品的情况。

第115条　上市许可条款以外的食品动物使用兽药产品的休药期

1. 鉴于第113条和第114条的目的，除非产品特性概要中提供了兽药产品在所涉动物品种使用的休药期，否则应由兽医根据以下标准确定休药期。

（a）食用哺乳动物、家禽和养殖野禽的肉类和内脏的休药期不得少于：

（i）肉和内脏的产品特性概要中所述最长休药期乘以系数1.5；

（ⅱ）如果该产品未获准用于食品动物，则休药期为 28 天；

（ⅲ）如果该药品的休药期为零，且用于与批准动物不同的种类，则休药期为 1 天。

（b）提供奶类的动物休药期不少于：

（ⅰ）任一产奶动物的产品特性概要中所述最长休药期乘以系数 1.5；

（ⅱ）如果该产品未获准用于供人食用的产奶动物，则休药期为 7 天；

（ⅲ）如果该药品的休药期为零，则休药期为 1 天。

（c）产蛋动物的休药期不少于：

（ⅰ）任一产蛋动物的产品特性概要中所述最长休药期乘以系数 1.5；

（ⅱ）如果该产品未获准用于供人食用的产蛋动物，则休药期为 10 天。

（d）供人食用肉类的水生食品动物，休药期不少于：

（ⅰ）任一水生动物的产品特性概要中所述最长休药期乘以系数 1.5，以度日表示；

（ⅱ）经批准用于陆生食品动物的兽药产品，任一水生动物的产品特性概要中所述最长休药期乘以系数 50，以度日表示，不得超过 500 个度日；

（ⅲ）如果该药品未获准用于任何食品动物，则休药期为 500 度日；

（ⅳ）如果任一动物的最长休药期为零，则休药期为 25 度日。

2. 如果按照第 1 款第（a）（ⅰ）、（b）（ⅰ）、（c）（ⅰ）、（d）（ⅰ）和（ⅱ）点计算休药期的时间短于若干天，则应四舍五入取最近的天数。

3. 欧盟委员会应根据第 147 条通过授权法案，修改本条第 1 款和第 4 款规定的休药期。

4. 对于蜜蜂，兽医应通过个案评估特定蜂箱的具体情况，特别是蜂蜜或从蜂箱中收获的供人类食用的任何其他食品残留的风险，来确定适当的休药期。

5. 根据第 113 条第 1 款和第 4 款的减损规则，欧盟委员会应制定一份物质清单，其对马科动物的治疗是必不可少的，或与可用于治疗马科动物的其他治疗方案相比可带来额外的临床效益，马科动物的休药期不得少于 6 个月。实施法案应按照第 145 条第 2 款所述程序审查通过。

116 条　健康状况

根据第 106 条第 1 款的减损规则，在动物或公共卫生状况需要时，主管部门可允许在其境内使用未经本国批准但在另一成员国获上市许可的兽药产品。

117 条　兽药产品废弃物的收集和处理

各成员国应确保建立适当的兽药产品废弃物收集和处置系统。

118 条　进口至欧盟的动物或动物源性产品

1. 第 107 条第 2 款应比照适用于第三国的经营者，只要与从第三国出口到欧盟的动物或动物源产品有关，这些经营者不得使用第 37 条第 5 款所述的指定抗菌药物。

2. 欧盟委员会应根据第 147 条通过授权法案，就适用本条第 1 款提供必要的详细规则，以补充本条。

第4节 广告

第119条 兽药产品广告

1. 只有在成员国批准或注册的兽药产品才能在该成员国做广告，主管部门根据适用的国家法律另有规定者除外。

2. 兽药产品广告应明确，其目的是促进兽药的供应、销售、处方、分发或者使用。

3. 在制作广告时，不得暗示该兽药产品可以作为饲料或生物杀灭剂。

4. 广告应符合做广告的兽药产品的产品特性概要。

5. 广告中不得含有可能误导或导致兽药产品不正确使用的任何形式的信息。

6. 广告应客观，不夸大兽药的性能，鼓励负责任地使用。

7. 暂停上市许可者，应禁止在暂停期间，在其所在成员国对兽药进行任何广告宣传。

8. 除少量样品外，不得用于推销目的。

9. 抗菌兽药产品不得作为样品或以任何其他形式用于促销。

10. 第8款所述的样本，应适当标示，标明为样品，并应在主办活动期间或由销售代表来访时直接提供给兽医或获准供应此类兽药产品的其他人员。

第120条 兽医处方药品的广告

1. 依照本条例第34条规定必须使用兽医处方的兽药产品，只能向下列人员进行独家广告宣传：

（a）兽医；

（b）依照国家法律获准供应兽药产品的人员。

2. 根据本条第1款的减损规则，在满足下列条件的情况下，成员国可允许向专业的动物饲养者宣传依照第34条规定必须使用兽医处方的兽药产品：

（a）广告仅限于免疫兽药产品；

（b）广告包括明确提请专业动物饲养者向兽医咨询有关免疫兽药产品的事宜。

3. 除第1款和第2款规定外，禁止以流行病学单位内动物的病原体和抗原为原料生产用于治疗该动物或者同一流行病学单位内的动物或用于具有确定流行病学联系的单位内的动物治疗的灭活免疫兽药产品的广告。

第121条 兽药产品的促销

1. 向符合本条例规定的有资格开具处方或供应药品的人员推销药品，不得向其提供或承诺任何馈赠、金钱利益或实物利益，除非这些物品价格低廉且与处方或提供药品的活动有关。

2. 第1款所指有资格开具处方或供应药品的人员，不得索取或接受第1款禁止的利益。

3. 第1款不应阻止在纯粹出于专业和科学目的活动中直接或间接提供接待。此类接待应始终严格限于活动的主要目的。

4. 第1款、第2款和第3款不应影响成员国关于价格、利润和折扣的现行措施或贸易惯例。

第122条　广告条款的实施

成员国可自行制定其认为执行第119条、第120条和第121条的必要程序。

第Ⅷ章　检查和监管

第123条　监管

1. 主管部门对下列人员实行管理：

(a) 兽药产品和原料药的生产、进口企业；

(b) 原料药的销售商；

(c) 上市许可持有人；

(d) 经营许可持有人；

(e) 零售商；

(f) 食品动物的所有者和饲养者；

(g) 兽医；

(h) 顺势疗法兽药产品注册持有人；

(i) 第5条第6款所指兽药产品的持有人；

(j) 根据本条例承担义务的其他人员。

2. 第1款所述监管应基于风险定期进行，以核查第1款所述人员是否遵守本条例。

3. 第2款所述的基于风险的监管应由主管部门实施，至少应考虑：

(a) 与第1款所述人员的活动及其活动地点有关的内在风险；

(b) 第1款所述人员的历史记录，关于对他们进行监管的结果及其之前的遵守情况；

(c) 任何可能表明不符合法律要求的信息；

(d) 不遵守规定对公共卫生、动物健康和环境的潜在影响。

4. 也可应另一主管部门、欧盟委员会或欧洲药品管理局的要求开展监管活动。

5. 监管应由主管部门授权的代表执行。

6. 检查可作为监管的一部分进行。这种检查可以不事先通知。在检查期间，主管部门的代表至少应有权：

(a) 检查与监管目的有关的厂房、设备、运输工具、记录、文件和制度；

(b) 检查和取样，将其提交一个官方药品控制实验室或一个成员国为此目的指定的实验室进行独立分析；

(c) 记录代表认为必要的任何证据；

(d) 对与第1款所述人员一起，为他们或代表他们执行本条例规定的任务的任何当事方实施同样的监管。

7. 主管部门的代表应将其执行的各项监管活动进行记录，必要时应拟订报告。若第 1 款所述人员经监管发现有任何不合规之处，应立即以书面形式通知主管部门，并应有机会在主管部门规定的期限内提出意见。

8. 主管部门应制定程序或制度，确保执行监管的工作人员不存在任何利益冲突。

第 124 条　欧盟委员会的审计

欧盟委员会可在成员国内对其主管部门进行审计，以确定这些主管部门所进行的监管是否适当。此种审计应与有关成员国协调，并应避免不必要的行政负担。

每次审计后，欧盟委员会应起草一份报告，在适当时向有关成员国提出建议。欧盟委员会应将报告草案送交主管部门征求意见，并应在拟订最终报告时考虑这些意见。欧盟委员会应公布最终报告和意见。

第 125 条　适用性证书

为了核实为取得适用性证书而提交的数据是否符合《欧洲药典》专论，欧盟理事会 94/358/EC 号决定接受的《〈欧洲药典〉拟订公约》所指的命名和质量规范标准化机构欧洲药品质量管理局（EDQM），可要求欧盟委员会或欧洲药品管理局在有关原料受《欧洲药典》专论管辖时，由主管部门进行检查。

第 126 条　药物警戒检查的具体规定

1. 主管部门和欧洲药品管理局应确保定期检查欧盟内所有药物警戒系统主文件，并确保药物警戒系统得到正确应用。

2. 依照本条例第 44 条批准的兽药产品的药物警戒系统，经欧洲药品管理局协调，应由主管部门进行检查。

3. 主管部门应对依照第 47 条、第 49 条、第 52 条、第 53 条批准的兽药产品的药物警戒制度进行检查。

4. 药物警戒系统主文件所在成员国主管部门应对药物警戒系统主文件进行检查。

5. 除本条第 4 款规定外，主管部门可依据第 80 条的规定，与其他主管部门分担工作及分派责任，以避免对药物警戒系统的重复检查。

6. 药物警戒检查结果应记入第 74 条所述药物警戒数据库中。

第 127 条　兽药产品质量证明

1. 生产许可持有人须按照上市许可所制定的方法，提供有关兽药产品和（或）成分以及生产过程的中间产品控制试验的结果。

2. 如果主管部门认为某批兽药产品不符合生产商的控制报告或上市许可中规定的规格，则应对该批兽药产品的上市许可持有人和生产商采取措施，并通知批准该兽药产品的其他成员国主管部门。如兽药产品根据中央程序获批，则由欧洲药品管理局采取措施。

第 128 条　免疫兽药产品专用质量证明

1. 为执行第 127 条第 1 款，主管部门应要求免疫兽药产品上市许可持有人向主管部门提交由质量受权人依照本条例第 97 条规定签署的所有控制报告副本。

2. 免疫兽药产品上市许可持有人应保证每批兽药产品的代表性样品至少在有效期满前都有足够数量的库存，并应主管部门要求及时提供样品。

3. 由于人类或动物健康的需要，主管部门可要求免疫兽药产品上市许可持有人在产品上市前，将某批次原料药或免疫兽药的样品，送交官方药品控制实验室进行检测。

4. 应主管部门要求，上市许可持有人应立即提供第 2 款所述样本以及第 1 款所述控制报告，以进行控制检测。主管部门应通知批准免疫兽药产品的其他成员国主管部门，以及在按照中央程序批准上市许可的情况下，通知欧洲药品质量管理局和欧洲药品管理局，其控制某批次免疫兽药产品的意图。

5. 在本章所述控制报告的基础上，负责控制的实验室应对提供样品，按照其上市许可资料中的相关规范，重复生产商对免疫兽医产品进行的所有试验。

6. 由负责控制的实验室重复进行的试验清单应限于合理的试验，但前提是相关成员国的所有主管部门以及欧洲药品质量管理局（如适用）同意此类限制。

对于中央程序批准的免疫兽医产品，只有在获欧洲药品管理局同意后，才可减少控制实验室重复测试的清单。

7. 主管部门应认可第 5 款所述检测结果。

8. 除非欧盟委员会被告知需要更长时间进行测试，否则主管部门应确保在收到样品和控制报告后 60 天内完成测试工作。

9. 主管部门应在同一时限内，将测试结果通知其他有关成员国、欧洲药品质量管理局、上市许可持有人及（如适用）生产商。

10. 主管部门应核查免疫兽药产品所使用的生产程序是否有效，并确保批次间的一致性。

第 IX 章　限制和处罚

第 129 条　临时安全限制

1. 如果兽药产品对公共卫生或动物健康或环境造成危险，需要采取紧急行动，主管部门或（中央程序批准兽药产品上市许可的情况下）欧盟委员会可对上市许可持有人和依照本条例承担义务的其他人员施加临时安全限制。临时安全限制可能包括：

（a）应主管部门的要求，限制兽药产品的供应，如属中央程序批准的兽药产品，也应欧盟委员会向主管部门提出的要求加以限制；

（b）应主管部门的要求，限制兽药产品的使用，如属中央程序批准的兽药产品，也应欧盟委员会向主管部门提出的要求加以限制；

（c）暂停主管部门已批准的上市许可，如属中央程序批准的兽药产品，由欧盟委员会暂停其上市许可。

2. 有关主管部门最迟应在下一工作日将实施的临时安全限制通知其他主管部门和欧盟委员会。在中央上市许可的情况下，欧盟委员会应同时将实施的任何临时安全限制通知主管部门。

3. 主管部门和欧盟委员会在根据本条第 1 款施加限制的同时，可根据第 82 条将这一问题提交欧洲药品管理局。

4. 在适用的情况下，上市许可持有人应根据第 62 条的规定，提交变更上市许可条款的申请。

第 130 条　暂停、撤销或变更上市许可

1. 如果兽药产品的效益－风险平衡不利或不足以确保食物安全，主管部门或（中央程序批准兽药产品上市许可的情况下）欧盟委员会应暂停或撤销该上市许可，或要求该上市许可持有人申请变更上市许可条款。

2. 如果上市许可持有人不再符合第 5 条第 4 款所述在欧盟定居的条件，则主管部门或（中央程序批准兽药产品上市许可的情况下）欧盟委员会应撤销上市许可。

3. 下列一个或多个理由适用的情况下，主管部门或（中央程序批准兽药产品上市许可的情况下）欧盟委员会可暂停或撤销上市许可，或要求上市许可持有人提交变更上市许可条款的申请：

（a）上市许可持有人不符合第 58 条规定的要求；

（b）上市许可持有人不符合第 127 条规定的要求；

（c）依照第 77 条第 1 款建立的药物警戒系统效果不佳；

（d）上市许可持有人没有履行第 77 条规定的义务；

（e）负责药物警戒的质量受权人不履行第 78 条规定的任务。

4. 鉴于第 1 款至第 3 款的目的，在中央上市许可的情况下，欧盟委员会在采取行动之前，应酌情要求欧洲药品管理局在其根据紧急情况确定的时限内提出意见，以便审查理由。兽药产品上市许可持有人应在规定的期限内，提交口头或书面解释。

根据欧洲药品管理局的意见，欧盟委员会应在必要时采取临时措施，并立即实施。欧盟委员会应以实施法案的方式做出最后决定。这些实施法案应按照第 145 条第 2 款所述程序审查通过。

5. 成员国应制定适用于第 1 款至第 3 款的程序。

第 131 条　暂停和撤销经营许可

1. 不符合第 101 条第 3 款规定的，由主管部门暂停或者撤销兽药经营许可。

2. 符合第 101 条第 3 款规定的，主管部门可以在不影响国家法律规定的其他适当措施的情况下，采取下列一项或多项措施：

（a）暂停经营许可；

（b）暂停一项或多项兽药产品的经营许可；

（c）撤销一项或多项兽药产品的经营许可。

第 132 条　将原料药进口商、生产商和销售商从生产和批发销售数据库中删除

如果原料药进口商、生产商和销售商不遵守第 95 条的规定，主管部门应暂时或明确将这些进口商、生产商和销售商从生产和批发销售数据库中删除。

第 133 条　暂停和撤销生产许可

不符合第 93 条规定条件的，主管部门应在不影响国家法律规定的任何其他适当措施的情况下，采取下列一项或多项措施：

（a）暂停兽药产品的生产；

（b）暂停从第三国进口兽药产品；

（c）暂停或撤销一种或多种药物剂型的生产许可；

（d）暂停或撤销在一个或多个生产场所进行的一项或多项活动的生产许可。

第 134 条　禁止供应兽药产品

1. 如果对公共卫生、动物健康或环境造成危险，符合以下任何一种情况，主管部门或（中央程序批准兽药产品上市许可的情况下）欧盟委员会应禁止供应兽药产品，并要求上市许可持有人或供应商从市场召回兽药产品：

（a）兽药产品的效益－风险平衡为负；

（b）兽药产品成分的定性和定量与第 35 条所述产品特性概要不符；

（c）建议的休药期不足以确保食品安全；

（d）第 127 条第 1 款所述的控制试验尚未进行。

2. 主管部门或欧盟委员会可仅将禁止供应和撤出市场的范围限于有争议的兽药生产批次。

第 135 条　成员国的处罚

1. 成员国应制定适用于违反本条例的处罚规则，并应采取一切必要措施确保这些规则得到执行。规定的处罚应当是有效、相称、惩诫性的。

各成员国应在 2022 年 1 月 28 日之前将这些规则和措施通知欧盟委员会，并应毫不拖延地通知欧盟委员会其后影响到这些规则和措施的任何修订。

2. 主管部门应在考虑当事人保护商业秘密的合法权益的同时，确保被施以经济处罚案件的种类和数量的信息的公布。

3. 成员国应立即就因违反本条例而对中央上市许可兽药产品的上市许可持有人提起的任何诉讼通知欧盟委员会。

第 136 条　欧盟委员会对中央上市许可兽药产品的上市许可持有人处以罚款

1. 如果根据本条例批准的中央上市许可兽药产品的上市许可持有人未能遵守附录 Ⅲ 规定的与上市许可有关的义务，欧盟委员会可以罚款或定期缴纳罚款的形式对其进行经济处罚。

2. 在第 7 款（b）项所述授权法案中明确规定的范围内，欧盟委员会可对第 1 款所述的法人实体或上市许可持有人以外的法人实体施以经济处罚，但前提是此类实体与上市许可持有人属于同一经济实体，以及此类其他法人实体：

（a）对上市许可持有人产生决定性影响；

（b）涉及或可能涉及未能履行上市许可持有人的义务。

3. 如果欧洲药品管理局或成员国主管部门认为上市许可持有人未能履行第 1 款所述的任何义务，则可要求欧盟委员会调查是否应依照该款处以经济处罚。

4. 在决定是否施以经济处罚和决定适当数额时，欧盟委员会应以有效、相称性和惩诚性原则为指导，并考虑不履行义务的严重性和后果。

5. 为了第 1 款的目的，欧盟委员会还应考虑到：

（a）成员国基于相同的法律依据和事实，对同一上市许可持有人提起的侵权诉讼；

（b）基于相同的法律依据和事实，已对同一上市许可持有人实施的制裁，包括处罚。

6. 如果欧盟委员会认为上市许可持有人有意或因疏忽未能履行第 1 款所述义务，则可在决定生效前的业务年度内，做出不超过上市许可持有人欧盟营业额 5％的罚款决定。

如果上市许可持有人继续不履行第 1 段所述义务，欧盟委员会可做出决定，规定每天缴付不超过上市许可持有人平均每日欧盟营业额 2.5％的违约金。

定期缴付罚款的期限，可从欧盟委员会的有关决定通知之日起，直至上文第 1 段所述的上市许可持有人不履行其义务终止为止。

7. 欧盟委员会应根据第 147 条通过授权法案，以补充本条例，规定：

（a）欧盟委员会在施以罚款或定期缴纳罚款时应采用的程序，包括程序启动规则、调查措施、辩护权、查阅档案、法律代表权和保密权；

（b）关于欧盟委员会对上市许可持有人以外的法人实体实施经济处罚的详细规则；

（c）有关程序期限和时效的规则；

（d）欧盟委员会在确定罚金和定期缴纳罚款的数额、收取罚款的条件和方法时应考虑的因素。

8. 在对未履行第 1 款所述任何义务进行调查时，欧盟委员会可与国家主管部门合作，并依靠欧洲药品管理局提供的资源。

9. 如果做出经济处罚的决定，欧盟委员会应就个案发表简明扼要的总结，包括所涉及的上市许可持有人的姓名，以及经济处罚的金额和理由，但须考虑上市许可持有人在保护其商业秘密方面的合法权益。

10. 欧洲法院有无限管辖权来审查欧盟委员会的经济处罚决定，可以取消、减少或者增加罚款或定期缴纳罚款。

第Ⅹ章　监管网络

第137条　主管部门

1. 成员国应指定主管部门执行本条例规定的任务。

2. 各成员国应确保有充足的财政资源，为主管部门执行本条例规定的任务提供必要的工作人员和其他资源。

3. 主管部门在执行本条例规定的任务时应互相合作，并为此目的向其他成员国主管部门提供必要和有益的支持。主管部门应互相通报有关情况。

4. 根据合理要求，主管部门应立即将第123条所述书面记录和第127条所述监管报告送交其他成员国主管部门。

第138条　世界动物卫生组织的科学意见

1. 欧洲药品管理局可在与世界动物卫生组织的合作范围内，就评估专为欧盟以外市场供应的兽药产品提出科学意见。为此目的，应按照第8条的规定向欧洲药品管理局提出申请。欧洲药品管理局可咨询相关组织后，提出科学意见。

2. 欧洲药品管理局应就第1款的实施制定具体的程序规则。

第139条　兽药产品委员会

1. 在欧洲药品管理局内设立兽药产品委员会（以下简称"委员会"）。

2. 欧洲药品管理局执行主任或其代表和欧盟委员会代表应有权出席委员会、工作组和科学咨询小组的所有会议。

3. 委员会可设立常设工作组和临时工作组。委员会可设立与评价特定种类兽药产品有关的科学咨询小组。委员会可就拟订第141条第1款（b）项所述科学意见的工作委派某些任务。

4. 委员会应设立一个常设工作组，其唯一职责是向企业提供科学咨询意见。执行主任应与委员会协商，建立行政结构和程序，以便为（EC）726/2004号条例第57条第1款（n）项所述业务，特别是开发新型治疗兽药，提供咨询意见。

5. 委员会应设立一个药物警戒常设工作组，其职责包括评估欧盟药物警戒系统可能产生的药物警戒信号、向委员会和协调小组提出第79条涉及的风险管理方案、协调主管部门与欧洲药品管理局之间关于药物警戒的沟通。

6. 委员会应制定自己的议事规则。这些规则应特别规定：

（a）任命和更换主席的程序；

（b）根据（EC）726/2004号条例第62条第2款第2项所述的认可专家名单，以及与工作组和科学咨询小组的协商程序，任命工作组或科学咨询小组的成员；

（c）意见紧急采纳的程序，特别是本条例关于市场监督和药物警戒规定的意见。

议事规则应在收到欧盟委员会和欧洲药品管理局管理委员会的同意意见后开始生效。

7. 欧洲药品管理局秘书处应向委员会提供技术、科学和行政支持，应确保委员会意见的一致性和质量，以及本委员会、根据（EC）726/2004 号条例第 56 条所述欧洲药品管理局的其他委员会和协调小组之间的适当协调。

8. 委员会的意见应公开。

第 140 条　兽药产品委员会成员

1. 各成员国应经欧洲药品管理局管理委员会协商后，任命一名委员会委员和一名候补委员，任期 3 年，可连任。候补委员在委员缺席时代表他们和投票，并可被任命为报告起草人。

2. 应根据在兽用药品科学评价方面的相关专业知识和经验任命委员会委员和候补委员，以确保最高的资格水平和广泛的相关专业知识。

3. 一个成员国可将其在委员会内的任务委托给另一个成员国。每个成员国最多只能代表一个其他成员国。

4. 委员会可根据具体的科学能力增选最多 5 名委员。这些委员的任期为 3 年，可以连任，不得更换。

5. 委员会应确定增选成员的具体的互补的科学能力。增选成员应在成员国或欧洲药品管理局提名的专家中选出。

6. 为执行第 141 条所述任务，委员会可任命一名委员担任报告起草人。委员会也可任命另一名委员担任共同报告起草人。

7. 委员会成员可由特定学科或技术领域的专家陪同。

8. 兽药产品评审委员会委员和兽药产品评审专家应当依靠主管部门提供的科学评价和资源。各主管部门应监督和确保所进行的评价的科学性和独立性，并为委员会的任务做出适当的贡献，为委员会任命的成员和专家的活动提供便利。为此，成员国应向其任命的委员会成员和专家提供充分的科学和技术资源。

9. 各成员国不应向委员会成员和专家发出与其各自任务或委员会的任务和欧洲药品管理局的责任不相符的指示。

第 141 条　兽药产品委员会的任务

1. 委员会的任务如下：

（a）执行本条例及（EC）726/2004 号条例赋予委员会的任务；

（b）就有关兽药产品评价和使用问题起草欧洲药品管理局的科学意见；

（c）应欧洲药品管理局执行主任或欧盟委员会的要求，就评价和使用兽药产品的科学事项起草意见；

（d）就按照中央程序提交的申请可否受理，以及批准、变更、暂停或撤销兽药产品中央程序上市许可等问题，起草欧洲药品管理局的意见；

（e）适当考虑各成员国就科学意见提出的任何要求；

（f）就一般科学事项或重要问题提供指导；

（g）在与世界动物卫生组织的合作范围内，就评价某些专为欧盟以外市场供应的兽药产品提出科学意见；

（h）根据（EC）470/2009 号条例，就动物源食品可接受的用于畜牧业的兽药和农药残留限量提供咨询意见；

（i）就在动物中使用抗菌药物和抗寄生虫药物提供科学建议，以尽量减少在欧盟内产生耐药性，并在必要时更新该建议；

（j）就提交委员会的问题向成员国提出客观科学的意见。

2. 委员会成员应确保欧洲药品管理局的任务与主管部门的工作适当统一。

3. 委员会在起草意见时，应尽最大努力达成科学共识。如果不能达成共识，则意见应包括多数成员的立场和分歧及其所依据的理由。

4. 如果有受欧盟法律支持的重新审查意见的要求，委员会应任命另一名报告起草人，必要时还应任命一名持不同意见的共同报告起草人。重新审查程序可仅处理申请人最初确定的意见要点，而且只能以委员会通过该意见时可获得的科学数据为依据。申请人可要求委员会就重新审查事宜咨询科学咨询小组。

第 142 条　兽药产品互认和分权程序协调小组

1. 设立兽药产品互认和分权程序协调小组（以下简称"协调小组"）。

2. 欧洲药品管理局应为协调小组提供一个秘书处，协助协调小组程序的运作，并确保协调小组、欧洲药品管理局和国家主管部门之间有适当的联络。

3. 协调小组应拟订其议事规则，该规则应在收到欧盟委员会的同意意见后生效。这些议事规则应公开。

4. 欧洲药品管理局执行主任或其代表和欧盟委员会代表有权出席协调小组的所有会议。

5. 协调小组应与主管部门和欧洲药品管理局密切合作。

第 143 条　协调小组成员

1. 协调小组由每个成员国任命一名代表组成，任期为 3 年。成员国可任命一名候补代表。协调小组成员可安排由专家陪同。

2. 协调小组成员及其专家应依靠其主管部门提供的科学和管理资源，进行相关的科学评估，并根据委员会的建议执行其任务。各国主管部门应监督其代表所做评价的质量，并为其活动提供便利。

3. 协调小组成员应尽最大努力就讨论中的问题达成一致意见。

第 144 条　协调小组的任务

协调小组的任务如下：

（a）审查有关互认和分权程序的问题；

（b）审查兽药产品委员会药物警戒工作组就获成员国批准的兽药产品的药物警戒风险管理措施提出的建议，并在必要时向成员国和上市许可持有人提出建议；

（c）审查有关成员国批准的上市许可条款变更问题；

（d）就在本条例范围内是否应将某一特定兽药产品或产品系列视为兽药产品，向成员国提出建议；

（e）协调选定负责评估第 81 条第 4 款所述信号管理过程结果的牵头机构；

（f）每年拟订并公布一份对照兽药产品清单，该清单须根据第 70 条第 3 款的规定，统一产品特性概要。

第 XI 章　共同条款和程序规定

第 145 条　兽药产品常设委员会

1. 欧盟委员会应由兽药产品常设委员会（简称"常设委员会"）协助工作。该常设委员会是（EU）182/2011 号条例所指的委员会。

2. 本条内容可参见（EU）182/2011 号条例第 5 条。

第 146 条　附录 II 的修订

1. 欧盟委员会有权根据第 147 条第 2 款通过授权法案，以修订附录 II，使有关兽药产品质量、安全性和药效的技术文件的要求与技术和科学进展相适应。

2. 欧盟委员会应根据修订附录 II 的第 147 条第 3 款通过授权法案，以使之足够详细，确保法律的确定性和统一性，以及任何必要的更新，同时避免对附录 II 造成不必要的干扰，包括对新的治疗兽药产品提出具体要求。在通过这些授权法案时，欧盟委员会应适当考虑到动物和公共卫生及环境方面的问题。

第 147 条　授权的实施

1. 根据本条款规定的条件，欧盟委员会被授予通过授权法案的权力。

2. 第 37 条第 4 款、第 57 条第 3 款、第 106 条第 6 款、第 109 条第 1 款、第 115 条第 3 款、第 118 条第 2 款、第 136 条第 2 款、第 146 条第 1 款和第 2 款所述的授权，自 2019 年 1 月 27 日起授予欧盟委员会 5 年期限。欧盟委员会应在不迟于 5 年期限结束前 9 个月就权力下放问题起草一份报告。除非欧洲议会或欧盟理事会在每一生效期结束前 3 个月内反对，否则授权将被默认为延长相同期限。

3. 第 146 条第 2 款所述的授权，应于 2019 年 1 月 27 日至 2022 年 1 月 28 日期间授予欧盟委员会。

4. 欧洲议会或欧盟理事会可随时撤销第 37 条第 4 款、第 57 条第 3 款、第 106 条第 6 款、第 109 条第 1 款、第 115 条第 3 款、第 118 条第 2 款、第 136 条第 2 款、第 146 条第 1 款和第 2 款所述授权。撤销决议应终止该决议特指的授权。决议于《欧盟官方公报》发布的次日生效，或于公报指定日期生效。不得影响已生效的任何授权法案的效力。

5. 在通过授权法案前，欧盟委员会应根据 2016 年 4 月 13 日发布的《机构间协议》中关于更好地制定法律的原则，咨询各成员国指定的专家。

6. 欧盟委员会一旦通过一项授权法案，应立即告知欧洲议会和欧盟理事会。

7. 依照第 37 条第 4 款、第 57 条第 3 款、第 106 条第 6 款、第 109 条第 1 款、第

115 条第 3 款、第 118 条第 2 款、第 136 条第 2 款、第 146 条第 1 款和第 2 款通过的授权法案，只有欧洲议会或欧盟理事会在该法案通知欧洲议会和欧盟理事会 2 个月内未提出反对意见，或欧洲议会和欧盟理事会在 2 个月内告知欧盟委员会无反对意见时，方可生效。欧洲议会和欧盟理事会可提议将该期限延长 2 个月。

第 148 条　数据保护

1. 成员国应将欧洲议会和欧盟理事会（EU）2016/679 号条例的规定应用于根据本条例在成员国内进行的个人数据处理。

2. 欧洲议会和欧盟理事会（EU）2018/1725 号条例适用于欧盟委员会和欧洲药品管理局根据本条例进行的个人数据处理。

第 149 条　废止

废止 2001/82/EC 号指令。

废止指令的参考也应作为本条例的参考进行阐释，并应根据附录Ⅵ中的关联表进行解读。

第 150 条　与其他欧盟法案的关系

1. 本条例的任何内容均不得理解为影响 96/22/EC 号指令的规定。

2.（EC）1234/2008 号条例不适用于本条例所涵盖的兽药产品。

3.（EC）658/2007 号条例不适用于本条例所涵盖的兽药产品。

第 151 条　此前的申请

1. 凡在 2022 年 1 月 28 日前已根据（EC）726/2004 号条例核准的兽药产品上市许可申请或变更申请，应按（EC）726/2004 号条例办理。

2. 在 2022 年 1 月 28 日前已根据 2001/82/EC 号指令核准的兽药产品上市许可申请或变更申请，应按照该指令完成。

3. 根据 2001/82/EC 号指令第 33 条、第 34 条、第 35 条、第 39 条、第 40 条和第 78 条在 2022 年 1 月 28 日前启动的申请，应按照该指令完成。

第 152 条　现有兽药产品、上市许可与注册

1. 在 2022 年 1 月 28 日前，根据 2001/82/EC 指令或（EC）726/2004 号条例批准的兽药产品上市许可和顺势疗法兽药产品注册，应视为依照本条例批准，并符合本条例的相关规定。

本款第 1 项不适用于根据第 37 条第 5 款所述实施法案保留用于人类治疗的含有抗菌药物的抗菌类兽药产品的上市许可。

2. 根据 2001/82/EC 号指令或（EC）726/2004 号条例投放市场的兽药产品，即使不符合本条例的规定，亦可继续供应至 2027 年 1 月 29 日。

3. 根据本条第 1 款的减损规则，第 39 条所述的保护期限不适用于在 2022 年 1 月

28 日前已获批的对照兽药产品,相反,应继续适用本条第 1 款已废止法案的相应规定。

第 153 条　关于授权和执行法案的过渡性规定

1. 第 118 条第 2 款所述授权法案和第 37 条第 5 款、第 57 条第 4 款、第 77 条第 6 款、第 95 条第 8 款、第 99 条第 6 款以及第 104 条第 7 款所述实施法案应于 2022 年 1 月 28 日前通过。上述授权法案和实施法案应自 2022 年 1 月 28 日起适用。

2. 在不影响本条例实施日期的情况下,欧盟委员会最迟应于 2021 年 9 月 27 日通过第 37 条第 4 款所述授权法案。上述授权法案应自 2022 年 1 月 28 日起适用。

3. 在不影响本条例实施日期的情况下,欧盟委员会最迟应于 2021 年 1 月 27 日前通过第 57 条第 3 款和第 146 条第 2 款所述授权法案,以及第 55 条第 3 款和第 60 条第 1 款所述实施法案。上述授权法案和实施法案应自 2022 年 1 月 28 日起适用。

4. 在不影响本条例实施日期的情况下,欧盟委员会最迟应于 2025 年 1 月 29 日通过第 109 条第 1 款所述授权法案和第 17 条第 2 款与第 3 条、第 93 条第 2 款、第 109 条第 2 款、第 115 条第 5 款所述实施法案。上述授权法案和实施法案最早应自 2022 年 1 月 28 日起适用。

5. 在不影响本条例实施日期的情况下,欧盟委员会有权自 2019 年 1 月 27 日起通过本条例规定的授权法案和实施法案。除本条例另有规定外,上述授权法案和实施法案应自 2022 年 1 月 28 日起适用。

在通过本条所述授权法案和实施法案时,欧盟委员会应在通过和开始实施这些法案之间留出足够的时间。

第 154 条　建立药物警戒数据库和生产与批发销售数据库

在不影响本条例实施日期的情况下,欧洲药品管理局应与各成员国和欧盟委员会合作,依照第 74 条和第 91 条的规定,确保最迟在 2022 年 1 月 28 日前建立药物警戒数据库和生产与批发销售数据库。

第 155 条　主管部门对产品数据库的首次输入

主管部门最迟应在 2022 年 1 月 28 日前,将其所在成员国当时批准的所有兽药产品的信息以电子方式提交欧洲药品管理局,格式见第 55 条第 3 款(a)项。

第 156 条　环境风险评估规则的审查

在 2022 年 1 月 28 日之前,欧盟委员会应向欧洲议会和欧盟理事会提交一份关于活性物质审查制度(专论)的可行性研究报告,以及用于兽药产品环境风险评估的其他潜在替代方案,并在适当时附以立法建议。

第 157 条　欧盟关于治疗动物的传统草药产品的报告

欧盟委员会应于 2027 年 1 月 29 日前向欧洲议会和欧盟理事会报告用于治疗动物的传统草药产品。如有需要,欧盟委员会应提出立法建议,以引入一套简化的用于治疗动物的传统草药产品注册制度。成员国应向欧盟委员会提供其领土内此类传统草药产品的资料。

第 158 条　对马科动物的保护措施的审查

不迟于 2025 年 1 月 29 日，欧盟委员会应向欧洲议会和欧盟理事会提交一份报告，说明其对马类动物用药治疗情况和将其排除在食物链之外情况的评估，包括从第三国进口马科动物的情况，同时考虑到欧盟委员会采取的任何适当行动，特别是考虑到公共卫生、动物福利、欺诈风险和与第三国的公平竞争环境。

第 159 条　关于某些生产质量管理规范证书的过渡性条款

在不影响本条例实施日期的情况下，用流行病学单位的动物的病原体、抗原生产的用于治疗该动物或者同一流行病学单位的动物或者用于治疗流行病学有确定联系的单位的动物的有关灭活免疫兽药生产质量管理规范证书的义务，只应从第 93 条第 2 款所述兽药产品生产质量管理规范具体办法规定的法令实施之日起开始适用。

第 160 条　生效与实施

本条例自《欧盟官方公报》发布之日起第 20 日生效。

本条例自 2022 年 1 月 28 日起实施。

本条例对全体成员国具有完全约束力，并直接适用于全体成员国。

2018 年 12 月 11 日制定于斯特拉斯堡。

欧洲议会　　　　　　　　　　　　　　　欧洲联盟理事会

主席　　　　　　　　　　　　　　　　　主席

安东尼奥·塔贾尼　　　　　　　　　　　尤利娅尼·博格纳－施特劳斯

附录 I　第 8 条第 1 款（a）项的相关信息

1. 申请上市许可的法律依据。

2. 申请人。

2.1　申请人姓名或公司名称、永久地址或注册营业地址。

2.2　兽药成品生产商或进口商的姓名或公司名称、永久地址或注册营业地址，以及原料药生产商的姓名或公司名称、永久地址或注册营业地址。

2.3　在生产、进口、控制和批次放行的不同阶段所涉及的场所的名称和地址。

3. 兽药产品的鉴定。

3.1　兽药产品名称及其解剖学、治疗学及化学分类系统代码（ATCvet 代码）。

3.2　原料药及稀释剂（如适用）。

3.3　免疫兽药产品的规格或生物活性、效价或滴度。

3.4　剂型。

3.5　给药途径。

3.6　目标动物。

4. 生产和药物警戒信息。

4.1　生产许可或生产质量管理规范证书的证明文件。

4.2　药物警戒系统主文件的参考编号。

5. 兽药产品信息。

5.1　根据第 35 条草拟的产品特性概要。

5.2　兽药产品的最终外观说明，包括包装和标签。

5.3　根据第 10 条至第 16 条，关于直接接触药品包装、外包装和包装说明书信息的建议文本。

6. 其他信息。

6.1　批准或撤销该兽药产品上市许可的国家名单。

6.2　成员国批准的上市许可条款中包含的所有产品特性概要的副本。

6.3　申请已提交或拒绝的国家名单。

6.4　拟将兽药产品投放市场的成员国名单。

6.5　关于兽药产品质量、安全性和有效性的关键专家报告。

附录Ⅱ　第8条第1款（b）项规定的要求

略，详见 2001/82/EC 号指令附录Ⅰ。

附录Ⅲ 第136条第1款涉及的义务清单

（1）申请人有义务提供第6条第4款所述的准确资料和文件。

（2）在提供第62条提交的申请时，有义务提供该条第2款（b）项所述的数据。

（3）遵守第23条和第25条所述条件的义务。

（4）遵守第36条第1款所述兽药产品上市许可条件的义务。

（5）根据第58条第3款的规定，有义务对上市许可的条款做出必要的修订，以考虑技术和科学进步，使兽药产品能够通过普遍接受的科学方法生产和检验。

（6）根据第58条第4款的规定，有义务以最新的科学知识更新产品特性概要、包装说明书和标签。

（7）根据第58条第6款和第11款的规定，有义务在产品数据库中记录获批兽药产品投放市场的日期、每种兽药产品在各成员国的供应信息，如果适用，提供上市许可暂停和撤销的日期，以及与兽药产品销量相关的数据。

（8）根据第58条第9款的规定，有义务在主管部门或欧洲药品管理局规定的时间内，提供证明效益－风险平衡仍然为正的数据。

（9）根据第58条第10款的规定，有义务提供任何可能导致上市许可条款变更的信息、兽药产品销售国主管部门任何禁止或限制的信息或任何可能对兽药风险和效益产生影响的信息。

（10）有义务根据产品特性概要的内容，以及上市许可中包含的标签和包装说明书，将兽药产品投放市场。

（11）根据第76条第2款的规定，有义务记录和报告其兽药产品的疑似不良反应事件。

（12）除第73条第2款所列数据外，有义务收集特定的药物警戒数据，并根据第76条第3款的规定进行上市后监督研究。

（13）根据第77条第11款的规定，有义务确保有关药物警戒事项的资料的公开公告是客观的，不会引起误导，并将其通知欧洲药品管理局。

（14）有履行药物警戒任务而运行药物警戒系统的义务，包括根据第77条维护药物警戒系统主文件。

（15）根据第79条第6款的规定，有义务应欧洲药品管理局的要求，提交药物警戒系统主文件副本。

（16）根据第81条第1款和第2款的规定，有义务实施信号管理过程，并记录该过程的结果。

（17）根据第82条第3款的规定，有义务向欧洲药品管理局提供任何有关欧盟权益转移的可用信息。

附录Ⅳ　新旧法规关联表

（略）

欧共体理事会关于制定欧共体内加药饲料生产、投放市场及使用规定的 90/167/EEC 号指令

（1990 年 3 月 26 日）

欧共体理事会考虑到《建立欧洲共同体条约》，特别是第 43 条；欧盟委员会的建议；欧洲议会的意见；欧洲经济与社会委员会的意见。

鉴于加药饲料须遵循的相关规定，尤其是食品动物用加药饲料生产、供应、使用及管理的相关规定，很大程度上影响动物的合理养殖，以及动物源性食品的生产；畜牧业是共同农业政策的重要组成部分；为了保护公共卫生，避免因使用供食品动物用的加药饲料而引致危险，且为了避免养殖业的不当竞争，应就此类加药饲料生产、投放市场及使用，以及欧共体内此类产品的贸易制定相关规定；欧共体兽药产品相关规定应纳入关注范围，特别是 1981 年 9 月 28 日发布的理事会 81/851/EEC 号指令《各成员国兽药产品相关法律的相似性》，以及 1981 年 9 月 28 日发布的理事会 81/852/EEC 号指令《各成员国有关兽药产品检验的分析、药理毒理及临床标准、科学报告相关法律的相似性》（经 87/20/EEC 号指令修订）；加药饲料的药物成分必须符合兽药产品的规定，然而，在加药饲料的生产过程中，简单的混匀操作即主要工艺；只有经审批获准的加药预混剂才可使用，且必须对加药饲料使用进行明确说明；除此之外，加药饲料生产负责人必须拥有足够的工作人员及场所，以满足本指令的要求；生产商有责任对投放市场的产品进行质量控制，生产企业应置于令人满意的政府监管之下；须按照 1989 年 12 月 11 日发布的理事会 89/662/EEC 号指令《为完善内部市场竞争机制而在欧共体内贸易中进行的兽医检验》的相关规定，采取检验及保障措施；向养殖者供应加药饲料时，须凭兽医的处方，而兽医在开具此类处方时，须遵守某些特殊规定；为了确保有效监管，必须要求有关人员保持记录，在适当情况下，在规定时间内保存此类文件；在完全统一兽药产品上市的规定之前，应保留在国家层面豁免的可能性，特别是在生产加药饲料中间产品或某些加药预混剂方面。

兹通过本指令。

第 1 条

本指令在不违反 81/851/EEC 号指令第 2 条第 3 款所列清单的情况下，规定了除动物健康以外的其他条件，管理欧共体内加药饲料的生产、投放市场和使用。

本指令不影响适用于饲料添加剂的欧共体相关规定或根据上述规定所制定的国家法律，尤其是 70/524/EEC 号指令附录 II（该指令根据委员会 89/583/EEC 号指令进行最

新修订）关于添加剂的规定。

第 2 条

为了本指令的目的，81/851/EEC 号指令第 1 条第 2 款，以及 1979 年 4 月 2 日发布的理事会 79/373/EEC 号指令《关于配合饲料的销售》第 2 条（该指令根据 90/44/EEC 号指令进行最新修订）的相关定义应酌情适用。

下列定义也适用：

（a）经审批获准的加药预混剂：指任何用以生产加药饲料（详见 81/851/EEC 号指令第 1 条第 2 款）且根据该指令第 4 条审批获准的相关预混剂；

（b）投放市场：在欧共体领土内，持有（目的是销售或以任何其他形式处置相关产品给第三国，不论是否为对价），以及实际销售或处置。

第 3 条

1. 各成员国应规定，在药物成分方面，加药饲料只能由经审批获准的加药预混剂生产而成。

在遵守 81/851/EEC 指令第 4 条第 4 款要求的前提下，各成员国可豁免执行第 1 款的规定：

• 满足加药预混剂投放市场的任何特殊规定，批准由 81/851/EEC 号指令第 4 条批准的加药预混剂和一种或多种饲料备制而成的中间产品以及用于后续生产即用型加药饲料的中间产品。

各成员国应采取一切必要措施，确保中间产品仅由根据第 4 条经审批获准且已由主管部门公布的企业生产。

• 如果没有特定的批准治疗药剂以预混剂形式治疗相关疾病或用于相关动物，可授权兽医在 81/851/EEC 号指令第 4 条第 3 款的规定下，在其职责范围之内按照处方生产由几种获批加药预混剂组成的加药饲料。

在各成员国须按要求遵守 81/851/EEC 号指令第 4 条第 3 款的新规定之前，适当考虑到《条约》总则的规定，上述条件下的国家监管法规继续适用。

2. 根据第 1 款获批的产品应遵守 81/851/EEC 号指令第 24～50 条的规定。

第 4 条

1. 各成员国须采取必要措施，以确保加药饲料仅在下列条件下生产：

（a）生产商须拥有经国家主管部门批准的生产场所、技术设备、适宜且充足的储存及检验设施。

（b）加药饲料生产工厂须配备具有混匀工艺知识和资质的人员。

（c）生产商须确保：

• 只使用符合欧共体饲料规定的饲料或其组合。

• 用上述饲料和获准的加药预混剂生产均质和稳定的混合物。

• 根据上市许可规定的条件，在生产过程中使用审批获准的加药预混剂，特别是：

（ⅰ）兽药产品、添加剂和饲料之间不会产生任何不良反应；

（ⅱ）加药饲料在规定期限内保持稳定；

（ⅲ）生产加药饲料所用饲料不含加药预混料中用作活性物质的相同的抗菌药物或球虫抑制剂。

• 含有一日剂量兽药产品的加药饲料，至少应占治疗动物日粮量的 50%；对于反刍动物，含有一日剂量兽药产品的加药饲料至少应占非矿物质补充饲料的 50%。

（d）整个生产加工过程中所用的场所、人员及设备须遵守相关成员国的生产卫生规定及原则；生产加工过程必须符合良好生产规范。

（e）所生产的加药饲料应接受定期检查，包括生产企业在主管部门监督及定期检查下进行的均质性实验室检测，以确保加药饲料满足本指令的要求，尤其在均匀性、稳定性及可存储性方面。

（f）生产商必须保持其生产、储存或销售的加药饲料所使用的审批获准的加药预混剂和饲料的类型及数量的日常记录，并随附动物养殖者或农场主的姓名和地址，如第 10 条第 2 款适用，则随附获准的经销商的姓名和地址，并在适当情况下，随附开具处方的兽医姓名和地址。上述记录须满足 81/851/EEC 号指令第 5 条的要求，自完成之日起至少保存 3 年，应随时可提供给主管部门查验。

（g）预混剂和加药饲料应储存在为储存这些产品而专门设计的独立和安全的房间或密封容器中。

2. 在符合上述规定的前提下，各成员国可在有适当的其他保障措施的情况下，通过豁免执行第 1 款，批准在农场生产加药饲料。

第 5 条

1. 各成员国应规定，加药饲料上市时必须使用密封包装或容器。打开包装或容器时，封口或密封被损坏，不能重复使用。

2. 当罐车或类似容器用于加药饲料投放市场时，必须在任何一次重复使用之前进行清洁，以防止随后发生的任何不良反应或污染。

第 6 条

1. 各成员国应采取一切必要措施，以确保加药饲料标签符合欧共体现行法规的规定，否则不得投放市场。

此外，第 5 条第 1 款的包装或容器须明显标记"加药饲料"。

2. 当罐车或类似容器用于加药饲料投放市场时，应在随附文件中载列第 1 款所述资料。

第 7 条

1. 各成员国须采取一切必要措施，以确保加药饲料根据本指令生产，否则不得持有、投放市场或使用。

2. 根据 81/851/EEC 号指令第 4 条第 2 款要求对兽药产品进行相关检测的规定，

各成员国可出于科研用途，在有充分政府监管的情况下，适当豁免执行本指令。

第8条

1. 各成员国须确保不向动物养殖者或农场主供应加药饲料，但注册兽医按以下要求出具处方时除外。

（a）兽医处方应为包含标题的表格形式，格式示例见附录 A。原件交生产商，适用的情况下交经加药饲料目的地成员国主管部门批准的经销商。

（b）国家主管部门须确定处方副本数量、副本接收人，以及原件和副本的保存期限。

（c）同一张处方中，加药饲料只能用于治疗一种疾病。

兽医处方有效期须由国家主管部门予以确定，且不得超过 3 个月。

（d）兽医的处方仅用于他照料的动物，须确信：

（ⅰ）从兽医专业角度来看，药物适用于此类动物；

（ⅱ）使用的兽药产品与既往治疗措施无配伍禁忌，且在使用数种预混剂时无相互排斥或交互作用。

（e）兽医须：

（ⅰ）确保所开加药饲料数量在国家主管部门制定的投放市场的加药预混料的最大用量之内，且为治疗所需数量；

（ⅱ）确保加药饲料及正在治疗动物的饲料不含与抗菌药物或球虫抑制剂相同的活性物质。

2. 但如果为驱虫产品（驱虫药），按照 81/851/EEC 号指令评估此类物质的化学基团和剂量使用风险的审查结果发布之前，成员国自本指令生效之日起 5 年内可豁免执行第 1 款规定（即不供应由获批的加药预混剂制成的加药饲料，除非出具兽医处方）。前提是：

* 加药预混剂不含在这些成员国属于人药用化学基团的活性物质；
* 获准的加药饲料仅在这些成员国领土内用于预防，并按有关目的所需的剂量使用。

申请豁免的成员国应在第 15 条第 1 款规定的日期之前通报委员会和常设兽医委员会的其他成员国，详述兽药产品的性质和治疗的动物种类。

在第 1 段规定的 5 年期满前 6 个月内，委员会应向理事会通报使用此类物质的相关风险，并可提出议案以待理事会成员多数通过。

3. 如果加药饲料治疗动物的肉、内脏或制品用于人类食用，动物养殖者或农场主须确保不会在休药期内将治疗动物屠宰供人食用，而且也不会在休药期内将治疗动物加工成相应制品。

第9条

1. 各成员国应采取一切必要措施，确保加药饲料只能由经目的地成员国主管部门特别批准的生产商或经销商直接发放至农场主或动物养殖者。

加药饲料不得用于治疗动物（其肉、内脏或制品拟供人类食用），除非：

- 不超过兽医处方中规定的治疗量；
- 不超过按上一条规定的一个月的用量。

2. 尽管有第 1 款的规定，各成员国可在特殊情况下批准授权经销商，在不违反第 8 条第 2 款的前提下，根据本指令所述要求，按照兽医处方，销售少量预包装、即用的以及加工好的特殊用途加药饲料，经销商须保证：

- 遵守与生产商相同的要求，如记录保存，产品储存、运输及销售等相关规定；
- 在兽医主管部门的监督下，须为此目的接受特别检查；
- 仅向动物养殖者或农场主提供包装或预包装的即用加药饲料，并在其包装或容器上标明加药饲料的使用方法，尤其是休药期提示。

3. 第 2 款规定不得影响对加药饲料拥有法定所有权的国家的相关法规。

第 10 条

1. 各成员国应在不违反动物健康法规的前提下，确保在欧共体内部对下列物质不设贸易禁令、限制或约束：

- 按照本指令（尤其是第 4 条）的规定生产的加药饲料，含有与目的地成员国根据 81/852/EEC 号指令所批准的预混剂相同的活性物质，以及与此相似的定量和定性成分。

- 根据 1986 年 9 月 16 日发布的理事会 86/469/EEC 指令《关于动物和鲜肉残留物检查》的规定，以及 1988 年 5 月 17 日发布的理事会 88/299/EEC 号指令《使用某些具有激素作用的物质治疗的动物及其肉类的贸易》（涉及 88/146/EEC 号指令第 7 条第 2 款），使用根据第 3 条第 1 款管理的加药饲料之外的加药饲料的动物，或其肉、内脏、制品。

2. 如果因应用第 1 款而引起纠纷，特别是在预混剂的类似性质确认方面存有争议，则相关成员国或欧共体委员会可提交相关争议至欧共体按照成员国提议所制定的欧共体专家清单中的某一专家进行评估。

如果两个成员国事先达成一致，则按照欧共体法律法规，双方遵循专家意见。

3. 目的地成员国可要求每批进口的加药饲料随附由主管部门签发的证书。证书样式示例详见附录 B。

第 11 条

1. 89/662/EEC 号指令规定的保护措施适用于经审批获准的加药预混剂或加药饲料贸易。

2. 关于兽医管制相关规定，特别是 89/662/EEC 号指令第 5 条第 2 款及第 20 条规定，应适用于经审批获准的加药预混剂或加药饲料贸易，以使其受到兽医管制。

第 12 条

理事会可根据有效多数委员会成员提议，对本指令做出修订和补充。

第 13 条

各成员国应采取一切必要措施，确保达到主管部门的要求：

（ⅰ）对本指令所述的生产及销售各个阶段的产品进行抽样检查，以遵守本指令的规定；

（ⅱ）尤其通过对农场及屠宰场进行抽样检验，确保加药饲料使用符合相关规定，且其休药期符合要求。

第 14 条

在实施有关从第三国进口加药饲料的欧共体措施之前，各成员国应执行至少相当于本指令的进口措施。

第 15 条

各成员国须执行相关法律法规及管理规定，以期：

- 最迟在 1992 年 12 月 31 日前，满足本指令第 11 条第 2 款要求；
- 在 1991 年 10 月 1 日前，满足本指令的其他规定。

各成员国须立即通知欧共体委员会。

第 16 条

本指令适用于所有成员国。

1990 年 3 月 26 日签署于卢森堡

理事会主席

M. 奥肯尼迪

附录 A

_____ （生产商或获准销售商存副件）①

_____ （保存用于② _____ ）

开具处方的兽医姓名及地址

加药饲料处方 | 本处方不得重复使用

加药饲料生产商或供应商姓名或公司名称及地址：

_____

_____

动物养殖者或农场主姓名及地址：_____

_____

动物身份标识及号码：_____

待治疗的疾病③：_____

指定批准的加药预混剂：

_____

_____

_____

加药饲料重量：_____ kg

给养殖者的特别提示：_____

加药饲料与日粮比例、次数及治疗期：_____

_____

屠宰前休药期或动物从治疗到投放市场的等待期：_____

_____

兽医个人签名：_____

以下由生产商或获准销售商填写：

交货日期：_____

有效期至：_____

生产商或供应商签名：_____

①根据第8条第1款（b）项填写。

②由国家主管部门填写。

③仅由兽医在复印件上填写。

附录 B 随附贸易用动物加药饲料证书

生产商或获准销售商姓名及地址：

_____

_____

_____

加药饲料名称： _____

- 加药饲料适用动物类型： _____
- 审批获准的加药预混剂名称及成分： _____

_____

- 加药饲料中审批获准的加药预混剂剂量： _____

_____

加药饲料数量： _____

收货人姓名及地址： _____

_____

_____

兹证明上述加药饲料系由根据 90/167/EEC 号指令获准的生产商生产。

_____
地点和日期

兽医部门或其他主管部门盖章

_____
（签字）
姓名和职务

加药饲料是动物摄入兽药的一个重要且必不可少的途径，为了在欧盟范围内保障动物健康，应对细菌耐药性，使加药饲料的质量及安全性有统一标准，2018 年 12 月 11 日，欧洲议会和欧盟理事会正式签发关于管理加药饲料生产、销售及使用以及废止欧盟理事会 90/167/EEC 号指令的（EU）2019/4 号条例。该条例致力于满足兽医领域的药品需求，保证和促进动物健康和环境安全，主要在以下几个方面进行了规定：①废止并更新加药饲料生产、销售和使用管理的过时指令，以便规范欧盟加药饲料的生产标准和销售，保证加药饲料只能使用获批兽药，且仅由指定兽药企业生产；②部分治疗人类感染的抗菌药物未经许可不得用于动物，以应对细菌耐药性问题和保证抗菌药物的有效性；③促进欧盟对动物药品的研发；④为应对细菌耐药性问题，禁止把加药饲料用于动物的疾病预防或作为生长促进剂，并对普通饲料中的兽药残留限量制定标准；⑤对加药饲料的包装进行严格规定，如必须进行密封包装，一旦破损不得使用；⑥加药饲料使用的兽药处方须由生产商保存，处方开具者及动物饲养者需保留副本，原件和副本应保存至少 5 年。条例将于 2022 年 1 月 28 日正式实施，同时废止实施 30 余年的加药饲料管理指令（90/167/EEC）。

欧洲议会和欧盟理事会（EU）2019/4 号关于管理加药饲料生产、投放市场和使用，修订（EC）183/2005 号法规以及废止欧盟理事会 90/167/EEC 号指令的条例（欧洲经济区相关文本）

欧洲议会和欧盟理事会根据《欧盟运作条约》，特别是其中第 43 条第 2 款和第 168 条第 4 款（b）项，考虑到欧盟委员会的建议（将立法草案提交各国议会后），欧洲经济与社会委员会的意见，各区域委员会的意见。

依照普通立法程序提出法案，鉴于：

（1）欧盟理事会 90/167/EEC 号指令构成欧盟关于加药饲料的生产、销售和使用的监管框架。

（2）畜牧业生产在欧盟农业中占有非常重要的地位。加药饲料的管理法规对于动物（包括非食品动物）的养殖以及动物源性产品的生产有重大影响。

（3）追求对人类健康的高度保护是欧盟食品法律的基本目标之一，欧洲议会和欧盟理事会（EC）178/2002 号条例的制定也是如此。而且在不影响具体的欧盟法规的情况下，该条例中一般原则应适用于饲料的销售和使用。此外，保护动物健康也是欧盟食品法律的总目标之一。

（4）疾病预防胜于治疗。药物治疗，尤其是抗菌药物治疗，绝不应取代良好的畜牧业规范、生物安全和管理实践。

（5）执行 90/167/EEC 号指令的经验表明，应采取进一步措施加强欧盟内部市场的有效运行，并明确提供和改善使用加药饲料治疗非食品动物的可能性。

（6）加药饲料是动物摄入掺入饲料中的兽药产品的途径之一。加药饲料是饲料和兽药的混合物。其他口服途径，如饮用水与兽药混合、手工将兽药掺入饲料等，不属于本条例管辖的范围。这些兽药产品在饲料中的使用许可、生产许可、经销许可、广告以及监督受欧洲议会和欧盟理事会（EU）2019/6 号条例（编者注：将于 2022 年 1 月 28 日实施取代 2001/82/EC 号指令的新兽药法典）的管理。

（7）（EU）2019/6 号条例适用于兽药产品，包括在 90/167/EEC 号指令中定义为"预混料"的产品，直至这些产品被加入加药饲料或中间产品。此后，本条例适用于欧盟（EU）2019/6 号条例管辖之外的其他情形。

（8）作为一种饲料，加药饲料和中间产品在（EC）183/2005 号条例、（EC）67/2009 号条例、（EC）1831/2003 号条例以及 2002/32/EC 号条例的监管范围内。因此，无论何时用复合饲料生产加药饲料，有关复合饲料的所有欧盟法规均适用。无论何时用饲料原料生产加药饲料，有关饲料的所有欧盟法规均适用。本条例适用于饲料经营者，不论其经营场所是饲料加工厂、专用车辆还是农场，也适用于饲料经营者储存、运输、销售的加药饲料和中间产品。

（9）对加药饲料和中间产品的设施设备、人员、生产、质量控制、储存、运输、记录、投诉、产品召回和标签等，应当做出具体规定。

（10）进口到欧盟的加药饲料必须满足（EC）178/2002 号条例第 11 条、（EC）183/2005 号条例及（EU）2017/625 号条例规定的一般义务和进口条件。在该框架内，进口到欧盟的加药饲料被视为属于本条例的管辖范围。

（11）在不影响涉及饲料出口到第三国的（EC）178/2002 号条例第 12 条规定的一般义务的情况下，本条例的规定适用于在欧盟市场上生产、储存、运输、销售的有出口意向的加药饲料及中间产品。但是，本条例规定的加药饲料及中间产品的标签、处方及使用的具体要求不适用于有出口意向的产品。

（12）虽然（EU）2019/6 号条例涵盖了兽药产品及其供应，但未包括中间产品，因此该条例应以相应的具体方式予以涵盖。

（13）只有获批的兽药产品才能生产加药饲料，并应确保使用的所有成分的相容性，以保证产品的安全性和有效性。应规定将兽药产品纳入饲料的其他具体要求或说明，以确保动物得到安全有效的治疗。

（14）将兽药产品均匀掺入饲料中，对于生产安全有效的加药饲料也至关重要。因此，应提供为加药饲料建立目标值等均匀性标准的可能性。

（15）饲料经营者可以在同一企业内，为不同的目标动物生产含有不同种类化合物（如饲料添加剂或兽药产品）的多种饲料。在同一条生产线上生产不同类型的饲料，可能会导致在生产线上存在某种微量物质，直到生产线开始生产另一种饲料。这种微量物质从一个生产批次转移到另一个生产批次称为交叉污染。

（16）如果含有不同成分的饲料使用同一生产加工设备，包括移动搅拌机、储存设施或者运输工具，交叉污染可能发生在饲料生产、加工、储存和运输过程中。鉴于本条例的目的，交叉污染专指加药饲料含有的微量活性物质向非目标饲料转移。应尽量避免加药饲料所含的活性物质交叉污染非目标饲料或将污染控制在尽可能低的水平。

（17）为了保护动物健康、人类健康和环境，应在根据欧洲食品安全局（EFSA）合作所做的科学的风险评估，并与欧洲药品管理局考虑良好生产规范的应用和"低至合理可行的"（ALARA）原则的基础上，制定非目标饲料中活性物质的最大允许限量。在该科学风险评估完成之前，考虑到不可避免的交叉污染和有关活性物质造成的风险，不论活性物质交叉污染来源如何，应采用非目标饲料中活性物质交叉污染的国家级最高水平标准。

（18）加药饲料标签应符合（EC）767/2009号条例规定的一般原则，并须符合具体的标签要求，以便为使用者提供正确管理加药饲料所需的信息。同样，应建立加药饲料标签含量与实际含量的偏差限值。

（19）出于安全考虑，加药饲料和中间产品应采用密封包装或容器销售，以保护用户利益。这不适用于直接向动物饲养者提供加药饲料的移动搅拌机。

（20）加药饲料的广告可能影响公众和动物健康，并导致畸形竞争。因此，加药饲料广告应符合一定的标准。根据其在动物健康方面的相关知识和经验，兽医能够正确评估广告中的信息。而向那些不能正确认识与药物使用有关的风险的人进行广告宣传，可能导致药物滥用或过度消费，从而损害公众、动物健康或环境。

（21）对于欧盟内部的加药饲料贸易和进口加药饲料，应确保其中的兽药产品依照（EU）2019/6号条例已在目的地成员国被正式许可。

（22）从国际层面考虑抗菌药物耐药性发展非常重要。抗菌药物耐药性生物可以通过食品动物源性产品、直接接触动物或人类以及其他方式传播给欧盟和第三国的人和动物。（EU）2019/6号条例第118条明确规定，出口产品到欧盟的第三国经销商必须遵守抗菌药物耐药性有关的动物及动物源产品出口的某些条件，如果它们是通过加药饲料管理的，同时也应考虑到有关抗菌药物产品的使用。此外，在国际合作的背景下，根据世界卫生组织（WHO）全球行动计划等活动和政策，以及世界动物卫生组织关于抗菌药物耐药性和谨慎使用抗菌药物的战略，应在全球范围内考虑对从第三国出口到欧盟的动物和动物源性产品采取措施，限制使用含有抗菌药物的加药饲料，以预防疾病。

（23）为保证饲料安全及产品的可追溯性，饲料经营者生产（无论是在饲料加工厂内，还是在具有专门设施的车辆或农场现场生产）、储存、运输或销售加药饲料，应由主管部门依照（EC）183/2005号条例规定的审批制度批准。从事某些较低风险活动（如运输、储存和零售）的饲料经营者应免除审批义务，但不能免除他们根据（EC）183/2005条例规定的注册制度所履行的注册义务。为确保加药饲料的合理使用和完全的可追溯性，不受批准义务约束的宠物加药饲料零售商和使用加药饲料的皮毛动物饲养者应向主管部门提供相应信息。应为已根据90/167/EEC指令获准的企业制定过渡程序。

（24）应确保本条例规定的加药饲料处理要求，以及根据本条例通过的授权法案和执行法案中规定的饲料处理要求是切实可行的。

（25）为确保加药饲料的安全使用，加药饲料的供应和使用必须出示对接受治疗的动物进行兽医检查或对其健康状况做出任何其他适当评估后签发的有效兽医处方。但是，不应排除在向生产商提供加药饲料兽医处方之前生产加药饲料的可能性。如果兽医已在一个成员国开具了加药饲料处方，作为一般规则，该兽医处方应被认可并在另一个成员国使用。根据减损原则，一个成员国可根据本条例生效时适用的国家法律，允许除兽医外有资质开具加药饲料兽医处方的专业人员开具处方。由非兽医专业人士开具的加药饲料处方，仅在该成员国有效，含抗菌药物的加药饲料处方和任何其他需要兽医诊断的兽药处方除外。

（26）为确保对食品动物和毛皮动物谨慎使用按照加药饲料兽医处方和产品特性概要适当提供的加药饲料，进而为高水平的动物健康和公共卫生提供保障基础，在适当情况下，应提供符合休药期和动物饲养者保存记录的加药饲料兽医处方使用及其有效性的相关具体信息。

（27）鉴于抗菌药物耐药性造成的严重公共卫生风险，限制动物使用含抗菌药物的加药饲料是恰当的。不允许含抗菌药物的加药饲料的预防性使用或用于提高食品动物的性能，但在某些情况下，含有抗寄生虫药和免疫兽药产品的加药饲料除外。根据（EU）2019/6 号条例，只有在感染或传染病的传播风险很高的情况下，才允许使用含有抗菌药物的加药饲料进行预防。

（28）使用含有抗寄生虫药的加药饲料，应了解动物或动物群的寄生虫感染情况。尽管饲养者采取了确保良好卫生和生物安全的措施，但出于动物健康和动物福利的原因，动物可能患有需要用加药饲料预防的疾病。可传播给人类的动物疾病也可能对公共卫生产生重大影响。因此，在没有确诊疾病的情况下，应允许使用含有免疫兽药产品或某些抗寄生虫药的加药饲料。

（29）根据（EC）1831/2003 号条例，自 2006 年 1 月 1 日起，应严格遵守并适当执行禁止使用抗菌药物作为促生长剂的规定。

（30）世界卫生组织（WHO）和世界动物卫生组织（OIE）倡导的"同一健康"概念，指出人类健康、动物健康和生态系统是互相联系的。因此，确保在食品动物中谨慎使用抗菌药物对动物和人类健康都至关重要。

（31）2016 年 6 月 17 日，欧盟理事会通过了"同一健康"下应对抗菌药物耐药性的下一步方案。2018 年 9 月 13 日，欧洲议会通过了《欧洲应对抗菌药物耐药性的"同一健康"行动计划》决议。

（32）收集或报废未使用或过期中间产品和加药饲料的制度，包括现有制度和由饲料经营者管理的制度，应落实到位，以便控制这些产品可能对动物健康或人类健康或环境造成的任何风险。关于谁对这种收集或报废制度负责的决定仍应由国家做出。各成员国应采取措施，与有关利益相关方进行适当协商，以确保这些制度适用于这些目的。

（33）为了达到本条例的目标，并考虑到技术进步和科学发展，根据《欧盟运行条约》第 290 条，应将采取行动的权力授予欧盟委员会，以制定非目标饲料中特定活性物质的最大交叉污染水平、饲料中活性物质的分析方法以及修订本条例附录。这些附录涉及饲料经营者与加药饲料和中间产品生产、储存、运输和销售相关的义务规定、常用加药饲料的抗菌活性物质清单、加药饲料和中间产品的标签要求、加药饲料或中间产品成分标签的容许误差，以及加药饲料兽医处方必须包括的强制性信息。特别重要的是，欧盟委员会在其筹备工作期间进行适当磋商，包括专家级磋商，这些磋商应根据 2016 年 4 月 13 日发布的《机构间协议》中关于更好地制定法律的原则进行。特别是为了确保平等参与拟订授权法，欧洲议会和欧盟理事会与各成员国的专家应同时收到所有文件，专家系统地参加委员会专家组会议，讨论授权法案的编写事项。

（34）为了确保本条例在制定加药饲料均匀性标准方面及加药饲料兽医处方的示范格式方面统一实施条件，应授予欧盟委员会执行权力。这些权力应根据 2011 年 2 月 16 日发布的欧洲议会和欧盟理事会（EU）182/2011 号条例的规定执行。

（35）成员国应对违反本条例规定的行为予以处罚，并应采取一切必要措施以确保这些规定的执行。这些处罚应当有效、适度，并有惩诫性。

（36）为确保所有加药饲料生产商包括农场饲料搅拌机适用（EC）183/2005 号条例附录Ⅱ，该条例应做出相应修订。

（37）本条例旨在确保人类和动物健康，向用户提供充足的信息和加强欧盟内部市场的有效运作，且在成员国不能充分实现这些目标的情况下，由欧盟来实现。因此，欧盟可根据《欧盟运行条约》第 5 条规定的辅助原则，采取措施。依照该条所述的相称原则，本条例不会超出实现这一目标所需的范围。

兹通过本条例。

第Ⅰ章 主体、范围与定义

第 1 条 主体

本条例对加药饲料和中间产品做出具体规定。这些规定是有关饲料的欧盟法规的补充，尤其适用于（EC）1831/2003 号条例、（EC）183/2005 号条例、（EC）767/2009 号条例和 2002/32/EC 号指令。

第 2 条 适用范围

1. 本条例适用于：

（a）加药饲料及中间产品的生产、储存和运输；

（b）加药饲料及中间产品的销售（包括进口）和使用；

（c）加药饲料及中间产品向第三国出口。但第 9 条、第 16 条、第 17 条和第 18 条不适用于标签已注明向第三国出口的加药饲料及中间产品。

2. 本条例不适用于（EU）2019/6 号条例界定的兽药产品（已包括在加药饲料或中间产品者除外）。

第 3 条 定义

1. 鉴于本条例的目的，下列定义适用：

（a）（EC）178/2002 号条例第 3 条第 4 款、第 5 款和第 8 款分别就"饲料""饲料经营""投放市场"所做的定义；

（b）（EC）1831/2003 号条例第 2 条第 2 款（a）项和（f）项分别就"饲料添加剂""日粮"所做的定义；

（c）（EC）767/2009 号条例第 3 条第 2 款（c）项、（d）项、（e）项、（g）项、（h）项、（i）项、（j）项、（k）项、（q）项、（r）项、（s）项和（t）项分别就"食品动物""非食品动物""毛皮动物""饲料原料""配合饲料""补充饲料""矿物质饲料""贴标""标签""最短保存期限""批次"所做的定义；

（d）（EC）183/2005 号条例第 3 条第（d）项所规定的"企业"的定义；

（e）（EC）882/2004 号条例第 2 条第 1 款和第 3 条第 3 款分别就"政府监管"和"主管部门"做出的定义；

（f）（EU）2019/6 号条例第 4 条第 1 款、第 3 款、第 5 款、第 12 款、第 13 款、第 14 款、第 15 款、第 16 款和第 34 条第 1 款分别就"兽药产品""活性物质""免疫兽药""抗菌物质""抗寄生虫药""抗菌药物""治疗""预防""休药期"及该条例第 35 条所规定的"产品特性概要"所做的定义。

2. 以下定义同样适用。

（a）加药饲料：由一种或多种兽药产品或含有饲料原料或复合饲料的中间产品混合而成的饲料，可直接饲喂动物，无需进一步加工；

（b）中间产品：指未经进一步加工则不能直接饲喂动物的饲料，包括一种或多种含有饲料原料或复合饲料的兽药产品的均匀混合物，专门用于生产加药饲料；

（c）非目标饲料：指不论加药与否，不打算添加特定活性物质的饲料；

（d）交叉污染：先前使用设施或设备而使微量的活性物质向非目标饲料转移；

（e）饲料经营者：任何负责确保其经营的饲料业务符合本条例要求的自然人或法人；

（f）移动搅拌机：指具有饲料设施的饲料经营者，饲料设施包括专为生产加药饲料而配备的车辆；

（g）农场搅拌机：指生产供农场专用加药饲料的饲料经营者；

（h）加药饲料兽医处方：由兽医就加药饲料签发的文件；

（i）广告：就加药饲料和中间产品以任何形式做出声明，以促进处方或加药饲料的使用，包括提供样品和赞助；

（j）动物饲养者：指对动物负有永久或临时责任的任何自然人或法人。

第Ⅱ章　生产、储存、运输和销售

第 4 条　一般义务

1. 饲料经营者应按照附录Ⅰ的规定，生产、储存、运输和销售加药饲料和中间产品。

2. 本条规定不适用于只购买、储存、运输本农场专用的加药饲料的农民。

尽管有第1款的规定，附录Ⅰ第5节应适用于这些农民。

3. 经必要修订后，（EU）2019/6 号条例第 101 条第 2 款和第 105 条第 9 款应适用于中间产品的供应。

4. 经必要修订后，（EU）2019/6 号条例第 57 条和第Ⅳ章第 5 节应适用于加药饲料和中间产品。

第5条 成分（组成）

1. 加药饲料和中间产品须由兽药产品生产，包括计划依照（EU）2019/6 号条例第 112 条、第 113 条或第 114 条的规定，许可目的是生产加药饲料的兽药产品。

2. 生产加药饲料和中间产品的饲料经营者应确保：

（a）加药饲料或中间产品的生产应符合加药饲料兽医处方规定的有关条件，或本条例第 8 条所述的与拟加入饲料的兽药产品有关的产品特性概要。这些条件应包括已知的兽药产品与饲料之间的相互作用、可能有损加药饲料或中间产品安全性或有效性的具体规定。

（b）已在兽药产品中作为活性物质使用的在相关授权法案中规定了最大含量的作为抗球虫剂或抗组织鞭毛虫剂的饲料添加剂，不包括在加药饲料或中间产品中。

（c）如果兽药产品中的活性物质与饲料添加剂中的活性物质相同，加药饲料中该活性物质的总量不超过兽医处方规定的加药饲料的最大含量，或本条例第 8 条所述产品特性概要中规定的最大含量。

（d）掺入加药饲料的兽药产品与饲料在兽药产品有效期内结合形成稳定的混合物，（EU）2019/6 号条例第 10 条第 1 款（f）项规定加药饲料或中间产品需妥善储存和处理。

3. 饲料经营者向动物饲养者提供加药饲料，应保证加药饲料符合本条例第 16 条所述兽医处方。

第6条 均匀性

1. 生产加药饲料或中间产品的饲料经营者应确保将兽药产品或中间产品均匀混合到饲料中。

2. 欧盟委员会可通过实施法案，考虑到兽药产品和混合技术的具体特性，制定将兽药产品均匀分散到加药饲料或中间产品的标准。实施法案应按照第 20 条第 2 款所述程序审查通过。

第7条 交叉污染

1. 饲料经营企业生产、储存、运输、销售加药饲料和中间产品，应按照第 4 条规定采取措施，防止交叉污染。

2. 除非已根据 2002/32/EC 号指令确定了非目标饲料中活性物质交叉污染的最大限量，欧盟委员会有权根据第 20 条通过授权法案，以补充本条例。这些授权法案还可规定饲料中活性物质的分析方法。

3. 欧盟委员会应在 2023 年 1 月 28 日之前根据第 20 条通过授权法案，对本条例进行补充，就本条例附录Ⅱ所列抗菌活性物质，制定非目标饲料中活性物质交叉污染限量和饲料中活性物质的分析方法。

制定交叉污染最大限量的授权法案应以 EFSA 进行的科学风险评估为基础。

4. 兽药产品中的活性物质与饲料添加剂中的活性物质相同的，适用的非目标饲料中交叉污染限量为相关欧盟法规规定的完全饲料中饲料添加剂的最大含量。

5. 在根据第 2 款和第 3 款确定交叉污染最大限量前，各成员国可适用各国制定的交叉污染最大限量。

第 8 条　预生产

加药饲料和中间产品的生产和储存可先于第 16 条规定的处方出具，供应给动物饲养者除外。

本条第 1 段不适用于：

（1）农场搅拌机和移动搅拌机；

（2）根据（EU）2019/6 号条例第 112 条或第 113 条拟使用的含兽药产品的加药饲料或中间产品的生产。

第 9 条　标签

1. 加药饲料和中间产品标签应符合本条例附录Ⅲ的规定。

此外，（EC）767/2009 号条例中饲料原料和复合饲料标签的具体规定应适用于分别含有饲料原料和复合饲料的加药饲料和中间产品。

2. 使用容器代替包装物的，应附带符合第 1 款规定的文件。

3. 加药饲料或中间产品标签上标示的活性成分含量值与主管部门根据（EU）2017/625 号条例检测的数值之间的容许偏差应符合本条例附录Ⅳ。

第 10 条　包装

1. 加药饲料和中间产品上市时必须使用密封包装或容器。若包装或者容器打开时，密封受到损坏，则不能重复使用。包装不得重复使用。

2. 第 1 款不适用于直接向动物饲养者提供加药饲料的移动搅拌机。

第 11 条　加药饲料和中间产品广告

1. 除专门针对兽医的广告外，禁止刊登加药饲料和中间产品广告。

2. 广告不得包含任何可能误导的信息或导致不正确使用加药饲料的任何形式的信息。

3. 除少量样品外，不得为促销目的的分发加药饲料。

4. 含有抗菌兽药的加药饲料不得作为样品或以任何其他形式做宣传分发。

5. 第 3 款所指的样品必须加贴表明样品的适当标签，须在主办活动期间直接交给兽医，或由销售代表在兽医到访期间直接交给他们。

第 12 条 欧盟内贸易和进口

1. 如果分销加药饲料或中间产品的成员国不是生产该饲料的成员国，饲料经营者应确保用于生产加药饲料或中间产品的兽药根据（EU）2019/6 号条例在使用国获得批准。

2. 进口加药饲料或中间产品到欧盟的饲料经营者，应确保用于生产加药饲料或中间产品的兽药根据（EU）2019/6 号条例在使用国获得批准。

第Ⅲ章 企业许可

第 13 条 许可义务

1. 饲料经营者生产、储存、运输、销售加药饲料或中间产品，应经主管部门批准。

2. 第 1 款不适用于下列饲料业经营者：

（a）购买、储存、运输加药饲料供其农场专用者；

（b）只作为中间贸易者而不在其处所内持有加药饲料或中间产品的人；

（c）仅以密封包装或容器运输、储存加药饲料或中间产品的人。

3. 主管部门在审批相关活动前，应对企业进行现场核查，确定已建立的加药饲料或中间产品的生产、储存、运输、销售制度符合第Ⅱ章的具体要求时，主管部门才能批准许可。

4. 如果移动搅拌机将加药饲料投放到非许可成员国市场上，该移动搅拌机应将其相关活动许可通知加药饲料投放的成员国主管部门。

5. 对为宠物提供加药饲料的零售商和用加药饲料喂养动物的毛皮动物饲养者，各成员国应制定相关的国家程序，确保主管部门获得其活动的相关信息，同时避免重复和不必要的行政负担。

第 14 条 获准企业名单

根据本条例第 13 条第 1 款核准的机构，应记录在 183/2005 号条例第 19 条第 2 款所述成员国名单中，并以该条例附录Ⅴ第Ⅱ章规定的形式，制定唯一的识别编号。

第 15 条 执行核准和注册的过渡措施

1. 本条例管辖范围内的企业，如果已按照 90/167/EEC 号指令获得许可，或其他主管部门授权从事本条例范围内的活动，继续开展其活动须在 2022 年 7 月 28 日前向其设施所在地区的相关主管部门提交声明。声明应符合本条例第 13 条第 3 款的审批要求，声明的具体形式由主管部门决定。

2. 若第 1 款所述声明未在规定期限内提交，主管部门应按照（EC）183/2005 号条例第 14 条的规定，暂停当前的许可。

第Ⅳ章　处方和使用

第 16 条　兽医处方

1. 向动物饲养者供应加药饲料，应符合下列条件：

（a）在农场搅拌机生产的情况下，须出示和持有加药饲料兽医处方；

（b）第 2 段至第 10 段规定的条件。

2. 兽医开具加药饲料处方，必须先对动物或动物群的健康状况进行临床检查或其他适当的评估，且只对诊断疾病开具适用的加药饲料兽医处方。

3. 根据第 2 款的减损原则，在无法诊断疾病的情况下，可以开具含有免疫兽药产品的加药饲料兽医处方。

4. 根据第 2 款的减损原则，如果无法确定某种疾病的存在，根据对动物或动物群寄生虫感染状况的了解，兽医可开具含有抗寄生虫药物而无抗菌作用的加药饲料兽医处方。

5. 根据第 3 条第 2 款（h）项和本条第 2 款的减损规则，成员国应允许有资质的专业人员根据适用的国家法律在 2019 年 1 月 27 日前开具加药饲料兽医处方。

上述处方不包括含有抗菌药物类兽药产品的加药饲料处方，或任何其他需要兽医诊断且仅在该成员国有效的兽药处方。

第 1 款所指专业人员在开具处方时，应依照本国法律进行必要的核查。

本条第 6 款、第 7 款、第 8 款和第 10 款经必要修改后适用于此类规定。

6. 加药饲料兽医处方应包含附录Ⅴ所列信息。

加药饲料兽医处方原件应由生产商保存，或在适当的情况下由供应加药饲料给动物饲养者的饲料经营者保存。开具处方的兽医或前款规定的专业人员，以及生产商、毛皮动物饲养者，应保存加药饲料兽医处方的副本。

原件和副本自开具之日起保存 5 年。

7. 除毛皮动物以外的非食品动物的加药饲料，同一兽医处方的加药饲料不得用于治疗一种以上疾病。

治疗期限应当符合饲料中所含兽药产品的产品特性概要，未做规定的，不得超过 1 个月，含抗菌药物类兽药产品的加药饲料使用不得超过 2 周。

8. 加药饲料兽医处方有效期：自签发之日起，对毛皮动物以外的非食品动物最长为 6 个月，对食品动物和毛皮动物最长为 3 周。含有抗菌药物类兽药产品的加药饲料，自签发之日起，有效期最长为 5 天。

9. 开具加药饲料兽医处方的兽医，应以兽药科学为依据，验证该药物用于目标动物的合理性。此外，兽医应确保使用该兽药产品不会与其他治疗或用药相抵触，且多种药品同时服用时无禁忌证或相互作用。尤其不得开具含一种以上抗菌药物类兽药产品的加药饲料处方。

10. 加药饲料兽医处方必须：

（a）除准备根据（EU）2019/6 号条例第 112 条、第 113 条或第 114 条使用的兽药产品外，须符合兽药产品特性概要；

（b）考虑到患病动物的饲料摄入量不同于正常的每日定量，须说明掺入一定数量加药饲料的兽药每日剂量，以确保目标动物摄入该剂量；

（c）确保加药饲料中所含兽药剂量相当于至少 50% 日粮干物质。对于反刍动物，除矿物饲料外，兽药产品的每日剂量至少应占 50% 补充饲料。

（d）说明根据相关参数计算的活性物质的包含率。

11. 根据第 2 款、第 3 款和第 4 款开具的加药饲料兽医处方，欧盟范围内予以认可。

12. 欧盟委员会可通过实施法案的形式，为附录Ⅴ所列资料制定一个格式模板，并提供电子版本。

实施法案须按照第 21 条第 2 款所述程序审查通过。

第 17 条　加药饲料的使用

1. 开具了处方的加药饲料仅用于根据第 16 条开具了加药饲料兽医处方的动物。

2. 动物饲养者只能按照处方使用加药饲料，采取措施避免交叉污染，并确保只有加药饲料兽医处方中确定的动物才能使用。动物饲养者应保证不使用过期的加药饲料。

3. 含抗菌兽药的加药饲料，除第 3 款外，应按照（EU）2019/6 号条例第 107 条的规定使用，不得用于预防疾病。

4. 含免疫制剂的加药饲料须根据（EU）2019/6 号条例第 110 条及本条例第 16 条第 3 款的规定使用。

5. 含抗寄生虫药物的加药饲料处方须根据本条例第 16 条第 4 款的规定开具和使用。

6. 加药饲料喂饲食品动物期间，动物饲养者应确保遵守加药饲料兽医处方规定的休药期。

7. 动物饲养者使用加药饲料喂饲食品动物时，应根据（EU）2019/6 号条例第 108 条保存记录。记录应从加药饲料使用之日起保留 5 年，包括 5 年内屠宰动物的记录。

第 18 条　未使用或过期产品的收集或报废系统

成员国应确保采用适当的已过期加药饲料和中间产品收集或报废系统，以防动物饲养者持有比加药饲料兽医处方中实际治疗量更多的加药饲料。

成员国应采取措施，确保就此类制度征求有关利益相关方的意见。

成员国应采取措施，确保向农民、动物饲养者、兽医和其他有关人员提供收集点或报废点的位置以及其他相关信息。

第Ⅴ章　程序性及最终条款

第 19 条　附录修订

考虑到技术进步和科学发展，欧盟委员会有权依照第 20 条授权修订附录Ⅰ至附录 V。

第 20 条　授权的行使

1. 根据本条款规定的条件，欧盟委员会被授予通过授权法案的权力。

2. 第 7 条和第 19 条所述的授权授予欧盟委员会，自 2019 年 1 月 27 日起为期 5 年。欧盟委员会应在不迟于 5 年期结束前 9 个月就权力下放问题起草一份报告。除非欧洲议会或欧盟理事会在每一任期结束前 3 个月反对，授权将被默认为延长相同期限。

3. 欧洲议会或欧盟理事会可随时撤销第 7 条和第 19 条所述的授权。撤销决议应终止该决议所指的授权。决议于《欧盟官方公报》发布的次日生效，或于公报指定日期生效。不得影响已生效的任何授权法案的效力。

4. 在通过授权法案前，欧盟委员会应根据 2016 年 4 月 13 日发布的《机构间协议》中关于更好地制定法律的原则，咨询各成员国指定的专家。

5. 欧盟委员会一旦通过一项授权法案，应立即告知欧洲议会和欧盟理事会。

6. 根据第 7 条和第 19 条通过的授权法案，只有当欧洲议会或欧盟理事会在该法案通知欧洲议会和欧盟理事会 2 个月内未提出反对意见，或欧洲议会和欧盟理事会在 2 个月内告知欧盟委员会无反对意见时，方可生效。欧洲议会和欧盟理事会可提议将该期限延长 2 个月。

第 21 条　委员会程序

1. 根据（EC）178/2002 号条例第 58 条第 1 款所设植物、动物、食品和饲料常设委员会（下称"委员会"）将协助欧盟委员会的工作。该委员会是（EU）182/2011 号条例所指的委员会。

2. 凡提及本条，应适用（EU）182/2011 号条例第 5 条。

3. 如果委员会以书面程序制定意见，在呈交时限内，委员会主席决定终止程序或过半数委员会成员要求终止程序，则该程序作为无效程序终止。

第 22 条　处罚

1. 各成员国应制定适用于违反本条例的处罚规定，并应采取一切必要措施，以确保处罚的实施。制定的处罚应有效、恰当并有惩戒性。

2. 各成员国应在 2022 年 1 月 28 日之前将这些规定和措施告知欧盟委员会，并及时通报影响到这些规则和措施的后续修订。

第 23 条　修订（EC）183/2005 号条例

（EC）183/2005 号条例第 5 条修订如下：

（1）第 1 款（c）项改为：

"（c）饲料的混合仅供其持有，不得使用（EU）2019/6 号条例所界定的兽药产品、中间产品、添加剂或添加剂预混剂（青贮饲料添加剂除外）。"

（2）第 2 款改为：

"2. 对于第 1 款以外的行为，包括为满足其自持的要求而混合饲料，使用（EU）2019/6 号条例所界定的兽药产品、中间产品、青贮饲料添加剂以外的添加剂或添加剂预混剂，饲料经营者应遵守附录 Ⅱ 的规定。"

第 24 条　过渡措施

在不影响第 26 条所述申请日期的情况下，欧盟委员会有权自 2019 年 1 月 27 日起通过第 7 条第 3 款规定的授权法案。

第 25 条　废止

废止 90/167/EEC 号指令。

废止指令的参考也应作为本条例参考进行阐释，并应根据附录 Ⅵ 中的关联表进行解读。

第 26 条　生效与实施

本条例自《欧盟官方公报》发布之日起第 20 日生效。

本条例自 2022 年 1 月 28 日起实施。

本条例对所有成员国具有完全约束力，并直接适用于所有成员国。

2018 年 12 月 11 日制定于斯特拉斯堡

欧洲议会	欧洲联盟理事会
主席	主席
安东尼奥·塔贾尼	尤利娅尼·博格纳－施特劳斯

附录Ⅰ　第4条所指对饲料经营者的要求

第1节　设施和设备

1. 饲料经营者应保证设施、设备及其周围环境的清洁。清洁计划应采用书面形式，以确保任何污染，包括交叉污染最小化。

2. 饲料经营者应确保所有设施的使用仅限于获得授权的人员。

第2节　人员

1. 指定经过适当培训的人员，负责加药饲料和中间产品的生产、投放市场和向动物饲养者供应，并指定经过适当培训的人员，负责质量控制。

2. 除移动搅拌机和农场搅拌机外，生产负责人和质量控制负责人的职责相互独立，不得由同一人员担任。

第3节　生产

1. 饲料经营者应考虑根据（EC）183/2005号条例第20条，制定有关质量保证制度和良好生产规范要求。

2. 加药饲料和中间产品应与其他饲料分开存放，以避免交叉污染。

3. 兽药产品应单独存放于安全的房间，不得改变其特性。

4. 用于加药饲料和中间产品生产后生产线清洗的物料，应进行标识、储存和管理，不得影响饲料的安全和质量。

第4节　质量控制

1. 制定并实施书面质量控制计划。特别应包括对生产过程中的关键点、抽样程序和频率、分析方法及其频率、是否符合加药饲料和中间产品规范以及不合规情况下应采取的措施进行检查。

质量控制计划应制定有关生产操作顺序或不兼容的规则，并在适用情况下规定专用生产线的需要。

2. 具体的定期自查及稳定性测试应确保产品符合第6条第2款规定的均匀性标准、第7条第2款中的非目标饲料中活性物质交叉污染限量要求以及加药饲料和中间产品的最短储存期限。

第5节　储存和运输

1. 加药饲料和中间产品应妥善地单独储存在安全的设施中，或密封在专门为储存加药饲料和中间产品而设计的密封容器中。应储存在设计、改造和维护良好的场所，以确保良好的储存条件。

2. 兽药产品应单独存放在安全的场所。这些场所应具备足够的容量，并适当标识，以便有序地储存各种兽药产品。

加药饲料和中间产品的储存和运输方式应便于识别。加药饲料和中间产品应采用适当的运输方式运输。

3. 对过期、撤回、退回的加药饲料和中间产品，应确定具体的储存设施。

4. 运输加药饲料或中间产品的车辆内的容器每次使用后应清洗，以避免任何交叉污染的风险。

第6节 记录保存

1. 饲料经营企业生产、储存、运输、销售加药饲料和中间产品，应保持相关数据的记录，包括采购、生产、储存、运输、销售的详细情况，以便对从入库到发货，包括出口到最终目的地的全过程进行有效追溯。

2. 本条第1款所述的记录应包括：

（a）（EC）183/2005号条例第6条第2款（g）项和第7条第1款所述的HACCP文件；

（b）本附录第4节所述的质量控制计划及实施结果；

（c）已购兽药产品批号以及饲料原料、复合饲料、饲料添加剂、中间产品、加药饲料的规格和数量；

（d）已生产的加药饲料和中间产品批次，包括已使用的兽药批号以及饲料原料、复合饲料、饲料添加剂和中间产品的规格和数量；

（e）已储存或运输的加药饲料和中间产品批次的规格和数量；

（f）已上市或已出口第三国的加药饲料和中间产品的规格和数量，包括加药饲料的兽医处方的数量；

（g）加药饲料和中间产品或用于生产加药饲料和中间产品的产品的生产商或供应商的信息，至少包括其名称、地址，如适用，还应包含其批准识别号；

（h）加药饲料和中间产品购买者的信息，至少包括其姓名、地址，如适用，还应包含其批准识别号；

（i）兽医或第16条第5款所述专业人士的信息，包括该兽医或该专业人士的姓名和地址。

本节所列文件自签发之日起至少保存5年。

第7节 投诉及产品召回

1. 经销加药饲料和中间产品的饲料经营企业，应实行投诉登记处理制度。

2. 饲料经营企业应建立加药饲料或中间产品快速退出市场的制度，必要时，对不符合本条例要求的加药饲料或中间产品，及时从经销网络中召回。

饲料经营企业应以书面形式确定召回产品的目的地，并在召回产品再次流通前，进行质量控制再评估，以确保符合欧盟饲料的安全要求。

第8节 移动搅拌机的特殊要求

1. 移动搅拌机应备有下列文件的副本，以生产加药饲料的成员国官方语言载于车辆中：

（a）生产加药饲料的指定的移动搅拌机从批准该移动搅拌机成员国主管部门获得的批文；

（b）（EC）183/2005号条例第6条第2款（g）项和第7条第1款所述的HACCP文件；

（c）本附录第4节所述的质量控制计划；

（d）本附录第1节所述的清洁计划；

（e）本附录第2节所述负责生产加药饲料的人员名单。

2. 移动搅拌机应采取一切适当的预防措施，防止疾病传播。用于生产加药饲料的车辆每次使用后应清洗，以避免交叉污染的风险。

3. 有车辆登记牌照号码者，移动搅拌机只能使用主管部门已登记牌照号码的车辆。

附录 II 第 7 条第 3 款所述抗菌活性物质名单

活性物质
1. 阿莫西林
2. 氨丙啉
3. 安普霉素
4. 金霉素（氯四环素）
5. 硫酸黏杆菌素
6. 盐酸多西霉素
7. 氟苯尼考
8. 氟甲喹
9. 林可霉素
10. 新霉素
11. 奇霉素（大观霉素）
12. 磺胺类药
13. 四环素
14. 土霉素
15. 恶喹酸
16. 巴龙霉素
17. 青霉素 V
18. 泰妙菌素
19. 甲砜霉素
20. 替米考星
21. 甲氧苄啶
22. 泰乐菌素
23. 伐奈莫林
24. 泰万菌素

附录Ⅲ　第9条第1款所述标签的具体内容

加药饲料和中间产品的标签应包括以下内容，并以简单、清晰和易于理解的方式提供给最终用户。

（1）适当表述"加药饲料"或"用于生产加药饲料的中间产品"。

（2）饲料经营企业负责标识的批准号。如果生产商并非负责贴标的饲料经营企业，则须提供下列资料：

（a）生产商名称或企业名称和地址；或

（b）生产企业的批准文号。

（3）在标题"加药"之后列出含有名称、添加量（mg/kg）的活性物质，以及含有销售许可编号和销售许可持有人的兽药产品名称。

（4）使用时必须注意的兽药产品的禁忌证和不良反应。

（5）用于食品动物的加药饲料或中间产品，注明休药期或注明"无休药期"。

（6）用于非食品动物的加药饲料，除皮毛动物外，警示其只能用于治疗动物，并警告其必须远离儿童的视线，防止儿童接触。

（7）提供免费电话号码或其他适当的通信工具，以便让动物饲养者除索取所需资料外，亦可索取每种兽药产品的包装说明书。

（8）与加药饲料兽医处方或产品特性概要一致的使用说明。

（9）最短储存期限，须考虑兽药产品的有效期，并以"在……之前使用"表示，其后加上日期，以及在适当情况下的特别储存注意事项。

（10）必须标明不当处理加药饲料对环境构成严重威胁，并可能在相关情况下导致抗菌药物耐药性的信息。

第（1）～（10）点不适用于专门生产而不提供任何特殊成分的加药饲料移动搅拌机。

附录Ⅳ 第9条第3款所述加药饲料或中间产品标示的成分含量容许偏差

本附录规定的偏差应只包括技术偏差。

如果加药饲料或中间产品标示的成分是抗菌药物类活性物质，则容许偏差为10%。

其他活性物质，则适用于：

每千克加药饲料含活性物质	容许偏差
>500mg	±10%
≤500mg	±20%

附录V　第16条第6款所述加药饲料兽医处方格式

加药饲料兽医处方:

1. 兽医的全名及详细联系方式,包括(如有)专业资格编号。

2. 兽医处方的签发日期、处方的唯一编号、处方的有效期(若有效期短于第16条第8款所述有效期)、兽医的签名或同等电子身份证明。

3. 动物饲养者的全名及详细联系方式,以及(如有)企业识别号码。

4. 动物身份证明(包括类别、品种和年龄)、动物数目,或在适当情况下,动物体重。

5. 需要治疗的确诊疾病,以及免疫兽药制品或无抗菌作用的抗寄生虫兽药产品可预防的疾病。

6. 兽药产品的名称(名称和上市许可编号),包括活性物质的名称。

7. 如果是根据(EU)2016/6号条例第107条第4款、第112条、第113条或第114条规定开具兽医处方的兽药产品,提供对效果的说明。

8. 兽药产品及活性物质包含率(每单位重量加药饲料中的数量)。

9. 加药饲料的数量。

10. 动物饲养者使用说明,包括治疗时间。

11. 加药饲料在日粮中的比例或每天每只动物的加药饲料数量。

12. 食品动物的休药期(即便休药期为零)。

13. 确保适当使用的任何必要警示,包括在相关情况下确保谨慎使用抗菌药物。

14. 对于食品动物和毛皮动物,有"本处方不得重复使用"的警示语。

15. 如适用,由加药饲料供应商或农场加药饲料加工者提供以下内容:

- 名称或企业名称和地址;
- 交付日期或在农场搅拌的日期;
- 根据加药饲料兽医处方交付的加药饲料的批号,在农场搅拌者除外。

16. 供应商或农场加药饲料加工者的签名。

附录Ⅵ 第 25 条所述关联表

90/167/EEC 号指令	本条例
第 1 条	第 2 条
第 2 条	第 3 条
第 3 条第 1 款	第 5 条第 1 款
第 3 条第 2 款	—
第 4 条第 1 款	第 4 条、第 5 条第 2 款、第 6 条、第 7 条第 1 款、第 13 条、第 16 条、附录Ⅰ
第 4 条第 2 款	—
第 5 条第 1 款	第 10 条
第 5 条第 2 款	第 4 条、第 7 条和附录Ⅰ
—	第 8 条
第 6 条	第 9 条和附录Ⅲ
第 7 条	—
第 8 条第 1 款、第 2 款	第 16 条
第 8 条第 3 款	第 17 条第 6 款
第 9 条第 1 款	第 13 条和第 17 条第 1 款和第 2 款
第 9 条第 2 款	—
第 9 条第 3 款	—
—	第 11 条
第 10 条	第 12 条第 1 款
—	第 14 条
—	第 15 条
—	第 17 条第 3 款、第 4 款和第 5 款
—	第 17 条第 7 款
—	第 18 条
第 11 条	—
第 12 条	第 19 条
—	第 20 条
—	第 21 条
—	第 22 条

续表

－	第 25 条
－	第 26 条
第 13 条	－
第 14 条	第 12 条第 2 款
第 15 条	－
第 16 条	－
附录 A	附录 V
附录 B	－
－	附录 Ⅱ
－	附录 Ⅳ

第二部分
欧盟药品生产质量管理规范
（2018版）

第0部分　简介

（2011 年 2 月 7 日）

文件历史	日期
发布本指南第一版，包括一个无菌药品生产附录。	1989 年
发布第二版指南，贯彻 1991 年 6 月 13 日和 1991 年 7 月 23 日关于人用药和兽药 GMP 基本原则与指南的欧盟委员会 91/356 号指令和 91/412 号指令。第二版包含增加的 12 个附录。	1992 年 1 月
更新了所参照的法规；同时，欧盟委员会网站上的指南也根据需要进行了更新，加入了几个附录。	2004 年 8 月
重新构建 GMP 指南，贯彻 2004/27/EC 号和 2004/28/EC 号指令，包括第 Ⅰ 部分人用和兽用药品，第 Ⅱ 部分原料药和 17 个附录，先前附录 18 被取代。	2005 年 10 月
更新文本以及介绍新增第 Ⅲ 部分。	2010 年 12 月

在药品研发、生产与质量控制方面，欧盟制药行业保持着高质量的管理标准。药品上市许可体系确保所有药品经过主管部门评审，从而保证药品的安全性、质量和有效性符合当前要求。药品生产许可体系确保只有经许可的药品生产企业生产/进口的药品才能获准在欧洲市场销售，经许可的药品生产企业的活动由主管部门根据质量风险管理原则定期检查。在欧盟，药品无论在欧盟销售还是在欧盟以外国家销售，所有生产企业必须获得生产许可。

两项法令——管理人用药品的 2003/94/EC 号指令和管理兽药的 91/412/EEC 号指令，阐述了欧盟委员会采用的药品 GMP 基本原则和指导方针。基于这些基本原则的更为详细的管理指南发布在药品 GMP 指南中。这既是药品生产许可申请的依据，也是检查药品生产企业的依据。

GMP 的基本原则及详细指南适用于 2001/83/EC 号指令第 40 条所述需要许可的所有活动。2001/82/EC 号指令第 44 条和 2001/20/EC 号指令第 13 条分别进行了修订。GMP 的基本原则及条款还适用于其他大规模药品生产过程，如医院制剂，用于临床试验的药品制剂。

欧盟所有成员国及制药行业一致认为，GMP 的各项要求既适用于兽药生产，又适用于人用药品生产。兽药 GMP 的某些特殊要求分别列入兽药和免疫兽药的两个附录中。

药品 GMP 指南分为三部分，并附有一系列附录，加以补充说明。

在第 I 部分"药品基本要求"中，各章都以 2003/94/EC 号指令和 91/412/EEC 号指令确定的原则开始。第 1 章"药品质量体系"概述了用于药品生产的质量保证基本概念。此后，在每一章中都列有一个原则，概述该章质量保证的目标，并有一段足够详细的文字说明，以便让生产企业更好地了解在贯彻原则时应考虑的要点。

根据 2001/83/EC 号指令和 2001/82/EC 号指令第 47 条和第 51 条修订的条款，欧盟委员会应制订详细的原料药 GMP 指南并公布实施。第 II 部分基于 ICH 指南修订并以 ICH-Q7A "原料药的基本要求"发布。第 II 部分同时适用于人用药品和兽药。

除第 I 部分和第 II 部分的 GMP 总要求之外，本指南还包括一系列附录以详细阐述生产的特殊要求。某些生产过程需要同时满足不同附录（如无菌药品、放射性药品、生物制品附录）的特殊要求。

欧盟 GMP 指南附录后是术语表。第 III 部分汇集与 GMP 相关的文件，这些文件并不是在 2003/94/EC 号指令和 91/412/EC 号指令下制定的有关 GMP 原则的详细指南，而是阐明监管目标，应视为现行良好管理规范的信息来源。关于适用性的细节将在每一份文件中分别加以说明。

本指南不包括从事生产人员安全方面的要求。在某些药品的生产中，如高活性生物制品和放射性药品，安全问题可能十分重要，但它们属欧盟其他法规或成员国法律管辖。

在整个指南中，将上市许可有关安全性、质量及药效的所有要求，系统地融入药品生产企业的生产、控制及产品放行销售的全过程中。

药品多年来一直按 GMP 指南来生产，但没有执行欧盟/国际标准组织（CEN/ISO）的标准。本版 GMP 指南已考虑了 CEN/ISO 的标准，但尚未采用这些标准中的术语。人们已经认识到，除本指南阐述的各种方法外，还可以采用其他方法来实现质量管理的目标。本指南无意成为任何新概念或新技术发展的障碍，如果通过验证并证明所用方法能达到至少与本指南所述方法等效的质量管理水平，也应予以认可。

为反映质量领域优良规范的持续改进，欧盟 GMP 指南将定期修订。修订将在欧盟委员会网站公布（http://ec.europa.eu/enterprise/pharmaceuticals/eudralex/homev4.htm）。

第Ⅰ部分 药品基本要求

第1章 药品质量体系（2013年1月31日生效）

发布本具体指南的法律依据：有关人用药的欧盟2001/83/EC号指令第47条以及有关兽药的欧盟2001/82/EC号指令第51条。人用药2003/94/EC号指令和兽药91/412/EEC号指令规定了药品生产质量管理规范（GMP）原则与指南，本文件为这些原则与指南的解释提供指导。

文件状态：第三次修订。

修订理由：为符合在三方协调指南ICHQ10《药品生产质量体系》中所描述的概念和术语，对第1章的文本做出修订。本章的标题也做出相应变更。

生效日期：2013年1月31日。

原则

生产许可持有人必须生产确保符合预期用途、符合上市许可和临床试验许可要求的药品，不能由于安全性、质量或有药效不足而将患者置于危险中。达到该质量目标是高层管理者的职责，同时也需要企业内部各层次、各部门员工以及企业的供应单位、销售单位共同参与并承担义务。要可靠地达到这样的质量目标，必须综合设计并正确实施一个整合药品生产质量管理规范（GMP）和质量风险管理的药品生产质量体系。质量体系应全面文件化，并对其有效性进行监测。整个质量保证体系应配备充足的有资质的人员，以及充足适用的厂房、设备与设施。生产许可持有人和质量受权人承担额外的法律责任。

药品质量管理、药品生产质量管理规范以及质量风险管理等基本概念相互关联。为了强调它们的关系及其对药品生产与控制的重要性，相关概念分别叙述如下。

药品质量系统[①]

1.1 质量管理是一个广义的概念，涵盖了所有独立或共同影响产品质量的因素。

---

① 2003/94/EC号指令和91/412/EEC号指令第6条要求生产企业建立和实施有效的药品质量保证制度。本章使用"药品质量体系"一词是为了与ICHQ10术语保持一致。为了本章的目的，这些术语被认为是可互换的。

它是所有为使药品达到预期用途及质量所做出的组织安排的总和。因此，质量管理包含 GMP。

1.2　GMP 适用于从药品研发、技术转让、商业生产到产品停产的生命周期阶段。然而，药品质量体系可以延伸到 ICHQ10 所描述的药品开发阶段，虽然这是可选的，但应促进创新和持续改进，并加强药品开发与生产活动之间的联系。本指南第Ⅲ部分转载 ICHQ10，用于补充本章内容。

1.3　在开发新的药品质量体系或修改现行药品质量体系时，应考虑到企业生产的规模和复杂性。系统的设计应纳入适当的风险管理原则，包括使用适当的工具。虽然该体系的某些方面可以是企业范围的，也可以是针对特定环节的，但是体系的有效性通常是在环节级别上得到证明。

1.4　适用于药品生产的质量体系应确保：

ⅰ．产品是通过设计、规划、实施、维护和对系统的持续改进来实现的，该系统允许以适当一致的质量属性交付产品；

ⅱ．产品和工艺知识在所有生命周期阶段都得到管理；

ⅲ．药品的设计和开发应考虑到 GMP 的要求；

ⅳ．明确并具体规定生产和控制操作实施 GMP；

ⅴ．明确并具体规定管理职责；

ⅵ．为生产做出计划，提供并使用正确的原料和包装材料，选择和监督供应商，并核实每一次交付是否来自核准的供应链；

ⅶ．制定确保管理外包活动的程序；

ⅷ．针对过程性能和产品质量开发并实施有效的监测和控制系统，建立并维护系统以保持受控状态；

ⅸ．在批次放行、调查偏差时应考虑到产品和过程监测的结果，并采取预防行动，避免今后可能出现的偏差；

ⅹ．实施对中间产品及其他中间过程的控制，并进行验证；

ⅺ．通过实施与目前工艺和产品知识水平相适应的质量改进措施，持续促进工艺改进；

ⅻ．应用相应规定，对计划内的变更预先评估，在变更批准执行前考虑通知主管部门或获得主管部门批准；

ⅹⅲ．在实施任何变更后，进行评估，以确认达到质量目标，并确认没有对产品质量造成非预期的不良影响；

ⅹⅳ．在调查偏差、可疑产品缺陷和其他问题时，应采用适当的根源分析。这可以用质量风险管理原则来确定。如果不能确定问题的真正根源，则应考虑找出最可能的原因，并予以解决。一旦怀疑或确定人为错误为根本原因时，则应进行评估，以确保没有忽略可能存在的工艺、规程或系统性的错误或问题。应制定并实施适当的纠正和（或）预防措施（CAPAs），以应对调查。应根据质量风险管理原则监测和评估这些措施的有效性。

ⅹⅴ．质量受权人需签发证明已确认每一批次药品的生产和控制均符合上市许可要求以及与药品生产、控制和放行相关的任何其他法规要求，未经质量受权人签发证明的药品不得销售或供货；

ⅹⅵ. 确保药品的储存、发送和后续处理有满意的管理规程，尽量保证药品有效期内的质量；

ⅹⅶ. 有自检和（或）质量审计程序，定期评估药品质量体系的有效性和适用性。

1.5 高级管理人员承担最终责任以确保企业拥有一个有效且资源充足的药品质量体系，并对相应的岗位、职责和权利进行规定，在整个组织内进行沟通和实施。高级管理人员对药品质量体系的领导和积极参与是至关重要的。这种领导应确保企业内部各级和各场所的工作人员支持并致力于维护药品质量体系。

1.6 应有定期的管理评审，高级管理人员以及药品质量体系运行人员应参与管理评审，以此确定产品、工艺和体系自身持续改进的机会。

1.7 应对药品质量体系进行规定并形成文件。应制定一份质量手册或类似文件，其中应说明质量管理制度，包括管理责任。

药品生产质量管理规范（GMP）

1.8 药品生产质量管理规范是质量管理的一个部分，保证按适合预期用途的质量标准及上市许可、临床试验许可或产品质量标准要求始终如一地生产及控制产品。药品生产质量管理规范涉及生产和质量控制。药品生产质量管理规范的基本要求如下。

ⅰ. 所有的生产工艺都有明确的定义，根据经验系统地审核，并证明能够始终如一地生产质量合格并符合规格标准的药品。

ⅱ. 生产工艺的关键步骤以及重大的工艺变更已经验证。

ⅲ. 提供所有 GMP 需要的设施，包括：
- 有恰当资质并经过培训的员工；
- 充足的厂房与空间；
- 合适的设备与保养；
- 正确的物料、容器和标签；
- 符合药品质量体系要求的、经批准的规程和操作方法。

ⅳ. 适当的储存与运输。

ⅴ. 操作方法和规程应使用有指导意义的方式来书写，条理清楚、用语明确，特别是要适用于相应的设施。

ⅵ. 对操作人员进行培训，使之能正确执行程序。

ⅶ. 在生产过程中进行记录，可人工和（或）采用仪器记录，以证明所有步骤按照预定的程序和指令的要求执行，产品的质量和数量达到预期要求。

ⅷ. 充分记录和调查任何重大偏差，以确定根本原因，并采取适当的纠正和预防措施。

ⅸ. 生产记录包括发放记录以可理解、可获得的方式保存，使整个批次的历史能够完整追溯。

ⅹ. 降低产品销售过程的质量风险，并考虑到药品流通质量管理规范的要求。

ⅹⅰ. 有药品召回体系，确保任何一批产品能从销售或供应环节召回。

ⅹⅱ. 对产品投诉进行检查，调查质量缺陷原因，对缺陷产品采取适当措施，并防止再次发生。

质量控制

1.9　质量控制是 GMP 的一部分，涉及取样、规格标准、检验，同时也涉及组织机构、文件和放行程序，以保证切实执行了相关的必要检验，并且确保物料和产品被判定符合要求之前不被放行使用或销售。

质量控制的基本要求如下：

ⅰ. 有充足的设施、经过培训的人员及批准的程序用于原料、包装材料、中间产品、半成品及成品取样和检验，以及 GMP 要求的环境监测。

ⅱ. 由经过批准的人员按照质量控制部门批准的方法对原料、包装材料、中间产品、半成品、成品进行取样。

ⅲ. 检验方法经过验证。

ⅳ. 可人工和（或）采用仪器进行记录，以证明所有要求的取样、检查以及测试程序切实实施。任何偏差都要被完整记录和调查。

ⅴ. 成品中的活性成分符合上市许可或临床试验许可的定性和定量要求，符合纯度要求，储存在适当的容器中，并贴上正确的标签。

ⅵ. 原料、中间产品、半成品、成品的检验与检查结果有记录，成品按质量标准做了正式评估。产品评估包括审核和评估相关生产文件，以及评估对特定规程的偏差。任何偏差都要被完整记录和调查。

ⅶ. 根据附录 16 的规定，在质量受权人认证与上市许可要求一致之前，任何批次的产品都不能放行销售或供应。

ⅷ. 根据附录 19 的规定，原料与成品需保留足够样品，以备将来需要时对产品进行检验，成品按最终包装留样。

产品质量审核

1.10　应对所有获得许可的药品，包括仅供出口的产品，进行定期或滚动的质量审核，客观核实与现行工艺的一致性，以及原料与成品的规格标准的恰当性，辨识任何显著的趋势，辨识产品与工艺改进。这种审核通常应每年进行，并文件化，同时考虑先前的审核，至少应包括：

ⅰ. 审核用于产品的原料、包装材料，特别是来自新供应商的原料和包装材料，尤其注意审核原料药供应链的可追溯性；

ⅱ. 审核关键中间控制及成品结果；

ⅲ. 审核所有不符合既定质量标准的批次及对其的调查结果；

ⅳ. 审核所有重大偏差，包括不符合事件或相关调查所采取的纠正预防措施的有效性；

ⅴ. 审核工艺或分析方法的所有变更；

ⅵ. 审核上市许可变更的申请、批准、退审，包括第三国（仅限出口）上市许可变更档案；

ⅶ. 审核稳定性监测程序的结果及任何不良趋势；

ⅷ. 审核所有质量相关的退货、投诉、召回及当时实施情况的调查；

ⅸ. 审核其他以往产品工艺或设备的纠正措施的充分性；

ⅹ. 对于新上市许可和上市许可变更，审核上市后状况；

ⅺ. 审核相关设备和设施，如空调净化系统、给水系统、压缩空气设备等的确认状态；

ⅻ. 审核第7章规定的所有合同、协议，确保其未过期。

1.11　根据药品质量体系，生产企业与上市许可持有人（如果不同），应对审核结果进行评估，并评估是否做出纠正预防措施，或进行再验证。应有用于实施管理和审核行为的管理规程，并通过自检，核实这些规程的有效性。经科学论证后，质量审核可按产品类型分类，如固体制剂、液体制剂、无菌产品等。

如上市许可持有人不是生产企业，则应在各方之间达成技术协议，确定各自在产品质量审核方面的责任。

质量风险管理

1.12　质量风险管理是一个对药品质量风险进行评估、控制、交流与审核的系统过程，可采用前瞻性或回顾性形式。

1.13　质量风险管理系统的基本原则：

ⅰ. 基于科学知识和过程经验评价质量风险，并最终与保护患者相联系；

ⅱ. 质量风险管理过程的投入、正式程度与文件水平应与风险水平相一致。

本指南第Ⅲ部分收录了ICHQ9所述质量风险管理过程和应用的实例。

第2章　人员（2014年2月16日生效）

发布本具体指南的法律依据：有关人用药的欧盟第2001/83/EC号指令第47条以及有关兽药的欧盟第2001/82/EC号指令第51条。人用药第2003/94/EC号指令和兽药第91/412/EEC号指令规定了药品生产质量管理规范（GMP）原则与指南，本文件为这些原则与指南的解释提供指导。

文件状态：修订版①。

修订理由：为了整合ICHQ10条款三方指南中所述的"药品质量体系"基本原则，对其做出一些修订。增加了一节关于咨询顾问的内容。

生效日期：2014年2月16日。

---

① 2014年3月26日对第2章第2.5段中提到的其他段落进行了小改动。

原则

建立和保持一个令人满意的质量保证体系以及正确生产药品都依赖于人。因此，必须有足够的有资质的人员来完成与生产企业职责相应的所有工作。每个人应清楚地理解自己的职责并记录。所有人员都应知晓与自己相关的药品生产质量管理规范基本原则，并接受入职培训与继续培训，这些培训包括与人员卫生相关的教育工作。

总则

2.1　生产企业应配备足够数量的具有适当资质及实际经验的员工。高级管理层应确定并提供足够和适当的资源（人力、财务、材料、设施和设备），以实施和维持质量管理体系，并持续改进其有效性。为防止任何质量风险，每个人承担的责任不应太多。

2.2　生产企业必须有组织机构图，在这个图表中，2.5 提到的生产、质量控制主管和质量保证或质量单位主管之间的关系，以及质量受权人的职位，都应清楚地显示在管理层中。

2.3　针对各岗位员工应制定岗位职责说明书，对岗位职责进行书面描述，并对员工充分授权使其履行职责。这些职责可委派给其他人，但受托人必须具备相应的资质。在 GMP 实施过程中，员工之间的职责应无缝衔接，并且没有无故的重叠。

2.4　高级管理人员有最终责任以确保建立有效的质量管理体系实现质量目标，并确保整个组织中岗位、职责和授权得到界定、沟通与执行。高级管理人员应制定一项质量方针，说明企业质量相关的总体意图和方向，并应通过参与管理评审，确保质量管理体系的持续适用性、有效性以及 GMP 被遵守。

关键人员

2.5　高级管理人员应指定关键管理人员，其中包括生产负责人和质量负责人，如果这些人中没有人承担 2001/83/EC 号指令[①]第 51 条中的职责，则应指定适当数量的质量受权人（至少一名）来履行该职责。通常，关键岗位人员应为全职人员。生产负责人和质量负责人必须相互独立。在机构庞大的组织中，可能需要对 2.6、2.7 和 2.8 中所列的职责进行授权。另外，根据企业规模与组织结构，也可以指定独立的质量保证负责人或质量部门负责人。如果存在独立的质量保证部或质量部门的话，通常 2.7、2.8 和 2.9 所描述的部分职责由质量负责人或生产负责人共同承担，因此高级管理人员应明确界定其角色、职责和权利。

2.6　质量受权人的职责在 2001/83/EC 号指令第 51 条中已有详细描述，现概述如下：

（a）对于在欧盟内生产的药品，质量受权人必须确保每批药品已经按照该成员国现

[①]　欧盟 2001/82/EC 号指令第 55 条。

行法律及上市许可①进行生产、测试或检查。

（b）如果药品来自第三国，无论药品是否在欧盟生产，质量受权人必须确保每个生产批次已经在某一成员国进行了全面定性分析，至少对所有活性物质进行了定量分析，并进行其他必要的检测或检查，从而确保药品质量符合上市许可要求。在操作进行时和产品放行前，质量受权人必须在登记册或等效文件上证明每个生产批次均符合2001/83/EC号指令第51条的规定。

承担该职责的人员必须符合2001/83/EC号指令第49条②规定的资质要求，他们应长期并持续接受上市许可持有人聘用以履行其职责。

质量受权人职责可以委托，但只能委托给其他质量受权人。

关于质量受权人职责的指导意见载于附录16。

2.7　生产部门负责人通常有以下职责：

ⅰ．为达到质量要求，确保产品按照相关文件规定生产和储存；

ⅱ．批准与生产操作相关规程，并确保其被严格执行；

ⅲ．确保生产记录在送到质量控制部门之前经过授权人员评估和签字；

ⅳ．确保本部门厂房、设备进行了确认和维护；

ⅴ．确保进行了适当的验证；

ⅵ．确保对本部门人员进行了必要的入职和继续培训，培训应符合实际需要。

2.8　质量控制部门负责人通常有以下职责：

ⅰ．决定批准或否决原料、包装材料、中间产品、半成品和成品；

ⅱ．确保进行了所有必要的检验，并评估相关记录；

ⅲ．确保批准质量标准、取样方法、检验方法以及其他质量控制规程；

ⅳ．批准和监督所有委托检验方；

ⅴ．确保本部门厂房、设施和设备进行了确认和维护；

ⅵ．确保进行了适当的验证；

ⅶ．确保对本部门人员进行了必要的入职和继续培训，培训应符合实际需要。

2.9　生产负责人和质量负责人（或根据实际情况可能是质量保证负责人或质量部门负责人）通常共同承担或共同履行质量相关的职责，特别是对质量管理体系的设计、有效实施、监管和维护。基于各国的规定不同，这些职责可能包括：

ⅰ．批准书面程序和其他文件，包括修订文件；

ⅱ．生产环境的监测与控制；

ⅲ．车间卫生；

ⅳ．工艺验证；

ⅴ．培训；

ⅵ．批准和监管物料供应商；

---

①　根据2001/83/EC号指令第51条第1款规定，凡在欧盟由质量受权人正确控制的医药产品，在欧盟任何成员国无需进行重复性控制和检查。

②　2001/82/EC号指令第53条。

ⅶ. 批准和监管委托生产企业和其他 GMP 相关外包活动的供应商；

ⅷ. 确定和监控物料与产品的储存条件；

ⅸ. 保存记录；

ⅹ. 监测与 GMP 要求的一致性；

ⅺ. 检查、调查和取样，从而对药品质量影响因素进行监控；

ⅻ. 参与工艺性能、产品质量和质量管理体系的管理评审，倡导持续改进；

ⅹⅲ. 确保及时有效的沟通机制和逐级汇报程序，将质量问题传递到适当的管理层。

培训

2.10　生产企业应对所有因工作需要进入生产区、储存区域的人员或质量控制实验室人员（包括技术、维护和清洁人员），以及其活动可能影响产品质量的其他人员进行培训。

2.11　新员工除了接受质量管理体系和药品生产质量管理规范的理论与实践基础培训，还应接受与其工作相关的培训。也应使其接受继续培训，并定期评估培训的实际效果。应有培训计划，培训计划应由生产负责人或质量负责人批准。应保存培训记录。

2.12　某些区域的污染物是危害品，如处理高活性、高毒性、高传染性或高致敏性物料的洁净区或处理区等，在该区域工作的人员应经过专门培训。

2.13　最好不把参观者或未经培训的人员带到生产区或质量控制区。如果一定要带入，应事先告知其相关信息，特别是注意个人卫生和穿工作服。应对他们进行密切监督。

2.14　在培训中，应对药品生产质量体系以及能够增进理解与实施的所有措施进行充分讨论。

个人卫生

2.15　应制定详细的卫生规程并适应工厂内各种需要，如与人员健康、卫生习惯和着装相关的规程。在生产区和控制区工作的所有员工应理解并严格遵守这些规程。卫生规程应由管理人员进行完善，并在培训时进行充分讨论。

2.16　所有员工在入职前应接受体检。生产企业有责任获悉相关情况，以确保卫生条件与产品质量相适应。初次体检后，在员工的工作或健康状况需要时，应重新进行体检。

2.17　应采取措施尽最大可能保证无传染病且无体表伤口者从事药品生产。

2.18　进入生产区的所有人员应穿着与其操作相适应的防护服。

2.19　在生产区和储存区，应禁止进食、饮水、咀嚼食物或吸烟，禁止存放食物、饮料、香烟或个人服用的药品。总之，杜绝在生产区内或其他可能对药品质量产生不良影响的区域内的任何不卫生行为。

2.20　操作人员应避免赤手直接接触药品以及与药品直接接触的设备表面。

2.21　应指导员工使用洗手设施。

2.22　不同类别产品的具体生产要求参见附录，如无菌制剂。

咨询顾问

2.23 咨询顾问应接受过适当教育、培训，并具有适当经验，从而对其擅长的领域提出建议。

应记录并保留咨询顾问的姓名、地址、资质和服务类型。

第3章 厂房与设施设备（2015年3月1日生效）

发布本具体指南的法律依据：有关人用药的欧盟 2001/83/EC 号指令第 47 条以及有关兽药的欧盟 2001/82/EC 号指令第 51 条。人用药 2003/94/EC 号指令和兽药 91/412/EEC 号指令规定了药品生产质量管理规范（GMP）原则与指南，本文件为这些原则与指南的解释提供指导。

文件现况：修订版[①]。

修订理由：唯一的修订是将第 6 节作为涉及第 5 章的预防交叉污染改进指南的一部分。

生效日期：2015 年 3 月 1 日。但是，第 6 节中提到的毒理学评价将用于：

• 自 2015 年 6 月 1 日起，任何新引入共用生产设施的药品；

• 自 2015 年 12 月 1 日起，已在共用生产设施生产的人用药或在 2015 年 5 月 31 日前在共用生产设施生产的人用药和兽药；

• 自 2016 年 6 月 1 日起，在 2015 年 5 月 31 日前在共用生产设施生产的兽药。

原则

厂房与设备的位置、设计、建造、改造及维护必须适合所进行的操作。厂房与设备的布局和设计必须尽可能减少出错的风险，并允许有效的清洁和维护，以避免交叉污染、灰尘或污垢的累积，以及一般情况下对产品质量的任何不利影响。

厂房总则

3.1 应根据厂房及生产保护措施综合考虑选址问题，厂房所处的环境应能使物料或产品遭受污染的风险最小。

3.2 应精心维护厂房，确保维修和维护活动不影响产品质量。应按照详细的书面规程清洁厂房，必要时消毒。

3.3 厂房应有适当的照明、温湿度和通风，并确保在生产与储存期间药品质量以及相关设备的性能不直接或间接地受其不良影响。

3.4 厂房的设计和装备应尽量防止昆虫或其他动物进入。

---

① 2015 年 1 月，在毒理学评价方面调整了投产的最后期限，以配合 EMA 在共用设施生产不同药品的风险识别中设置基于健康的暴露限值的指南。Ref. Ares（2015）283695 - 23/01/2015。

3.5 应采取适当措施，防止未经批准的人员进入。生产、储存和质量控制区不应作为非本区工作人员的通道。

生产区

3.6 应通过适当的生产设施设计和操作来防止所有产品的交叉污染。防止交叉污染的措施应与风险相适应。质量风险管理原则应用来评估和控制风险。

根据风险水平，可能有必要为生产和（或）包装操作提供场所和设备，以控制某些药品带来的风险。

当药品出现风险时，需要专门的设备进行生产，因为：

ⅰ. 操作和（或）技术措施不能充分控制风险；

ⅱ. 毒理学评价的科学数据不支持可控的风险（例如 β−内酰胺等高致敏性材料）；

ⅲ.（或）从毒理学评价中得出的相关残留限量不能通过有效的分析方法得到确定。

3.7 厂房应按生产工艺流程及相应洁净级别要求适当布局。

3.8 工作区和物料储存区应有足够的空间，使设备和物料能够有序存放，从而使不同药品或组分混淆的风险降至最低，避免交叉污染，将任何生产或控制步骤遗漏或出错的风险降至最低。

3.9 物料、内包装材料、中间产品或半成品暴露于环境的地方，内表面（墙壁、地面、天花板）应平整光滑、无裂缝、接口严密、无颗粒物脱落，便于有效清洁和必要时进行消毒。

3.10 管道、照明设施、送风口和其他公用设施的设计和安装应避免出现难以清洁的凹陷部位。应尽可能做到在生产区外部对其进行维护。

3.11 排水设施应大小适宜，安装防倒灌装置。应尽可能避免明沟，不可避免时，明沟宜浅，以方便清洁和消毒。

3.12 应根据处理的产品、生产操作要求及外部环境状况配置空气净化系统，使生产区有效通风（包括温度控制、必要的湿度控制和空气净化过滤）。

3.13 物料的称量通常应在专门设计的称量室进行。

3.14 在产尘区域（如取样、称量、混合与加工、干燥产品包装），应采取专门措施避免交叉污染并使其便于清洁。

3.15 用于药品包装的厂房应专门设计和布局，以避免混淆或交叉污染。

3.16 生产区应有足够的照明，特别是产品在线目检区。

3.17 在生产区内可进行中间过程控制，但不得给生产带来风险。

储存区

3.18 储存区应有足够的空间，以便有序存放各类物料和产品：原料、包装材料、中间产品、半成品和成品，以及待检、合格、不合格、退回或召回的产品等。

3.19 储存区的设计或建造应确保良好的储存条件。特别是储存区应清洁干燥，温度保持在可接受范围内。应提供药品所需的特殊储存条件（如温度、湿度），并对其进行检查和监测。

3.20 接收区和发放区应能保护物料及产品免受外界气候的影响。接收区的设计和装备配置应确保进料容器在储存前可进行必要的清洁。

3.21 确保检疫状态的隔离区等区域有醒目标识，且只限授权人员进入。任何替代物理隔离的系统都应该具有同等的安全性。

3.22 通常应有原料单独的取样区。如在储存区取样，则应以能防止污染（尤其是交叉污染）的方式进行。

3.23 不合格、退回或召回的物料或产品应隔离存放。

3.24 高活性物料或产品应存放在安全的区域内。

3.25 印刷好的包装材料是确保药品标识正确的关键，应特别注意安全储存。

质量控制区

3.26 质量控制实验室通常应与生产区隔离。这一点对于生物实验室、微生物实验室和放射性同位素控制实验室非常重要，上述实验室应彼此分开。

3.27 质量控制实验室设计应适应预期的操作。实验室应有足够空间以避免混淆和交叉污染，同时应有足够的样品和记录保存空间。

3.28 必要时，应设置专门的仪器室，使高灵敏仪器免受电压波动、电磁、潮湿等因素的干扰。

3.29 处理特殊物质如生物或放射性样品的实验室应有特殊要求。

辅助区

3.30 休息室或小吃部应与其他区域分开。

3.31 更衣室、盥洗室和卫生间应方便人员出入，并与使用人数相适应。卫生间不得与生产区或储存区直接相连。

3.32 维修间应尽可能与生产区分开。存放在生产区内的维修用备件和工具应放置在专门的车间或上锁的工具柜中。

3.33 动物房应与其他区域严格分开，并设有专门的（动物）通道以及空气处理设施。

设备

3.34 生产设备的设计、摆放、维护应符合预定用途。

3.35 设备的维修和维护不应危害产品质量。

3.36 生产设备的设计应便于彻底清洁。应按书面的详细规程清洁设备，并在清洁、干燥的条件下存放。

3.37 应选择并使用适当的方式对设备进行清洗和清洁，以避免其成为污染源。

3.38 设备的安装方式应有利于防止任何差错或污染。

3.39 生产设备不应对产品有任何危害。与产品接触的部件不得与药品发生化学反应，或因添加或吸附物质而影响产品质量，从而造成任何危害。

3.40 用于药品生产和控制的衡器和量具应具有适当量程和精密度。

3.41　应按照适当的方法定期对测量、称重、记录和控制设备进行校准和核实，并保存相关记录。

3.42　固定管线应标明内容物，必要时，还应标明流向。

3.43　应按照书面规程消毒蒸馏水、去离子水管道，以及其他供水管路（必要时），书面规程中，应详细规定微生物污染的纠偏限度及应采取的措施。

3.44　尽量将有故障的设备搬出生产区和质量控制区，或至少贴上醒目的标识。

第4章　文件管理（2011年6月30日生效）

发布本详细指南的法律依据：有关人用药的欧盟2001/83/EC号指令第47条以及有关兽药的欧盟2001/82/EC号指令第51条。人用药2003/94/EC号指令以及兽药91/412/EEC号指令规定了药品生产质量管理规范（GMP）原则与指导，本文件为这些原则与指导的解释提供指南。

文件状态：第一次修订。

修订理由：鉴于在GMP环境中越来越多地使用电子文件，修订了"文件的生成与控制"和"文件保存"小节。

生效日期：2011年6月30日。

原则

良好的文件管理是质量保证体系的重要组成部分，也是符合GMP运行要求的关键。应在生产企业质量管理体系中全面规定文件的类型以及所使用的媒介。文件可能以多种形式存在，包括纸质、电子或图像形式。必须建立文件系统的主要目的：对其进行控制和监督，以及记录直接或间接影响药品质量的所有活动。质量管理体系应包括足够详细的释义，从而促进对各种要求的共识，另外应充分记录各种过程与调查评估，以便证明要求的持续满足。

GMP符合性的管理与记录中有两个基本类型的文件：规程（指示或要求）和记录（报告）。应根据不同类型的文件使用适当的文件管理规范。

应实施适当控制，以确保文件的准确性、完整性、有效性和可读性。规程类文件应正确无误并以书面形式提供。术语"书面"的意思是在介质上记录或文件化，使相关数据可供人员阅读的形式。

要求的GMP文件（按类别）

现场主文件：描述生产企业GMP相关活动的一个文件。

规程（指示或要求）类型

规格标准：详细描述了产品或生产中所用物料或生产所得物料必须符合的要求。质量标准是质量评价的基础。

生产配方、加工、包装和测试指令：提供所用全部物料、设备与计算机化系统（如果有）以及详细说明所有加工、包装、取样与检验的操作。如果相关，应详细说明所用的中间过程控制、过程分析技术及验收标准。

程序：也称为标准操作程序，或 SOPs，对所实施的特定操作进行指导。

方案：对某些谨慎操作给出实施与记录指示。

技术协议：合同供方与受方之间就外包活动达成的协议。

记录/报告类型

记录：提供各种活动的证据以证明符合指示的要求，如活动、事件、调查，以及每一批次产品的生产历史，包括其销售情况。记录中包括用来生成其他记录的原始数据。电子记录受控用户应规定什么数据作为原始数据使用。至少，质量决策的所有基础数据应规定为原始数据。

分析报告：提供产品或物料样品[①]检验结果的汇总情况，并给出是否符合既定质量标准的评估。

报告：特定操作、项目或调查的实施情况的文件，包括结果、结论以及建议。

文件的生成和控制

4.1 对所有类型的文件应进行规定并遵照实施。所有媒介形式的文件要求都是等同的。应对复杂的文件系统进行解释、文件规范化、验证并适当控制。许多文件（规程、记录）可能以混合的格式存在，例如某部分文件是电子形式而其他部分是纸质形式。对于混合和统一的文件系统，都需要明确阐述主文件、正式的副本、数据处理与记录的关系和控制措施。应对模板、表格之类的电子文件进行适当控制，相应的主文件应得到执行。采取适当的控制措施确保记录在保存期内的文件的完整性。

4.2 应对文件精心设计、起草、审核与发放。文件应与相应的"产品规格标准文件""生产和上市许可注册资料"的相关内容一致。从主文件复制工作文件时，复制过程中不得存在任何差错。

4.3 含有操作说明的文件应由经过授权的人员批准、签名并签署日期。文件应含有明确的内容并有唯一性标识。需要规定文件的生效日期。

4.4 含有操作说明的文件应有序排版并易于检查。文件的样式和语言应适应预期使用目的。标准操作规程、工作指令和操作方法应用祈使句命令语气书写。

4.5 质量管理体系内的文件应定期审核并保持不过时。

4.6 文件不应采用手写的形式。但是，当某些数据确实需要填写时，必须为填写数据提供足够的空间。

文件质量管理规范

4.7 手工填写的内容应清晰、可辨，不可擦除。

---

① 按照已经批准的上市许可注册资料，分析报告可全部或部分基于对批工艺分析技术（PAT）、参数或测量的实时放行数据（汇总或特别报告）的评估。

4.8　应在每项活动执行时做记录或完成记录，记录的方式应确保与药品生产有关的所有重大活动可追溯。

4.9　文件中输入的任何更正必须签署姓名和日期；同时，应确保更正的原始信息可以被读取。如果可能，应记录更正的原因。

文件的保存

4.10　应清楚规定与每项生产活动有关的是哪个记录，并指明该记录的保存位置。必须有安全措施来确保记录在整个保存期的完整性，如果条件合适，应进行验证。

4.11　对批文件的某些特殊要求：批文件必须保存到相应产品有效期后1年，或质量受权人放行产品后至少5年，执行这两个期限中较长者。对于临床试验用药品，批文件必须保存到用该批产品所做的最后一次临床试验完成或正式停止后至少5年。对于文件保存的其他要求：在特定类型产品（如新型治疗药品）相关的法规中有相应的描述，并规定某些文件要保存更长时间。

4.12　对于其他类型的文件，保存期取决于该文件所支持的商业活动。关键文件，包括原始数据（例如与验证和稳定性相关的数据），可能支持上市许可中的信息，应在上市许可有效期内一直保存。对于某些数据（如支持验证报告或稳定性报告的原始数据），当这些数据被新数据代替时，可以淘汰旧数据。淘汰数据的理由应文件化，并考虑批文件的保存要求，如对于工艺验证数据，相应的原始数据的保存时限至少应与验证所支持的所有放行批次的批记录一样长。

下列章节将举例说明所需要的文件。质量管理体系应描述保证产品质量与患者安全所需的所有文件。

质量标准

4.13　原料、包装材料及成品要有相应的质量标准。质量标准应经过批准并签署日期。

原料与包装材料的质量标准

4.14　如果可能，原料、内包装材料或已经印刷的包装材料质量标准应包括或引用下列内容。

（a）物料描述，包括：

- 指定的名称和内部参考代码；
- 如果可能，参考药典各论；
- 批准的供应商，如果合理的话，物料的原始生产厂家；
- 已印刷好的样本。

（b）取样与检验指导。

（c）带有可接受限值的定量和定性要求。

（d）储存条件及注意事项。

（e）复检之前的最长保存期。

中间产品和半成品的质量标准

4.15 无论是购入的还是经处理制得的，用于关键工序的中间产品或半成品都应有质量标准。中间产品或半成品的质量标准应与原料或成品的质量标准有适当可比性。

成品质量标准

4.16 成品质量标准应包括或引用：

（a）产品的指定名称和参考代码（如有）；

（b）处方；

（c）药物剂型描述和包装的详细情况；

（d）取样与检验指导；

（e）带有可接受限值的定性和定量要求；

（f）储存条件与任何特殊注意事项（如有）；

（g）有效期。

生产配方和工艺说明

对于待生产的每一个产品和批次，应提供经批准的书面生产配方和工艺说明。

4.17 生产配方应包括：

（a）产品名称、与质量标准相关的产品参考代码；

（b）药物剂型、产品规格与批量描述；

（c）所用原料清单，并描述每种物料的使用量，应注明在加工过程中可能消失的任何物料；

（d）注明带有可接受限值的预期终产量，如果可能，要描述相关中间产品的产量。

4.18 工艺说明应包括：

（a）对加工场地和所用主要设备的描述；

（b）准备关键设备（如清洁、组装、校准、灭菌）所用的方法或参照方法；

（c）检查设备和操作台是否有先前计划过程不需要的产品、文件或材料，设备是否清洁、适用；

（d）详细的逐步工艺说明，例如物料检查、预处理、加料顺序、关键工艺参数（时间、温度等）；

（e）带有限值的所有中间过程控制操作说明；

（f）必要时，产品的批量储存要求，如果可能，包括容器、标签与特殊储存条件；

（g）需采取的所有特殊措施。

包装说明

4.19 每一种产品、每一包装量及包装类型均应有各自经批准的包装说明。包装说明通常应包括下列内容或参照下列内容：

（a）产品名称，包括半成品和成品批号；

（b）如可能，产品剂型和规格描述；

（c）最终包装容器的包装量描述，可根据产品数量、质量或体积来描述；

（d）列出全部包装材料的完整清单，包括数量、尺寸和类型，以及与每种包装材料规格相关的代码或参考编号；

（e）如果可能，印刷好的包装材料样张或复制品，以及标明产品批号和有效期打印位置的样张；

（f）检查设备和操作台是否有不需要用于计划的包装操作的以前的产品、文件或材料（生产线清理），设备是否清洁、适用；

（g）需采取的特别预防措施，包括对生产区和设备进行仔细检查，确定在包装操作开始前包装生产线的清理已经完成；

（h）包装操作描述，包括所有重要的辅助性操作及所用设备；

（i）中间过程控制的详细操作，包括取样指示和可接受限值。

批工艺记录

4.20 每一批产品均应保存一份批工艺记录。批工艺记录应以现行批准的生产配方和工艺说明的相关内容为依据，应包含下列信息：

（a）产品名称和批号；

（b）生产开始、完成日期和时间，以及重要中间工序开始、完成日期和时间；

（c）每个重要工序操作者的姓名（首字母缩写），适用的话，还应包括检查这些操作的所有人员的姓名；

（d）每一原料的批号和（或）分析控制号，以及实际称量的数量（包括投入的经回收或返工所得物料的批号及数量）；

（e）所有相关的生产工艺或操作，以及所用主要设备；

（f）中间过程控制记录和操作人员的姓名（首字母缩写），以及结果；

（g）不同工序和特定阶段所得产品的产量；

（h）对特殊问题的解释，包括与生产配方和工艺说明有任何偏差的详细说明，这种偏差应经签字批准；

（i）由工艺操作负责人批准。

注：若对经过验证的工艺进行连续监测和控制，自动生成的报告可能只限于符合性审查和例外/超标结果（OOS）报告。

批包装记录

4.21 每批产品或非全批量产品都应保存批包装记录。批包装记录应以包装说明的相关部分为依据。

批包装记录应包括下列信息：

（a）产品名称以及批号；

（b）包装操作日期和时间；

（c）每个重要工序操作者的姓名（首字母缩写），适用的话，还应包括检查这些操作的所有人员的姓名；

（d）与包装说明一致和符合的检查记录，包括中间控制结果；

（e）包装操作的详细情况，包括所用设备及包装生产线的编号；

（f）如果可能，所用印刷包装材料的样张，包括印有批号、有效期及任何其他套印的印刷包装材料的样张；

（g）对特殊问题及异常事件的详细解释，包括偏离包装说明的所有偏差，偏差应经过签字批准；

（h）记录所有放行、使用、销毁或退库的印刷包装材料和待包装产品的数量以及参考编码或识别号，同时记录所得产品的数量，便于进行物料平衡检查，如果在包装过程中有良好的电子控制，则批包装记录中可以不包括上述信息；

（i）由包装操作负责人批准。

规程与记录

接收

4.22　应有每一种原料（包括半成品、中间产品或成品）、内包装材料、外包装材料和印刷包装材料每次交货接收的书面规程与记录。

4.23　接收记录应包括：

（a）交货单上和包装容器上所标注物料的名称；

（b）所用物料的内部名称和（或）代码，如与（a）不同；

（c）接收日期；

（d）供应商和生产商的名称；

（e）生产商的批号或参考码；

（f）接收总量和包装容器数量；

（g）接收后分配的批号；

（h）其他有关说明。

4.24　应有原料、包装材料或其他物料的适当的内部标识以及待检和储存的书面规程。

取样

4.25　应有取样的书面规程，包括取样方法、取样用设备、取样量以及为避免物料污染或影响质量应采取的任何措施。

检验

4.26　应有物料和不同生产阶段产品的书面检验规程，描述所用方法和使用设备。应记录所实施的检验。

其他

4.27　应有物料和产品放行和拒绝的书面规程，特别是由质量受权人放行上市销售的成品。质量受权人应有权获得所有的记录。应有一个系统来显示特殊的监督和对关键数据的任何更改。

4.28 应保存每一批产品的销售记录，以便必要时帮助召回相关批次产品。

4.29 如果有下述活动，应有相应的书面方针、规程、方案与报告以及所采取措施或所得结论的相关记录：

- 工艺、设备与系统的验证与确认；
- 设备的装配和校准；
- 技术转移；
- 维护、清洁和消毒；
- 人员相关事宜，包括签到表、GMP 与技术事务培训、着装及卫生培训，并核实培训的有效性；
- 环境监测；
- 虫害控制；
- 投诉；
- 召回；
- 退货；
- 变更控制；
- 偏差与不符合事件调查；
- 内部质量/GMP 符合性审计；
- 如果可能，记录汇总（如产品质量审查）；
- 供应商审计。

4.30 应有主要生产和检验设备的明确的操作规程。

4.31 应有主要或关键分析测试、生产设备和生产区域的日志。如果可能，应按时间顺序记录，包括操作所用区域、设备/方法、校准、维护、清洁或修理操作，以及实施日期和操作人员身份。

4.32 应保存质量管理体系内的文件清单。

第 5 章 生产（2015 年 3 月 1 日生效）

发布本具体指南的法律依据：有关人用药的欧盟 2001/83/EC 号指令第 47 条以及有关兽药的欧盟 2001/82/EC 号指令第 51 条。人用药 2003/94/EC 号指令和兽药 91/412/EEC 号指令规定了药品生产质量管理规范（GMP）原则与指南，本文件为这些原则与指南的解释提供指导。

文件状态：修订版。

修订理由：对第 17 至 21 小节进行了修改，包括新增一个部分，以改进防止交叉污染指南，并提及毒理学评价。在第 27 至 30 小节中也进行一些改动，包括新增一个部分，即供应商的资质，以反映生产许可持有人的法律义务，确保原料药按照 GMP 要求生产。这些变化包括供应链可追溯性。插入第 35 和 36 条是为了说明和协调生产商对原料测试的期望，而第 71 条是关于供应限制通知的指南。

生效日期：2015 年 3 月 1 日。但是，第 20 节中提到的毒理学评价将用于：

- 自 2015 年 6 月 1 日起，任何新引入共用生产设施的药品；
- 自 2015 年 12 月 1 日起，已在共用生产设施生产的人用药或在 2015 年 5 月 31 日前在共用生产设施生产的人用药和兽药；
- 自 2016 年 6 月 1 日起，在 2015 年 5 月 31 日前在共用生产设施生产的兽药。

原则

生产操作必须遵守明确的规程，必须符合药品生产质量管理规范的基本原则，以确保产品达到质量标准，并符合药品生产许可和上市许可的要求。

总则

5.1 应由具有资质的人员从事生产和监督生产。

5.2 所有物料和产品的处理，如收料及待验、取样、储存、贴签、配料、加工、包装及销售均应依照书面规程或说明进行，必要时进行记录。

5.3 所有到货物料均应进行核实，以确保按照订单交付。必要时应清洁物料外包装，并贴标签注明规定的信息。

5.4 应调查、记录外包装损坏或其他可能对物料质量有不良影响的问题，并向质量控制部门报告。

5.5 所有到货物料和成品在接收或加工后应立即采用物理手段或管理手段按待验要求存放，直至放行使用或放行销售。

5.6 外购的中间产品和半成品应按照接收原料来管理。

5.7 生产企业应为所有物料和产品建立适当的储存条件，并分批有序储存和周转。

5.8 应对产量和物料平衡进行核实，确保其在可接受范围内。

5.9 同一空间内不应同时或连续进行不同产品的生产操作，除非无混淆或交叉污染的风险。

5.10 在生产的每一阶段，应保护产品和物料免受微生物污染和其他污染。

5.11 在处理干燥物料或产品时，应采取特殊措施，防止粉尘产生和扩散。在处理高活性或高致敏性物料时尤其应注意。

5.12 加工期间，所有物料、半成品容器、主要设备以及必要的操作室均应贴标签或以其他方式注明所加工的产品或物料、规格（如适用）和批号。如有必要，还应标明生产阶段。

5.13 容器、设备或设施所用标识应清晰明了，其格式应经过企业批准。除了标签上的措辞外，使用不同颜色的标签通常有助于区分被标识物的状态（如待验、合格、不合格或清洁）。

5.14 应核实从一个区域输送产品至另一个区域的管道和其他设备已经正确连接。

5.15 应尽可能避免出现任何说明或规程偏差。一旦出现偏差，应由主管人员签字批准，必要时，质量控制部门参与处理。

5.16　生产厂房应仅限于经授权人员出入。

生产过程中交叉污染的预防

5.17　一般情况下，非药品的生产应避免在药品生产区域和设备上进行，但在合理的情况下，可适用下文和第3章所述的防止药品交叉污染的措施。在生产、储存药品的区域，不允许生产、储存技术毒物，如杀虫剂（用于生产药品的除外）和除草剂。

5.18　必须防止原料或产品被其他物料或产品污染。应评估生产过程中活性物质、其他原料和产品、设备表面残留物以及操作人员工作服的非受控释放的尘埃、气体、蒸汽、气溶胶、遗传物质或生物体引起的意外交叉污染的风险。这种风险的大小因污染物的性质和受污染产品的性质而异。交叉污染最明显的产品是注射剂和长期使用的产品。然而，所有产品污染对患者安全构成的风险，取决于污染的性质和程度。

5.19　应注意第3章所述厂房和设备的设计，以防止交叉污染。应注意工艺设计和实施任何相关的技术或组织措施，包括有效和可重复的清洁过程，以控制交叉污染的风险。

5.20　应采用质量风险管理过程，包括药效和毒理学评价，以评估和控制产品所产生的交叉污染风险。还应考虑到设施/设备的设计和使用、人员和物质流动、微生物控制、活性物质的理化特性、工艺特性、清洁工艺和分析能力等因素，这些因素与产品评价所确定的相关限值有关。质量风险管理过程的结果应是以确定将厂房和设备专用于某一特定产品或产品系列的必要性及范围为基础。这可能包括用于特定产品接触的部件或整个生产设施。在合理的情况下，可接受将生产活动限制在多产品设施内隔离、独立的生产区域中。

5.21　质量风险管理过程的结果应以确定控制交叉污染风险所需的技术和组织措施的范围为基础。可包括，但不限于以下内容：

技术措施

ⅰ. 专用生产设施（厂房和设备）。

ⅱ. 独立的生产区具有独立的加工设备和独立的加热、通风和空调（HVAC）系统。将某些设施与其他区域使用的设施隔离开来也是可取的。

ⅲ. 生产过程、厂房和设备的设计应尽量减少加工、维护和清洁过程中交叉污染的机会。

ⅳ. 使用"封闭系统"在设备之间进行加工和材料/产品转移。

ⅴ. 使用包括隔离器在内的物理隔离系统作为隔离措施。

ⅵ. 通过局部提取，控制清除污染物来源附近的粉尘。

ⅶ. 设备、产品接触部件或较难清洗的特定部件（如过滤器）、维护工具的使用。

ⅷ. 一次性使用技术。

ⅸ. 使用为便于清洁而设计的设备。

ⅹ. 适当使用气闸和压力级联，把空气中可能产生的污染物限制在指定的区域内。

ⅺ．尽量减少未经处理或未经充分处理的空气再循环或再进入所造成的污染风险。

ⅻ．使用经验证有效的自动清洁系统。

ⅹⅲ．对于普通洗涤区，划分设备洗涤区、干燥区和存放区。

组织措施

ⅰ．基于整个生产设施或一个独立的生产区域开展生产活动（通过及时分离实现），随后进行有效的清洁。

ⅱ．在交叉污染风险高的产品加工区域内放置特定的防护服。

ⅲ．每次生产作业后的清洁验证应被视为检验工具，以支持被认为具有较高风险的产品的质量风险管理方法的有效性。

ⅳ．根据污染风险，对非产品接触面的清洁进行验证，并对生产区域、毗邻区域内的空气进行监测，以证明针对空气污染或机械转移污染的控制措施的有效性。

ⅴ．处理废物、冲洗污水、污物的具体措施。

ⅵ．泄漏、意外事件或规程偏离的记录。

ⅶ．设计厂房和设备的清洁过程，使清洁过程本身不存在交叉污染风险。

ⅷ．设计清洁过程的详细记录，以确保按照批准的程序完成清洁工作，并在设备和生产区域使用清洁状态标签。

ⅸ．在生产作业的基础上使用普通洗涤区。

ⅹ．监督工作行为，以确保培训的有效性和遵守相关的规程控制。

5.22 应按既定的规程，定期核实防止交叉污染的措施及其有效性。

验证

5.23 验证研究应强化药品生产质量管理规范，并按照预定的规程进行。应记录验证结果和结论。

5.24 采用新生产配方或方法前，应验证其适用于常规工艺。使用指定物料和设备时，预定的生产工艺应能持续稳定地生产出符合质量要求的产品。

5.25 应对影响产品质量和（或）工艺重现性的重大工艺变更进行验证，包括设备或物料的任何变更。

5.26 关键的工艺和规程应定期进行再验证，确保其仍可达到预定结果。

原料

5.27 原料供应商的选择、资格认证、批准和维护，以及他们的采购和验收，应作为药品质量体系的一部分加以记录。监督的程度应与个别物料所构成的风险相适应，同时考虑到其来源、生产过程、供应链的复杂性以及该物质在药品中的最终用途。应保留每一供应商物料的批准支持证据。参与这些活动的工作人员应了解供应商、供应链以及相关风险。在可能的情况下，原料应直接从生产商处购买。

5.28 生产商对原料的质量要求应与供应商讨论和商定。在生产、检测和控制的适当方面，处理、标签、包装和分销要求、投诉、召回和拒绝规程应记录在正式的质量协议或标准中。

5.29　对活性物质和辅料供应商的批准和维护，需要以下条件：

活性物质[①]

建立供应链可追溯性，并对从活性物质原料到成品的相关风险进行正式评估和定期核查。应采取适当措施减少活性物质的质量风险。

每种活性物质（包括活性物质原料）的供应链和可追溯性记录应可获得，并由欧洲经济区（EEA）的药品生产商或进口商保存。

应对活性物质的生产商和经销商进行审计，以确认其是否符合相关的药品生产质量管理规范和药品流通质量管理规范要求。生产许可持有人应亲自或通过根据合同代表其行事的实体核实遵守情况。对于兽药产品，应根据风险进行审计。

审计应具有适当的持续时间和范围，以确保对 GMP 进行全面和明确的评估；应考虑到现场其他物料可能产生的交叉污染。报告应充分反映在审计中所做的工作和任何明显缺陷。应执行任何必要的纠正和预防措施。

应按照质量风险管理规程规定的时间间隔进行进一步审计，以确保标准的维护和已批准的供应链的持续使用。

赋形剂

赋形剂和赋形剂供应商应根据正式质量风险评估的结果进行适当控制，以符合欧盟委员会关于确定人用药品赋形剂的适当良好生产规范的正式风险评估指南。

5.30　每次交付原料时，应检查容器包装的完整性，包括封条，以及送货单、采购单、供应商标签和药品生产商保存的经批准的生产商和供应商信息之间的对应关系。每次交货的收货凭证应记录在案。

5.31　如一次交付是不同批次的物料，必须考虑按批分别取样、检验及放行。

5.32　仓储区内的原料应有适当标识（见 5.13）。标识应至少注明下列内容：

ⅰ. 指定的产品名称和企业内部的物料代码（如果可能）；

ⅱ. 接收时的批号；

ⅲ. 如果可能，物料状态（如待验、检验中、放行、拒绝）；

ⅳ. 如果可能，有效期或复检日期。

对于完全计算机化的仓储管理系统，则不必以可读的方式在标签上标出上述信息。

5.33　应有适当的规程或措施，确保识别每一容器中的原料。已取样的半成品容器也需要进行识别（见第 6 章）。

5.34　只能使用经质量控制部门放行并在有效期内的原料。

5.35　成品生产商负责上市许可档案中描述的任何原料检测[②]。他们可以利用来自获批的原料生产商的部分或全部检测结果，但至少必须根据附录 8 对每批产品进行鉴定

---

① 具体要求适用于 2001/83/EC 号指令第 46b 条中用于生产人用药的原料药的进口。

② 类似的方法应适用于 5.45 所述的包装材料。

检验[①]。

5.36 检验外包的理由应合理，并形成文件，应满足以下要求：

ⅰ．应特别注意分配（运输、批发、储存和交货）控制，以保持原料的质量特性，并确保测试结果仍然适用于交付的物料。

ⅱ．药品生产商应根据进行原料测试（包括取样）的现场风险，在适当的时间间隔内，自行或通过第三方进行审核，以确保符合药品生产质量管理规范以及上市许可文件中所述的质量标准和测试方法。

ⅲ．由原料生产商/供应商提供的分析证书应由具有适当资格和经验的指定人员签署，确保每批产品都符合一致的产品规格，除非另有保证。

ⅳ．药品生产商应具有与原料生产商打交道的适当经验（包括通过供应商获得的经验），包括在减少内部检测之前对以前接收的批次和符合性历史的评估，应考虑生产或检测过程中的任何重大变化。

ⅴ．药品生产商还应（或通过另行核准的合同实验室）根据风险，以适当的时间间隔进行全面分析，并将结果与原料生产商/供应商的分析证书进行比较，以检查后者的可靠性。如果测试发现任何差异，则应进行调查并采取适当措施。在这些措施完成之前，应停止接受原料生产商/供应商的分析证书。

5.37 应由指定的人员按照书面规程配制原料，以确保物料正确并经准确称量或计量，然后装入干净并有适当标记的容器中。

5.38 配制的每一物料及其质量或体积应由他人独立复核，并有复核记录。

5.39 每一批配好的物料应集中存放，并标有相应的明显标识。

生产操作：中间产品和半成品

5.40 在任何加工作业开始前，应采取措施确保工作区和设备清洁，无任何与当前作业无关的原料、产品、产品残留或文件。

5.41 中间产品和半成品应在适当的条件下储存。

5.42 关键工艺应经过验证（见本章的"验证"）。

5.43 应实施任何必要的中间过程控制和环境监测，并做记录。

5.44 对显著偏离预期产量的情况，应有记录并进行调查。

5.45 内包装材料和已印刷的包装材料的采购、处理和控制要求与原料相似。

5.46 应特别注意印刷好的包装材料，存放在足够安全的条件下，以免未经批准的人员获得。切割式标签或其他散装印刷材料应分别置于封闭容器内储存和运输，以防混淆。只能由专人按照批准的书面规程发放包装材料。

5.47 每批或每次发放的已印刷包装材料或内包装材料，均应设置特定的批号（编号）或识别标志。

5.48 过期或废弃的印刷包装材料或内包装材料，应予销毁并有相应记录。

---

① 原材料的认证测试应按照相关上市许可文件的方法和规范进行。

包装操作

5.49　制定包装操作规程时，应采取措施以最大限度地降低交叉污染、混淆或差错的风险。除非有物理隔离，不应在相邻区域内包装不同的产品。

5.50　在开始包装作业前，应采取措施，确保工作区域、包装线、印刷机和其他设备清洁，没有以前使用过的任何产品、物料或文件。如果当前作业不需要这些，应按照清理核对单的要求进行清理。

5.51　每一包装操作台或包装线应标明包装中的产品名称和批号。

5.52　向包装部门发放所有产品和所需包装材料时，应核对数量、标识，且确保其与包装说明相符。

5.53　待灌装容器在灌装前应保持清洁。注意避免并清除容器中所有玻璃碎片、金属颗粒类污染物。

5.54　产品灌装、封口后应尽快贴标签。否则，应使用适当的规程，以确保不会混淆或贴错标签。

5.55　应检查任何单独印刷或包装过程中的印刷操作（如代码、有效期）是否正确，并做记录。应注意手工印刷情况并定期进行复查。

5.56　使用切割式标签以及离线套印标签时，应特别小心。与切割式标签相比，卷筒式标签通常更便于防止混淆。

5.57　应检查电子读码机、标签计数器或其他类似装置，确保其准确运行。

5.58　包装材料上印刷或模压的内容应清晰、不褪色、不易擦除。

5.59　包装期间，产品的在线控制至少应检查下述内容：

ⅰ．包装的整体外观；

ⅱ．包装是否完整；

ⅲ．产品和所用的包装材料是否正确；

ⅳ．所有套印内容是否正确；

ⅴ．在线监控装置的功能是否正常；

ⅵ．样品从包装线取走后不应再返还。

5.60　只有经过专门检查、调查，并由授权人员批准后，出现异常情况时的产品方可返回包装操作。此过程应有详细记录。

5.61　对在散装产品和印刷包装材料的数量和生产的单位数量进行核对时发现的任何重大或不寻常的差异，应进行调查，未得到合理解释前，不得放行。

5.62　包装结束时，应销毁全部已打印批号的剩余包装材料，并做记录。如将未打印批号的印刷包装材料退库，应遵守书面规程。

成品

5.63　在按企业制定的标准最终放行前，产品应待检储存。

5.64　产品放行销售前，评价成品及其必需的文件见第 6 章（质量控制）。

5.65　成品放行后，应按药品生产企业规定的条件存放成品。

拒收、回收以及退回的物料

5.66　拒收的物料和不合格的产品均应有清晰醒目的标志，并各自存放在单独的控制区内。可以退给供应商，如果可能的话，也可以返工或销毁。不管采用哪种方式处理，均应经授权人员批准并进行记录。

5.67　不合格产品返工应属例外。只有不影响最终产品质量、符合质量标准，且根据详细的经批准的规程对相关风险评估后，才允许返工。返工应有相应记录。

5.68　只有经事先批准，方可将以前生产的所有或部分批次的合格产品，在某一确定的生产工序合并到同一产品的一个批次中予以回收。应对相关的质量风险（包括可能对产品有效期的影响）进行评估后，方可按预定的规程进行回收处理。回收应有相应记录。

5.69　对返工或回收合并的成品，质量控制部门应考虑进行额外的检验。

5.70　从市场上退回并已脱离药品生产企业控制的产品应予以销毁，除非对其质量无可置疑。只有经质量控制部门根据书面规程严格评价后，方可考虑将退回的产品重新销售、重新贴标签，或在后续的批次中回收。评价时，应考虑产品的性质、所需的特殊储存条件、产品的现状和历史，以及放行与退回之间的间隔时间等因素。即使有可能利用基础化学方法从退货中回收活性成分，如果对产品质量存有任何怀疑，也不应再考虑产品重新放行或重新使用。所有的活动均应有相应记录。

由于生产限制导致产品短缺

5.71　生产商应向上市许可持有人报告可能导致供应异常的任何生产操作限制。应及时采取措施，以便上市许可持有人根据其法律义务向有关主管部门报告供应限制的情况[①]。

第6章　质量控制（2014年10月1日生效）

发布本具体指南的法律依据：有关人用药的欧盟2001/83/EC号指令第47条以及有关兽药的欧盟2001/82/EC号指令第51条。人用药2003/94/EC号指令和兽药91/412/EEC号指令规定了药品生产质量管理规范（GMP）原则与指南，本文件为这些原则与指南的解释提供指导。

文件状态：修订版。

修订理由：新增一个部分，关于测试方法的技术转让和其他项目（如超出规范的结果）。

生效日期：2014年10月1日。

---

① 　2001/83/EC号指令的第23a条和第81条。

原则

本章应与 GMP 指南的所有相关章节一同阅读。

质量控制涉及取样、质量标准与检验，以及组织、文件与放行规程，确保进行了必要的和相关的检验。在其质量判定合格之前，物料不被放行使用，产品不被放行销售。质量控制不局限于实验室操作，必须涉及所有与产品质量有关的决策。质量控制与生产的独立性被认为是质量控制良好的基础。

总则

6.1 每个生产许可持有人都应有一个独立于其他部门的质量控制部门，该部门负责人应具有适当的资质和经验，该负责人可以同时管理一个或几个实验室。必须有足够的资源保证有效且可靠地实施质量控制措施。

6.2 质量控制负责人的主要职责在第 2 章已有概述。总体而言，质量控制部门还有其他职责，如建立、验证和实施所有质量控制规程，保存物料和产品的对照样品，保证物料和产品包装容器的正确标识，保证开展产品稳定性研究，参与产品质量相关的投诉调查等。所有这些工作都应按照书面规程来进行，必要时记录。

6.3 成品的评估应涵盖所有相关因素，包括生产条件、中间过程控制检验结果、生产（包括包装）文件的审核、成品是否符合质量标准要求以及对最终包装的检查。

6.4 质量控制人员应有权进入生产区域进行取样和调查。

质量控制实验室管理规范

6.5 质量控制实验室的设施设备应符合第 3 章描述的质量控制区域一般要求和特定要求。实验室设备不应经常在高风险区域之间移动，以避免意外交叉污染。特别应合理安排微生物实验室，以最大限度地减少交叉污染的风险。

6.6 实验室的人员、设施设备应与生产操作性质与规模所要求开展的检验任务相适应。因为特殊原因，在遵守第 7 章合同解释的详细原则的条件下，可以使用外部实验室，但应在质量控制记录上体现出来。

文件管理

6.7 实验室文件管理应符合第 4 章的原则。实验室文件管理很重要的一部分是质量控制的内容，质量控制部门应有下列文件：

ⅰ. 质量标准；

ⅱ. 描述抽样、检验、记录（包括测试工作簿、实验室笔记本）和验证的规程；

ⅲ. 仪器和设备的校准、保养规程与记录；

ⅳ. 调查超出规格和脱离趋势的规程；

ⅴ. 测试结果和（或）分析验证；

ⅵ. 必要时环境（空气、水和其他公用设施）的监测数据；

ⅶ. 适当的分析方法验证记录。

6.8 任何与批记录有关的质量控制文件应根据第 4 章中关于批文件保存的原则予以保留。

6.9 对于某些类型的数据（如检验结果、产量、环境控制），应以便于趋势评价的方式保存。任何脱离趋势或超出规范的数据都应加以处理并接受调查。

6.10 其他原始资料，如实验室笔记本和（或）记录，作为批记录的一部分，应保存并可获取。

取样

6.11 应按经批准的书面规程取样，规程内容包括：

ⅰ. 取样方法；

ⅱ. 使用的设备；

ⅲ. 取样量；

ⅳ. 再分配样品所需的任何说明；

ⅴ. 样品容器的类型和条件；

ⅵ. 样品容器的标识；

ⅶ. 需要注意的特殊事项，特别是无菌和有害物料的取样；

ⅷ. 储存条件；

ⅸ. 取样设备的清洁和储存说明。

6.12 批物料或批产品的样品应具有代表性。其他样品可以用来监测最重要的生产过程（如工艺的开始或结束）。所使用的抽样计划应有适当的理由，并以风险管理方法为基础。

6.13 盛放样品的容器应贴标签标明内容物、批号、取样日期以及从何种容器中取样。以尽可能减小混淆风险的方式对其进行管理，并保护样本不受不利储存条件的影响。

6.14 更多关于对照样品和留样的指南参见附录 19。

检验

6.15 检验方法应经过验证。使用未进行检验方法原始验证的实验室，应验证检验方法的适当性。上市许可或技术文件中描述的检验操作应按照批准的方法实施。

6.16 取得的结果应予以记录。确定为质量属性或关键参数的结果应进行趋势检验，以确保它们彼此一致。任何计算都应加以严格检查。

6.17 所做的检测，至少记录以下数据：

ⅰ. 物料或产品的名称，必要时标明剂型；

ⅱ. 批号，如可能应标明生产商和（或）供应商；

ⅲ. 参考的相关质量标准和检验规程；

ⅳ. 检验结果，包括观察值和计算值，以及引用的任何检验报告单；

ⅴ. 检验日期；

ⅵ. 检验人员的签名；

vii. 对检验和计算进行复核的人员签名；

viii. 放行或拒绝（或其他决定）的清楚描述，特定责任人员签名和签署日期。

6.18 所有中间过程控制，包括生产人员在生产区域进行的控制，都应按照质量控制部门批准的方法进行，并记录结果。

6.19 特别注意实验室试剂、玻璃量具和溶液、对照品和培养基的质量。应根据书面规程制备。

6.20 应制定适合其预定用途的参考标准，其条件和认证应清楚地说明和记录。只要有官方认可的参考标准，最好将这些标准作为主要参考标准使用，除非完全有正当理由（一旦二级标准对主要标准的可追溯性被证明并记录在案，则允许使用二级标准）。这些补遗材料应用于批准专论中所述的内容，除非国家主管部门另有批准。

6.21 实验室试剂、溶液、参考标准和培养基应标明制备和打开日期，并由配制者签名。试剂和培养基的标签上应标明有效期及特殊储存条件。另外，应标明滴定液最近一次标化日期和最近一次校正因子。

6.22 必要时，检验用物质（如试剂和对照品）的容器上应标明接收日期、使用和储存说明。某些情况下，在试剂接收后或使用前，可能需要进行鉴定试验和（或）其他试验。

6.23 除非科学合理，否则培养基应根据生产商的要求制备。所有培养基的性能在使用前应加以验证。

6.24 使用微生物培养基和菌株应按照标准程序，并以防止交叉污染和残留的方式进行净化处理。应科学合理地建立并记录微生物培养基的使用期限。

6.25 组分、物料或产品检验用动物在使用前应适当隔离。应用适当的方法饲养动物和给药，确保符合预期用途。应对动物进行鉴定，并保存适当的记录，以便追溯动物的使用历史。

持续稳定性研究

6.26 药品上市后，应按照适当的连续程序监测稳定性，这样可以检测到市售包装中的药品的任何稳定性问题（例如杂质水平或溶出情况的变化）。

6.27 持续稳定性研究的目的是在产品有效期内监测产品，并确定在标识的储存条件下储存时，产品质量符合质量标准。

6.28 持续稳定性研究主要适用于已销售的带包装的药品，但也应考虑对半成品进行持续稳定性研究。例如在包装前半成品储存了很长一段时间和（或）从生产场地运送到包装场地时，须评估并研究周围环境对已包装的半成品的稳定性的影响。另外，还要考虑超期储存和使用的中间产品。重组产品的稳定性研究在产品开发阶段进行，不需要进行持续稳定性监测。尽管如此，必要时也应对重组产品的稳定性进行监测。

6.29 根据第 4 章总则的要求，应有持续稳定性研究的书面方案，并将结果形成报告。根据第 3 章总则和附录 15 的要求，持续稳定性研究所用设备（包括稳定性试验箱）应经过确认并得到维护。

6.30 持续稳定性研究方案应延长到有效期结束，包括但不限于以下内容：

ⅰ．每个规格的批号、不同的批量大小（如有）；

ⅱ．相关物理、化学、微生物学和生物学检验方法；

ⅲ．可接受标准；

ⅳ．参考的检验方法；

ⅴ．包装方式描述；

ⅵ．检验间隔（时间点）；

ⅶ．储存条件描述（长期试验应执行 ICH/VICH 规定，并与产品标签所示条件一致）；

ⅷ．其他与药品相关的特殊参数。

6.31 持续稳定性研究方案可以不同于在上市许可申请资料中提交的最初长期稳定性研究，但应有合理性评估并在研究方案中描述（例如检测频率可不同，或根据 ICH/VICH 的推荐方法有更新）。

6.32 对于研究批次和检验频率应提供充分的数据，以便进行趋势分析。除非另有合理性评估，每种规格、每种内包装类型的产品每年至少有一批纳入持续稳定性研究计划（除非当年没有生产）。对于持续稳定性研究中通常需要使用动物进行检测的产品，如果没有适当的可替代且经过验证的方法，可考虑风险－效益方法来确定检测频率。如果在设计方案时有科学论证，可运用正交矩阵设计的原则。

6.33 在特殊情况下，持续稳定性研究中应增加额外批次，如工艺或包装过程中发生了任何显著变更或显著偏差批次。任何重新加工、返工或回收操作的批次也应考虑做持续稳定性研究。

6.34 关键人员，特别是质量受权人，应有权获得持续稳定性研究的结果。如果持续稳定性研究所在场地与半成品和成品的生产场地不同，则各方需有书面协议。生产场地在接受官方检查时，在生产场地应有持续稳定性研究的结果。

6.35 应研究超标数据或显著的非典型趋势。应向主管部门报告任何经确认的超标数据或显著的负面趋势，以及影响上市的产品批次。根据本指南第 8 章的要求，应考虑超标数据或显著的负面趋势对已销售批次可能造成的影响，并征求相关主管部门的意见。

6.36 应书面汇总并保存生成的所有数据，包括对稳定性研究的任何临时结论。应定期审查稳定性数据汇总。

检验方法的技术转让

6.37 在转让检验方法之前，转让地点应核实检验方法是否符合上市许可或相关技术档案所述要求。应审查检验方法的原始验证，以确保符合现行的 ICH/VICH 要求。在开始技术转让规程之前，应进行差距分析并记录以确定应进行的任何补充验证。

6.38 对于将检验方法从一个实验室（转移实验室）转移到另一个实验室（接收实验室），应该在一份详细的协议中进行描述。

6.39 转让协议书应包括但不限于以下参数：

ⅰ．确定将要进行的检验和正在进行的相关检验方法；

ⅱ. 确定额外培训要求；

ⅲ. 确定待测标准和样品；

ⅳ. 确定检测项目的特殊运输、储存条件；

ⅴ. 验收标准应基于当前方法学的验证研究，并考虑到 ICH/VICH 的要求。

6.40　在技术转让过程结束之前，应该调查与协议的偏差。技术转让报告应记录比较结果，并应确定需要进一步重新验证测试方法的领域（如适用）。

6.41　在适当情况下，应处理其他欧盟指南中所述的转让特定检测方法的具体要求（如近红外光谱）。

第 7 章　外包活动（2013 年 1 月 31 日生效）

发布本具体指南的法律依据：有关人用药的欧盟 2001/83/EC 号指令第 47 条以及有关兽药的欧盟 2001/82/EC 号指令第 51 条。人用药 2003/94/EC 号指令和兽药 91/412/EEC 号指令规定了药品生产质量管理规范（GMP）原则与指南，本文件为这些原则与指南的解释提供指导。

文件状态：第一次修订。

修订原因：参考 ICHQ10《药品生产质量体系》指南修订了本指南第 7 章，从而对外包的药品 GMP 活动提供更新的指南。这些活动超出了现有的委托生产和委托检验的范围。本章标题的变更也反映了这一点。

生效日期：2013 年 1 月 31 日。

原则

本 GMP 指南所涵盖的任何外包活动应得到适当的界定、协调及控制，以避免误解。这些误解可能会对产品或操作的质量产生不利影响。委托方和受托方必须签订书面合同，明确各方的职责。委托方的质量管理体系中必须清楚地描述质量受权人对每批产品进行确认放行的方式，使质量受权人的全部职责得到履行。

注：本章涉及的职责是指就成员国官方机构批准上市许可和生产许可而言的生产企业职责。本章无意以任何方式影响委托方和受托方各自对消费者的责任。委托方和受托方各自对消费者的责任受欧盟和成员国法律管辖。

总则

7.1　应有书面合同规定相关产品或操作的外包活动，并规定相关的任何技术约定。

7.2　外包活动所有事项包括任何建议的技术变更或其他事项的变更应符合现行法规要求，必要时，应符合相关产品上市许可的要求。

7.3　当上市许可持有人不是生产企业时，应考虑本章所述原则签订适当的合同。

委托方

7.4 委托方的药品生产质量体系中应涵盖对任何外包活动的控制和评审。委托方有最终责任确保有相关程序使外包活动受控。这些程序应整合质量风险管理原则，特别是包括以下几点。

7.5 在外包活动之前，委托方有责任评估受托方成功实施外包活动的合法性、适应性和能力。委托方也有责任确保通过合同约束使本章所述 GMP 原则和指南得到遵守。

7.6 委托方应向受托方提供正确开展委托活动所需的所有信息和知识，确保委托活动符合现行法规要求及相关产品上市许可要求。委托方应确保受托方充分知晓产品或与工作有关的任何问题。这些问题可能会给受托方的设施、设备、人员、其他物料或产品造成不利影响。

7.7 委托方应监督和评估受托方的表现，并且对任何必需的改进进行识别并实施。

7.8 委托方应对外包活动相关的记录和结果进行审核和评估。同时，委托方还应确保受托方交付的产品和物料符合 GMP 和上市许可的要求。此情况可以由委托方自行确认，也可以由受托方质量受权人确认。

受托方

7.9 受托方必须具有使委托方满意的工作能力，如有适当的设施、设备、知识、经验以及有资质的人员。

7.10 受托方应确保收到的所有产品、物料与信息都适用于预期目的。

7.11 在委托方没有事先评估和批准的情况下，受托方不得将任何受托的任务分包给第三方。受托方与第三方的协议应确保信息和知识的要求与原始委托方和受托方一致，包括第三方的适用性评估。

7.12 受托方不得进行合同外的、未经批准的变更。这种变更可能会对委托方外包活动的质量产生不良影响。

7.13 受托方应了解主管部门可能会检查外包活动，包括合同解释。

合同

7.14 委托方与受托方应签订合同。合同应规定各自的责任和相关外包活动的交流程序。合同技术方面的内容应由具有相应资质、对相应外包活动和药品生产质量管理规范有适当知识的人员拟定。外包活动的所有约定都必须符合现行法规和产品相关上市许可的要求，并经各方同意。

7.15 合同应清楚描述由谁负责外包活动的每一步，如知识管理、技术转移、供应链、分包、物料的质量及采购、物料的检验及放行、实施生产与质量控制（包括中间过程控制、取样和分析）。

7.16 委托方应保存或能获得外包活动相关的所有记录，如生产、分析与销售记录以及对照样品。委托方必须能够获得投诉产品或疑似缺陷产品的质量评价记录以及疑似假冒产品的调查记录，并在相应的规程中予以规定。

7.17　合同应允许委托方审计受托方或双方同意的转包商的外包活动。

第8章　投诉、质量缺陷和产品召回（2015年5月1日生效）

发布本具体指南的法律依据：有关人用药的欧盟2001/83/EC号指令第47条以及有关兽药的欧盟2001/82/EC号指令第51条。人用药2003/94/EC号指令和兽药91/412/EEC号指令规定了药品生产质量管理规范（GMP）原则与指南，本文件为这些原则与指南的解释提供指导。

文件状态：修订版。

修订理由：对本章进行了广泛的修改，反映了在调查质量缺陷或投诉以及就产品召回或其他降低风险行动做出决定时，应适用质量风险管理原则。它强调有必要调查和确定造成质量缺陷或投诉的原因，并采取适当的预防行动，防止这一问题再次发生，在向主管部门报告质量缺陷时澄清期望和责任。

生效日期：2015年5月1日。

原则

为了保护公众和动物健康，应建立一种制度和适当的程序，记录、评估、调查和审查投诉，包括潜在的质量缺陷，并在必要时，有效和迅速地召回人用药或兽药，从销售网络中调查药品。质量风险管理原则应适用于质量缺陷的调查和评估，以及与产品有关的决策过程，包括纠正及预防措施和其他降低风险的行动。第1章提供了关于这些原则的指导。

如有确认的质量缺陷（生产缺陷、产品劣化、伪造、不符合上市许可、产品规格文件或任何其他严重质量问题），应及时通知所有主管部门。这些缺陷可能导致产品召回或供应受到异常限制。在发现市场上的产品不符合上市许可的情况下，只要不符合附录16关于处理计划外偏差的限制，就不需要通知主管部门。

在外包活动中，合同应说明生产商、上市许可持有人、投资方以及任何其他相关第三方在评估、决策和传播信息以及实施与缺陷产品有关的降低风险行动方面的作用和责任。第7章提供了有关合同的指导。此类合同还应涉及如何与每一方管理质量缺陷和召回问题的负责人联系。

人员与组织

8.1　经过适当培训和经验丰富的人员应负责管理投诉和质量缺陷调查，并决定采取何种措施来管理这些问题所带来的任何潜在风险，包括召回。这些人员应独立于销售和市场部门，除非另有理由。如果这些人不包括发放相关批次证书的质量受权人，则应及时使其清楚了解所有调查、降低风险行动和召回行动。

8.2　应提供足够的经过培训的人员和资源，以处理、评估、调查和审查投诉和质量缺陷，并实施任何降低风险的行动。还应提供足够的经过培训的人员和资源来管理与主管部门的互动。

8.3 应考虑采用跨学科小组，包括经过适当培训的质量受权人。

8.4 在投诉和质量缺陷处理集中管理的情况下，应记录有关各方的相关作用和责任。但是，集中管理不应导致对问题的调查和管理的拖延。

处理和调查投诉（包括可能的质量缺陷）的规程

8.5 应制定书面规程，说明在收到投诉后应采取的行动。所有投诉都应记录在案并进行评估，以确定其是否代表潜在的质量缺陷或其他问题。

8.6 应特别注意确定投诉或可疑的质量缺陷是否与伪造有关。

8.7 企业收到的投诉并非都是真正的质量缺陷，投诉不一定是潜在的质量缺陷，应适当记录，并告知负责调查和管理此类投诉的相关团体或人员，如疑似不良反应事件。

8.8 应制定规程，协助调查某批次药品质量，以支持对报告的疑似不良反应事件的调查。

8.9 在开展质量缺陷调查时，应制定规程，至少处理以下问题：

ⅰ. 描述报告的质量缺陷。

ⅱ. 确定质量缺陷程度。对照和（或）保留样品的检查或测试应视为这部分的一部分内容，在某些情况下，应对批生产记录、批处理认证记录和批分发记录（特别是温度敏感产品）进行审查。

ⅲ. 需向投诉人索取有缺陷产品的样品或退货，如提供样品，则应进行适当的评估。

ⅳ. 根据质量缺陷的严重程度和范围，对质量缺陷造成的风险进行评估。

ⅴ. 在销售网络中，决策过程将被用来考虑是否需要采取降低风险的行动，如批量产品召回或其他行动。

ⅵ. 评估任何召回行动对受影响市场的患者或动物获得药品带来的影响，以及向有关部门通报这种影响的需要。

ⅶ. 与质量缺陷及其调查有关的内部和外部沟通。

ⅷ. 确定质量缺陷的根本原因。

ⅸ. 需要针对该问题确定和实施适当的纠正及预防行动，并评估这些行动的有效性。

调查和决策

8.10 应记录与可能的质量缺陷有关的信息，包括所有原始细节。所有报告的质量缺陷的有效性和范围应根据质量风险管理原则进行记录和评估，以支持对调查和采取行动的程度的决定。

8.11 如果在批次中发现或怀疑有质量缺陷，应考虑检查其他批次，并在某些情况下对其他产品进行检查，以确定其是否也受到影响。其他可能包含有缺陷的批次或有缺陷组分的批次应该被调查。

8.12　质量缺陷调查应包括对先前的质量缺陷报告或任何其他相关信息的审查，以查明需要注意的具体问题或反复出现的问题，并可能采取进一步的监管行动。

8.13　在质量缺陷调查期间和之后做出的决定应反映质量缺陷所呈现的风险水平，以及不符合上市许可、产品规格文件、GMP 要求的严重程度。这些决定应及时做出，以确保患者和动物的安全得到保护，其方式应与这些问题所带来的风险水平相适应。

8.14　虽然有关质量缺陷的性质和程度的综合信息在调查的早期阶段可能并非一直可用，但决策过程仍应确保在调查过程中的适当时间点采取适当的降低风险的行动。由于质量缺陷而采取的所有决定和措施都应记录在案。

8.15　在质量缺陷可能导致产品召回或产品供应受到异常限制的情况下，生产商应及时向上市许可持有人或投资方和所有主管部门报告质量缺陷。

根源分析及纠正和预防措施

8.16　在质量缺陷的调查中，应采用适当水平的根源分析。在无法确定质量缺陷根源的情况下，应找出最可能的根本问题并解决这些问题。

8.17　如果怀疑或认定人为错误是质量缺陷的原因，则应对此进行确证并谨慎处理，以确保过程、程序或系统的错误或问题不会被忽视。

8.18　应确认并采取适当的纠正措施和预防措施以应对质量缺陷。应监督和评估此类措施的有效性。

8.19　应审查质量缺陷记录，并定期进行趋势分析，以发现需要注意的具体问题或反复出现的问题。

产品召回和其他可能的降低风险的行动

8.20　应该建立书面程序，在必要时定期审查和更新，以便进行任何召回活动或执行其他降低风险的行动。

8.21　在产品投放市场后，任何因质量缺陷而从销售网络检索到的产品都应视为召回品并加以管理。本规定不适用于从销售网络检索（或退回）的产品样品，以便于对质量缺陷问题/报告进行调查。

8.22　召回行动应能及时、随时启动。在某些情况下，在确定质量缺陷的根本原因和整体情况之前，可能需要采取召回行动，以保护公众或动物健康。

8.23　批次/产品分发记录应随时提供给负责召回的人员，并应载有关于批发商和直接供应客户的充分信息（地址、工作时间内外的电话或传真号码、批次和数量），包括出口产品和医学样品的信息。

8.24　对于研究性药品，应确定所有试验地点，并标明目的地国。对已获上市许可的研究性药品，其生产商应与投资方合作，将可能与获批药品有关的任何质量缺陷通知上市许可持有人。投资方应实施一项迅速揭盲程序，这对迅速召回是必要的。投资方应确保该程序仅在必要时才会公开盲品的身份。

8.25　在与有关主管部门协商后，应考虑到销售网络中召回行动应扩大的范围，同时考虑到对公众或动物健康的潜在风险以及拟议的召回行动可能产生的任何影响。如果由于批次过期（如有效期短），不建议对有缺陷的批次采取召回行动，并应通知主管部门。

8.26 如欲召回产品，应事先通知有关主管部门。对于非常严重的问题（即那些有可能严重影响患者或动物健康的问题），在通知主管部门之前，可能需要采取快速的降低风险的行动（如产品召回）。在可能的情况下，应设法在其执行前与有关主管部门达成一致。

8.27 还应考虑拟议的召回行动是否会以不同的方式影响不同的市场，如果是，应与有关主管部门拟订和讨论适当的针对具体市场的降低风险行动。考虑到药品的治疗用途，在决定采取降低风险的行动（如召回）之前，必须考虑药品短缺的风险。任何不执行降低风险行动的决定都应事先与主管部门达成一致。

8.28 召回的产品应在等待处理的同时被标记并单独存放在安全区域。对所有召回批次的正式处理应进行记录。决定返工召回产品的理由应形成文件，并与有关主管部门讨论。对于任何正在考虑投放市场的返工批次，也应考虑剩余的有效期。

8.29 在终止召回和发布最终报告之前，应记录召回过程的进展情况，包括已交付和回收的相关产品或批次之间的对账情况。

8.30 应定期评估用于召回的安排的有效性，以确认是否仍然有效并适合使用。这样的评估应该扩展到办公时间和办公时间以外的情况，在进行这种评估时，应考虑是否应执行模拟召回行动。这一评价应记录在案并加以证明。

8.31 除召回外，还可能考虑其他可能的降低风险措施，以管理质量缺陷带来的风险。这类行动可能包括向医疗专业人员发出有关使用可能存在缺陷的批次的警示信息。这些问题应在个案基础上加以审议，并与有关主管部门进行讨论。

第9章 自检

原则

为了监控 GMP 原则与所建议的必要纠正措施是否被执行及其符合性，应进行自检。

9.1 应按预定的程序，对人员因素、设施、设备、文件、生产、质量控制、药品销售、投诉和召回的处理以及自检定期进行检查，以证实与质量保证原则的一致性。

9.2 自检应由企业指定的能胜任的人员，以独立、详细的方法来负责执行。外来专家进行的独立审核也视为有效。

9.3 所有自检应有记录。记录包括检查过程中的所有观察结果，以及适当的改进措施和建议。还须记录随后进行的自检评论。

第Ⅱ部分 原料药的基本要求

（2014 年 8 月）

文件状态：修订。

修订原因：由于 1.2 节的修订考虑到已完成的 GMP 指南所有附录的修订，因此第Ⅰ部分不再适合原料药。另外，第 1.2 节已经加入第Ⅱ部分的第 17 节和即将颁布的关于人用原料药的流通质量管理规范之间关系的说明。对 2.21 节中附录 20 的一项过时的参考进行了修正。

生效日期：2014 年 9 月 1 日。

1 简介

本指南已于 2000 年 11 月作为 GMP 指南附录 18 发布，反映了欧盟对 ICHQ7A 的认可，生产商和 GMP 检查员在自愿的基础上使用本指南。欧盟 2001/83/EC 号指令第 46 条第（f）项和欧盟 2001/82/EC 号指令第 50 条第（f）项分别由欧盟 2004/27/EC 号指令和欧盟 2004/28/EC 号指令进行修订，对药品生产许可持有人提出新的义务，即药品生产企业只能使用符合 GMP 的原料。这些指令还表示，将制定原料药 GMP 的详细指南。成员国一致同意，原附录 18 的文本应成为制定 GMP 指南第Ⅱ部分详细指南的基础。

1.1 目的

本指南旨在为在适当的质量管理体系下生产原料药的 GMP 提供指导，有助于确保原料药满足其声称或拥有的质量和纯度要求。

本指南中，"生产"一词包括物料接收、生产、包装、重新包装、贴标签、重新贴标签、质量控制、放行、储存和流通原料药以及相关控制的所有操作。在本指南中，"应"一词表示期望应用的推荐，除非被证明不适用，在 GMP 指南的相关附录中做了修改，或被证明至少提供同等质量保证的替代方案。

GMP 指南一般不涉及生产人员的安全，也不涉及环境保护方面的内容。这些内容是生产商固有的责任，由法规的其他部分管理。

本指南并非规定药品注册要求或修改药典规定，也不影响有关主管部门在上市/生产许可范围内建立原料药的具体注册要求。注册文件中的所有承诺必须实现。

1.2 范围

本指南适用于生产人用和兽用原料药，仅适用于无菌原料药无菌状态之前的生产工艺，而不包括无菌原料药的灭菌和无菌处理的工艺过程，但应按照 2003/94/EC 号指令所规定 GMP 原则和指南执行，并按 GMP 指南（包括附录 1）进行解释。

对于兽用杀体外寄生虫药，为了保证物料达到适当的质量要求，可以使用本指南以外的其他标准。

根据 2002/98/EC 号指令以及支持该指令的技术要求（这些技术要求规定了血液采集和检测的详细程序），本指南不包括全血和血浆的生产，但包含以血液或血浆为原料的原料药的生产。

最后，本指南不适用于散装药品。它们适用于在 GMP 指南附录中描述的任何减损规则下的所有其他原料药原料，特别是附录 2 至附录 7，其中可以找到对某些类型原料药的补充指南。

指南第 17 条向销售或储存原料药或中间产品的各方提供指导。本指南对欧盟 2001/83/EC 号指令第 47 条中提到的人用原料药的流通质量管理规范进行了补充。

指南第 19 条只适用于生产研究性药品中使用的原料药，但应指出的是，在这种情况下，尽管是建议使用，但欧盟法规并不强制要求使用。

原料药原料是用于生产某种原料药的原料、中间产品或活性成分，并作为重要的结构片段合并到原料药结构中。原料药原料可以是商品，可以是根据合同或商业协议从一个或多个供应商购买的物料，也可以内部生产。原料药原料通常具有确定的化学性质和结构。

生产商应指定并记录活性物质开始生产的时间点。对于合成过程，这就是所谓的原料药原料引入工艺的时间点。对于其他过程（如发酵、提取、提纯等），应根据具体情况确定这一时间点。表 1 列出了通常将原料药原料引入工艺过程的一步。从此时开始，中间产品和（或）原料药生产的各步操作，应符合本 GMP 指南的相关要求，包括影响原料药质量的关键步骤的验证。应该指出的是，生产商选择对某一步骤进行验证并不一定意味着这一步是关键步骤。本指南通常适用于表 1 中灰色背景的步骤。这并不意味着所有显示的步骤都应该完成。在原料药生产中，GMP 的严格性应随着工艺从最初步骤到最后步骤的过程、提纯和包装的过程而增加。对原料药的物理加工，如原料药的制粒、包衣或物理粉碎加工（如磨粉、微粉化）等，至少应按照本指南的标准进行。本指南不适用于原料药原料引入之前的步骤。

在本指南的其余部分，"原料药"一词反复使用，其与"活性物质"一词可互换。第 Ⅱ 部分第 20 节的术语表只适用于第 Ⅱ 部分。GMP 指南第 Ⅰ 部分中已定义了一些相同术语，因此这些术语只适用于第 Ⅰ 部分。

表 1　本指南在原料药生产中的应用

生产类型	本指南在各种生产类型（灰色背景）的应用				
化学生产	原料药原料的生产	引入原料药原料到工艺中	中间产品的生产	分离和纯化	物理加工和包装
动物源原料药	器官、分泌物或组织的采集	切割、混合和（或）最初加工	引入原料药原料到工艺中	分离和纯化	物理加工和包装
植物源原料药	植物的采集	切割和最初提取	引入原料药原料到工艺中	分离和纯化	物理加工和包装
草药提取物作为原料药	植物的采集	切割和最初提取		进一步提取	物理加工和包装
由粉碎的或者粉状草药组成的原料药	植物的采集和（或）培育收获	切割/粉碎			物理加工和包装
生物技术：发酵或细胞培养	主细胞库和工作细胞库的建立	工作细胞库的维护	细胞培养和（或）发酵	分离和纯化	物理加工和包装
"经典"发酵生产原料药	细胞库的建立	细胞库的维护	引入细胞到发酵	分离和纯化	物理加工和包装

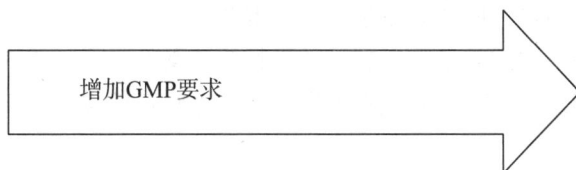

增加GMP要求

2. 质量管理

2.1　原则

2.10　质量是所有生产人员的责任。

2.11　生产商应建立、记录和应用有效的质量管理体系，包括管理人员和适当的生产人员的积极参与。

2.12　质量管理体系应包括组织结构、程序、过程和资源，以及确保原料药符合其质量和纯度预期规范所必需的活动。所有与质量相关的活动都应确定并记录。

2.13　质量部门应独立于生产，履行质量保证（QA）和质量控制（QC）职责。可以是独立的 QA 和 QC 部门，也可以是独立的个人或团体，这取决于组织的规模和结构。

2.14　应具体指定授权放行中间产品或原料药的人员。

2.15　所有与质量相关的活动应在执行时进行记录。

2.16　任何偏离既定程序的行为都应记录在案并加以解释。应调查关键偏差，并记录调查及其结论。

2.17　在质量部门没有做出满意的完整评估之前，不能放行或使用任何物料，除非有适当的系统允许这样使用（如10.20所述待检状态下放行，或在等待完成评估时使用原料或中间产品）。

2.18　应及时向主管部门通报监管检查、严重的GMP缺陷、产品缺陷和相关措施（如质量相关投诉、召回、监管措施等）。

2.19　要可靠地实现质量目标，必须有一个全面设计和正确应用的质量体系，将良好的生产实践、质量控制和质量风险管理结合起来。

2.2　质量风险管理

2.20　质量风险管理是对原料药质量风险进行评估、控制、沟通和审核的系统过程，可以是前瞻性或者回顾性应用。

2.21　质量风险管理系统应确保：

- 质量风险的评估是基于科学知识、经验的过程，并通过与原料药用户的沟通最终与患者保护相联系。
- 质量风险管理过程的投入、正式程度与文件应与风险水平相适应。

质量风险管理的过程和应用的例子可以在GMP指南第Ⅲ部分找到。

2.3　质量部门的职责

2.30　质量部门应参与所有与质量有关的事务。

2.31　质量部门应审核并批准所有与质量相关的文件。

2.32　独立的质量部门的主要职责不应下放。这些责任应以书面形式描述，应包括但不限于：

（1）原料药的放行或拒收、在生产商控制范围以外使用的中间产品的放行或拒收；

（2）建立原料、中间产品、包装材料、标签材料放行或拒收制度；

（3）在原料药放行前，审核已完成的批次生产和关键工序的实验室控制记录，以供流通；

（4）确保调查和解决关键偏差问题；

（5）核准所有规格标准和生产指导书；

（6）核准所有影响中间产品或原料药质量的程序；

（7）确保进行内部审计（自检）；

（8）核准中间产品和原料药的委托生产商；

（9）核准可能影响中间产品或原料药质量的变更；

（10）审查批准验证方案和报告；

（11）确保质量投诉的调查和解决；

（12）确保使用有效的系统维护和校准关键设备；

（13）确保物料经过适当测试并报告结果；

（14）确保有稳定数据支持原料药、中间产品的复检期或有效期及储存条件（在适当的情况下）；

（15）执行产品质量评审（如 2.5 所定义）。

2.4 生产活动的职责

生产活动的职责应以书面形式描述，包括但不限于：

（1）根据书面程序起草、审核、批准和发布中间产品或原料药的生产说明；

（2）根据预先批准的生产说明生产原料药，并在适当情况下生产中间产品；

（3）审核所有生产批次记录，确保这些记录完整并签署；

（4）确保所有生产偏差已报告和评估，并对关键偏差进行调查和记录；

（5）确保生产设施清洁，并在必要时消毒；

（6）确保进行必要的校准，并保存记录；

（7）确保对房屋和设备进行维护，并保存记录；

（8）确保验证规程和报告得到审核和批准；

（9）评估产品、工艺或设备的变更建议；

（10）确保新设备和修缮过的设备（在适当情况下）是合格的。

2.5 内部审计（自检）

2.50 为了验证原料药符合 GMP 原则，应按照既定时间表定期进行内部审计。

2.51 审计结果和纠正措施应记录在案，并提请企业管理部门注意。批准的纠正措施应及时有效地实施。

2.6 产品质量审核

2.60 定期对原料药进行质量审核，以验证工艺的一致性。这种审核通常应每年进行并记录在案，并且至少应包括：

- 审核关键工艺控制结果和关键原料药检验结果；
- 审核所有不合格批次；
- 审核所有关键偏差或违规行为，以及相关调查；
- 审核和调查所有关键偏差或不符合项；
- 审核对工艺或分析方法所做的任何变更；
- 审核稳定性监测程序结果；
- 审核所有与质量有关的退货、投诉和召回；
- 充分审核纠正措施。

2.61 应对质量审核的结果加以评估，并做出是否需要纠正措施或重新验证的评估结论。实施纠正措施的原因应记录在案。核准的纠正措施应及时有效地实施。

3 人员

3.1 人员资质

3.11 应有足够数量的，受过适当教育、培训的，有经验的合格人员执行和监督中间产品和原料药的生产。

3.12 应用书面形式明确从事中间产品和原料药生产的所有人员的职责。

3.13 应由有资质的人员定期举办培训，其内容至少包括员工所从事的特殊操作和与其职责相关的GMP。应保留培训记录，定期评估培训情况。

3.2 人员卫生

3.20 员工应养成良好的卫生保健习惯。

3.21 员工应穿着适于所从事的生产活动的干净服装，并在适当时更换。必要时应穿戴额外的防护用具，如头部、面部、手和手臂覆盖物，以防止中间产品和原料药受到污染。

3.22 员工应避免直接接触中间产品或原料药。

3.23 吸烟、饮食、饮水、咀嚼和储存食物应限制在与生产区域分开的特定区域内。

3.24 患有传染性疾病或在身体表面有开放性创伤的员工，不得从事可能影响原料药质量的活动。任何人在任何时候出现明显的疾病或开放性损伤症状（通过医学检查或监督观察），应离开那些健康状况可能影响原料药质量的活动，直到其健康状况改善或由有资质的医务人员的检查结果表明该员工的工作不会危及原料药安全或质量为止。

3.3 顾问

3.30 为中间产品或原料药的生产和控制提供咨询的顾问应具有足够的教育、培训和经验背景，或这些方面的综合素质，以胜任其所承担的工作。

3.31 顾问的姓名、地址、资质和服务类型应有书面记录。

4 厂房设施

4.1 设计和建造

4.10 生产中间产品和原料药的厂房和设施的位置、设计和建造应便于按照生产类型和阶段进行清洁、维护和操作。设施的设计应尽量减少潜在的污染。对于已经确立微生物学标准的中间产品或原料药，还应设计适当的设施，以避免有害微生物污染。

4.11 厂房和设施应具有足够空间，以便有序放置设备和物料，防止混淆和污染。

4.12 如果设备本身（如封闭或密闭系统）提供了对物料的充分保护，这些设备可以安装在室外。

4.13 通过厂房或设施的物流和人流应认真设计以防止混淆或污染。

4.14 以下活动应在指定区域或其他控制系统内进行：

• 来料、待放行或拒收物料的接收、鉴定、取样、待检；

• 中间产品和原料药在放行或拒收前待检；

• 中间产品或原料药的取样；

• 拒收物料在进一步处理前（如退回、返工或销毁）的留置；

- 已放行物料的储存；
- 生产操作；
- 包装及贴标操作；
- 实验室操作。

4.15　应为工作人员提供充足、清洁的盥洗、厕所设施。这些设施应适当配备热水和冷水、肥皂、洗涤剂、干燥器、一次性毛巾。盥洗和厕所设施应与生产区分开，但容易进入。在适当情况下，应提供适当的设施，以便淋浴、更衣。

4.16　实验室区域或操作区域通常应与生产区域分开。一些实验室区域，特别是用于工艺控制的区域，可以位于生产区域，前提是生产工艺的操作不会对实验室测量的准确性产生不利影响，而且实验室及其操作不会对生产工艺或中间产品或原料药产生不利影响。

4.2　公用设施

4.20　所有可能影响产品质量的公用设施（如蒸汽设施、压缩空气设施、暖气设施、通风设施和空调等）都应经过确认，并进行适当监测。超过限值时应采取措施。应有这些设施系统的图纸。

4.21　如果需要，应提供适当的通风系统、空气过滤系统和排气系统。这些系统的设计和构造应尽量减少污染和交叉污染的风险，并应包括用于控制空气压力、微生物（如果适当的话）、灰尘、湿度和温度的设备，以适应生产阶段。应特别注意那些原料药暴露于环境的区域。

4.22　如果空气再循环到生产区域，应采取适当措施控制污染（尤其是交叉污染）的风险。

4.23　应适当标识永久安装的管线。这可以通过识别单独的管线、记录、计算机控制系统或其他方式来实现。选择管线的位置时应避免污染中间产品或原料药。

4.24　排放口应有足够尺寸，必要时装配气闸或适当装置以防止倒吸。

4.3　水

4.30　原料药生产中使用的水应证明适合其预期用途。

4.31　除非另有理由，生产用水至少应符合世界卫生组织（WHO）饮用水水质标准。

4.32　如果饮用水质量不足以保证原料药的质量，并要求制定更严格的化学和（或）微生物水质标准，则应制定有关理化指标、微生物总数、有害生物和（或）内毒素的适当规范。

4.33　如果生产用水经生产商处理后能够达到规定的质量标准，应对处理工艺进行验证，并用适当的指标限值进行监测。

4.34　如果非无菌原料药生产商欲将或声称该非无菌原料药适用于进一步加工成无菌药品（医疗用品），应监测和控制在最后分离和纯化步骤用水的微生物总数、有害生物和内毒素。

4.4 限制

4.40 生产高致敏性物料，如青霉素或头孢菌素，应使用专用生产区域，包括设施、空气处理设备和（或）工艺设备。

4.41 在涉及具有感染性或高药理活性或毒性的物质（如某些类固醇或细胞毒性抗癌药物）时，也应考虑专用生产区，除非建立和维持有效的灭活和（或）清洁程序。

4.42 应制定并实施适当措施，防止人员、物料等从一个专用区域转移到另一个专用区域产生交叉污染。

4.43 除草剂和杀虫剂等剧毒非药用物料的任何生产活动（包括称重、碾磨或包装），不得使用生产原料药的厂房和（或）设备。处理和储存这些剧毒非药用物料应与原料药分开。

4.5 照明

4.50 所有区域应提供充足的照明，以方便清洁、维护和正确操作。

4.6 污水和垃圾

4.60 在厂房内和邻近区域内的污水、垃圾及其他废物（如生产过程中产生的固体、液体或气体副产物）应以安全、及时和卫生的方式处理。废料容器和（或）管线应清楚标示。

4.7 卫生和维护

4.70 生产中间产品和原料药的厂房应妥善维护、维修和保持清洁。

4.71 应建立书面程序，分配卫生责任，并说明清洁厂房和设施所用的清洁时间表、方法、设备和材料。

4.72 必要时，还应建立书面程序，以便使用适当的灭鼠剂、杀虫剂、杀菌剂、熏蒸剂、清洁剂及消毒剂，以防止设备、原料、包装/标签材料、中间产品和原料药受到污染。

5 工艺设备

5.1 设计及建造

5.10 用于生产中间产品和原料药的设备应合理设计、尺寸适当，并应适合预期用途、清洁、消毒（在适当情况下）和保养。

5.11 设备的构造应使与原料、中间产品或原料药接触的表面不会改变中间产品和原料药的质量，超出官方或其他规定的标准。

5.12 生产设备只能在其确认过的操作范围内使用。

5.13 在生产中间产品或原料药期间使用的主要设备（如反应堆、储存容器）和永久安装的生产管线应有适当的标识。

5.14 与设备操作有关的任何物质，如润滑油、加热液或冷却剂，不应与中间产品或原料药接触，以免改变其质量，超出官方或其他规定的标准。任何偏离这一点的偏差都应该进行评估，以确保不会对物料的适用性产生不利影响。尽可能使用食品级润滑油和食用油。

5.15 应在适当时使用密闭或封闭设备。在使用开放式设备或设备开启时，应采取适当的预防措施，以减少污染的风险。

5.16 应保存一套设备和关键装置（如仪器和公用设施系统）的现行图纸。

5.2 设备保养和清洁

5.20 应建立设备预防性保养时间表和程序（包括责任的分配）。

5.21 应建立用于生产中间产品和原料药的设备清洁及其后续放行的书面程序。清洁程序应包含足够的细节，使操作人员能够以可重现和有效的方式清洁每种设备。这些程序应包括：

- 分配清洁设备的责任；
- 清洁时间表，包括在适当情况下的消毒时间表；
- 对方法和材料的完整描述，包括用于清洁设备的清洗剂的稀释方法；
- 在适当的情况下，拆卸和重新组装每件设备，以确保正确清洁；
- 移走或抹掉前一批标识的说明；
- 使用前清洁设备防止污染的说明；
- 如果可能，在使用前检查设备的清洁状况；
- 在适当的情况下，规定工艺结束和清洁设备之间允许的最长时间间隔。

5.22 设备和器具应进行清洗、储存，并在适当情况下进行消毒或灭菌，以防止污染，避免改变中间产品或原料药质量的物料超出官方或其他规定的标准。

5.23 当设备用于相同的中间产品或原料药连续生产或阶段性集中批生产，设备应在适当的时间间隔内进行清洁，以防止积聚和携带污染物（如降解物或有害微生物）。

5.24 非专用设备应在不同物料生产之间进行清洁，以防止交叉污染。

5.25 残留物的验收标准、清洁程序和清洗剂的选择应明确且合理。

5.26 设备应通过适当的方法标识其内容物及其清洁状况。

5.3 校准

5.30 对保证中间产品或原料药质量至关重要的控制、称重、测量、监测和测试设备，应根据书面程序和既定时间表进行校准。

5.31 如果可能，设备校准应使用可溯源到认证标准的标准。

5.32 应保存校准记录。

5.33 关键设备的当前校准状态应已知并可验证。

5.34 不应使用不符合校正标准的仪器。

5.35 应调查关键仪器校准标准的偏差，以确定自上次成功校准以来，这些偏差是否对使用该设备生产的中间产品或原料药的质量产生影响。

5.4 计算机化系统

5.40 GMP 相关计算机化系统应经过验证。验证的深度和范围取决于计算机应用的多样性、复杂性和关键性。

5.41 应用适当的安装确认及运行确认来证明计算机硬件和软件适合执行所分配的任务。

5.42 已经过确认的商用软件不需要进行相同级别的测试。在安装时未验证现有系统的情况下，如果有适当的文件，可以进行回顾性验证。

5.43 计算机化系统应有足够的控制，以防止未经授权查阅或更改资料。计算机化系统应能控制以防止数据丢失（如系统关闭和数据未被捕获）。计算机化系统应能记录任何数据改动、上一次进入、谁做了改动，以及什么时间进行了改动。

5.44 计算机化系统的操作和维修应备有书面程序。

5.45 在手动输入关键数据的情况下，应额外检查输入的准确性。这可以由第二个操作人员或系统本身来完成。

5.46 与计算机化系统有关的可能影响中间产品或原料药质量以及记录或测试结果可靠性的事件应予以记录和调查。

5.47 计算机化系统的变更应根据变更程序进行，并应正式授权、记录和测试。所有更改，包括对系统硬件、软件和任何其他关键组件的修改，均应予以记录。这些记录应该表明系统是在经过验证的状态下进行维护。

5.48 如果系统故障或失灵可能导致永久的记录丢失，则应提供备份系统。应为所有计算机化系统建立一种数据保护的方法。

5.49 除计算机化系统外，数据还可以用其他方法记录。

6 文件和记录

6.1 文件系统和规范

6.10 所有与生产中间产品或原料药相关的文件都应按照书面程序编写、审核、批准和发布。这些文件可以是纸质，也可以是电子形式。

6.11 所有文件的发布、修订、替换和撤销都应保持历史记录。

6.12 应建立保存所有适用文件的程序（如开发历史报告、扩大规模报告、技术转让报告、工艺验证报告、培训记录、生产记录、控制记录和流通记录）。应规定这些文件的保存期限。

6.13 所有生产、控制和分发记录应在批次到期日后至少保存 1 年。对有复检期的原料药，在批处理完成后，记录应至少保存 3 年。

6.14 在需要进行记录时，应在执行操作活动后，即刻以不易擦除的方式在所提供的空白处填写，并标明填写者。修改内容时应注明日期，签名并保持原记录内容仍可识读。

6.15 在保存期间，所有原始记录的原件或副本应在记录中开展所述活动的机构随时可得到。能够以电子或其他方式，从其他地点迅速检索到的记录是可以接受的。

6.16 规格标准、说明、程序和记录可以原件或真实副本（如影印件、缩微胶片或其他可准确再现原始记录的复制品）保存。在使用缩微胶片或电子记录等压缩技术时，应随时提供适当的检索设备和制作硬拷贝的方法。

6.17 应制定原料、中间产品、原料药、标签和包装材料的规格标准并形成文件。另外，对其他物料，如工艺助剂、填料，或在生产中间产品或原料药时使用的可能严重影响质量的其他材料也应制定质量标准。应制定工艺控制的验收标准并形成文件。

6.18 如果文件使用电子签名，则应对其进行身份验证，并确保安全。

6.19 当记录条目时，这些条目应在相应空格内，直接在执行活动后填写，并应指明填写条目的人。对条目的修改应该注明日期和签名，并保持原始条目的可读性。

6.2 设备清洁及使用记录

6.20 主要设备的使用、清洁、消毒和（或）灭菌以及保养应记录有日期、时间（如果必要）、产品和批号以及清洁和维护人员。

6.21 如果设备专门用于生产一种中间产品或原料药，中间产品或原料药的批次有可追溯的顺序，则无需有单独的设备记录。在使用专用设备的情况下，清洁、保养及使用记录可以作为批记录的一部分或单独保存。

6.3 原料、中间产品、原料药标签和包装材料记录

6.30 应保持记录，包括：
• 生产商名称，原料药、中间产品标签及包装材料的鉴别及数量，供应商名称、供应商的管理编号（如已知）或其他识别号码，接收编码和接收日期；
• 所进行的任何测试或检查的结果及由此得出的结论；
• 记录材料的使用情况；
• 对合格的原料药标签和包装材料进行检验和审查的文件；
• 对不合格的原材料、中间产品或原料药标签及包装材料的最终决定。

6.31 应保留主（批准）标准，以便与已发出的标准进行比较。

6.4 主生产指导书（主生产控制记录）

6.40 为保证批次的一致性，每个中间产品和原料药的主生产指导书应由一人编写、签署日期并签名，由质量部门的另一人员复核、签署日期并签名。

6.41 主生产指导书应包括：
• 正在生产的中间产品或原料药的名称和标识文件参考代码（如适用）。
• 一份完整的原料和中间产品清单，这些原料和中间产品的确定名称或代码足以识别任何特殊质量特征。
• 每一种原料或中间产品的数量或比例的精确描述，包括计量单位。如果数量不固定，则应包括每批数量或产量的计算。在合理的情况下，应包括数量的变化。
• 拟使用的生产场地和主要生产设备。

- 详细的生产说明，包括：①执行的工序；②使用的工艺参数范围；③在适当的情况下，采样说明和工艺控制及其验收标准。
- 在适当情况下，完成个别工序和（或）整个工序的时限。
- 在适当的加工或时间阶段的预期产量范围。
- 在适当情况下，应明确特别注意事项及采取的防护措施，或交叉参照；
- 储存中间产品或原料药的说明，包括标签和包装材料，以及在适当情况下有时限的特殊储存条件以确保可用性。

6.5 批次生产记录（批次生产和控制记录）

6.50 每批中间产品和原料药的批次生产记录，应包括每批生产和控制的完整信息。批次生产记录在放行前应进行核对，以确保批次生产记录是正确的版本，并能清晰准确地再现适当的主生产说明。如果批次生产记录是从主文件的单独部分生成的，则该文件应该包含对当前使用的主生产说明的引用。

6.51 这些记录应该用唯一的批号或标识号编号，签署日期并签名。在连续生产中，产品编号连同日期和时间可以作为唯一标识符，直到最终编号分配完毕。

6.52 完整的批次生产记录（批次生产和控制记录）中每个重要步骤的文件应包括：

- 日期及时间（必要时）；
- 使用的主要设备（如反应堆、干燥器、研磨机等）的标识；
- 每个批次的具体标识，包括生产过程中使用的原料、中间产品或任何再加工材料的重量、尺寸和批号；
- 记录关键工艺参数的实际结果；
- 执行的任何取样；
- 执行和直接监督或检查操作的每个关键步骤的人员的签名；
- 中间过程控制和实验室分析结果；
- 恰当阶段或时间实际的收率；
- 中间产品或原料药的包装和标签说明；
- 商业化使用的原料药或中间产品的代表性标签；
- 注意到的任何偏差，其评估、调查（如适用）或单独储存时提及的调查报告；
- 放行测试结果。

6.53 应建立并实施书面程序，对关键偏差以及不合格原料或中间产品进行调查。这种调查应延伸到可能与该不合格原料或中间产品以及偏差有关的批次。

6.6 实验室控制记录

6.60 实验室控制记录应包括所有试验的完整数据，以确保符合规范标准，包括以下检查和检验：

- 对收到测试用样品的描述，包括物料的名称或来源、批号或其他识别码、取样日期，以及在适当的情况下取样的数量和日期；

- 对所使用的每种测试方法的陈述或引用；
- 方法所描述的用于每次测试的样品的重量或测量的说明，参考标准、试剂和标准溶液的制备和试验的数据或相互参照的数据；
- 在每次测试中生成的所有原始数据的完整记录，以及实验室仪器的图谱、图表和光谱，通过正确识别以显示特定材料和批量测试；
- 与测试有关的所有计算的记录，包括计量单位、换算因子和等价因子；
- 对测试结果进行陈述，如何将其与认可的标准进行比较；
- 每次测试操作人员的签名及测试日期；
- 校核人的签名和日期，表明原始记录已经过审核，以确保其准确性、完整性和符合既定标准。
- 测试结果的说明，以及它们如何与既定的验收标准进行比较。

6.61　还应保存完整的记录：

- 对既定分析方法的任何修改；
- 实验室仪器、仪表和记录装置的定期校准；
- 所有在原料药中进行的稳定性测试；
- 超标结果（OOS）的调查。

6.7　批次生产记录审核

6.70　批次生产和实验室控制记录（包括包装和标签）的审查和批准应建立并遵循书面程序，以确定在批次放行或分发之前中间产品或原料药是否合格。

6.71　批次生产和关键工艺步骤的实验室控制记录，在原料药批次放行或分发之前，应由质量部门审查和批准。非关键工序的生产和实验室控制记录可由合格的生产人员或其他部门按照质量单位批准的程序进行审查。

6.72　所有偏差、调查和 OOS 报告应作为批次记录审核的一部分在批次放行前进行审查。

6.73　质量部门可以将放行中间产品的责任和权力委托给生产商，但生产商控制范围以外的中间产品除外。

7　物料管理

7.1　控制总则

7.10　对物料的接收、鉴定、待检、储存、处理、取样、检验、批准或拒收，应当有书面程序说明。

7.11　中间产品和（或）原料药生产商应有一个评价关键材料供应商的系统。

7.12　物料应按照约定的规格从质量部门认可的供应商处购买。

7.13　如果关键物料供应商不是该物料的生产商，应告知中间产品和（或）原料药生产商该供应商的名称和地址。

7.14　更换关键原料的供应来源应按照第 13 条变更控制进行处理。

7.2 接收和待检

7.20　在收货之前，应对每一容器或每组包装容器的物料进行目视检查，看其标签是否正确［包括供应商使用的名称与内部名称之间的相关性（如果这些名称不同）］，是否有容器损伤、密封损坏，以及有无其他表明开启或污染的证据。在对物料进行取样、检查、测试以及放行使用前，应将其隔离。

7.21　在接收和接受之前，每个集装箱或集装箱的材料分组以确保正确的标签、集装箱损坏、破损封条和篡改或污染的证据。

7.22　在来料与现有库存（如溶剂或筒仓库存）混合之前，应将其确定为正确的、经过测试的、适当的，并予以放行。应制定程序，防止将来料错误地卸入现有库存中。

7.23　如果散装物料用非专用槽车运输，应保证没有来源于槽车的交叉污染。可用以下的一种或几种方法来提供这种保证：清洁证明、痕量杂质检测、供应商审计。

7.24　应对大型储存容器及其多用途附属设备、填充和出料管路进行适当标识。

7.25　物料的每个容器或容器组（批）都应确定并用唯一的代码、批号或收货号进行标识。这个代码应用于记录每批的处理。应有一个系统来标识每批物料的状态。

7.3 来料的抽样与检验

7.30　除 7.32 所述物料外，每批物料应至少进行一次鉴别检验。如果生产商有一个评估供应商的系统，供应商的分析证书可以用来代替其他测试。

7.31　核准供应商时应评估提供的充分证据（如既往的质量记录），证明其能够持续提供合格物料。在减少内部检验之前，至少要对三个批次进行全面分析。但至少应在适当的时间间隔进行充分的分析，并与分析证明进行比较。应定期检查分析证书的可靠性。

7.32　加工助剂、有害或剧毒的原料、其他特殊物料或转移到企业控制范围内的其他单位的材料，如果获得了生产厂家的分析证明，表明这些原料合格，则无需检验。对容器、标签和批号记录的目视检查应该有助于物料的鉴定。这些物料不做现场检验的理由应合理说明并记录。

7.33　样品应能代表取样物料的批次，抽样方法应规定抽样的容器数量、抽样部位和每个容器的取样量。样品数量和样品大小应基于抽样计划，考虑到物料的关键性、可变性、供应商既往的质量历史以及分析所需的数量。

7.34　抽样应在规定的地点进行，采用程序规定的方法取样，以防取样物料被污染和污染其他物料。

7.35　将取样品的容器应小心开启，随后重新封闭。应对取过样的容器进行标记。

7.4 储存

7.40　物料应以防止降解、污染和交叉污染的方式运输和储存。

7.41　纸桶装、袋装或箱装原料应离地储存，并在适当的情况下适当间隔，以便进行清洁和检查。

7.42　物料应储存在对其质量没有不利影响的条件下和期限内，通常应加以控制，做到先进先出。

7.43　某些装在适当容器中的物料，只要其标签字迹保持清晰可辨，容器在开启和使用前进行适当清洁，则可以存放在室外。

7.44　不合格物料应在隔离系统下加以标识和控制，以防止在生产过程中未经许可使用。

7.5　重新评估

7.50　物料应酌情重新评估，以确定其是否适合使用（如长时间储存或暴露于高温或潮湿环境后）。

8　生产和中间过程的控制

8.1　生产操作

8.10　中间产品和原料药生产的原料应在不影响其适用性的适当条件下进行称重或测量。称重和测量装置应具有适合预期用途的精度。

8.11　如果将某物料分出一部分留待以后生产使用，应使用合适的容器来盛装该物料，并且标明下列内容：
- 物料名称和（或）代码；
- 接收或控制编号；
- 新容器中物料的重量或体积；
- （如有需要）重新评估或复检日期。

8.12　关键的称重、测量或分装操作应予以见证或同等管制。在使用前，生产人员应验明该物料是要生产的中间产品或原料药批记录中指定的物料。

8.13　其他关键活动应予以见证或同等管制。

8.14　实际产量应与生产过程中指定步骤的预期产量进行比较。应根据既往的实验室、中试规模或生产数据，确定适当范围内的预期产量。应调查与关键工艺步骤相关的产量偏差，以确定它们对受影响批次的质量产生的影响或潜在影响。

8.15　任何偏差应记录并解释。任何临界偏差都应该进行调查。

8.16　主要设备单元的加工状况应标示在每一个设备单元上或通过适当的文件、计算机控制系统或其他方式加以说明。

8.17　应适当控制要重新加工或返工的物料，以防止未经许可而使用。

8.2　时限

8.20　如果主生产说明规定了时限（见 6.41），应满足这些时限，以确保中间产品和原料药的质量。应对偏差进行记录并评估。在对目标值（如调整 pH 值、氢化、干燥至预定规格）进行处理时，时限可能不合适，因为反应的完成或处理步骤是由过程中的取样和测试决定的。

8.21 用于进一步加工的中间产品应储存在适当的条件下，以确保其适合使用。

8.3 中间过程的取样和控制

8.30 应建立书面程序，监测那些造成中间产品和原料药质量变化的加工步骤，并控制该加工步骤的性能。中间过程控制及其验收标准应在开发阶段在获得的数据或历史数据的基础上确定。

8.31 验收标准以及测试的类型和范围取决于所生产的中间产品和原料药的性质、所进行的反应或工艺步骤，以及工艺引起产品质量变化的程度。不太严格的过程控制可能适用于早期的工艺步骤，而较严格的控制可能适用于后期的工艺步骤（如分离和纯化步骤）。

8.32 关键工艺控制（和关键工艺监测）包括控制点和方法，应以书面形式说明，并由质量部门批准。

8.33 中间过程控制可由生产部门有资质的人员执行，如果工艺调整在由质量部门事先核准的范围内进行，则无需事先得到质量部门的批准。所有测试和结果应作为批记录的一部分全部存档。

8.34 书面程序应描述工艺控制中物料、中间产品和原料药的抽样方法。抽样计划和程序应基于科学合理的抽样实践。

8.35 中间过程取样应按照既定的规程进行，以防止抽样材料和其他中间产品或原料药的污染。应建立程序以确保采集后样品的完整性。

8.36 以监控和（或）工艺调整为目的的中间过程测试通常不需要超标结果（OOS）的调查。

8.4 中间产品或原料药的混批

8.40 根据本文件的目的，混批的定义是将相同规格的物料合并成均匀的中间产品或原料药的工艺过程。在工艺过程中，一个批号的几个部分（如从几个离心机收集一批）或多个批次混合进一步加工，是生产工艺的一部分，不视为混批。

8.41 超标结果的批次不应与其他批次混合以满足规格要求。即将混批的每批物料应采用已建立的工艺进行生产，并应经过单独测试，在混合前应符合适当的规格。

8.42 可接受的混批操作应包括但不限于：

• 为增加批量将小批进行混合；

• 多批的同一中间产品或原料药的尾料（分离出的相对少量的物料）混合形成一个单独的批号。

8.43 应充分控制和记录混合工艺，并在适当的情况下测试混批是否合格。

8.44 混合工艺的批记录应能够追溯到构成混合的各个批次。

8.45 如果原料药的物理属性很重要（如用于固体口服剂型或悬浮液的原料药），则混批操作应经过验证，以显示混批的均匀性。验证应包括测试可能受混合工艺影响的关键属性（如粒度分布、体积密度和振实密度）。

8.46 如果混批操作可能对稳定性产生不利影响，应对最后一批掺合料进行稳定性试验。

8.47　混批的有效期或复检期应按照混批中最早尾料或批次的生产日期计算。

8.5　污染控制

8.50　如果有足够的控制，残留物料可以带入连续分批加工的相同的中间产品或原料药，例如在微粉设备壁上的残留、出料后残留在离心机筒体内的湿粉，以及在物料进入下一步工艺时反应器中没有全部流出的液体或结晶。此类残留不应导致降解物或微生物的污染，从而影响既定的原料药杂质情况。

8.51　生产操作应防止中间产品或原料药受到其他材料污染。

8.52　纯化处理原料药时应采取预防污染的措施。

9　原料药和中间产品的包装和标签

9.1　总则

9.10　包装和标签材料的接收、鉴定、待检、取样、检验和（或）放行以及处理，都应有书面程序。

9.11　包装材料和标签应符合规定的规格。不符合该规格的应拒收，以防止其在不适合的操作中被使用。

9.12　每批标签和包装材料的记录应保存，应显示其接收、检验或检查以及验收或拒收。

9.2　包装材料

9.20　容器应对中间产品或原料药提供足够的保护，防止中间产品或原料药在运输中和建议的储存条件下变质或污染。

9.21　容器应洁净，或按照中间产品或原料药的性质进行消毒，以确保其适合其预定用途。这些容器应不具有反应活性、添加性或吸附性，以免改变中间产品或原料药质量，使其不合格。

9.22　如果容器被重复使用，应按照书面程序进行清洗，所有旧标签都应被移除或涂污。

9.3　标签的发放和控制

9.30　仅授权人员有权进入标签储存区域。

9.31　应采用程序对已发出、使用和退回的标签数量进行核对，并评估贴上标签的容器数量与已发出标签数量之间的差异。此类差异应进行调查，调查应得到质量部门的批准。

9.32　所有剩余的印有批号或涉及该批内容的标签都应销毁。收回的标签应以能防止混淆并提供适当标识的方式加以保留和储存。

9.33　应销毁废弃和过期标签。

9.34 包装操作中用于打印标签的设备应加以控制，以确保所有印刷符合批次生产记录中规定的印刷要求。

9.35 应仔细检查发放给某批次的印刷标签是否符合主生产记录中的规格。检查的结果应记录在案。

9.36 批生产记录应附所用标签的打印样张。

9.4 包装和贴标操作

9.40 应制定书面程序，以确保使用正确的包装材料和标签。

9.41 粘贴标签操作应防止混淆。应与涉及其他中间产品或原料药的操作有物理或空间的隔离。

9.42 中间产品或原料药容器上的标签应标明名称或标识代码、产品批号和储存条件，而这些信息对于保证中间产品或原料药的质量至关重要。

9.43 如果中间产品或原料药将运输到生产商的物料管理系统之外，标签上还应包括生产商的名称和地址、内容数量、特殊运输条件以及任何特殊的法律要求。对于有有效期的中间产品或原料药，应在标签和分析证明上标注有效期。对于有复检日期的中间产品或原料药，应在标签和（或）分析证明上标注复检日期。

9.44 包装和粘贴标签设备应在使用前及时进行检查，以确保下一个包装操作不需要的所有材料都已拆除。检查应记录在批次生产记录、设备日志或其他文件系统中。

9.45 应检查已包装和贴上标签的中间产品或原料药，以确保批次中的容器和包装有正确的标签。这个检查应该是包装操作的一部分。检查结果应记录在批次生产或控制记录中。

9.46 在生产商控制范围之外运输的中间产品或原料药容器应以这样的方式加封：如果密封被破坏或丢失，收件人将获知包装内的物料可能被动过。

10 仓储和流通

10.1 仓储库规程

10.10 在适当的条件下（如有需要，可控制温度和湿度），应备有存放所有物料的设施。如果这些条件对物料特性的保持至关重要，则应记录这些条件。

10.11 除非另有其他系统可以防止待检、不合格、退回或召回的物料的误用或未经许可的使用，应指定单独的存放区域以便暂时存放这些物料，直至确定其用途为止。

10.2 流通规程

10.20 原料药和中间产品只有在质量部门放行后才应配送给第三方。原料药和中间产品可以在质量部门授权的情况下被隔离转移到企业控制的另一个部门，如果有适当的控制和文件的话。

10.21 原料药和中间产品的运输方式应不影响其质量。

10.22 原料药和中间产品的特殊运输或储存条件应在标签上注明。

10.23 生产商应确保原料药和中间产品的运输合同接受方（承包商）了解并遵守相关的运输和储存要求。

10.24 应建立一个制度，能够很容易地确定每批中间产品和原料药的流通情况，以便允许召回。

11 实验室控制

11.1 控制总则

11.10 独立的质量部门应有足够的实验室设施可供使用。

11.11 应有书面程序，描述对材料的取样、测试、批准或拒收，以及实验室数据的记录和保存。实验室记录应按照 6.6 的规定保存。

11.12 所有规范、取样方案和测试程序都应科学合理，以确保原料、中间产品、原料药、标签和包装材料符合既定的质量和（或）纯度标准。规范和测试程序应与注册/备案内容一致。可以增加注册/备案以外的规范标准。规范、取样方案和测试程序，包括对其的修改，应由适当的部门起草并由质量部门审查和批准。

11.13 应根据公认的标准并与生产过程一致，为原料药制定适当的规范。规范中应包括杂质控制（如有机杂质、无机杂质和残留溶剂）。如果原料药已有微生物标准，应建立和满足微生物总数和有害生物的适当控制限值。如果原料药已有内毒素标准，应建立和满足适当的控制限值。

11.14 应遵守实验室控制，并在执行时进行记录。任何偏离上述程序的地方都应记录在案并加以解释。

11.15 应按照规程调查和记录任何超标（OOS）结果。此程序应要求对数据进行分析，评估是否存在重大问题，分配纠正措施的任务，并得出结论。在出现超标结果后，应根据书面程序重新取样和（或）重新检验。

11.16 应按照书面程序配制试剂和标准溶液并进行标记。分析试剂和标准溶液应适当使用"用至"日期。

11.17 对于原料药的生产，应获得适当的基准参比标准物质。应记录每个基准参比标准物质的来源。应根据供应商的建议，对每个基准参比标准物质的储存和使用进行记录。如果存储条件与供应商推荐的要求相符，从官方认可的来源获得基准参比标准物质，如果储存在供应商建议的条件下，通常不需检验即可使用。

11.18 如果无法从官方认可的来源获得基准参比标准物质，应制备"内控基准标准物质"。应进行适当的分析，以充分确定基准参比标准物质的同一性和纯度。应保存这些测试文件。

11.19 应适当制备、鉴别、检验、批准和储存二级参比标准物质。每批二级参比标准物质在首次使用前，应与基准参比标准物质进行比较，以确定其适用性。每批二级参比标准物质应按照书面方案，定期进行确认。

11.2 中间产品和原料药的检验

11.20 每批中间产品和原料药应进行适当的实验室检验，以确定是否合格。

11.21 每一种原料药应建立杂质概况，描述由特定受控生产工艺程产生的典型批次中存在的已识别和未识别的杂质。杂志概况应包括鉴别或某些定性分析的名称（如保留时间）、观察到的每种杂质的范围，以及每种已识别杂质的类别（如无机杂质、有机杂质、残留溶剂）。杂质概况通常取决于原料药的生产工艺和来源。来源于草药或动物组织的原料药通常不需杂质概况。可参考 ICHQ6B 指南中生物技术方面的注意事项。

11.22 为检测因原材料、设备操作参数或生产工艺的变更而发生的原料药杂质变化，应在适当的时间间隔内，将杂质概况与监管文件中的杂质概况进行比较，或将其与历史数据进行比较。

11.23 如果对微生物质量有规定，应对每批中间产品和原料药进行适当的微生物检验。

11.3 分析方法的验证

分析方法的验证参见第 12 节。

11.4 分析证书

11.40 应要求对每批中间产品或原料药出具真实的分析证书。

11.41 分析证书应提供中间产品或原料药名称，如果可能包括其等级、批号、放行日期等信息。对有有效期的中间产品或原料药，标签和分析证书上应注明有效期。对有复检日期的中间产品或原料药，标签和（或）分析证书上应注明复检日期。

11.42 报告单应列明按照药典要求或客户要求进行的各项检验，包括验收限值以及获得的数值结果（如果测试结果是数值）。

11.43 分析证书应由质量部门的授权人员签名和签署日期，并注明原生产商的名称、地址和电话号码。如果分析是由重新包装商或重新加工商完成的，分析证书应注明重新包装商或重新加工商的名称、地址、电话以及原生产商名称作为参考。

11.44 如果是重新包装商或重新加工商、代理人或中间人出具或以其名义出具新的分析证书，这些分析证书应附注原生产商的名称和地址。如果包含对原始批次证书的引用，应附上该证书的副本。

11.5 原料药的稳定性检测

11.50 应有书面的、持续的测试程序以检测原料药的稳定性，并将结果用于确定适当的储存条件和复检期或有效期。

11.51 稳定性检测中使用的方法应经过验证，并具有稳定性指示性。

11.52 用于稳定性检测的样品应储存在模拟市售容器中。例如，如果原料药是包装在纤维桶中的袋子里销售，稳定性样品可包装在相同材料的袋子中，也可以包装在与市售桶材料成分相似或相同的较小的桶中。

11.53 正常情况下，前 3 个商业生产批次应进行稳定性检测，以确认复检期或有效期。但如果以前的研究数据显示原料药至少在 2 年内保持稳定，那么使用的批次可少于 3 次。

11.54　此后，每年至少生产一批原料药（当年未生产除外）进行稳定性检测，并至少每年进行一次测试以确认其稳定性。

11.55　对于有效期较短的原料药，应增加检测频率。例如，对于储存期为一年或更短的生物技术（生物制品）或其他原料药，稳定性检测应在前三个月每月一次，之后每三个月进行一次。当有数据确认原料药的稳定性不受影响时，可以考虑取消特定的检测时间间隔（例如 9 个月的检测）。

11.56　在适当情况下，稳定性储存条件应符合 ICH 关于稳定性的准则。

11.6　有效期和复检期

11.60　当中间产品被转移到生产商物料管理系统之外，并规定了有效期或复检期时，应提供支持性稳定信息（如公布的数据、测试结果）。

11.61　原料药的有效期或复检期应基于对稳定性研究所得数据的评估。通常使用复检期，而非有效期。

11.62　初步的原料药有效期或复检期可根据中试批次计算，前提是：①中试批次采用的生产方法和规程是模拟商业生产规模使用的最终工艺；②原料药的质量代表了将以商业规模生产的物料。

11.63　应取具有代表性的样品进行复检。

11.7　留样

11.70　留样的包装和保存是为了将来可能对原料药批次的质量进行评估，而不是为了将来的稳定性检测。

11.71　每批原料药的适当鉴定的备用样品应在生产商指定批次有效期到期后保留一年，或在批次流通后保留三年，以较长时间为准。对于有复检期的原料药，留样应在该批次全部由生产商流通后保留三年。

11.72　留样应储存在与原料药相同的储存包装系统中，或储存在与已上市包装系统同等或更具有保护作用的包装系统中。应保留足够的数量，以进行至少两次完整的药典分析，或在没有药典专论的情况下，进行两次完整的规范分析。

12　验证

12.1　验证方针

12.10　企业的验证总方针、目的和方法，包括生产工艺验证、清洁验证、检验方法验证、中间过程控制验证、计算机化系统验证，以及负责设计、审查、批准和记录每个验证阶段的人员，都应记录。

12.11　关键参数/属性应通常在开发阶段或通过历史数据确定，并应规定可重复性操作必需的范围。这包括：

- 定义原料药的产品关键属性；
- 确定可能影响原料药关键质量属性的工艺参数；

- 确定在日常生产和工艺控制中预期使用的每个关键工艺参数的范围。

12.12 验证应该扩展到那些对原料药的质量和纯度至关重要的操作。

12.2 验证文件

12.20 应制订书面验证方案，规定如何对特定流程进行验证。该方案应由质量部门和其他指定部门审查和批准。

12.21 验证方案应明确关键的工艺步骤及验收标准，以及要进行的验证类型（如回顾性验证、前瞻性验证和同步验证）和工艺运行次数。

12.22 验证报告应编制交叉引用验证方案，总结验证结果，对观察到的任何偏差进行评论，并得出适当的结论，包括更改建议以纠正缺陷。

12.23 验证方案的任何变化都应以适当的理由记录在案。

12.3 确认

12.30 在开始工艺验证活动之前，应完成关键设备和辅助系统的适当确认。确认一般通过下列活动单独或联合进行。

- 设计确认（DQ）：用文件证明设施、设备或系统的建议设计是否适合预期目的。
- 安装确认（IQ）：用文件证明安装或改造的设备或系统符合批准的设计、生产商的建议和（或）用户的要求。
- 操作确认（OQ）：用文件证明安装或改造的设备或系统能够在整个预期运行范围内运行。
- 性能确认（PQ）：用文件证明设备和辅助系统连接在一起，能够按照批准的工艺方法和规范有效地、可重复地运行。

12.4 工艺验证方法

12.40 工艺验证（PV）是由文件证明工艺在确定的操作参数范围内运行，能够有效地、可重复地生产出符合预定规格标准和质量属性的中间产品或原料药。

12.41 有三种验证方法。前瞻性验证大多数时候是首选方法，但也可以使用其他方法。下面列出了这些方法及其适用性。

12.42 前瞻性验证通常用于12.12中定义的所有原料药工艺。在原料药生产过程中进行的前瞻性验证应在原料药最终产品的商业销售前完成。

12.43 由于原料药批次有限，不经常进行原料药生产，或原料药批次是由已验证但变更了的工艺生产，因而难以从重复生产中得到数据时，可以进行同步验证。在同步验证完成之前，如果对生产批次进行彻底监控和分析，批次可以放行并用于最终产品的商业销售。

12.44 对于原料、设备、系统、设施或生产工艺变化并未对原料药质量造成重大影响的成熟工艺，可进行回顾性验证。该验证方法可用于以下情况：

（1）识别关键质量属性和关键工艺参数；

（2）建立适当的中间过程验收标准和控制；

（3）除操作人员失误或与设备适用性无关的设备故障外，没有其他原因导致重大工艺/产品故障；

（4）已建立现有原料药的杂质概况。

12.45　用于回顾性验证的批次应代表审核期间所做的所有批次，包括不合格的批次，数量应足以证明工艺一致性。可以对留样进行测试，获得工艺回顾性验证数据。

12.5　工艺验证程序

12.50　用于验证的工艺运行数量应取决于工艺的复杂性或正在考虑的工艺更改的程度。对于前瞻性验证和同步验证，应用连续的三个成功的生产批次，但是在某些情况下，可能需要增加工艺运行数量来证明工艺的一致性（如复杂的原料药工艺或原料药工艺耗时长）。对于回顾性验证，通常应该检查10到30个连续批次的数据，以评估过程的一致性，但如果合理的话，也可以检查较少的批次。

12.51　在工艺验证期间，应控制和监控关键工艺参数。与质量无关的工艺参数，如为减少能耗或设备使用而控制的变量，不需要包括在工艺验证中。

12.52　工艺验证应确认每种原料药的杂质概况在规定的范围内。杂质概况应与历史数据相媲美或优于历史数据，在适用的情况下，应与工艺开发过程中确定的或用于关键临床和毒理学研究的批次确定的杂质概况相一致。

12.6　验证系统的定期审查

12.60　系统和工艺应定期进行评估，以验证它们仍然以有效的方式运行。如果没有对系统或工艺进行重大变更，并且质量审核确认系统或工艺连续生产的物料合格，通常不需要重新验证。

12.7　清洁验证

12.70　清洁程序通常应经过验证。一般来说，清洁验证应针对污染或物料搬运对原料药质量构成最大风险的情况或工艺步骤进行。例如，在早期生产中，可能没有必要验证通过后续净化步骤去除残留物的设备清洁过程。

12.71　清洁程序的验证应反映设备的实际使用模式。如果不同的原料药或中间产品是在同一设备中生产，并且设备是用相同的工艺清洁，可以选择具有代表性的中间产品或原料药进行清洁验证。这种选择应根据溶解性和清洁难度，以及基于效力、毒性和稳定性计算出的残留限量来进行。

12.72　清洁验证方案应对要清洁的设备、程序、物料、可接受的清洁水平、监测和控制的参数，以及分析方法进行描述。该方案还应说明要获得的样品类型，以及如何进行取样和标识。

12.73　取样应包括适当的拭子、冲洗或其他方法（如直接萃取），如果可能，同时检测不溶性和可溶性残留物。所使用的取样方法应能够定量测量清洁后设备表面的残留物水平。由于设备设计和（或）工艺限制（如软管、输送管道、带有小端口或处理有毒物质的反应堆槽的内表面，以及微粉机和微型流化床等复杂的小设备），产品接触面不易接触时，拭子取样可能无法实施。

12.74 应使用对检测残留物或污染物具有敏感性的经过验证的分析方法。每种分析方法的检测限应足够灵敏，以检测既定的残留物或污染物的可接受水平。应制定该方法的回收率水平。残留物限值应切实可行、可操作、可验证，并以最有害的残留物为基础。可根据已知的原料药或其最有害成分的最低药理学、毒理学或生理学活性来确定限值。

12.75 设备清洁/消毒应针对那些需要减少原料药中微生物总数或内毒素的工艺，或其他可能涉及此类污染的过程（如用于生产无菌产品的非无菌原料药），处理微生物和内毒素污染。

12.76 进行验证后，应在适当的间隔对清洁程序进行监测，以保证这些程序在日常生产中有效。在可行的情况下，应用分析检验和目测检查来监测设备的清洁度。目视检查可以检测通过抽样和（或）分析可能无法检测到的集中在小区域的严重污染。

12.8 分析方法的验证

12.80 分析方法应经过验证，除非所采用的是相关药典或其他公认的参考文献中的标准方法。但所有测试方法的适用性仍应在实际使用条件下进行验证并记录。

12.81 方法验证应包括在分析方法验证的 ICH 指南中包含的特征。执行的分析验证的程度应反映分析的目的和原料药生产工艺的阶段。

12.82 在开始分析方法验证之前，应考虑对分析设备进行适当的确认。

12.83 对于经验证的分析方法的任何修改，应保留完整记录。此类记录应包括修改的原因和适当的数据，以验证修改产生的结果与所建立的方法同样准确可靠。

13 变更控制

13.10 应建立正式的变更控制系统，评估所有可能影响中间产品或原料药生产和控制的变更。

13.11 书面程序应规定对原材料、规格标准、分析方法、设施、支持系统、设备（包括计算机硬件）、工艺步骤、标签和包装材料以及计算机软件的变更进行鉴定、文件编制、适当的审查和批准。

13.12 任何 GMP 相关变更的提案都应由适当的部门起草、审查和批准，并由质量部门审查和批准。

13.13 应评估拟议的变更对中间产品或原料药质量的潜在影响。分类法可能有助于确定测试、验证和文件管理的级别，以证明已验证的工艺变更是合理的。可根据变更的性质和程度（如小或大），以及变更可能对工艺产生的影响（如次要的或主要的）进行分类。为证明一个已经验证的工艺变更的可行性，应用科学的判断来决定哪些附加测试和验证是适当的。

13.14 在实施已批准的变更时，应采取措施确保所有受变更影响的文件都得到修订。

13.15 变更实施后，应对第一批在变更下生产或测试的批次进行评估。

13.16　应评估关键工艺的变更对已确定的复检期或有效期的潜在影响。如有必要，可将修改后的工艺产生的中间产品或原料药样品放入加速稳定程序中，或添加到稳定性检测程序中。

13.17　应将可能影响原料药质量的现有生产和工艺控制规程的变更通知当前剂型生产商。

14　物料的拒收和重复使用

14.1　拒收

14.10　对不符合既定规格的中间产品和原料药应予以识别并隔离。这些中间产品或原料药可以如下所述重新加工或返工。不合格物料的最终处置应记录在案。

14.2　重新加工

14.20　将不符合标准或规格的中间产品和原料药，返回工艺并用重结晶步骤或其他适当的化学或物理操作步骤（如蒸馏、过滤、层析、粉碎）重新加工。如果这些工艺步骤是既定的生产工艺的一部分，通常可以考虑接受。但如果这种处理用于大多数批次，那么这种重新加工应作为标准生产工艺的一部分。

14.21　工艺控制检测表明某工艺步骤未完成，继续进行该工艺步骤应视为正常工艺的一个部分，不作为重新加工。

14.22　将未反应的物料返回工艺中重新进行化学反应，可以认为是重新加工，除非它是已建立工艺的一部分。应对此类重新加工进行细致评估，以确保中间产品和原料药的质量不会因副产物和形成的过度反应物料而受到不利影响。

14.3　返工

14.30　在决定对不符合既定标准或规格的批次进行返工之前，应对不符合的原因进行调查。

14.31　已返工的批次应经过适当的评估、测试、稳定性检测（如有必要），并提供文件证明返工产品的质量与原工艺相同。同步验证通常是返工过程的适当验证方法。在此，允许有一个方案来定义返工过程、如何执行以及预期的结果。如果仅重新加工一个批次，可以编制报告，一旦显示可以接受就放行该批。

14.32　应有程序规定将每批返工批次的杂质概况与已建立的工艺生产的批次进行比较。如果常规分析方法不足以描述返工批次的特征，则应使用其他方法。

14.4　物料和溶剂的回收

14.40　如果有批准的回收程序，回收的物料符合其预定用途的规格，可接受反应物、中间产品和原料药的回收（如从母液或滤液中回收）。

14.41　如果对回收过程进行控制和监测，以确保溶剂在重复使用或与其他批准的物料混合使用前达到适当的标准，溶剂可以在相同工艺或不同工艺中回收和重复使用。

14.42　如果有充分的检测证明其适用于可能使用的生产工艺，新的和回收的溶剂和试剂可以混合使用。

14.43　回收溶剂、母液和其他回收物料的使用应充分记录在案。

14.5　退货

14.50　应对退回的中间产品和原料药进行标识和隔离。

14.51　如果在退货之前或期间，退回的中间产品和原料药的储存、运输条件或者其包装容器状况可能对中间产品和原料药质量产生影响，退回的中间产品和原料药应相应地进行返工、重新加工或销毁。

14.52　应保存退回的中间产品和原料药的记录。每次退货文件应包括：

- 收货人的名称和地址；
- 中间产品和原料药的批号，以及退回的数量；
- 退货的原因；
- 退回的中间产品和原料药的使用或处置。

15　投诉和召回

15.10　所有与质量相关的投诉，无论是口头投诉还是书面投诉，都应按照书面程序进行记录和调查。

15.11　投诉记录应包括：

- 投诉者的姓名和地址；
- 提交该投诉者的姓名（如有可能含职位）和电话号码；
- 投诉批次中间产品和原料药的性质（包括原料药的名称和批号）；
- 收到投诉的日期；
- 采取的初步措施（包括日期和执行者姓名）；
- 采取的任何后续措施；
- 对原投诉者的回复（包括回复日期）；
- 对该批次中间产品和原料药的最后处置决定。

15.12　应保留投诉记录，以评估趋势、相关产品的发生频率和严重程度，以便采取额外的即时纠正措施（如果适用）。

15.13　应建立书面程序，规定在何种情况下应考虑召回中间产品和原料药。

15.14　召回程序应指定参与评估资料的人员、启动召回的方法、召回应通知到的对象，以及确定被召回物料的处理方法。

15.15　在严重或可能危及生命的情况下，应通知地方、国家、国际相关部门，并征求他们的意见。

16　委托生产商（包括实验室）

16.10　所有受托生产商（包括实验室）应遵守本指南中规定的药品生产质量管理规范（GMP），特别应考虑防止交叉污染和保持可追溯性。

16.11 委托生产商应对受托生产商（包括实验室）进行评估，以确保合同场地的具体操作符合 GMP 要求。

16.12 委托方和受托方之间应签订书面合同或正式协议，详细规定双方的 GMP 职责，包括质量措施。

16.13 合同应允许合同委托方对合同受托方的设施进行审核，以确保其符合 GMP 要求。

16.14 如果允许分包，未经合同委托方事先评估和核准，合同受托方不得将合同中的任何工作转交给第三方。

16.15 生产和实验室记录应保存在操作现场，并随时可得。

16.16 不得对工艺、设备、测试方法、规格或其他合同要求进行变更，除非通知合同委托方并得到批准。

17 代理商、经纪人、贸易商、经销商、重新包装商和重新贴标商

17.1 适用性

17.10 本节适用于除原生产商以外，所有参与贸易，和（或）拥有、重新包装、重新贴标、营销、流通或储存中间产品和原料药的各方。

17.11 所有代理商、经纪人、贸易商、经销商、重新包装商和重新贴标商应遵守本指南中规定的药品生产质量管理规范（GMP）。

17.2 流通的原料药和中间产品的可追溯性

17.20 代理商、经纪人、贸易商、经销商、重新包装商和重新贴标商应保持其流通的中间产品和原料药的完整可追溯性。应保留并可获得的文件包括：
- 原生产商的名称；
- 原生产商的地址；
- 采购订单；
- 提货单（运输单据）；
- 收货单据；
- 原料药或中间产品的名称；
- 生产商批号；
- 运输及流通记录；
- 所有可信的分析证书，包括原生产商的分析证书；
- 复检期和有效期。

17.3 质量管理

17.30 代理商、经纪人、贸易商、经销商、重新包装商和重新贴标商应按照第 2 条的规定建立、记录和实施有效的质量管理体系。

17.4 原料药和中间产品的重新包装、重新贴标和存放

17.40 原料药和中间产品的重新包装、重新贴标以及存放应按照本指南的规定在适当的 GMP 控制下进行，以避免混淆、丧失原料药和中间产品的特性或纯度。

17.41 重新包装应在适当的环境条件下进行，以避免污染和交叉污染。

17.5 稳定性

17.50 如果原料药和中间产品被重新包装且与原料药或中间产品生产商使用的容器类型不同，则应进行稳定性检测，以确定有效期或复检期。

17.6 信息传递

17.60 代理商、经纪人、贸易商、经销商、重新包装商和重新贴标商应将从原料药或中间产品生产商处获得的所有质量或监管信息传递给用户，并将从用户处获得的所有质量或监管信息传递给原料药或中间产品生产商。

17.61 提供原料药或中间产品给用户的代理商、经纪人、贸易商、经销商、重新包装商和重新贴标商应提供原始原料药或中间产品生产商的名称和批号。

17.62 应主管部门要求，代理商应提供原料药或中间产品生产商的身份证明。原生产商可直接或通过其授权代理商向主管部门做出响应，具体情况取决于授权代理商与原原料药或中间产品生产商的法律关系（此处的"授权"是指生产商的授权）。

17.63 应符合 11.4 所列分析证书的具体指南。

17.7 投诉和召回的处理

17.70 代理商、经纪人、贸易商、经销商、重新包装商和重新贴标商应按照第 15 条的规定，对所有相关的投诉和召回保留投诉和召回记录。

17.71 如果情况允许，代理商、经纪人、贸易商、经销商、重新包装商和重新贴标商应与中间产品或原料药原始生产商一同审查投诉，以确定是否应与其他可能收到原料药或中间产品的用户或主管部门，两者一起，采取进一步措施。对投诉或召回原因的调查应由相关方进行并记录在案。

17.72 如果投诉涉及原料药或中间商，则代理商、经纪人、贸易商、经销商、重新包装商和重新贴标商的记录应包括原料药或中间商的任何回复（包括提供的日期和信息）。

17.8 退货处理

17.80 退回应按照 14.52 的规定处理。代理商、经纪人、贸易商、经销商、重新包装商和重新贴标商应保存退回原料药或中间产品的文件。

18 细胞培养/发酵生产原料药的特殊指南

18.1 总则

18.10 第18节旨在说明使用天然或重组生物体进行细胞培养/发酵生产原料药或中间产品的特殊控制，而在前几节中未做充分介绍。它不是一个独立的部分。一般来说，本文其他部分的GMP在此同样适用。请注意，用于生产小分子量产品的"经典发酵"以及用于生产蛋白质和（或）多肽的重组和非重组生物的过程的发酵原理是相同的，尽管控制程度不同。如果可行，本节将讨论这些差异。一般而言，用于生产蛋白质和多肽的生物工艺过程的控制程度大于"经典发酵"过程。

18.11 生物技术工艺（Biotech）指利用重组DNA、杂交或其他技术产生或修饰细胞或组织来生产原料药。生物技术工艺生产的原料药通常由高分子量物质组成，如蛋白质和多肽，本节对此做了具体指导。某些低分子量的原料药，如抗生素、氨基酸、维生素和碳水化合物也可以用重组DNA技术生产。这些类型的原料药的控制程度与"经典发酵"的控制程度相似。

18.12 "经典发酵"一词是指利用自然界中存在的微生物和（或）通过传统方法（如辐照或化学诱变）改良的微生物来产生原料药的工艺。"经典发酵"产生的原料药通常是低分子量产品，如抗生素、氨基酸、维生素和碳水化合物。

18.13 由细胞培养/发酵生产的原料药或中间产品涉及细胞培养或从生物体提取和纯化物质的生物学工艺。请注意，在生产过程中可能会有其他工艺步骤，如物理化学修饰。使用的原料（培养基、缓冲物质）可能对生长的微生物造成污染。根据原料药或中间产品的来源、制备方法和预定用途，可能需要在适当阶段控制生产过程和监测过程中的生物负荷、病毒污染、内毒素。

18.14 应对所有的生产阶段建立适当的控制，以确保原料药和中间产品的质量。虽然本指南从细胞培养/发酵步骤开始，但之前的步骤（如细胞库）应进行适当的工艺控制。本指南涵盖的细胞培养/发酵从取得一小瓶细胞库用于生产开始。

18.15 应使用适当的设备和环境控制方法以尽量减少污染的危险。环境质量的验收标准应取决于生产的步骤和生产条件（开放、封闭或密闭系统）。

18.16 通常工艺控制应考虑：

• 工作细胞库的维护（如有可能）；

• 适当接种和扩大培养；

• 细胞培养/发酵过程中关键操作参数的控制；

• 在适当情况下监测细胞生长、生存能力（对大多数细胞培养过程）和生产能力；

• 去除细胞、细胞碎片和培养基成分的收集和净化过程，同时保护中间产品或原料药免受污染（特别是微生物污染）和质量损失；

• 监测生物负荷，必要时监测适当生产阶段的内毒素水平；

• ICH Q5A《生物制品质量：从人体或动物细胞系获得的生物制品的病毒安全性评价》所述病毒安全性关注点。

18.17　在适当的情况下，应证明可以去除培养基成分、宿主细胞蛋白、其他与工艺有关的杂质、与产品有关的杂质和污染物。

18.2　细胞库的维护和记录保存

18.20　仅经授权的人员有权入细胞库。

18.21　细胞库应保持在维持活性和防止污染的储存条件下。

18.22　应保存细胞库中小瓶的使用记录和保存条件记录。

18.23　在适当的情况下，应定期监测细胞库，以确定是否适合使用。

18.24　关于细胞库的更多详细论述，参见 ICH Q5D《生物制品质量：用于生物技术/生物制品生产的细胞基质的起源和特征描述》。

18.3　细胞培养/发酵

18.30　在需要无菌添加细胞底物、培养基、缓冲液和气体的情况下，应尽可能使用封闭或密闭系统。如果在敞口容器中进行接种、转种或添加（培养基、缓冲液），应该有适当的控制和规程以使污染风险最小化。

18.31　如果原料药的质量可能受到微生物污染的影响，应在生物安全柜或类似的受控环境中进行开放式容器操作。

18.32　操作人员应着装适宜，并采取特殊预防措施处理培养物。

18.33　应监测关键操作参数（如温度、pH 值、搅拌速度、气体添加量、压力），以确保与既定工艺保持一致。对细胞生长、活性（大多数细胞培养工艺）进行监测，在适当的情况下，对生产能力也应进行监测。关键参数会因工艺不同而异，对于"经典发酵"，某些参数（如细胞活力）可能不需要监测。

18.34　细胞培养设备使用后应进行清洁和灭菌。在适当的情况下，应清洗发酵设备，并消毒或灭菌。

18.35　在适当的情况下，培养基在使用前应消毒，以保证原料药的质量。

18.36　应采取适当的程序来检测污染并确定应采取的措施，包括确定污染对产品影响的程序，以及对设备进行净化并使其恢复到可在后续批次中使用状态的程序。在发酵过程中观察到的外来微生物应适当识别，必要时应评估其存在对产品质量的影响。在处理产出物料时，应考虑到这种评估的结果。

18.37　应保存污染事件记录。

18.38　（多产品）共用设施可能需要在产品活动之间清洗后进行额外测试，以尽可能减少交叉污染的风险。

18.4　收获、分离和纯化

18.40　不管是去除细胞或细胞成分，还是收集破坏后的细胞成分，收获步骤应在指定的设备和设计的区域进行，以尽量减少污染的风险。

18.41　去除或灭活产生的有机物、细胞碎片和培养基成分（同时尽量减少降解、污染和质量损失）的收获和纯化程序应充分确保中间产品或原料药以一致的质量回收。

18.42　所有设备在使用后应进行适当的清洁和消毒。如果不影响中间产品或原料药的质量，可以不用清洁而连续生产多批。

18.43　如果使用开放系统，则应在适合保持产品质量的环境条件下进行纯化。

18.44　如果设备用于生产多种产品，可能需要额外的控制（如使用专用色谱树脂）或额外的测试。

18.5　病毒的清除/灭活步骤

18.50　参见 ICH Q5A《生物制品的质量：从人体或动物细胞系获得的生物制品的病毒安全性评价》，以获得更具体的信息。

18.51　病毒的清除/灭活步骤是某些工艺的关键处理步骤，应在其验证参数范围内执行。

18.52　应采取适当的预防措施，防止潜在的病毒污染，从病毒的清除/灭活前到病毒的清除/灭活后。因此，开放处理应在与其他处理活动分离的区域进行，并有独立的空气处理单元。

18.53　同一台设备通常不用于不同的纯化步骤。然而，如果使用同一台设备，设备应在重新使用前进行适当的清洁和消毒。应采取适当的预防措施，防止前一步骤病毒污染的可能性（如通过设备或环境）。

19　临床试验用原料药

19.1　总则

19.10　本指南前面章节中的所有控制并不都适用于开发阶段的临床试验用新原料药。第 19 节提供了针对这种情况的具体指南。

19.11　临床试验用原料药的生产控制应与含有该原料药的药品开发阶段一致。工艺和检验程序应灵活，以便随着工艺知识的积累和药品的临床试验从临床前阶段到临床阶段的进展而变化。一旦药品开发到了为临床试验用药品生产原料药的阶段，生产商应确保原料药是在适当的设施中生产，使用适当的生产和控制程序，以确保原料药的质量。

19.2　质量

19.20　GMP 适当应用于临床试验用原料药的生产中，并具有适当的批次审核机制。

19.21　应设立独立于生产的质量部门，以批准或拒绝每一批临床试验用原料药。

19.22　一些通常由质量部门执行的检验任务可以由其他部门执行。

19.23　质量措施应包括原料、包装材料、中间产品和原料药的检验。

19.24　应对工艺和质量问题进行评估。

19.25　临床试验用原料药的标签应得到适当控制，并应确定该物料是用于研究。

19.3 设备和设施

19.30 在临床开发的所有阶段，包括使用小型设施或实验室生产批量临床试验用原料药，应制定确保设备经过校验、清洁并适合其预定用途的程序。

19.31 设施使用程序应确保物料的处理方式尽量减少污染（如交叉污染）的风险。

19.4 原料的控制

19.40 生产临床试验用原料药的原料应通过检验来进行评估，或接受供应商的分析并进行鉴别检验。如果物料被认定有害，仅凭供应商的分析就足够了。

19.41 在某些情况下，原料的适宜性可以在使用前根据小规模反应（如使用试验）的可接受性确定，而不是仅根据分析检验。

19.5 生产

19.50 临床试验用原料药的生产记录应采用实验室记录本、批记录或其他适当的方式记录。这些文件应包括使用的生产物料、设备、工艺和科学观察的信息。

19.51 预期产量与商业过程中使用的预期产量相比，可能更具变异性和不确定性。无需对产量变化进行调查。

19.6 验证

19.60 通常不适宜对临床试验用原料药生产进行工艺验证，因为在这种情况下，仅生产一个批次原料药，或在原料药开发过程中由于工艺的变化使批次重现变得困难或不精确。应结合控制、校准，并在适当的情况下，进行设备确认，确保开发阶段的原料药质量。

19.61 当生产的批次用于商业目的，即使这些批次是中试或小规模生产，也应根据第 12 节进行工艺验证。

19.7 变更

19.70 在开发过程中，随着知识的积累和生产规模的扩大，预计会有变化。每一次生产、规格或测试程序的变更都应进行详细记录。

19.8 实验室控制

19.80 虽然用于评估某批临床试验用原料药的分析方法可能尚未得到验证，但其应科学合理。

19.81 应建立所有批次的留样制度，确保在申请批准、终止或中断后的适当时间内保留足够数量的留样。

19.82 11.6 中定义的有效期或复检期适用于现有的临床试验用原料药。对于新原料药，11.6 通常不适用于临床试验的早期阶段。

19.9 文件管理

19.90 应建立一个系统，以确保在开发和生产临床试验用原料药过程中所获得的信息已记录在案并可获得。

19.91 应适当记录用于支持一批临床试验用原料药放行的分析方法的开发和实施情况。

19.92 应使用保存生产和控制记录的系统。该系统应确保在申请批准、终止或中断后的适当时间内保留记录。

20 术语

验收标准（Acceptance Criteria）：检验结果可接受的数值限度、范围或其他适当的程度。

活性药物成分（原料药）（药用物质）（Active Pharmaceutical Ingredient，API）（Drug Substance）：任何拟用于生产药品的物质或混合物。该物质在用于生产药品时，成为药品的有效成分。这些物质旨在提供药理活性或在诊断、治疗、缓解、治疗、预防疾病方面的其他直接作用。

原料药原料（API Starting Material）：用于生产某原料药的原料、中间产品或活性药物成分，并作为重要的结构片段合并到原料药中。原料药原料可以是商品，可以是根据合同或商业协议从一个或多个供应商购买的物料，也可以内部生产。原料药原料通常具有确定的化学性质和结构。

批（Batch or Lot）：一个或一系列工艺过程中所生产的特定数量的材料，在规定范围内具有均匀性。在连续生产的情况下，一个批次可能对应确定的生产部分。批量可定义为固定数量或固定时间内生产的数量。

批号（Batch Number or Lot Number）：用于识别一个批次的唯一数字、字母、符号组合，从中可确定生产和流通的历史。

微生物负荷（Bioburden）：出现在原料、原料药原料、中间产品或原料药中的微生物的水平和类型（如有害或无害）。微生物负荷不应被视为污染，除非其水平已超标或已检出有害微生物。

校准（Calibration）：证明某一特定仪器或装置在适当的量程范围内产生的结果，与参考标准或可追溯标准比较，在规定限度内。

计算机系统（Computer System）：设计和组装的以执行一个或一组特定功能的硬件部件和相应软件。

计算机化系统（Computerized System）：与计算机系统集成的工艺或操作。

污染（Contamination）：在生产、取样、包装、重新包装、储存、运输过程中，意外混入化学性或微生物性杂质，或外来物质进入、沾染原料、中间产品、原料药。

委托生产商（Contract Manufacturer）：代表原生产商进行某些生产的生产商。

关键（Critical）：工艺步骤、工艺条件、检验要求以及其他相关参数或项目必须控制在预定范围内，才能保证原料药符合其质量标准。

交叉污染（Cross-Contamination）：一种材料或产品对另一材料或产品的污染。

偏差（Deviation）：偏离核准的说明或建立的标准。

药品［Drug（Medicinal）Product］：用于市场销售的最终直接包装中的剂型（参考Q1A）。

药用物质（Drug Substance）：参见活性药物成分。

有效期（Expiry Date or Expiration Date）：原料药包装容器/标签上注明的日期。在标明的时间内，在规定条件下储存时原料药能保持其确定的质量规格，超过这一时间则原料药不应再使用。

杂质（Impurity）：中间产品和原料药中不需要的任何成分。

杂质概述（Impurity Profile）：对原料药中已知和未知的杂质的描述。

过程控制或工艺控制（In-Process Control or Process Control）：在生产过程中，为了监测和调节工艺（如果可能）和（或）用于保证中间产品或原料药符合其规格而进行的检验。

中间产品（Intermediate）：在原料药加工过程中产生的物质，必须经过进一步分子变化或纯化才能成为原料药。中间产品可以分离或不分离（注：本指南仅针对那些在企业定义的原料药开始生产的时间点之后生成的中间产品）。

批（Lot）：参见批（Batch）。

批号（Lot Number）：参见批号（Batch Number）。

生产（Manufacture）：物料的接收、生产、包装、重新包装、贴标签、重新贴标签、质量控制、放行、储存和原料药的流通以及相关控制等全部操作。

物料（Material）：使用的原材料（原料、试剂、溶剂）、加工助剂、中间产品、原料药以及包装和标签材料的总称。

母液（Mother Liquor）：在结晶或分离过程中残留的液体。母液可能含有未反应物质、中间产品、不同水平的原料药和（或）杂质。母液可用于进一步加工。

包装材料（Packaging Material）：在储存和运输过程中用于保护中间产品或原料药的任何材料。

规程（Procedure）：对要进行的操作、应采取的预防措施以及与生产中间产品或原料药直接或间接有关的措施的书面描述。

加工助剂（Process Aids）：在生产中间产品或原料药时用作助剂（不含溶剂），本身不参与化学或生物反应的材料（如助滤剂、活性炭等）。

工艺控制（Process Control）：参见中间过程控制（In-Process Control）。

生产（Production）：从原料接收到原料药加工和包装过程中所涉及的所有操作。

确认（Qualification）：证明和记录设备或辅助系统正确安装、正常工作并实际导致预期结果的行为。确认是验证的一个部分，但单独的确认步骤不是工艺验证。

质量保证（Quality Assurance，QA）：确保所有原料药达到其使用质量标准，并以维持质量体系为目的而进行的全部组织安排。

质量控制（Quality Control，QC）：对是否符合质量标准进行检查或测试。

质量部门（Quality Units）：独立于生产、履行质量控制和质量保证职责的组织单位。其可以是单独的质量保证和质量控制部门，也可以是独立的个人或团体，取决于组织的规模和结构。

待检（Quarantine）：物理上或通过其他有效手段隔离物料的状态，等待对其随后的批准或拒绝做出决定。

原料（Raw Material）：生产中间产品或原料药使用的原料、试剂和溶剂的总称。

基准参比标准物质（Reference Standard，Primary）：一个经大量分析试验证明为高纯度的真实材料的物质。该标准可以是：①从官方认可来源获得；②通过独立合成制备；③从现有的高纯度生产材料中获得；④通过进一步纯化现有生产材料制备。

二级参比标准物质（Reference Standard，Secondary）：一种质量和纯度已确定的物质，通过与主要参照标准比较，用作常规实验室分析的参考标准。

重新加工（Reprocessing）：将不符合标准或规格的中间产品和原料药返回生产过程，再次进行结晶步骤或其他适当的物理或化学处理步骤（如蒸馏、过滤、色谱、磨粉），这些步骤都是已建立的生产工艺的一部分。工艺控制检测显示某一步骤没有完成，继续进行该步骤可以认为是正常工艺的一部分，而不是重新加工。

复检期（Retest Date）：重新检验物料以确定其仍然适合使用的日期。

返工（Reworking）：将不符合标准和规格的中间产品或原料药用一个或多个不同于已建立的生产工艺的步骤进行处理（如用不同溶剂进行再结晶），以获得质量符合要求的中间产品和原料药。

签名（Signature or Signed）：参见签名（Signed）的定义。

签名（Signed Signature）：执行特定行动或审核的个人记录。该记录可以是首字母、完整的手写签名、个人印章或经过认证加密的电子签名。

溶剂（Solvent）：一种无机或有机液体，用作生产中间产品和原料药的溶液或悬浮液的载体。

规格标准/规范（Specification）：一系列检验、参照分析程序，可以是数值限值、范围或检验描述的其他适当的验收标准。物料应符合这些标准，以被认为可以用于其预定用途。"符合规格标准"意味着该物质按照所列分析程序进行测试，符合所列验收标准。

验证（Validation）：一个文档化的程序，能高度保证某一特定工艺、方法或系统始终如一地产生符合预先确定的验收标准的产品。

验证方案（Validation Protocol）：说明如何进行验证和定义验收标准的书面计划。如生产工艺验证方案验证工艺设备、关键工艺参数/操作范围、产品特性、取样和采集检验数据、验证操作次数和可接受的检验结果。

预期产量（Yield，Expected）：根据以前实验室、中试规模、生产数据，在任何适当的生产阶段，理论预期得到产品的数量或理论产量的百分比。

理论产量（Yield，Theoretical）：在没有任何损失或错误的情况下，在任何适当的生产阶段，根据所使用的材料的数量，生产产品的数量。

第Ⅲ部分　GMP 相关文件

药品生产企业现场主文件编制说明（2011 年 2 月）

本文件为现场主文件的推荐内容提供指导。欧盟 GMP 指南第 4 章提到了现场主文件的要求。

文件状态：新。

1. 简介

1.1　现场主文件由药品生产企业编制，应包括现场的质量管理方针和活动、在指定场所进行药品生产操作、质量控制的具体信息、在相邻或附近建筑里进行的任何紧密集成操作。如果仅在现场进行部分药品生产操作，则现场主文件只需描述这些操作，如分析、包装等。

1.2　现场主文件提交给主管部门时，应提供生产企业 GMP 相关活动的明确信息。这些信息有助于全面监管、有效计划和实施 GMP 检查。

1.3　现场主文件应包含足够的信息，但应尽可能连同附录不超过 30 页。首选简单的平面图或示意图来代替文字叙述。打印在 A4 纸张上时，现场主文件（包括附录）应清晰可读。

1.4　现场主文件应属于生产企业质量管理体系文件的一部分，并进行相应的更新。现场主文件应有版本号、生效日期和审核日期。应定期审核现场主文件，以确保是最新的，能够代表目前的活动。每个附录可以有单独的生效日期，允许单独更新。

2. 目的

编制说明的目的是指导药品生产企业编制一份对主管部门规划和进行 GMP 检查有帮助的现场主文件。

3. 范围

本文件适用于现场主文件的编写。生产企业应参考地区/国家的监管要求，以确定药品生产企业是否必须准备一个现场主文件。

本文件适用于各类药品的生产、包装、贴标签、检测、重新贴标签、重新包装等各种生产操作。其要点也可以用于原料药生产企业、（动物或人体）血液制品和组织（来源产品）生产企业编写现场主文件或相应文件。

4. 现场主文件格式

格式请参见附录。

附录：现场主文件内容

1. 生产企业一般信息

1.1　生产企业联系信息

• 生产企业名称和注册地址；

• 现场、建筑物及生产车间的名称和街道地址；

• 生产企业的联系方式，包括产品出现缺陷或召回时联系人员的 24 小时联系电话；

• 现场的识别号码，例如全球定位系统（GPS）或任何其他地理位置系统的编号，数据通用编号系统（D−U−N−S）编码（邓白氏−布拉德斯特里特公司所提供的唯一识别编码）[①]。

1.2　现场获得许可的药品生产活动

• 在附录 1 中提供相关主管部门签发的有效的生产许可证副本；如适用，引用欧盟药品监管机构药品生产质量管理规范 EudraGMP 数据库的相关信息。如果主管部门没有签发生产许可证，则应说明。

• 分别简要描述相关主管部门（包括外国主管部门批准的剂型、活动）批准的生产、进口、出口、分销和其他活动，如果生产许可没有涵盖这些活动的话。

• 未涵盖在附录 1 或 EudraGMP 数据库中的目前在现场生产的产品类型（附录 2 中列出）。

• 最近 5 年对现场进行 GMP 检查的清单，包括检查日期以及进行检查的主管部门的名称/国家。如有可能，应提供现行 GMP 证书副本（附录 3）或参引 EudraGMP 数据库。

1.3　在现场进行的任何其他生产活动

• 如果有，应描述在现场进行的非药品生产活动。

---

① 位于欧盟/欧洲经济区以外的生产企业现场向欧盟/欧洲经济区主管部门递交的现场主文件中要求提供邓白氏编码。

2. 生产企业的质量管理

2.1 生产企业的质量管理体系

- 简要说明企业运行的质量管理体系，并参照所使用的标准；
- 与质量体系维护相关的职责，包括高级管理人员；
- 现场认证信息，包括认证日期和内容、认证机构名称。

2.2 成品放行规程

- 负责批次认证和放行规程的质量受权人的资质要求（教育背景和工作经验）的详细说明；
- 批次认证和放行规程的一般说明；
- 质量受权人在成品待检与放行中的职责，以及在评估上市许可符合性中的职责；
- 当涉及多名质量受权人时，这些质量受权人之间的工作安排；
- 控制策略中是否使用过程分析技术（PAT）以及实时放行或参数放行的声明。

2.3 供应商和承包商管理

- 对供应链和外部审计程序的建立、知识进行简要总结；
- 简述原料药供应商、原料药生产商及其他关键材料供应商的资质体系；
- 确保生产的产品符合动物传染性海绵状脑病（TSE）指南所采取的措施；
- 怀疑或识别假冒伪劣药品、散装药品（即非包装片剂）、原料药或赋形剂所采取的措施；
- 使用与生产和分析有关的外部科学、其他技术援助情况；
- 合同生产商和实验室清单，包括地址和联系信息，以及外包生产与质量控制活动的供应链流程图，如无菌工艺的初级包装材料的灭菌、原料检验等，应在附录 4 中列出；
- 合同双方在遵守上市许可方面的责任分担的简要概述（未涵盖在 2.2 时）。

2.4 质量风险管理（QRM）

- 简述生产商使用的质量风险管理方法；
- 质量风险管理的范围和重点，包括企业层面和在企业内局部进行的质量风险管理活动，应描述质量风险管理体系在评估供应连续性方面的任何应用。

2.5 产品质量评审

- 使用方法的简要说明。

3. 人员

- 在附录 5 中提供组织机构图，图上应显示质量管理、生产和质量控制职位/职务的安排，包括高级管理人员和质量受权人；

- 分别从事质量管理、生产、质量控制、仓储和销售的员工人数。

4. 厂房与设备

4.1 厂房

- 厂房的简要描述、场地大小及建筑物清单。如果在现场的不同建筑物中生产针对不同市场（如本地、欧盟、美国等）的产品，则建筑物应按目的市场进行标识（如果未在 1.1 项下标识）。

- 简单描述或说明生产区域的显示比例尺（不需要建筑图或工程图）。

- 生产区平面图及流程图（附录 6）显示车间的分类和相邻区域的压差，并标明各车间的生产活动（即配料、罐装、储存、包装等）。

- 仓库和储存区布局图有专门的存放区用于储存和处理剧毒、危险和致敏性物料，如适用。

- 简要描述未在布局图上标示的特定储存条件（如适用）。

4.1.1 供暖、通风、空调系统简介：规定气源、温度、湿度、压差和换气率的原则，空气再循环（％）的原则。

4.1.2 水系统简介：制备水的参考质量标准以及附录 7 中的水系统示意图。

4.1.3 简要描述其他相关设施，如蒸汽、压缩空气、氮气等。

4.2 设备

4.2.1 主要生产设备和控制实验室主要设备清单应在附录 8 中列出，并标明关键设备。

4.2.2 清洁卫生：与产品接触表面的清洁卫生方法的简要说明（即手动清洁、自动在线清洁等）。

4.2.3 GMP 关键计算机化系统：GMP 关键计算机化系统的描述，不包括设备专用可编程逻辑控制器（PLC）。

5 文件管理

- 文件管理系统（即电子文件、手册）的说明；

- 当文件和记录在异地储存或归档（适用时包括药物警戒数据）：文件/记录类型清单、储存地点的名称和地址，以及从异地档案中检索文档所需的时间估计。

6 生产

6.1 产品类型（可参考附录 1 或附录 2）

生产的产品类型包括：

- 在该现场生产的人用和兽用产品剂型清单；

- 在该现场生产的用于任何临床试验的临床研究用药（IMP）剂型清单，以及当临床研究用药的生产与商业化生产不同时，提供生产区域和人员信息；
  - 使用的有毒有害物质（如高药理活性物质、敏感性物质）；
  - 在专用设施上生产的产品类型或阶段式生产的产品类型，如适用；
  - 过程分析技术（PAT）的应用，如适用，有关技术和相关计算机系统的一般说明。

6.2　工艺验证

- 工艺验证总方针的简要说明；
- 返工或重新加工的原则。

6.3　物料管理及入库

- 原料、包装材料、散装品与成品的处理（包括取样、待检、放行和储存）；
- 不合格物料和产品的处理。

7　质量控制

- 描述在现场进行的物理、化学、微生物和生物测试的质量控制活动。

8. 经销、投诉、产品缺陷和召回

8.1　经销（由生产商负责）

- 产品从现场发货的公司类型（销售许可持有人、生产许可持有人等）和地点（欧盟/欧洲经济区、美国等）；
- 用于验证拥有合法资质从生产商获得药品的客户/收件人的系统描述；
- 确保运输过程中适当的环境条件的系统简介，如温度监测/控制；
- 产品流通方式以及保持产品可追溯性的方法；
- 预防生产商的产品进入非法供应链所采取的措施。

8.2　投诉、产品缺陷和召回

- 简述处理投诉、产品缺陷和召回的体系。

9. 自检

- 简述自检系统，重点描述自检范围、实际安排和后续活动所涉及的领域的选择标准。

附录 1　有效的生产许可证副本；

附录 2　生产的剂型清单，包括所使用的原料药（API）的国际非专利名（INN）或通用名（如有）；

附录 3　有效的 GMP 证书副本；

附录 4　外包生产商和实验室清单，包括地址和联系信息，以及这些外包活动的供应链流程图；

附录 5　组织机构图；

附录 6　生产区平面图，包括物流和人员流动，以及每一产品类型（剂型）生产工艺的常规流程图；

附录 7　水系统示意图；

附录 8　主要的生产设备和质量控制实验室设备清单。

在互认协议、工业产品合格评定和验收协议以及欧盟药品 GMP 中适宜协议背景下的批次认证的国际统一要求

在互认协议（MRA）框架下，欧盟药品 GMP 附录部分要求对附录所涵盖的药品进行批次认证。工业产品合格评定和验收协议（ACAA）以及第三国与欧盟之间关于 GMP 的其他适当安排也要求批次认证。

本文件提供了药品批次认证内容的国际统一要求。

在有 GMP 适当协议的国家之间转移的每一批药品，必须附有出口国生产商签发的批次证书。在 MRA 框架下，如果互认生效，所有生产现场必须位于签发证书的国家或另一个 MRA 国家。在欧盟与以色列的 ACAA 框架内（一旦生效），所有质量控制现场必须位于以色列或欧盟。

为确保产品质量符合进口国上市许可的要求，应对所有活性及其他相关成分进行全面定性和定量分析，以签发批次证书。批次证书证明某批次符合质量标准，并按照进口国上市许可生产，在证书上详细说明产品质量标准、参引的分析方法、获得的分析结果，并包含一份声明以表明该批次加工、包装和质量控制记录已进行审核，符合 GMP。批次证书由负责证明批次适于放行销售、供应、出口的人员签发。

药品批次放行的进口商/现场应接收并保存由出口国生产商签发的批次证书。一旦进口国主管部门工作人员要求批次证书，应随时迅速提供。生产商对每个批次的符合性认证对于豁免进口商/现场批次放行的重新控制至关重要（对于欧盟市场，请参阅 2001/83/EC 号指令第 51 条第 2 款和 2001/82/EC 号指令第 55 条第 2 款）。

在适当的情况下，本批次证书也适用于中间产品、散装或部分包装的非成品药品。

本证书也可用于原料药和临床试验许可的研究用药。相关术语定义可能需要根据术语表调整。

欧盟已与下列国家的主管部门达成双边协议：澳大利亚、加拿大、以色列、日本、新西兰和瑞士。

共同部分

药品批次认证内容

（注：关于术语的对等，请参阅注释和术语表）

［出口生产商信函抬头］

1. 产品名称；

2. 进口国；

3. 上市许可证编号或临床试验许可证编号；

4. 规格/效价；

5. 剂型；

6. 包装尺寸及型号；

7. 批号；

8. 生产日期；

9. 有效期；

10. 所有生产现场以及质量控制现场的名称、地址及许可证号；

11. 第 10 项列出的所有现场的 GMP 符合性证书，EudraGMP 参考编号（如有）；

12. 分析结果；

13. 备注；

14. 认证声明；

15. 授权批次放行人员的姓名、职务、头衔；

16. 授权批次放行人员签名；

17. 签署日期。

共同部分

注释和术语表

1. 产品名称：进口国专利名、商标名或商品名、固有名称，如适用。对于临床试验用药品（IMPs），编号参考临床试验申请。

2. 进口国。

3. 上市许可证编号或临床试验许可证编号：进口国产品上市许可证编号。对于临床试验用药品（IMPs），如果有，提供临床试验许可证编号或试验参考号。

4. 规格/效价：每单位剂量所需原料药/成分的名称和数量。对于临床试验用药品，应包括安慰剂，而提供这些信息的方式不应使这项临床研究揭盲。

5. 剂型，如片剂、胶囊、软膏。

6. 包装尺寸及型号：包括容器和玻璃小瓶、小口狭颈瓶、透明塑料泡等内容。

7. 批号：用于识别一个批次的唯一数字、字母和（或）符号组合，从中可确定生产和流通的历史。

8. 生产日期：符合进口国（地区）的要求。

9. 有效期：产品包装容器/标签上注明的日期，在标明的时间内，在规定条件下储存时原料药能保持其确定的质量规格，超过这一时间则产品不应再使用。

10. 所有生产现场以及质量控制现场的名称、地址及许可证号：所有涉及生产的场所，包括包装/标签和批次的质量控制，都应列明名称、地址和许可证号。名称和地址必须与生产许可证上提供的信息一致。

11. 第 10 项列出的所有现场的 GMP 符合性证书，EudraGMP 参考编号（如有）：在本条下列出证书号码和（或）EudraGMP 数据库参考编号。

12. 分析结果：应包括已批准的规范、所获得的所有结果和所使用的分析方法（可以附上单独的分析报告单，报告单必须有日期、签名）。

13. 备注：对进口商和（或）检查员核实批次证书（例如特定的储存或运输条件）以及任何有价值的附加信息。

14. 认证声明：声明应涵盖生产，包括包装/贴标签和质量控制。应使用以下文字："兹证明上述资料真实、准确。这批产品的生产，包括包装/贴标签和质量控制，完全符合当地监管机构的 GMP 要求，并符合进口国上市许可的质量标准或临床试验用药品的产品质量标准。对该批次加工、包装和质量控制记录已进行审核，符合 GMP 要求。"

15. 授权批次放行人员姓名和职务/头衔：如果第 10 项涉及一个以上场地，注明场地名称和地址。

16. 授权批次放行人员签名。

17. 签署日期。

共同部分

证书模板中使用的等效术语（不详尽）

Active Substances＝Active Pharmaceutical Ingredients/Constituents

Batch＝Lot

Dosage Form＝Pharmaceutical Form

Manufacturer＝Fabricator

Manufacturing/Manufacture＝Fabrication

Manufacturing Authorisation＝Establishment Licence

Medicinal Product＝Pharmaceutical Product＝Drug Product

Quality Control＝Testing

欧盟修订历史

通过和发布最终版本	2001年2月1日
第一次修订：仅注释说明	2002年4月26日
第二次修订：仅注释说明	2002年10月22日
第三次修订：仅注释说明	2002年12月16日
第四次修订：欧盟批准第三草案，等待互认协议方意见	2004年1月27日
第四次修订：扩大范围，增加临床研究用药	2004年5月1日
第五次修订：编辑变更，将证书的使用扩展到GMP的其他安排，并增加质量控制场所；草案以MRA/ACAA伙伴的意见为准	2010年9月15日
第六次修订：增加术语表并获得药品生产/流通质量管理规范实施工作组批准	2011年5月24日

在共用设施生产不同药品的风险识别中
设置基于健康的暴露限值的指南

（2014 年 11 月 20 日）

EMA/CHMP/CVMP/SWP/169430/2012
人用药品委员会（CHMP）
兽用药品委员会（CVMP）

安全工作组同意草案	2012 年 12 月
人用药品委员会发布征求意见	2012 年 11 月
兽用药品委员会发布征求意见	2012 年 12 月 13 日
结束征求意见（意见截止日期）	2013 年 6 月 30 日
兽用药品委员会通过	2014 年 12 月 11 日
安全工作组通过	2014 年 10 月
人用药品委员会通过	2014 年 11 月 20 日
生效日期	2015 年 6 月 1 日
关键词：共用设施、风险识别、暴露限值、毒理学数据、残留活性物质、每日允许最大暴露量	

执行摘要

在共用设施中生产不同药品时，潜在的交叉污染值得关注。药品对患者或目标动物有益，而交叉污染物对患者或目标动物没有任何益处，甚至可能构成风险。因此，这些污染物应根据所构成的风险对所有人群认为是安全的水平加以管理。为此，安全阈值（基于健康的限值）应该被用于识别所构成的风险。这一阈值［如每日允许暴露量（PDE）或毒理学关注阈值（TTC）］的推导应该是对所有可用的药理学和毒理学数据（包括非临床和临床数据）进行结构化科学评估的结果。如果有充分的理由，可以接受偏离本指南所强调的主要方法而获得的安全阈值水平。

1. 简介

在药品生产过程中，粉尘、气体、蒸汽、气溶胶、来自活性物质的遗传物质或有机物、其他原料和同时加工的其他产品的不可控释放，以及设备中的残留物和操作人员的衣服，可能导致意外交叉污染。由于存在预知的风险，某些类别的药品以前必须在专用或隔离的独立设施中生产，包括某些抗生素、某些激素、某些细胞毒性物质和某些高度活性药物。到目前为止，还没有官方指南来帮助生产商区分这些特定类别的产品。GMP 指南的第 3 章和第 5 章已被修订，以促进科学和基于风险的方法，并参考"毒理学评价"来建立风险识别的阈值。

清洁是一种降低风险的措施，清洁验证研究中的残留限值在制药行业得到广泛应用。为了确定这些限值，研究者采取了各种方法，但往往没有考虑到现有的药理学和毒理学数据。因此，有必要采取一种更加科学的个案分析方法来进行风险识别，并支持针对所有类型药品的风险降低措施。

本指南的目的是推荐一种方法来审查和评估单个活性物质的药理学和毒理学数据，从而确定 GMP 指南中提及的阈值水平。这些水平可以用作风险识别工具，也可以用来证明清洁验证中使用的残留限值是合理的。虽然 GMP 指南第 3 章和第 5 章没有讨论原料药，但本指南概述的获得风险识别阈值的一般原则可在需要时适用。

如果有充分的理由，可以接受偏离本指南所强调的主要方法而获得的安全阈值水平。

2. 范围

本指南用于确保通过药品接触残留活性物质的患者和目标动物的安全，以及由于使用含有残留活性物质的兽药治疗食品动物而可能接触动物源性食品中残留活性物质的消费者的安全。

在此过程中，本指南旨在推荐一种方法，以获得用于风险识别的单个活性物质的科学阈值。本指南概述了应该如何获得阈值的数据，以便整个制药行业有一个明确而统一的方法。

3. 法律依据

本指南应该和以下文献一同阅读。

• 欧盟药事法规第 4 卷：药品生产质量管理规范（GMP）指南第 3 章和第 5 章；

• 杂质指南注释：残留溶剂（CPMP/ICH/283/95 和 CPMP/ICH/1507/02，CPMP/ICH/1940/00 修订版，CPMP/QWP/450/03，EMEA/CVMP/511/03 和 CPMP/QWP/8567/99）；

• VICH GL18（R）：杂质，新兽药、原料药和辅料中的残留溶剂（EMA/CVMP/VICH/502/99－Rev. 1）；

• 遗传毒性杂质限值指南（EMEA/CHMP/QWP/251344/2006 和 CPMP/SWP/5199/02）。

4. 确定基于健康的暴露限值

4.1　每日允许暴露量的计算

根据 ICH Q3C（R4）《杂质：残留溶剂指南》附录 3 和 VICH GL 18《新兽药、原料药和辅料中的残留溶剂（修订版）》附录 3 的规定，本文件提出基于健康的残留活性物质暴露限值的确定方法。每日允许最大暴露量（PDE）代表一种物质的特定剂量，人类终身每日暴露于该剂量或低于该剂量，对机体不产生不良效应。

PDE 的确定包括：

（ⅰ）审查所有有关数据，进行危害识别；

（ⅱ）确定"关键效应"；

（ⅲ）确定被认为是关键效应调查结果的未观察到有害作用水平（NOAEL）；

（ⅳ）使用调整系数来说明各种不确定因素。

ICH Q3C 和 VICH GL 18 指南的附录 3 给出了 PDE 的推导公式：

$$PDE = \frac{NOAEL \times \text{体重调整值}}{F1 \times F2 \times F3 \times F4 \times F5}$$

关于兽药可接受的基于健康的暴露限值的确定，原则上可以使用 PDE 为不同的目标动物确定不同的限值，但这非常不切实际。因此，在假定人类暴露的情况下推导 PDE 是可行的。由人类的 PDE 计算出来可以接受的污染水平，即使被污染的产品是一种兽药。这被认为是一种实用的方法，其与 VICH GL 18 所采取的方法一致，在该方法中，人类 PDE 用于计算兽药产品残留溶剂限值。

限值的推导需考虑使用的剂量，剂量受待治疗动物体重的影响。为方便起见，PDE 应按 mg/kg bw 计算（即使用体重调整值）而不是按每人计算[①]。

若可能被残留活性物质污染的产品是用于食品动物的兽用药品，所适用的残留限值必须同时考虑目标动物和消费者的安全。因此，根据最坏的暴露情况，应证明目标动物和消费者都不会暴露于超过 PDE 水平的残留活性物质。

也可以使用其他方法来替代 NOAEL，比如基准剂量。

如果有充分和科学的理由，可以接受使用其他方法来确定基于健康的暴露限值。

4.1.1　危害识别的数据要求

危害识别是对某种物质产生不良影响本质的定性描述。为了识别危害，应对每种化合物可用的所有动物和人类数据进行审查。危害识别的数据包括非临床药效学数据、重复剂量毒性试验数据、致癌性试验数据、体外和体内遗传毒性试验数据、生殖和发育毒性试验数据以及临床数据（治疗和不良反应）。活性物质的数据可用性根据开发阶段和适应证的不同而有所不同。如果数据不完整，则需要对确定的缺口进行严格评估，以确定其可能对基于健康的暴露限值产生的影响。

4.1.2　确定关键效应

关键效应包括非临床毒性研究中最敏感的不良反应指标，除非有明确的证据（如机制研究、药效学数据等）表明这些发现与人类或目标动物无关。关键效应也包括任何临床治疗和不良反应。

4.1.3　建立未观察到有害效应水平（NOAEL）

对于所有确定的关键效应，应建立 NOAEL。NOAEL 是未观察到关键效应的最大测试剂量。如果在一些动物实验中观察到这种关键效应，则应使用最低剂量的 NOAEL 来计算 PDE 值。如果没有 NOAEL，则可以使用观察到有害效应的最低水平（LOAEL）。基于临床药效学效应的 NOAEL 应与治疗无效的最大测试剂量相对应。

4.1.4　调整系数的应用

PDE 是通过将关键效应的 NOAEL 除以各种调整系数（也称安全系数、不确定系

---

① 如果生产的药品产品信息以每例患者而不是以 mg/kg bw 表示每日剂量，则人用药应使用 50 公斤的标准体重，对于兽药，剂量一般以 mg/kg bw 表示。如果情况并非如此，则应假定标准体重为 1 公斤，代表动物体重的下限。

数、评估系数或修正系数）来计算各种不确定性，从而在人类或目标动物中得到可靠和稳定的无作用水平。F1~F5 解决以下不确定性因素。

F1（2~12）：考虑物种间外推的系数；

F2（10）：考虑个体差异的系数；

F3（10）：考虑短期（即不到 4 周）重复剂量毒性试验的系数；

F4（1~10）：适用于严重毒性如非遗传毒性致癌性、神经毒性或致畸性的系数；

F5：若未确定无作用水平，则可采用可变系数。只有当 LOAEL 可用时，可根据毒性的严重程度使用系数 10。

可接受使用更多的调整系数来解决上述系数未涵盖的剩余不确定性，条件是这些系数有充分的文献数据支持，并提供充分的讨论来支持这些系数的使用，如缺乏生殖毒性和发育毒性方面的数据（见 5.4）。

请参阅 ICH Q3C（R4）和 VICH GL 18 指南的附录 3，以进一步指导调整系数 F1 和 F4 的选择。调整系数的使用和选择应合理。在根据人类终点推导出 PDE 时，对 F2 和潜在的 F5 的限制使用是可接受的。如果有充分和科学的理由，可以接受上述调整系数偏离默认值的情况。

4.1.5　最终 PDE 的选择

如果确定了几个关键效应，从而计算出多个 PDE 值，则应以适当的理由确定最适用于清洁验证过程的 PDE。通常在默认情况下，使用最低的 PDE 值。

4.2　临床数据的使用

确定基于健康的暴露限值的目的是确保人类安全，因此认为高质量的人类临床数据至关重要。污染活性物质产生的非预期药效学效应可能对患者构成危害，因此在确定关键效应时应考虑临床药理学数据。应考虑有关活性物质与临床上的严重不良反应相关联到何种程度。

如果确定基于健康的暴露限值的最关键效应是基于观察到的人类而不是动物的药理和（或）毒理作用，那么使用 PDE 公式可能是不适当的，应对临床数据进行具体评估。

4.3　外推至其他给药途径

虽然活性物质（污染物）的 PDE 值一般是通过预期临床给药途径的研究得来，但对于随后在共用设施中生产的活性物质或药品，可以采用不同的给药途径。改变给药途径可能改变生物利用度，因此，如果具体给药途径之间存在生物利用度的明显差异（如＞40％），则应采用由途径到途径外推的校正系数。由于生物利用度可能因物种而异，由途径到途径外推的校正系数最好基于人类数据，或者对兽药而言，是相关目标动物的数据。

如果其他途径没有人类或目标动物的生物利用度数据，而且预期给药途径的改变可能导致污染物的全身暴露（如经口摄入）增加，则可以通过假定污染物的生物利用度为100％进行保守推断。在经口摄入外推的情况下，根据口服数据推导出的 PDE 可以通过乘以下列校正系数来修正：

$$校正系数（经口摄入）=\frac{经口吸收率（\%）}{经呼吸道吸收率（\%）}\times 100$$

在其他途径无法获得人类或目标动物生物利用度数据的情况下，并且可以预计通过被污染的活性物质/药品的接触途径，污染物的全身暴露将降低，不需要用校正系数来计算 PDE。

5. 具体注意事项

5.1 具有遗传毒性的活性物质

对于无明显阈值的遗传毒性活性物质，任何水平的暴露都有风险。然而，非阈值相关遗传毒物的可接受风险水平已在 EMA 指南"遗传毒性杂质限值"中确立，TTC 为每人 1.5μg/d。TTC 代表的遗传毒性杂质暴露水平与理论上的癌症风险有关，若终身暴露，10 万名患者中将新增一例癌症病例。鉴于残留活性物质的暴露时间将受到更多的限制（例如在实践中，可预期一批批地减少残留活性物质的污染），因此，按照最高暴露限值为每人 1.5μg/d 的情况，癌症风险理论上不超过 1×10^{-6}。因此，对于没有阈值的残留活性物质，可以使用每人 1.5μg/d 的限值。

如果可能受到残留活性物质污染的产品是兽药，则应使用同样的 TTC，但以"每公斤体重"表示（即 TTC 为 0.03μg/kgbw/d）。当受污染的产品用于食品动物给药时，所适用的残留限值必须同时考虑目标动物和消费者的安全。因此，根据最坏的暴露情况，应证明目标动物和消费者都不会暴露于超过 TTC 的残留活性物质。

对于具有足够致癌性数据的遗传毒性活性物质，应针对特定化合物进行风险评估，以得出可接受的摄入量，而不应采用基于 TTC 的可接受摄入量方法。

对于具有足够证据证明阈值相关机制的遗传毒性药品，可以使用 PDE 确定安全暴露水平，而不存在明显的遗传毒性风险。

5.2 高致敏性活性物质

药物诱导的免疫介导超敏反应可能在敏感个体中发生。观察到的反应范围从轻度接触敏感到致命性过敏性反应不等。

如 GMP 指南第 3 章 3.6 所述，高致敏性活性物质和药品应在专用设施中生产，而科学数据并不支持可接受的暴露水平，或与在该设施中生产产品有关的风险无法通过组织或技术措施加以充分控制。对高致敏性活性物质和药品进行分类时，应考虑该物质是否在人类表现出较高的致敏频率，或根据动物数据或其他经验证的试验在人群中致敏的可能性。这些反应的严重程度也应加以考虑，并加入证据评估的权重。

5.3 治疗性大分子和多肽

众所周知，治疗性大分子和多肽在极端 pH 值下可降解和变性，并可能丧失药效。生物药品生产设备的清洁通常是在使设备表面暴露于极端 pH 值、高温的情况下进行的，这将导致蛋白质产品的降解和失活。鉴于此，可能不需要使用活性物质和完整产品的 PDE 来确定基于健康的暴露限值。

如果存在其他交叉污染的潜在途径，则应根据具体情况考虑所构成的风险。

5.4　生殖毒性和发育毒性动物数据缺乏

为了确保所有人群的安全，应将残留活性物质减少到不会对生殖和发育参数产生影响的水平。然而，在发育的早期阶段，尚未产生评估新活性物质生殖毒性和发育毒性的非临床数据。已批准的药品也可能存在科学知识的空白，例如，一种男性专用药可能对胚胎/胎儿发育产生不利影响。在这些情况下，亚慢性/慢性试验的 NOAEL 可以被用于计算 PDE，并使用附加的调整系数（如系数 10），如果有充分的理由。在相关化合物的生殖毒性和发育毒性试验有适当可用数据的情况下，可通过采用 Read across 法，使用特定类别的文件对未被检测的污染物进行危害识别。

5.5　临床试验用药品

对于开发早期（Ⅰ/Ⅱ阶段）的临床试验用药品，很明显难以根据其有限的数据来估算。另一种方法是按特定的默认值类别进行分类，如基于低/高预期药效、低/高毒性、遗传毒性/致癌性，类似于 Kroes 等人（2004）、Munro 等人（2008）和 Dolan 等人（2005）提出的分层 TTC 方法。由于大多数默认限值是针对长期暴露，因此，如果一种药品与另一种短期临床试验药品共用设施，那么更高的限值可能是合理的（Bercu 和 Dolan，2013）。随着更多药理学和毒理学数据的产生，应按上文所述计算特定化合物限值，以求出基于健康的暴露限值。

6. PDE 确定策略的报告

如第 4 节所述，确定 PDE 过程中关键效应识别的依据应是全面的文献检索，包括对手册、专著以及电子科学数据库的检索。检索策略和检索结果必须有明确的记录。经过专家评审后，企业应就关注的关键终点及在 PDE 推导过程中选择的试验终点和剂量的合理性进行讨论。这些试验终点和剂量将用于推导 PDE。用于推导 PDE 的关键动物和人类研究应参考原始文献，并对其质量（研究设计、发现描述、报告准确性等）进行审查。PDE 确定策略应提供一个用于推导 PDE 的调整系数的明确的基本原理。此外，为向 GMP 检查员提供概述，任何已编制的 PDE 确定策略文件的起始页都应该是评估过程的摘要（请参见附录模板示例）。

7. 实施

根据 GMP 指南第 3 章和第 5 章的规定，本指南已被开发为风险识别工具，以促进采用科学和基于风险的方法，使用共用生产设施生产药品。为使生产商能做出相应的调整，将分阶段生效。

首次引入共用生产设施的药品：自本指南发布之日起 6 个月。

已在共用生产设施中生产的药物产品，本指南将生效，或对现有的生产安排进行科学证明：

• 人用药品生产商，包括人用药品和兽用药品共用生产设施的生产商，本指南发布后 1 年。

• 只生产兽药的生产商，本指南发布后 2 年。

8. 定义

F：调整系数。

GMP：药品生产质量管理规范。

ICH：人用药品注册技术要求国际协调委员会。

LOAEL：观察到有害效应的最低水平。

PDE：每日允许最大暴露量①。

NOAEL：未观察到有害效应水平。

TTC：毒理学关注阈值。

VICH：兽药注册技术要求国际协调委员会。

参考资料

Kroes R，Renwick A，Cheeseman M，et al．（2004）．Structure-based thresholds of toxicological concern（TTC）：guidance for application to substances present at low levels in the diet ［J］．Fd Chem Toxicol，42，65－83.

Munro I C，Renwick A G，Danielewska-Nikiel B（2008）．The threshold of toxicological concern（TTC）in risk assessment ［J］．Toxicol Lett，180，151－156.

Dolan D G，Naumann B D，Sargent E V，et al（2005）．Application of the threshold of toxicological concern concept to pharmaceutical manufacturing operations ［J］．Regul Toxicol Pharmacol，43，1－9.

Bercu J P，Dolan D G（2013）．Application of the threshold of toxicological concern concept when applied to pharmaceutical manufacturing operations intended for short-term clinical trials ［J］．Regul Toxicol Pharmacol，65（1），162－167.

---

① PDE 和 ADE 实际上是同义词。

附录

PDE 确定策略

公司名称
公司地址
专家姓名和签名   **日期**
评审日期
化学名称
危害识别

	是	否	不确定
遗传毒物			
生殖发育毒物			
致癌物质			
高致敏			

PDE 的依据
选择最终用于计算 PDE 关键效应的理由
NOAEL 和 PDE 所依据的应用调整系数
参考文献
用于确定关键效应和剂量的出版物
专家简历概要

附　录

附录 1　无菌药品的生产

文件历史	
上一版本在 2003 年 5 月 30 日开始生效	2003 年 9 月
修订了洁净间分级表，包括培养基模拟试验、生物负荷监测以及轧盖的指南	2005 年 11 月至 2007 年 12 月
生效及日期	2009 年 3 月 1 日[①]

请注意对轧盖条款实施的修正！

原则

为尽量减少微生物污染、微粒污染和热原污染的风险，无菌产品的生产有一些特殊要求。这在很大程度上取决于有关人员的技能、培训和态度。质量保证尤其重要，此类生产必须严格遵循精心建立和验证的方法和规程。无菌或其他质量方面的可靠性绝不能仅依赖于任何最终过程或成品检验确定。

注：本指南没有制定对空气、表面等的微生物和悬浮颗粒洁净度的详细测试方法。请参阅其他文件，如 EN/ISO 标准。

总则

1. 无菌产品的生产应在洁净区内进行，此区域内的人员、设备和物料应经过气锁间。洁净区保持适当的洁净级别标准，并提供通过适当效率过滤器的空气。

2. 物料准备、产品配制和灌装的各项操作应在洁净区内的单独区域进行。生产操作分为两类：第一类是产品为最终灭菌类型的操作，第二类是部分或全部工序采用无菌操作。

3. 无菌产品生产的洁净区根据环境要求进行分级。每一步生产操作都要求有与操作状态相适应的环境洁净级别，以使正在处理的物料或产品的悬浮颗粒或微生物污染的

---

① 轧盖条款于 2010 年 3 月 1 日开始实施。

风险最小化。

为了满足"运行中"的条件，这些区域的设计应达到"静态"的特定空气洁净水平。"静态"指生产设备已完成安装并可开始运行，但没有操作人员在场的状态。"运行中"指设备在规定的操作模式下运转并有一定数量工作人员在场的状态。

应为每个洁净间或每套洁净间定义"运行中"和"静态"状态。

无菌药品的生产可分为 4 个洁净级别。

A 级：高风险操作区，如灌装区域，胶塞桶、敞口瓶和安瓿瓶的区域以及进行无菌连接的区域。通常此类环境由层流工作站提供。层流系统在开放的洁净间中应能提供风速 0.36~0.54m/s（指导值）的均匀送风。应证明和验证层流的维持情况。

在密封的隔离器和手套箱内可采用单向低速气流。

B 级：无菌配制和灌装操作。B 级区是 A 级区的背景环境。

C 级和 D 级：无菌产品生产的不太关键操作的洁净区。

洁净间和洁净通风设备的级别

4. 洁净间和洁净空气设备应按 EN ISO 14644－1 分级。级别的划分应与工艺的环境监测明确区分。下表列出了各级空气悬浮颗粒的最大容许浓度。

级别	大于或等于表中所列粒径的悬浮颗粒的最大容许浓度（单位：个/m³）			
	静态		运行中	
	0.5μm	5.0μm	0.5μm	5.0μm
A	3 520	20	3 520	20
B	3 520	29	352 000	2 900
C	352 000	2 900	3 520 000	29 000
D	3 520 000	29 000	未定义	未定义

5. 为了确定 A 级区的洁净级别，应对每一个取样点进行最少 1m³ 的空气采样量取样。对于 A 级洁净区，空气悬浮颗粒的级别为 ISO 4.8，以 ≥ 5.0μm 的悬浮颗粒为限。B 级（"静态"）洁净区空气悬浮颗粒的级别为 ISO 5，包括两种粒径的悬浮颗粒。C 级（"静态"和"运行中"）洁净区空气悬浮颗粒的级别分别为 ISO 7 和 ISO 8。D 级（"静态"）洁净区空气悬浮颗粒的级别为 ISO 8。基于分级的目的，EN/ISO 14644－1 根据所需考虑的最大粒径对应的级别限值和数据的评价方法，规定了最小取样点数量和样品量。

6. 因为远程采样系统的管路较长，≥5.0μm 的微粒沉降率相对较高，所以在测定洁净级别时应使用取样管较短的便携式颗粒计数器。在单向气流系统中，应使用等动力学取样头。

7. "运行中"的洁净级别可以在正常操作、模拟操作或培养基灌装的过程中进行测试，因为需要进行最坏情况模拟。EN/ISO 14644－2 提供了证明洁净度连续达标的有关测试信息。

洁净间和洁净通风设备的监测

8. 洁净间和洁净通风设备在使用过程中应定期进行监测，并根据正式的风险分析研究以及在洁净间、洁净通风设备的分级过程中获得的结果对监测地点进行监测。

9. 对于 A 级区，在关键工艺（包括设备的组装）的全过程中，应对悬浮颗粒进行连续监控，除非有理由证明工艺过程中的污染物，如活生物体和放射性物质会损坏颗粒计数器或带来危害。在此情况下，应在出现风险因素之前，在常规的设备调试阶段就进行悬浮颗粒的监控。在模拟运行阶段，也应对悬浮颗粒进行监测。A 级区的监测频率和采样量应能够检出所有的干扰、突发事件和任何系统的老化，并在超过预警限时启动报警。在灌装过程中，由于产品本身产生颗粒或液滴，灌装口处的 $\geqslant 5.0\mu m$ 的悬浮颗粒可能会出现不达标情况，这种情况是可以接受的。

10. 建议在 B 级区也采用类似的监测系统，而取样频率可以适当降低。悬浮颗粒监测系统的重要性取决于相邻的 A 级区和 B 级区之间隔离的有效性。B 级区的监测频率和采样量应能监测出污染程度的改变和任何系统的老化，并在超过预警限时启动报警。

11. 空气悬浮颗粒监测系统可包括独立的悬浮颗粒计数器和通过分配头与单一微粒计数器连接的按序访问取样点的工作网络，或二者相结合。所选系统必须与关注的颗粒大小相适应。如使用远程采样系统，则必须考虑管的长度和转弯半径对微粒在管中损失情况的影响。所选择的监测系统应该考虑到在生产操作中所使用的物料如涉及活生物或放射性药物的物料所呈现的风险。

12. 使用自动化系统进行监测的样本量通常与所使用系统的采样率有关。样品体积不需要与洁净间和洁净空气装置的正式级别确认时的空气采样量相同。

13. 在 A 级和 B 级洁净区内，对粒径 $\geqslant 5.0\mu m$ 的悬浮颗粒计数的监测特别重要，因为它是早期诊断系统故障的重要方法。有时由于电子噪声、光散射或偶发事件等，$\geqslant 5.0\mu m$ 悬浮颗粒计数可能偶尔有误报。然而，连续或规律地出现计数较低现象可能是发生污染的征兆，应予调查。此类事件可以预示空调系统的早期故障、灌装设备故障，或可用于诊断设备调试或日常操作间的异常情况。

14. 在生产操作全部结束后的无人状态，经过 15～20 分钟（指导值）的短时间"自净"后，应达到在表中所列的"静态"悬浮颗粒限值。

15. 对 C 级和 D 级洁净区，应按照质量风险管理的原理进行动态监测。相关要求和报警/行动限值应取决于操作性质，但应达到建议的"自净期"标准。

16. 其他特性如温度和相对湿度，取决于产品及操作的性质。这些参数不应对规定的洁净级别标准产生影响。

17. 下表为不同洁净级别的操作举例（见 28～35 段）。

级别	最终产品灭菌的操作举例（见28～30段）
A	产品灌装，当有显著风险时
C	溶液配制，当有显著风险时
D	灌装前的药液配制和部件的准备

级别	无菌制备的操作举例（见31～35段）
A	无菌配制与灌装
C	过滤前的溶液配制
D	清洗后部件处理

18. 在进行无菌操作时，应经常采用沉降皿法、定量空气法和表面取样（如棉签和接触皿）等方法进行监测。操作中使用的取样方法不应对洁净区造成不良影响。在审核成品放行的批文件时，应考虑监控的结果。在关键操作后，应对地面和人员进行监测。在生产操作之外还需要额外的微生物监测，如在系统验证、清洁和消毒之后。

19. 操作过程中洁净区内微生物污染监测的推荐限值如下。

微生物污染监测的推荐限值[a]

级别	空气取样 （cfu/m³）	沉降皿 （直径90mm） [cfu/4 小时[b]]	接触皿 （直径55mm） （cfu/皿）	手套 5 个手指 （cfu/手套）
A	＜1	＜1	＜1	＜1
B	10	5	5	5
C	100	50	25	—
D	200	100	50	—

注：（a）平均值。（b）单个沉降皿放置的时间可少于4小时。

20. 应对微颗粒和微生物监测的结果设置适当的报警限值和行动限值。操作规程中应规定结果超出这些限值时采取的纠正措施。

隔离技术

21. 采用隔离技术以尽量减少对加工领域的人为干扰，并大大降低无菌生产中环境对产品微生物污染的风险。隔离器和传递装置的设计有多种形式。隔离器及其所处环境的设计，应能保证相应区域的空气质量达到设定标准。隔离器由各种材料制成，或多或少容易发生穿刺和泄漏。传输装置可设计成单门、双门，甚至可以是整合了灭菌机制的全密闭系统。

22. 物料进出的传递操作是最大的潜在污染源之一。一般来说，隔离器内部的区域是高风险操作的局部区域，尽管人们承认在所有这些设备的工作区域可能不存在层流。

23. 隔离器所处背景环境的级别取决于其设计与应用。应对其进行控制，无菌生产的背景环境至少为D级。

24. 隔离器的引入必须经过适当的验证。验证应考虑隔离器技术的所有关键因素，如隔离器内外空气质量、隔离器消毒、转移过程和隔离器完整性。

25. 应定期进行监测，包括对隔离器和手套/袖筒系统进行频繁的泄漏测试。

吹/灌/封技术

26. 吹/灌/封系统是一套连续操作的特制设备，从将热塑性颗粒制成容器至灌装和密封，整个过程由一台全自动机器完成。用于无菌生产的吹/灌/封设备本身装有 A 级空气风淋装置，操作人员按 A/B 级洁净区要求着装的情况下，该设备可以安装在洁净度至少为 C 级的环境中。静态环境时必须符合微生物限值和尘埃颗粒限值，运行状态时只要求符合微生物限值。生产最终灭菌的产品时，吹/灌/封设备必须至少安置在 D 级环境中。

27. 这种特殊的技术至少应该特别注意以下几点：
- 设备的设计和鉴定；
- 就地清洗和火菌的验证和重现性；
- 设备所在的洁净间环境；
- 操作人员培训与着装；
- 在设备关键区域的干扰，包括灌装前任何无菌装配。

最终灭菌产品

28. 为了降低微生物和微粒污染的风险，大多数产品适当的过滤和灭菌、制备应至少在 D 级环境下进行。如果产品的微生物污染风险较高或存在异常风险情况（如微生物易生长的产品、配制后需要存放较长时间才能灭菌的产品，或必要的加工无法全部在密闭容器中进行），相关的制备应在 C 级环境中进行。

29. 最终灭菌产品的灌装应至少在 C 级环境中进行。

30. 当环境对产品污染的风险比较大时，例如因为灌装速度慢、使用广口容器或在密封前暴露数秒，那么灌装应在 C 级背景下的 A 级环境进行。在最终灭菌前，软膏、霜剂、混悬液及乳剂的制备和灌装应在 C 级环境中进行。

无菌制备

31. 清洁后的组件应至少在 D 级环境中处理。应在 B 级背景下的 A 级洁净区处理无菌原料和组件，除非将在后续工艺中进行灭菌或采用微生物过滤器进行除菌过滤。

32. 生产过程中需无菌过滤的溶液的配制应在 C 级环境中进行；如果不进行过滤，物料和产品的制备则应在 B 级背景下的 A 级环境中进行。

33. 无菌产品的处理和灌装应在 B 级背景下的 A 级环境中进行。

34. 在完成压塞之前，半密封容器的传递，例如用于冷冻干燥的容器，应在 B 级背景下的 A 级环境中进行，或在 B 级环境中的密闭转移托盘中传递。

35. 当产品暴露后，随后未进行过滤时，无菌软膏、乳膏、悬浮液和乳剂的配制和灌装应在 B 级背景下的 A 级环境中进行。

人员

36. 洁净区应只有所需的最低人数的人员，这对无菌工艺操作非常重要。各种检查和控制应尽可能在洁净区外进行。

37. 在洁净区工作的所有人员（包括清洁和维护相关人员）都应定期接受有关正确生产无菌产品的纪律培训。这些培训应包括卫生和微生物学的基本知识。当没有接受过这种培训的外部工作人员（如建造或维修承包商）需要进入时，应特别注意对其进行指导和监督。

38. 从事动物组织材料加工或微生物培养（目前生产过程中使用的微生物除外）的工作人员不得进入无菌产品区域，除非遵守严格而明确的进入程序。

39. 高标准的个人卫生和清洁是必不可少的。应指示无菌产品生产人员报告任何可能导致异常数量或类型污染物脱落的情况。需要对这些人员进行定期健康检查。对可能引入微生物污染的人员的处理措施，应由指定的有资质的人员采取。

40. 在洁净区内不准佩戴手表、首饰，不得化妆。

41. 应按照书面规程进行更衣和清洁，以尽量减少洁净区的工作服受到污染或将污染物带进洁净区的危险。

42. 工作服及其质量应与工艺和工作区域的洁净级别相适应。应正确穿戴工作服，以防止产品受到污染。

43. 各洁净区的着装要求说明如下。

- D 级：头发及胡须（如果相关）应被覆盖。应穿戴一般防护服和适宜的工作鞋或鞋套。应采取适当措施避免任何来自洁净区域以外的污染。
- C 级：头发及胡须（如果相关）应被覆盖。应穿戴一套连体或两件套裤套装、袖口收拢、高领的工作服，适宜的工作鞋或鞋套。这些工作服均不可脱落纤维或颗粒。
- A/B 级：头套应完全覆盖头发及胡须（如果相关），头套应收紧并塞进工作服的领子内，应佩戴面罩以防止飞沫飞溅。应穿戴经过适当消毒且无滑石粉的橡胶或塑料手套，以及经过灭菌或消毒的鞋子。裤腿应塞进鞋子里，衣服袖口应塞进手套内。防护服不可脱落任何纤维或颗粒，并能挡住身体产生的颗粒。

44. 外衣不应带进通向 B 级和 C 级洁净区的更衣室。在 A/B 级洁净区工作的人员，每次操作应穿戴洁净的无菌（适当消毒）防护服。手套在操作过程中应定期消毒。每次操作都要更换口罩和手套。

45. 应以适当方法清洁和处理洁净区工作服，保证不会黏带其他会随后脱落的污染物。这些操作应遵循书面规程进行。这种衣服最好有单独的洗衣设施。不恰当地处理工作服会损害纤维，并可能增加颗粒脱落的风险。

厂房

46. 洁净区的所有暴露表面应光滑、不透水且无破裂，以尽量减少颗粒或微生物的脱落、积聚，并允许重复使用清洁剂和消毒剂。

47. 为了减少灰尘的积聚和便于清洁，不应有清洁不到的凹槽，并使突出的壁架、支架、柜子和设备最少化。门的设计应避免难以清洁的凹槽，因此，不宜采用滑动门。

48. 应对吊顶进行密封，以防止来自上层空间的污染。

49. 安装管道、管路和其他设施不应产生难以清洁的凹槽、未密封的开口和表面。

50. 用于无菌生产的 A/B 级洁净区不得设置水槽和地漏。其他洁净区应在设备或水槽与地漏之间安装空气阻断装置。在较低洁净级车间，地漏应安装疏水阀或水封，以防止倒流。

51. 更衣室应设计为气锁间并用于不同阶段的物理隔离，以便减少防护服装的微生物和颗粒污染。更衣室应采用过滤空气进行有效净化。更衣室的最后阶段应与所进入的区域的洁净级别（静态）相一致。最好在进入洁净区和离开洁净区时使用不同的更衣室。通常仅在更衣的第一阶段设置洗手设施。

52. 气锁间的两个门不可同时打开。应有连锁装置或声光报警装置，防止一次打开多扇门。

53. 在所有操作条件下，提供过滤后的空气以维持对周围低级别区域的正压和气流方向，并应有效净化该区域。相邻的不同级别的车间应保持 $10\sim15Pa$ 压差（指导值）。应特别注意保护高风险区域，即产品和与产品直接接触的洁净部件的环境。当涉及含有病原体（活病毒或活细菌）、高毒性、放射性的物料或产品时，有关送风和压差的建议可能需要修改。在某些操作中，需要对设施去污染，并对洁净区排风进行处理。

54. 应证明气流方式不会产生污染风险，如应确保气流不会将人员、操作或机器产生的颗粒吹散到产品风险较高的区域。

55. 应在送风机组安装故障报警系统。压差十分重要的毗邻级别区域之间应安装压差计。应定期记录或以其他方式记录压差。

设备

56. 传送带不应通过 A 级或 B 级洁净区和低级别洁净区之间的隔断，除非传送带本身已持续消毒（例如在消毒隧道内）。

57. 在可行的情况下，应设计和安装生产设备及其辅助装置，在洁净区域以外进行操作、维护和修理。如果需要灭菌，应尽可能在完全重新组装后灭菌。

58. 在洁净区内进行设备维护时，如果在维修期间无法保持要求的洁净度和（或）无菌标准，应在重新开始加工之前，对该区域进行清洁、消毒、灭菌。

59. 水处理厂房和分配系统的设计、建造与维护应确保具有适当质量的可靠水源。系统运行不应超出其设计能力。注射用水的生产、储存和运输应以防止微生物生长的方式进行，如不断循环，温度高于 70℃。

60. 灭菌器、空气处理和过滤系统、排风和气体过滤器、水处理器以及发电、储存和运输系统等所有设备都应经过验证并有计划地进行维护，当其需要重新使用时应经过批准。

卫生

61. 洁净区的消毒非常重要。应按照书面规程进行彻底清洁。如果需要消毒，应采用一种以上消毒剂。应定期进行监测，检查耐药菌的生长。

62. 应对消毒剂和清洁剂进行微生物污染的监测。配制后的溶液应保存在清洁容器中，存放时间不得超过规定的时限，除非进行灭菌。A 级和 B 级洁净区使用的消毒剂和清洁剂使用前应确定无菌。

63. 对洁净区内难以触及的地方可采用熏蒸，以减少微生物污染。

加工

64. 在所有工艺阶段，包括灭菌前各阶段，应采取预防措施，使污染最小化。

65. 不得在其他药品生产区域进行活体微生物的制备或灌装，但是微生物灭活疫苗或细菌提取物的疫苗在灭活后，可在其他无菌药品生产厂房中进行灌装。

66. 无菌工艺的验证应包括采用营养培养基的工艺模拟试验（培养基灌装）。应根据产品剂型及培养基的选择性、澄清度、浓度和灭菌的适用性来选择培养基。

67. 工艺模拟试验应尽可能接近日常无菌生产工艺，包括关键的后续生产步骤。同时应考虑在正常生产过程中出现的各种干扰以及最坏情况。

68. 工艺模拟试验的首次验证：每个班次应连续进行三次合格模拟试验，并在规定的时间间隔以及空气净化系统、设备、生产工艺和班次的所有重要变更后，重新验证。通常每班次和每个工艺每年应重复进行两次工艺模拟试验。

69. 用于培养基灌装的容器数量应充足以进行有效评价。对小批量的产品，用于培养基灌装的容器数量至少应等于产品的批量。目标是微生物零生长，并遵循下列要求：

- 灌装数低于 5000 支时不得检出污染。
- 灌装数在 5000~10000 支时：
a）有 1 支被污染时，需进行调查，并应考虑重新进行培养基灌装试验；
b）有 2 支被污染时，需进行调查，并在调查后进行重新验证。
- 灌装数超过 10000 支时：
a）有 1 支被污染时，需进行调查；
b）有 2 支被污染时，需进行调查，并应在调查后进行重新验证。

70. 对于任何批量的生产，断续的微生物污染事件可能说明存在低水平的污染，应对这些污染进行调查。对严重故障的调查应包括自上次培养基灌装试验合格后对所生产的产品无菌保证的潜在影响。

71. 应注意，所有验证均不可对加工过程造成不良影响。

72. 应对水源、水处理设备以及经处理的水进行定期的化学和微生物污染监测，如有可能，还应包括内毒素检测。应保存监测结果和采取措施的记录。

73. 在洁净区内，特别是在进行无菌操作时，应保持最少活动，并对人员活动进行控制，确保井然有序以避免由于剧烈活动散发过多微粒和微生物。由于工作服的特性，环境温度和湿度不宜过高以免不适。

74. 原料的微生物污染应降到最低。当监测表明有必要时，质量标准应包括微生物质量要求。

75. 在洁净区内，应避免使用容易产生纤维的容器和物料。

76. 如有可能，应采取措施减少微粒对最终产品的污染。

77. 在最终清洁工艺之后应处理物料、容器和设备，以防止再次污染。

78. 应尽量缩短物料、容器和设备的清洁、干燥和灭菌的时间间隔，以及灭菌与使用之间的时间间隔，以符合适宜储存条件下的有效期。

79. 应尽量缩短溶液从开始配制到灭菌或进行除菌过滤处理的时间间隔。每种产品应根据其成分和储存方法，制定允许的最长有效期。

80. 在灭菌前应对生物负荷进行监测。灭菌前应立即对污染进行限制，这与所使用方法的效率有关。对于无菌灌装产品和最终灭菌产品，每批都要进行生物负荷检测。在已为最终灭菌产品设置过灭菌参数的情况下，生物负荷可仅按合适的周期进行监测。对于参数放行系统，应该对每个批次进行生物负荷分析，并将其视为一种过程控制。在适当情况下，应监测内毒素水平。所有溶液，特别是大容量输液，应在即将灌装的位置，用除菌过滤器过滤。

81. 在进行无菌作业的洁净区域内，应对所需组件、容器、设备和任何其他物品进行消毒，并通过密封安装在墙上的双扉灭菌柜或其他不会引入污染的方式传入洁净区。不易燃气体应通过除菌过滤器。

82. 任何新工艺的有效性都应得到验证，并应根据性能历史定期对验证结果进行确认，或当工艺或设备发生重大变化时对验证结果进行确认。

灭菌

83. 应对所有灭菌工艺进行验证。如果采用的是现行《欧洲药典》中没有收载的灭菌方法，或灭菌的产品不是简单的水溶液或油状溶液，应特别注意。如有可能，可采用高温灭菌。在任何情况下，灭菌工艺必须与上市许可及生产许可规定的方法一致。

84. 在采用任何灭菌工艺之前，应通过物理方法和适当的生物指标来证明其对产品的适用性及其在每种待灭菌物品中达到所需灭菌条件的有效性。该工艺的有效性应在规定的时间间隔内进行验证，至少每年一次，并在设备发生重大变更时进行验证。结果应记录在案。

85. 为了有效灭菌，所有物料必须按照要求进行处理，并在工艺设计过程中应确保做到这一点。

86. 应为所有灭菌工艺建立经过验证的装载模式。

87. 应将生物指示剂作为灭菌的辅助监测手段。生物指示剂应按其生产说明储存和使用，并通过阳性对照确认其质量。如果使用生物指示剂，应采取严格的预防措施以避免微生物污染。

88. 应有明确的方法来区分没有消毒的产品和已经消毒的产品。产品或物料的每个篮子、托盘或其他载体都应清楚地标明物料名称、批号，并注明是否已消毒。在适当的情况下，可以使用高压灭菌指示带等来表明一批（或亚批）是否经过灭菌处理，但实际上，指示带并不能确保该批产品是无菌的。

89. 每次灭菌应有灭菌记录，并作为批产品放行规程的一部分得到批准。

高温灭菌

90. 每次加热灭菌周期均应在有足够大比例的记录纸或其他有适宜精确度和准确度的设备上记录时间/温度图。应在验证期间确定用于控制和（或）记录的温度探头的位置，如有可能，应采用同一个位置上的另一个温度探头进行核对。

91. 也可以使用化学或生物指示剂，但不能替代物理方法。

92. 在开始计算灭菌时间之前，必须有足够的时间让所有装载的产品达到规定温度。必须确定每种装载方式升温所需的时间。

93. 在加热灭菌周期高温阶段后的冷却阶段，应采取预防措施，防止在冷却过程中灭菌负载受到污染。与产品接触的冷却液或气体都应进行消毒，除非证明所用容器不会泄漏。

湿热灭菌

94. 应采用温度和压力来监测灭菌工艺。通常，控制仪器应独立于监测仪器和记录图纸。如果采用自动化的控制和监测系统，其应经过验证，以保证达到关键工艺要求。系统和周期性故障应通过系统予以记录并可被操作者观察到。灭菌过程中，应比对记录仪定期检查独立的温度指示器的读数。对于底部装有排水装置的灭菌器，需在整个灭菌过程中记录该位置的温度。当灭菌周期中有真空阶段时，应经常进行泄漏检查。

95. 如果待灭菌的产品不是在密封容器中，应采用能够排除空气并让蒸汽穿透且能防止灭菌后再污染的材料进行包装。所装载物品的所有部位应与灭菌剂在规定温度下接触规定的时间。

96. 应注意确保灭菌所用蒸汽的质量，蒸汽中所含添加剂水平不会对产品或设备造成污染。

干热灭菌

97. 所用工艺应包括灭菌柜内的空气循环系统和保持正压以防止未灭菌空气进入。所有进入的空气应通过高效空气过滤器。如果本工艺还将用于除去热原，应将内毒素负荷试验作为验证的一部分。

辐照灭菌

98. 辐照灭菌主要用于对热敏感的物料或产品的灭菌。很多药品和一些包装材料对辐照敏感，因此只有经过试验证明对产品不会产生有害影响时，方可采用此方法。紫外线照射法通常不作为可接受的灭菌方法。

99. 在灭菌过程中，应对放射剂量进行测定。因此，应用独立于放射剂量率的放射量测定仪对产品接受的剂量进行定量测定。应将足够数量的放射量测定仪插入产品中并保持足够近的距离，以保证始终有一个剂量计在照射器内。使用塑料材质的放射量测定仪时，应确保其在校准期内。应在测定仪暴露在辐照后较短时间内读取其吸光度。

100. 可采用生物指示剂作为辅助控制。

101. 验证过程应确保考虑了不同产品包装密度的影响。

102. 物料处理规程应防止已辐照与未辐照物料的混淆。应在每个包装上使用对辐照敏感的彩色卡片，区分已辐照物料和未辐照物料。

103. 应在预先规定的时间内达到总辐射剂量。

环氧乙烷灭菌

104. 此方法应仅在没有其他合适方法的情况下使用。在工艺验证过程中，应能证明环氧乙烷灭菌法对产品没有破坏作用，并能证明脱气条件和时间能够将残留气体和反应产物降低到此类产品或物料的可接受标准。

105. 气体和微生物细胞的直接接触十分关键。应采取措施避免易于包裹在物料中的生物体如晶体或干蛋白质类的存在。包装材料的性质和数量可能对工艺产生显著影响。

106. 暴露于气体中之前，应将物料放入工艺所要求的温、湿度环境下进行平衡。该平衡步骤所需时间应抵消灭菌前的时间。

107. 每次灭菌周期都应采用适当的微生物指示剂进行监测，将适当数量的指示剂分布在整个装载中。检测指示剂获得的信息应作为产品批次生产记录的一部分。

108. 每个灭菌周期的记录均应包括完成灭菌周期的时间，灭菌过程中灭菌器内部的压力、温度、湿度以及气体的浓度和总用量。整个循环的温度和压力应记录在案。各个记录应作为批次记录的一部分。

109. 灭菌后，产品应保存在受控状态下，保持通风，使残留气体和反应产物降低至规定水平。此过程应进行验证。

对不能在其最终容器中消毒的药品的过滤

110. 可以在最终容器中进行消毒时，仅过滤除菌是不够的。就目前可用的方法而言，蒸汽灭菌是首选。如果产品不能在最终容器中进行消毒，那么可采用孔径为 $0.22\mu m$（或更小）的无菌过滤器，或采用至少具有同等微生物滞留能力的过滤器，对溶液或液体进行过滤，过滤至预先灭菌的容器中。此类过滤器可以除去大部分细菌和霉菌，但无法除去全部病毒和支原体。应考虑用某种程度的热处理作为过滤的补充。

111. 由于与其他灭菌方法相比，过滤除菌方法存在潜在的额外风险，建议在即将灌装前，采用无菌微孔过滤器进行第二次除菌过滤。最终的无菌过滤应尽可能靠近灌装点。

112. 过滤器应尽可能不脱落纤维。

113. 灭菌过滤器的完整性应在使用前进行验证，并应在使用后立即通过适当的方法如气泡点、扩散流或压力保持试验进行确认。在验证过程中，应确定过滤一定量溶液所用的时间和过滤器两侧的压差，在正常生产时任何明显的偏差都应记录和调查。使用后应确认关键气体和排气过滤器的完整性。其他过滤器的完整性应在适当的间隔内进行检查。

114. 同一过滤器不应使用超过一个工作日，除非该使用已经过验证。

115. 过滤器不得除去产品成分或向产品中释放某些物质而影响产品质量。

无菌产品的最后加工

116. 部分加塞的冷冻干燥瓶应始终保持在 A 级环境中，直到完全压塞。

117. 应采用经验证的方法进行容器密封。熔封性容器如玻璃或塑料安瓿，应接受100％完整性测试。其他容器的样品应按适当规程进行完整性检查。

118. 无菌灌装瓶的容器密封系统在进行铝盖轧盖之前并不完整。因此，在压塞后应尽快进行轧盖。

119. 由于小瓶轧盖时会产生大量非活性微粒，因此应将设备放置在配有足够抽风装置的独立车间。

120. 小瓶加盖可采用无菌盖以无菌工艺进行，或在无菌核心外作为洁净工艺进行。当采用后一种方法时，小瓶应在 A 级环境中，直到离开无菌加工区域，然后用 A 级空气保护加塞的小瓶，直到轧盖完成。

121. 应在轧盖前剔除无塞或跳塞小瓶。当轧盖工作站需要人工操作时，应采用适当的技术，防止直接接触瓶子，并尽量减少微生物污染。

122. 限制进入屏障和隔离器可能有助于确保所需条件，并在封盖操作中将直接的人为干预最小化。

123. 在真空条件下密封的容器应在适当的、预先确定的时间后进行真空保持度测试。

124. 应逐个检查肠外产品的灌装容器是否有外来污染或其他缺陷。当目视检查时，应在适当和受控的照明和背景条件下进行。进行检查的操作人员应定期进行视力检查，戴眼镜者应戴眼镜，并允许经常中断检查。如果使用其他检查方法，应对检查工序进行验证，并定期检查设备性能。应记录检查结果。

质量控制

125. 对最终产品的无菌检查仅是一系列无菌保证控制措施的最后一步。应对有关产品的检验方法进行验证。

126. 在已批准参数放行的情况下，应特别注意对整个生产过程的验证和监测。

127. 进行无菌检查的样品应代表整个批次，但应特别包括从被认为污染风险最大的批次中抽取的样品，例如：

a. 对于无菌灌装的产品，样品应包括容器灌装开始、结束以及灌装过程中发生任何重要干预之后的产品；

b. 对在最终容器中进行加热灭菌的产品，应考虑从装载的可能最低温度位置处取样。

附录 4　非免疫兽药的生产

注：本附录适用于 2001/82/EC 号指令适用范围内的所有兽药，但不包括免疫兽药。另有专门针对免疫类兽药的附录。

加药饲料预混剂的生产

在以下段落中：

加药饲料是指具有治疗、预防作用或 2001/82/EC 号指令第 1 条第 2 款所述的药品的其他特性而可以作为一种产品上市销售，且可以不需进一步加工而直接喂饲动物的一种或几种兽药产品和一种或几种饲料的混合物。

加药饲料预混剂是指为了日后生产加药饲料而预先制备的兽药产品。

1. 加药饲料预混剂的生产需要使用大量植物性物质，这些植物性物质容易吸引昆虫和鼠类。因此厂房的设计、设备配置和操作应尽量降低这些风险（欧盟 GMP 指南第 Ⅰ 部分第 3.4 点），并定期实施虫害控制计划。

2. 由于在加药饲料预混剂生产过程中产生大量粉尘，应特别注意防止交叉污染以及便于清洁（欧盟 GMP 指南第 Ⅰ 部分第 3.14 点），例如通过尽可能安装密闭传送系统和除尘系统达到上述要求。然而，即使安装了此类系统，也要定期清洁生产区。

3. 可能对活性成分稳定性产生严重负面影响的工艺部分（如在制丸过程中使用蒸汽），应在每批生产中以统一方式进行。

4. 应考虑在专用区域内生产加药饲料预混剂，尽可能避免在主厂房内生产。这样的专用区域应该被缓冲区包围，以使其他生产区域受到污染的风险最小化。

杀体外寄生虫药的生产

5. 根据欧盟 GMP 指南第 Ⅰ 部分第 3.6 点的减损规则，动物外用的杀体外寄生虫药属于兽药，须经上市许可，可在杀虫剂专用区域进行多产品共线生产和灌装，但不得在该生产区域内生产其他种类的兽药。

6. 应采用经过充分验证的清洁规程，防止交叉污染，并应按照欧盟 GMP 指南的要求，采取措施保证兽药的储存安全。

含青霉素兽药的生产

7. 在兽医中使用青霉素并不像在人类中使用那样有引起动物过敏的危险。有马和狗对青霉素过敏的记录，其他物料对某些特定动物有毒，例如离子载体抗生素对马而言。虽然在专用的独立设施中生产此类产品的要求（欧盟 GMP 指南第 Ⅰ 部分第 3.6 点）是可取的，但仅生产兽药的企业可豁免执行这种要求。然而，应根据欧盟 GMP 指南要求，采取所有必要措施以避免交叉污染和对操作人员安全的不良影响。在这种情况下，应采用多产品共线的形式生产含青霉素的产品，随后执行适当的、经过验证的去污染和清洁规程。

留样（欧盟 GMP 指南第 I 部分第 1.4 点 viii，第 6.14 点）

8. 由于某些兽药的最终包装，特别是预混剂，体积庞大，生产商可能无法在最终包装中保留每批产品的样品。然而，生产商应确保遵循欧盟 GMP 指南，对每批产品均留取和保存足够的代表性样品。

9. 在任何情况下，储存容器均应与上市销售产品的主要容器材料一致。

无菌兽用药

10. 如果经过主管部门批准，可在低于欧盟 GMP 指南附录 1 无菌制剂所要求的洁净级别下生产最终灭菌的兽药产品，但至少在 D 级环境中生产。

附录 5　免疫兽药的生产

原则

免疫兽药的生产具有一定的特殊性，在实施和评估质量保证体系时，应予以考虑。

由于动物种类及其相关病原体数量众多，生产的产品种类繁多，生产量往往较低，因此，通常为多产品共线生产。此外，由于此类生产的性质（培养步骤、无终端灭菌等），产品必须受到特别保护，以防止污染和交叉污染。还必须进行环境保护，特别是生产涉及使用致病性或外来生物制剂时。当生产涉及使用致病性或外来生物制剂时，生产人员必须做好防护。

这些因素连同免疫产品的固有的可变性，特别是最终产品质量控制测试在提供有关产品的充分信息方面的相对低效，意味着质量保证系统的作用至关重要。因此，需要保持对 GMP 的所有以下方面以及本指南中概述的所有方面的控制，无论如何强调都不过分。特别重要的是，应对 GMP 各个方面（设备、厂房、产品等）监测而生成的数据进行严格评估，做出明智的决定，从而采取适当的措施，并加以记录。

人员

1. 在免疫兽药生产区工作的所有人员（包括清洁和维护保养人员）均应接受卫生和微生物学领域的培训。这些人员还应接受与所生产产品有关的专门培训。

2. 负责人员应接受部分或全部下列内容的正式培训：细菌学、生物学、生物统计学、化学、免疫学、医学、寄生虫学、药学、药理学、病毒学和兽医学。并具有环境保护措施方面的充分知识。

3. 应保护人员免受生产中使用的生物制剂的感染。对于已知会导致人类疾病的生物制剂，应采取充分措施防止接触该制剂或接触实验动物的人员感染。

有关人员应接种疫苗并接受体格检查。

4. 应采取适当措施，防止生物制剂被人员作为载体带离生产厂区。根据生物制剂的种类，这些措施可能包括在离开生产区域之前彻底更衣和强制性淋浴。

5. 对于免疫产品，人员造成污染或交叉污染的风险尤为重要。

应采取一系列措施和规程，确保在生产的各个阶段使用适当的防护服，以防止人员造成污染。

生产人员交叉污染的预防应采取一系列措施和规程，确保人员未采取适当措施就不能从一个区域进入另一个区域，以防止人员造成交叉污染。在工作日内，工作人员不应从可能受活微生物污染的区域或动物饲养厂房前往处理其他产品或生物的区域。如果不可避免，应明确规定去污染规程，包括更换衣服和鞋子，必要时涉及这种生产操作的工作人员应淋浴。

如果封闭区域在过去 12 小时内没有进行开放式的微生物处理操作，那么人员进入该区域检查表面消毒的密封培养瓶的培养情况不视为有受到污染的风险，除非所涉及的是外来微生物。

厂房

6. 厂房的设计应同时控制产品和环境的风险。可通过采用洁净区、封闭区或受控区域达到此目的。

7. 应在封闭区中处理活体生物制剂。封闭的程度应根据微生物的致病性及其是否被归类为"外来"而确定（其他相关法规，如 90/219/EEC 号指令[①]和 90/220/EEC 号指令[②]也适用）。

8. 灭活的生物制剂应在洁净区处理。在处理从多细胞生物中分离出来的非感染细胞时，以及在某些情况下过滤灭菌培养基时，也应使用洁净区。

9. 在后续工序中不再灭菌的产品或组分的开放式操作应在 B 级环境中的 A 级层流工作站内进行。

10. 如果在同一建筑物内进行生产作业，则应适当封闭和隔离处理活生物制剂的其他操作（质量控制、研究和诊断服务等）。封闭的程度应根据微生物的致病性及其是否被归类为"外来"而确定。只要进行诊断操作，就有引入高致病性微生物的风险。因此，封闭的程度应足以应对此类风险。如果质量控制或其他工作所在建筑物十分接近生产厂房，则可能也要求封闭。

11. 封闭的厂房应易于消毒，并具有以下特点：

a）不直接向外界排风。

b）负压通风。应通过高效过滤器进行排气，否则不得再循环，除非在同一区域并提供进一步的高效空气过滤（通常情况下，可通过该区域的正常供应高效过滤器来满足这一条件）。允许区域间空气的循环利用：必须通过两个高效过滤器，并对第一个高效过滤器连续监测其完整性，且当第一个高效过滤器失效时，对排风安全有充分的安全处理措施，可允许空气在不同区域间循环。

c）用于处理外来生物的生产区域的空气应经过两个串联的高效过滤器排放，而生产区域的空气不得再循环。

d）应有污水的收集和消毒系统，包括来自灭菌柜和生物发生器等的受污染冷凝水。固体废物，包括动物尸体，应酌情消毒、灭菌或焚化。应以安全的方式拆除已污染的过滤器。

e）更衣室应设计为气锁间使用，如有需要，配备洗漱和淋浴设施。气压差应使工作区域与外部环境之间没有空气流动，或没有污染在外部区域所穿衣服的风险。

f）用于设备通过的气锁系统，其构造是使工作区域与外部环境之间没有污染空气

---

① 1998 年 10 月 26 日欧洲议会和欧盟理事会 98/81/EC 号指令，该指令是对 90/219/EEC 号指令关于转基因微生物密闭使用的修订（1998 年 05 月 12 日，第 L330 号《欧盟官方公报》，第 13～31 页）。

② 欧洲议会和欧盟理事会于 2001 年 3 月 12 日关于审慎放行转基因生物到环境中的 2001/18/EC 号指令以及废止欧盟理事会 90/220/EEC 号指令——委员会声明（2001 年 04 月 17 日，第 L 106 号《欧盟官方公报》，第 1～39 页。）

流动，或使设备在锁内不存在污染风险。气锁的大小应该能够有效地清除通过它的物料表面的污染。应考虑在互锁门上安装计时装置，以保证有足够的时间有效地去污。

g）在很多情况下，可用阻隔式双扉灭菌柜安全转移废物和引入无菌物品。

12．设备通道和更衣室均应有互锁装置或其他适当的系统，以防止一次打开多扇门。更衣室应提供与工作区域相同标准的过滤空气，并配备抽气设施，以产生与工作区域无关的足够空气循环。通常，设备通道应以相同方式通风，但也可接受无通风或只有送风的通道。

13．易引起污染的生产操作，如细胞维护、培养基制备和病毒培养等，应在独立的区域内进行。动物和动物产品的处理应有特别的防护措施。

14．处理特别耐消毒的生物制剂（如孢子形成菌）的生产区应独立、专用，直至该生物物质被灭活。

15．除了混合和后续灌装操作，在一个区域内一次只能处理一种生物制剂。

16．生产区的设计应允许在操作之间使用经过验证的方法进行消毒。

17．生物制剂的生产可以在控制区进行，条件是在全封闭和热灭菌设备中进行，所有的连接在安装后和拆装前都要进行热灭菌。在连接点数量较少，采用适当的灭菌技术且没有泄漏风险的情况下，可以接受在层流空气保护下进行连接。在各个连接拆装前所用的灭菌参数必须对所用生物进行验证。在没有意外交叉污染风险的情况下，不同的产品可以放置在同一区域的不同生物发生器内。但是，通常对密闭有特殊要求的生物体应在此类产品的专用区域内。

18．对于即将用于或已用于生产的动物，动物房应有适当的密闭、清洁措施，应独立于其他动物房。对于用于涉及使用致病性生物进行质量控制的动物，动物房应充分密闭。

19．生产区仅限经过授权的人员进入。应适当地张贴清楚简明的书面规程。

20．在现场主文件中应易于找到厂房相关的文件，随时可用。

生产场所和建筑应有充分详细的描述（通过平面图和文字描述），所有车间的用途和使用条件以及所处理的生物均应有正确的标识。人员和物料的流向应有清楚标记。

动物房或生产场所的动物种类应有清楚的标识。

应有标明与厂区相邻的其他区域内所进行的操作。

密闭和（或）清洁厂房的平面图应有对通风系统的说明，包括标明进风口和出风口、过滤器及其规格、每小时换气次数和压差梯度。应标明有压力计监视压差。

设备

21．设备的设计和构造应满足每一产品生产的特殊要求。在使用前，设备应进行确认和验证，然后定期维护和验证。

22．在适当的情况下，设备应确保对生物制剂有充分的初步密闭性能。在适当的情况下，设备的设计和构造应易于和有效地去污、消毒。

23．应设计和建造用于生物制剂主要容器的封闭设备，以防止任何泄漏或液滴和气溶胶的形成。气体的入口和出口应加以保护，以达到适当的密闭性，例如使用疏水性除菌过滤器。

物料的进出应使用可灭菌的密闭系统，或尽可能在适当的层流中进行。

24. 如有必要，设备在使用前应适当消毒，最好采用加压干蒸汽灭菌。如果设备的性质不适用蒸汽灭菌，也可采用其他方法。不要忽略台式离心机和水浴锅等个别设备，这一点很重要。

用于纯化、分离和浓缩的设备应至少在不同产品生产间隙进行消毒或灭菌。为确定设备的使用寿命，需要研究灭菌方法对设备效率和有效性的影响。

所有灭菌规程均应经过验证。

25. 设备的设计应防止不同生物或产品之间的混淆。管道、阀门和过滤器应根据其功能进行标识。已感染和未感染容器应使用不同的培养箱，通常对不同的生物体和细胞也有此要求。只有容器采取适当步骤密封、表面消毒和隔离，培养箱中才能含有多种生物体或细胞。培养容器等应分别贴上标签。物品的清洁和消毒可能特别困难，应特别注意。

用于存放生物物质或产品的设备应以防止任何可能混淆的方式设计和使用。所有储存物品均应有清晰的标签，并存放在防漏容器中。应在专用设备储存细胞和生物种子库等物料。

26. 相关设备，如需要温度控制的设备，应有安装记录和（或）报警系统。为避免设备故障，应实施预防性系统维护，并对记录数据进行趋势分析。

27. 冻干机的上料操作需要适当的洁净区/密闭区。

冻干机卸料时会污染周围环境。因此，对于单扉冻干机，在下一批产品进入该区域之前，洁净间应进行净化，除非两个批次的生物体相同。对于双扉冻干机，除非开口在洁净区里，否则应在每次生产后消毒。

冻干机的灭菌应按照第 24 条进行。在多产品共线生产的情况下，至少在每种产品生产后进行消毒。

动物和动物房

28. 动物房、动物喂养和隔离检疫的一般要求见第 86/609/EEC 号指令[①]。

29. 动物房应与其他生产场所分开，并进行适当设计。

30. 用于生产的动物的卫生状况应加以定义、监测和记录。某些动物应按照特定专论（如无特定病原体动物）的规定处理。

31. 动物、生物物质及已进行的检测应作为识别系统的主体，以防止任何混淆的风险，并控制所有可能的危害。

消毒以及废物和废水的处理

32. 在免疫产品的生产中，消毒以及废物和废水的处理可能特别重要。因此，应仔

---

① 2003 年 7 月 22 日欧洲议会和欧盟理事会 2003/65/EC 号指令修订欧盟理事会 86/609/EEC 号指令，关于保护实验和其他科学目的的用动物成员国法律、法规和管理规定的近似法规（2003 年 9 月 16 日，第 L230 号《欧盟官方公报》，第 32~33 页）。

细考虑旨在避免环境污染的规程和设备及其确认或验证。

生产

33. 由于免疫兽药的产品种类繁多，生产过程通常涉及大量步骤以及生物学工艺的特性，必须特别注意始终遵守经过验证的操作规程，保证所有生产阶段的持续监控以及过程控制。

另外，还要特别注意原料、培养基和种子批系统的使用。

原料

34. 原料的适宜性应在书面规范中明确规定，应包括供应商的详细信息、生产方法、原产地和原料来源的动物种类等的详细信息。必须包括对原料的控制方法，微生物控制尤其重要。

35. 原料的检验结果必须符合规范要求。如果原料的检验耗时较长（例如来自SPF鸡群的鸡蛋），那么在得到分析控制结果之前，可能需要对原料进行处理。在这种情况下，成品的放行取决于对原料的测试结果是否令人满意。

36. 应特别注意了解供应商的质量保证体系，以评估来源的适宜性和所需的质量控制测试的程度。

37. 如有可能，加热是消毒原料的首选方法。如有必要，可采用其他经过验证的方法，如辐照。

培养基

38. 培养基支持目标微生物生长的能力应预先适当验证。

39. 培养基就地或在线消毒。加热是首选的方法。引入无菌生物发生器的气体、培养基、酸、碱、消泡剂以及其他物料本身应无菌。

种子库和细胞库系统

40. 为防止由于重复培养或多次传代可能产生不必要的特性漂移，由微生物、细胞、组织培养，或胚胎和动物繁殖所获得的免疫兽药应以种子库和细胞库系统为基础。

41. 种子库和细胞库与最终产品之间的传代次数（双传、代次）应与上市许可资料一致。

42. 种子库和细胞库应进行充分鉴定和污染物测试。应建立新种子库的验收标准。种子库和细胞库的建立、储存和使用应尽量减少污染或任何变异的风险。在种子库和细胞库的建立过程中，不得在同一区域或由同一人同时处理其他活性或传染性物质（如病毒或细胞系）。

43. 应在适当的环境下建立种子库和细胞库，以保护种子库和细胞库，并在适当的情况下，保护处理种子库和细胞库的人员和外部环境。

44. 菌种材料的来源、状态和储存条件应做全面说明。应提供菌种和细胞的稳定性和回收率的证据。储存容器应完全密封、标识清楚并在适当温度下存放。应对储存条件进行适当监控。应记录并保存每个容器的库存。

45. 只有经过授权的人员才可以处理种子库和细胞库，此处理操作必须在负责人员的监督下进行。不同的种子库和细胞库的储存方式应适当，以避免混淆或交叉污染等错误。最好将种子库和细胞库分开，分别储存在不同地方，以降低全部损失的风险。

操作原则

46. 在生产过程中应避免或尽量减少形成液滴和泡沫。离心和混合等可能产生液滴的生产步骤应在适当的密闭区或洁净区进行，以防止活体生物的扩散。

47. 必须迅速和安全地处理意外泄漏，特别是活体生物体。针对每种生物体，应有经过验证的去污染措施。当涉及某一菌属的不同菌种或极为相似的病毒时，可仅针对某个菌种进行去污染工艺的验证，除非有理由相信其对所涉及病原体的耐受性显著不同。

48. 在任何情况下，涉及无菌培养基、培养物或产品等材料转移的操作应在预先消毒的封闭系统中进行。如果不能做到，则转移操作必须在层流空气工作站的保护下进行。

49. 向生物发生器或其他容器中加入培养基或培养物应在严格控制的条件下进行，以确保不引入污染物。在添加培养物时，必须注意确保容器正确连接。

50. 必要时，例如当两个或两个以上发酵罐在同一区域内时，取样和加料端口以及连接器（连接后、产品流动前和拆卸前）均应用蒸汽消毒。在其他情况下，可以接受端口的化学消毒和对连接操作进行层流保护。

51. 设备、玻璃器具、产品容器的外表面以及其他材料在离开密闭区域之前必须采用经过验证的方法（参见上文第 47 条）进行消毒。批记录文件可能是一个特殊问题。只有 GMP 标准操作所必需的最少量的文件可进出该区域。如果明显受到污染，如因溅洒、气溶胶而污染，或所涉及生物体为外来生物体，那么纸质文件则必须经过一个设备通道进行充分消毒，或将文件以复印或传真的方式传递。

52. 液体或固体废物，如收获鸡蛋后的残骸、一次性培养瓶、废弃的培养物或生物制剂，最好在从密闭区转移之前消毒或灭菌。然而，在某些情况下，也可采用密封容器或管道转移等替代方法。

53. 进入生产间的物品和物料，包括文件，应严格控制，以确保只有与生产有关的物品和物料可进入。应建立一个系统以确保进出某个车间的物品和物料平衡，避免物品和物料在该车间内堆积。

54. 进入洁净区或密闭区的热稳定物品和物料应通过双扉高压锅或烤箱进行加热。热不稳定的物品或物料应从带有互锁门的气锁进入消毒场所。如果物品或物料有双层包装，并通过适当的预防措施进入带有互锁门的气锁，则可以接受其在其他地方进行灭菌。

55. 在培养过程中，必须采取预防措施以避免污染或混淆。培养箱应有清洁和消毒规程。应仔细清楚地标示培养箱内的容器。

56. 除了混合和后续灌装操作（或使用全封闭系统时），在任何时候，一个生产车间内只能处理一种活性生物制剂。在处理不同的活性生物制剂的间隙，必须对生产车间进行有效的消毒。

57. 产品应通过加入灭活剂并充分搅拌的方式灭活。然后将该混合物转移到另一个无菌容器，除非容器大小和形状易于倒置和振摇，以便用最终培养/灭活混合物浸湿所有内部表面。

58. 含有灭活产品的容器不应在含有活生物制剂的区域打开或取样。对灭活产品的所有后续加工应在 A~B 级洁净区或灭活产品专用的密闭设备中进行。

59. 应仔细考虑灭菌、杀菌、杀病毒和灭活方法的验证。

60. 生产之后应尽快灌装。待包装产品的容器在灌装前应密封，有适当标识，并在规定的温度存放。

61. 应有系统确保灌装后容器的完整性和密闭性。

62. 含有活体生物制剂的西林瓶轧盖工序应以适当的方式进行，以确保不污染其他产品或有活体生物逃逸到其他区域或外界环境。

63. 由于各种原因，从最终容器的灌装到贴标签和包装阶段可能会有时间延迟。应有规程规定贴标签前产品的储存要求，以避免混淆并确保适当的储存条件。应特别注意对热不稳定和光敏感产品的储存。应规定储存温度。

64. 在生产过程中的每个阶段，应对比工艺预期值检查产品收率。应调查任何重大偏差。

质量控制

65. 中间过程控制在确保生物制品质量的一致性方面起着非常重要的作用。那些对质量至关重要（如病毒清除）但不能在成品上进行的控制，应在适当的生产阶段进行。

66. 可能需要在适当的储存条件下保留足够数量的中间产品样品，以便重复或确认批处理控制。

67. 在生产过程中可能需要对数据进行连续监测，例如在发酵过程中对物理参数进行监测。

68. 生物制品常用的生产方法是连续培养，应特别注意这种生产方法的质量控制要求。

附录 7 草药的生产

文件历史	日期
本修订版明确了 GMP 要求适用于生产草药的原料药（第 II 部分）。另外，根据关于传统草药产品的 2004/24/EC 号指令进行了相应修订。这是 GMDP 检查员工作组（前 GMP 检验服务工作组）与草药委员会（HMPC）通力合作的成果。	2005 年 5 月至 2006 年 3 月
发布征求公众意见稿	2006 年 5 月至 6 月
修订版生效日期	2009 年 9 月 1 日

原则

由于其复杂多变的性质，原料的控制、储存和加工在草药产品的生产中显得尤为重要。

草药①生产的"原料"可以是药用植物、草药物质②或草药制剂。草药物质应具有适当的质量，并应向草药生产商提供支持数据。为确保草药物质的质量一致，可能需要更详细的种植方面的信息。草药的选种、栽培和收获条件是决定草药质量的重要因素，并可能影响成品的质量一致性。HMPC 指南文件《植物源原料种植和采集质量管理规范》中提供了种植和采集适当的质量保证体系相关建议。

本附录适用于所有的草药原料：药用植物、草药物质或草药制剂。

草本药品③生产质量管理规范应用说明表

活动	良好种植与采集规范（GACP）④	欧盟 GMP 指南第 2 部分	欧盟 GMP 指南第 1 部分
植物、藻类、真菌和地衣的种植、采集和收获，以及渗出物的收集			
植物、藻类、真菌、地衣及渗出物的切割与干燥*			
植物压榨和蒸馏**			
渗出物的粉碎、加工，植物提取，草药物质的分馏、纯化、浓缩或发酵			

---

① 除另有规定，本附录中，术语"草本药品/制剂"包括"传统草本药品/制剂"。

② 在 2004/24/EC 号指令中所定义的术语"草药物质"和"草药制剂"分别等同于《欧洲药典》中的术语"草药"和"草药制剂"。

③ 本表详细扩展了欧盟 GMP 指南第 2 部分表 1 中的草药章节。

④ 由欧洲药品管理局（EMEA）发布。

活动	良好种植与采集规范（GACP）④	欧盟 GMP 指南第 2 部分	欧盟 GMP 指南第 1 部分
进一步加工成制剂，包括包装成药品			

注释：

草药物料的 GMP 分类取决于生产许可持有人对其的使用情况。草药物料可分为原料药、中间产品、成品。药品生产商有责任确保药品符合 GMP 要求。

＊生产商应确保这些步骤符合上市许可/注册的要求。对于在种植场进行的几个初始步骤，如上市许可/注册中证明是合理的，可遵照《植物源原料种植和采集质量管理规范》（GACP）执行。GMP 适用于进一步的切割和干燥步骤。

＊＊关于植物的压榨和蒸馏，如果这些活动是采收的一部分，在符合批准的质量标准时，产品质量可以接受，并且种植过程符合 GACP 要求，则可在种植场进行上述操作。这些情况应被视为在相关上市许可/注册文件中有例外和正当理由。

对于在现场进行的操作，应确保按照 GMP 要求进行适当的文件化、控制和验证。主管部门可以对这些操作进行检查，以评估合规情况。

厂房与设备

储存区域

1. 草药物质应储存在独立区域。储存区应配有防止昆虫或其他动物，尤其是鼠类进入的保护性设备设施。应采取有效措施，防止携带中草药物质的任何动物和微生物的传播，防止其发酵、霉变和交叉污染等。应使用不同的隔离区域来区分入厂待验的草药物质与合格的草药物质。

2. 储存区域应通风良好，容器以空气自由流通的方式放置。

3. 应特别注意储存区域的清洁与保养，尤其是产生灰尘时。

4. 草药物质与草药制剂的储存可能对湿度、温度和光线有特殊要求，应提供适当的储存条件并进行监控。

生产区域

5. 在产生粉尘的中草药物质和中草药制剂的取样、称重、混合和加工操作过程中，应做出具体规定，以方便清洁，避免交叉污染，如使用除尘系统、专用厂房等。

设备

6. 生产工艺使用的设备、过滤材料等必须与萃取溶剂兼容，以防止释放或吸附任何可能影响产品质量的物质。

文件管理

原料的质量标准

7. 草药产品生产商必须确保仅使用按 GMP 和上市许可注册要求生产的草药原料。

应提供由草药产品生产商或其代表对草药原料供应商进行审计的全面文件。对原料药的审核跟踪是保证原料质量的基础。生产商应确保草药物质/制剂的供应商符合 GACP 要求。

8. 为了满足欧盟 GMP 指南（第 4 章）所描述的质量标准要求，草药物质/制剂的文件管理应包括：

• 植物双学名［属、种、亚种/变种与发现者（如 Linaeus）］，以及酌情提供其他有关资料，如品种名称和化学类型。

• 植物来源详情（原产国或地区，如适用，种植及收获时间、采集规程、可能使用的杀虫剂、可能的放射性污染等）。

• 使用植物的哪一部分。

• 使用干燥植物时，应指定干燥系统。

• 对草药物质的性状的宏观和微观检查。

• 适当的鉴定试验，包括在适当情况下，对已知的药理活性成分或标记物进行鉴定。当一种草药物质容易被掺假/取代时，需要进行特殊测试。应备有可供参考的真实样本，以供识别之用。

• 根据《欧洲药典》确定的草药物质的含水量。

• 对已知药理活性成分或对标记成分（如果适用的话）进行含量分析；除非另有理由，含量分析应采用根据《欧洲药典》确定的农药污染和可接受限值的方法，或在没有这种方法的情况下，采用适当的经验证的方法。

• 确定真菌和微生物污染，包括黄曲霉毒素、其他真菌毒素、虫害，以及可接受的限值；

• 对有毒金属、可能的污染物和掺假物进行适当的检验。

• 视情况对异物进行检测。

• 按照《欧洲药典》草药物质总论或具体草药物质各论的要求，附加适当的任何其他检测。

任何用来减少真菌/微生物污染或其他虫害的处理均应文件化，有质量标准和规程，包括详细的过程、检测和残留限值。

加工说明

9. 加工说明应描述对草药物质的不同操作，如清洁、干燥、粉碎、过筛，包括干燥时间和温度，以及用于控制碎片或颗粒大小的方法。

10. 应注意的是，应有书面操作规程和记录，来确保每个容器中的草药物质经过细致检查，以发现任何掺杂、替代或外来物质，如金属或玻璃碎片、动物残骸或粪便、石头、沙等，或腐烂和变质迹象。

11. 加工说明也应描述安全筛选或除去异物的方法，以及在储存合格的草本物质前或开始生产前，所需的植物物料清洁/挑选的适当规程。

12. 对于草药制剂的生产，说明应包括提取用溶剂、提取时间和温度的详细信息，以及任何浓缩步骤和使用方法的详细内容。

质量控制

取样

13. 由于药用植物/草药物质性质的多样化，应由专业人员谨慎取样。每批都应使用该批的专用文件进行鉴别。

14. 必须有植物物料的参考样品，特别是在草药物质没有被《欧洲药典》或其他成员国药典收载的情况下。如果使用粉末，则需要未粉碎的植物物料样品。

15. 质量控制人员应具有草药物质、草药制剂或草药产品方面的专业知识和经验，以便能够进行鉴别试验、识别掺假、真菌生长、害虫侵染、同批交货的粗品物料不均匀等问题。

16. 草药物质、草药制剂或草本产品的鉴别与质量检验，应按照现行的相关传统草药产品和传统草药产品质量与质量标准欧盟指南执行，并在相关情况下根据《欧洲药典》具体专论执行。

附录 8　原料与包装材料的取样

原则

取样是一项重要操作，每次取样只是某批次的一小部分。对非代表性样品进行检验无法得到整体的有效结论。因此，正确取样是质量保证体系的基本要素。

注：欧盟 GMP 指南第 6 章 6.11～6.14 对取样操作进行了介绍。本附录是对原料及包装材料取样的补充说明。

人员

1. 取样人员应接受正确取样的初步培训和持续定期培训，内容包括：
- 取样计划；
- 书面取样规程；
- 取样的技术和设备；
- 交叉污染的风险；
- 不稳定物质和（或）无菌物质取样时应采取的保护措施；
- 对物料、容器、标签等进行目视检查的重要性；
- 记录任何意外或不寻常情况的重要性。

原料

2. 通常，只有对每个包装容器取样，并逐个对样品进行鉴别，才能确保整批原料鉴别无误。只有建立了通过验证的规程，确保每个原料包装容器标示正确，才允许仅对整批的一部分容器进行取样。

3. 验证至少应考虑以下几个方面：
- 生产商和供应商的性质和状态，以及他们对药品 GMP 要求的了解程度；
- 原料生产商的质量保证体系；
- 原料的生产、控制条件；
- 原料的性质和使用原料的药品。

在下述情况下，有可能接受一项经过验证的规程，以免除对每一个加料的原料容器进行鉴定测试：
- 来自单一产品生产商或单一生产车间的原料；
- 直接来自生产商或在生产商密封容器内的原料，如果生产商的质量保证体系的可靠性由购买方（药品生产商）或经官方认可的机构进行定期审计。

但对于以下情况，验证规程中必须包括每批原料每个容器的取样鉴别：
- 原料由中间商（如代理商）供货，但生产来源不详或未经审计；
- 注射用药品的生产原料。

4. 可通过抽取并检验具代表性的样品来评估某批原料的质量。鉴定试验的取样可用于批质量的评估。应通过统计学计算来决定代表性样品的取样数，并在取样计划中明确规定。应考虑物料的性质、对供应商了解的程度以及混合样品的均一性，规定由多少个独立的样品混合制备得到一份混合样品。

包装材料

5. 包装材料的取样计划至少应考虑以下几个方面：接收数量、要求的质量、材料的性质（如直接接触包装材料、印刷包装材料）、生产方法，以及通过审计对包装材料生产商质量保证体系的了解。应通过统计学计算来确定取样数量，并在取样计划中明确规定。

附录9 液体制剂、乳膏和软膏的生产

原则

液体制剂、乳膏和软膏在生产过程中极易受污染（如微生物污染）。因此，必须采取专门措施防止任何污染。

厂房与设备

1. 为保护产品不受污染，建议使用密闭系统进行加工和转移。产品或敞口的清洁容器暴露的生产区域，通常应使用过滤后的空气进行有效通风。

2. 应设计和安装易于清洁的罐、容器、管道和泵，并在必要时进行消毒。特别注意，设备设计应尽量减少残留物积累和促进微生物生长的部位的数量。

3. 应尽可能避免使用玻璃仪器。产品接触部位的首选材料是高质量的不锈钢。

在产品或打开的清洁容器暴露在外的生产区域，通常应使用封闭系统进行加工和转移。

生产

4. 应规定和监测生产用水中的化学物与微生物的质量。应注意对水系统进行维护，以避免微生物繁殖风险。对水系统进行化学消毒后，应按已验证的规程进行冲洗，确保消毒剂被有效去除。

5. 装在槽罐车中的散装来料，在转移至贮罐前，应检查质量。

6. 经由管道转移物料时，应采取措施保证物料输送到正确的目的地。

7. 可能脱落纤维或其他污染物的物料，如纸板或木托盘，不应进入产品或已清洁容器暴露的区域。

8. 在灌装过程中应注意保持混合物、混悬液等的均匀性。混合及灌装过程应经过验证。应特别注意确保在灌装过程开始时、加塞后以及过程结束时内容物均匀。

9. 当成品不能立即进行包装时，应预先规定最长储存期限和储存条件，并遵照执行。

附录 10　加压定量吸入气雾剂的生产

原则

由于带计量阀的加压吸入气雾剂产品的特殊性质，需要特别考虑此类产品的生产要求。应在微生物和微粒污染最小化的条件下生产。如果是混悬液，确保阀门部件质量和给药剂量的均一性尤为重要。

总则

1. 目前有两种常用的生产和灌装方法：

a. 双喷射灌装工艺（压力灌装）。活性成分悬浮在高沸点抛射剂中，按剂量装入容器，拧紧阀门，然后通过阀杆注入低沸点抛射剂，制成成品。在抛射剂中活性成分的混悬液保持冷却，以减少挥发损失。

b. 一次性灌装工艺（冷灌装）。活性成分悬浮在抛射剂混合物中，在高压和（或）低温状态下保存，随后通过一次注射将混悬液直接注入容器中。

厂房与设备

2. 生产和灌装应尽可能在密闭系统中进行。

3. 当产品或清洁部件暴露在空气中时，该区域应输入过滤空气，使其至少符合 D级环境的要求，并应通过气锁间进入。

生产质量控制

4. 气雾剂的计量阀与药品生产中的大多数部件相比，是最为复杂的工程部件。在计量阀的规格标准、取样与测试中应体现这一点。对计量阀生产企业的质量保证体系进行审计尤为重要。

5. 所有流体（如液体或气体抛射剂）都应过滤，以去除直径超过 $0.2\mu m$ 的颗粒。如可能，灌装前需要额外过滤。

6. 应采用适合产品使用的方式清洁容器和阀门，清洁方式应经过验证，以确保无任何加工助剂（如润滑剂）污染或不当的微生物污染。清洁后，应在洁净、密闭的容器中保存阀门，并防止在后续处理（如取样）中再次污染。应在清洁状态下将容器送至灌装线，或在灌装前进行在线清洁。

7. 应采取措施，确保整个灌装过程中灌装点的混悬液均匀。

8. 当采用双喷射灌装工艺时，必须确保两次灌装量正确，以得到正确的组成配比。因此，每一阶段都要进行 100% 的质量核实。

9. 灌装后的控制应确保无过度泄漏。任何泄漏测试都应以避免微生物污染或残留水分（至产品中）的方式进行。

附录 11　计算机化系统（2011 年 1 月修订）

发布本文件的法律基础：有关人用药的欧共体 2001/83/EC 号指令第 47 条以及有关兽药的欧共体 2001/82/EC 号指令第 51 条。人用药 2003/94/EC 号指令和兽药 91/412/EEC号指令规定了药品生产质量管理规范（GMP）原则与指南，本文件为这些原则与指南的解释提供指导。

文件状态：第一次修订。

修订原因：修订本附录以适应计算机系统广泛而频繁的使用及其增加的复杂性。GMP 指南第 4 章也提出了相应的修订。

最迟生效日期：2011 年 6 月 30 日。

原则

本附录适用于作为 GMP 监管活动的一部分而使用的所有计算机化系统。计算机化系统是实现特定功能的一套软件和硬件的组合。

计算机化系统的应用程序应经过验证，信息技术基础设施应合格。

计算机化系统代替人工操作时，不应给产品质量、工艺过程控制或质量保证造成不良影响。不应增加整个过程的风险。

总则

1. 风险管理

考虑到患者安全、数据完整性以及产品质量，风险管理应该在计算机化系统的整个生命周期中应用。作为风险管理系统的一部分，有关验证和数据完整性控制范围的决策，应基于对计算机化系统进行的、合理的、文件化的风险评估。

2. 人员

所有相关人员，如流程负责人、系统负责人、质量受权人以及信息技术人员应密切合作。所有人员应具备适当的资质、适当的访问权限和明确的职责，以执行指定的工作任务。

3. 供应商和服务商

3.1　当使用第三方（如供应商、服务商）来供应、安装、配置、集成、验证、维护（如通过远程访问）、修改、保留计算机化系统、相关服务或数据时，生产商与任何第三方之间必须有正式协议，明确规定第三方的责任。信息技术部门亦应做类似考虑。

3.2　供应商的能力和可靠性是选择产品或服务的关键因素，应以风险评估为基础，确定是否需要现场审计。

3.3 受监管用户应审查商用现货产品附带的文件，以确保符合用户需求。

3.4 应根据检查人员的要求，向检查人员提供与软件和实施系统的供应商或开发人员有关的质量体系和审计信息。

项目阶段

4. 验证

4.1 验证的文件和报告应涵盖生命周期的相关步骤。生产商应能够基于风险评估来证明计算机化系统的标准、方案、验收标准、规程与记录的合理性。

4.2 验证文件应包括变更控制记录（如适用）和验证过程中观察到的任何偏差报告。

4.3 所有相关系统及其GMP功能（详细目录）的最新清单应可用。对于关键系统，应提供最新的系统描述，详细说明物理和逻辑安排、数据流及与其他系统或程序的接口、必需的软硬件条件、安全措施。

4.4 用户需求规范应描述计算机化系统所需的功能，并基于文件化的风险评估和GMP影响。用户需求在系统整个生命周期内应可追溯。

4.5 受监管的用户应采取一切合理的步骤，以确保系统按照适当的质量管理制度进行开发。应适当评估系统供应商。

4.6 对于定制计算机化系统的验证，应建立一个确保系统生命周期所有阶段的质量和性能度量的正式评估和报告的过程。

4.7 应论证适当的测试方法和测试场景。特别是系统（程序）参数限值、数据限值和错误处理。应对自动化测试工具和测试环境的充分性进行文件化的评估。

4.8 如果数据被转为另一种格式或传输到另一系统，验证应包括检查数据在迁移过程中数值和（或）含义上有无改变。

运行阶段

5. 数据

以电子方式与其他系统交换数据的计算机化系统应包括适当的内置检查，确保正确和安全地输入和处理数据，以尽量减少风险。

6. 准确性检查

对于人工输入的关键数据，应对数据的准确性进行额外检查。这项检查可由另一名操作者或经验证的电子手段完成。风险管理应包括系统输入错误或不正确数据所造成的潜在后果和严重性。

7. 数据存储

7.1 数据应通过物理和电子手段进行保护以防止损坏。应检查存储数据的可访问性、可读性和准确性。确保整个保存期间数据的可访问性。

7.2　应定期备份所有相关数据。备份数据的完整性和准确性以及恢复数据的能力应在验证期间进行检查并定期监测。

8. 打印输出

8.1　应能够获得电子存储数据的清晰打印副本。

8.2　对于支持批次放行的记录，应可以生成打印输出，显示是否有数据自原始输入后发生了更改。

9. 审计追踪

在风险评估的基础上，考虑将所有与 GMP 相关的变更和删除生成一份记录（由系统生成的审计追踪）嵌入计算机化系统。应记录 GMP 相关数据更改和删除的原因。审计跟踪必须是可用的，而且可以转换为一般可理解的形式，并定期审查。

10. 变更和配置管理

对计算机化系统的任何变更，包括系统配置，都应按照规定的程序以受控的方式进行。

11. 定期评估

计算机化系统应定期评估，以确认它们保持有效状态并符合 GMP 要求。这种评估应酌情包括当前的功能范围、偏差记录、事故、问题、升级历史、性能、可靠性、安全性以及验证状态报告。

12. 安全性

12.1　应有适当的物理和（或）逻辑控制来限制计算机化系统的访问权限。防止未经许可进入系统的适当方法可能包括密钥、通行证卡、带密码的个人代码、生物识别技术、对计算机设备与数据存储区域设置进入权限。

12.2　安全控制的程度取决于计算机化系统的关键程度。

12.3　应记录访问授权的创建、更改和取消。

12.4　数据和文件管理系统应用于记录输入、更改、确认或删除数据（包括日期和时间）。

12.5　应实施物理和（或）逻辑控制，以便获受权人士使用电脑系统。限制进入计算机设备和数据存储区域。

13. 事故管理

应该报告并评估所有事故，而不仅局限于系统故障和数据错误。应识别重大事故的根本原因，并形成纠正和预防措施。

14. 电子签名

电子记录可以电子方式签署。预期的电子签名：

a. 在企业范围内与手写签名有相同的效力；

b. 与它们各自的记录永久关联；

c. 包括电子签名的时间和日期。

15. 批次放行

当使用计算机化系统记录批次认证和批次放行时，该系统应只允许质量受权人对批次放行进行认证，并应使用电子签名来清楚地识别和记录执行批次放行或批次认证的人员。

16. 业务连续性

为了使计算机化系统能够支持关键过程，应做出规定，以确保在系统崩溃时对这些过程的持续支持（如人工或备用系统）。替代方法应基于风险，并适合于特定的系统及其支持的任务过程。这些安排应充分记录和测试。

17. 存档

数据可以存档。应检查这些数据的可访问性、可读性和完整性。如果要对系统（如电脑设备或程序）进行相关的更改，应确保检索数据的能力并对其进行测试。

术语表

应用程序（Application）：提供特定功能的安装在规定的平台/硬件上的软件。

定制的计算机化系统（Bespoke/Customized Computerised System）：单独设计的用于特定任务过程的计算机化系统。

商业化软件（Commercial of the Shelf Software）：可以从商业渠道获取的软件，其适用性得到了众多用户证明。

信息技术基础设施（IT Infrastructure）：网络软件和操作系统等硬件和软件的组合，使应用程序能够正常工作。

生命周期（Life Cycle）：计算机化系统从最初到退役的所有阶段，包括设计、规范、编程、测试、安装、操作和维护。

流程负责人（Process Owner）：负责处理任务过程的人员。

系统负责人（System Owner）：负责计算机化系统的可用性、维护以及系统内数据安全的人员。

第三方（Third Party）：不受生产许可持有人和（或）进口许可持有人直接管理的一方。

附录 12　电离辐射在药品生产中的应用

注：生产工艺中包含辐照处理的产品，其上市许可持有人或上市许可申请人应参照欧洲专利药品委员会发布的《电离辐射在药品生产中的应用》。

简介

电离辐射在药品生产过程中有多种用途，如降低生物负荷，对原料、包装部件或产品进行消毒，以及处理血液制品等。

辐照处理有两种类型：放射源的 γ 辐照和加速器的高能电子辐照（β 辐照）。

γ 辐照可采用两种不同的处理模式。

（ⅰ）批量模式：产品布置在辐照源周围的固定位置，产品暴露于辐照源时不能装卸。

（ⅱ）连续模式：利用自动系统将产品送入辐照池，以适当的速度沿规定路线通过暴露的辐照源后离开辐照池。

高能电子辐照：连续或脉冲的高能电子（β 辐射）束在产品路径上来回扫描。

职责

1. 辐照处理可由生产商或合约辐射设施（合约生产商）运营商进行，两者均须具备适当的生产许可。

2. 药品生产商对产品的质量负责，包括达到辐照目的。辐射设施的合约营运商有责任确保生产商所要求的辐照剂量释放至辐照容器（即接受辐照产品的最外层容器）。

3. 应在产品的上市许可中说明要求的辐照剂量，包括合理限值。

放射量测定

4. 放射量测定是指使用放射量测定仪测量吸收剂量。对放射量测定仪的理解和正确使用对于工艺验证、调试和控制至关重要。

5. 每批常规放射量测定仪的校准应符合国家或国际标准。校准的有效期应明确、合理并得到遵守。

6. 应使用同一仪器建立常规放射量测定仪的校准曲线，并测量辐照后其吸光度的变化。如果使用不同的仪器，则应确定每种仪器的绝对吸光度。

7. 根据使用的放射量测定仪的类型，应适当考虑可能造成不准确的原因，包括湿度变化、温度变化、辐照和测量之间的时间间隔变化以及放射剂量效率变化。

8. 用来测量放射量测定仪吸光度变化的仪器的波长和测量其厚度的仪器的波长，根据其稳定性、使用目的和用途定期进行校准检查。

工艺验证

9. 验证是证明工艺，即向产品提供预期的吸收剂量，能够达到预期效果的活动。更全面的验证要求可参考《电离辐射在药品生产中的应用》。

10. 验证应包含剂量分布，以确定对辐照容器内的产品布局有明确规定时，吸收剂量在辐照容器内的分布。

11. 辐照工艺规范至少应包括以下内容：

a. 产品包装细节。

b. 产品在辐照容器内的装载方式。当允许在辐照容器中混装各种产品时，需要特别注意，不能出现密集产品剂量不足或密集产品对其他产品造成遮蔽。每组混合产品的安排都必须经过确定和验证。

c. 辐照容器在辐照源四围的装载模式（批量模式）或经过辐照池的路径（连续模式）。

d. 产品的最大或最小吸收剂量（相关常规放射量测定）。

e. 对辐照容器的最大和最小吸收剂量限制以及监测该吸收剂量的相关常规放射量测定。

f. 其他工艺参数，包括剂量效率、最长暴露时间、暴露次数等。

当根据合同提供辐照时，至少应将辐照工艺规范的（d）和（e）部分作为合同的一部分。

设备调试

总则

12. 调试是获取和记录证据，证明辐照设备依据工艺规范操作时，可以预期限值持续运行。本附录中，预定的限值是为辐照容器设计的最大和最小吸收剂量。在操作员不知情的情况下，在设备的操作中不可能发生使容器超出这些剂量限值的变化。

13. 调试应包括以下要素：

a. 设计；

b. 剂量分布；

c. 文件记录；

d. 重新调试要求。

γ射线辐照器

设计

14. 辐照容器中某一特定部分在辐照器中某一特定点所接受的吸收剂量主要取决于下列因素：

a. 辐照源的活性和几何形状；

b. 辐照源到容器的距离；

c. 定时器设置或输送速度控制的辐照持续时间；

d. 辐照源与容器特定部分物料的成分和密度，包括其他产品。

15. 另外，总吸收剂量还取决于容器通过连续辐照器的路径或批量辐照器的装载方式，以及暴露周期。

16. 对于有固有路径的连续辐照源或具有固定装载方式并设定辐照源强度和产品类型的批量辐照源，操作员控制的关键设备参数是传送带速度、定时器设置。

剂量分布

17. 在剂量分布规程中，辐照器应装满装有模拟产品或具有密度均一的代表性产品的辐照容器。放射量测定仪应放置在至少 3 个通过辐照器的装载辐照容器中，四周环绕着类似的容器或模拟产品。如果产品包装不均匀，放射量测定仪应放置在更多的容器中。

18. 放射量测定仪的位置应该取决于辐射容器的大小。例如，对于 $1m \times 1m \times 0.5m$ 的容器，可在容器中（包括外表面）选取一个 20cm 的三维网格。如果已从先前辐照源性能特点中预知了最小和最大吸收剂量的位置，则可从平均剂量区域移除一些放射量测定仪，并在极端吸收剂量的区域中替换成 10cm 的网格。

19. 针对一组给定的设备参数、产品密度和装载方式，本规程将给出产品及容器表面的最小和最大吸收剂量。

20. 理想情况下，参比放射量测定仪的精度更高，应用于确定剂量分布。允许使用常规放射量测定仪，但建议在常规放射量测定仪旁边放置参比放射量测定仪，使其位于预期的最小和最大吸收剂量位置，并位于每个重复辐照容器的常规监测位置。所观察到的剂量值具有随机不确定性，可从重复测量的变化中进行估计。

21. 由常规放射量测定仪测得的最小观察剂量对于确保所有辐照容器接受所需最小吸收剂量来说是必要的。最小观察剂量应由常规放射量测定仪的随机变异性来确定。

22. 辐照器参数应保持恒定，监测和记录剂量分布。这些记录连同放射量测定结果和所产生的所有其他记录，应予以保留。

电子束辐照器

设计

23. 辐照产品的特定部分所接收到的吸收剂量主要取决于下列要素：

a. 电子束特性，包括电子能、平均束流、扫描宽度以及扫描均匀性；

b. 输送速度；

c. 产品成分和密度；

d. 辐照输出窗口与产品特定部分物料的成分、密度和厚度；

e. 辐照输出窗口到容器的距离。

24. 操作员控制的关键参数为电子束的特性和输送速度。

剂量分布

25. 在剂量分布规程中，放射量测定仪应放置在构成均匀吸收层的模拟产品之间，或密度均匀的代表性产品层之间，以便在电子束最大范围内可至少得出 10 个测定值。亦可参考第 18~21 条。

26. 辐照器参数应保持恒定，监测和记录剂量分布。这些记录连同放射量测定结果和所产生的所有其他记录，应予以保留。

重新调试

27. 如果工艺或辐照器发生变化，可能影响辐照容器剂量分布（如辐照射线束发生变化），应重新调试。重新调试的程度取决于辐照器或装载变化的程度。如有疑问，应重新调试。

厂房

28. 厂房的设计应将辐照过的容器与未辐照的容器隔离开来，以避免交叉污染。在密闭的辐照容器内处理物料的情况下，可不需要隔离药用与非药用物料，前提是前者不存在被后者污染的风险。

必须从源头排除产品被放射性核素污染的任何可能性。

加工

29. 辐照容器应按照验证期间确定的装载模式进行包装。

30. 在工艺过程中，对辐照容器的辐照剂量应使用经过验证的剂量测定程序进行监测。必须在工艺验证与设备调试中建立这个剂量与容器中产品吸收剂量的关系。

31. 应使用辐照指示器来辅助区分辐照过的容器和未辐照的容器。辐照指示器不应作为唯一的区分方式或某一合格工艺的指示。

32. 只有在有调试试验或其他证据证明单个容器所接受的辐照剂量在规定限值内时，才能对辐照池中混合装载的容器进行处理。

33. 当需要暴露一次以上或通过辐照通道一次以上才能达到所需的辐照剂量时，应事先获得上市许可持有人的同意。若辐照过程中出现意外中断导致辐照过程超出了先前商定的时间，应通知上市许可持有人。

34. 非辐照产品必须始终与辐照产品隔离。可通过使用辐照指示器（第 31 条）和适当的厂房设计达到此目的（第 28 条）。

γ 射线辐照器

35. 在连续处理模式中，旋转放射量测定仪时应至少使其中两个始终暴露在辐照中。

36. 对于批量模式，至少要在与最小剂量位置相关的位置放置两个放射量测定仪。

37. 对于连续处理模式，应明确指示辐照源的正确位置，辐照源位置与传送带的运动之间应该有一个联锁。应连续监测和记录传送带速度。

38. 对于批量处理模式，应监视和记录每一批的辐照源移动和暴露时间。

39. 对于设定的辐照剂量，需要调整定时器设置或输送速度来减少或增加辐照源。应记录并遵守所设定的时间或速度。

电子束辐射器

40. 应在每个容器上放置一个放射量测定仪。

41. 应连续记录平均电子束流、电子能、扫描宽度和输送速度。由于这些变量容易瞬间变化，除了输送速度外，需将这些变量控制在调试所建立的限值内。

文件管理

42. 接收、辐照和发送的容器数量应一致，并与相关文件保持一致。应报告并解决任何不符合问题。

43. 辐照装置操作员应书面证明每批或每一次交付的每个辐照容器所接受的剂量范围。

44. 每批辐照的过程和控制记录应由指定的负责人检查和签署，并予以保存。保存方法和地点应由设备操作员和上市许可持有人商定。

45. 与工厂的验证和调试相关的文件应在产品有效期后保留1年，或至少在工厂最后加工的产品放行后保留5年（以较长时间为准）。

微生物监测

46. 药品生产商有责任进行微生物监测，包括上市许可中规定的产品生产环境监测及产品辐照前监测。

附录 15　确认和验证（2015 年 10 月 1 日生效）

发布本文件的法律基础：有关人用药的欧共体 2001/83/EC 号指令第 47 条以及有关兽药的欧共体 2001/82/EC 号指令第 51 条。人用药 2003/94/EC 号指令和兽药 91/412/EEC号指令规定了药品生产质量管理规范（GMP）原则与指南，本文件为这些原则与指南的解释提供指导。

文件状态：修订。

变更原因：自从 2001 年发布附录 15 以来，生产和监管环境发生了显著变化，需要对该附录进行更新，以反映这种变化的环境。对附录 15 的修订考虑了欧盟药事法规第 4 卷第 Ⅰ 部分与第 Ⅱ 部分、附录 11、ICH Q8、ICH Q9、ICH Q10 和 ICH Q11 的关系，QWP 过程确认指南以及生产技术变更。

最迟生效日期：2015 年 10 月 1 日。

原则

本附录描述了适用于药品生产的设施、设备和工艺的确认和验证原则，也可作为原料药的补充性可选指南，但不向欧盟药事法规第 4 卷第 Ⅱ 部分介绍附加要求。GMP 要求生产商通过对产品和工艺的生命周期进行鉴定和验证来控制其特定操作的关键方面。对可能影响产品质量的设施、设备和工艺的变更，都应进行正式记录，并评估对验证状态或控制策略的影响。用于药品生产的计算机化系统也应按照附录 11 的要求进行验证。ICH Q8、ICH Q9、ICH Q10 和 ICH Q11 中提出的相关概念和指导也应予以考虑。

总则

质量风险管理方法应该适用于药品的整个生命周期。作为质量风险管理体系的一部分，确认和验证的范围和程度应基于对设施、设备和工艺的合理和文件化的风险评估。回顾性验证不再被认为是可接受的方法。如果这种方法合理，而且在获取这些数据的整个过程中有充分的保证，则可以使用生产商自己方案以外获得的支持确认和验证研究的数据。

1. 确认和验证的组织和策划

1.1　所有确认和验证活动都应有计划，并考虑设施、设备、工程、工艺和产品的生命周期。

1.2　确认和验证活动只能由经过适当培训的人员开展，他们必须遵守批准的程序。

1.3　确认和验证人员应按照药品质量体系的规定进行报告，尽管这可能不一定与质量管理或质量保证有关。应对整个验证生命周期进行适当的质量监督。

1.4　现场确认和验证计划的关键要素应在验证主计划（VMP）或同等文件中明确定义和记录。

1.5 VMP 或同等文件应定义确认/认证体系，并至少包括或参考以下信息：

ⅰ．确认和验证政策；

ⅱ．组织结构，包括角色和职责；

ⅲ．现场设施、设备、系统、工艺以及确认和验证状态的总结；

ⅳ．确认和验证的变更控制和偏差管理；

ⅴ．验收标准；

ⅵ．参考现有文件；

ⅶ．确认和验证策略，包括重新认证（如适用）。

1.6 对于大型的复杂项目，规划更加重要，单独的验证计划可明确项目目标。

1.7 质量风险管理方法应该用于确认和验证活动。根据从项目阶段或商业生产过程中的任何变更中获得的知识和深入理解，风险评估应根据需要重复进行。应该明确记录风险评估用于确认和验证活动的方式。

1.8 应在确认和验证活动中加入适当的检查，以确保获得的所有数据的完整性。

2. 包括验证主计划的文件编制

2.1 良好的文档实践操作对于在整个产品生命周期中的知识管理的支持非常重要。

2.2 在确认和验证过程中产生的所有文件应由药品质量体系定义的适当人员批准和授权。

2.3 复杂验证项目中文档之间的相互关系应该明确。

2.4 验证协议应制定关键系统、属性和参数以及相关的验收标准。

2.5 确认文件可以合并在一起，如安装确认（IQ）和运行确认（OQ）。

2.6 如果验证规程和其他文件由提供验证服务的第三方提供，生产现场的相关人员应在批准前确认是否符合企业内部规程。在使用之前，供应商协议可以通过附加的文档/测试协议补充。

2.7 在执行过程中对已批准的协议的任何重大更改，如验收标准、操作参数等，都应记录为偏差，并应确保科学合理。

2.8 不符合预先确定的验收标准的结果应记录为偏差，并根据现场规程进行充分调查。对验证的任何影响都应在报告中讨论。

2.9 应报告验证评论和结论，并根据验收标准对结果进行总结。验收标准的任何变更应科学合理，并对验证结果提出最终建议。

2.10 确认和验证下一阶段的正式放行应作为批准的验证报告的一部分或作为单独的总结文件由相关负责人批准。如果某些验收标准或偏差没有得到充分处理，而有文件证明对下一个活动没有重大影响，则可有条件地批准进入验证下一阶段。

3. 设施、设备和系统的确认阶段

3.1 确认活动应考虑从用户需求规范的最初开发到设施、设备和系统的最终停用的所有阶段。每个阶段的一些建议标准可能有所不同。

3.2 用户需求规范（URS）：在一个用户需求规范和（或）功能规范中应规定新

设施、系统或设备的规范标准。本阶段需要构建质量的基本要素，任何 GMP 风险都要降低到可接受的水平。在整个验证生命周期中，URS 应该是一个参考要点。

3.3　设计确认（DQ）：设施、设备、系统认证的下一个要素是设计确认。应证明并记录该设计与 GMP 的符合性。在设计确认过程中还应验证用户需求规范的要求。

3.4　设备，特别是采用新技术或复杂技术，可在交货前在供应商处进行评估。

3.5　在安装之前，设备应在供应商现场确认符合 URS 或功能规范（如适用）。

3.6　如果能表明功能不受运输和安装的影响，在恰当并进行了论证的情况下，文件审核与部分测试可以在工厂验收测试（FAT）阶段或其他阶段实施，而到达现场后无需再重复实施。

3.7　生产现场收到设备后，可以通过现场验收测试（SAT）来补充工厂验收测试（FAT）。

3.8　在设施、设备和系统上应进行安装确认（IQ）。

3.9　安装确认应包括但不限于以下内容：

ⅰ. 根据工程图和规范，验证组件、仪器、设备、管道工作和服务的正确安装；

ⅱ. 根据预定的标准验证正确地安装；

ⅲ. 收集并整理供应商的操作与运行说明书及维护要求；

ⅳ. 仪器校准；

ⅴ. 施工材料的确认。

3.10　运行确认（OQ）通常在安装确认后实施，但是根据设备复杂性，安装确认和运行确认也可以合并为安装/运行确认（IOQ）来实施。

3.11　运行确认应包括但不限于以下内容：

ⅰ. 根据工艺、系统和设备知识进行的测试，以确保系统按设计运行；

ⅱ. 测试以确定上、下操作极限和"最坏情况"。

3.12　完成一个成功的运行确认应该包括完成标准操作、清洁规程、操作人员培训及预防性维护要求的最终确认。

3.13　性能确认（PQ）应在安装确认和运行确认完成后实施。但在某些情况下，可能与运行确认或工艺验证一起实施。

3.14　性能确认应包括但不限于以下内容：

ⅰ. 用生产物料、合格的替代品或经证实在正常操作条件下具有相同性能的模拟产品进行的测试，证明在"最坏情况"下的批量。确认过程控制的采样频率应合理。

ⅱ. 测试应该涵盖预期工艺运行范围，除非有来自开发阶段的文件证明可以确认操作范围。

4. 重新确认

4.1　设施、设备和系统应以适当的频率进行评估，以确认它们仍处于受控状态。

4.2　如果有必要在特定时期内进行重新确认，则应证明该时期是合理的，并确定评价标准。此外，应评估随时间推移发生微小变化的可能性。

5. 工艺验证

总则

5.1 本节概述的要求和原则适用于所有药物剂型的生产，包括新工艺的最初验证、后续改良工艺验证、现场转移和正在进行的工艺验证。本附录隐含了一个强大的产品开发流程，以支持成功的工艺验证。

5.2 本节应与现行的 EMA 工艺验证指南结合使用。

5.2.1 工艺验证指南旨在对控制文件中提供的信息和数据进行指导。然而，GMP 要求的工艺验证在工艺的整个生命周期内会持续。

5.2.2 此方法应用于链接产品和工艺开发。它将确保商业生产过程的有效性并在常规商业生产过程中保持控制状态。

5.3 生产过程可以使用传统方法或持续验证方法进行验证。然而，无论使用何种方法，在产品投放市场之前，工艺必须耐用并确保产品质量的一致性。在产品认证之前，使用传统方法的生产过程应尽可能进行前瞻性验证。回顾性验证不再是一种可接受的方法。

5.4 新产品的工艺验证应包括其所有的上市规格和生产现场。根据从开发阶段获得的广泛的工艺知识以及适当的持续验证计划，对于新产品来说，分类法可能是合理的。

5.5 对于从一个地点转移到另一个地点或在同一地点内的产品工艺验证，可使用分类法以减少验证批次。然而，现有的产品知识，包括以前验证的内容，应该是可用的。如果合理，不同剂量、批次、包装尺寸、容器类型也可以使用分类法。

5.6 对于遗留产品的现场转移，生产工艺和控制必须符合上市许可要求，并符合该产品类型上市许可的现行标准。如有必要，应提交上市许可变更申请。

5.7 工艺验证应确定是否所有质量属性和工艺参数（在确保验证状态和可接受的生产质量时，这些质量属性和工艺参数被认为是重要的）能够始终符合工艺的要求。应清楚记录和识别工艺参数与质量属性是否为关键或非关键的依据，同时考虑风险评估的结果。

5.8 为工艺验证而生产的批次通常应与预期的商业规模批次大小相同，而其他批次的使用应在欧盟药事法规第 4 卷的其他章节中说明。

5.9 用于工艺验证的设施、设备和系统应该是合格的。应该验证测试方法的预期用途。

5.10 对于所有产品而言，无论采用何种方法，开发研究或其他来源的工艺知识应可供生产现场查阅，并作为验证的基础，除非有其他理由。

5.11 对于工艺验证批次，可能涉及生产、开发或其他现场转移人员。只能由经过培训的人员根据 GMP 要求，使用经批准的文件进行生产。希望生产人员参与验证批次的生产，以促进对产品的理解。

5.12 关键原料与包装材料供应商，应在进行验证批次生产前进行资质确认，否则应进行基于质量风险管理原则的论证并记录。

5.13 尤其重要的是，对于设计空间的论证（如果使用）和任何数学模型的开发（如果使用），确认过程控制策略的基础工艺知识应该是可用的。

5.14 应预先规定是否将验证批次放行销售。这种情况下，产品的生产条件应完全符合 GMP、验证验收标准、持续工艺验证标准（如使用），并符合上市许可或临床试验许可。

5.15 对于临床试验用药品（IMP）的工艺验证，请参阅附录 13。

同步验证

5.16 在特殊情况下，如果患者的利益－风险率很高，可能允许在常规生产开始前无验证程序，而进行同步验证。然而，进行同步验证的决定必须合理，在验证主计划中进行记录，并由授权人员批准。

5.17 如果采用同步验证，则应该有足够的数据来支持这样的结论：任何给定的批产品都是统一的，并且满足规定的验收标准。在批次认证前，结果和结论应正式形成文件并提供给质量受权人。

传统工艺验证

5.18 在传统方法中，在常规条件下生产若干批的成品，以确保产品的重现性。

5.19 生产的批次数量与采样数量应根据质量风险管理的原则，建立允许的正常变化范围和趋势，并提供足够的数据进行评估。生产商必须确定和证明必要的批次数量，以证明高水平的保证过程能够持续提供高质量的产品。

5.20 在非 5.19 的情况下，考虑到使用标准生产方法，以及在现场使用类似的产品或工艺，对于可选择的批次数量的合理性，一般认为，在常规条件下至少连续生产 3 个批次构成该工艺的验证是可以接受的。作为正在进行的工艺验证的一部分，可能需要补充从后续批次中获得的进一步数据。

5.21 应制定工艺验证协议，确定关键过程参数（CPP）、关键质量属性（CQA）和相关验收标准。这些标准应基于开发数据或文件化的工艺知识。

5.22 工艺验证协议应包括但不限于以下内容：

ⅰ. 工艺的简短描述，参考各自的主批记录；

ⅱ. 职能和责任；

ⅲ. 拟调查的关键质量属性汇总；

ⅳ. 关键工艺参数与相关限值汇总；

ⅴ. 验证活动中需要调查或监测的其他（非关键）属性和参数的汇总及纳入原因；

ⅵ. 使用的设备、设施（包括测量、监测、记录设备）清单以及校准状态；

ⅶ. 分析方法和方法验证的清单（如适用）；

ⅷ. 建议的具有验收标准的工艺内控制以及选择每个工艺内控制的原因；

ⅸ. 根据验收标准进行额外测试；

ⅹ. 采样计划及其原理；

ⅺ. 记录和评估结果的方法；

ⅻ. 批次放行和认证流程（如适用）。

持续工艺验证

5.23　对于用质量源于设计方式开发的产品，在科学地建立了提供产品质量高度保证的常规工艺控制后，可以使用持续工艺验证作为传统工艺验证的替代方法。

5.24　应定义验证工艺的方法。对于来料、关键质量属性和关键工艺参数，应制定科学的控制策略，以保证产品质量。还应包括对控制策略的定期评估。工艺分析技术和多变量统计过程控制可以作为工具。生产商必须确定和证明必要的批次数量，以证明高水平的保证过程能够持续提供高质量的产品。

5.25　上述 5.1 至 5.14 规定的一般原则仍然适用。

混合方法

5.26　如果从生产经验和历史批量数据中获得了大量的产品和工艺知识，则可以使用传统方法和持续过程验证的混合方法。

5.27　即使产品最初使用传统方法进行了验证，混合方法也可用于变更后或正在进行的工艺验证中的任何验证活动。

生命周期中正在进行的工艺验证

5.28　5.28 至 5.32 适用于上述工艺验证的三种方法，即传统方法、持续验证和混合方法。

5.29　生产商应监控产品质量，以确保在整个产品生命周期内保持控制状态，同时评估相关的工艺趋势。

5.30　应定期审查正在进行的工艺验证的范围和频率。在整个产品生命周期的任何时期，考虑到当前的工艺理解水平和工艺性能，可有适当的修改要求。

5.31　应根据已批准的方案或同等文件实施工艺验证，并应编制相应的报告以记录所取得的结果。在适当的情况下，应使用统计工具来支持关于设定工艺的可变性和能力的任何结论，并确保控制状态。

5.32　应在整个产品生命周期中进行持续工艺验证，以支持《产品质量评审》中记录的产品验证状态。还应考虑随时间推移，评估是否需要采取任何额外行动，例如加强采样。

6. 运输验证

6.1　药品成品、试验用药品、待包装产品和样品应按照上市许可、批准的标签、产品规格文件中规定的条件或生产商证明的条件从生产现场运输。

6.2　由于所涉及的因素各不相同，因此对运输的核查可能会有困难。然而，运输路线应该明确界定。在运输核查过程中还应考虑季节性和其他变化。

6.3　应进行风险评估，以考虑运输过程中各种变量的影响，而不是那些持续控制或监测的情况，例如运输过程中的延误、监测设备故障、液氮补充、产品易感性和任何其他相关因素。

6.4　由于运输过程中预期条件可能有变化，除非有其他理由，应对产品可能面临的任何关键环境条件进行持续监测和记录。

7. 包装验证

7.1 设备加工参数的变化，在内包装过程中，可能对包装的完整性和相应功能产生重大影响，因此成品和半成品的一次和二次包装设备应该是合格的。

7.2 用于内包装的设备应确认在关键工艺参数（如温度、机器速度和密封压力）或任何其他因素所定义的最小和最大操作范围内使用。

8. 公用设施确认

8.1 蒸汽、水、空气、其他惰性气体、冷却剂等的质量应按照上文设施、设备和系统的确认阶段所述的规定步骤进行确认。

8.2 确定的周期和范围应反映任何季节性变化，以及公用设施的预期用途（如适用）。

8.3 在可能与产品有直接接触的地方进行风险评估，如供暖、通风和空调系统，以减少发生故障的风险。

9. 测试方法验证

9.1 根据欧盟药事法规第 4 卷第 I 部分第 6 章中的定义，所有用于确认、清洁实践的分析测试方法均应进行验证，并规定适当的检测限值和定量限值。

9.2 在对产品进行微生物检测时，应对方法进行验证，以确认产品不会影响微生物的复苏。

9.3 在对洁净间表面进行微生物检测时，应对检测方法进行验证，以确认消毒剂不影响微生物复苏。

10. 清洁验证

10.1 应进行清洁验证，以确认所有产品接触设备的清洁程序的有效性。可以在有合适科学理由的情况下使用模拟产品。在将类似设备归为一类时，需要对用于清洗验证的特定设备进行验证。

10.2 清洁目视检查是清洁确认验收标准的重要组成部分。仅仅使用这一标准通常是不能接受的。重复清洁和重新测试，直到获得可接受的残留结果，也是不能接受的。

10.3 某些产品（如临床试验用药品）可能需要在每个批次之后进行清洁验证，而清洁验证可能需要一些时间来完成确认，应有足够的验证数据支持设备清洁后可供进一步的使用。

10.4 验证应考虑清洁过程中的自动化程度。在自动化的情况下，应验证公用设施和设备规定的正常运行范围。

10.5 应对所有清洁过程进行评估，以确定影响清洁效果和性能的可变因素，如操作人员、漂洗时间等程序细节。如果已识别可变因素，则应使用"最坏情况"作为清洁验证研究的基础。

10.6　产品残留物的残留限值应基于毒理学评价①。选择限值的理由应该记录在风险评估中，包括所有的支持参考资料。应建立所使用的清洁剂的清除限值。验收标准应考虑工艺设备队列中多个设备的潜在累积影响。

10.6.1　已知治疗性大分子和多肽在极端 pH 值和（或）高温下可降解和变性，并可能失去药理活性，因此，毒物学评价可能不适用于这些情况。

10.6.2　如果无法对特定的产品残留物进行检测，可以选择其他具有代表性的参数，如总有机碳（TOC）和电导率。

10.7　在制定清洁验证规程时，应考虑微生物和内毒素污染带来的风险。

10.8　应考虑到生产与清洁之间的时间间隔以及清洁与使用之间的时间间隔的影响，以确定清洁过程所定义的肮脏和清洁保持时间。

10.9　在进行活动生产时，应考虑活动结束时对清洁便利性的影响，且活动的最长时间（按时间、批次数）应作为清洁验证的实践基础。

10.10　在使用"最坏情况"建立清洁验证模型的情况下，应提供科学依据来选择"最坏情况"以及评估新产品对现场的影响。确定"最坏情况"的标准可能包括溶解度、清洁度、毒性和效力。

10.11　清洁验证方案应阐明要采样的位置、选择这些位置的基本原理，并定义验收标准。

10.12　采样应根据生产设备，采用拭子、冲洗或其他方式进行。采样材料和方法不应影响结果。在设备中采样的所有产品接触材料和使用的采样方法都应显示回收是可能的。

10.13　清洁过程应该在风险评估的基础上确定适当的次数，并满足验收标准，以证明清洁方法是有效的。

10.14　如果清洁过程无效或不适用于某些设备，应对每个产品使用专用设备或采取其他适当措施，参见欧盟药事法规第 4 卷第Ⅰ部分第 3 章和第 5 章。

10.15　在对设备进行人工清洗时，应以合理的频率确认人工清洗过程的有效性，这点非常重要。

11. 变更控制

11.1　控制变更是知识管理的重要组成部分，应在药品质量体系中进行。

11.2　如果在生命周期内原料、产品部件、工艺、设备、厂房、产品范围、生产或测试方法、批规模、设计空间或其他可能影响产品质量或再生产计划的内容变更，应采用书面程序来描述要采取的行动。

11.3　在使用设计空间的情况下，对设计空间变更的影响应考虑在上市许可范围内的注册设计空间以及评估任何监管行动的必要性。

11.4　应使用质量风险管理来评估计划中的变更，以确定对产品质量、药品质量体系、文件、验证、监管状态、校准、维护和任何其他系统的潜在影响，以避免意外后

---

① 参见 EMA 用于在共用设施生产不同药品的风险识别设置基于健康的暴露限值的指南。

果，并为必要的工艺确证、验证或重新确认做准备。

11.5 变更应由负责人或相关职能人员按照药品质量体系进行授权和批准。

11.6 应审查支持性数据，例如文件副本，以确认在最后批准之前已经证明了变更的影响。

11.7 在实施之后，并在适当的情况下，对变更的有效性进行评估，以确认变更已经成功。

12. 术语表

以下列出欧盟药事法规第 4 卷的其他部分给出的与确认和验证有关的术语定义。

分类法（Bracketing Approach）：一种基于科学和风险的验证方法，在工艺验证过程中，仅在某些预先确定的和合理的设计因素（如剂量、批量、包装）的极端情况下才会进行测试。该方法假定对极端值的验证可代表对任何中间值进行的验证。在对剂量范围验证时，如果剂量相同或组分非常相近（如基本制粒工艺类似而压片质量不同的片剂，或基本成分相同而以不同填充量填充到不同规格胶囊壳的胶囊），可使用分类法。分类法适用于同一密闭系统中不同容器规格或不同灌装物的情况。

变更控制（Change Control）：由相应学科的有资质的代表审查可能影响设施、系统、设备或工艺的验证状态的预期或实际变更的一个正式制度，旨在确定是否需要采取行动，确保并记录系统处于验证状态。

清洁确认（Cleaning Validation）：书面证据，证明经批准的清洁规程可重复使设备中前一种产品或使用的清洗剂的残留量已降低到科学设定的最大允许残留水平以下。

清洁验证（Cleaning Verification）：每个批次/活动后通过化学分析收集证据，以表明前一种产品或清洁剂的残留量已降低到科学设定的最大允许残留水平以下。

同步验证（Concurrent Validation）：基于重大的患者利益，在特殊情况下进行的验证，执行的验证应与商业化的批次验证同时进行。

持续工艺验证（Continuous Process Verification）：一种工艺验证的替代方法，该方法对生产过程性能进行持续监控和评估（ICH Q8）。

控制策略（Control Strategy）：出于对当前产品和工艺的理解而衍生出来的一套计划性控制，以确保工艺性能和产品质量。该控制包括有关药品和物料成分、设施设备操作条件、过程控制、成品质量标准及监测与控制方法和频率相关的参数和属性（ICHQ10）。

关键工艺参数（Critical Process Parameter，CPP）：一个过程参数，其可变性对关键质量属性有影响，因此应进行监测或控制，确保工艺产生所需的质量（ICHQ8）。

关键质量属性（Critical Quality Attribute，CQA）：一种物理、化学、生物或微生物特性，应在批准的限值、范围或分布范围内，以确保所要求的产品质量（ICHQ8）。

设计确认（Design Qualification，DQ）：设施、系统和设备的设计是否符合预期目的的证明文件。

设计空间（Design Space）：经过证明的可以保证质量的输入变量（如原料属性）和工艺参数的组合与交互作用。在设计空间内运行通常不视为变更。超出了设计空间的运行则视为变更，通常需要启动一个监管后变更批准程序。设计空间由申请人提出，并须经主管部门评审和批准（ICHQ 8）。

安装确认（Installation Qualification，IQ）：安装或修改的设施、系统和设备符合批准的设计和生产商建议的文件证明。

知识管理（Knowledge Management）：获取、分析、储存和传播信息的系统方法（ICH Q10）。

生命周期（Lifecycle）：产品、设备或设施从最初开发或使用到停用的所有阶段。

正在进行的工艺验证（Ongoing Process Verification）（也称持续工艺验证）：在商业生产过程中，工艺处于受控状态的文件证明。

运行确认（Operational Qualification，OQ）：安装或修改的设施、系统和设备在整个预期运行范围内按预期运行的文件证明。

性能确认（Performance Qualification，PQ）：根据已批准的工艺方法和产品规格，对系统和设备进行有效的、可重复的验证。

工艺验证（Process Validation）：记录的证据表明，该工艺在既定参数范围内运行，能够有效地、可重复地生产出符合其预定规格和质量的药品的文件证明。

产品实现（Product Realisation）：实现产品的质量属性，以满足患者、医疗卫生专业人员和主管部门的需求和内部客户的要求（ICH Q10）。

前瞻性验证（Prospective Validation）：在常规生产销售产品之前进行的验证。

质量源于设计（Quality by Design）：一个系统化的方法，从预先设定的目标开始，基于完善的科学和质量风险管理，强调对产品和工艺的理解和过程控制。

质量风险管理（Quality Risk Management）：在整个生命周期内对质量风险进行评估、控制、沟通的系统过程（ICH Q9）。

模拟产品（Simulated Agent）：与经过验证的产品的物理特性（如黏度、粒径、pH 值等）相似的材料。

控制状态（State of Control）：一种条件，在此条件下，一套控制措施可持续保证可接受的工艺性能和产品质量。

传统方法（Traditional Approach）：一种产品开发方法，其中规定了工艺参数的设定点和操作范围，以确保重现性。

最坏情况（Worst Case）：在标准操作程序中，包含上、下加工极限和环境的一种或一组条件，与理想条件相比，这是产品或工艺失败的最大可能性。这些条件并不一定会导致产品或工艺失败。

用户需求规范（User Requirements Specification，URS）：一套所有者、用户和工程要求的必要和充分的可行设计，以达到系统的预期目的。

附录 16　质量受权人认证和批次放行（2016 年 4 月 15 日生效）

　　发布本具体指南的法律基础：有关人用药的欧共体 2001/83/EC 号指令第 47 条以及有关兽药的欧共体 2001/82/EC 号指令第 51 条。人用药 2003/94/EC 号指令和兽药 91/412/EEC 号指令规定了药品生产质量管理规范（GMP）原则与指南，本文件为这些原则与指南的解释提供指导。

　　文件状态：修订。

　　修订原因：修订附录以反映药品供应链的全球化和引入新的质量控制策略。本次修订是根据 2011/62/EU 号指令修订 2001/83/EC 号指令关于防止假冒药品进入合法供应链进行的。本版本还说明了 ICHQ8、ICHQ9 和 ICHQ10 文件以及解释文件，如适用的生产和进口许可（MIA）解释文件。另外，成员国解释不一致的内容也得到了澄清。

　　最迟生效日期：2016 年 4 月 15 日。

范围

　　本附录为质量受权人（QP）认证和欧盟内持有上市许可或出口的人用或兽用药品放行提供指南。本指南的原则也适用于人用临床试验用药品（IMP），但须遵守欧盟法律条款和更具体的指南。

　　有关的法律规定见经修订的 2001/83/EC 号指令第 51 条和 2001/82/EC 号指令第 55 条。现就经修订的 2001/83/EC 号指令第 51 条第 2 款及 2001/82/EC 号指令第 55 条第 2 款所述安排（例如互认协议）发出通知。

　　根据经修订的 2001/83/EC 号指令第 109 条、第 110 条、第 113 条和第 114 条以及 2001/82/EC 号指令第 81 条和第 82 条，本附录不为某些血液制品和免疫制品指定的"官方控制机构批次放行"提供指南。但是，本附录确实适用于质量受权人认证和此类批次的后续放行。

　　上市许可规定产品批次放行的基本安排。本附录中的任何内容都不能凌驾于这些安排之上。

总则

　　上市许可持有人应对药品在其使用期内的性能、安全性、质量和有效性最终负责，但质量受权人有责任确保每个批次的生产和检验符合成员国的现行法律，符合上市许可和 GMP 的要求。

　　批次放行的过程包括：

　　ⅰ. 按照规定的放行程序对批次的生产和检测进行检查。

　　ⅱ. 由质量受权人执行的成品批次认证，表明该批次符合 GMP 及其上市许可要求。这代表批次放行符合质量要求。

　　ⅲ. 应考虑到质量受权人执行认证的成品批次的可销售库存的转移和（或）出口。

如果这种转移是在认证场地以外的场地进行，那么这种安排应该在书面协议中进行约定。

控制批次放行的目的是确保：

ⅰ. 该批次已按照其上市许可的要求进行生产和检查。

ⅱ. 该批次已按照 GMP 的原则和指南进行生产和检查。

ⅲ. 考虑到任何其他相关的法律要求。

ⅳ. 如果欧盟药事法规第 4 卷第Ⅰ部分第 8 章提到的质量缺陷使产品需要被调查或批量召回，应确保所有质量受权人涉及的认证或确认都容易识别。

1. 认证过程

1.1 每批成品在欧盟销售、供应或出口前，必须在欧盟内部通过质量受权人认证。认证只能由上市许可中所描述的生产商和（或）进口商的质量受权人执行。

1.2 参与认证或批次确认的质量受权人必须对其负责的步骤有详细了解。质量受权人应能够证明他们在产品类型、生产过程、技术进步和 GMP 变更方面的持续培训。

1.3 在一个批次通过认证之前，可能涉及生产、进口、测试和储存等不同阶段的若干现场。不管有多少现场，执行成品认证的质量受权人必须确保所有的必要步骤都在药品质量体系下完成，批次质量符合 GMP 要求、上市许可条件和进行认证的成员国的其他法律义务。

1.4 对于在欧盟内进行的生产步骤，每个生产现场必须至少有一名质量受权人。

1.4.1 如果生产现场只承担与批次有关的部分生产操作，那么该生产现场的质量受权人必须至少确认该现场进行的操作按照 GMP 和书面协议的条款执行。如果质量受权人有责任向相关的上市许可持有人提供这些操作的符合性确认，那么质量受权人应能够获得必要的上市许可细节。

1.4.2 对成品批次进行认证的质量受权人可以对批次生产的所有阶段承担全部责任，也可以与对批次生产和控制的特定步骤提供确认的其他质量受权人共同承担责任。他们可能是为同一生产许可持有人工作的其他质量受权人，或为不同生产许可持有人工作的质量受权人。

1.4.3 所有质量受权人之间关于批次合规的责任分担必须在各方正式同意的文件中约定。该文件应详细说明评估偏差对符合 GMP 和上市许可要求的批次的影响。

1.5 对于非欧盟国家生产的药品来说，实物进口和认证是生产的最后阶段，该阶段应在药品向可销售库存转移之前。

1.5.1 本附录第 1 节所述的认证过程适用于所有在欧盟市场出售或用于出口的药品，而不考虑供应链的复杂程度和涉及的生产现场的地理位置。

1.5.2 根据本附录第 1.4 节所述的原则，认证成品批次的质量受权人可以考虑与在欧盟的其他地点进行生产和出口操作的质量受权人以及相关上市许可中定义的其他生产许可持有人共同承担责任。

1.5.3 如果批次和样品分开发送，在批次认证之前，质量受权人应该考虑批次和样品的储存和运输条件。

1.5.4 成品认证的质量受权人负责确保每批成品都按照 GMP 和上市许可生产，除非欧盟和出口国之间建立互认协议或类似协议。质量受权人还负责确保成品批次在成员国内进行了全面的定性分析，至少对所有活性成分进行了定量分析，以及确保药品质量符合上市许可要求的所有其他检测或检查。

1.5.5 进口产品的取样应充分代表批次。样品采集可以在到达欧盟后，或在第三方的生产现场采集，在第三方的采集应符合企业质量体系中记录的技术要求。应在各现场的书面协议中约定与采样有关的责任。在欧盟以外采集的任何样品都应在它们所代表的批次相同的运输条件下装运。

1.5.6 在第三方生产现场进行采样时，技术管理应包括正式的质量风险管理过程，以识别和管理与此方法相关的任何风险。这应充分记录在案，并至少包括下列内容：

ⅰ. 对生产活动进行审核，包括在第三方现场的任何采样活动，并评估批次和样品随后的运输步骤，以确保样品代表进口批次。

ⅱ. 一项全面的科学研究，支持在第三方采样的任何结论数据都代表进口的批次。这项研究应该至少包括：

• 对第三方采样过程的描述。
• 样品和进口批次的运输条件说明。任何分歧都应该是合理的。
• 对在第三方采集的样本和进口后采集的样本进行比较分析。
• 考虑进口批次采样及进口与产生数据的时间间隔，以支持适当界定的限值。

ⅲ. 对进口后采集的样品进行随机定期分析，以证明继续依靠在第三方采样是合理的。

ⅳ. 对任何意外的结果或确认超出规范的结果的审查。这些可能会影响在第三方生产现场的采样，应通知进行现场认证的主管部门。这种情况应视为一种潜在的质量缺陷，并按照欧盟药事法规第 4 卷第 Ⅰ 部分第 8 章的指导进行调查。

1.5.7 不同的进口成品批次可能来自同一批次的散装产品。认证不同成品批次的质量受权人可以根据第一批进口成品批次的质量控制测试来做出决定，前提是基于质量风险管理原则的证明文件。应考虑到 1.5.6 关于在第三方采样的规定。应提供证据，以确保至少通过以下文件验证，已进行进口成品批次的完整性鉴定：

ⅰ. 包装前对散装产品的相关储存要求已经满足。
ⅱ. 成品批次已按规定条件储存和运输。
ⅲ. 保证运输安全，在储存或运输过程中没有篡改证据。
ⅳ. 产品的正确标识已建立。
ⅴ. 所检测的样品是来自所有成品批次的代表。

1.6 质量受权人必须确保在批准一批产品上市或出口之前亲自履行以下工作责任：

ⅰ. 根据进口许可条款，允许认证。
ⅱ. 遵守国家法律的任何其他职责和要求。
ⅲ. 认证记录在注册文件或同等文件中。

1.7 此外，质量受权人有责任确保 1.7.1 至 1.7.21 条款的履行。这些任务可以委派给经过适当培训的人员或第三方。人们认识到，质量受权人需要依靠药品质量体系，质量受权人应保证这种依靠是有充分基础的。

1.7.1　与药品生产和检验有关的所有活动均按照 GMP 的原则和指导方针进行。

1.7.2　在认证阶段之前，活性物质和药品的整个供应链都已形成文件，可供质量受权人使用。这应包括药品的原料和包装材料的生产现场，以及通过生产过程的风险评估而认为是关键的任何其他材料。该文件最好采用综合图表的形式，包括关键步骤，如用于无菌处理的部件和设备的消毒。

1.7.3　对进行药品生产和检验以及活性物质生产的现场的所有审计均已完成，并向进行认证的质量受权人提供审计报告。

1.7.4　所有生产、分析和认证现场符合上市许可中关于预期现场的条款。

1.7.5　所有生产活动和测试活动都与上市许可的描述一致。

1.7.6　批次中使用的原料和包装材料的来源和规格应符合上市许可要求。供应商质量管理体系应到位，确保只提供质量合格的物料。

1.7.7　对于经修订的 2001/83/EC 号指令或 2001/82/EC 号指令范围内的药品，其原料药已按照 GMP 生产，并在必要时按照原料药流通质量管理规范（GDP）进行流通。

1.7.8　进口人用药品的原料药应符合经修订的 2001/83/EC 号指令第 46 条（b）项的要求。

1.7.9　对于经修订的 2001/83/EC 号指令范围内的药品，辅料按照该指令第 46 条（f）项所述确定的 GMP 进行生产。

1.7.10　在相关情况下，批次生产中使用的所有物料符合上市许可的条款。

1.7.11　所有记录均完整并由适当的人员签署。所有必要的过程控制和检查已经完成。

1.7.12　所有生产和测试过程都保持在验证状态。人员经过适当的培训和资格认定。

1.7.13　成品质量控制测试数据符合上市许可中描述的成品规格或经授权的实时放行程序。

1.7.14　与产品生产或测试相关的任何上市后监管承诺均已实现。持续的稳定性数据继续支持认证。

1.7.15　对产品生产或测试的任何变更的影响已经评估，任何额外的检查和测试都已完成。

1.7.16　与批次认证有关的所有调查（包括不符合规范和趋势的调查）已完成到充分支持认证的程度。

1.7.17　任何正在进行的投诉、调查或召回均不影响有关批次的认证条件。

1.7.18　所需的技术协议已到位。

1.7.19　自检计划是积极和最新的。

1.7.20　适当的流通和装运安排已就绪。

1.7.21　对于准备在欧盟市场销售的人用药品，经修订的 2001/83/EC 号指令第 54 条（o）项所述的安全特性，已酌情贴于包装上。

1.8 对于某些产品，可能适用特殊指南，如欧盟药事法规第 4 卷附录 2 人用生物活性物质和药品的生产和附录 3 放射性药品的生产。

1.9 在平行进口和平行销售的情况下，对已放行的批次进行的任何重新包装必须得到目标市场主管部门的批准。

1.9.1 在对重新包装的批次进行认证之前，质量受权人应确认该批次符合国家平行进口要求和欧盟平行销售规则。

1.9.2 进口许可持有人安排的质量受权人负责对重新包装成品的批次进行上市许可认证，证明重新包装是根据重新包装产品的授权和 GMP 的相关要求进行的。

1.10 质量受权人认证记录。

1.10.1 药品的认证由质量受权人记录在为此目的提供的注册文件或同等文件中。记录应显示每个生产批次符合经修订的 2001/83/ EC 号指令第 51 条或 2001/82/EC 号指令第 55 条的规定。记录必须及时更新，因为必须在规定的时间内由成员国的主管部门的代理人进行记录，并在有关成员国规定的期限内，在任何情况下至少保留 5 年，由主管部门的代理人管理。

1.10.2 经修订的 2001/83/ EC 号指令第 51 条或 2001/82/EC 号指令第 55 条所述的控制报告，或基于等效系统向有关市场放行的其他证明，可用于该批次在进入另一个成员国时免于进一步控制。

2. 依靠第三国的 GMP 评估，例如审计

在某些情况下，质量受权人将依赖产品生产所涉及的场地的药品质量体系的正确运作，如来自第三国的审计。

2.1 依靠第三国的 GMP 评估，例如审计应符合 GMP 指南第 7 章的规定，以便适当地定义、同意和控制任何外包活动。

2.2 审计报告的审批应特别注意：

ⅰ. 审计报告应包括一般 GMP 要求，如质量管理体系、与产品供应相关的所有相关生产和质量控制程序（原料药生产、质量控制测试、主要包装等）。所有审计内容都应该准确描述，并提供详细的审计报告。

ⅱ. 应确定原料药和药品的生产和质量控制是否符合 GMP 要求。在第三国生产时，GMP 至少等于经修订的 2001/83/EC 号指令第 46 条或 2001/82/EC 号指令第 50 条提到的要求。

ⅲ. 如果外包活动符合上市许可，应进行验证。

ⅳ. 质量保证计划应确保对第三国审计报告进行书面最终评估和批准。质量受权人应该能够访问所有有助于审查审计结果和继续外包活动的文档。

ⅴ. 对产品质量有重大影响的外包活动，应按照欧盟药事法规第 4 卷第Ⅲ部分所述的质量风险管理原则进行界定。根据这一点，在认证相关批次之前，质量受权人应该了解对产品质量有重大影响的审核结果。

ⅵ. 按照质量风险管理原则进行反复审核。

3. 意外偏差的处理

如果原料药、赋形剂、包装材料和药品上市许可符合规范要求，质量受权人可考虑在生产过程、分析控制方法与上市许可、GMP 中包含的细节发生意外偏差的情况下，确认批次的符合性或进行认证。应彻底调查偏差并纠正。这可能需要提交一份上市许可变更，以继续生产该产品。

3.1 偏差的影响应按照质量风险管理过程进行评估，采用 GMP 指南第Ⅲ部分所述的适当方法。质量风险管理过程应包括：

ⅰ. 评估偏差对有关批次的质量、安全性或有效性的潜在影响，并得出影响可以忽略不计的结论。

ⅱ. 考虑是否需要将受影响的批次列入正在进行的稳定性计划中。

ⅲ. 就生物制剂而言，考虑到任何偏离批准的过程都会对安全性和有效性产生意外的影响。

3.2 考虑到在生产和控制一批药品的过程中，可能会有多名质量受权人共同承担责任，执行药品认证的质量受权人应意识到并考虑任何可能影响 GMP 和（或）上市许可符合性的偏差。

4. 批次放行

4.1 一批药品只有在通过上述质量受权人认证后才可投放市场销售或供应。一批药品在获得认证之前，应留在生产现场，或将该批次运至另一已获有关主管部门批准的地点待检。

4.2 为确保未经认证的批次不会转移至可销售储存处，应采取适当的保障措施，可能是实质性措施，如使用隔离和标签，或采用电子方式，如使用经过验证的计算机化系统。当未经认证的批次从一个授权地点转移到另一个授权地点时，应保留防止过早放行的保障措施。

4.3 当转移到可销售储存处时，应在技术协议中规定质量受权人通知进行现场认证的必要步骤。质量受权人向现场发出的此类通知应正式且明确，并应符合欧盟药事法规第 4 章第Ⅰ部分的要求。

术语表

本附录采用的某些专有名词定义如下。同时应参考欧盟 GMP 指南正文部分的术语表。

成品批次认证（Certification of the Finished Product Batch）：按修订的 2001/83/EC 号指令第 51 条和 2001/82/EC 号指令第 55 条规定，由质量受权人在注册或类似文件中签发的证明，代表该批次在批次放行销售或流通前的质量放行。

确认（Confirmation）（确认和被确认具有同等含义）：由质量受权人签署的一份声明，说明按照 GMP 和相关的上市许可或临床试验许可、产品规格文件和（或）技术协议（如适用）完成了工艺或测试，并与负责在放行前对成品批次进行认证的质量受权人达成书面协议。提供确认的质量受权人对被确认的活动负责。

成品批次（Finished Product Batch）：关于成品的控制或测试，2001/83/EC 号指令附录Ⅰ第Ⅰ部分 3.2.2.5 和 2001/82/EC 号指令附录Ⅰ第 2 部分 E 节有定义。在本附录中，该术语尤指已完成最终包装并准备上市的一批产品。

进口商（Importer）：经修订的 2001/83/EC 号指令第 40 条第 3 款和 2001/82/EC 号指令第 44 条第 3 款规定的从第三国进口药品的许可持有人。

质量受权人（Qualified Person，QP）：修订的 2001/83/EC 号指令第 48 条和 2001/82/EC 号指令第 52 条所定义的人员。

附录1
药品部分生产确认书的内容

［执行生产活动的生产商信头］

1. 产品名称和生产阶段的描述（例如扑热息痛500mg片剂，一次性包装）。

2. 批号。

3. 进行部分生产的场地的名称和地址。

4. 技术质量协议的依据（指南第7章）。

5. 确认声明。

本人确认技术质量协议中提到的生产阶段完全符合欧盟GMP要求和协议条款，以确保符合由（委托方/认证和批次放行的生产商）提供上市许可的要求。

6. 确认部分生产的质量受权人姓名。

7. 确认部分生产的质量受权人签名。

8. 签署日期。

附录2
药品批次证书内容

［批次认证和放行的生产商信头］

1. 产品名称、剂量/效价、剂型及包装尺寸（与成品包装上的文字相同）。

2. 成品批号。

3. 该批次的目的国名称，至少在欧盟范围内。

4. 认证声明。

兹证明该批成品的所有生产阶段完全符合欧盟GMP要求，且（在欧盟内）符合目的国的上市许可要求。

5. 认证批次的质量受权人姓名。

6. 对批次进行认证的质量受权人签名。

7. 签署日期。

附录 17 实时放行和参数放行（生效日期：2018 年 12 月 28 日）

发布本具体指南的法律基础：有关人用药的欧共体 2001/83/EC 号指令第 47 条以及有关兽药的欧共体 2001/82/EC 号指令第 51 条。人用药 2003/94/EC 号指令和兽药 91/412/EEC 号指令规定了药品生产质量管理规范（GMP）原则与指南，本文件为这些原则与指南的解释提供指导。

文件状态：第一次修订。

修订原因：以前的指南只关注了参数放行在最终无菌产品的常规放行中的应用，在成功验证了预定的灭菌条件已实现的基础上，无需进行无菌测试。此外，过程分析技术（PAT）、质量设计（QbD）和质量风险管理（QRM）原理在药品开发和生产中的应用进展表明，过程控制的适当组合以及对已确定的物料属性的及时监测和验证，与成品检验（通常被视为最终产品检验）相比，能提供更高的产品质量保证。

附录 17 的修订考虑了欧盟药事法规第 4 卷第 I 部分第 1 章附录 1 和附录 15、ICHQ8、ICHQ9、ICHQ10 和 ICHQ11 文件等的变更，实时放行测试的 QWP 指南，以及生产和分析技术的变化。

最迟生效日期：2018 年 12 月 28 日（发布后 6 个月）。

1. 原则

1.1 药品必须符合其批准的规格，并符合 GMP 要求，通常可以通过对在上市许可和临床试验许可中认定的活性物质和（或）成品进行一整套检验后投放市场。在特定情况下，根据产品知识和工艺理解，批次放行可以授权使用在生产过程中收集的信息，而不是最终产品检验。这种批次放行的过程应该集成到药品质量体系（PQS）中。

2. 范围

2.1 本文件拟概述在生产过程中实时放行（RTRT）和参数放行的应用要求，其中关键参数和相关物料属性的控制可用作药品常规成品检验的替代方法。本指南的一个具体目标是将实时放行应用于生产过程的任何阶段，并使其适用于任何类型的成品和活性物质，包括中间产品。

3. 实时放行

3.1 在实时放行和授权的情况下，过程中监控和控制的组合可以作为批次放行决策的一部分，替代最终产品检验。在主管部门批准之前的评估过程中，与所有相关监管机构进行互动。互动的程度取决于现场应用的实时放行控制程序的复杂程度。

3.2 在设计实时放行策略时，需要确定并满足以下最低标准：

（ⅰ）过程中相关材料属性和工艺参数的实时测量与控制，应准确预测相应的成品属性。

（ⅱ）建立基于材料、产品和工艺知识的科学依据，有效结合相关物料属性评价和工艺控制，以取代成品属性。

（ⅲ）在生产过程中产生的组合过程测量（工艺参数和材料属性）以及任何其他测试数据应为实时放行和批次放行决策提供有力的依据。

3.3　实时放行策略应通过 PQS 进行整合和控制。这应至少包括但不限于以下信息：

* 按照欧盟药事法规第 4 卷第Ⅰ部分第 1 章和第Ⅱ部分第 2 章所述的原则进行质量风险管理，包括与风险评估有关的整个过程；
* 变更控制程序；
* 控制策略；
* 具体人员培训计划；
* 认证和确认政策；
* 偏差/CAPAs 系统；
* 过程传感器/设备故障时的应急程序；
* 定期审查/评估计划，衡量实时放行计划对持续保证产品质量的有效性。

3.4　根据欧盟药事法规第 4 卷第Ⅰ部分第 1 章、第Ⅱ部分第 13 章和附录 15 所述的原则，变更控制程序是实时放行计划的重要组成部分。应对可能影响产品生产和检验的变化，以及设施、系统、设备、分析方法或过程的验证状态，评估产品质量风险和对生产过程可重复性的影响。任何变更都应该以质量风险管理原则的合理应用为依据，并有完整的记录文件。实施变更后，应进行评估，以证明对产品质量没有意外或有害的影响。

3.5　控制策略不仅要监控过程，还要保持控制状态，并确保满足连续生产所需质量的产品的要求。控制策略应描述并说明所选择的过程中控制、物料属性和过程参数，进行常规监控，并应基于产品、配方和过程的理解。控制策略是动态的，并可能在产品的整个生命周期中发生变化，需要使用质量风险管理方法和知识管理。控制策略还应描述采样计划、验收、驳回标准。

3.6　应对人员进行实时放行技术、原理和程序的具体培训。关键人员应具有足够的经验，产品实时放行的成功实现需要跨职能、多学科团队的投入，他们具有特定领域（如工程、分析、化学计量建模或统计）的相关经验。

3.7　实时放行策略的重要部分是验证和确认策略，特别是参考先进的分析方法。应特别注意将取样探头放置在生产设备内的在线分析方法的鉴定、验证和管理。

3.8　应彻底调查任何偏差或工艺故障，并对任何表明控制状态发生变化的不利趋势进行适当的跟踪。

3.9　通过收集和分析产品生命周期中的数据进行持续学习非常重要，应作为药品质量体系（PQs）的一部分。随着技术的进步，可以观察到目前可接受的过程所固有的某些数据趋势。生产商应在适当的情况下，与主管部门协商，科学评估数据，以确定这些趋势是否预示着改善质量和（或）一致性的机会。

3.10　当实时放行获得批准后，该方法应常规用于批次放行。在实时放行的结果失败或趋于失败时，实时放行不能被最终产品检验所替代。在批次放行决定中，任何失败都应根据调查的结果进行彻底的研究，并且必须符合上市许可和药品 GMP 的要求。应对趋势进行跟踪调查。

3.11 经批准的实时放行间接控制的属性（如内容的一致性）仍应出现在批次分析证书中。应提及批准的最终产品检验方法，并以"如果检验符合"的形式给出结果，并附脚注："经批准的实时放行控制"。

4. 参数放行和灭菌

4.1 本部分提供的参数放行，定义在对关键工艺控制参数进行审查的基础上，而不是要求对最终产品进行无菌检验的产品放行。

4.2 无菌成品的检验能力有限：无菌成品检测，相对于整个批次，仅使用了一小部分样品；培养基只能刺激某些微生物，而不是所有微生物。因此，无菌成品检验只能提供检测无菌保证系统严重故障的机会（即导致大量产品单元污染，受到只能在特定培养基生长的特定微生物污染）。相反，来自过程控制（例如生物负荷或环境监测）的数据以及监测相关灭菌参数可以提供关于无菌保证系统的更准确信息。

4.3 根据《欧洲药典》要求，参数放行只适用于使用湿热、干热或电离辐射在最终容器中灭菌的产品。

4.4 为了使用这种方法，生产商应有一个可接受的 GMP 合规的历史，以及一个强大的无菌保证计划，以展示一致的过程控制和过程理解。

4.5 无菌保证计划应文件化，至少应包括识别和监测关键工艺参数，如灭菌器循环的开发和验证、容器/包装完整性验证、生物负荷控制、环境监测计划、产品隔离计划及设备、服务和设施设计及认证计划、变更控制计划、人员培训，并采用质量风险管理方法。

4.6 风险管理是参数放行的基本要求，应重点关注减少导致每批产品每一单元无法达到和保持无菌状态的风险。如果正在考虑新产品或新工艺进行参数放行，则应在工艺开发过程中进行风险评估。如果考虑的是现有产品或流程，风险评估应包括对历史数据的评估。

4.7 参与参数放行过程的人员应具备以下方面的资历和经验：微生物学、无菌保证、工程、生产和灭菌。所有参与参数放行的人员的资格、经验、能力和培训都应记录在案。

4.8 任何可能影响无菌保证的计划变更应记录在变更控制系统中，并由具有无菌保证资格和经验的相关人员进行审查。

4.9 应制订产品和组件灭菌前生物负荷监测计划，以支持参数放行。应对每个批次执行生物负荷测试。灭菌前灌装单元的取样位置应以"最坏情况"为依据，并具有批次代表性。在生物负荷测试中发现的任何生物都应该确认它们不是孢子形成性的，孢子可能对灭菌过程具有更大的抵抗力。

4.10 生产环境和过程的设计应确保产品生物负荷至少在以下方面进行有效控制：

- 良好的设备和设施设计，可有效清洁、消毒和保证卫生；
- 提供详细有效的清洁、消毒和卫生程序；

- 尽可能使用微生物保留过滤器；
- 提供促进人员卫生和加强适当服装控制的操作规程和程序；
- 适用于原料、中间产品和加工助剂（如气体）的微生物指标。

4.11　对于含水或其他微生物不稳定性产品，应确定溶解原料、产品流体过滤和灭菌之间的时间间隔，以尽量减少生物负荷和内毒素（如适用）的增加。

灭菌过程

4.12　确认和验证是确保灭菌设备能够始终满足循环运行参数以及监测设备提供灭菌工艺验证的关键活动。

4.13　应根据 GMP 指南附录 1 和附录 15 的要求对设备进行定期重新鉴定和重新确认。

4.14　在灭菌过程中对关键工艺参数的适当测量是参数放行程序中的关键要求。应明确规定过程测量装置的标准，校准应符合国家或国际标准。

4.15　应建立并确定关键工艺参数，并定期重新评估。应根据灭菌工艺、工艺能力、校准公差限值和参数临界性确定操作范围。

4.16　灭菌器的常规监测应证明在每个循环中都达到了实现指定过程所需的经过验证的条件。在灭菌阶段应特别监测关键过程。

4.17　灭菌记录应包括所有关键工艺参数。应至少通过两个独立系统检查灭菌记录是否合规。这些系统可能由两个人或一个经过验证的计算机系统加一个人组成。

4.18　一旦参数放行得到主管部门的批准，批次的放行或驳回决定应基于批准的规范和关键过程控制数据的审查。在产品投放市场前，应对灭菌器的例行检查、变化、偏差、计划外和日常维护活动进行记录、评估和批准。不符合参数放行规范则不能让成品通过无菌测试。

5. 术语表

控制策略（Control Strategy）：一套控制计划，源自对当前产品和过程的理解，以确保过程性能和产品质量。这些控制措施可包括与原料、药品材料、组分有关的参数和属性，设施和设备操作条件，过程控制，成品规格以及相关的监测和控制方法、频率。

关键工艺参数（Critical Process Parameters）：一个工艺参数，其可变性对关键质量属性有影响，因此应进行监控或控制，以确保过程所需的质量［ICH Q8（R2）］。

关键质量属性（Critical Quality Attributes）：物理、化学、生物或微生物特性，应在适当的限值、范围内，以确保所要求的产品质量［ICH Q8（R2）］。

参数放行（Parametric Release）：实时放行的一种形式。对最终无菌产品的参数放行基于对过程监控文档（如温度、压力、灭菌时间）的审查，而不是针对特定属性的样品进行测试（ICH Q8 Q&A）。

实时放行（Real Time Release Testing）：基于过程数据评估以及确保过程和（或）最终产品质量的能力，过程数据通常包括检测物料属性和过程控制的有效组合（ICH Q8）。

控制状态（State of Control）：一组控制能够持续保证过程性能和产品质量的状态（ICH Q10）。

附录 19　对照样品和留样

文件历史	
新附录实施日期	2006 年 6 月 1 日

1. 范围

1.1　本 GMP 指南附录对原料、包装材料、成品的对照样品的取样和保存以及成品的留样提供了指导。

1.2　临床试验用药品的具体要求详见 GMP 指南附录 13。

1.3　本附录还包括平行进口/销售药品留样的取样指南。

2. 原则

2.1　留样有两个目的：一是提供样品用于分析检验，二是提供完整的成品样品。因此样品可以分为两类；

对照样品：指一批原料、包装材料或成品的样品，保存对照样品的目的是用于相关批次有效期内可能需要进行的检验。如果稳定性允许，应保存从关键中间产品生产阶段（如分析检验和放行需要）抽取的对照样品，或转移到生产商控制外的中间产品的对照样品。

留样：从一批成品中抽取的完整包装的样品，供各种鉴定用。如有效期内因故需要时，可用于产品演示，鉴别包装、贴标、产品性状特征、供患者用的说明书、批号、有效期等。也有例外情况，在不保留重复样品的情况下也能满足上述需求，例如用于不同市场或生产非常昂贵的药品时包装数量很少的一批样品。

对成品而言，很多情况下，对照样品和留样应相同，即取完整的包装单元。在此情况下，两种样品可互换。

2.2　根据第 7 条和第 8 条规定，生产商、进口商或批放行场地有必要保留每批成品的对照样品和（或）留样，生产商有必要保留每批原料（例外情况见 3.2）和（或）中间产品的对照样品。每个包装现场应保留每批内包装材料和印刷包装材料的对照样品。如成品的对照样品和（或）留样包装包括印刷材料，以此作为印刷包装材料的对照样品和（或）留样也可以接受。

2.3　对照样品和（或）留样作为成品批或原料批的记录，可在以下情况下进行评估：剂型质量投诉、上市许可符合性查询、标签/包装查询或药物警戒报告。

2.4　样品可追溯性的记录应予以维护，并可由主管部门审查。

3. 储存时间

3.1　每批成品的对照样品和留样应至少保留至有效期后一年。对照样品的包装材料和上市成品的包装材料应一致（非免疫兽药参见附录 4 第 8 条和第 9 条）。

3.2　除非生产商成员国的法律规定需要更长时间，原料（生产过程中使用的溶剂、气体或水除外）的样品应至少保留至产品放行后两年。如果相关质量标准中该物料的稳定期较短，则可缩短该期限。原料的样品包装材料的留样时间与成品相同。

4. 对照样品和留样的数量

4.1　对照样品应充足，至少能够按照经过主管部门评估和批准的上市许可资料中的质量控制要求完成两次全检。进行检验时，应使用未开启包装的样品进行每次分析控制。任何不同于此的例外情况都应说明理由，并获得相关主管部门的同意。

4.2　在适用的情况下，应遵守国家对对照样品和留样数量的要求。

4.3　所取的原料、中间产品或成品的对照样品，应具有批次代表性。也可取其他样品，用于监测工艺中最薄弱的环节（如某个工艺的开始或结束）。如果一批产品要进行两次或多次不同的包装操作，则每个单独的包装操作至少应取一份留样。任何不同于此的例外情况，均应说明理由，并获得主管部门的同意。

4.4　应确保所有必要的分析材料和设备仍可获得，或随时可获得，以便在最后生产批次有效期后一年之内的这段时间，仍能对产品质量标准规定的所有项目进行检验。

5. 储存条件

5.1　成品和活性物质的对照样品的储存应符合《药品和活性物质储存条件指南说明》现行版本。

5.2　储存条件应符合上市许可条件（如冷藏）。

6. 书面协议

6.1　当上市许可持有人与欧洲经济区（EEA）内批放行场地法人不同时，根据欧盟 GMP 指南第 7 章的要求，双方之间应有书面协议，规定对照样品和留样的取样和储存责任。当生产或批放行场地不是欧洲经济区市场全面责任的场地时，应有书面协议，以规定每个不同场地对照样品和留样的取样和储存。

6.2　负责批次认证的受权人应确保在任何合理的时间内都可以获得所有相关的对照样品和留样。必要时，应以书面协议形式对如何获取样品做出约定。

6.3　当成品的生产涉及一个以上场地时，有效的书面协议是控制对照样品和留样取样和保存的关键。

7. 对照样品的一般要点

7.1　对照样品供分析使用，因此，应便于有经过验证的方法的实验室获取。在欧洲经济区内生产的成品，其对照样品应存放在生产场地。

7.2　由欧洲经济区以外国家的生产商生产的成品：

7.2.1　如果有互认协议（MRA），对照样品可在生产场地取样并储存。负责批次放行的进口商/场所与欧洲经济区以外的生产商之间应有书面协议（参见第 6 条），对此做出相关规定。

7.2.2　如果无互认协议，应由欧洲经济区内授权生产商进行成品对照样品的取样和储存。样品的抽取应依据所有相关方的书面协议进行。样品最好储存在进行进口检验的地点。

7.2.3　原料和包装材料的对照样品应保存在药品生产的原址。

8. 留样的一般要点

8.1　留样应代表在欧洲经济区内销售的成品，可能需要对留样进行检查，以确认符合上市许可或欧盟法规的非技术属性。因此，留样在任何情况下都应放置在欧洲经济区内。最好存放在质量受权人签发成品批证明的地点。

8.2　根据 8.1 的规定，如果双方有互认协议，并将对照样品储存在欧洲经济区以外国家的生产商处（参见 7.2.2），则欧洲经济区内也应有独立留样。

8.3　留样应储存在授权生产商的场地内，以便主管部门获取。

8.4　当产品的生产、包装、检测、批放行涉及欧洲经济区内　个以上生产场地时，相关各方应签订书面协议以约定留样的取样和储存职责。

9. 平行进口/平行销售产品的对照样品和留样

9.1　未打开外包装时，只需保留所使用的包装材料，因为没有或几乎没有产品混淆的风险。

9.2　如果外包装被打开，如为了替换包装盒或药品说明书而打开外包装，在重新包装过程中有产品混淆的风险。如果有混淆，能迅速识别相关的责任人（原始生产商或平行进口包装商）极为重要，因为这将影响产品召回所涉及的范围。

10. 生产商倒闭情况下的对照样品和留样

10.1　当生产商倒闭，及生产许可被撤销、吊销或终止时，该企业生产的很多尚未过期的产品批次极有可能仍在市场上流通。对于这些仍在市场流通的产品批次，生产商应做出详细安排，以便将对应的对照样品和留样（及相关 GMP 文件）转移给经批准的储存场地。该生产商的安排应经主管部门批准，便于必要时取样并检验。

10.2　如果生产商不能做出必要的安排，则可以委派另一生产商负责此项工作。上市许可持有人负责此项委派工作，同时也负责向主管部门提供所有必要的信息。此外，就市场上未到期的产品批次，上市许可证有人应咨询产品流通所在成员国的主管部门，确认建议的对照样品和留样储存安排是否适宜。

10.3　这些要求也适用于欧洲经济区以外的工厂关闭情况。在此情况下，进口商承担此项特殊职责，即与相关主管部门协商，确保对对照样品和留样处置问题做出合理安排。

术语表

以下定义适用于本指南中所用术语，它们在其他文件中可能有不同的含义。

气锁（Air-Lock）：设置于两个或数个车间之间（如不同洁净级别的车间之间），有两扇或多扇门的密闭空间。设置气锁的目的是在人员或物料出入时，对气流进行控制。气锁分为人员气锁和物料气锁。

批（Batch or Lot）：由一个或一系列加工过程生产的具有预期均一质量和特性的一定数量的原料、包装材料或产品。

注：为完成某些生产操作步骤，可能有必要将一批分成若干子批次，这些子批次稍后会组合在一起形成最终的同质批次。在连续生产的情况下，批次必须对应确定的生产阶段，以其预期的同质性为特征。

就成品控制而言，由 2003/63/EC 号指令修订的 2001/83/EC 号指令附录 1 中有如下定义："就成品控制而言，专利药的一个批次系指由同一种原料经同一个连续生产操作或一次灭菌操作获得的所有产品。在连续生产的情况下，系指在规定时间内生产的产品。"

批号（Batch Number or Lot Number）：用于识别特定批次的特殊的数字/字母的组合。

生物反应器（Biogenerator）：一类似发酵罐的封闭系统，将菌种和其他物料加入其中，通过与其他物质的反应来影响其增殖或产生其他物质。生物反应器通常配有调节、控制、连接、物料添加和回收的装置。

生物（Biological Agents）：微生物，包括转基因微生物、细胞培养物和体内寄生体，不论是否致病。

待包装产品（Bulk Product）：已完成最终包装之外所有加工工序的产品。

校准（Calibration）：规定条件下，建立测量仪器或测量系统显示值、实物量具表现值与相应的已知对照标准值之间关系的一组操作。

细胞库（Cell Bank）。

细胞库系统：用相同主细胞库中的细胞制备，并以细胞培养的方式生产连续批次产品的系统。工作细胞库由主细胞库中的细胞制得。常规生产时，细胞库系统是为了控制所用细胞的传代次数不超过经验证确定的范围。

主细胞库：通过一次培养分装到容器中并经全面鉴定的细胞培养物，其处理方式和保存可确保细胞培养物的一致性及稳定性。主细胞库通常保存在 $-70℃$ 或更低的温度下。

工作细胞库：由主细胞库制备并用于正常生产的细胞培养物。工作细胞库通常保存在 $-70℃$ 或更低的温度。

细胞培养物（Cell Culture）：多细胞组织分离得到的细胞株在体外生长的培养物。

洁净区（Clean Area）：对环境中尘粒和微生物污染有规定控制要求的区域。这类区域的建造和使用应能防止污染物的引入、产生和滞留。.

注：环境控制的不同级别定义详见《无菌药物产品生产增补指南》。

洁净/隔离区域（Clean/Contained Area）：建造和使用方式同时达到洁净及隔离目的的区域。

隔离（Containment）：将生物或其他生物体限制在规定区域内的措施。

初级隔离系统：防止生物泄漏到直接工作环境中的系统。该系统需要使用密闭容器或生物安全执行标准安全操作规程。

二级隔离系统：防止生物泄漏到外部环境或进入其他工作区域的系统。该系统要求车间采用特殊设计的空气处理系统，设置气锁和用于物料回收的灭菌器并遵循安全操作规程。在多数情况下，二级隔离能增强初级隔离的效果。

隔离区域（Contained Area）：配备适当的空气处理和过滤系统，通过合理建造和使用能防止微生物由里到外造成环境污染的区域。

控制区/受控区域（Controlled Area）：用于控制潜在污染物的进入（送风级别约为D级）及活生物体意外释放的区域。控制级别应能反映工艺中所引入的微生物的性质。至少，这个区域应对周边区域呈负压，并能有效去除少量气源性污染物。

计算机化系统（Computerised System）：用于报告或自动控制（包括数据输入、电子处理和信息输出）的系统。

交叉污染（Cross Contamination）：一种物料或产品与另外一种物料或产品发生的污染。

天然植物（Crude Plant）（Vegetable Drug）：新鲜或干的药用植物或植物的某一部分。

低温容器（Cryogenic Vessel）：一种在极低温度下用来储存液态气体的容器。

气体钢瓶（Cylinder）：一种在高压下储存气体的容器。

外来生物（Exotic Organism）：与一个特定国家或地区的任何疾病无关的生物，以及与特定国家或地区疾病控制或根除计划所控制的疾病相关的生物。

成品（Finished Product）：已完成生产的所有操作步骤并已包装在最终容器中的药品。

植物药品（Herbal Medicinal Product）：只以植物物料为活性物质的药品和（或）植物制剂。

感染（Infected）：被外来微生物所污染并可能因此传染的现象。

中间过程控制（In-Process Control）：为确保产品符合有关标准，生产中对工艺过程加以监控，以便在必要时进行调节而做的各种检查。也可将对环境或设备的控制视为中间控制的内容。

中间产品（Intermediate Product）：尚需进行进一步加工方可成为待包装品的经部分加工的物料。

可液化气体（Liquifiable Gases）：在正常的灌装温度和压力下，在气体钢瓶内保持液态的气体。

分配头（Manifold）：可同时从一个气源灌装一个或多个气体钢瓶的仪器或装置。

生产（Manufacture）：物料和各种产品的采购、药品的生产、质量控制、放行、储存、发运及相关控制等所有操作的总称。

生产商（Manufacturer）：欧盟 2001/83/EC 号指令第 40 条所述的生产许可持有人。

药用植物（Medicinal Plant）：用于药用的全部或部分植物。

药品（Medicinal Product）：任何用于治疗或预防人类或动物疾病的一种物质或多种物质的组合。

可为人类或动物使用，为医疗诊断或治疗、纠正或改善生理功能而用于人类或动物的任何物质或物质组合也可视为药品。

包装（Packaging）：待包装产品变成成品所需的所有操作步骤，包括灌装和贴标签。

注：无菌灌装一般不视为包装的一部分，待包装产品不是灌装在最终包装而是内包装容器中。

包装材料（Packaging Material）：药品包装所用的任何材料，但不包括用于运输的外包装材料。包装材料根据是否与产品直接接触可分为内包装材料和外包装材料。

规程（Procedures）：对与药品生产直接或间接相关的操作、注意事项及应采取措施等的说明。

生产（Production）：与药品生产有关的所有操作，从原料的接收、加工和包装，到成品的完成。

确认（Qualification）：证明任何设备工作正常并实际达到预期效果的鉴定行动。有时，验证在概念上包括确认。

质量控制（Quality Control）：参见第 1 章（药品生产质量体系）。

待检（Quarantine）：将原料、包装材料、中间产品、待包装产品或成品，通过物理手段或其他有效方式进行隔离，同时等待放行或拒绝的决定。

放射性药品（Radiopharmaceutical）：可使用时，含有一种或多种放射性（放射性同位素）的药品（欧盟第 2001/83/EC 号指令第 1 条第 6 款）。

物料平衡（Reconciliation）：在允许的正常浮动的情况下，对产品或物料理论数量与实际数量所进行的比较。

记录（Record）：参见第 4 章。

回收（Recovery）：在规定的生产阶段，将上一批生产的符合一定质量要求的部分或全部产品加至另一批产品中。

返工（Reprocessing）：在确定的生产阶段，将未达到质量标准的一批产品的部分或全部进行重新加工，通过一次或多次操作后，使其质量达到合格水平。

退回（Return）：将可能存在或不存在质量缺陷的药品退还给生产商或销售商。

种子库（Seed Lot）。

种子库系统：保证一个产品的连续批次源自同一个主种子批且符合规定传代次数的系统。就常规生产而言，工作种子库由主种子库制备。最终成品来自工作种子库，成品从主种子库开始计算的传代次数不能超过在临床试验中证明安全有效的传代次数。主种子库和工作种子库的来源和传代历史都应有相应记录。

主种子库：将一次培养获得的微生物通过一次操作分装到容器中所得的培养物，操作方式应保证培养物的一致性和稳定性，防止污染。液体形式的主种子库通常保存在－70℃或更低温度。冻干的主种子库应在能确保其稳定性的温度下保存。

工作种子库：由主种子库制备并供生产用的微生物培养物。工作种子库应分装入多个容器中并按照上述主种子库的要求保存。

质量规范标准（Specification）：参见第 4 章。

原料（Starting Material）：除包装材料之外，在药品生产中使用的任何物质。

无菌（Sterility）：指不存在活的微生物。《欧洲药典》中规定了无菌检验的条件。

系统（System）：相互影响的活动和技术通过一种有意识控制的方式结合而成的一个有组织的整体。

验证（Validation）：根据 GMP 的原则，证明任何规程、工艺过程、设备、物料、活动或系统确实能达到预期结果的一系列活动（参见"确认"）。

GMP 相关的其他文件

关于检查和信息交流的欧共体规程汇编

《关于检查和信息交流的欧共体规程汇编》（以下简称《汇编》），前身为《关于行政协作和检查协调的欧共体规程汇编》，是促进成员国的 GMP 检查员合作的一种工具，也是达成一致的一种手段。其中的规程是各成员国药品生产质量管理规范检查机构质量体系的组成部分。各成员国制定的质量体系是以《汇编》中的某一个文件的框架为基础的。2010 年 7 月，与 GMP 相关的文件开始添加到《汇编》中。

在欧洲药品管理局的协调下，每一个成员国的 GMP 检查员的代表，包括那些只监督兽药产品的生产和进口的代表，会不断更新程序的内容，并达成一致意见。一旦达成一致意见，它们将被欧盟委员会采纳，然后由欧洲药品管理局发布。

各药品监管机构负责人已同意设立 GMP 检查员联合审计方案，以保持其他成员国对每个成员国的 GMP 检查制度的相互信任，并为审计提供依据。

按照 2003/94/EC 号指令第 3 条第 1 款，成员国必须考虑本《汇编》。直到相应兽药 GMP，即 91/412/EEC 号指令有相应修订为止，尽管检查报告、生产许可和药品生产质量管理规范（GMP）证书格式受修订的 2001/82/EC 号指令第 51 条约束，但 GMP 检查员在检查兽药产品时已自愿同意遵守本《汇编》。

GMP 检查机构质量体系框架

标题	GMP 检查机构质量体系框架
批准日期	2007 年 11 月
生效日期	2008 年 4 月
替代	替代 2004 年 3 月生效版本
修订原因	按照 ICH-Q9 要求，对文本进行修订，引入质量风险管理方式，包括细微的编辑变更
注释	无

1. 简介

1.1　药品生产质量管理规范/药品流通质量管理规范（GMP/GDP）检查员工作小组的主要目的之一，是在进行药品生产及相关的批发分销国家检查时，建立和维护一个互认体系，加强欧洲经济区（EEA）成员国间的行政合作。对国家药品检查员的一般要求是遵守国家法律和欧洲经济区相关法规。国家法律及任何欧盟法令规定的具体检查义务必须包括在国家检查机构的质量体系中。

1.2　本文件概述了药品 GMP 检查机构的质量体系要求。每一个药品 GMP 检查机构都应将本文件作为制定和实施质量体系和编写质量手册的基础。除了提供内部评估的基础和外部评估的参考文件外，建立和维护一个有效的质量体系将使国家药品 GMP 检查机构内部和之间产生信心，评估 GMP/GDP。

1.3　国家药品 GMP 检查机构、欧盟委员会、欧洲药品管理局和国际药品检查合作计划（PIC/S）应相互合作，交流质量体系维护和运行的经验，并在本文件的进一步发展中交流经验。

1.4　只有在自愿的基础上，本文件才有助于（其他）检查员评估其他质量管理规范（GXP）的合规性或检查药房。

1.5　在编写本文件时，工作小组已认真考虑了下列文件：

EN ISO/IEC 17020：2005	进行检查的各类机构运行的一般准则
EN ISO/IEC 17023：2006	质量体系运行评估和认证/注册的一般要求
ISO 9001－2000	质量管理体系：要求
ISO 9004－2000	质量管理体系：绩效改进指南
ISO 19011：2002	质量和（或）环境管理体系审计指南
PI 002－1：2000	药品检查机构质量体系要求的建议
2001 年 5 月	《关于行政协作和检查协调的欧共体规程汇编》修订版
1998 年	药品检查互认公约－药品检查互认计划（PIC－PIC/S）的药品检查员质量体系研讨会论文集

2. 目的

2.1　质量体系的主要目的是确保有足够的质量标准。质量体系采用统一标准的目的是实现各成员国药品 GMP 检查机构的检查标准一致性，从而促进检查机构互认。统一标准有助于实施欧洲联合审计方案和 PIC/S 联合重新评估方案。

2.2　各成员国药品 GMP 检查机构应以本文件为基础，开发自身的质量体系，使各检查机构内的检查活动按照与其他成员国一致的体系进行。

3. 范围

3.1　本文件规定了涉及 GMP 的国家药品检查服务质量体系要求。

3.2 当国家法规要求国家药品 GMP 检查机构对批发分销进行检查时，本文件规定了国家药品检查机构针对药品批发分销规范检查的质量体系要求。

3.3 质量体系应包括检查过程中涉及的所有活动。

4. 定义

4.1 质量体系：为实施有组织的质量方针和满足质量目标所必需的全部要素，包括组织结构、职责、规程、体系、过程和资源。它对于一个组织实施其质量方针以及实现其质量目标是必需的。通常，这些要素在不同类型文件，如质量手册、文件规程、操作方法中得到体现。

4.2 质量：一个物品的全部特征，依赖于其满足明示和隐含的需求的能力。

4.3 药品检查机构：负责协调和执行药品 GMP 检查的机构，可对药品生产企业和（或）批发分销企业进行检查。如果相关，可能包括对签发或撤销企业许可或其活动授权、签发或撤销药品 GMP 证书、提供建议和处理可疑质量缺陷等事项做出决定。

4.4 许可：本文件中，许可被定义为批准进行药品生产或分销活动。

5. 质量手册

5.1 药品检查机构应编制并维护质量手册。质量手册涵盖本文件所述的要素。各药品检查机构可决定质量手册的格式和风格，但必须包括或参考确定检查机构活动的质量体系规程和维护质量体系的安排。应引用完成质量手册所用的文献（国际标准化组织或欧盟标准）。

6. 管理结构

6.1 药品 GMP 检查机构的结构、成员和运作应符合质量管理目标，并确保公正。

6.2 药品检查机构的人员，包括分包人员和专家，其检查工作及对检查所做的评价不得受任何商业、财务和其他可能影响其判断和行动自由的因素影响。药品检查机构应确保其检查结果不受本机构以外的任何个人或组织影响。收费制度不应对检查程序产生不良影响。必须明确行为规范准则及利益冲突回避原则。

6.3 药品检查机构与其他机构及组织的关系，在有关情况下应予以说明。

6.4 药品检查机构应执行区分检查流程与签发 GMP 证书流程的政策。

6.5 药品检查机构在有关情况下，应执行区分检查过程与向客户提供咨询服务的政策。这种咨询服务应有益于整个行业，而不仅仅是针对个别组织。

7. 组织与管理

7.1 药品检查机构的高级管理人员应正式承诺遵守本文件所包含的建议原则，确保检查机构的质量政策被记录在案，与该机构的目标相关，并得到执行。

7.2 药品检查机构的职责、职权和报告结构应明确界定并形成文件。该结构应在组织结构图中定义，并应以书面形式为每位成员提供工作描述。

7.3 应指定一名具有适当资质和经验的人员，负责执行质量保证职能，包括实施和维护质量体系。该人员应与高级管理人员直接交流。

7.4 主管部门的高级管理人员应确保各级药品检查机构有足够的资源，使其能够有效和高效地实现其目标。药品检查机构的高级管理人员应当确保所有人员都有能力和资质履行其职责，并接受适当的培训。这种培训应记录在案并评估其有效性。

7.5 质量体系应有定期管理评审制度。这种审查应形成文件，并在规定的期间内保留记录。

8. 文件与变更控制

8.1 药品检查机构应建立并维持一套管理系统，以控制与检查系统有关的所有文件。该管理体系应包括政策、程序、准则和任何可能指导检查机构活动或影响其业务质量的外来文件，如条例和指令。

8.2 文件控制系统应确保文件在发布前由适当的人员授权，并且仅由指定的个人持有当前版本。所有相关文件和文件持有人的记录应予保存。系统应确保废止的文件被撤回。应在适当和规定的期间内保留已被取代的文件。

8.3 文件系统应确保对文件的任何变更以受控方式进行，并得到适当授权。应有确定个别文件变更的方法。

9. 记录

9.1 药品检查机构应建立并保持与其活动有关的记录系统，该系统符合任何现行法规。如果相关，系统应包括从许可申请人和许可持有人处收到的文件。

9.2 记录应提供关于检查计划、每次检查的实施方式、检查过程说明、后续活动和向负责颁发许可证的机构提出建议的详细资料。

9.3 所有记录应以防止其损坏或丢失的方式处理，并应按照法律要求保留足够的时间。所有记录应对被检查方保密，除非《信息自由法》另有规定，或国家药品检查员、欧盟/欧洲经济区、欧洲药品管理局和互认协议（MRA）或工业产品一致性评估与验收欧洲协定议定书（PECA）合作伙伴之间的信息交换程序和安排需要。

10. 检查程序

10.1 药品检查机构应对生产企业和（或）批发分销企业进行反复检查，并应根据国家或欧共体的要求酌情出具检查报告。

10.2 药品检查机构应具有文件化的程序和资源，以便按照官方指南和国家法律以及正式的检查计划对生产企业和批发分销企业进行检查。与药品检查机构工作有关的所有说明、标准、书面规程、工作表、检查表和参考数据应保持最新状态，并随时提供给工作人员。

10.3 当超过一名检查员参与检查时，应指派一名检查小组组长来协调检查活动。检查报告通常由检查小组组长编写，并应得到所有参与检查员的同意。

10.4 检查报告应符合欧盟格式要求。

10.5 检查报告应发送给被检查结构的负责人（最好是质量受权人）。检查小组组长和所有相关检查员应参与评估答复。

10.6　应及时记录在检查过程中获得的数据，以防止丢失相关信息。

10.7　应审查已完成的检查，以确保符合要求。

11. 检查资源

11.1　人员。

11.1.1　药品检查机构应具备必要的人员、专业知识和其他资源，对生产企业和（或）批发分销企业进行检查，以确定它们是否遵守现行药品质量管理规范的基本原则和指南及相关法律。

11.1.2　负责检查工作的人员应有适当的资质、培训、经验并了解检查过程。对被检查方是否符合 GMP 和相关法律的要求，有专业的判断能力，并能应用适当程度的风险评估。检查员须掌握现时的科技，包括计算机化系统和信息技术。

11.1.3　药品检查机构应建立一套文件化的人员招募和培训制度，并定期审查每名工作人员所接受的培训和培训需求。应保存个人培训和资质记录。

11.2　资源和设备。

11.2.1　药品检查机构应配备必要的资源和设备，以便有效和高效地履行义务。

11.3　风险管理。

11.3.1　药品检查机构应实施风险管理，分配资源，优先安排任务和活动，以履行其义务（如制订检查计划）。

11.3.2　药品检查机构在执行现场检查时也应实施风险管理。

12. 内部审计

12.1　药品检查机构应定期对其业务进行内部审计并记录，以评估是否符合质量体系的要求。内部审计和相关纠正措施的结果应作为药品检查机构管理过程的一部分进行审查。

12.2　内审程序和文件、审核员资质应明确界定（如参照 ISO 19011：2002）。

12.3　内部审计记录应保留至规定期限。

13. 质量改进与纠正/预防措施

13.1　质量指标。

13.1.1　药品检查机构应建立并保持与其活动相关的质量指标，特别是在现行欧盟或国家法规（如生产或销售许可制度）和（或）文件（如书面报告）中提到的时间范围内。

13.1.2　质量指标应作为药品检查机构管理过程的一部分进行审查。

13.2　纠正/预防措施。

13.2.1　药品检查机构应建立并维护一个规程，以调查通过对其活动进行内部或外部审计而确定的不符合质量体系的情况。规程应包括纠正措施的规定、实施和验证。该程序还应包括调查申诉和与检查机构活动有关的其他意见所引起的纠正措施。

13.2.2 纠正/预防措施系统应包括评估质量改进和预防措施应采取的步骤的说明。

13.2.3 纠正/预防措施应文件化，并保存至规定期限。

14. 投诉

14.1 药品检查机构应建立并维护处理与其活动、人员、任何委托人员或组织有关的投诉的规程。该规程应描述因投诉调查而引起的纠正措施的实施和验证。

14.2 所有收到的投诉和采取的行动均应记录在案，并应保存至规定期限。

15. 许可证和 GMP 证书的签发与撤销

15.1 药品检查机构应建立并维持一套发放和撤销许可证和 GMP 证书的制度，或酌情就发放和撤销许可证和 GMP 证书提供咨询。

15.2 药品检查机构应及时评估许可证及 GMP 证书申请并及时给出结论，评估期限应遵守国家或欧共体的要求。如果有规定时限，则现场检查活动应包括在确定申请的总时限内。

15.3 对于许可证和 GMP 证书，特别是在出现不良检查报告的情况下，应对其采取适当措施，并向其他成员国发出通知，应建立书面制度。该系统应以质量管理规则为基础，并包括对检查机构可采取的行动的描述。此类行动可能包括暂停、变更或撤销许可证和 GMP 证书。应设立一套制度，以评估某个机构是否遵守已采取的强制性措施。

15.4 该系统应包括许可持有人可采用的上诉程序的说明。

15.5 如果该许可制度不属于药品检查机构的职责，则药品检查机构应与相关单位建立和维持明确的联系，以实现和保障上述目标。应建立一套明确的联络机制以确保能执行上述强制性措施，并对该联络机制进行维护。

上市许可

15.6 药品检查机构应与负责上市许可的单位建立和保持明确的联系，以便在检查后（如适用）采取行动反对上市许可。

15.7 其他成员国应酌情被告知采取该措施。

16. 处理可疑质量缺陷与快速预警系统

16.1 药品检查机构应建立并维护一套系统，以处理在欧共体规程中规定的药品可疑质量缺陷报告。该系统应以质量风险管理（QRM）为基础。

16.2 药品检查机构应建立并维护欧共体规程规定的快速预警系统。

16.3 药品检查机构应建立并保持更新所有已实施召回的品种名单。

16.4 如果负责处理可疑质量缺陷与快速预警系统的机构不属于药品检查机构，则药品检查机构应建立并维护一套明确的联络机制，以确保执行上述处理与预警。

17. 与官方药品控制实验室（OMCL）的联络

17.1 药品检查机构应建立并维护一套与本国官方药品控制实验室联络的明确机制，以便交换有关国内市场药品质量的信息。特别是应有经过验证的标准操作规程

（SOP）定义原料和药品的取样过程。

18. 分包与评估

18.1 药品检查机构在正常情况下应进行其负责的检查，虽然可以分包部分工作，但不能分包任何责任。可聘请人员或专家进入检查小组，以提供技术辅助或咨询，但检查小组通常由药品检查机构的检查小组组长而非外聘人员所领导。外聘人员应受药品检查机构质量体系要求的约束，双方应签订书面合同。

18.2 药品检查机构的外聘专家与被检查人员或组织之间不得有任何商业或财务冲突，以免影响外聘专家执行任务。外聘专家应遵守既定的行为规范准则及利益冲突回避原则。药品检查机构高级管理人员应确保外聘专家具有适当的资质和经验，并确保他们独立于任何可能被要求检查的组织。

19. 发布

19.1 药品检查机应备有一份最新的已获许可证的生产企业和（或）批发分销企业名单供其使用。该名单应根据获准机构的要求提供。

快速预警相关规程

处理药品可疑质量缺陷报告

标题	处理药品可疑质量缺陷报告
批准日期	2010 年 1 月 31 日
生效日期	2010 年 8 月 1 日
替代	替代 2003 年 9 月 1 日生效版本
修订原因	范围扩展至原料药、活性药用成分和假药
注释	无

1. 范围

本指南涵盖了在必要的情况下，在发出快速预警之前，主管部门对人用药和兽药可疑质量缺陷报告的处理。本指南提出了在快速预警之前接收、评估和分类可疑缺陷产品报告的规程的要素。

2. 简介

2.1 GMP/GDP 检查员工作组和其他机构的讨论已阐明协调处理药品可疑质量缺陷的报告，以及成员国按规程评估是否需要发送质量缺陷快速预警的互信确认。

2.2 按照 2001/83/EC 号指令第 40 条和 2001/82/EC 号指令第 44 条规定，许可持有人（也就是药品生产企业和进口企业）必须依据 2003/94/EC 号指令第 13 条或 91/412/EEC 号指令第 13 条以及欧盟药品 GMP 第 8.8 章，向相应的主管部门报告许可范围内药品的任何缺陷。这种缺陷可能导致召回或供应异常管制。这种缺陷可能是生产缺陷、产品变质、发现假冒药品或任何其他严重质量问题。通常由质量受权人负责向主管部门报告。

其他主管部门、医疗卫生工作人员、批发经销企业和普通公众也可以向主管部门上报可疑缺陷。此外，药物不良反应实际上可能是由有关产品的质量缺陷造成的。

官方药品控制实验室如果确认市场上药品的检验结果不符合质量标准，也可向其主管部门报告，以要求进一步评估。

2.3 如果证明某药品在正常情况下使用有害健康，药品成分与标示成分不符，或不符合成品在生产过程控制或其他上市许可中的其他要求，成员国有义务采取一切适当措施，确保药品撤出市场（ 2001/83/EC 号指令第 117 条和 2001/82/EC 号指令第 83 条）。

2.4 主管部门应有书面程序，包括在正常办公时间内和非办公工作时间内接收和处理来自企业或医疗卫生专业人员的可疑不良产品和批次召回报告。

2.5　通常由企业负责批次召回并通知用户。主管部门负责将企业的召回信息通知其他官方机构。在不同成员国，通知医疗卫生专业人员、媒体以及公众的职责可能有所不同。

3. 定义

可疑缺陷产品：一种药品，主管部门收到一份报告，表明其质量不符合其上市许可规定。

批次召回：从流通链和用户撤回一个批次产品的措施。一个批次可能是部分召回，即仅从特定的流通企业或用户处撤回。

快速预警：一个主管部门紧急通知另一主管部门，在发出快速预警的国家已开始进行批次召回。本文件涵盖的由质量缺陷引起的快速预警及召回的处理规程是欧共体规程汇编的一部分。

4. 处理程序

4.1　目标。

在办公时间内和办公时间外记录和评估可疑缺陷产品报告，并采取适当的紧急行动。

4.2　流程步骤。

4.2.1　主管部门应公布详细的联系方式，使可能需要向主管部门报告可疑缺陷产品者能迅速获得联系方式。这类群体包括生产企业及上市许可持有人，也可能包括批发企业、医院、药剂师、兽医从业人员和地方卫生主管部门。

最好有一个 24 小时有人值守的专线电话。如有需要，应安排在非办公时间内转接电话。如有需要，使用传真或电子邮件等其他方式。应经常查看，包括在非办公时间查看。

4.2.2　主管部门应按标准格式记录每次联系的信息。第一个报告人未必了解所有必需的信息，所以最重要的是要约定一个联系人，以便从他那里获得进一步的信息。应为每个可疑缺陷建立档案，以便在需要时收集信息。

4.2.3　应在第一时间将报告提交给对可能的公共卫生和动物健康风险的性质、程度和紧迫性进行初步专业评估的人员。应为提交给此人的报告设定一个目标时间，通常不超过 1 小时。可向在办公时间以外收到报告的人提供有关报告性质的指南，而这些报告必须在下一个工作日前转交给专业评估人员。

4.2.4　初步专业评估应考虑以下因素：

• 对个体（人或动物）的健康风险，如果可疑缺陷是真实的［考虑对易感患者和对正常个体的风险、没有得到正确的药物治疗的风险、接受错误剂量的风险（考虑治疗指数）、长期风险与直接风险（如一个完整容器错误分发，对于个体的影响将会累积；将一种有缺陷的兽药用于人的风险；动物性食品兽药残留对消费者的风险）］；

• 缺陷真实存在，并且存在于生产企业或进口企业所提供的药品中（如并非具有不同原因的临床效果，也不是在发药时造成的缺陷）；

- 在怀疑疫苗有缺陷（病毒交叉污染）的情况下，有可能歪曲针对某些病毒性疾病方案的分析。

4.2.5 在此阶段将决定可疑缺陷药品是否可能对健康造成危害，是否必须采取超常规措施（包括在非办公时间召集应急行动小组），或待到正常办公时间再进一步考虑。

4.2.6 对产品风险的进一步专业评估应与药品生产企业或进口企业讨论，并包括：

- 任何可能相关的其他报告；
- 一个批次药品的流通（如限于已知医院，通过批发企业广泛分发）；
- 首次流通和最后流通的日期；
- 生产企业或进口企业的剩余库存；
- 其他批次受到相同影响的概率及其分布。

4.2.7 如果考虑产品召回，需要考虑：

- 缺货情况的可能性；
- 替代产品的可用性；
- 供应中断对临床的影响。

注：任何产品无供应可能比使用可疑缺陷产品带来的后果更严重。

4.2.8 与个人直接联系很重要，尤其是与报告人、企业的行动协调人（通常是质量受权人）、熟悉生产企业或进口企业以及在主管部门负责药物警戒的工作人员的直接联系。

专业人员之间的沟通，通常有助于详细讨论，如与医务人员的沟通、与质量受权人或生产人员的沟通、与质量控制人员的分析性沟通等。

所有口头获得的信息应以书面形式确认。

4.3 样品。

在可能的情况下，主管部门应获得缺陷报告中的样品。通常应由主管部门认可的官方药品控制实验室进行检查。在某些情况下，应向企业提供样品，在主管部门的充分监督下进行检测。检测结果应告知企业。

注：企业应有留样放行指令，以保证除非经主管部门同意，企业在紧急情况下不应将留存样品全部用完。

4.4 检查。

通常与生产场地或进口场地有关的检查员应了解药品可疑质量缺陷报告，并可就一般的 GMP 符合性以及相关的产品做出评价。

可能需要进行现场检查来评估有关产品的批次记录、工厂记录以及其他可能受影响的批次或产品的记录。

可对关注批次、相关批次及有关原料进行取样。在考虑从企业留样中取样时，必须考虑可获得的数量和可能需要进一步调查的所有检测。这些可在上市许可或国家法规要求中进行规定。这也适用于欧洲药品管理局。

4.5 准备决定。

4.5.1 在考虑了所有可获得的信息后，对适当的行动做出决定。根据国家规程，可能有下列一项或多项行动：

- 没有后续行动的存档（没有进一步行动）；
- 进一步调查；
- 在进行进一步调查期间，或在不需要全面召回的情况下，隔离生产商的剩余库存，隔离或召回批发商的货品；
- 为避免再次发生，采取 GMP 措施；
- 向有关医护人员发出"谨慎使用"通知；
- 向特定的医疗卫生专业人员（如个别医院、诊所从业人员）发出批次召回通知；
- 向所有医疗卫生专业人员（所有医院、社区药房、兽医从业人员等）发出批次召回通知；
- 通过媒体通知批次召回；
- 在主管部门网站、简报或类似刊物上发布；
- 如果同一产品的其他批次或其他产品可能受到相同 GMP 缺陷的影响，应进行评估。

应核实通知的准确措辞，如果可能的话，应该得到企业的同意。应特别注意核对批号、有效期、产品名称及规格。应就可能获得进一步信息的地方（通常从企业获得）提出建议。

应商定将通知发送给主管部门管辖范围内的有关各方，以及通过快速预警的方式，发送至其他国家的主管部门和组织〔欧洲经济区（EEA）、欧盟互认协定（MRA）伙伴、国际药品检查合作计划（PIC/S）参与机构、世界卫生组织（WHO）等〕。

通知应尽可能使用标准格式、措辞和发放清单，以便收件人理解，并且不产生歧义。

4.6　决定的批准生效。

依照国家主管部门的规程，提议的行动应获得批准。

4.7　决定的实施。

参考国家规程和《因质量缺陷引起的快速预警处理规程》。

4.8　后续行动。

4.8.1　应考虑是否采取任何针对上市或生产许可及其持有人的行动。

4.8.2　检查机构应对企业的后续行动进行评估，包括对已发货、已退回和剩余库存的核对，缺陷原因的调查以及采取的预防措施。

4.8.3　应检查任何后续行动的完成情况，如是否按照国家规程完成、组织记录和归档。

5. 质量保证

5.1　所有规程都应记录在案并保持更新。

5.2　官方和企业的联系信息应保持更新，并应每隔一段时间进行核实（如对企业联系信息进行年度滚动核查，作为 GMP 检查的一部分）。

5.3　可能参与接收可疑缺陷产品报告或处理快速预警的所有人员应经过相关规程的培训，而且无论何时（包括办公时间以外在家接到工作电话），这些人员一旦需要采取措施，都能获得标准操作规程模板和报告副本。

5.4 特别重要的是，工作人员不在办公室时可能需要遵守的规程（如作为后备）和需要参与的规程应详细而容易遵守。

因质量缺陷引起的快速预警处理规程

标题	因质量缺陷引起的快速预警处理规程
批准日期	2010 年 1 月 31 号
生效日期	立即
替代	2006 年 9 月 20 日生效版本
修订原因	通知的传送由图文传真改为电子邮件，第Ⅰ类和第Ⅱ类缺陷将传送至通知名单上的所有联络人；范围扩大到原料药、活性药物成分和临床研究用药
注释	药物警戒或医疗器械预警不在本规程范围内

1. 范围

本规程涉及为保护公众或动物健康，在人用药和兽药主管部门之间传递信息以采取召回有质量缺陷的药品或假冒药品的快速预警措施。主管部门指欧洲经济区（EEA）成员国、同意加入欧盟的国家、与欧洲药品管理局有互认协议（MRA）的国家、国际药品检查合作计划（PIC/S）参与国、欧盟委员会与国际组织［欧盟理事会/欧洲药品质量管理局（EDQM）、世界卫生组织（WHO）］。本规程的范围也可扩展至就欧共体与全球生产计划做出适当安排的国家主管部门。本规程也可用于传递其他信息，如使用警告、因安全问题引起的产品召回或任何上述措施的跟踪信息。本规程涵盖了人用药和兽药，本规程在欧共体与互认协议（MRA）方之间的"双向预警规程"范围内运行。

本规程也适用在被发证机构认为相关的情况下，通知原料药或药品的质量缺陷、假冒或欺诈。

药物警戒或医疗器械预警不在本规程范围内。

2. 简介

2.1　为了保护公众和动物健康，可能需要采取紧急措施，例如在药品销售期间召回一批或多批有缺陷的药品，或在临床试验期间召回一批或多批有缺陷的药品。

2.2　依据 2003/94/EC 号指令第 13 条或 91/412/EEC 号指令第 13 条（兽药）、2001/83/EC 号指令第 40 条（人用药）、2001/20/EC 号指令第 13 条（临床研究用药）或 2001/82/EC 号指令第 44 条（兽药），上市许可持有人应对有缺陷的产品实施有效的召回规程。上市许可持有人须将可能导致召回的任何缺陷报告相关主管部门，并尽可能指出缺陷产品的目的地国。

2.3　此外，对于中央注册的药品，依据欧盟理事会 EC/726/2004 号条例第 16 条第 2 款或第 41 条第 4 款（兽药），上市许可持有人有责任向欧洲药品管理局通报某些新信息（例如供应限制）。

2.4　主管部门应有一个书面规程，用于办公时间及办公时间以外发布、接收与处理缺陷产品、批次召回及其他快速预警的通知。

2.5 各成员国的主管部门应酌情协助上市许可持有人进行召回，并监督其有效性。如果缺陷的性质对公共卫生构成严重风险，主管部门应确保有关药品召回的信息迅速传给其他成员国。这些信息应该通过快速预警系统来传递。

3. 快速预警的发布标准

3.1 快速预警系统只传送那些不允许任何延迟的预警。为了确保快速预警系统的有效性，不得使用快速预警系统传递非紧急信息。针对每起快速预警事件，都必须对缺陷的严重性，对患者造成伤害的可能性，对动物、消费者、经营者和环境造成危害的可能性，以及受影响批次的可能分布情况进行专业评估。附录1提供了缺陷药品召回紧急程度的分类指南。

3.2 第 I 类缺陷潜在威胁生命。必须将快速预警通知送达快速预警通知列表联系人，不论该批次是否出口到这些国家。

3.3 第 II 类缺陷可能导致疾病或治疗错误，但不如第 I 类严重。如果很难知道批次分布在何处，应向快速预警通知列表联络人发送快速预警通知。如果知道产品的分布，通知应该只发送给有关的联络人。

3.4 第 III 类缺陷可能不会对健康造成重大危害，但可能会因其他原因而启动召回。通常，第 III 类缺陷不通过快速预警系统通知。

3.5 在适当情况下，快速预警系统可用于通知有关部门在暂停或撤销生产/批发许可后召回产品或禁止分销产品。

4. 快速预警通知的发布

职责

4.1 欧盟成员国生产或由第三国生产后出口至欧洲经济区的某个缺陷批次，在通过国家程序（包括互认程序或分权程序）获得上市许可的情况下，应由最先确认缺陷的成员国主管部门调查缺陷并发布快速预警。

4.2 通过中央注册程序获得上市许可的药品，和在中央注册与国家程序同时批准的上市许可的特殊情况下，应由最先确认缺陷的成员国主管部门牵头调查缺陷并发布快速预警。快速预警应对受影响的所有部门提出措施建议。

在时间允许的情况下，建议行动的内容应获得监管机构、欧洲药品管理局以及人用药委员会（CHMP）或兽药委员会（CVMP）报告员的认可。在某些情况下，特别是在监管机构进行了所有调查之后，首先发现缺陷的成员国可以将发布快速预警的工作委托给监管机构。由于缺陷的紧急性而没有充分时间来制定统一行动措施的情况下，本节所述的快速预警通知应传递给所有接收人，按照《欧洲药品管理局危机管理规程》，欧洲药品管理局将与相关监督机构合作以协调进一步措施，并传递取得一致意见的后续措施。

4.3 一个通过中央注册程序获得许可的药品平行分销且不进行重新包装的情况下，适用 4.2 所述规程。如果缺陷是由重新包装操作引起的，4.2 所述规程也适用。若有重新包装，但缺陷起因于最初的生产过程，4.2 所述规程仍适用，但如果能从欧洲药品管理局获得不同包装的差异（如不同语言版本和包装尺寸），则应在快速预警中描述这种差异。

4.4　在平行进口的情况下，首先发现缺陷的成员国主管部门应发布快速预警。

快速预警格式及其传递

4.5　快速预警系统发出质量缺陷通知的格式模板见附录2。该模板应用英语清晰填写。通知及相关文件应以电子邮件形式发送至快速预警通知列表联络人。通知应附上联络名单及有关文件。

电子邮件信息应使用独特的主题行来识别快速预警和任何后续消息。主题应包括以下内容：

快速预警；（质量缺陷/假冒/伪劣），类别（第Ⅰ类/第Ⅱ类）；产品（名称/国际非专利名称），措施（召回/非召回/后续），快速预警参考编号（如快速预警；质量缺陷；第Ⅰ类，产品Ⅹ；后续，CH/Ⅰ/07/01）。

应按照下列格式给快速预警唯一的参考编号：国家编码（最初发布预警国家）/地区或机构代码（如适用）/类别/序列号/通信编号。（例如，ES/Ⅱ/05/02 表示西班牙发起的第Ⅱ类快速预警，是西班牙发起的第5次快速预警，是关于这种快速预警的第二次通信。）

4.6　第Ⅰ类快速预警必须与国家措施同时传递。在可行的情况下，第Ⅱ类快速预警应与国家措施同时传递，在所有情况下都应在快速预警通知发出后24小时内传递国家措施。

第Ⅰ类通知除了用电子邮件外，可能还需要用电话通知不同时区的主管部门。

当主管部门对一批产品发出进一步的快速预警时，附录2中"缺陷/召回原因的详细信息"中的字段18应以这样的文字开头："原始快速预警♯参考号♯之后的快速预警"。

快速预警通知列表联络人

4.7　欧洲药品管理局保留第1条所述主管部门快速预警通知列表联络人清单。每个成员国指定的机构通常只有一个联络人。联络人的名称或详细资料如有变更，必须用电子邮件通知欧洲药品管理局（qdefect@ema.europa.eu），并立即通过电子邮件发送给整个列表上的联络人。联系方式包括电话和传真、有效的电子邮箱。

5. 伪劣和假冒产品

如果在合法分销网络中存在假冒产品或生产、包装、分销或促销中含有假冒原料的产品，应使用快速预警系统通知主管部门。

最早发现伪劣或假冒产品的成员国或互认协议合作国家的主管部门发布快速预警通知。可以使用附录2中的快速预警通知模板，但文件标题应注明是关于伪劣或假冒产品的通知，并在"缺陷详细情况"下提供足够的信息以便识别。应将快速预警通知送达列表上的所有联络人。

6. 后续行动

主管部门应有一个书面规程来描述快速预警通知的后续行动。出口被召回产品的成员国主管部门和互认协议合作国家应监督由快速警报通知而发起的任何国家召回行为及其有效性。

有关监管机构应调查缺陷产品分销的情况，并确保生产商和上市许可持有人在适当情况下采取必要的纠正措施。

欧洲药品管理局应协调对中央注册产品召回的后续行动。

为区分快速预警，应使用附录3"质量缺陷后续行动和非紧急信息"模板来传递快速预警所有后续行动。应按上文所述的格式对后续行动邮件标题编制参考编号，使之与原始快速预警关联。

7. 快速预警通知列表的进一步使用

虽然快速预警通知列表应仅用来传递在本规程内的通知，但在特殊情况下，如果主管部门认为相关，快速预警通知列表可用于药品相关的其他重要和紧急信息的交流。传递这些信息的邮件标题应清楚可识别，并写明是传递信息还是措施。如欧洲药品管理局用快速预警通知列表传递其科学委员会的紧急信息。

8. 附录

8.1　附录1　快速预警系统：缺陷药品预警的紧急程度分类。

8.2　附录2　重要提示——立即发送。

8.3　附录3　质量缺陷的后续行动和非紧急信息。

附录 1 快速预警系统：缺陷药品预警的紧急程度分类

第 I 类

第 I 类缺陷是潜在的生命威胁或可能导致严重的健康风险。在所有情况下，必须通过快速预警系统通知这些信息。

举例：

- 错误的产品（标签与内容不符的产品）；
- 正确的产品，但规格错误，导致严重的医疗后果；
- 微生物污染的无菌注射液或眼科无菌产品；
- 有严重医疗后果的化学污染；
- 产品混淆（劣质品）装入一个以上的容器；
- 多组分产品中活性成分有错误，导致严重的医疗后果。

第 II 类

第 II 类缺陷会导致疾病或治疗错误，但不如第 I 类严重。由于很难知道一批产品在何处分发，因此应向快速预警通知列表上所有联络人发送快速预警通知。如果知道产品的分布，通知应只发送给有关的联络人。

举例：

- 标签错误，如文字或图形错误或缺失；
- 信息遗失或不正确（包装说明书或说明书）；
- 有不良医疗后果的微生物污染非注射液、非眼科无菌产品；
- 化学/物理污染（明显杂质、交叉污染、颗粒）；
- 在容器中产品混淆（劣质品）；
- 不符合规格标准（如含量、稳定性、灌装、质量）；
- 导致严重的医疗后果的不安全密封系统（如细胞毒性、防止儿童打开的容器、高活性产品）。

第 III 类

第 III 类缺陷可能不会对健康造成重大危害，但可能因为其他原因已启动召回。经发证机关认定相关的，可以使用快速预警系统。

举例：

- 错误的包装，如批号或有效期错误或缺失；
- 密封件瑕疵；
- 污染，如微生物腐败、污垢或碎屑、颗粒物。

附录2 重要提示——立即发送

质量缺陷/召回快速预警通知   参考编号

加上发送人信头	
1. 发送给：（如果一个以上，参见附加清单）	
2. 产品召回缺陷分类 第Ⅰ类 第Ⅱ类（选择一个）	3. 假冒/伪劣（请指明）*：
4. 产品：	5. 上市许可证编号*： 人用/兽用（按需要删除）
6. 品牌/商品名：	7. 国际非专利名称或通用名：
8. 剂型：	9. 规格：
10. 批号（以及大批号，如果不同）：	11. 有效期：
12. 包装尺寸和介绍：	13. 生产日期*
14. 上市许可证持有人*：	
15.1生产企业+： 联系人： 电话：	16. 召回企业（如不同）： 联系人： 电话：
15.2缺陷归因于生产现场，缺陷的发生地点（如与第15.1条不同） 联系人： 电话：	
17. 指定的召回编号（如有）：	
18. 缺陷详情/召回原因：	
19. 包括出口的流通信息（典型客户，例如医院）*：	
20. 发证机构采取措施：	
21. 建议采取措施：	
22. 来自（发证机构）：	23. 联系人： 电话：
24. 签名： 25. 日期：	26. 时间*

*：在欧盟以外通知时，不需要该信息。

+：2001/83/EC 号指令第 40 条或 2001/82/EC 号指令第 44 条所述许可证持有人和代表该许可证持有人证明本批次已按 2001/83/EC 号指令第 51 条或 2001/82/EC 号指令第 55 条放行的质量受权人，如果不同。

本邮件仅发送给文件中注明的收件人，可能含有特定的、机密的信息，按适用的法律，这些信息不得公开。如果你不是收件人或未经授权将本文件传递给收件人，我们在此提醒，请注意你对本邮件内容的评论、披露、传播、复印或其他行为是未经授权的。若本邮件误发到你处，请立刻打电话通知我们并将邮件退还给上述邮件地址。谢谢。

＊＊＊＊＊＊＊＊＊＊＊＊＊＊＊＊

附录3 质量缺陷的后续行动和非紧急信息

加上发送人信头	
1. 发送给：（如果一个以上，参见附加清单）	
2. 指定的召回编号：	2a. 国家参考编号（如有）：
4. 产品：	5. 上市许可证号：
6. 品牌/商品名：	7. 国际非专利名称或通用名
8. 剂型：	9. 规格：
10. 批号（以及大批号，如果不同）：	
14. 上市许可证持有人：	
15. 生产企业①：	16. 联系人：
17. 主题主要信息：	
批量信息：	
22. 来自（发证机构）：	23. 联系人：
24. 签名：	25. 日期： 26. 时间：

---

① 2001/83/EC号指令第40条或2001/82/EC号指令第44条提到的许可持有人和代表该许可持有人证明本批已按2001/83/EC号指令第51条或2001/82/EC号指令第55条放行的质量受权人，如果不同。

GMP 检查相关规程

对药品生产企业或进口企业进行检查

标题	对药品生产企业或进口企业进行检查
批准日期	2010 年 1 月
生效日期	发布后立即生效，原料药附录在发布后 6 个月内生效
替代	2006 年批准版本
修订原因	根据欧盟 GMP 指南增加了原料药/活性药物成分附录，并更新了主体文件，增加了基于风险检查方法的用语（第 3.1 节、第 4.3 节、第 7 节），解释了对进口企业进行检查的范围和适用范围
注释	1996 年 12 月版原始指南于 2002 年 10 月采用临床研究用药附录，并于 2004 年 5 月生效

1. 简介

根据 2001/83/EC 号指令第 42 条和第 111 条、2001/82/EC 号指令第 46 条和第 80 条对药品生产企业和进口企业进行检查，根据 2001/20/EC 号指令第 15 条，对临床试验用药生产企业和进口企业进行检查。

此外，2001/83/EC 号指令第 111 条和 2001/82/EC 号指令第 80 条包括对原料药的生产企业和进口企业进行检查的规定[①]。

本文件的目的是对检查提供指导，以统一检查规程、检查频率及后续规程，从而确保主管部门对评估和决策达成一致的意见。

主规程（第 I 部分）的第 2 章到第 9 章适用于药品、临床试验用药或原料药的生产企业，并酌情适用于药品进口企业。附录中有其他具体规定：

附录 1 包括药品生产企业和进口企业产品相关检查的具体规定。

附录 2 包括对临床试验用药生产企业和进口企业进行检查的具体规定。

附录 3 包括对原料药生产企业和进口企业进行检查的具体规定。

2. 检查的一般考虑

2.1 检查员的主要职责是根据欧共体规定保护公众健康。

2.2 检查员的职责是确保生产企业遵守 GMP 原则和指南，包括许可条款、上市和生产许可。

2.3 检查员的主要目标是确定质量保证体系内的各种要素是否有效，是否符合 GMP 原则。此外，还应确定药品是否符合其上市许可条款。

---

① 根据 2001/83/EC 号指令第 46a 条和 2001/82/EC 号指令第 50 条，作为原料药生产。

2.4 检查员应努力在检查过程中营造积极的气氛。

2.5 检查员应了解自己在决策过程中的影响。检查员应回答问题，但应避免扮演顾问的角色。

2.6 检查员的任务不限于发现错误、缺陷和不符之处。检查通常应包括教育和激励因素。

2.7 设施的多样性（包括物理布局和管理结构）、产品和生产工艺的多样性以及分析方法意味着现场检查员对符合 GMP 要求的程度的判断至关重要。

2.8 生产企业 GMP 标准的统一评估方法至关重要。

2.9 检查可能干扰生产企业内的正常工作。因此，检查员应注意不要将产品置于风险中，并应认真、有计划地开展工作。

2.10 检查员在进行检查时，有权查阅机密资料，并应以公正和谨慎的态度处理。

2.11 检查前，检查员可与某一特定领域的专家协商。

3. 检查计划与准备

3.1 主管部门应事先规划检查的顺序，并制订方案。这一方案应确定按照计划对单个生产企业进行检查的频率。必须提供足够的资源，以确保以适当方式实施计划的检查方案。检查计划应按照欧共体规程《对药品生产企业制定基于风险的检查计划模式》进行。

3.2 检查准备：在进行检查之前，检查员应熟悉被检查企业。

3.3 这可能包括：

- 评估场地主文件；
- 审查企业生产/进口的产品；
- 审查先前的检查报告；
- 审查先前检查的后续措施（如有）；
- 熟悉生产许可相关内容，包括变更；
- 审查生产许可的任何变更；
- 审查从上次检查以来启动的产品召回；
- 审查从上次检查以来通报的相关产品缺陷；
- 审查从上次检查以来官方药品控制实验室（OMCL）所做的任何样品分析；
- 审查与检查场地相关的任何特定标准或指南；
- 审查要检查的一个或多个特定产品的上市许可相关部分；
- 审查上市许可的变更，包括已申请的变更、已批准的变更、被拒绝的变更；
- 审查在监管数据库（EudraGMP、FDA 警告信等）中可用的信息；
- 审查设备、工艺和关键人员的重大变化；
- 审查（或准备）用于具体检查的备忘录，以避免遗漏 GMP 的重要方面。

建议检查员编制一份检查计划，其中可包括：

- 根据先前的检查，确定检查的目标和范围；
- 确定直接负责生产和质量控制/质量保证的人员，在对特定产品和工艺进行检查的情况下，确定直接负责这些产品和工艺的人员；

- 如果有一名以上检查员参与检查，确定检查小组成员及其各自的角色；
- 检查日期和地点；
- 确定被检查的组织单位；
- 每个重要检查活动（厂房、工艺等）的预期时间和检查持续时间；
- 要采集的样品（如有）；
- 末次会议的日程安排；
- 检查报告传送的大致日程。

4. 检查步骤

4.1 检查通知：主管部门有权在任何时间（包括倒班期间）进行检查。可以事先通知检查员。通过提前通知企业检查的日期/天数以及检查员预计在现场的时间，使企业了解检查目标，相关人员更容易在场，文件更容易获得。

4.2 首次会议：检查员通常应与企业管理层及主要人员会面，介绍自己及随行人员或专家，并讨论其检查计划（当然，可能会有未通知的修改）。

在首次会议期间，检查员应：

- 概述检查的目的和范围；
- 审查公司的管理结构（组织结构图）；
- 确定一些可能需要在首次会议期间检查的文件。

首次会议通常不超过 30 分钟，企业在首次会议期间应：

- 根据要求描述质量管理体系；
- 解释自上次检查以来设施、设备、产品和人员的重大变化；.
- 如果这些整改资料尚未递交给主管部门，解释缺陷是如何整改的；
- 指定在检查期间的陪同人员；
- 根据要求给检查员提供一个工作间。

4.3 检查工厂设施：快速参观工厂对于熟悉工厂和任何重大变化非常有用。检查员可以根据物料进出的逻辑流程，即原料、货物入库，通过生产区域、质量控制区域抵达仓库，最后进行成品放行，并考虑详细的 GMP 指南。这之后可以进行详细的工厂检查，以确定设施和设备的布局与设计是否适当、设施和设备的使用方式是否适合预期操作。在某些情况下，抵达现场后立即进行检查可能是有价值的。

在快速参观工厂或审核文件时，采用基于风险的方法进行检查将会发现一些信息，这些信息可能预示某个产品、工艺或系统有问题，应集中检查这些内容并制订一个灵活的检查计划。同样，可根据在检查期间识别到的任何高风险而变更检查计划，从而就某一问题做更深入的检查。

有时，如果企业有特殊问题或要求，最好集中精力在一个部门，例如只生产无菌剂型或非无菌剂型的部门。应检查相关服务（如水、蒸汽、通风/除尘系统等）部门。

在检查过程中，检查员应经常与关键人员、主管和操作人员讨论检查结果，以便确定事实，指出关注的领域，并评估这些人员的知识和能力。

4.4　文件审查：根据规范，生产配方，加工和包装说明，涉及不同生产、质量控制和分销操作的程序和记录，在使用过程中和编制完整的批次记录后，应通过检查特定示例来检查整个文件系统。

4.5　常规 GMP 检查通常包括以下内容，以评估是否符合生产许可的条款及条件：

- 符合 GMP；
- 符合上市许可（注册资料）；
- 质量管理；
- 人员；
- 厂房与设备；
- 文件管理；
- 生产；
- 质量控制；
- 委托生产与分析；
- 投诉与产品召回；
- 自检。

4.6　委托生产与分析：明确外包操作及有关各方的责任。应检查委托方与受托方之间的合同是否符合 GMP 的详细指南。

4.7　投诉与产品召回：在检查过程中，应检查记录和审查投诉的制度以及从成员国内外召回药品的制度。应该讨论缺陷报告和召回。

4.8　自检：虽然检查员通常不能读取企业的自检报告，但应检查企业的自检制度。

4.9　与产品有关的检查通常包括对与特定产品的一个或多个完成批次有关的特定文件的检查，以评估是否符合上市许可，包括：

- 标准操作规程（SOP）；
- 产品质量评审；
- 生产配方、记录和说明；
- 用于原料的活性物质的成分、原料、中间产品和成品的规格、取样和分析方法。

4.10　原料药：检查还应该确保生产许可持有人遵守第 2001/83/EC 号指令第 46 条（f）款和修订的第 2001/82/EC 号指令第 50 条（f）款的要求，并且有系统与规程确保仅使用按照原料药 GMP 生产的原料。

5. 末次会议

5.1　检查完成后，检查员应在末次会议上总结检查结果。企业代表通常指包括关键人员在内的技术管理人员。如果技术管理人员与关键人员不同，最好包括部分或全部高级管理人员。

5.2　末次会议是检查的重要组成部分。应讨论检查中发现的不足之处，还应讨论它们的重要性，以便确定整改措施的最后期限。

5.3　就观察到的缺陷和客观证据最好与企业达成一致意见。如果他们愿意，企业可讨论整改措施的初步建议。

5.4 所有相关意见应尽可能在末次会议上报告，以便企业能够尽早启动必要的整改措施。

5.5 如果严重缺陷导致患者可能出现严重危险，检查员应立即采取措施。

6. 检查报告

6.1 检查报告应基于检查期间所做的记录。这些记录应该清晰易读。

6.2 检查报告应简短描述企业及其活动，描述检查本身以及检查员的发现。

6.3 检查报告应符合 GMP 检查报告的欧共体格式。

6.4 最初的检查报告应发送给企业以征求其意见，以使报告能够在检查请求的相关时限内完成，并在适用的情况下，在法定的 90 天时限内签发 GMP 证书。

7. 检查频率

检查频率可以基于欧共体规程中《对药品生产企业制定基于风险的检查计划模式》。

8. 检查员活动的质量管理

8.1 大多数检查员独自工作，或最多两人一组。应考虑是否有专家参加检查。应有一个体系来监督和管理检查员的绩效，以确保在不同场合和对不同检查员采取正确和一致的方法。监督计划至少应评估：

- 检查的范围和深度；
- 识别缺陷的能力；
- 评估缺陷的严重性；
- 推荐措施；
- 检查措施的有效性。

8.2 该质量体系应包括定期与高级检查员或专家检查员共同走访，以及追踪建议和后续措施。

9. 术语

已发布的欧盟药事法规第 4 卷中的术语定义适用于本文件。此外，本文件有下述术语：

检查：由欧共体主管部门在现场评估与欧共体 GMP 基本原则的符合性。

常规（也称为定期的、周期的、计划的或例行的）GMP 检查：根据第 2001/83/EC 号指令第 40 条和第 2001/82/EC 号指令第 44 条，在许可批准前应进行常规 GMP 检查，在批准后应定期检查以评估与生产许可条款的符合性。下面两种情况也应进行常规 GMP 检查：生产许可有重大变更、有 GMP 不合规的不良记录。如果是对后者的检查，还包括跟踪检查，以监控前一次检查所采取的整改措施。

质量控制实验室现场评估通常是 GMP 检查的一部分。

产品或工艺相关检查（也称为许可批准前检查、上市前检查、特别检查、针对特定问题的检查）：关注生产企业是否遵守上市许可的条款和条件，以及与产品相关的生产标准和文件。当投诉和产品召回可能涉及一种产品或一组产品处理程序（如灭菌、标签等）时，也应说明这一点。

委托质量控制实验室：依据 2001/83/EC 号指令第 20 条（b）款或 2001/82/EC 号指令第 24 条（b）款或 2001/20/EC 号指令第 13.1 条进行检验。

检查报告：由代表主管部门的官员编写报告，说明被检查的企业总体上是否符合 2003/94/EC 号指令和（或）91/412/EEC 号指令的要求，以及该企业生产的列在检查范围内的产品是否能被接受。检查报告使用欧共体报告格式。

附录 1 进行与产品相关的检查

简介

本附录的目的是概述检查员的参与范围:

(a) 上市许可申请在上市前评估;

(b) 评估是否符合欧共体颁发的上市许可的条款和条件,以及是否符合欧共体 EC/726/2004 号指令第 58 条。

检查员在上市前上市许可申请评估中的职责如下。

上市许可申请资料的审查

应有一个系统的规程,由负责评估申请的人向检查机构咨询。咨询的范围取决于产品性质、所涉及的生产与控制操作以及所申请程序的质量。

咨询应包括以下内容:

1. 核查生产企业持有与所涉及产品相应的生产许可证 (2001/83/EC 号指令第 40 条和 2001/82/EC 号指令第 44 条)。

2. 核查当第三国进口时,是否持有合适的许可 (2001/83/EC 号指令第 40 条和 2001/82/EC 号指令第 44 条)。

3. 核查质量控制实验室已被检查和批准 [2001/83/EC 号指令第 20 条 (b) 款和 2001/82/EC 号指令第 24 条 (b) 款],包括第三国检查。

检查员在上市许可合规性评估中的职责:

检查员对生产企业进行检查,以评估其是否符合 GMP 要求。GMP 包括确保所有生产操作符合相关的上市许可申请资料 (2003/94/EC 号指令和 91/412/EEC 号指令第 5 条)。检查员也应确认已生产的待销售批次的产品符合申请资料中描述的生产与控制细节,包括在申请评审中已批准的细节和 (或) 在评审过程中已修订的细节。

在某些情况下,如对生物、生物技术和其他高科技产品的检查,可由一位注册资料审评员陪同检查员一同检查。或检查员由主管部门的特定产品专家陪同,或由主管部门提名的独立专家陪同。

检查员在检查期间,应将上市许可申请的所有相关部分准备好,以备随时参考。如果检查员有一个相关章节的最新总结,这将有助于检查工作。

实施检查

对上市许可申请中提供和批准的化学和药学数据进行检查。

应通过检查所有相关的设施、设备和文件,来验证上市许可申请中所提供的信息是否符合规定。检查可能包括:

(a) 药品组分;

(b) 容器;

(c) 生产配方;

(d) 生产工艺,包括中间过程控制;

(e) 活性物质的来源与性质;

(f) 其他成分;

（g）包装材料；

（h）中间产品控制测试；

（i）成品控制测试；

（j）粘贴标签；

（k）评估人员所要求的任何其他数据，包括进行中的稳定性研究。

除了核实申请资料一致性外，还应考虑下列具体要点。

样品

应考虑取下述样品：

（a）活性成分（如果活性成分不止一个来源，每个来源取一个样品）；

（b）赋形剂（非药典收载和不常见的赋形剂可能需要取样）；

（c）成品（足够做两次全检并符合成员国法律规定）；

（d）标签；

（e）已印刷的包装箱；

（f）数据清单。

如果从市场上直接获取成品样品，企业应提供下述样品：

（a）活性成分；

（b）主管部门要求的赋形剂；

（c）申请资料审评员要求的其他样品。

所有样品应送检和评估，如果检测结果表明需要采取必要措施，则应采取必要措施。

文件副本

如有必要，应就检查过程中采集的样品索取成品规格和分析方法的副本。

必要时，应将批次生产文件及成品规格、分析方法的副本，按照要求送至主管部门。

投诉

审查与产品有关的任何投诉。

修订和变更

在获得上市许可后，上市许可持有人可随后申请对原始信息进行修订和变更，以获得主管部门的批准。

如果修订和变更已获主管部门批准，检查员应检查任何与修订或变更有关的主文件，在获主管部门批准后不久即落实相应的修订与变更。

审查与产品相关文件

应按照主指南第 12 节的规定，审查若干批次的文件。

欧盟药事法规第 4 卷第 6.9 节，建议对分析试验结果进行趋势评价。如果已做，应在检查中进行审查。

附录 3　对原料药生产企业进行检查

简介

本文件的目的是根据 2001/83/EC 号指令第 111 条和 2001/82/EC 号指令第 80 条的规定，为对原料药生产企业进行检查提供指导，以统一检查程序、检查频率及后续跟踪过程，从而确保各主管部门用统一的方式进行评估与决策。

范围

本文件适用于对 2001/83/EC 号指令第 46 条和 2001/82/EC 号指令第 50 条定义的原料药生产企业进行的检查。

本附录应与主规程一同阅读。本附录仅提供额外信息。

一般义务

成员国

成员国应建立原料药 GMP 检查的法律和管理框架。

应向检查员提供一种正式的身份查验工具，包括查阅数据的权利和为检查目的收集样品和文件的权利。

成员国应确保各级部门有足够的资源有效核查原料药是否符合 GMP，并确保检查员有能力和接受过培训以执行任务。

检查机构应采用质量体系，以确保检查和评估的方法一致。在质量体系内部，检查员应根据本文件制定详细规程，以符合国家要求和惯例，但应与欧共体层面商定的规程一致，如交换信息的报告格式。

对原料药检查的一般考虑

检查员的主要目标是确定质量保证体系中的各种要素是否有效、是否符合 GMP 原则和药典要求。此外，如为核实《欧洲药典》适应性证书注册资料是否符合《欧洲药典》要求，应欧洲药品质量管理局（EDQM）的要求而进行检查时，也必须评估注册资料。

在 2001/83/EC 号指令第 46 条和 2001/82/EC 号指令第 50 条中定义的原料药生产包括下面两个内容：

- 全部和部分生产或进口原料药；
- 在制成药品之前的分装、包装或陈列等过程，包括其原料分销商进行的重新包装或重新贴标签。

因此，应对原料药的生产现场及进口、重新包装或重新粘贴标签的场地进行检查。

然而，应注意欧盟药事法规第 4 卷第 Ⅱ 部分"原料药的基本要求"同时适用人用药和兽药原料药的生产，但针对无菌原料药的生产，仅适用于即将进入无菌环节的生产。尽管该指南未涵盖无菌原料药的灭菌和无菌工艺，但应按照 2003/94/EC 号指令和 GMP 指南（包括附录 1）中规定的 GMP 原则和指南执行。

本文未涵盖全血和血浆，因为 2002/98/EC 指令和支持该指令的技术要求规定了血液采集和检测的详细要求，但包括以血液或血浆为原料生产的原料药。

对于兽医使用的杀体外寄生虫药，可以使用其他标准，而不是 GMP，以确保材料的质量。

也应注意，对于欧盟 GMP 指南第 19 节涵盖的在临床试验用药生产中使用的新原料药的生产，虽然建议在这种情况下使用检查，但不是欧共体法规所要求的。

检查程序

检查准备：在实施检查前，检查员应熟悉被检查的机构。

这可能包括：

• 在检查过程中，除了在主程序或 CTD 中列出的要检查的一个或多个选定产品的项目外，还要检查原料药管理文件的相关部分；

• 对于触发式检查（由生产许可持有人的 GMP 检查引起），审查由评估人员或 GMP 检查员提出的问题；

• 现场主文件或其他等同文件。

审查文件

检查通常包括检查一个特定产品的一个或多个已完成批次的相关文件：

• 员工工作描述与培训；

• 标准操作规程（SOP）；

• 确认报告；

• 验证报告；

• 生产工艺、记录与说明；

• 返工、重新加工和溶剂回收标准操作规程；

• 各组分、原料、中间产品和成品的质量标准、取样与分析方法；

• 产品质量评审；

• 批次放行；

• 投诉；

• 召回。

上文中有些内容不适用于原料药进口、重新包装与粘贴标签场地。应按欧盟 GMP 第 II 部分第 2 部分相关章节包括第 17 章所列的要求对这些场地的合规性进行评估。

检查频率

根据 2001/83/EC 号指令第 111 条和 2001/82/EC 号指令第 80 条，只要主管部门有理由怀疑原料药生产企业 GMP 不合规，就应对该生产企业进行检查。欧洲药品质量管理局（EDQM）可要求对原料药生产企业进行检查，以核实为获得《欧洲药典》适应性证书而提交的数据是否符合《欧洲药典》专论。根据这些法律规定，适当的情况下，主管部门对原料药生产企业场地进行检查，本文件细化了这种情况下的启动检查。这些原则并不意味着对所有原料药生产企业采取系统的检查方法。

第三国生产企业 GMP 状态的统一验证规程要点

标题	第三国生产企业 GMP 状态的统一验证规程要点
批准日期	2004 年 12 月
生效日期	2005 年 7 月 1 日
替代	1997 年发布版本
修订原因	加强检查的职责，包括临床研究用药的参考；对特殊情况下的"远程评估"做出规定
注释	无

1. 验证第三国药品生产企业的 GMP 符合性

1.1 负责进口产品的生产许可持有人的监督成员国应按照其自身的政策和程序，核实申请中提及的任何第三国生产企业的 GMP 合规状况。这可能基于以下几点：

1.1.1 监管成员国对有关产品或产品类别进行检查的报告。

1.1.2 根据《欧共体规程汇编》所载的信息交换程序。

1.1.3 由欧洲经济区另一主管部门对有关产品或产品类别进行检查的报告。

1.1.4 根据欧共体与生产企业所在地的第三国主管部门之间的业务互认协议获得的检查报告或 GMP 合规情况的说明。

1.2 当监管成员国不能在上述基础上核实第三国生产企业的 GMP 状态时，可要求另一个欧洲经济区主管部门进行检查，并确认生产企业的 GMP 合规状况。对于中央注册产品，该安排应得到任何其他相关监管成员国的书面同意。

1.3 上述以检查为基础的信息通常应作为确证的方法，但其他信息也可作为确证方法的一部分。在特殊情况下，其他信息或可作为确证的首要方法。例如：

1.3.1 根据现行互认协议条款的规定，仅可接受来自互认协议国家在其领土上进行的检查的信息，然而，来自互认协议国家、国际药品生产检查互认公约（PIC/S）参与国主管部门和（或）其他主管部门的其他信息，仍可为生产场地的 GMP 状态确证提供支持性证据。监管机构应对每种情况进行风险评估，以确定适当程度的证据表明第三国生产企业的 GMP 合规。

1.3.2 由成员国或互认协议国家进行的检查，在没有涵盖有关剂型时，其他剂型检查报告的 GMP 合规性结论可以有理由扩大到有关剂型，如有必要，如果报告属于另一个成员国主管部门，则可要求共用报告。此外，还应考虑以下因素，如有必要，还应考虑（c）节所述的远程评估方法。仅凭非无菌剂型的报告并不能提供足够的证据，使任何 GMP 合规性结论适用于无菌产品。

• 进口企业的检验报告。如有必要，可能需要对进口企业进行特别检查，以评估进口企业为核实有关剂型在出口现场符合 GMP 要求而采取的措施，如质量受权人的审计报告。

• 生产场地的场地主文件。如有必要，对这一问题的审查可能需要提出书面问题，并对回复进行审查。

- 其他部门对生产场地的检查记录。应查明是否存在第三国主管部门警告信或采取其他管制措施。
- 该生产场地的所有产品批次缺陷报告历史。

基于所审核的信息，主管部门可能会做出不进行许可前检查的结论，但应在三年内按照上文第1.1点的规定进行核实。

1.3.3 当因欧洲经济区检查员有不可接受的风险而无法进行检查时，也可以采取类似的做法。远程评估规程仅限于对检查员构成高度人身威胁的第三国进行检查（出于政治原因、健康原因或其他原因），而在这些国家，不稳定程度的加剧预计是暂时的。如果报告机构有理由相信不稳定可能直接影响所审议产品的质量，则不应使用该程序。

可通过与生产企业书面访谈实施远程评估。该访谈应足够深入，以评估相关生产现场的GMP合规性。

这种有文件证明的访谈（在检查机构所在国家进行）应由指定人员进行。这些人员对工艺和设施有适当的了解。

附录的表格提供了两个级别的评估：全面评估和简略评估。前者适用于距上次欧洲经济区主管部门现场检查超过5年的场地，后者适用于在3~5年内由同一欧洲经济区主管部门检查过的复查场地。如果上一次检查是由不同的主管部门进行的，则应进行全面评估。

下述情况不应使用远程评估：从未被欧洲经济区主管部门检查过的生产场地、无菌生产工艺或非常复杂的非无菌工艺。远程评估只能代替一次检查。

1.4 临床试验用药。

对于临床试验用药，检查应针对高风险情况而非常规情况。应采用在第1节中所述要素进行风险评估，并与下列因素同时考虑：

- 剂型；
- 产品类型（如安慰剂、已上市的对照药、新技术）
- 涉及的受试者人数及临床处理；
- 治疗期限；
- 从同一地点获得的临床试验的例数；
- 生产企业是否持有由当地主管部门颁发的等同有效的生产许可，并须接受检查；
- 在第三国进行的分析检测是否得到适当授权。

2. 第三国生产企业相关信息的交换

2.1 当交换第三国生产场地信息时，报告机构应说明所得出的结论是来自欧洲经济区检查机构还是互认协议国家根据互认协议条款进行的检查，或是采用了第1.3节所述的其他方法。

2.2 应其他成员国主管部门或欧洲药品管理局的合理要求，为确证第三国生产企业特定产品或产品类别的GMP状态，负责监管的成员国应提供最新报告。

2.3 当被要求的成员国不能提供上述报告时，发出要求的官方可对第三国生产企业进行 GMP 检查。这种情况下，发出要求的官方应向其他官方提供一份检查报告副本或 GMP 合规性的声明，以此方式共同承担监管责任。

3. 检查活动的组织和记录以及检查小组的组成

3.1　欧洲药品管理局将维持与中央注册产品相关的第三国检查计划，并将定期提供该计划。

3.2　按照 2004/7 号指令第 111.6 条（2004/28 号指令第 80.6 条）建立 GMP 证书数据库，欧洲药品管理局保持欧盟/欧洲经济区主管部门已进行的所有检查记录，记录将对所有成员国开放。

3.3　计划对第三国生产企业进行检查的主管部门可邀请对产品负有监督责任的其他成员国参与检查。这种情况下，应考虑已计划的上市许可申请、来自生产企业的产品遇到的问题、检查员的工作量、检查员的经验、检查员的语言能力以及全部差旅费等。

4. 监管机构与行业之间的沟通

如果潜在上市许可申请人计划递交上市许可或变更申请，申请中包含第三国生产场地，则成员国应鼓励申请人在早期就联系监管机构检查员，以讨论申请人对第三国生产场地 GMP 状态的了解、第三国生产场地检查历史及检查准备情况。理想情况下，应在提交申请前至少 3 个月进行联系，这种早期联系对于需要在短时间内给出试验许可的临床试验用药特别重要。

5. 监管机构

5.1　在欧盟（EC）726/2004 号指令第 18 条、第 19 条、第 43 条、第 44 条中分别规定了人用药和兽药监管机构的定义和职责。如果生产场地位于欧盟，监管机构指批准许可的主管部门；如果产品在第三国生产，则指批准进口许可的主管部门。

6. 复检频率

6.1　在一般情况下，对第三国生产场地负有监督责任的主管部门应确保欧洲经济区主管部门或互认协议国家主管部门按照互认协议条款每 2 至 3 年对该场地进行一次复检。

6.2　对于 3 年前的检查报告和信息交换，有证据表明生产场地处于可接受的 GMP 状态，则不应为等待新检查结果而拒绝批准任何相关上市许可或变更申请，除非有其他来源的信息提示情况有变化。尽管如此，应采取措施以获得最新的检查报告。

6.3　对于 5 年前进行的检查或远程评估的检查报告及信息交换，无论其来源如何，通常不应考虑。

7. 成员国对检查报告的可接受性存在分歧

7.1　当监管成员国与其他成员国主管部门不能够就第三国生产企业检查报告的可接受性达成一致意见时：对于人用药，这些主管部门应利用（EC）726/2004 号指令第

19 条所述或 2001/83/EC 号指令第 29 条中所述的适当仲裁程序；对于兽药，则利用（EC）726/2004 号指令第 44 条或 2001/82/EC 号指令第 33 条中所述的适当仲裁程序。

8. 附录

生产现场远程评估方案

要求/理由	上次欧洲经济区检查在 5 年前	上次欧洲经济区检查在 3～5 年内
国家 GMP 和法规执行体系的介绍	完整的监管体系介绍和当地 GMP 指南的完整副本	简要介绍自上次检查以来发生的变化
由当地主管部门批准的生产许可副本和经认证的翻译件	完整的所有原始/修订的生产许可副本	自上次检查以来的任何新的/修改的生产许可副本
与国际药品检查合作计划（PIC/S）指南类似的场地主文件（SMF）	自评估日起 6 个月内完成/更新的 SMF 以及计划中的修订	自评估日起 1 年内更新的 SMF 以及计划中的修订
附在场地主文件上的管路和仪表图	水处理、空气处理管路和仪表图用 A3 或 A2 纸彩色打印	用 A3 或 A2 纸彩色打印更新内容
在该现场生产的所有产品（药品及其他产品）清单	清单应包括专利名称和国际非专利名称	清单可包括专利名称和国际非专利名称
最后一次检验报告的副本，如果相关 GMP 证书来自这些检查，则需提供经认证的翻译副本	不足 2 年的当地主管部门报告，PIC、WHO、FDA 报告副本（如有）	最后一份当地主管部门报告和最后一份欧盟全面报告；如果不足 5 年，则提供 PIC/S、WHO、FDA 报告
生产场地及公用设施影像展示（户外/室内）	外部总体全貌（空中）、实施任何步骤的车间详细视图（样品、称重等）	检查时未使用的任何新设备、车间的影像展示
确认总计划（场地及设备）	在生产中使用的厂房、设备和公用设施目录及其确认状态	自从上次检查以来进行的所有重新确认活动目录
验证总计划（生产工艺、清洁、质量控制）	用于产品生产/控制过程的目录及其验证状态	自上次检查以来执行的所有重新验证目录
针对产品的完整企业/外部审计报告	报告应包括产品流程图，且时间不超过 1 年	5 年以内的报告，并附有一个最近的内部跟踪报告
所评估产品的批次记录	最新填写的批次记录，包括分析部分的主批次记录	最新填写的批次记录，包括分析部分
投诉处理	该现场生产的所有产品的最新投诉清单	有关产品的最新投诉清单
其他*	所有不合格产品批次数量	所有不合格产品批次数量
其他（有关产品/剂型）	超标检验结果管理规程、持续稳定性研究、所有超标检验结果与调查*、所有工艺偏差报告（包括重新加工与返工批次）、所有质量偏差报告	超标检验结果管理规程、持续稳定性研究、所有超标检验结果与调查*、所有工艺偏差报告（包括重新加工与返工批次）、所有质量偏差报告

续表

其他	质量受权人证明该场地在最近 2 年内已按欧盟 GMP 进行了全面审计，所有缺陷得到整改	质量受权人证明该场地在最近 2 年内已按欧盟 GMP 进行了全面审计，所有缺陷得到整改
其他	进口批次在成员国检验的所有质量控制结果	进口批次在成员国检验的所有质量控制结果
根据欧盟草案	产品质量审核	产品质量审核
生产场地与欧盟申请人的生产合同	原始合同及修订本（如有）	原始合同及修订本（如有）

＊：应提供最近 3 年的数据。

GMP 检查员培训与资质指南

标题	GMP 检查员培训与资质指南
批准日期	2008 年 6 月
生效日期	2008 年 12 月 31 日
替代	2002 年 10 月发布版本
修订原因	更新
注释	—

1 简介

考虑到检查管理的至关重要性，本指南提出了对 GMP 检查员的经验、培训与资质要求。

对检查员的主要要求是以客观事实为依据，保守机密，有良好的职业操守，有技术知识和检查技能。

检查员应在下述相关领域受到良好培训：药品质量管理、生产工艺、控制与流通（包括 2001/20/EC 号指令规定的临床研究用药）以及检查途径（检查手段）。

本指南提供的是最低要求。成员国可增补要求。

2 范围

本指南规定了检查员培训与资质标准。该检查员将为有关成员国主管部门进行检查，以核实是否符合 GMP 要求。其代表欧盟进行检查，结果应得到所有其他成员国的认可。

3 背景

3.1 概述

成员国应根据 2001/83/EC 号指令、2001/82/EC 号指令和 2001/20/EC 号指令，指派检查员检查生产场地。各级应有充分资源，以有效并高效地满足欧盟 GMP 要求。

检查员由成员国主管部门依照国家规定或主管部门规定指派或任命。

检查员应有能力完成分配的任务并接受适当的培训。必要时，可由具有适当资质和经验的检查员组成检查小组，以获得检查所需的条件。

根据适用的国家法律、欧盟要求或国际协议进行 GMP 检查时，检查员在获得对机密信息的访问权时，应知悉并维护机密信息。

在人用药委员会（CHMP）或兽药委员会（CVMP）要求检查的情况下，成员国应有足够资源确保有具备资质的检查员按欧洲药品管理局与主管部门之间的协议来进行检查。

检查员的培训需求应定期在主管部门/检查机构的适用质量体系要求和主管部门为

保持和提高检查技能而采取的适当行动的范围内进行评估。

检查的相关经验、培训及资质的资料，必须由主管部门存档及保存。这些记录应保持更新。

3.2 人员素质

检查员与他人沟通和交流的技能在实现检查目标方面发挥重要作用。

检查期间，检查员应帮助营造积极的氛围。检查期间，检查员应保持客观，在此方面，检查员应回答问题或澄清事实，但应避免承担顾问的责任。

检查员应诚信、成熟、思想开明、坚韧、理解复杂事物，具有良好的判断力、决断力、分析能力和韧性，并具有以现实的方式看待问题的能力。

检查员应能清楚流利地用官方认可的语言口头和书面表达观点。

4 资质与培训

4.1 资质

检查员最好具有 2001/83/EC 号指令第 48 条、2001/82/EC 号指令第 52 条所述"质量受权人"相同的资质水平，因此检查员应符合质量受权人的条件。

检查员应熟知成员国和欧盟药品上市许可申请和管理的法律法规体系。

4.2 培训

检查员应接受必要的培训，以确保他们具备规划、执行和报告检查所需的技能。

检查员的培训和经验应记录在案，并在主管部门/检查机构适用的质量体系要求范围内进行评价。

4.2.1 基础培训

为了胜任 GMP 检查员，候选人应展示他们在药品领域的相关知识，包括：

- 欧盟和国家药品法规；
- GMP 和 GDP；
- 质量保证和质量管理体系的原则（ISO 9000∶2000）；
- 药品和原料药生产的技术领域（如药品生产技术、工艺与通风工程、验证、计算机化系统、分析仪器、微生物学）；
- 主管部门/检查机构的组织和质量体系，以及按照国家和欧盟相关标准操作（SOPs）规程和检查程序进行的培训；
- 上市和生产许可系统及其关系；
- 许可、检查、取样和分析的相互关系；
- 互认协议和其他相关的欧盟协议的知识；
- 商业组织运营的基本原则与结构；
- 通过参加相关课程和（或）在 GMP 检查员的陪同和指导下，获得的检查技巧；
- 管理检查所需的管理程序，如计划、组织、沟通或向被检查企业提供反馈；
- 评估检查发现和报告；
- 药品开发、质量风险管理和药品生产质量体系（包括欧盟相关指南中实施的 ICH－Q8、ICH－Q9、ICH－Q10）；

• 国际组织〔欧洲药品质量管理局（EDQM）、人用药注册技术要求国际协调委员会（ICH）、国际药品生产检查互认公约（PIC/S）、世界卫生组织（WHO）〕的活动和文件。

需要承认的是，除了指南中描述的方法外，还有其他可接受的方法能够实现 GMP 的质量保证原则。检查员应持开放的态度，并能够考虑到质量风险管理的原则，评估其他方法和程序是否符合这些原则。

4.2.2　进一步培训

除了基础培训之外，新检查员应由指定导师进行培训。应向新检查员解释检查理论并在实践中予以示范，以便给出检查意义和检查目标的实例并进行讨论。新检查员在基础培训期间，应以观察员的身份参加现场检查。

此外，在必要时，应由国家检查机构组织审计技术与沟通、报告、语言、法律事务和管理方面的培训。

在人用药委员会（CHMP）或兽用药委员会（CVMP）要求的检查中，在欧洲药品管理局（EMEA）协调下，检查员能够参与欧盟内部正在进行的合作和程序协调，还应能够用英语写作和交谈。

为了参加诸如欧盟审计项目、欧盟重新评估项目、标准制订等活动，应在欧盟或适当的国际组织开展适当培训。

4.2.3　继续培训

考虑到新技术迅速发展，自动化和计算机化系统在药品生产与质量控制中越来越频繁使用，检查员应接受继续培训。

继续培训的方式有参与课程、研讨会、科学会议以及由国家检查机构或国家、国际科学组织举办的会议。

在适当情况下，在成员国内部进行检查和培训或与其他成员国进行联合检查或培训可能是有用的方式。

在承担 GMP 检查职责之前，新检查员应以检查小组成员的身份参加由资深检查员领导的检查，从而获得经验。新检查员最好从检查小组视察员的身份开始，逐步处理更复杂的检查，以便具备担任检查小组组长的能力。上述内容应记录在主管部门/检查机构的适用质量体系要求中。

应考虑每年 10 天的培训（课程、座谈会、讨论会等）时间作为合理的平均值。

4.3　管理能力

应通过合适的方法证明检查员具备实施检查所必需的知识和必要的管理技巧，如能够完成一场检查的计划、宣布、实施与报告。

4.4　报告写作

检查员应根据欧盟和国家的要求，记录并展示其撰写的检查报告。

5. 能力保持

检查员应定期在主管部门/检查机构适用的质量体系的要求范围内对其工作绩效和资质进行审查和评估。应通过积累实践经验，参加课程、研讨会、科学会议、讨论会和阅读有关出版物的方式保持和更新工作能力。应记录上述活动，并评估有效性。以确保：

- 了解 GMP、质量体系标准和要求；
- 熟悉检查程序和方法；
- 主管部门/检查机构适用的质量体系要求的质量保证活动的知识是最新的。

6. 与欧盟协调

为了在解释原则和符合性的过程中促进国际统一，GMP 检查计划管理应促进培训活动，包括在国家和国际层面的工作培训。

鼓励同其他检查机构的工作人员进行协商和联合检查或进行培训访问。

主管部门/检查机构也应促进并鼓励交换在 GMP 检查中获得的信息和实际经验，促进与其他学科特别是与药品生产质量管理密切相关的学科的交流，以及与临床研究用药相关需求的交流。

适当情况下主管部门对原料药生产企业、进口企业和分销商以及用作原料的赋形剂的生产企业或进口企业的场地进行检查的指南

标题	适当情况下主管部门对原料药生产企业、进口企业和分销商以及用作原料的赋形剂的生产企业或进口企业的场地进行检查的指南
批准日期	2014 年 9 月
生效日期	2015 年 3 月 31 日之前
替代	2005 年 9 月发布的版本
修订原因	2011/62/EU 号指令对人用药的新要求
注释	—

1. 简介

欧盟 2001/83/EC 号指令和 2001/82/EC 号指令分别确定了监管人用药和兽药的法律依据。

这些指令已经过几次修订，以便主管部门在某些情况下检查用于生产、进口和分销原料药的场所。尽管过去几年 2001/82/EC 号指令几乎没有变化，但关于伪造的人用药的 2011/62/EU 号指令对 2001/83/EC 号指令有很深的影响：已经制定关于原料药和赋形剂的许多新要求，以防止伪造药品进入合法供应链，因此需要修改本指南。

对于人用药，2001/83/EC 号指令第 111 条第 1 款（b）项规定，成员国主管部门应制定监督制度，包括以适当的频率，在基于风险的前提下，对位于其领土的原料药生产企业、进口企业和分销商的场地进行有效的检查跟踪。编制《对药品生产企业制定基于风险的检查计划模式》作为制订和实施检查方案的依据。

2. 目的

本指南的编制目的是鼓励成员国各主管部门在决策过程中采用统一的方法，例如决定在适当情况下对生产、进口和分销原料药的企业以及生产或进口赋形剂的企业进行（额外）检查。分销商对原料药和赋形剂重新包装或重新贴标签视为生产活动。

3. 范围[①]

本指南的范围包括成员国主管部门对原料药生产企业和进口企业针对其预期用途（生产人用药、兽药）和场地进行的检查活动。本指南适用于在欧洲经济区（EEA）内外生产的原料药。关于人用药，其范围还包括对原料药分销商进行的检查活动以及对赋形剂生产企业和进口企业进行的检查活动。

---

① 请注意，凡文本中提及原料药的流通和进口或赋形剂的制造、流通和进口，均仅适用于人用药。此外，如果本指南的文本涉及"由其成员国主管部门定期监督原料药生产企业、进口企业和分销商"，则同样仅适用于人用药。

互认协议（MRA）或工业产品符合性评估和验收协议（ACAA）涵盖原料药 GMP 并符合协议条款时，由互认协议合作伙伴权威机构进行的检查将取代欧洲经济区主管部门的检查。

4. 原则

主管部门必须能够确认药品的生产和流通是按照药品 GMP 原则进行的，而且生产许可持有人仅使用原料药作为原料，并根据原料药的生产和流通质量管理规范进行生产和流通。在正式的风险评估基础上，人用药生产许可持有人还必须证明，使用的赋形剂也符合适当的 GMP。

对人用药，主管部门除了对自己领土内的原料药生产企业、进口企业和分销商进行定期检查外，只要有理由怀疑其 GMP 不合规，还可对第三国的原料药生产企业和分销商，以及本国的赋形剂生产企业和进口企业进行检查。

对兽药，主管部门可在有理由怀疑 GMP 不合规的情况下，对第三国和其他成员国的原料药生产企业进行检查。

2001/83/EC 号指令第 46 条（f）项和 2001/82/EC 号指令第 50 条（f）项规定，生产许可持有人应使用根据原料药 GMP 的详细指导方针生产的活性物质作为起始原料。人用药生产许可持有人须根据 2001/83/EC 号指令第 47 条第 5 款所述的适用指南，根据正式的风险评估结果，确定适当的 GMP，以确保赋形剂适用于药品生产。

当生产企业申请上市许可，或添加一个新的原料药申请时，申请人必须同时递交一份生产许可持有人的质量受权人出具的声明，声明使用的原料药的生产符合原料药 GMP 详细指南［2001/83/ EC 号指令第 8 条第 3 款（ha）项］。

对人用药和预期生产的兽药而言，这是强制性的。人用药生产许可持有人以上述声明为基础，亲自或指派代表对相关原料药生产企业和分销商进行审计。检查员对上市许可持有人对原料药的定期审计计划（包括审核审计报告）进行审查，是主管部门确定生产许可持有人是否符合上述条款的主要手段之一。

主管部门如果认为生产许可持有人未履行 2001/83/EC 号指令第 46 条（f）项和（或）2001/82/EC 号指令第 50 条（f）项规定的义务，可对生产许可持有人采取规管措施，并在必要时就市场上的相关产品采取适当措施。

5. 监管机构

位于欧洲经济区的原料药生产场所的监管机构是该场所所在国家的监管机构。对位于欧洲经济区以外国家的原料药生产场所，作为药品监督机构的成员国也有责任对与该药品相关的原料药生产企业进行监督和检查。

在下列情况下，成员国有责任核查原料药生产场所的 GMP 合规性：

• 位于其领土内的原料药生产企业；

• 位于第三国的原料药生产企业，向位于相关成员国的药品生产企业供货；

• 位于第三国的原料药生产企业，向位于同一国家或另一个第三国的药品生产企业供货，后者随后向相关成员国的进口企业提供成品（或成品中间产品）。

6. 启动检查的例子

以下是一些例子，说明可能需要对原料生产企业、进口企业和分销商的场所进行检查。这些原料又用于生产人用药或兽药。请注意，由于 2001/82/EC 号指令未被 2011/62/EU 修订，以下许多范例并不适用于用于兽药生产的原料（特别是赋形剂）。见尾注。

法规规定了突击检查，但这并非常规做法。成员国在适当的情况下保留突击检查。

4. 如果有理由（如从欧洲经济区内外的主管部门收到信息，某些情况下由匿名来源提供的信息）怀疑不符合 2001/83/EC 号指令和 2001/82/EC 号指令的规定，可以对欧洲经济区和第三国的原料药生产企业的场所进行检查（第 111 条第 1 款（b）项/第 80 条第 1 款和第 4 款）。如果这些原料仅用于人用药，欧洲经济区内外/互认协议合作伙伴的原料药分销商、欧洲经济区中的原料药进口企业、欧洲经济区内和第三国的赋形剂生产企业和欧洲经济区内赋形剂进口企业都可以出于同样的原因进行检查。

例子（非详尽）：

• 如果不符合原料药 GMP 的原则和准则，可能包括援引互认协议中包含的保障条款，在该条款中，主管部门认为必须对互认协议合作伙伴领土内的原料药生产企业进行检查。

• 当主管部门亲自或指派代表对原料样本进行分析时，表明 GMP 严重不合规。

• 如有严重不良反应和（或）召回涉及原料药质量的药品，必须遵照执行。

• 如果怀疑与原料药有关数据的真实性，包括为支持上市许可申请而提交的数据、在分析证书上提供的数据或有关原料药原始生产企业身份的信息。

• 在对药品生产企业进行检查时，在检查报告中由于另一次检查的观察结果或对其进行后续建议，注意到某一特定原料药生产企业的各个批次的原料药的质量经常出现问题。

• 在检查报告中建议作为其他检查的结果或持续观察的结果。

• 由于重大的安全原因而更改了药典规格，并有理由怀疑原料药生产企业没有执行该规格。

• 如果在风险评估后确定了特殊影响（例如编制《对药品生产企业制定基于风险的检查计划模式》）：

在不影响其他国家要求（生产许可）的情况下：活性物质是生物物质，生产企业不接受常规重复检查（注：由于大多数生物物质的特性和质量都高度依赖生产过程，因此其生产被认为是剂型生产过程的一个组成部分，应接受药品的常规检查）。

当存在任何其他高内在风险时，反映现场的复杂性、过程和产品以及现场提供的产品或服务的重要性（包括从供应角度）或已被确定与原料药生产、进口和分销或赋形剂的生产和进口有关的高合规风险（反映在现场进行的最近一次例行检查之后，现场符合 GMP 的状态）。

5. 当另一个成员国提出书面要求，要求主管部门详细说明为何要进行检查时［第 111 条第 1 款（c）项/第 80 条第 1 款］。

6. 欧盟委员会提出书面要求，要求委员会详细说明为何要进行检查（例如短缺）［第 111 条第 1 款（c）项/第 80 条第 1 款］。

7. 根据欧洲药品管理局的要求，中央注册产品进行评估，或根据欧盟法规［第 111 条第 1 款（c）项/第 80 条第 1 款］）所涉及的事项进行评估。

8. 当欧盟委员会或欧洲药品管理局代表欧洲药品质量管理局（EDQM）提出要求时，为了验证为获得适合性证书而提交的数据是否符合《欧洲药典》专论或欧洲药品质量管理局（EDQM）怀疑有理由暂停或撤销适应性证书时［第 111 条第 1 款（e）项/第 80 条第 1 款］［Res AP / CSP（07）1］。

9. 如果欧盟成员国对检查结论存在分歧（第 122 条第 3 款/第 90 条）。

10. 如果欧盟委员会要求一个未参与的成员国在另一个成员国内参加有意见分歧的重新检查（第 122 条第 3 款/第 90 条）

11. （如原料药或赋形剂）应原料生产企业的要求，其位于成员国、非欧洲经济区还是非互认协议合作伙伴国家，取决于有关成员国的资源和其他优先事项。不能保证国家主管部门会完成检查要求。如属第二国的原料药生产企业，则该原料药生产企业至少有一名供货的生产许可持有人应位于要求进行检查的主管部门的成员国。如果原料药或赋形剂生产企业向两个或两个以上成员国的若干生产许可持有人供货，则由该原料药生产企业选择主管部门进行检查。

GMP 证书签发与更新

标题	GMP 证书签发与更新
批准日期	2007 年 3 月
生效日期	2007 年 9 月 30 日
替代	—
修订原因	—
注释	根据 2001/83/EC 号指令第 111 条第 5 款和 2001/82/EC 号指令第 80 条第 5 款的规定，在适当的情况下，经检查后，生产企业可获得 GMP 证书。按照第 111 条第 6 款和第 80 条第 6 款的要求，证书被录入欧盟数据库（Eudra GMP）。

1. 简介

根据已经修订的 2001/83/EC 号指令第 111 条第 5 款和 2001/82/EC 号指令第 80 条第 5 款的要求，如果生产企业符合欧盟法律规定的药品 GMP 基本原则与指南，在实施检查后 90 天内，必须为生产企业签发药品 GMP 证书。签发的证书或表明生产企业 GMP 不合规的信息应输入欧盟药品监管机构药品生产质量管理规范数据库（Eudra GMP）。

该规定具体指 2001/83/EC 号指令第 111 条第 1 款和经修订的 2001/82/EC 号指令第 80 条第 1 款中提到的检查。因此，检查包括：

• 根据国家和中央组织的检查计划，对生产企业、进口企业及委托实验室进行的检查。

• 对原料药生产企业的检查，特别是按《适当情况下主管部门对原料药生产企业、进口企业和分销商以及用作原料的赋形剂的生产企业或进口企业的场地进行检查的指南》有理由怀疑 GMP 不合规而进行的检查，包括应生产企业自身申请，成员国、欧盟委员会或欧洲药品管理局要求而进行的检查，也包括作为《欧洲药典》专论适应性（CEP）认证规程的一部分，代表欧盟委员会或欧洲药品管理局，由欧洲药品质量管理局要求进行的检查。

• 对上市许可持有人的检查、GMP 合规性检查。

• 对位于第三国的生产企业的检查。

无论是未事先通知的检查（飞行检查）、例行检查，还是应某个成员国、欧盟委员会、欧洲药品管理局、欧洲药品质量管理局要求进行的检查，或应生产企业自身申请而进行的检查，上述要求均适用。

此外，在适当情况下，以及在国家主管部门选择这样做的情况下，在对人用的研究性药品的生产企业进行检查后，可以颁发 GMP 证书。无论如何，EudraGMP 的录入应符合 2001/20/EC 指令第 11 条第 1 款（f）项。

本文件旨在对 GMP 证书的签发、续签和更新的职责进行解释。

2. 证书的使用

GMP 证书的目的是向生产企业（无论是原料药还是药品）确认检查结果是否符合 GMP 的总体结论。在某些情况下，特别是欧洲经济区之外，它们可能被许可申请人用作支持法规而提交的资料。在欧洲经济区内，它们不能取代对生产许可的确认。药品和原料药的第三国生产场地的 GMP 状况可通过 EudraGMP 加以确认，或通过欧盟信息交换规程得到确认，直到该数据库完全投入使用为止。

对于原料药，注册资料中的支持性文件是使用活性物质作为药品原料的生产许可持有人的质量受权人出具的声明。

欧洲经济区主管部门颁发的 GMP 证书在世界卫生组织框架内得到认可，并同意履行互认协定规定的义务。

3. 签发 GMP 证书和录入 EudraGMP 的时间

3.1 GMP 证书签发的责任

对于药品，由监管机构负责签发 GMP 证书并录入 EudraGMP，包括应欧盟委员会、欧洲药品管理局、欧洲药品质量管理局、成品国要求或应原料药生产企业申请而进行检查后签发的证书，以及由另一个成员国代表监管机构进行检查后签发的证书。对于第三国生产企业，如果有一个以上监管机构，则所有监管机构协商由谁承担此责任，但通常由其中一个机构领导检查，并承担责任。

对于原料药生产企业，由于"监管机构"的概念不适用，故由实施或牵头检查的机构负责签发 GMP 证书并录入 EudraGMP。

在每一次相关的检查之后，负责检查的检查员或检查小组应编制一个符合欧盟格式的报告，清楚说明生产企业是否遵守欧盟法规中规定的 GMP 原则和准则。如符合，监管机构应自检查最后一天起 90 天内给所查生产企业签发 GMP 证书。如不符合，请参阅相关的欧盟规程。

每份证书应有一个参考号，使证书能在签发机构内追溯，以便签发机构能迅速回复与证书真实性相关的询问。

应生产企业要求，互认协议合作伙伴主管部门按协议条款要求，可签发有效的 GMP 证书副本。

3.2 不适合向生产企业签发 GMP 证书的情况（GMP 不合规的情况除外）

如果到某个场地进行特别调查的主要目的不是评估 GMP 合规性，则不考虑签发证书，在调查开始时就应向相关生产企业确认。

应生产许可申请或许可变更申请而进行的检查，即使与许可申请相关的检查结果是正面的，特别是以计划和承诺为基础批准的许可申请而不是直接对设施和操作进行检查，这种情况也不适合签发 GMP 证书。

通常情况下，检查是连续几天的多次单独的调查。在首次调查后进行的单独的多次调查如果发生在由国家规程决定的一段合理期限内，可视为一次检查。针对这种检查，应自最后一次调查结束之日起 90 天内签发一份证书。这种情况应预先通知生产企业。

当按欧盟规程《第三国生产企业 GMP 状态的统一验证规程要点》，通过远程评估对第三国生产企业的 GMP 状态进行验证时，不会向第三国生产企业颁发 GMP 证书。尽管如此，仍需将相关信息录入 EudraGMP（见第 3.6 节）。

根据国家规程，不需为研究用药生产企业签发 GMP 证书。尽管如此，仍需将相关信息录入 EudraGMP（见第 3.7 节）。

3.3　证书的范围

证书应包括检查后认为符合 GMP 要求的所有操作。对于欧洲经济区中的大型场地，可能不包括所有的许可操作，因为按欧盟规程规定，在一段时间内，可能需要进行几次检查来评估所有的许可操作。

在第三国生产企业进行的检查通常在范围上受到特别的限制，证书格式第 2 部分对此做了规定。为了简化数据库录入并减少自由文本的使用，EudraGMP 包含标准短语，以涵盖最常见的情况。

3.4　EudraGMP 录入的责任

监管机构可在为生产企业发证之时或之前将证书详情录入 EudraGMP，也可在发证之后尽快录入。数据库信息状态为证书的草案、现行或撤销状态。

3.5　互认协议合作伙伴签发的 GMP 证书的 EudraGMP 信息

来自由互认协议合作伙伴主管部门签发的 GMP 证书的信息，由在欧洲经济区请求检查的监管部门第一时间录入 EudraGMP。对于同一场地的后续证书，除协议要求由互认协议合作伙伴直接录入上述数据库外，将由在欧洲经济区请求检查的监管部门录入数据库。

3.6　远程评估

按照欧盟规程《第三国生产企业 GMP 状态的统一验证规程要点》，通过远程评估对第三国生产企业的 GMP 状态进行确认，这种情况不给生产企业签发证书，但依然应由监管机构将信息录入 EudraGMP，以在数据库相关条目中显示进行了远程评估规程。

3.7　人用临床研究用药（IMPs）

2001/83/EC 号指令未提及在检查人用临床研究用药生产企业后签发 GMP 证书，但成员国可选择签发证书。为促进临床试验信息交流，2001/20/EC 号指令第 11 条要求在一个欧盟数据库中包含人用临床研究用药生产企业检查参考信息，EudraGMP 是公认的合适的数据库。因此，应在数据库中建一个条目，用于记载是否对相关生产企业签发了证书。

4. GMP 不合规

有一个独立的欧盟规程处理不合规问题。

5. GMP 证书的续签与更新

5.1　证书本身不续签

证书是在特定时间点与令人满意的检查结果相关的 GMP 合规状况的声明。在下一次检查后（如果合适的话）将会签发新的证书。然而，需要用不同的方式录入

EudraGMP。

EudraGMP 要求成员国录入新信息，以确定该场地的新证书是否替代数据库中已有信息，这种情况下，成员国必须取消已有信息，或确定新信息是否是对已有信息的补充，已有信息应保留在数据库中。对于有一个以上监管机构的第三国生产企业，可能由不同的监管机构进行后续检查，但监管机构不能撤回另一个监管机构之前录入的数据库信息。因此，双方必须共同维护数据库，以使取代的信息被最初输入该数据库的监管机构撤回。

但有时，如果数据库中已有信息没有被新的检查信息替代，则已有信息需要保留。例如，当最近的检查不包括前一次检查所涵盖的所有内容时，就会发生这种情况。在这种情况下，下列行动是适当的：

• 撤回现有证书（或让原发证机构撤回），并在删除已取代的信息后重新签发，但保留原检查日期。

• 根据新的信息和最近的检查日期，签发新的证书。

5.2　管理更新与重新签发

当管理变更影响证书细节，如生产企业名称变更，监管机构认为不需要进行复查时，应由生产企业申请，可由原发证机构签发一个新证书，并将相关信息录入EudraGMP。新证书将替代现有证书，但新证书上显示原检查日期，因为签发新证书没有实施新的检查。

6. 生产场地的关闭

成员国应采取措施，确保在其监管范围内的某个生产场地停止运行时，从欧盟数据库中删除 GMP 证书和生产许可证以及不合规的信息。

附录

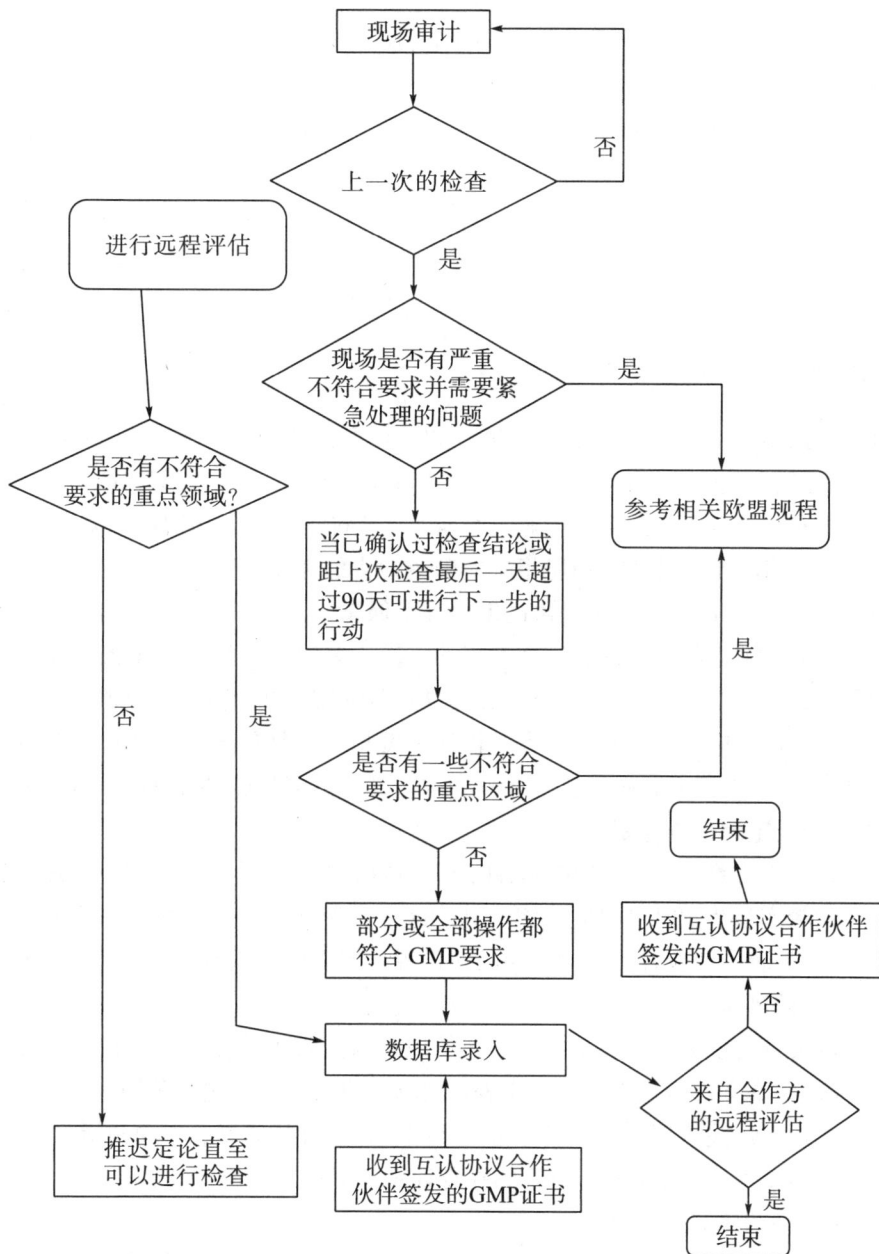

对药品生产企业制定基于风险的检查计划模式

标题	对药品生产企业制定基于风险的检查计划模式
批准日期	2013 年 6 月
生效日期	2013 年 12 月 1 日
替代	2007 年 11 月批准的 EMA/INS/GMP/321252/2012 版
修订原因	在 GMP 中加入 PI-037-1-PIC/S 推荐的基于风险的检查计划模型
注释	—

1. 简介

1.1 根据 2001/83/EC 号指令、2001/82/EC 号指令和 2001/20/EC 号指令，主管部门应通过重复检查的方式确保符合有关药品的法律要求。当主管部门认为有理由怀疑 GMP 不合规时，可对原料药生产企业的场地或上市许可持有人场地进行突击检查。

1.2 基于风险制订检查计划能相应地确定检查的频率、深度和广度，允许灵活和有效的管理和监督，同时为患者提供高度的安全保障。

1.3 成员国主管部门应采取一个系统的、基于风险的方法，在最大限度地发挥这些资源对公共卫生的作用的同时，充分发挥自身监管作用并充分利用资源。

1.4 主管部门应有一份书面规程，包括年度检查计划的编制、执行与监督。年度检查计划应确保检查范围和频率符合计划要求。必须确定和提供足够的资源，以确保以适当方式执行既定的检查计划。

1.5 本文件介绍了一个简单灵活的质量风险管理工具，GMP 检查机构在规划 GMP 检查的频率和范围时可以使用该工具。这是一种基于对生产场地评级的方法，评级的依据是对患者、消费者、动物及药品使用者可能造成的风险进行估计。该方法还考虑了产品质量的风险。

1.6 本文件提供了一个简单的两页长的质量风险管理工作表，由检查员在现场检查后立即完成。本文件附录 1 为此工作表，要求完成时间不超过几分钟。

1.7 本质量风险管理工具的设计符合下列官方文件的原则、概念和指南：

- PI-37-1-GMP 环境下基于风险的检查计划推荐模式；
- ICH Q9-质量风险管理；
- 国际药品检查协定/药品检查合作计划（PIC/S）GMP 指南附录 20；
- ICH Q10-药品质量体系。

2. 目的

2.1 本文件描述了基于风险的计划编制系统，用于确定监管范围内的哪些场地应列入检查范围。

2.2 药品 GMP 检查机构将该文件作为制订和实施其年度检查计划的基础。

2.3　本文件的目的是提供一个简单、定性的质量风险管理工具，可用于 GMP 检查员在计划 GMP 检查的频率和范围时，优先安排检查场地。

3. 范围

3.1　本文件的范围包括：

- 成员国主管部门对原料药和药品生产企业进行 GMP 例行检查的计划。
- 本国及第三国生产企业。
- 成员国主管部门对临床试验用药（IMPs）生产企业进行 GMP 例行检查的计划。
- 后续活动，如在收到关于场地或其产品的新信息后，对场地确定新的风险级别（注：这通常发生在检查期间，新信息可能包括质量缺陷、产品召回、市场监督测试结果等）。
- 注意：虽然这种方法不是为制订 GDP 检查计划或在药店进行检查计划而设计的，但一些国家可能会选择将其作为以上目的的基础，并且其可能在这些领域提供帮助。

3.2　本文件的范围不包括以下内容：

- 检查的实际执行情况。
- 在进行任何检查之前，对新生产企业进行检查的计划。
- 需了解场地的 GMP 合规状态。根据这个质量风险管理工具，我们认为不应该对新场地进行初步检查的评级，因为药品 GMP 检查机构可能对新场地没有足够的了解以对该场地进行风险评级。不过，这种方法的某些方面，例如内在的风险评价，在新场地的检查计划中可能有用。
- 计划对生产企业进行非例行和紧急检查，如在最近的检查中发现了关键缺陷或多个重大缺陷。
- 对于确定是否应该进行非例行检查或紧急检查，通常不需要或不必使用正式的质量风险管理方法（如本方法）。
- 为了批准或拒绝上市或生产许可变更申请，必须进行"有因检查"的计划。
- 本文件中提出的方法不适用于含血液和组织的药品检查，但可以对其进行修改以适用于该领域。
- 本质量风险管理工具不适用于对场地进行全面检查之前，因为使用本工具需要事先确定场地的合规状态。
- 如果对某场地进行了首次检查，但是执行检查的机构认为首次检查不是对场地的"全面"检查，必须再对这个场地进行一次或多次检查才认为进行了"全面"检查，这种情况下，不应对这种场地使用本质量风险管理工具进行评级，直到其已接受"全面"检查。
- 一个有用的经验法则是，在获得生产许可和（或）GMP 证书之前，不应将该工具应用于生产场地检查，因为获得上述证书表明场地将从合规性的角度进行评估。
- 本规程涵盖了人用药和兽药。

4. 程序

4.1 原则：

检查的计划和时间安排如下。

• 在现场检查后立即完成本文件附录 1 中的工作表：

确定每个场地的风险等级（基于固有风险和合规性相关风险）；

确定推荐的检查频率；

确定下一次例行检查的建议范围。

• 确定每个场地检查必需的时间（见附录 3）。

• 更新下一次例行检查的频率和（或）范围，以获得关于场地合规状况或其活动和产品的新信息。

• 对于第三国的生产场所，这些信息应该放在欧盟药品监管机构药品生产质量管理规范与药品流通质量管理规范数据库（EudraGMDP）计划模块中。

4.2 本质量风险管理工具是一种简单的工具，允许药品 GMP 检查机构在进行这些场地的例行检查计划时，为生产企业确定相对风险等级。

4.3 药品 GMP 检查机构可采用本工具确定风险等级，以确定对其监督下的各个生产企业进行的例行检查的频率。

4.4 检查可以覆盖场地的所有活动，也可只检查特定活动。如果是后者，主管部门应确保在 5 年内检查涵盖所有的关键活动。

4.5 一般来说，可信任的授权机构[①]的检查间隔不应超过 3 年，因为检查缺乏连续性可能会降低对当前 GMP 的认识或导致重大缺陷。由产品质量缺陷，或建筑、设备、工艺的重大变更等引发的立即检查（非例行检查）不受此时间间隔影响。本工具不适用于决定何时进行非例行检查，因为通常不需要使用如此正式的工具来决定何时进行非例行检查。

4.6 对场地的风险评级基于对两种不同类型风险（固有风险和合规性相关风险）的评估。

4.7 场地的固有风险评估反映场地本身、场地上的工艺及产品的复杂性，以及从供给角度看场地提供产品或服务的关键性。无论场地的合规状态如何，上述因素（复杂性和关键性）通常保持相对稳定。因此，通常不能根据检查缺陷或合规历史来评估这种风险。

4.8 合规性相关风险评估反映场地在最近一次例行检查之后的 GMP 合规状态。在评估这种风险时，要考虑到上次检查中发现的缺陷的类别和数量。

4.9 注：评估固有风险的指南见附录 2。在使用该工具之前，阅读指南非常重要。附录 1 的工作表中有一个表格，显示如何评估合规性相关风险。

4.10 一旦评估了与场地相关的固有风险和合规性相关风险，就可以使用一个简单的矩阵将这两种风险结合起来，为场地生成相对风险评级。在决定下一次场地例行检查

---

① 参见本章 4.11.6 "可信任机构"的定义。

的频率时，考虑的就是这个风险评级。

4.11　为了确定下次生产现场检查的范围和日期，主管部门还应考虑以下因素：

4.11.1　主管部门对生产企业的了解（企业和设施的总体合规状况和历史）。

4.11.2　官方药品控制实验室（OMCL）的产品检测结果。

4.11.3　质量缺陷的数量和严重性（如召回）。

4.11.4　与生产场地相关的上市许可变更。

4.11.5　未能及时执行上市许可变更。

4.11.6　来自欧盟以外可信任主管部门的合规信息。

考虑来自国际合作伙伴的合规信息的主要先决条件是：

• 生产企业过去已经过欧盟/欧洲经济区主管部门的全面检查；

• 收到的合规信息足以评估场地的 GMP 合规情况；

• 当欧洲经济区和欧洲药品管理局的检查规程和某一检查机构的 GMP 检查标准高度相似时，该机构可以被认为是"可信的"〔当前与互认协议（MRA）、工业产品一致性评估与验收协议（AACA）、国际药品生产检查互认公约（PIC/S）相关的检查视为等效检查〕。

附录4中提供了推迟对生产企业复查的指南。该指南基于检查机构对可信任机构固有风险和合规性相关风险与合规信息的评估。

4.11.7　建筑、设备、工艺、人员的重大变化。

4.11.8　有生产产品的经验（如频率、数量、批次）。

4.12　对场地进行的下一次例行检查的范围，不由该场地风险评级决定。相反，本质量风险管理工具要求在记录下一次检查的建议范围时考虑某些其他项目。

其他项目为：

4.12.1　某场地下一次例行检查要求的重点和深度。

4.12.2　某场地下一次例行检查所需的时间。

4.12.3　某场地下一次例行检查要求指派的检查员人数。

4.12.4　某场地下一次例行检查时，检查组成员是否需要任何特定的能力或专门知识。

4.13　在确定下一次例行检查要求的重点和深度时，要求检查员在提出建议前考虑以下事项：

4.13.1　该场地在最近一次检查中发现缺陷的领域，特别是重大缺陷和关键缺陷。

4.13.2　该场地在最近一次现场检查时未检查（或未详细检查）的区域。

4.13.3　上次检查时认为场地资源不足的领域。

4.13.4　检查员认为需要在下一次检查时进行详细检查的任何其他领域。

4.14　对某场地进行最后一次检查后，在工作表上记录下一次例行检查建议的检查范围。通常由首席检查员（检查组组长）记录（这种做法利用了最近一次检查该场地的检查员的现有知识，是有利的）。

4.15　花费时间：

附录3给出了检查不同类型场地所需时间。可按照国家主管部门复查计划对建议的检查时间进行调整。生产场地类别按相关剂型和生产工艺分别进行分类。

所需时间可根据下述因素进行相应调整：

- 检查的类型（全面检查或部分检查）；
- 场地的复杂性（场地大小、设施的多样性）；
- 生产工艺的复杂性（操作的类型和顺序、应用的工艺控制）；
- 产品的复杂性及其治疗意义；
- 患者暴露情况；
- 场地合规历史。

4.16 检查员为确定下次例行检查的频率，使用本文件所述质量风险管理法对某场地进行风险评级，并针对下一次例行检查的范围形成文件，此后，检查员可能接收到的与该场地合规性或场地进行的活动及产品相关的新信息是本文件所述质量风险管理工具所承认的。

4.17 根据本文件所述质量风险管理工具，对某个场地所做的变更（或建议做出变更）可能启动对该场地的非例行检查。同样，如上文所述，这种工具不能用于确定何时进行非例行检查，因为通常不需要使用一个如此正式的工具来决定这类检查。

4.18 下一次检查日期的计算：

下一次检查日期根据最近一次检查日期和检查机构按照本规程所做的风险评级来计算，并记录在工作表上（附录1）。

4.19 职责与监督：

应在药品GMP检查机构中明确编制与监督年度检查计划的职责。应定期审核检查计划以确保发现严重偏差，并在必要时采取纠正措施。

5. 如何使用本质量风险管理工具

5.1 在使用本质量风险管理工具时，需要对被评级的场地完成两页工作表的填写。工作表的格式见附录1。这个工作表包含七个部分，从A到G。

5.1.1 质量风险管理工具工作表A部分——场地基本信息。

在A部分记录场地基本信息，包括场地名称及地址、该场地持有的许可证号码等。

5.1.2 质量风险管理工具工作表B部分——场地固有风险。

在B部分评估场地固有风险。在此需要考虑两个风险指示因素——场地、生产工艺和产品的复杂性，以及该场地生产的产品的关键性（或由该场地提供的服务的关键性，如委托分析测试服务）。

附录2详细介绍了每一项的含义（复杂性和关键性）以及如何给每一项打分。

复杂性因素的得分为1、2或3，记录在工作表B部分（3代表复杂性高，1代表复杂性低）。

关键性因素的得分为1、2或3，记录在工作表B部分（3代表关键性高；1代表关键性低）。

在工作表中提供了如表1所示的一个矩阵表，将两个得分合并以生成对与场地相关的固有风险的评价，这个矩阵表也记录在B部分。

表1 固有风险矩阵

复杂性	关键性		
	1	2	3
1	1（低）	2（低）	3（中）
2	2（低）	4（中）	6（高）
3	3（中）	6（高）	9（高）

总得分为1或2代表低固有风险，总得分为3或4代表中等固有风险，总得分为6或9代表高固有风险。

5.1.3 质量风险管理工具工作表C部分——合规性相关风险。

C部分是场地合规性相关风险的评估和记录。这完全是基于上一次检查现场时发现的缺陷。注意：如果最后一次检查不是例行检查或"全面"检查，则在评估此风险时，应考虑在最后一次例行检查（或"全面"检查）中发现的缺陷以及在最后一次非例行检查中发现的缺陷。

表2提供了场地合规性相关风险的评估指南。表格的内容可根据工作需要修改，以反映使用这一方法的检查员的工作思路。

表2 合规性相关风险表

缺陷概况	合规性相关风险得分
1个或多个关键缺陷，或5个以上重大缺陷	高
1~5个重大缺陷	中
无关键或重大缺陷	低

场地合规性相关风险的得分分为高、中、低，并记录在工作表C部分。

合规性相关风险评分较高的场地，可能需要在检查确定了较差的合规状态后不久再次进行检查。这类场地可能被要求停止生产，撤销或变更生产许可证，直到在后续检查中能证明合规性达到满意的水平。

关于这点，下述注意事项非常重要：

• 此类后续检查被定义为非常规（非例行）检查，有时也被称为有因检查或紧急检查。当确定一个场地存在关键缺陷或多个重大缺陷时，可能会引发此类检查。

• 在场地需要进行此类后续检查时（如在前一次检查后的3个月内），应暂停对该场地使用本质量风险管理工具，直至有因检查结束，届时可能重新启动对该场地的常规检查。在实践中，这意味着当一个场地被查出关键缺陷或多个（如6个或更多）重大缺陷，并计划对该场地实施后续有因检查以确认这些缺陷的整改情况时，药品GMP检查机构只能在完成后续有因检查，并重新启动例行检查后，才能再次使用本工具。

• 当对相关场地恢复使用本工具时，应以初次有因检查（即由关键缺陷或多个重大缺陷引发的检查）及后续检查中确定的任何缺陷为基础，给出场地的合规性相关风险评分。

5.1.4 质量风险管理工具工作表 D 部分——确定场地风险等级。

在 D 部分，将与场地相关的固有风险和合规性相关风险结合起来以生成场地的总体风险等级。

工作表提供了一个简单的矩阵表，如表 3 所示，用于生成此风险等级，在工作表 D 部分记录生成的风险等级。

表 3　风险评级矩阵

合规性相关风险	固有风险		
	低	中	高
低	风险等级＝A	风险等级＝A	风险等级＝B
中	风险等级＝A	风险等级＝B	风险等级＝C
高	风险评级＝B	风险等级＝C	风险等级＝C

有三种可能的风险等级，A、B 和 C。A 表示相对低风险的场地，C 表示相对高风险的场地。

5.1.5 质量风险管理工具工作表 E 部分——对场地进行例行检查的建议频率。

E 部分是使用 D 部分的风险评级来生成和记录对场地进行例行检查的建议频率。

• 具有 A 风险等级的场地在固有风险或合规性相关风险方面至少有一个低风险得分。在例行检查计划中，这些场地可以较低的频率检查，例如每两年不到一次（例如每 2.5 年检查一次）。

• 具有 C 风险等级的场地在固有风险或合规风险方面至少有一个高风险得分。在例行检查计划中，这些场地可能会以较高的频率检查，例如至少每年或更频繁地进行检查。

• 具有 B 级风险等级的场地处于中等级别，在例行检查计划中，这些场地可能以中等频率进行检查，例如，每 12 个月至 24 个月检查一次。

表 4 显示了根据风险等级确定检查频率的一种可能方法，也可以使用其他方法。

表 4　对每种风险等级建议的检查频率

风险等级	建议的检查频率
A	较低频率，2～3 年一次
B	中等频率，1～2 年一次
C	较高频率，间隔小于 1 年

注 1：以上风险评级矩阵的设计目的是使具有高内在风险评分或高合规性相关风险评分的场地的检查频率降低。这是因为在例行检查计划中，每两年至少检查一次具有较高内在风险或合规性相关风险的场地，是明智的做法。然而，如果一个场地得了很高的合规性相关风险评分（如上面 7.1.3 节所述），则可能需要对场地进行非例行的、有原因的检查，这将对该工具在此期间的使用产生影响。有关详细信息，请参阅 7.1.3 节。

注 2：需要注意的是，表 4 所示的检查频率是以时间范围间隔表示的，而不是绝对的时间。

- 例如，对于被确定为 B 级风险的场地，检查频率的时间范围为 1~2 年，而不是绝对的 2 年。
- 不论一个场地风险等级如何（A、B 或 C），对该场地确定的实际检查频率都应反映最近一次检查中确认的缺陷数量和类型。
- 例如，两个场地都被确定为 B 级风险，但在最近一次检查中，一个场地的结果比另一个场地更差（如 5 条重大缺陷对 1 条重大缺陷），那么对前一个场地通常应在规定的时间内采取更高的检查频率（即在 1~2 年，采取接近 1 年一次的检查频率）。
- 此外，在对具有相同风险等级的场地确定检查频率时，可能要考虑固有风险和合规性相关风险的单项得分。例如，某个场地同时有高固有风险和高合规性相关风险，导致总体风险等级为 C，而另一个场地有高固有风险和中等合规性相关风险，这种情况下，对前者确定的检查频率（如 9 个月一次）可能比后者更高，尽管后者的总体风险等级也是 C。

注 3：在某些情况下，对某场地进行最近一次检查的检查员可能不同意使用该方法确定该场地的检查频率。

- 如果发生这种情况，且检查员认为应对该场地采用不同检查频率，则应正式记录理由。考虑下述因素可能有所帮助：

质量管理体系的健全性，包括质量风险管理方法；

场地总体 GMP 合规历史，考虑经常出现的不合规问题和检查后未能以令人满意的方式解决的缺陷；

解决以前 GMP 缺陷的重大失败。

- 认识到质量风险管理工作的结果可能是主观的和不确定的，检查员的意见可能会改变这种方法确定的检查频率。
- 然而，当出现这种情况时，每个检查员可能希望采用自己的方法，这些方法可能与上述方法不同。

5.1.6　质量风险管理工具工作表 F 部分——下一次例行检查的范围。

F 部分建议下一次例行检查的范围。这部分应在检查后立即完成，或在检查报告发出后完成，最好与前几部分同时完成。

F 部分有四个部分需要完成，如下：

- 下一次场地例行检查所需的重点和深度；
- 下一次场地例行检查所需的时间；
- 下一次场地例行检查需要的检查员人数；
- 下一次场地例行检查的检查团队是否需要任何特定的能力或专业知识。

一旦 E 部分和 F 部分完成，下一次例行检查的建议频率和范围将记录在工作表上。药品 GMP 检查机构制订检查计划的人员在编制规划其管辖范围内的生产场地例行检查计划时，可使用上述信息。

5.1.7　质量风险管理工具工作表 G 部分——签名和日期。

G 部分记录完成质量风险管理工作的人员姓名，工作表填写人员也在此部分签名（和日期）。

5.2 根据需要审查和更新质量风险管理实践。

当检查机构获得可能改变场地风险概况的新信息时，应审查使用本工具进行的质量风险管理决定和建议。

• 此类新信息可能来自质量缺陷问题、召回、市场监督测试结果、评估结果、执法调查、场地变更等。

• 此外，上市或生产许可变更可能意味着某个场地的活动将要扩展或发生实质变更。例如，某上市许可产品将玻璃安瓿换为塑料安瓿作为产品的主要包装材料，可能需要在生产现场引入吹—灌—封技术。这种上市许可的变更可能会导致场地的复杂性或关键性发生变更。就本工具而言，这种变化可能被视为有关该场地的新信息。

• 在审查阶段，从风险的角度考虑，场地人员数量的重大改变也有所帮助，因为这类变化可能意味着场地的复杂性发生变化，从而影响固有风险，或可能意味着场地上质量保证资源减少，随后可能导致合规性问题。

• 企业对最新检查报告的回复报告也应视为新信息。这种回复报告在应用本法的审查阶段有所帮助。因为审查企业回复报告的检查员可决定在下一次检查中需要密切跟踪的特定领域。这可能需要扩大下次例行检查的范围。

上述类型的新信息不仅需要改变下一次例行检查的建议范围，还需要改变下一次例行检查的建议频率。每一个独立的检查机构一旦收到某场地的新信息，都有责任更新针对该场地的质量风险管理措施，必须设法使质量风险管理措施与场地相适应。

建议对这些质量风险管理工作进行正式的定期审查。

6. 修订历史

日期	版本号	修订原因

附录 1　本质量风险管理工具使用的工作表

A部分——场地基本信息	
场地名称	
场地地址	
许可证号码（如有）	
药品或原料药生产企业	
上一次检查日期	
上一次首席检查员姓名	

B部分——场地固有风险		
风险因素	风险得分	固有风险矩阵
场地、工艺与产品复杂性为：	1　2　3 圈出一个	
场地生产的产品、进行的分析检测或提供其他服务的关键性为：	1　2　3 圈出一个	

固有风险矩阵：

复杂性	关键性		
	1	2	3
1	1（低）	2（低）	3（中）
2	2（低）	4（中）	6（高）
3	3（中）	6（高）	9（高）

使用上述矩阵并记录场地相关风险为：

低□　　　　　中□　　　　　高□

C部分——基于上一次检查的合规性相关风险		
场地最近一次检查缺陷概况显示合规性相关风险为：	低□ 中□ 高□	• 没有重大缺陷或关键缺陷 • 1~5 个重大缺陷：重大缺陷数量 • 1 个或更多关键缺陷，或多于 5 个重大缺陷 （注：可酌情修改）

D部分——确定场地风险等级

通过合并固有风险和合规性相关风险得分，完成下列矩阵，以确定场地风险等级。

合规性相关风险	固有风险		
	低	中	高
低	风险等级＝A	风险等级＝A	风险等级＝B
中	风险等级＝A	风险等级＝B	风险等级＝C
高	风险等级＝B	风险等级＝C	风险等级＝C

该场地相关的风险等级为：A□　B□　C□

续表

E 部分——对场地进行例行检查的建议频率	
<table><tr><td>A</td><td>较低频率，2～3 年一次</td></tr><tr><td>B</td><td>中等频率，1～2 年一次</td></tr><tr><td>C</td><td>较高频率，间隔小于 1 年</td></tr></table>	使用风险等级： 1）预期的重新检查日期（请在 EudraGMDP 更新）： 2）附录 4 所述的推迟重新检查至：最后期限（月/年） 3）监管机构下一次检查的日期（请在 EudraGMDP 中更新）：

F 部分——下一次例行检查的建议范围	
注：如果在下一次例行检查前收到关于场地的新信息，这部分应定期更新，这可能需要改变风险等级和检查范围。例如，可能收到与质量缺陷、召回、市场监督测试结果、执法调查和其他不合规指标相关的信息，未能对可能需要更改下一次检查范围的上市许可进行更改。也可能与场地的重大变化有关（可能通过递交上市许可或生产许可变更）。这些信息可能成为检查范围变更的理由。	
在右边记录下一次例行检查的重点与深度。 注：考虑以下内容： • 在最近一次检查中发现缺陷的领域，特别是查出重大缺陷和关键缺陷的领域； • 在最近一次检查中没有检查（或没有详细检查）的领域； • 上次检查中认为没有足够资源的领域； • 场地的计划变更，这些变更可能改变该场地复杂性或关键性的风险等级； • 检查员认为有理由在下一次检查中审查的任何其他领域。	
在右边记录下一次例行检查所需时间。	
在右边记录下次例行检查所需检查员人数。	
在右边记录对该场地进行下一次例行检查的检查员所需要的特殊能力或专业知识。	

G 部分——签名和日期
在此记录质量风险管理评估执行人员姓名，并在表格中签名、填写日期： 姓名：_____　　　　　姓名：_____ 姓名：_____　　　　　姓名：_____ 签名：_____　　　　　日期：_____

附录 2　固有风险因素评分指南

编号	固有风险因素及评分机制
1	复杂性：涉及场地、工艺和产品的复杂性。 ［注：《场地主文件》（如有）和最近的 GMP 检查报告是分配复杂性得分的有用信息来源。］ 有三个可能的得分：1、2 或 3。 在复杂性方面风险因素得分较低的场地被认为在场地、产品和工艺设计方面复杂程度低。在对这一风险因素打分时，有必要考虑以下因素。 通用但有用的场地复杂性指标为： • 场地大小——大场地比小场地更复杂； • 有许多不同的生产或销售过程的场地——数量多通常增加复杂性； • 该场地专用设备与设施（如空气处理单元）水平——专用设备与设施水平低的场地复杂性高于其他场地； • 该场地人员的数量——通常人数越多，场地越复杂； • 该场地供应的商业市场/国家的数量——数量多通常增加复杂性； • 该场地客户的数量——数量多通常增加复杂性； • 如果某场地是一个委托生产企业或委托实验室，可认为该场地相对复杂。 通用但有用的工艺复杂性指标为： • 灭菌与无菌生产工艺——这些常被认为是高度复杂的工艺； • 参数放行活动——这些常被认为是高度复杂的工艺； • 在一个工艺中所必须控制的关键步骤的数量——通常具有很多关键步骤的工艺被认为是高度复杂的工艺； • 产品的类型——低浓度/高效价剂型以及缓释剂比其他类型产品（如速释片）的生产更复杂，工艺复杂性更高； • 在非无菌生产工艺中的单位操作的数量——数量越大，复杂性越高； • 非无菌生产过程中单位操作重新包装活动——重新包装一个已经包装好的批次可以被认为是一个中等到高度复杂的过程； • 在场地进行重新加工或返工的范围：这些活动增加工艺复杂性； • 生物工艺； • 场地使用的分包程度——大量使用委托生产商、异地配送或委托实验室增加复杂性； • 对进口商而言，进口、批次放行和产品分销流程的复杂性——进口的安排可能相当复杂。 通用但有用的产品复杂性指标为： • 一个产品包的组件数量——数量多通常增加产品复杂性，例如，一个注射产品可能有 4 种组件（冻干瓶、稀释剂瓶、转移针和说明书），而一个片剂产品可能仅有铝塑板与药品说明书。 • 需要特殊存储和分发的产品（如冷链产品和有效期短的产品、放射性药品），管理比较复杂。 提示：当考虑到产品的复杂性时，想象你手持一包产品，然后被问："这个产品的哪些方面使它成为一个复杂产品？" 评分指南： 总体复杂性低的场地　1 分； 总体复杂性中等的场地　2 分； 总体复杂性高的场地　3 分。

编号	固有风险因素及评分机制
1	注意：给总体复杂性评级时，应选择最能反映场地、工艺和产品复杂性的各个单独复杂性等级（1、2 或 3），这类似于取所有项目复杂性等级的平均值。 如果场地、工艺、产品复杂性信息不足或对其了解不充分，则应给中等分值 2 分。
2	关键性：这涉及从供应角度看场地生产的产品的重要性，或场地提供服务的重要性。例如，某场地为其他几家企业提供分析检测服务，那么这个场地提供的是关键服务。 ［注：《场地主文件》（如有）和最近的 GMP 检查报告是分配复杂性得分的有用信息来源。］ 有三个可能的得分：1、2 或 3。 评分指南： 对那些生产基本药品或提供其他地方无法提供的基本服务的场地，给高分（3 分）。 • 这些场地可能是重要产品（如重要疫苗、关键血液产品等）的主要或唯一供应商。注：作为重要产品的主要或唯一供应商，不会对产品质量构成任何风险；相反，它会给产品的可用性带来风险。 • 这些场地使用的测试方法（和相关设备）是其他实验室罕用的。 • 这些场地可能为很多其他生产企业提供委托生产或测试服务，服务中断对产品可用性产生重大影响。 对那些只生产非基本药品或不提供必要服务的场地，给低分（1 分）。 • 这些场地可能不是任何重要产品（如重要疫苗、关键血液产品等）的主要或唯一供应商。 • 这些场地所使用的测试方法（以及相关设备）不是其他实验室罕用的。 • 这些场地不为很多其他生产企业提供委托生产或测试服务，这类服务一旦中断对产品可用性有重大影响。 介于上述两类场地之间的场地给中等分数（2 分）。 注意：如果场地关键性信息不足或对其了解不充分，则应给出中等分值 2 分。

附录 3 花费时间

按照产品/工艺类型对生产/进口场地分类		检查总天数
1.1 无菌产品	1.1.1 无菌制备（剂型清单） 　1.1.1.1 大容量液体制剂 　1.1.1.2 冻干制剂 　1.1.1.3 半固体制剂 　1.1.1.4 小容量液体制剂 　1.1.1.5 固体制剂与植入剂	≥ 10
	1.1.2 最终灭菌（剂型清单） 　1.1.2.1 大容量液体制剂 　1.1.2.2 半固体制剂 　1.1.2.3 小容量液体制剂 　1.1.2.4 固体制剂与植入剂	≥ 8
	1.1.3 仅批次认证	≥ 1
1.2 非无菌产品	1.2.1 非无菌产品（剂型清单） 　1.2.1.1 硬胶囊剂 　1.2.1.2 软胶囊剂 　1.2.1.3 咀嚼剂 　1.2.1.4 浸出剂 　1.2.1.5 外用液体制剂 　1.2.1.6 口服液体制剂 　1.2.1.7 医用气体 　1.2.1.8 其他固体剂型 　1.2.1.9 加压制剂 　1.2.1.10 放射性核素发生器 　1.2.1.11 半固体制剂 　1.2.1.12 栓剂 　1.2.1.13 片剂 　1.2.1.14 透皮贴剂 　1.2.1.15 瘤胃内控释制剂 　1.2.1.16 兽用预混剂	≥ 4
	1.2.2 仅批次认证	≥ 1
1.3 生物制品	1.3.1 生物制品 　1.3.1.1 血液制品 　1.3.1.2 免疫产品 　1.3.1.3 细胞治疗产品 　1.3.1.4 基因治疗产品 　1.3.1.5 生物技术产品 　1.3.1.6 人或动物提取产品	≥ 7
	1.3.2 仅批次认证（产品类型清单） 　1.3.2.1 血液制品 　1.3.2.2 免疫产品 　1.3.2.3 细胞治疗产品 　1.3.2.3 基因治疗产品 　1.3.2.4 生物技术产品 　1.3.2.5 人或动物提取产品	≥ 1

按照产品/工艺类型对生产/进口场地分类		检查总天数
1.4 其他产品或生产活动	1.4.1 生产: 　1.4.1.1 草药	≥3
	1.4.1.2 顺势疗法产品 　1.4.1.3 生物活性原料 1.4.2 无菌活性物质/赋形剂/成品的灭菌 　1.4.2.1 过滤法 　1.4.2.2 干热法 　1.4.2.3 湿热法 　1.4.2.4 化学法 　1.4.2.5 γ射线辐照法 　1.4.2.6 电子束法	≥2
1.5 仅包装	1.5.1 内包装 　1.5.1.1 硬胶囊剂 　1.5.1.2 软胶囊剂 　1.5.1.3 咀嚼剂 　1.5.1.4 浸出剂 　1.5.1.5 外用液体制剂 　1.5.1.6 口服液体制剂 　1.5.1.7 医用气体 　1.5.1.8 其他固体剂型 　1.5.1.9 加压制剂 　1.5.1.10 放射性核素发生器 　1.5.1.11 半固体制剂 　1.5.1.12 栓剂 　1.5.1.13 片剂 　1.5.1.14 透皮贴剂 　1.5.1.15 瘤胃内控释制剂 　1.5.1.16 兽用预混剂	≥2
	1.5.2 外包装	≥1
1.6 质量控制检测	1.6.1 微生物:无菌检查 1.6.2 微生物:非无菌检查 1.6.3 理化检测 1.6.4 生物学检测	≥2

检查总天数是指导值,例如10天检查总天数等于2名检查员检查5天,或4名检查员检查2.5天,其中包括准备和报告时间。

附录 4　基于可信任权威机构的合规性信息的推迟复查指南

过程步骤：

1a. 以监管机构进行的最近一次检查所产生的合规性相关风险为基础选择场地（根据附录 1C 部分和程序 5.1.3）。

1b. 确定该场地固有风险（根据附录 1B 部分和程序 5.1.2）。

2. 要求可信任权威机构提供合规性信息，该机构对场地进行了最近一次检查。

3. 评估可信任权威机构提供的合规性信息，以确定当前的合规性相关风险（与步骤 1a 和程序 5.3.1 相似，可信任权威机构报告的缺陷可能必须按照欧盟对"关键"和"重大"的定义重新分类）。

4. 按照下表的规定，推迟例行复查，并在附录 1E 部分做相应记录。

情景	第 1a 步 上一次检查发现的合规性相关风险	第 1b 步 固有风险	风险等级	第 2 步	第 3 步 当前的合规性相关风险	第 4 步 推迟复查（+最大年限）
可信任权威机构的国内场地，但产品不在法律协议的经营范围内	低	高	B	需要来自可信任机构的合规性信息	低	+1
	低/中	中	A/B		中	+1
	低/中	中			低	+1.5
	低/中	低	A		中	+1.5
	低/中	低			低	+2
第三国①现场，但产品在法律协议的经营范围内	低/中	中	A/B		中	+1
	低/中	中			低	+1.5
	低/中	低	A		中	+1.5
	低/中	低			低	+2
第三国场地，但产品不在法律协议经营范围或没有法律协议	低/中	低	A		中	+1
	低/中	低			低	+1.5

---

①　第三国即为欧盟/欧洲经济区以外的国家。

要求采取统一措施以保护公众或动物健康的处理 GMP 严重不合规的规程

标题	要求采取措施以保护公众或动物健康的处理 GMP 严重不合规的规程
批准日期	2014 年 9 月
生效日期	2015 年 3 月 31 日前
替代	2010 年 1 月生效版本
修订原因	由于使用替代规程，规程已被修改
注释	—

1. 原则

由任一成员国的检查机构进行的所有 GMP 检查都是代表整个欧盟的。GMP 检查报告应清楚说明生产企业或进口企业是否遵守 93/2004/EC 号指令和（或）91/412/EEC 号指令中定义的 GMP 原则和指南，以及欧洲委员会在欧盟药事法规第 4 卷中发表的 GMP 指南的解释。

发现严重 GMP 不合规不仅可能对进行检查的成员国有影响，而且可能对其他成员国也有影响。主管部门应努力评估对公众或动物健康的影响，并在发布 GMP 不合规声明前，尽可能就共同行动达成一致。因此，需要在欧盟采取协调一致的措施保护公众或动物健康。发现任何违规行为后采取的行动应与违规行为带来的风险相称。根据本文件，发现严重不合规的情况需要立即采取行动保护公众或动物健康。

如果根据欧洲药品质量管理局（EDQM）中《欧洲药典》适应性证书（CEP）的要求，需要对原料药生产企业进行检查，检查员有双重责任：一是按照本规程向国家主管部门通报 GMP 严重不合规的情况，二是按照欧洲药品质量管理局制定的规程确定有关认证结果。检查机构应确保采取协调一致的行动。

在对原料药生产企业进行检查之后，暂停或撤销《欧洲药典》适应性证书可能是一个建议措施，因此，该规程补充说明了在欧洲药品质量管理局通知由于 GMP 严重不合规而导致 CEP 证书被撤销或暂停时应采取的行动，因为这些行动与后果相称。

虽然一个成员国可以向另一个成员国提出合理要求以接收检查报告，但执行检查并拥有第一手资料的主管部门最适合评估对该成员国的潜在影响并管理其构成的风险，确定 GMP 不合规水平。这一规程要求检查机构发现 GMP 严重不合规的情况时，在进行监督风险评估后，建议采取适当的行动，并将建议传达给欧盟的所有相关部门。可能还有必要与欧盟就 GMP 做出适当安排（例如互认协定）的国家主管部门取得联系。

电话会议的程序为收到 GMP 严重不合规通知的主管部门提供了一个机会，以便在建议的行动实施之前澄清和确认建议行动的适宜性。

国家主管部门必须考虑收到的 GMP 严重不合规信息，并根据规程要求提供建议行动所需的信息，除非能根据特定的国家考虑而采取替代行动，且替代行动对其他成员国没有影响。

报告检查机构应根据 2001/83/EC 号指令（修订）第 111 条第 6 款和 2001/82/EC 号指令（修订）第 80 条规定，在 EudraGMP 中录入 GMP 严重不合规信息。如果原料药生产企业出现 GMP 严重不合规情况，且检查是在《欧洲药典》适应性范围内进行的，则应尽一切努力使最终不合规声明的条目与欧洲药品质量管理局关于受影响的《欧洲药典》适应性的任何监管行动的最终出版物保持一致。

为了有效利用预警机制，应避免交流无关紧要的不合规情况。

对于直接或间接针对上市许可的监管行动，参考成员国互认/分权程序批准产品采取主动行动。在涉及多个参考成员国的情况下，应根据互认和分权程序—人类合作组织（CMDh）的《成员国间关于 GMP 不合规问题的最佳实践指南》采取协调一致的行动。尽管没有最佳实践指导，互认和分权程序—兽医合作组织（CMDv）可参与兽药产品的案例。

欧洲药品管理局对中央程序批准产品采取主动和协调行动。成员国应确保 CMDh/CMDv 以及人用药品委员会（CHMP）/兽药委员会（CVMP）代表酌情在评估阶段以及执行行动阶段参与国家一级的相关讨论，根据上述程序，每个国家主管部门仅负责国家级别的上市许可，但可根据上述 CMDh 程序或 CMDv 程序，将讨论提前，以便在 CMDh 或 CMDv 级别进行合作评估。

如果决定必须禁止一批药品的进口和（或）放行，或从市场上撤回一批药品，GMP 不合规可能导致药品短缺。为了保护公众或动物健康，可能有必要将评估上升到欧盟级别。

本规程的目标应是实现协调一致的（如可能）评估和监督行动，以确保最大限度地提高效率，并避免在整个欧洲经济区进行国家一级全面的平行审查。

据了解，即使存在一定程度的不合规，生产企业也可以被认为总体合规，不采取保护公众或动物健康的行动，就可以解决问题。

2. 定义

2.1　本规程中，严重不合规指检查机构认为对 GMP 不合规可能需要采取紧急措施以消除对公共卫生或动物健康的潜在风险，或可能需要采取最终措施进一步禁止药品的供应。GMP 严重不合规可能包括检查员在 GMP 检查期间收集伪造证据。

2.2　本规程中，紧急措施可能包括但不限于禁止生产或进口、供应或撤回药品，但行动可能仅限于特定批次或暂停现有生产或进口许可。

2.3　本规程中，最终措施可能包括但不限于由主管部门撤销或更改现有上市许可、生产企业或进口许可，拒绝上市许可、生产或进口许可申请所采取的行动。

3. 范围

3.1　大多数 GMP 检查显示存在一定程度的不合规，但通常可以获得令人满意的结论，有时涉及后续检查，无需监管行动。本程序仅适用于有关检查员建议采取监督行动以消除对公众或动物健康的潜在风险，并根据国家内部程序批准该建议的情况。规程应要求遵守时间表，以确保及时处理严重不合规情况。

3.2　本规程适用于在监督机构管辖内或在第三国发现的 GMP 严重不合规。检查包括应生产企业、进口企业、欧盟委员会、欧洲药品管理局或欧洲药品质量管理局要求的所有 GMP 检查。

3.3　在与 CEP 相关的原料药生产企业发现 GMP 严重不合规，并应欧洲药品质量管理局的要求进行检查时，可能会导致欧洲药品质量管理局采取与 CEP 相关的行动，例如暂停或撤销 CEP 证书。如果根据欧洲药品质量管理局要求对原料药生产企业进行检查并发现严重不合规情况，则主管机构应与欧洲药品质量管理局联系，以确保不合规声明的终稿与暂停或撤销 CEP 的最终程序相一致。

3.4　本规程还涉及欧洲药品质量管理局宣布 CEP 因非 GMP 检查结果而无效的情况，因为可能需要采取相应的行动，而这些行动必须正确实施和协调。

4. 发布 GMP 不合规声明的程序

如果要采取保护公众或动物健康的行动，则应按照本规程在适当的时间范围内，在对公众或动物健康可能构成威胁的情况下，通知其他主管部门。

如果认为健康风险特别严重，可能需要在没有完整信息的情况下发布 GMP 不合规声明。

4.1　完成检查报告和 GMP 合规性结论。

4.1.1　完成检查结果总结：关键和主要的 GMP 缺陷。

责任：检查小组。

在进行 GMP 检查并得出 GMP 不合规的结论后，检查小组应该向被检查的场地明确说明关注点。可能无法及时完成检查报告，以采取适当措施保护公众或动物健康。检查小组应起草检查结果总结，说明 GMP 的关键缺陷和主要缺陷。

检查报告可以单独编制，并应要求为主管部门提供。最终报告必须确定被检查的场地是否符合 GMP 的原则和指南。

4.1.2　审查关键和主要发现总结。

责任：牵头检查机构。

每个国家的主管部门都应有一个内部规程来审查由检查员编写的检查报告、不合规声明和监督风险评估（草案）（参见 4.2.3），以及检查员建议采取的管理措施，以决定采取检查员建议的行动还是采取替代行动。

该内部规程应考虑到需要与有关机构内的其他部门（如市场监察、药品或临床评价）合作，并酌情与国际伙伴合作，以及在因伪造而不合规的情况下与执法人员或国家执法机关合作。

4.1.3　完成评估后的建议。

责任：牵头检查机构。

主管部门提出的任何针对 GMP 严重不合规的建议都必须考虑到整个欧盟的利益，而不考虑任何具体国家。

4.2　不合规声明和监督风险评估的预发布。

责任：牵头检查机构。

如果检查报告的结论是被检查企业 GMP 不合规，那么相关牵头检查机构应制订不合规声明和监督风险评估草案，讨论检查结果对在市场上或在临床试验中使用或当时正在评估的药品的影响（并且可能修改，等待收到进一步的信息）。

4.2.1　准备收集现场生产的药品信息。

责任：牵头检查机构。

在可能的情况下，牵头检查机构应酌情确定以下信息：

a）直接受产品检查结果影响的成员国。

b）所涉及的上市许可，以及在相关情况下，负责上市许可的参考成员国和主管部门。

c）进口到欧盟的药品或临床试验用药或原料药的监管机构。

d）对于临床试验用药，应确定 EudraCT 试验参考号。

如果在临床试验用药生产企业或进口企业处发现 GMP 严重不合规，则需要在牵头检查机构的建议中考虑对任何已完成或正在进行的临床试验的影响。

牵头检查机构进行的检查应涉及投资方以及生产企业或进口企业，以便确定所有受影响的试验。

e）在对原料药生产企业进行检查的情况下，现场生产的所有原料药和（或）任何可能受影响的 CEPs。

4.2.2　准备不合规声明草案。

责任：牵头检查机构。

发证机构应使用约定的欧盟格式编写不合规声明草案。

不合规声明草案应解释任何拟采取措施的性质，或在有理由的情况下，解释已经采取的措施。

4.2.3　准备监督风险评估。

责任：牵头检查机构。

在不合规声明草案之后应附检查机构的监督风险评估。

监督风险评估应评估 GMP 的关键缺陷和主要缺陷，以及产品质量和产品供应的总体风险，并推荐适合的风险缓解措施。这可能包括：

ⅰ）召回已投放市场的产品/批次；

ⅱ）禁止进口和供应；

ⅲ）与生产或上市许可或 CEP（如适用）有关的管理措施。

监督风险评估应具有以下内容：

a）介绍/背景。

b）记录主要检查结果，发布可能导致 GMP 不合规的声明。

c）对有关药品的主要检查结果进行评估，判断这些风险是否应该从不合规声明的日期或更早开始追溯其应用。

d）国家主管部门建议与确定的与风险相适应的临时紧急措施和最终监管行动。任何有关上市许可的建议都应有明确的目的，并与风险水平相称。

e）如果已对原料药生产企业进行了检查，则应考虑对同一地点的任何其他原料药和 CEP 的影响或其他影响。

f）检查机构可获得的信息对产品供应的影响。

附录 6 提供了监督风险评估的模板。

4.2.4　发送不合规声明和监督风险评估草案。

责任：牵头检查机构。

原则上，除非有正当理由，应避免一个成员国采取单方面行动。为了促进欧盟一级的协调行动，不合规声明草案应在执行任何行动之前发送。

不合规声明和监督风险评估草案应通过快速预警联系人清单发送至欧洲经济区成员国。如果应欧洲药品质量管理局的要求对原料药生产企业进行了检查，发现严重不合规，则欧洲药品质量管理局应包括在发送不合规声明草案联系人中。

牵头检查机构可要求主管部门提供更多信息，应考虑到风险程度和需要收集的资料数量。即使预期不会产生影响，国家主管部门也应在指定的时限内回复牵头检查机构。

4.2.5　不合规声明及监督风险评估（草案）的接收。

责任：国家主管部门。

在收到不合规声明草案后，主管部门应检查本国领土内的国家许可产品是否受到影响，如有必要，应向进行检查的检查员寻求帮助。

收到不合规声明和监督风险评估草案的成员国和监管合作机构必须将其中包含的文件和信息视为保密信息。在这一进程的现阶段，不太可能就最终的监管或市场行动达成一致，监管网络之外的信息流通可能不利于协调行动，从而给公众或动物健康带来风险。与生产现场的沟通应通过牵头检查机构协调，并在可能的情况下，推迟与受影响的上市许可持有人或进口企业就合规问题的沟通，直到在欧盟范围内就协调行动达成共识。

每一个国家主管部门都应该有一个程序来审查和评估通过快速预警系统传递的不合规声明和监督风险评估草案。该程序应考虑到需要与相关部门（产品许可、市场监督、药品评估等）、国家授权机关（如有不同）、国际合作伙伴（如有不同）以及执法人员或国家执法机构（如因伪造而不合规）进行合作。

该程序应确保检查机构要求的信息可以在规定的时限内通过附录 6 B 部分获得并返回。

如果不合规报告会影响 CEP，欧洲药品质量管理局将评估监督风险评估，并根据其决策程序决定采取的行动。

4.3　电话会议。

如果不建议召开电话会议，应在通知表中提供理由。

本规程增加了有关部门考虑何时召开电话会议和召开电话会议的实际安排（附录 2）的内容。

4.3.1　组织电话会议。

责任：牵头检查机构。

应在 GMP 不合规通知表草案中提供联系电话号码，以及所有受影响成员国可参加的电话会议的建议时间和日期，并在此期间批准协调行动。

如果不合规涉及 CEP 原料药生产企业，应邀请欧洲药品质量管理局参加电话会议。

4.3.2 参加电话会议。

责任：国家主管部门。

如果某个成员国受到影响，或某个成员国是受影响产品的参考成员国，则应参加电话会议（如有）。如果没有建议电话会议，接收部门应酌情在其领土内采取与报告不合规情况的主管部门或已经执行的行动相一致的行动。如果建议的行动包括上市许可变更，参考成员国应率先采取这些行动。

电话会议的目的应该是在可能的情况下协调评估和行动，以确保最大限度地提高效率，避免在整个欧洲经济区的国家一级进行全面的平行评估。

4.3.3 电话会议的结果沟通。

责任：牵头检查机构。

如果召开了电话会议，应通过快速预警联络人清单向网络发送后续信息，以确认在最初通知中建议采取的行动已得到同意，或告知任何其他商定的联合行动。

4.4 保护公众或动物健康的紧急措施。

收到不合规声明草案后，接收部门应核实其对公共卫生和动物健康的影响，并在必要时调整国家行动。

4.4.1 评估 GMP 不合规声明对已上市或等待放行批次的质量和安全性的影响。

责任：牵头检查机构。

如果需要采取紧急临时措施，以保护公众或动物健康，方法是停止已上市或在临床试验中使用的批次，禁止进一步分销和进口有关批次，负责报告 GMP 严重不合规的牵头检查机构应提出建议。牵头检查机构应尽可能评估 GMP 不合规声明对已上市或等待放行批次的质量和安全性的影响。在由于资料不足而无法进行此类评估的情况下，牵头检查机构应提供观察到的缺陷和产品的潜在全球影响的详细资料，以支持此评估过程。

召回或禁止供应的建议应在电话会议上与有关部门讨论。在可行的范围内，应商定统一的欧盟行动计划和时间表。人们认识到，在某些情况下，由于有关药品的重要性，不同的成员国可能需要采取不同的行动。药品的关键性应按照商定的标准（附录 3）进行评估。方法上的差异应记录在电话会议记录中。

如果由于采纳针对 GMP 不合规的措施，在欧盟层面上将发生药品供应短缺，应考虑启动人用药或兽药"欧盟监管网络事件管理计划"所述相应程序。对于人用药，就什么时候有必要将讨论提升到欧盟级别，以便就统一的风险管理策略达成一致，以保护公众健康，可以使用进一步的指南（附录 4）。

4.4.2 决定发布快速预警。

责任：牵头检查机构。

如果认为有必要将产品或某些批次从市场上撤回，牵头检查机构负责发布快速预警。如果成员国对产品召回采取不同的办法，应就传递最初的快速预警的责任达成协议。

召回和快速预警应根据欧盟规程进行分类和传递。

4.4.3　决定禁止供应。

责任：监管机构/主管部门。

可能有必要通过适当的监督措施紧急禁止进口和供应。

4.5　发布不合规声明。

4.5.1　确定并录入欧盟药品监管机构药品生产流通管理规范数据库（EudraGMDP）。

责任：牵头检查机构。

牵头检查机构应最终确定不合规和（或）限制 GMP 证书的声明（见4.5.3），并录入 EudraGMDP。

4.5.2　对生产场地的其他 EudraGMDP 条目的影响。

责任：牵头检查机构。

现行有效的 GMP 证书与相互冲突的信息将被取代，因此应根据 GMP 证书签发和更新的欧盟规程撤回。

4.5.3　将限制性 GMP 证书录入 EudraGMDP。

责任：牵头检查机构。

如果在电话会议上经过讨论后，同意基于风险的决定，允许有关场地进一步放行和流通关键产品批次，可能会颁发适当限制的 GMP 证书以及不合规声明。

在其他情况下，如果部分不合规，例如涉及有限种类的剂型，也可以颁发新的 GMP 证书，但应酌情加以限制。

4.5.4　生产企业所在地相关部门的通知。

责任：牵头检查机构。

如果在第三国的生产场所发现 GMP 不合规，检查机构应通知第三国有关部门发布 GMP 不合规声明。检查机构应寻求第三国主管部门的合作，监督生产企业的纠正措施。

对于第三国原料药生产企业，应使用附录 5 中提供的模板通知第三国主管部门发布 GMP 不合规声明。应要求第三国主管部门撤回先前发出的任何原料药合规的书面确认，并在生产企业认为已恢复与欧盟 GMP 相当的合规性时通知欧盟监管机构。由于 GMP 不合规声明优先于书面确认，因此只有在欧盟有关部门或互认协议合作机构（如果互认协议认可在第三国进行检查）进行满意的重新检查之后，才能恢复向欧盟供应。

4.5.5　通知互认协议合作伙伴。

责任：牵头检查机构。

在互认协议中，由于 GMP 不合规而撤销证书时，合作伙伴有义务通知 GMP 证书的接受者。这是由 EudraGMDP 自动完成的。

4.5.6　通知第三国。

责任：牵头检查机构。

与欧盟缔结合约并已获准进入 EudraGMDP 的第三国将自动收到数据库中 GMP 不合规声明的通知。

在对位于欧盟的原料药生产企业进行检查后，如果发布了 GMP 不合规声明，牵头检查机构应通知与生产企业相关的第三国主管部门。通知可能包含一份声明，说明已向

EudraGMDP 上传一份不合规声明。

4.5.7　发布后修改。

责任：牵头检查机构。

在发布后，如收到新信息，牵头检查机构可能需要修改录入 EudraGMDP 的 GMP 不合规声明。修改后的 GMP 不合规声明应分发到快速预警联络人清单，并提请注意已更改的部分。

4.6　保护公众和动物健康的非紧急措施。

收到最终的 GMP 不合规声明后，接收部门应核实对公众和动物健康的影响，并在必要时调整行动。

4.6.1　评估和决定 GMP 不合规声明对上市许可（申请）的影响。

责任：欧洲药品管理局或参考成员国（包括与 CMSs 进行协商，必要时在 CMDh/CMDv 进行讨论）

在评估 GMP 不合规声明对上市许可（申请）的影响时，应考虑批准上市许可的适用法律框架，以及调查结果对提交给主管部门的任何数据的潜在影响。任何暂停上市许可的决定都必须有明确的目的，并考虑相对应的原则。

在评估受分权/互认程序影响的上市许可（申请）时，参考成员国应主动报告 GMP 不合规主管部门。

对于根据分权/互认程序对上市许可（申请）采取的行动，CMDh 或 CMDv 可决定在实施前在相关小组的会议上讨论行动的统一性。

如果针对中央上市许可（申请）采取行动，欧洲药品管理局将通过人用药委员会（CHMP）或兽药委员会（CVMP）协调评估。

国家主管部门负责纯粹存在于国家一级的上市许可（申请），但可通过将该问题提交 CMDh 或 CMDv 进一步讨论寻求欧盟一级的合作。

有关主管部门应决定是否暂停、撤销或变更上市许可和（或）因 GMP 不合规而驳回上市许可申请。

在没有其他生产场地获许可的情况下，自动暂停与 GMP 不合规的生产场地相关的上市许可，可能并不总是最合适的方法，因为暂停或撤销生产许可可能是部分的，并不是确定的场地的所有上市许可都会受到影响。通过上市许可变更，删除不合规的场地，可能可以保护公众健康。

成员国应酌情根据 2001/83/EC 号指令（修订）第 123 条或 2001/82/EC 号指令（修订）第 91 条的程序通知欧洲药品管理局。

4.6.2　评估和决定 GMP 不合规声明对临床试验的影响。

责任：国家主管部门。

如果行动可能对临床试验产生影响，国家主管部门应让临床试验促进小组（CTFG）参与。

批准该试验的每个国家主管部门都应评估 GMP 不合规声明对临床试验用药质量和安全的影响，在某些情况下，可能需要重新评估已完成的试验结果。

批准进行有关试验的各国主管部门应决定采取何种适当措施。

如果达成一致的行动是暂停或终止临床试验，每一个批准该试验的国家主管部门都应适当地录入 EudraCT。

4.6.3　评估和决定 GMP 不合规声明对 CEPs 的影响。

责任：欧洲药品质量管理局（EDQM）。

如果在 EDQM 的要求下对原料药生产企业进行了检查，发现 GMP 严重不合规，EDQM 负责评估和决定 GMP 不合规声明对 CEPs 的影响。

牵头检查机构和 EDQM 应确保发布 GMP 不合规的最终声明，与 EDQM 特别委员会发布关于 CEP 有效性的最终决定相一致。

4.6.4　评估和决定 GMP 不合规声明对生产/进口许可的影响。

责任：监管机构。

监管机构应评估是否因 GMP 不合规而（全部或部分）暂停、变更或撤销生产/进口许可。同样，生产/进口许可申请可能被暂停或拒绝。

监管机构应决定是否因 GMP 不合规而（全部或部分）暂停、变更或撤销生产/进口许可。

监管机构应决定 EudraGMP 中所需要的相应条目。

在原料药生产企业中发现的 GMP 不合规可能表明使用该原料药的生产许可持有人未能履行其法律义务，因此可能对与该原料药有关的生产/进口许可或质量受权人采取行动。

4.6.5　评估和决定暂停或撤销 CEP 对上市许可（申请）的影响。

责任：参考成员国（包括与 CMDh/CMDv 协商，必要时在 CMDh/CMDv 进行讨论）/欧洲药品管理局/国家主管部门。

如果暂停或撤销 CEPs，有关主管部门应评估暂停或撤销的原因，并决定是否暂停、撤销或变更上市许可，是否由于 GMP 不合规声明导致的 CEPs 暂停或撤销而驳回上市许可申请。

有关主管部门应考虑要求通过变更方式增加其他原料药生产企业，除非其他原料药生产企业已获许可，在这种情况下，应通过变更删除不合规的原料药生产企业。

5. 因非 GMP 原因暂停或撤销《欧洲药典》适应性证书（CEPs）

CEPs 可能因与检查无关的原因被暂停或撤销，如未能履行关键承诺。

5.1　通知欧洲药品监管网络。

责任：欧洲药品质量管理局（EDQM）。

在因非 GMP 原因而使 CEPs 无效的情况下，EDQM 通过商定的联络点通知所有国家主管部门。EDQM 在通知中应明确说明暂停或撤销的原因。

5.2　评估暂停或撤销 CEPs 对市场批次质量和安全的影响。

责任：参考成员国（包括与 CMDh/CMDv 协商，必要时在 CMDh/CMDv 进行讨论）/欧洲药品管理局/国家主管部门。

除 GMP 不合规外，CEP 被撤销或暂停的原因可能包括但不限于无法按照现行专论（即修订后的专论被引入时）生产，当地监管限制对生产企业的影响（如环境）或由于商业原因，CEP 持有人要求生产企业暂时中断。

如果因为 GMP 不合规而导致 CEPs 被撤销或暂停而需要召回时，发出快速预警的责任如下：

- 参考成员国对分权/互认程序注册产品负责。
- 对于中央程序注册的产品，欧洲药品管理局将以与处理质量缺陷相同的方式进行协调。
- 对于仅限于某一国家上市许可的产品，该国召回即可。

5.3 评估和决定 CEPs 暂停或撤销对上市许可（申请）的影响。

责任：参考成员国（包括与 CMDh/CMDv 协商，必要时在 CMDh/CMDv 进行讨论）/欧洲药品管理局/国家主管部门。

经欧洲药品质量管理局（EDQM）通知后，各国主管部门应确定是否已签发与 CEPs 相关的国家上市许可，并在相关情况下确定是否为参考成员国。

欧洲药品管理局将通过科学委员会，评估对中央程序注册产品的影响，并协调相关的监督行动。

对于分权/互认程序注册产品，参考成员国应主动就上市许可建议采取的行动，与有关国家进行磋商，并在全国范围内做出决定。有关主管部门应评估 CEPs 暂停或撤销的原因，并决定是否暂停、撤销或变更上市许可，是否因为 CEPs 的暂停或撤销而驳回上市许可申请。

有关主管部门应考虑要求通过变更方式增加其他原料药生产企业，除非其他原料药生产企业已获许可，在这种情况下，应通过变更删除与 CEPs 有关的原料药生产企业。

国家主管部门应对仅在该国上市产品的上市许可采取行动。

6. 分歧

6.1 检查结果的不同意见。

责任：国家主管部门。

应根据 2001/83/EC（修订）号指令第 122 条和 2001/82/EC 号指令（修订）第 90 条来处理对检查结果的不同意见。2001/83/EC 号指令（修订）第 122 条第 3 款或 2001/82/EC 号指令（修订）第 90 条责成有关成员国通知欧洲药品管理局和欧盟委员会。

6.2 对不合规声明评估结果的不同意见。

责任：国家主管部门。

在例外情况下，经过适当评估后，具体的国家因素改变了风险，如在上市许可或快速预警方面商定的欧盟行动总体上被认为不符合特定成员国的公共卫生利益，只要不影响其他成员国，该成员国可决定对发起这一程序的成员国所提议的行动采取替代行动。

7. 参考

2001/83/EC 号指令（修订），第 XI 监督与制裁，第 XIII 总则。

2001/82/EC 号指令（修订），第 VIII 监督与制裁，第 X 总则。

（EC）726/2004 号指令（修订），第Ⅱ篇第 2 章监督与处罚，第Ⅲ篇第 2 章监督与制裁。

8. 附录

附录 1　流程图。

附录 2　牵头检查机构召开电话会议时应考虑的要点。

附录 3　因 GMP 不合规/质量缺陷导致的严重药品短缺的分类标准。

附录 4　由于 GMP 不合规/质量缺陷导致的从国家到欧盟水平的供应短缺的决策树。

附录 5　第三国国家主管部门发布书面确认的模板。

附录 6　监督风险评估。

附录1　流程图

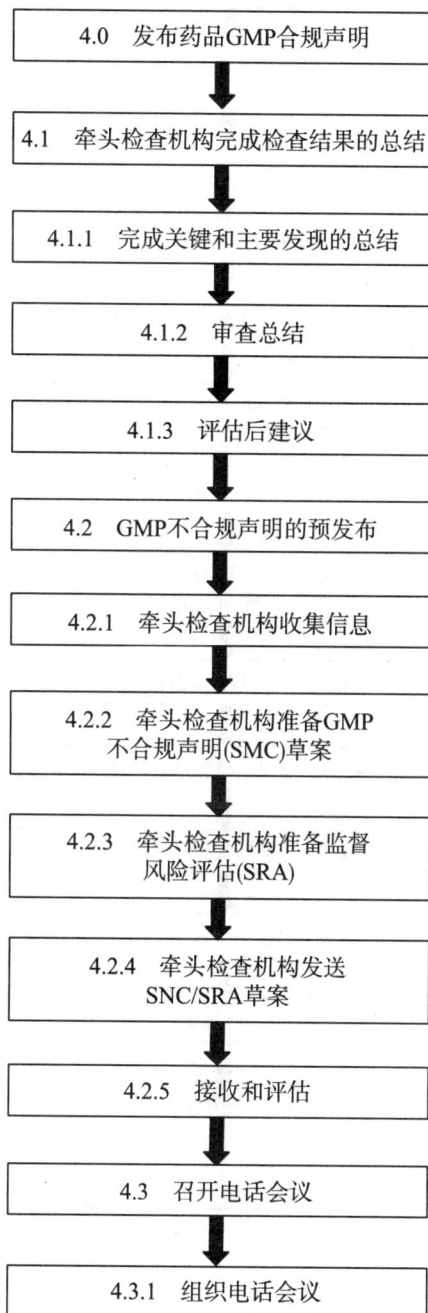

4.0　发布药品GMP合规声明

4.1　牵头检查机构完成检查结果的总结

4.1.1　完成关键和主要发现的总结

4.1.2　审查总结

4.1.3　评估后建议

4.2　GMP不合规声明的预发布

4.2.1　牵头检查机构收集信息

4.2.2　牵头检查机构准备GMP不合规声明(SMC)草案

4.2.3　牵头检查机构准备监督风险评估(SRA)

4.2.4　牵头检查机构发送SNC/SRA草案

4.2.5　接收和评估

4.3　召开电话会议

4.3.1　组织电话会议

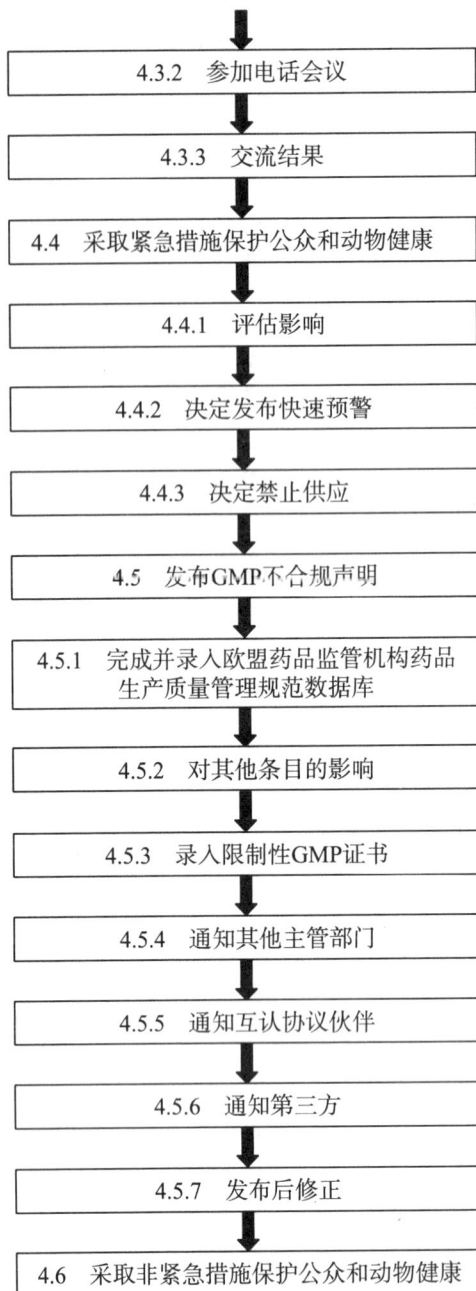

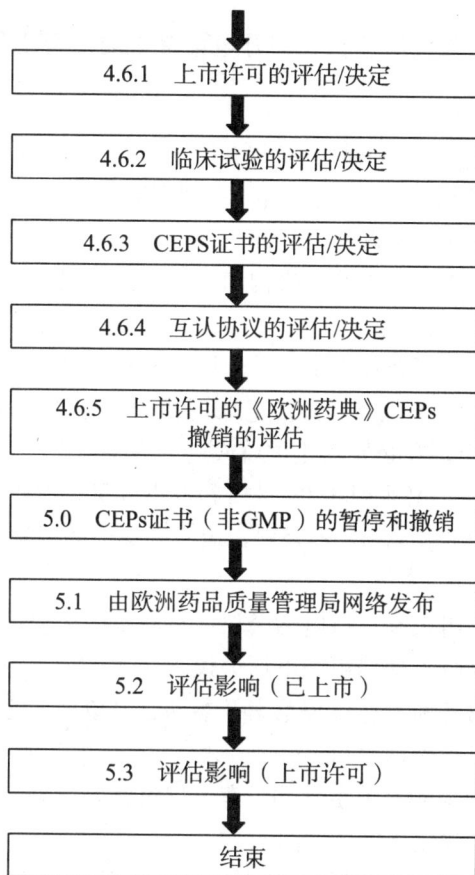

附录 2　牵头检查机构召开电话会议时应考虑的要点

1. 简介

用来处理 GMP 严重不合规和撤消/暂停 CEPs 的欧盟规程，要求牵头检查机构组织召开电话会议以协调管理措施，让主管部门收到 GMP 严重不合规通知，并有机会澄清，在欧盟实施措施之前确认建议的适当性。

本文件的目的是概述要点，供发证机构和参加电话会议的接收机构审议。

1.1　何时组织电话会议。

如果药品生产企业或进口企业提供了一个以上欧洲经济区成员国和：

- 监督风险评估表明，有必要采取紧急临时措施，如产品召回；
- 监督风险评估表明，有必要禁止进口或进一步供应有关药品；
- 监督风险评估表明，必须对生产/进口和上市许可采取措施。

如果原料药生产企业涉及 GMP 不合规，应考虑类似的因素。

1.2　实际考虑。

牵头检查机构应牵头组织和主持电话会议。在涉及中央程序注册产品的情况下，牵头检查机构可同意欧洲药品管理局组织电话会议。

发证机关应于会议召开前发布议程草案及参加者名单。各有关主管部门应确保所有与会人员均向牵头检查机构确认身份。

主席应清楚阐明并同意各有关主管部门有关"过渡委员会"的宗旨和目标，并应清楚概括与会者所做的主要决定。

牵头检查机构负责确保电话会议的会议记录/行动表得到与会者的同意。应在电话会议结束后两周内向成员国发布最终的会议记录/行动表。

附录 3 因 GMP 不合规/质量缺陷导致的严重药品短缺的分类标准

1. 简介

如果决定不放行某批次甚至从市场撤回某批次，GMP 不合规/质量缺陷可能导致药品短缺。虽然一般而言，针对 GMP 不合规/质量缺陷采取的行为是良好的预防措施，但某些情况下撤回产品或不放行产品比保留产品在市场上可能对患者造成更大的伤害。

对于中央程序注册产品，人用药委员会应对药品进行分类，或考虑到所列的标准和国家一级的供应情况，由成员国对非中央程序注册产品进行分类。

目前对这种分类没有统一的方法，因为不同国家的情况可能不同。产品或替代品可能可用或可能不可用，产品的使用可能取决于国家的偏好。下文提出了一种更加统一的方法，将药品的分类处理视为"关键"。

2. 分类的标准

在将产品定义为关键产品时，两个标准非常重要：治疗用途和替代品的可用性。

A. 治疗用途。

该药品是治疗疾病不可或缺的一部分，这种疾病会危及生命或不可逆转地发展，不治疗患者可能会受到严重伤害。

这可能是紧急情况，或维持稳定状况，或具有致命结果的疾病，其中已显示产品影响疾病进展或存活。

B. 替代品的可用性。

即使该产品将在上述情况下使用，如果有适当的替代品，也不能将其归类为关键产品。这些可能是：

- 同一产品的替代生产场所；警告：生产能力、技术和监管时间需要调整。
- 同一产品的不同剂量/配方；警告：需要适用于特殊人群的配方。
- 可探索替代剂量（降低剂量或暂时停止药物治疗）或限制高危患者的使用；警告：这可能取决于预期的持续时间。

附录4　由于 GMP 不合规/质量缺陷导致的从国家到欧盟水平的供应短缺的决策树

1. 简介

如果决定必须禁止一批药品的进口/放行，从市场上撤回一批药品，GMP 不合规/质量缺陷可能导致药品短缺。虽然一般而言，针对 GMP 不合规/质量缺陷采取的行为是良好的预防措施，且成员国有批准产品上市许可的自由裁量权，可能仍有必要促进讨论达成一致意见，协调欧盟层面的风险管理策略以保护公众健康。

如果由于其他原因而出现药品短缺，本文件所载的原则也适用于成员国酌情决定的情况。

2. 问题陈述

由 GMP 不合规/质量缺陷引起的供应短缺可以借助欧盟人类用药监管网络事故管理计划来管理和控制。

目前，还没有一个标准来确定是否应该对因 GMP 不合规/质量缺陷导致的药品供应短缺启动欧盟人类用药监管网络事故管理计划。

本文件列出一个决策树，以便于决定何时升级到欧盟层面。

3. 决策树

3.1　无需升级至欧盟层面的情况：

a. 药品短缺仅限于一个成员国（虽然这种情况可能随着时间推移而变化）；

b. 药品短缺的持续时间有限，从临床角度看并不相关（如疫苗接种可能会推迟几周），尽管这种情况可能会随着时间推移而变化。

3.2　可以考虑升级到欧盟层面的情况：

a. 该产品被认为是成员国的重要药品，有证据表明该药品短缺将影响一个以上的成员国，成员国之间可能存在 GMP 合规 /GMP 不合规的产品的差别供应；

b. 将缺陷产品保留在市场的决定可能会对安全产生影响（如无菌保证），这可能表明需要就采取适当的风险最小化措施以允许继续使用可疑缺陷产品提供欧盟建议；

c. 有争议的产品被认为是非关键产品，但问题是 GMP 严重不合规/质量缺陷可能影响到欧盟市场上的其他产品；

d. 该产品被认为是非关键产品，但药品短缺可能对公共卫生产生影响（如使用人数或患者群体的特点）。

讨论应始终在尽可能低的层面进行，只有在确定了欧盟一级的利益的情况下，才可在欧盟层面进一步讨论。

4. 在欧盟层面的行动

一旦一个成员国或几个成员国决定必须升级到欧盟层面，应遵循下列原则来决定该机构的哪个委员会应在评估和沟通战略中起带头作用。建议仅影响中央程序注册产品的短缺以及影响中央程序注册产品和非中央程序产品的短缺均由人用药委员会审查。如果涉及一名以上的报告员，委员会将提名一名首席报告员。如果药品短缺仅影响非中央程序注册产品，则成员国应将问题上报给分权/互认程序－人类合作组织（CMDh），以便在欧盟层面做出协调反应。必要时，委员会将根据需要咨询药物警戒风险评估委员会。

附录5 第三国国家主管部门发布书面确认的模板

国家主管部门的官方信头

根据 2001/83/EC 号指令第 46a 条第 2 款（b）项的规定，对原料药合规性进行书面确认。

按照 2001/83/EC 号指令第 111 条第 7 款，［欧盟成员国］的主管部门希望告知［第三国］的主管部门以下内容。

公司名称：

场所地址：

已被发现 GMP 不合规，相当于 2001/83/EC 号指令第 47 条规定的标准。

已发布 GMP 严重不合规声明，该声明附于本通知之后。

［第三国机构］被要求撤回先前发布的原料药合规书面确认书，这些确认书属于 GMP 严重不合规声明的范围。当生产企业被认为已恢复相当于欧盟 GMP 合规时，鼓励通知［欧盟监管机构］，以协助安排未来欧盟对该场地的重新检查。

与 GMP 严重不合规声明有关的联系方式如下：

检查案例参考：

欧盟监管机构负责人员姓名：

地址：

电话：

邮件：

附录6 监督风险评估

A 部分：牵头检查机构的通知

由牵头检查机构发布：

检查参考：

生产企业名称和地址：

介绍/背景：

主要检查结果：

有关的药品（如已知；清单可能不详尽）：

有关药品的主要检查结果评估：

牵头检查机构建议：
- 临时紧急措施（如适用）：

- 最终的监管行动：

对在同一场所生产的任何其他原料药的影响/《欧洲药典》考虑因素（如有）：

牵头检查机构提供的信息对产品供应的影响：

受影响的成员国要求提供的资料：

回复的联系方式：

回复截止日期：

来自第三国主管部门或国际组织的 GMP 严重不合规信息处理规程

标题	来自第三国主管部门或国际组织的 GMP 严重不合规信息处理规程
批准日期	2012 年 5 月
生效日期	2012 年 11 月底
替代	不适用
修订原因	新指南，不适用
注释	无

1. 摘要

1.1　为了确保对公众和动物健康的潜在风险采取协调一致的措施，有必要制定一套统一规程来处理来自第三国主管部门和国际组织的 GMP 严重不合规信息。这些信息可能涉及位于欧盟/欧洲经济区或第三国的原料药、药品或临床研究用药生产企业和质量控制实验室。

1.2　本规程是对《欧共体规程汇编》（CoCP）中处理 GMP 严重不合规规程的补充，包括对第三国（非欧盟、非互认协议国）主管部门或国际组织〔如世界卫生组织（WHO）〕GMP 严重不合规通知的接收、发布和初步评估。

1.3　本规程要求接收与协调 GMP 严重不合规通知的欧洲经济区有关主管部门及时传递相关信息至所有其他欧盟主管部门，确认通知的影响及范围和随后的行动建议。

1.4　可能还需要与欧盟就 GMP 做出适当安排的国家（如 MRA 伙伴）主管部门进行沟通。

2. 定义

2.1　本规程所称的 GMP 严重不合规，是指负责报告的检查机构认为，必须对这种 GMP 不合规采取管理措施以消除对公众和动物健康的潜在风险。应注意，发布信息的第三国主管部门可能对此有不同理解。

3. 原则

3.1　应评估来自第三国主管部门或国际组织 GMP 严重不合规的通知，以确定对已供应至欧盟的药品的影响。在通知中描述的详细的 GMP 不合规可能对欧盟产品影响有限或没有影响，例如：

• 在这种情况下，有缺陷的设施或产品与向欧盟供货无关；

• 缺陷不涉及在欧盟相关法令中定义的药品 GMP 基本原则与指南，不涉及由欧盟委员会发布的欧盟药事法规第 4 卷欧盟 GMP 解释；

• 按照欧盟药事法规第 4 卷发布的欧盟 GMP 解释，已确定的缺陷不对向欧盟供应的产品质量或安全造成重大风险。

因此，在收到首次通知后尽快确定对欧盟的影响至关重要。

3.2 在任何不合规通知后确认严重不合规的定义需要行政行动。不需要采取管理措施的 GMP 不合规的通知应按照《欧共体规程汇编》的要求，记录在相关监管部门的基于风险的检查计划模型中。

3.3 GMP 严重不合规的通知可能不仅影响接收通知的成员国，而且可能对其他成员国也产生影响，甚至可能影响所有成员国。因此，确保整个欧盟采取协调一致的行动机制是重要的，尽管最终结果可能因具体的国家不同而有所不同。

4. 范围

4.1 本规程涉及来自第三国主管部门的与 GMP 严重不合规有关的信息的接收、发布和初步评估。如果在对通知进行评估后，认为不合规通知的性质和严重程度对公众和动物健康构成潜在风险，则应根据《欧共体规程汇编》提供的详细指南考虑适用于这种情况的统一管理措施。规程应要求遵守时间表，以确保及时处理严重不合规情况。

4.2 本规程适用于由第三国主管部门或国际组织发现的 GMP 严重不合规的所有通知，不论 GMP 严重不合规是在欧洲经济区监督机构管辖国境内还是在第三国被发现。本规程适用于原料药生产企业、药品生产企业或进口企业、临床研究用药生产企业或进口企业，以及质量控制实验室。

4.3 用作药品原料的人体血液、血液成分或组织的 GMP 严重不合规的通知，也遵循本规程。

4.4 原料药生产企业和位于第三国的所有类型生产企业 GMP 严重不合规的信息，即便当时与其他成员国的利益无关，但因为它对所有成员国来说可能是重要信息，故必须发送至所有成员国。

5. 程序与责任

5.1 第三国主管部门接收通知。

5.1.1 收到来自第三国主管部门关于生产企业严重违反 GMP 规定通知的成员国，应确保获得足够的信息，以评估对欧盟的影响。信息应该使用附录 1 中给出的格式进行收集。在附录 1 模板中记录的信息包括：
- 通知方单点联系人（SPoC）的详细联系方式；
- 生产企业名称和地址；
- 生产企业单点联系人；
- 产品相关信息；
- 人用药/兽药/临床研究用药/原料药/仅供出口用药；
- 受影响的产品/剂型/建筑/生产线；
- 中央程序/分权程序/互认程序/成员国程序上市许可/上市许可无关的产品；
- 不合规问题；
- 不符合欧盟 GMP；
- 不符合第三国 GMP。

5.1.2　接收首次通知的成员国可能需要要求第三国通知方或通知中涉及的生产场地提供更多信息，以确保首次通知中的信息得到确认，获得足够的信息以便所有成员国做影响评估。

5.1.3　如果欧盟成员国主管部门涉及其本国境内生产企业的第三国通知，该成员国主管部门将采取必要措施。如果通知涉及另一个欧盟成员国境内的场地，通知接收国家主管部门将把信息转达给相关生产场地所在成员国主管部门[①]。

5.1.4　如果第三国通知涉及的场地位于第三国，接收首次通知的成员国负责将信息发送至欧盟所有成员国和欧洲药品管理局，使用快速预警单点联系人（SPoC）清单进行发送[②]。

5.1.5　在获得更多信息后，成员国可对首次通知的信息进行更新，还应发送这些更新，以确保信息链的连续性。

5.1.6　每个欧盟主管部门应有一个国家内部规程来审查这类不合规信息，并确定对其境内产品是否有潜在影响。应传递相关产品信息给接收首次通知的成员国进行核实，包括产品关键信息（如市场占有率，以及已知的替代药品的可用性）。

5.1.7　接收首次通知的成员国负责安排与有关成员国的电话会议，以决定首要行动及后续措施。负责协调的主管部门的选择将基于以下因素的层次结构：

产品类型	协调人
按中央程序批准的产品	监督机构为主导方，欧洲药品管理局协调
按非中央程序/互认程序批准的产品	监督机构/主审国
按成员国程序批准的产品	成员国批准许可
临床研究用药	成员国批准临床试验申请
原料药	原料药场地监督机构/协调人负责含有受影响的原料药的产品类型

5.1.8　如果没有由欧盟批准的上市许可，但有多个成员国许可，影响一个以上成员国，负责协调的主管部门将根据产品关键性或市场容量决定，还应考虑列入以前参与GMP检查现场的主管部门，因为进行以往检查的主管部门最适合评估发现的GMP不合规情况的潜在影响。

5.1.9　负责协调主管部门的单点联系人的详细联系资料应送交第三国主管部门及通知所涉及的生产场地。

5.1.10　如果在此过程中有其他信息表明变更负责协调主管部门是适当的（如由于受影响产品的补充信息），最初的协调机构与提议的新协调机构应就此取得一致意见。应发送新协调机构的详细联系资料至所涉及的成员国及上述第5.1.8条中列出的联系人。应注意确保只有在绝对必要的情况下才对协调机构进行变更，并应明确告知，以防

---

① 不违背任何保密协定。

② 不违背任何保密协定。

止评估过程中出现混乱或延误。

5.1.11　负责协调主管部门应继续收集有关详细检查结果，对欧盟 GMP 以及公众和动物健康影响进行澄清。就此而言，可能需要与有关上市许可持有人协调问题，以确定对维持供应的潜在影响。如果产品由并非上市许可持有人的生产和进口许可持有人认证，应从质量受权人处获取相关信息。在对详细的 GMP 不合规和产品相关信息进行核实后，应进行风险评估以确定要采取的措施。《欧共体规程汇编》中有管理措施的进一步指南。

5.1.12　应考虑是否在采取任何管理措施之前进行欧盟 GMP 检查，或出于对公众和动物健康的考虑，针对所通知缺陷的严重性是否需要立即采取措施。

5.1.13　接收首次通知的成员国在首次发送信息时，如果发现不止一个成员国受到 GMP 严重不合规通知的影响，负责协调主管部门应提供联系电话，并提议电话会议举行的时间，邀请受影响的所有成员国参加。这将有助于批准提议的管理措施。如果某 CEPs 受到影响，应邀请欧洲药品质量管理局（EDQM）参加电话会议。

5.1.14　负责协调主管部门将负责使用附录 1 中提供的模板，将商定的管理措施通知受影响的成员国。

5.1.15　应遵守《欧共体规程汇编》所述的事后沟通规程。在考虑发布 GMP 严重不合规声明之前，应进行欧盟 GMP 检查，以核实第三国的不合规通知。如果已意识到对检查员身体有巨大威胁（由于政治、健康或其他原因）而不可能实施检查，这种情况下，《欧共体规程汇编》中描述的"远程评估"可能是一个合适的替代手段。

药品流通质量管理规范（GDP）检查相关规程

对批发分销企业进行检查的检查员培训与资质指南

标题	对批发分销企业进行检查的检查员培训与资质指南
批准日期	2010 年 11 月
生效日期	2011 年 4 月 1 日
替代	不适用
修订原因	不适用
注释	—

1. 摘要

考虑到检查管理的至关重要性，本指南提出了对批发分销企业进行检查的检查员的培训与资质要求。

对检查员的主要要求是以客观事实为依据，保守机密，有良好的职业操守，有技术知识、法律法规知识和审计技能。

检查员应在药品流通的所有领域及检查实施方法方面受到良好培训。

本指南提供的是最低要求，旨在补充任何国家需要。

2. 范围

本指南规定了检查员培训与资质标准。检查员将实施检查，以确认是否符合有关成员国主管部门关于批发分销①的法律要求。本指南也规定了对检查员的继续培训要求，通过大量检查专业培训，使检查员从"入门级"成长为"专家级"，每个专业都有各种特定的技术、法律和实际检查培训要求。

3. 背景

3.1　概述。

成员国应根据 2001/83/EC 号指令和 2001/82/EC 号指令，指派检查员对相关的批发分销企业场地进行检查。各级部门应有充分资源，以高效地满足欧盟核查药品批发分销相关法律符合性的要求。

检查员由成员国主管部门依照国家规定或主管部门规定指派或任用。

检查员应有能力完成分配的任务并接受适当的培训。必要时，可指派由具有适当资质和经验的检查员组成检查小组，以满足进行检查所需的条件。

---

① 人用药应符合药品流通质量管理规范。

根据适用的国家法律或欧盟要求，检查员在获得对机密信息的访问权时，应知悉并维护机密信息。

3.2 人员素质。

检查员的个人技能在实现检查目标方面发挥重要作用。

检查期间，检查员应帮助营造积极的氛围。检查期间，检查员应保持客观性，在此方面，检查员应回答问题或澄清事实，但应避免承担顾问的责任。

检查员应非常诚信、成熟、思想开明、坚韧，能理解复杂事物，具有良好的判断力、决断力、分析能力和韧性，并具有以现实的方式看待问题的能力。

检查员应能清楚流利地用官方认可的语言口头和书面表达观点。

4. 资质与培训

4.1 资质。

检查员的资质应符合国家规定。

4.2 培训。

检查员应接受必要的培训，以确保他们具备规划、执行和报告检查所需的技能。

检查员的培训和经验应记录在案，并在主管部门/检查机构适用的质量体系要求范围内进行评价。

4.2.1 基础培训。

检查员应了解监管领域有关事项，包括：

- 药品流通质量管理规范（GDP）；
- 药品生产质量管理规范（GMP）基础知识；
- 适用的欧盟和国家法规；
- 《欧共体规程汇编》知识；
- 国家主管部门的组织和质量体系知识；
- 批发原则以及供应链中各方的职责；
- 质量管理体系的一般原则；
- 上市、生产和批发分销许可系统及相互关系；
- 检查技术，包括管理检查所需的技能，如计划、组织和评估结果，并向被检查方报告、沟通或提供反馈，这些技能可通过参加相关课程、在检查期间由资深检查员陪同和指导而获得；
- 检查、取样、分析以及许可（视情况而定）之间的相互关系；
- 对假药趋势的了解。

4.2.2 在职培训。

在就职后，除了基础培训之外，新检查员应由指定导师进行培训。应向新检查员解释检查理论并在实践中予以示范，以便给出检查意义和检查目标的实例并进行讨论。新检查员在基础培训期间，应以观察员的身份参加现场检查。

此外，在必要时，应由国家检查机构组织审计技术与沟通、报告、语言、法律事务和管理方面的培训课程。

在承担对批发分销企业实施检查的职责之前，新检查员应以检查小组成员的身份参加由资深检查员领导的检查，从而获得经验。新检查员最好从检查小组视察员的身份开始，逐步处理更复杂的检查，以便具备担任检查小组组长的能力。上述内容应记录在主管部门/检查机构的适用质量体系要求中。

检查员应通过适当方式证明自己具有实施检查必需的知识和管理技能，即计划、通知、执行和报告检查。

检查员应根据欧盟和国家的要求，记录并展示其撰写检查报告的能力。

4.2.3　继续培训。

考虑到批发分销领域的技术不断发展，以及自动化和计算机化系统（如仓库库存管理系统）的使用越来越频繁，检查员也应接受继续培训。可通过参加由国家检查机构或国际科学组织举办的课程、研讨会、会议和讨论会来进行继续培训。在适当情况下，与其他成员国进行联合检查或培训访问可能是有用的培训方式。

对批发分销商进行检查的检查员每年的培训时间应为 5 天。培训应包括 GDP 的内容。继续培训的形式包括课程、研讨会、会议等。应对这些培训进行计划并记录在案。

5. 能力保持

检查员应定期在主管部门/检查机构适用的质量体系的要求范围内对其工作绩效和资质进行审查和评估。应通过 4.2.3 所述继续培训保持和更新其能力。应记录上述活动，并评估有效性。

6. 欧洲经济区内的协调

为了在解释原则和符合性的过程中促进国际统一，批发分销检查计划管理应重视培训活动，包括在国家和国际层面的职业培训。

鼓励同其他检查机构的工作人员进行协商和联合检查或进行培训访问，并以此作为培训方式之一。

主管部门/检查机构也应促进并且鼓励交流在批发分销领域检查中获得的信息和实际经验。

7. 法律引用

2001/83/EC 号指令和 2001/82/EC 号指令。

《检查与信息交换欧共体规程汇编》（2003/94/EC 号指令第 3.3 条）。

解释文件

生产企业/进口企业许可证欧盟格式的解释

标题	生产企业/进口企业许可证欧盟格式的解释
批准日期	2013 年 6 月
生效日期	2013 年 12 月 1 日
替代	新
修订原因	—
注释	—

简介

本文件的目的是为行业和监管机构提供指导，解释由欧洲经济区主管部门签发的生产企业/进口企业许可（MIA）上规定的内容。生产企业许可证欧盟格式如下所示，必要时，阴影文本框中的特定 MIA 条目下提供解释指南文本。这些文本框中的指南适用于人用药和兽药产品（附件 1）及临床研究用药（附件 2）。附件 2 的标题没有包括在本文件中，但根据需要，明确适用于临床研究用药（IMP）的任何具体指南。解释性备注通常有助于明确生产/进口许可的范围。在必要的情况下，应在生产企业/进口企业许可证内交叉引用这些解释性备注的编号。

生产企业[①,②] 许可证欧盟格式

1. 许可证编号
2. 许可持有人姓名
3. 生产场地地址（如果没有单独的许可证，应列出所有获许可的场地）
4. 许可持有人法定注册地址

> 生产企业应向有关主管部门提供适当的文件，作为许可持有人合法注册地址的证明。该地址可能与进行生产活动的地址不同。

5. 许可范围与剂型：附件 1 和附件 2（如果没有单独的许可证，不同场地须使用单独的附件）

6. 许可法律基础

> 应包括国家法规参考信息，这些国家法规贯彻相关法令（2001/82/EC 号指令和 2001/83/EC 号指令）规定的生产企业/进口企业许可法律要求。

---

① 从第三国进口到一个成员国，也需要已修订的 2001/83/EC 号指令第 40 条第 1 款和 2001/82/EC 号指令第 44 条第 1 款所要求的许可。

② 在欧盟药品质量管理规范数据库的帮助菜单下能找到解释本模板的指南。

7. 批准生产许可的成员国主管部门负责官员姓名

8. 签名

9. 日期

10. 附件 1 和附件 2

附件 1 描述有关人用药或兽药生产/进口活动

附件 2 描述有关临床研究用药（IMP）生产/进口活动

选择性附件：

附件 3（委托生产场地地址）

附件 4（委托实验室地址）

附件 5（质量受权人姓名）

附件 6（负责人姓名）

附件 7（最近一次检查日期与范围，凭该次检查批准许可证）

附件 8（已获生产/进口许可的产品）①

欧洲经济区主管部门可在不同范围内使用各种选择性附件。本节应列于由主管部门签发的与上市许可有关的附件。

---

① 主管部门负责将生产企业申请与对应的许可证适当关联（已修订的 2001/83/EC 号指令第 42 条第 3 款和 2001/82/EC 号指令第 46 条第 3 款）。

附件 1 许可范围（删除本章节中不适用的内容）

场地名称和地址：

> 如果上市许可包含多个地址，应根据在每个地址进行的具体生产操作完成单独的附件 1。

□人用药

□兽药

许可的活动

□生产活动（按照第 1 部分）

□药品进口（按照第 2 部分）

第 1 部分 生产活动

> 使用以下单元操作来定义场地已获许可的生产活动的范围。在适当情况下，应在生产企业/进口企业许可证上注明许可持有人实施的每一项生产活动。
>
> *加工操作：包括任一剂型生产的任何或全部步骤。
>
> *内包装：指将药品放入直接接触药品的药品包装材料中，并密封。
>
> 外包装：指将已完成内包装的药品放置在外包装材料中，也包括贴标签操作或装配上市许可中规定的其他部件（如果是临床研究用药，应包括产品规格标准文件），以形成成品包装。
>
> 批次认证：指质量受权人对药品成品批次在投放市场前或批出口前进行的认证。对于临床研究用药，批次认证指质量受权人对将临床研究用药发放给临床试验主办方之前或出口之前的认证。
>
> 质量控制：生产企业/进口企业许可持有人获得许可进行的实验室检测类型。
>
> *根据 GMP 指南第 3 章和第 5 章所述，生产企业应评估在场地处理的物料的活性、毒性或致敏性的潜在风险。如果某个场地被许可进行的加工操作或内包装的物质或产品具有高致敏性、高活性、高毒性、特殊风险（如放射性药物），则应使用欧盟药品监管机构药品生产质量管理规范与药品流通质量管理规范数据库（EudraGMDP）中下拉菜单的相关项目对有关剂型进行确定。

> 任何可能适用于这些产品的限制（如产品由专用设施生产）应包含在有关剂型的解释性备注中。
>
> EudraGMDP 下拉菜单项：
>
> - β-内酰胺类抗菌药
> - 其他高致敏性物料
> - 活细胞
> - 致病微生物（生物安全 3 级、4 级）
> - 放射性药品
> - 杀体外寄生虫药

- 其他（输入自由文本）

属于"其他"类别的产品举例：

- 高活性产品
- 高毒性产品

仓储：持有生产企业/进口企业许可证而进行药品加工操作或药品包装的任何场地。如果一个场地进行的其他生产活动，未涵盖上述自动获得药品仓储许可的活动，则应使用第1.4.3节"其他"来指明仓储活动。

流通：持有生产企业/进口企业许可证而进行药品批次生产的任何场地也获得许可批发分销这些药品批次，除非在解释性备注中有相反的说明。

实时放行测试：如果生产企业获得许可实施实时放行测试来代替一个或多个成品测试，则应在解释性备注中注明获得实时放行测试许可的特殊剂型的加工操作，也应在解释性备注中注明已经获得许可的实时放行测试种类。实时放行测试的使用应反映上市许可或临床试验申请中所描述的任何相关要求。

注意：如果选择了一个包含<自由文本>项的类别，则必须在框中输入相关的描述性文本。

1.1　无菌产品

1.1.1　无菌工艺制备（下列剂型加工操作）

1.1.1.1　□大容量注射剂

1.1.1.2　□冻干制剂

1.1.1.3　□半固体制剂

1.1.1.4　□小容量注射液

1.1.1.5　□固体制剂与植入剂

1.1.1.6　□其他用无菌工艺制备产品<自由文本>

在第1.1.1.6节"其他"项下填写活动的示例：

"无菌活性物质的生产"（该活动通常由签发生产企业/进口企业许可证的主管部门将其作为制剂产品生产活动来批准）。

1.1.2　无菌工艺制备（下列剂型加工操作）

当生产企业/进口企业许可证持有人不进行产品最终灭菌，而是外包给其他场地时，应在解释性备注中输入与产品剂型相应的说明，如"用γ射线辐照最终灭菌外包给其他场地"。

1.1.2.1　□大容量注射剂

1.1.2.2　□半固体制剂

1.1.2.3　□小容量注射剂

1.1.2.4　□固体制剂与植入剂

1.1.2.5　□其他用最终灭菌工艺制备的产品<自由文本>

1.1.3　批次认证

批次认证适用于所有无菌剂型，除非在解释性备注中有限制说明。

1.2 非无菌产品

1.2.1 非无菌产品（下列剂型加工操作）

1.2.1.1 □硬胶囊剂

1.2.1.2 □软胶囊剂

1.2.1.3 □咀嚼剂

1.2.1.4 □浸出剂

1.2.1.5 □外用液体制剂

1.2.1.6 □口服液体制剂

1.2.1.7 □医用气体

1.2.1.8 □其他固体剂型

1.2.1.9 □加压制剂

1.2.1.10 □放射性核素发生器

1.2.1.11 □半固体制剂

1.2.1.12 □栓剂

1.2.1.13 □片剂

1.2.1.14 □透皮贴剂

1.2.1.15 □瘤胃内控释制剂

1.2.1.16 □兽用预混剂

1.2.1.17 □其他非无菌药品＜自由文本＞

第1.2.1.9节"加压制剂"（气雾剂）定义为药物在加压气体下封装于特制容器中的制剂。如果一种液体气溶胶是借助机械泵作用而非压缩气体产生，那么该剂型应适当归类为"外用液体制剂"或"口服液体制剂"。

第1.2.1.17节"其他"项下可选活动示例：

"中间产品生产"（应具体描述，如生产用于进一步加工的粉末）。

"封装"（此项活动通常适用于临床研究用药，对封装的控制可能与填充在标准硬壳胶囊的产品有所不同）。

1.2.2 □批次认证

批次认证适用于所有非无菌剂型，除非在解释性备注中有限制说明。

1.3 生物制品

生物制品和生物物质定义。

生物制品：活性物质为生物物质的药品。

生物物质：由生物来源生产或提取的物质，需要结合使用物理化学－生物测试以及生产工艺及控制来确定特性和质量。

1.3.1　生物制品（产品类型目录）

生物制品分类：

如果一个场地正在进行与生物制品生产相关的任何加工步骤，应使用下述产品类别。生物物质生产可能是生物制品生产过程中连续处理步骤的一部分，这些操作也应酌情记录在本节中。当许可的活动涵盖了生物产品的制剂生产时，也应在生产企业/进口企业许可证上选择相应剂型（如第 1.1.1.2 节冻干制剂）。

血液制品：

生产活动与含有从血液分离的原料药的生物制品生产有关时，应选择此类别。此类产品包括从血液分离的白蛋白、血浆因子Ⅷ或免疫球蛋白。使用生物技术方法生产的血浆因子Ⅷ不属于此类。对于人用药，血液制品生产步骤属于生产企业/进口企业许可范围，但未涵盖在 2002/98/EC 号指令内。

免疫产品：

生产活动与具有免疫作用方式（如疫苗）的生物制品生产有关时，应选择此类别。

细胞治疗产品：

生产活动与细胞治疗产品生产有关时，应选择此类别。细胞治疗产品生产步骤属于生产企业/进口企业许可范围，但未涵盖在 2004/23/EC 号指令内。

基因治疗产品：

生产活动与基因治疗产品生产有关时，应选择此类别。基因治疗产品生产步骤属于生产企业/进口企业许可范围，但未涵盖在 2004/23/EC 号指令内。

生物技术产品：

生物技术指在生物制品生产中使用转基因哺乳动物细胞或微生物（如细菌或酵母）或生物物质（如酶）。生产活动与使用生物技术的生物制品生产有关时，应选择此类别。

人或动物提取产品：

生产活动与含有血液以外的人或动物来源（细胞、组织、体液）的活性物质的生物制品生产有关时，应选择此类别。

组织工程产品：

生产活动与组织工程产品生产有关时，应选择此类别。

其他生物制品（应明确）：

生产活动涉及的生物制品所含有的活性物质未包括在上述选项时，应选择此类别。

1.3.1.1　□血液制品

1.3.1.2　□免疫产品

1.3.1.3　□细胞治疗产品

1.3.1.4　□基因治疗产品

1.3.1.5　□生物技术产品

1.3.1.6　□人或动物提取产品

1.3.1.7　□组织工程产品

1.3.1.8　□其他生物制品＜自由文本＞

1.3.2　批次认证（产品类型目录）

本部分应填写质量受权人认证的最终生物制品剂型。在第1.1.3节或第1.2.2节也应填写适当内容，以反映被认证的剂型。

1.3.2.1　□血液制品

1.3.2.2　□免疫产品

1.3.2.3　□细胞治疗产品

1.3.2.4　□基因治疗产品

1.3.2.5　□生物技术产品

1.3.2.6　□人或动物提取产品

1.3.2.7　□组织工程产品

1.3.2.8　□其他生物制品＜自由文本＞

1.4　其他产品或生产活动

注：如果生产企业进行与草药或顺势疗法剂型（如片剂）有关的生产活动，则除了填写下列内容外，还应填写相关剂型（第1.1节至第1.2节）。如果该设施仅被批准用于草药或顺势疗法产品相关的生产操作，生产企业/进口企业许可证中剂型/生产活动应包括解释性备注（"仅供草药产品"或"仅供顺势疗法产品"）。

1.4.1　生产

1.4.1.1　□草药产品

1.4.1.2　□顺势疗法产品

1.4.1.3　□其他　＜自由文本＞

1.4.2　原料药/赋形剂/制剂的灭菌

当灭菌操作并非作为剂型生产的一部分时，例如，当生产企业/进口企业许可证持有人是代表其他生产商对产品做γ射线辐照灭菌的委托灭菌企业，则应填写本节。

1.4.2.1　□过滤法

1.4.2.2　□干热法

1.4.2.3　□湿热法

1.4.2.4　□化学法

1.4.2.5　□γ射线辐照法

1.4.2.6　□电子束法

1.4.3　□其他＜自由文本＞

第1.4.3节列出的活动示例：

"仓储"（例如当一个场地仅进行批次认证和药品仓储活动时，在此处填写"仓储"）。

1.5　包装

1.5.1　内包装

无菌产品内包装被视为无菌产品工艺操作的一部分，包含在与无菌产品相关的第 1.1 节下的加工操作中，除非在特定剂型相关解释性备注中有相反意见。

1.5.1.1　□硬胶囊剂

1.5.1.2　□软胶囊剂

1.5.1.3　□咀嚼剂

1.5.1.4　□浸出剂

1.5.1.5　□外用液体制剂

1.5.1.6　□口服液体制剂

1.5.1.7　□医用气体

1.5.1.8　□其他固体剂型

1.5.1.9　□加压制剂

1.5.1.10　□放射性核素发生器

1.5.1.11　□半固体制剂

1.5.1.12　□栓剂

1.5.1.13　□片剂

1.5.1.14　□透皮贴剂

1.5.1.15　□瘤胃内控释制剂

1.5.1.16　□兽用预混剂

1.5.1.17　□其他非无菌药品＜自由文本＞

第 1.5.1.17 节"其他非无菌药品"项中可选的活动示例：

如果生产企业/进口企业许可证持有人进行内包装活动，但实际不生产某种剂型（如植入剂），这种剂型随后经过最终灭菌，则应在第 1.5.1.17 节"其他非无菌药品"项下输入下述声明："经过最终灭菌（剂型名称）的内包装"。

1.5.2　外包装

所有剂型的外包装已获得许可，除非在解释性备注中另有说明。

1.6　质量控制测试

如果在现场进行了质量控制测试，则应在下文中确定许可的测试类别。

1.6.1　□微生物：无菌检查

1.6.2　□微生物：非无菌检查

1.6.3　□理化检测

1.6.4　□生物学检测

与生产活动有关的任何限制或解释性备注：

在适用解释性/限制性备注说明的任何地方，都应按照许可格式上的项目清单列出数字参考，除非解释性/限制性备注是对场地进行的活动做一个总体评论。

所填写的可能是保密性或公开备注。保密性备注只能由主管部门（注册用户）查看，公开备注任何人都可查看。

第2部分 药品进口

2.1 进口药品质量控制测试

当场地进行进口药品质量控制测试活动时，应在下面注明已获许可测试的种类。即使已经在 1.6 项下填写，也应适当完成本部分。

2.1.1 □微生物：无菌检查

2.1.2 □微生物：非无菌检查

2.1.3 □化学/物理检测

2.1.4 □生物学检测

2.2 进口药品批次认证

当场地进行进口药品或进口待包装制剂批次认证活动时，应填写本部分。如果生产企业/进口企业许可证持有人也是实际进口场地，也应填写 2.3.1。

对于临床研究用药生产企业（附件 2），进口对照产品批次认证活动的许可应通过对下述产品类别有关的解释性备注予以注明。

2.2.1 □无菌产品

2.2.1.1 □无菌工艺制备

2.2.1.2 □最终灭菌

2.2.2 □非无菌产品

2.2.3 生物制品

除了下述与生物制品有关的类别，还应在 2.2.1 或 2.2.2 注明相关剂型。

2.2.3.1 □血液制品

2.2.3.2 □免疫产品

2.2.3.3 □细胞治疗产品

2.2.3.4 □基因治疗产品

2.2.3.5 □生物技术产品

2.2.3.6 □人或动物提取产品

2.2.3.7 □组织工程产品

2.2.3.8 □其他生物制品＜自由文本＞

2.3 其他进口活动（上述没有涵盖的其他有关进口活动）

2.3.1 □实际进口场地

此处的场地即为批准接收并储存进口产品的场地。产品在接收后，等待质量受权人进行批次认证。必须按 2.2 下有关产品类别对批次认证做单独识别。

2.3.2 □需要进一步加工的中间产品进口

应指定中间产品类别，如颗粒、无菌原料药、生物制品的半成品。

2.3.3 □生物活性物质

2.3.4 □其他 ＜自由文本＞

与上述进口活动范围相关的任何解释性/限制性备注：

在适用解释性/限制性备注说明的任何地方，都应按照许可格式上的项目清单列出数字参考，除非解释性/限制性备注是对场地进行的活动做一个总体评论。

所填写的可能是保密性或公开备注。保密性备注只能由主管部门（注册用户）查看，公开备注任何人都可查看。

附件3（可选项）

委托生产场地地址

附件4（可选项）

委托检测实验室地址

附件5（可选项）

质量受权人姓名

附件6（可选项）

质量控制负责人姓名

生产负责人姓名

附件7（可选项）

获得许可检查日期，日/ 月/年
上次检查范围

附件8（可选项）

已获生产/进口许可产品（按照已修订的 2001/83/EC 号指令第 41 条和第 42 条、2001/82/EC 号指令第 45 条和第 46 条）。

GMP 证书欧盟格式的解释

标题	GMP 证书欧盟格式的解释
批准日期	2014 年 9 月
生效日期	2015 年 3 月 31 日
替代	新
修订理由	新
注释	—

简介

本文件的目的是为行业和监管机构解释由欧洲经济区主管部门颁发的 GMP 证书上规定的内容提供指导。必要时，阴影文本框中的特定 GMP 证书条目下提供解释文本。这些文本框中的指南适用于人用药、兽药产品和临床研究用药（IMPs）。根据需要，明确适用于临床研究用药的任何具体指南。虽然欧盟没有关于原料药生产企业许可的法律要求，但在欧洲经济区或第三国对这些场所进行检查后，可能会颁发 GMP 证书。有关原料药生产企业 GMP 认证的详细信息，请参阅第 3 节。

对于 GMP 证书欧盟格式第 1 部分所提供的信息，EudraGMDP Q&As 也提供了相关的指导，而本文件第 1 部分没有提供进一步的指导。以下指导只涉及第 2 部分。

1. 生产活动—— 药品

使用以下单元操作来定义在现场认证的生产操作范围。在适当情况下，应在认证地点确定下列每一项生产活动。

* 加工操作：包括任一剂型生产的任何或全部步骤。

* 内包装：指将药品放入直接接触药品的药品包装材料中，并密封。

外包装：指将已完成内包装的药品放置在外包装材料中，也包括贴标签操作或装配上市许可中规定的其他部件（如果是临床研究用药，应包括产品规格标准文件），以形成成品包装。

批次认证：在欧洲经济区的授权生产现场，由一个质量受权人在其授权的生产现场对成品批次的产品进行认证。对于临床研究药品，这是指在交付给临床试验主办方或在出口前，该批临床研究药品在生产现场的质量受权人认证。

质量控制：指经现场认证的实验室测试类型。

* 根据 GMP 指南第 3 章和第 5 章所述，生产企业应评估在场地处理的物料的活性、毒性或致敏性的潜在风险。如果某个场地被许可进行的加工操作或内包装的物质或产品具有高致敏性、高活性、高毒性或特殊风险（如放射性药物），则应使用欧盟药品监管机构药品生产质量管理规范与药品流通质量管理规范数据库（EudraGMDP）中下拉菜单的相关项目对有关剂型进行确定。任何可能适用于这些产品的限制（如产品由专用设施生产）应包含在有关剂型的解释性备注中。

EudraGMDP 下拉菜单项：
- β-内酰胺类抗菌药
- 其他高致敏性物料
- 活细胞
- 致病微生物（生物安全 3 级、4 级）
- 放射性药品
- 杀体外寄生虫药
- 其他（输入自由文本）

属于"其他"类别的产品举例：
- 高活性产品
- 高毒性产品

仓储：任何对药品进行加工、操作或包装的场地可视为经过 GMP 认证的仓储场所。如果一个场地进行的其他生产活动，未涵盖上述自动获得药品仓储许可的活动，则应使用第 1.4.3 节"其他"来指明仓储活动。

流通：在欧洲经济区内持有生产企业/进口企业许可证而进行药品批次生产的任何场地也获得许可批发分销这些药品批次，除非在解释性备注中有相反的说明。

实时发行测试：如果生产企业获得实施实时放行测试有关的 GMP 认证来代替一个或多个成品测试，则应在解释性备注中注明获得实时放行测试许可的特殊剂型的加工操作，也应在解释性备注中注明已经获得许可的实时放行测试种类。实时放行测试的使用应反映上市许可或临床试验申请中所描述的任何相关要求。

注意：如果选择了一个包含＜自由文本＞项的类别，则必须在框中输入相关的描述性文本。

1.1 无菌产品

1.1.1 无菌工艺制备（下列剂型加工操作）

1.1.1.1 □大容量液体制剂

1.1.1.2 □冻干制剂

1.1.1.3 □半固体制剂

1.1.1.4 □小容量液体制剂

1.1.1.5 □固体制剂与植入剂

1.1.1.6 □其他无菌工艺制备产品＜自由文本＞

在第 1.1.1.6 节"其他"项下填写活动的示例：

"无菌活性物质"的生产，通常由颁发 GMP 证书的主管部门授权为成品生产活动。

1.1.2 最终灭菌产品（下列剂型加工操作）

如果产品的最终灭菌不在经认证的场地进行，而是外包给其他场地，应在解释性备注中输入与产品剂型相应的说明，如"用 γ 射线辐照最终灭菌外包给其他场地"。

1.1.2.1 □大容量液体制剂

1.1.2.2 □半固体制剂

1.1.2.3 □小容量液体制剂

1.1.2.4 □固体制剂与植入剂

1.1.2.5 □其他无菌工艺制备产品＜自由文本＞

1.1.3 批次认证

批次认证适用于所有无菌剂型，除非在解释性备注中有限制说明。

1.2 非无菌产品

1.2.1 非无菌产品（下列剂型加工操作）

1.2.1.1 □硬胶囊剂

1.2.1.2 □软胶囊剂

1.2.1.3 □咀嚼剂

1.2.1.4 □浸出剂

1.2.1.5 □外用液体制剂

1.2.1.6 □口服液体制剂

1.2.1.7 □医用气体

1.2.1.8 □其他固体剂型

1.2.1.9 □加压制剂

1.2.1.10 □放射性核素发生器

1.2.1.11　□半固体制剂

1.2.1.12　□栓剂

1.2.1.13　□片剂

1.2.1.14　□透皮贴剂

1.2.1.15　□瘤胃内控释制剂

1.2.1.16　□兽用预混剂

1.2.1.17　□其他非无菌药品＜自由文本＞

　　第1.2.1.9节"加压制剂"（气雾剂）定义为药物在加压气体下封装于特制容器中的制剂。如果一种液体气溶胶是借助机械泵作用而非压缩气体产生，那么该剂型应适当归类为"外用液体制剂"或"口服液体制剂"。

　　第1.2.1.17节"其他"项下可选活动示例：

　　"中间产品生产"（应具体描述，如生产用于进一步加工的粉末）。

　　"封装"（此项活动通常适用于临床研究用药，对封装的控制可能与填充在标准硬壳胶囊的产品有所不同）。

1.2.2　□批次认证

　　这被理解为适用于所有非无菌剂型，除非在解释性说明中规定了限制。

1.3　生物制品

　　生物制品和生物物质的定义。

　　生物制品：活性物质为生物物质的药品。

　　生物物质：由生物来源生产或提取的物质，需要结合使用物理化学－生物测试以及生产工艺及控制来确定特性和质量。

1.3.1　生物制品（产品类型目录）

　　生物制品分类：

　　如果一个场地正在进行与生物制品生产相关的任何加工步骤，应使用下述产品类别。生物物质生产可能是生物制品生产过程中连续处理步骤的一部分，这些操作也应酌情记录在本节中。如果认证机构认为加工步骤不是生物制品生产的一部分，则应酌情记录在与原料药生产操作有关的GMP证书第3条和第4条中。

　　如果认证操作还包括生物制品成品剂型的生产，则应在GMP证书中选择相关的剂型（例1.1.1.2冻干粉）。

　　血液制品：

　　加工操作与含有从血液分离的原料药的生物制品生产有关时，应选择此类别。此类产品包括从血液分离的白蛋白、血浆因子Ⅷ或免疫球蛋白。使用生物技术方法生产的血浆因子Ⅷ不属于此类。对于人用药，血液制品生产步骤属于GMP认证范围，但未涵盖在2002/98/EC号指令内。

　　免疫产品：

　　加工操作与具有免疫作用方式（如疫苗）的生物制品生产有关时，应选择此类别。

细胞治疗产品：

加工操作与细胞治疗产品生产有关时，应选择此类别。细胞治疗产品生产步骤属于 GMP 认证范围，但未涵盖在 2004/23/EC 号指令内。

基因治疗产品：

加工操作与基因治疗产品生产有关时，应选择此类别。基因治疗产品生产步骤属于 GMP 认证范围，但未涵盖在 2004/23/EC 号指令内。

生物技术产品：

生物技术包括在生物制品生产中使用转基因哺乳动物细胞或微生物（如细菌或酵母）或生物物质（如酶）。加工操作与使用生物技术的生物制品生产有关时，应选择此类别。

人或动物提取产品：

加工操作与含有血液以外的人或动物来源（细胞、组织、体液）的活性物质的生物制品生产有关时，应选择此类别。

组织工程产品：

加工操作与组织工程产品生产有关时，应选择此类别。

其他生物制品（应明确）：

加工操作涉及的生物制品所含有的活性物质未包括在上述选项时，应选择此类别。

1.3.1.1 □血液制品

1.3.1.2 □免疫产品

1.3.1.3 □细胞治疗产品

1.3.1.4 □基因治疗产品

1.3.1.5 □生物技术产品

1.3.1.6 □人或动物提取产品

1.3.1.7 □组织工程产品

1.3.1.8 □其他生物制品＜自由文本＞

1.3.2 批次认证（产品类型目录）

本部分应填写质量受权人认证的最终生物制品剂型。在第 1.1.3 节或第 1.2.2 节也应填写适当内容，以反映被认证的剂型。

1.3.2.1 □血液制品

1.3.2.2 □免疫产品

1.3.2.3 □细胞治疗产品

1.3.2.4 □基因治疗产品

1.3.2.5 □生物技术产品

1.3.2.6 □人或动物提取产品

1.3.2.7 □组织工程产品

1.3.2.8 □其他生物制品＜自由文本＞

1.4 其他产品或加工活动

注：生产企业进行与草药或顺势疗法剂型（如片剂）生产有关的加工操作时，除了填写下列内容，还应填写相关剂型（第1.1节至第1.2节）。如果该设施仅被批准用于草药或顺势疗法产品相关的生产操作，剂型应列入解释性备注（"仅供草药产品"或"仅供顺势疗法产品"）。

1.4.1 生产

1.4.1.1 □草药产品

1.4.1.2 □顺势疗法产品

1.4.1.3 □其他＜自由文本＞

1.4.2 原料药/赋形剂/制剂的灭菌

如果灭菌操作并非作为剂型生产的一部分进行，例如，GMP证书持有人是代表其他生产商对产品做γ射线辐照灭菌的委托灭菌企业，则应填写本节。

1.4.2.1 □过滤法

1.4.2.2 □干热法

1.4.2.3 □湿热法

1.4.2.4 □化学法

1.4.2.5 □γ射线辐照法

1.4.2.6 □电子束法

1.4.3 □其他＜自由文本＞

第1.4.3节列出的活动示例：

"仓储"：例如当一个场地仅进行批次认证和药品仓储活动时，在此处填写"仓储"，这是在认证现场进行的特定活动。

"辅料的生产"：还应指定GMP证书范围内的赋形剂材料的名称，包括关于辅料的性质和在解释性备注中认证的生产作业类型的概要细节。

1.5 包装

1.5.1 内包装

无菌产品内包装被视为无菌产品工艺操作的一部分，包含在与无菌产品相关的第1.1节下的加工操作中，除非在特定剂型相关解释性备注中有相反意见。

1.5.1.1 □硬胶囊剂

1.5.1.2 □软胶囊剂

1.5.1.3 □咀嚼剂

1.5.1.4 □浸出剂

1.5.1.5 □外用液体制剂

1.5.1.6 □口服液体制剂

1.5.1.7 □医用气体

1.5.1.8 □其他固体剂型

1.5.1.9 □加压制剂

1.5.1.10 □放射性核素发生器

1.5.1.11 □半固体制剂

1.5.1.12 □栓剂

1.5.1.13 □片剂

1.5.1.14 □透皮贴剂

1.5.1.15 □瘤胃内控释制剂

1.5.1.16 □兽用预混剂

1.5.1.17 □其他非无菌药品＜自由文本＞

第1.5.1.17节"其他非无菌药品"项中可选的活动示例：

如果经认证的场地进行内包装活动，但实际不生产某种剂型（如植入剂），这种剂型随后经过最终灭菌，则应在第1.5.1.17节"其他非无菌药品"项下输入下述声明："经过最终灭菌（剂型名称）的内包装"。

1.5.2 □外包装

所有剂型的外包装已获得许可，除非在解释性备注中另有说明。

1.6 质量控制测试

GMP证书范围内的质量控制测试应使用以下描述类别进行确定。

1.6.1 □微生物：无菌检查

1.6.2 □微生物：非无菌检查

1.6.3 □化学/物理检测

1.6.4 □生物学检测

与生产操作范围有关的任何限制或解释性备注：

在适用解释性或限制性备注说明的任何地方，都应按照GMP证书格式上的项目清单列出数字参考，除非解释性备注是对场地进行的活动做一个总体评论。

所填写的可能是保密性或公开性备注。保密性备注只能由主管部门（注册用户）查看，公开性备注任何人都可查看。在公开性备注中，应填写有关延长或限制GMP证书有效期的解释性说明。

2. 药品进口

2.1 进口药品质量控制测试

在与进口药品有关的欧洲经济区现场进行质量控制测试时，应在下面注明已获认证的测试种类。即使已经在1.6项下填写，也应适当完成本部分。

2.1.1 □微生物：无菌检查

2.1.2 □微生物：非无菌检查

2.1.3 □化学/物理检测

2.1.4 □生物学检测

2.2 进口药品批次认证

如果欧洲经济区中的现场认证操作包括进口成品的批次认证或进口后进行包装的

散装剂型，则应填写本部分。如果认证的场地也是实际进口场地，也应填写 2.3.1。

对于临床研究用药生产企业（附件2），进口对照产品批次认证活动的许可应通过对下述产品类别有关的解释性备注予以注明。

2.2.1 无菌产品

2.2.1.1 □无菌工艺制备

2.2.1.2 □最终灭菌

2.2.2 □非无菌产品

2.2.3 生物制品

除以下生物制品类别，还应在 2.2.1 或 2.2.2 注明相关剂型。

2.2.3.1 □血液制品

2.2.3.2 □免疫产品

2.2.3.3 □细胞治疗产品

2.2.3.4 □基因治疗产品

2.2.3.5 □生物技术产品

2.2.3.6 □人或动物提取产品

2.2.3.7 □组织工程产品

2.2.3.8 □其他生物制品＜自由文本＞

2.3 其他进口活动（以上未涵盖的其他进口活动）

2.3.1 □实际进口场地

此处的场地表示该场地已通过认证，用于接收和储存正在等待质量受权人认证的进口产品。必须按 2.2 下有关产品类别对质量受权人认证进行单独识别。

2.3.2 □ 需要进一步加工的中间产品进口

应指定中间产品类别，如颗粒、无菌原料药、生物制品的半成品。

2.3.4 □其他＜自由文本＞

有关进口操作范围的任何限制性或解释性备注：

除非解释性备注是作为与现场活动有关的一般备注，否则在适用解释性或限制性备注的任何地方，都应按照 GMP 证书格式列出数字参考。

解释性备注可保密也可公开。保密性备注只能由主管部门（注册用户）查看，而公开性备注则可由任何人查看。在公开性备注中，应填写有关延长或限制 GMP 证书有效期的解释性说明。

3. 生产活动——原料药

原料药：

在现场生产的原料药的名称应在上面填写，并在下文 3.1 节至 3.5 节中注明与该原料药相关的已获认证的适用的生产操作。在现场生产的每一种原料药都应重复这一步骤。如果现场生产原料药中间产品，则应在上面标注"原料药中间产品"，并如前所述描述相关的生产操作。活性物质中间产品的名称应做解释性说明。

实时放行测试：如果实时放行测试被认为是与实时放行测试的性能有关的GMP认证，而不是一个或多个成品测试，那么这应被确认为与特定剂型的生产操作有关的解释性说明。在解释性备注中应注明已获认证的实时放行测试的类型。

3.1 由化学合成生产的原料药

3.1.1 包括从生产确定原料到生产原料药粗品之前的所有步骤。

3.1.1 □原料药中间产品的生产

3.1.2 □原料药粗品的生产

3.1.3 □成盐/精制步骤<自由文本>（如结晶）

3.1.4 □其他<自由文本>

3.2 从自然资源中提取原料药

下文第3.2.1、3.2.2和3.2.3项是在检查机构认为这些活动不属于药品生产的情况下完成的，因此不包括在GMP认证第1.3节内。第3.2.5项涉及萃取原料药的物理或化学改性。在一般成品加工步骤（3.5）一节中记录干燥或碾磨等活动。

本节标题中使用的术语"提取"是一个通用术语，用于涵盖以自然来源分离原料药的多种方法。例如：

• 从植物中提取草药物质应填入3.2.1项。

• 经蒸馏或分馏纯化的草药提取物应填入3.2.6项，并应参考提取物的植物来源（3.2.1）。

• 通过空气分离工艺生产原料药气体应填入3.2.7项。

3.2.1 □植物来源提取物

3.2.2 □动物来源提取物

3.2.3 □人类来源提取物

3.2.4 □矿物来源提取物

3.2.5 □提取物修饰<指定来源，1、2、3、4>

3.2.6 □提取物精制<指定来源，1、2、3、4>

3.2.7 □其他<自由文本>

3.3 使用生物工艺生产原料药

在本节中，与生物原料药有关的生产活动不包含在GMP证书第1.3条中。

3.3.1 □发酵

3.3.2 □细胞培养<指定细胞类型>（例如，哺乳动物/细菌）

3.3.3 □分离/精制

3.3.4 □修饰

3.3.5 □其他<自由文本>

3.4 无菌活性物质生产（如果适用，完成第3.1节、第3.2节、第3.3节）

本节是关于生产过程中使原料药无菌的步骤的认证。如果主管部门认为使活性物质无菌的步骤是药品的生产部分，则应根据GMP认证第1.1节列出有关条目。

3.4.1 □无菌工艺制备

3.4.2 □最终灭菌

3.5 一般成品步骤

3.5.1 □物理工艺步骤<指明>（如干燥、磨粉/微粉化、过筛）

3.5.2 □内包装（用直接与物质接触的包装材料密闭/密封原料药）

3.5.3 □外包装［将已经密封的内包装放置到外包装材料或容器里。这也包括用来确定或追溯该原料药（批号）的任何标签粘贴材料］

3.5.4 □其他<自由文本>（未涵盖在上述操作中的活动）

3.6 质量控制测试

> 本节应针对现场生产的原料药或中间产品的质量控制测试。即使已根据第 1.6 节和第 2.1 节有同一地点生产的药品条目，也应填写本节。
>
> 在 3.6.3 项下获得 GMP 认证的场地，应视为微生物检测也获得 GMP 认证，无菌检测（即 3.6.2 项下的活动）除外，除非在限制性/解释性备注中有相反的说明。

3.6.1 □物理/化学测试

3.6.2 □微生物测试（不包括无菌测试）

3.6.3 □微生物测试（包括无菌测试）

3.6.4 □生物测试

4. 其他活动——原料药

> 本节应针对上文未述的活动。下面应该填入活动说明。

<自由文本>

与生产操作范围有关的任何限制性或解释性备注：

> 除非解释性备注是作为与现场活动有关的一般备注，否则在适用限制性或解释性备注的任何地方，都应按照 GMP 证书格式列出数字参考。如附注适用于某一特定原料药，则除有关活动的数字参考外，应在附注中列出原料药的名称。
>
> 解释性备注可保密，也可公开。保密性备注只能由主管部门（注册用户）查看，而公开性备注则可由任何人查看。在公开性备注中，应填写有关延长或限制 GMP 证书有效期的解释性说明。

监管机构使用的表格

GMP 检查报告——欧盟格式[①]

标题	GMP 检查报告——欧盟格式
批准日期	2010 年 1 月 31 日
生效日期	2010 年 8 月 1 日
替代	2005 年 10 月生效版本
修订原因	本格式与活动及修订内容一致，停止使用欧洲药品管理局的总结报告

报告参考编号：	
产品名称：	
必须进行欧洲药品管理局要求的检验，以及仅针对产品必须进行的具体检验	
接受检查现场：	
接受检查场地的名称和地址，包括生产场地的准确位置、名称 欧盟药品监管机构药品生产质量管理规范数据库（EudraGMP）参考编号 场地位置标识［全球数据编码系统（DUNS）号码/全球定位系统（GPS）坐标］	

所实施的活动：	人用	兽用	临床研究用药
成品生产			
无菌制剂	☐	☐	☐
非无菌制剂	☐	☐	☐
生物制剂	☐	☐	☐
赋形剂、原料药或药品的灭菌	☐	☐	☐
内包装	☐	☐	☐
外包装	☐	☐	☐
质量控制测试	☐	☐	☐
进口	☐	☐	☐
批次认证	☐	☐	☐
仓储与流通	☐	☐	☐
原料药生产	☐	☐	☐

---

① 分别按照 2004/27/EC 号指令第 47 条和 2004/28/EC 号指令第 51 条，及修订法规 2001/83/EC 号指令 47 条和 2001/82/EC 号指令，已制定了欧盟药品生产质量管理规范检查报告格式。

其他＿＿＿＿＿＿＿	□	□	□
检查日期：	日　月　年		
检查员与专家：			
检查员姓名 专家/评估员（如有）姓名 主管部门名称			
参考：	上市许可和（或）生产许可证参考编号 如果欧洲药品管理局要求检查，欧洲药品 管理局参考编号		
简介：			
简要描述企业和企业活动 在非欧洲经济区国家进行检查时，应说明是否通知检查所在国家的主管部门，主管部门是否参加 检查 前一次检查日期 参与前一次检查的检查员姓名 自前一次检查以来的主要变化			
简要报告：			
检查范围：	检查的简要描述（产品相关检查、工艺相关检查、一 般的 GMP 检查，在适当的情况下引用特定的剂型）； 应明确检查原因（如新上市申请检查、常规检查、产 品缺陷调查）		
所检查领域与检查的主要步骤/过程	应指定每个检查领域		
未检查的活动：			
必要时应提请注意在这种情况下不接受检查的领域或活动			
检查中会见的人员：			
应列出在检查中遇到的关键人员姓名与职务（列在附件中）			
检查员的发现：			
欧盟药事法规第 4 卷 GMP 有关的标题 本节可将检查结果与缺陷联系起来，并用于分类的解释；如果已向主管部门提交了场地主文件，则 可减少对本节的详细叙述			
使用的标题	回顾上次的检查结果和采取的纠正措施 质量管理 厂房与设施 文件管理 生产		
在相关情况下，可能引入的新标题	质量控制 委托生产与检测 投诉与产品召回 自检		
流通与运输：	如符合 GDP		

与上市申请评审有关的问题：	如许可前检查
已经确定的其他特定问题：	如企业宣布的相关未来变化
场地主文件：	如有，场地主文件的评估、场地主文件的日期

其他：
所取样品

附件：
附件清单

注明了关键、重大及其他类别的缺陷清单：
应列出所有缺陷，并注明欧盟 GMP 指南和其他相关欧盟指南参考 应列出所有已发现的缺陷，即使立即采取了纠正措施 如果缺陷与上市申请资料审评有关，应清楚说明；应要求企业告知检查机构建议的纠正措施时间表及进展

针对生产企业对检查缺陷的回复，检查员的评价：
如回复是否可接受

针对评估报告引出的疑问，检查员的评价：

建议的进一步措施（如有）：
致要求检查的欧盟委员会或检查该场地的主管部门/强制执行机构

摘要与结论：
检查员应说明，在检查范围中，生产企业/进口企业的运作是否符合 2003/94/EC 号指令和（或）91/412/EEC 号指令要求，及生产企业/进口企业是否可接受有关产品（这适用于有一定程度的不符合情况，但已商定纠正行动计划，而检查员没有理由相信该计划不会得到执行，而且对公共卫生没有直接威胁）

姓名： 签名： 组织： 日期：	检查报告应由参与检查的检查员/评估员签名并签署日期。
报告分发	欧洲药品管理局要求的检查报告应发送给欧洲药品管理局

重大缺陷的定义

1. 关键缺陷：

对人类或患病动物有害的产品或可能在食品动物中产生有害残留物的产品，已产生或导致重大风险的缺陷。

2. 重大缺陷：（一个非关键缺陷）

已生产或可能生产不符合上市许可的产品；或

表明与欧盟 GMP 有重大偏差；或

（在欧盟范围内）显示与生产许可条款有重大偏差；或

表明该批次产品未能执行令人满意的放行程序；或

（在欧盟范围内）质量受权人未能履行其法定职责；或

几个"其他"缺陷的组合，其中任何一个单独的缺陷都不是重大缺陷，但这些缺陷结合在一起可能是重大缺陷，因此应予以解释并按重大缺陷来报告。

3. 其他缺陷：

不能被归类为关键缺陷或重大缺陷，但导致 GMP 偏差的缺陷。

被认为是次要缺陷，或者因为没有足够的信息把它归类为重大缺陷或关键缺陷。

生产企业许可证①②欧盟基本格式

标题	生产企业许可证欧盟基本格式
批准日期	2012 年 6 月
生效日期	2013 年 1 月 2 日之前
替代	2006 年 5 月版本
修订原因	为了便于统一解释，做了一些修订
注释	—

1. 许可证编号

2. 许可持有人姓名

3. 生产场地地址（如果没有单独的许可证，应列出所有获许可的场地）

4. 许可持有人法定注册地址

5. 许可范围与剂型

附件 1 和（或）附件 2（如果没有单独的许可证，不同场地须使用单独的附件）

6. 许可法律基础

7. 批准生产许可的成员国主管部门负责人姓名

8. 签名

9. 日期

10. 附件

非选择性附件：附件 1、附件 2

选择性附件：

附件 3（委托生产场地地址）

附件 4（委托检测实验室地址）

附件 5（质量受权人姓名）

附件 6（负责人姓名）

附件 7（上次的检查范围与日期，上次检查批准的许可证）

附件 8（已获得许可生产/进口的产品）③

---

① 从第三国国家进口到一个成员国，也需要已修订的 2001/83/EC 号指令第 40 条第 1 款和 2001/82/EC 号指令第 44 条第 1 款所要求的许可。

② 在欧盟药品监管机构药品生产质量管理规范数据库（EudraGMP）的帮助菜单下能找到解释本模板的指南。

③ 主管部门负责将生产企业申请与对应的许可证适当关联（已修订的 2001/83/EC 号指令第 42 条第 3 款和 2001/82/EC 号指令第 46 条第 3 款）。

许可范围（ 删除不适用章节）附件 1

场地名称和地址：

□人用药 □兽药

许可活动 □生产活动（按照第 1 部分） □药品进口（按照第 2 部分）

第 1 部分　生产活动	
1.1	无菌产品
	1.1.1 无菌工艺制备（下列剂型加工操作） 　1.1.1.1 大容量液体制剂 　1.1.1.2 冻干制剂 　1.1.1.3 半固体制剂 　1.1.1.4 小容量液体制剂 　1.1.1.5 固体制剂与植入剂 　1.1.1.6 其他无菌工艺制备产品＜自由文本＞
	1.1.2 最终灭菌产品（下列剂型加工操作） 　1.1.2.1 大容量液体制剂 　1.1.2.2 半固体制剂 　1.1.2.3 小容量液体制剂 　1.1.2.4 固体制剂与植入剂 　1.1.2.5 其他无菌工艺制备产品＜自由文本＞
	1.1.3 批次认证
1.2	非无菌产品
	1.2.1 非无菌产品（下列剂型加工操作） 　1.2.1.1 硬胶囊剂 　1.2.1.2 软胶囊剂 　1.2.1.3 咀嚼剂 　1.2.1.4 浸出剂 　1.2.1.5 外用液体制剂 　1.2.1.6 口服液体制剂 　1.2.1.7 医用气体 　1.2.1.8 其他固体剂型 　1.2.1.9 加压制剂 　1.2.1.10 放射性核素发生器 　1.2.1.11 半固体制剂 　1.2.1.12 栓剂 　1.2.1.13 片剂 　1.2.1.14 透皮贴剂 　1.2.1.15 瘤胃内控释制剂 　1.2.1.16 兽用预混剂 　1.2.1.17 其他非无菌药品＜自由文本＞
	1.2.2 批次认证

1.3	生物制品
	1.3.1 生物制品（产品类型目录） 　1.3.1.1 血液制品 　1.3.1.2 免疫产品 　1.3.1.3 细胞治疗产品 　1.3.1.4 基因治疗产品 　1.3.1.5 生物技术产品 　1.3.1.6 人或动物提取产品 　1.3.1.7 组织工程产品 　1.3.1.8 其他生物制品＜自由文本＞
	1.3.2 批次认证（产品类型目录） 　1.3.2.1 血液制品 　1.3.2.2 免疫产品 　1.3.2.3 细胞治疗产品 　1.3.2.4 基因治疗产品 　1.3.2.5 生物技术产品 　1.3.2.6 人或动物提取产品 　1.3.2.7 组织工程产品 　1.3.2.8 其他生物制品＜自由文本＞
1.4	其他产品或生产活动
	1.4.1 生产 　1.4.1.1 草药产品 　1.4.1.2 顺势疗法产品 　1.4.1.3 其他＜自由文本＞
	1.4.2 原料药/赋形剂/制剂的灭菌 　1.4.2.1 过滤法 　1.4.2.2 干热法 　1.4.2.3 湿热法 　1.4.2.4 化学法 　1.4.2.5 γ射线辐照法 　1.4.2.6 电子束法
	1.4.3 其他＜自由文本＞
1.5	包装
	1.5.1 内包装 　1.5.1.1 硬胶囊剂 　1.5.1.2 软胶囊剂 　1.5.1.3 咀嚼剂 　1.5.1.4 浸出剂 　1.5.1.5 外用液体制剂 　1.5.1.6 口服液体制剂 　1.5.1.7 医用气体 　1.5.1.8 其他固体剂型 　1.5.1.9 加压制剂 　1.5.1.10 放射性核素发生器 　1.5.1.11 半固体制剂 　1.5.1.12 栓剂 　1.5.1.13 片剂 　1.5.1.14 透皮贴剂 　1.5.1.15 瘤胃内控释制剂 　1.5.1.16 兽用预混剂 　1.5.1.17 其他非无菌药品＜自由文本＞

	1.5.2 外包装
1.6	质量控制测试
	1.6.1 微生物：无菌检查
	1.6.2 微生物：非无菌检查
	1.6.3 化学/物理检测
	1.6.4 生物学检测

与上述生产活动有关的任何限制性或解释性备注：_____

第2部分 药品进口	
2.1	进口药品质量控制测试
	2.1.1 微生物：无菌检查
	2.1.2 微生物：非无菌检查
	2.1.3 化学/物理检测
	2.1.4 生物学检测
2.2	进口药品批次认证
	2.2.1 无菌产品 2.2.1.1 无菌工艺制备 2.2.1.2 最终灭菌
	2.2.2 非无菌产品
	2.2.3 生物制品 2.2.3.1 血液制品 2.2.3.2 免疫产品 2.2.3.3 细胞治疗产品 2.2.3.4 基因治疗产品 2.2.3.5 生物技术产品 2.2.3.6 人或动物提取产品 2.2.3.7 组织工程产品 2.2.3.8 其他生物制品＜自由文本＞
2.3	其他进口活动（上述没有涵盖的其他进口活动）
	2.3.1 实际进口场地
	2.3.2 需要进一步加工的中间产品进口
	2.3.3 生物活性物质
	2.3.4 其他＜自由文本＞

与上述进口活动有关的任何限制性或解释性备注：_____

附件 3（可选项）

委托生产场所地址

附件 4（可选项）

委托检测实验室地址

附件 5（可选项）

质量受权人姓名

附件 6（可选项）

质量控制负责人姓名

生产负责人姓名

附件 7（可选项）

获得许可检查日期：日/ 月/年

上次检查范围

附件 8（可选项）

已获生产/进口许可产品（按照已修订的 2001/83/EC 号指令第 41 条、第 42 条，2001/82/EC 号指令第 45 条、第 46 条）

GMP 证书欧盟格式

标题	GMP 证书欧盟格式
批准日期	2012 年 6 月
生效日期	2013 年 1 月 2 日
替代	2006 年 5 月版本
修订理由	为了便于解释和填写被检查的原料药和赋形剂的生产操作，做出了修订。
注释	—

（主管部门抬头）

证书编号：＿＿＿／＿＿＿／＿＿＿

第 1 部分

按照 2001/83/EC 号指令第 111 条第 5 款或 2001/82/EC 号指令第 80 条第 5 款或 2001/20/EC 号指令第 15 条*，在检查后签发

或

欧盟与（互认协议方）在互认协议条款下签发*

＿＿＿＿＿＿＿＿＿＿＿＿＿＿＿（成员国）的主管部门确认如下：

生产企业＿＿＿＿＿＿＿＿＿＿＿＿＿＿＿＿＿＿＿＿＿＿＿＿＿＿＿＿＿＿＿＿＿

场地地址＿＿＿＿＿＿＿＿＿＿＿＿＿＿＿＿＿＿＿＿＿＿＿＿＿＿＿＿＿＿＿＿＿

根据 2001/20/EC 号指令第 13 条或 2001/82/EC 号指令第 44 条或 2001/83/EC 号指令第 40 条*转换为下述国家法规的，已根据国家检查计划就生产许可内容（许可证编号＿＿＿＿＿＿＿＿＿＿＿）通过检查：

＿＿＿＿＿＿＿＿＿＿＿＿＿＿＿＿＿＿＿＿＿＿＿＿＿＿＿＿＿＿＿＿＿＿＿＿＿*

或

根据 2001/82/EC 号指令第 80 条第 4 款、2001/83/EC 号指令第 111 条第 4 款*或（EC）726/2004 号指令*转换为下述国家法规的，通过检查的上市许可证在欧洲经济区外的生产企业：

＿＿＿＿＿＿＿＿＿＿＿＿＿＿＿＿＿＿＿＿＿＿＿＿＿＿＿＿＿＿＿＿＿＿＿＿＿*

和（或）*

根据 2001/82/EC 号指令第 80 条第 1 款*、2001/83/EC 号指令第 111 条第 1 款转换为下述国家法规的，通过检查的原料药生产企业：

＿＿＿＿＿＿＿＿＿＿＿＿＿＿＿＿＿＿＿＿＿＿＿＿＿＿＿＿＿＿＿＿＿＿＿＿＿*

和（或）*

根据 2001/83/EC 号指令第 111 条第 1 款*转换为下述国家法规的赋形剂生产企业：

＿＿＿＿＿＿＿＿＿＿＿＿＿＿＿＿＿＿＿＿＿＿＿＿＿＿＿＿＿＿＿＿＿＿＿＿＿*

或

其他：请明确＿＿＿＿＿＿＿＿＿＿＿＿＿＿＿＿＿＿＿＿＿＿＿＿＿＿＿＿＿＿＿*

在___/___/___（日期）对该生产企业进行了最近一次检查，根据检查期间获得的信息，认为该生产企业符合：欧盟与（互认协议参与方）之间互认协议所指的 GMP 要求，2003/94 /EC 号指令所述 GMP 基本原则与指南，2001/83/EC 号指令第 46f 条、91/412 /EEC 号指令所述 GMP 适当水平，2001/83/EC 号指令第 47 条、2001/82/EC 号指令第 51 条[*] 所述原料药 GMP 基本原则[①]。

本证书反映上述生产场地在检查时的状态，如果自检查之日起已超过三年，则不应依赖本证书来反映情况。然而，使用药政风险管理基本原则，可以通过在"限制性备注"或"解释性备注"栏输入信息，缩短或延长三年有效期。

本证书只有在包含所有页面以及第 1 部分和第 2 部分时才有效。

在欧盟药品监管机构药品生产质量管理规范数据库（EudraGMP）中可以验证本证书的真实性。如果没有显示，请联系发证机构。

[①]　这些要求满足世界卫生组织推荐的《药品生产质量管理规范》。

第2部分

□人用药* □兽用药* □临床研究用药*

1 生产活动——药品*	
1.1	无菌产品
	1.1.1 无菌工艺制备（下列剂型加工操作） 1.1.1.1 大容量液体制剂 1.1.1.2 冻干制剂 1.1.1.3 半固体制剂 1.1.1.4 小容量液体制剂 1.1.1.5 固体制剂与植入剂 1.1.1.6 其他无菌工艺制备产品＜自由文本＞
	1.1.2 最终灭菌产品（下列剂型加工操作） 1.1.2.1 大容量液体制剂 1.1.2.2 半固体制剂 1.1.2.3 小容量液体制剂 1.1.2.4 固体制剂与植入剂 1.1.2.5 其他无菌工艺制备产品＜自由文本＞
	1.1.3 批次认证
1.2	非无菌产品
	1.2.1 非无菌产品（下列剂型加工操作） 1.2.1.1 硬胶囊剂 1.2.1.2 软胶囊剂 1.2.1.3 咀嚼剂 1.2.1.4 浸出剂 1.2.1.5 外用液体制剂 1.2.1.6 口服液体制剂 1.2.1.7 医用气体 1.2.1.8 其他固体剂型 1.2.1.9 加压制剂 1.2.1.10 放射性核素发生器 1.2.1.11 半固体制剂 1.2.1.12 栓剂 1.2.1.13 片剂 1.2.1.14 透皮贴剂 1.2.1.15 瘤胃内控释制剂 1.2.1.16 兽用预混剂 1.2.1.17 其他非无菌药品＜自由文本＞
	1.2.2 批次认证
1.3	生物制品

	1.3.1 生物制品 　1.3.1.1 血液制品 　1.3.1.2 免疫产品 　1.3.1.3 细胞治疗产品 　1.3.1.4 基因治疗产品 　1.3.1.5 生物技术产品 　1.3.1.6 人或动物提取产品 　1.3.1.7 组织工程产品 　1.3.1.8 其他生物制品＜自由文本＞
	1.3.2 批次认证（产品类型目录） 　1.3.2.1 血液制品 　1.3.2.2 免疫产品 　1.3.2.3 细胞治疗产品 　1.3.2.4 基因治疗产品 　1.3.2.5 生物技术产品 　1.3.2.6 人或动物提取产品 　1.3.2.7 组织工程产品 　1.3.2.8 其他生物制品＜自由文本＞
1.4	其他产品或加工活动
	1.4.1 生产 　1.4.1.1 草药产品 　1.4.1.2 顺势疗法产品 　1.4.1.3 其他＜自由文本＞
	1.4.2 活性物质/赋形剂/制剂的灭菌 　1.4.2.1 过滤法 　1.4.2.2 干热法 　1.4.2.3 湿热法 　1.4.2.4 化学法 　1.4.2.5 γ 射线辐照法 　1.4.2.6 电子束法
	1.4.3 其他＜自由文本＞
1.5	包装
	1.5.1 内包装 　1.5.1.1 硬胶囊剂 　1.5.1.2 软胶囊剂 　1.5.1.3 咀嚼剂 　1.5.1.4 浸出剂 　1.5.1.5 外用液体制剂 　1.5.1.6 口服液体制剂 　1.5.1.7 医用气体 　1.5.1.8 其他固体剂型 　1.5.1.9 加压制剂 　1.5.1.10 放射性核素发生器 　1.5.1.11 半固体制剂 　1.5.1.12 栓剂 　1.5.1.13 片剂 　1.5.1.14 透皮贴剂 　1.5.1.15 瘤胃内控释制剂 　1.5.1.16 兽用预混剂 　1.5.1.17 其他非无菌药品＜自由文本＞

	1.5.2 外包装
1.6	质量控制测试
	1.6.1 微生物：无菌检查
	1.6.2 微生物：非无菌检查
	1.6.3 化学/物理检测
	1.6.4 生物学检测
2　药品进口*	
2.1	进口药品质量控制测试
	2.1.1 微生物：无菌检查
	2.1.2 微生物：非无菌检查
	2.1.3 化学/物理检测
	2.1.4 生物学检测
2.2	进口药品批次认证
	2.2.1 无菌产品 　　2.2.1.1 无菌工艺制备 　　2.2.1.2 最终灭菌
	2.2.2 非无菌产品
	2.2.3 生物制品 　　2.2.3.1 血液制品 　　2.2.3.2 免疫产品 　　2.2.3.3 细胞治疗产品 　　2.2.3.4 基因治疗产品 　　2.2.3.5 生物技术产品 　　2.2.3.6 人或动物提取产品 　　2.2.3.7 组织工程产品 　　2.2.3.8 其他生物制品＜自由文本＞
2.3	其他进口活动
	2.3.1 实际进口场地
	2.3.2 需要进一步加工的中间产品进口
	2.3.3 其他＜自由文本＞

与本证书有关的任何限制性或解释性备注*：

_____

_____

3	生产活动——原料药活性物质
3.1	由化学合成生产的原料药
	3.1.1 原料药中间产品的生产 3.1.2 原料药粗品的生产 3.1.3 成盐/精制步骤＜自由文本＞（如结晶） 3.1.4 其他＜自由文本＞
3.2	从自然资源中提取原料药
	3.2.1 植物来源提取物 3.2.2 动物来源提取物 3.2.3 人类来源提取物 3.2.4 矿物来源提取物 3.2.5 提取物修饰（指定来源，1、2、3、4） 3.2.6 提取物精制（指定来源，1、2、3、4） 3.2.7 其他＜自由文本＞
3.3	使用生物工艺生产原料药
	3.3.1 发酵 3.3.2 细胞培养（指定细胞类型）（如哺乳动物/细菌） 3.3.3 分离/精制 3.3.4 修饰 3.3.5 其他＜自由文本＞
3.4	无菌原料药生产（如果适用，完成第3.1节、第3.2节、第3.3节）
	3.4.1 无菌工艺制备 3.4.2 最终灭菌
3.5	一般成品步骤
	3.5.1 物理工艺步骤（指明）（如干燥、磨粉/微粉化、过筛） 3.5.2 内包装（用直接与物质接触的包装材料密闭/密封原料药） 3.5.3 外包装〔将已经密封的内包装放置到外包装材料或容器里。这也包括用来辨识或追溯该原料药（批号）的任何标签粘贴材料〕 3.5.4 其他＜自由文本＞（未涵盖在上述操作中的活动）
3.6	质量控制测试
	3.6.1 物理/化学测试 3.6.2 微生物测试（不包括无菌测试） 3.6.3 微生物测试（包括无菌测试） 3.6.4 生物测试
4	其他活动——原料药＜自由文本＞

与本证书有关的任何限制性或解释性备注 *：

_____

_____

___／___／___（日期）

官方授权人姓名和签名

_____

官方（国家）①

姓名、职务、国家主管部门名称、电话和传真号码

*：如果不适用，删除。

---

① 本证书每页均应有签名、日期和详细联系方式。

GMP 不合规声明

标题	GMP 不合规声明
批准日期	2010 年 1 月 31 日
生效日期	立即
替代	不适用
修订原因	不适用，新指南
注释	无

（主管部门抬头）

报告编号：＿＿＿/＿＿＿/＿＿＿/＿＿＿

GMP 不合规声明

欧洲经济区国家主管部门（NCAs）在发现生产企业 GMP 严重不合规后进行信息交换[①]。

第 1 部分

根据 2001/83/EC 号指令第 111 条第 7 款、2001/82/EC 号指令第 80 条第 7 款或 2001/20/EC 号指令第 15 条＊，在检查后签发。

＿＿＿＿＿＿＿＿＿＿＿（成员国）主管部门确认如下：

生产企业＿＿＿＿＿＿＿＿＿＿＿＿＿＿＿＿＿＿＿＿＿＿＿＿＿＿＿＿＿＿＿＿＿＿＿＿＿

场地地址＿＿＿＿＿＿＿＿＿＿＿＿＿＿＿＿＿＿＿＿＿＿＿＿＿＿＿＿＿＿＿＿＿＿＿＿＿

在＿＿＿/＿＿＿/＿＿＿（日期）对该生产企业进行了最近一次检查，根据检查期间获得的信息，认为该生产企业不符合 2003/94/EC 号指令、91/412/EEC 号指令所述 GMP 基本原则与指南，2001/83/EC 号指令第 47 条、2001/82/EC 号指令第 51 条所述原料药 GMP 基本原则，2001/83/EC 号指令第 46f 条＊所述 GMP 适当水平。

[①] 已修订的 2001/83/EC 号指令第 111 条第 7 款和 2001/82/EC 号指令第 80 条第 7 款规定的不合规声明也适用于进口企业。

第 2 部分

□人用药*
□兽药*
□人用临床研究用药*

1　不合规的生产活动——药品*	
1.1	无菌产品
	1.1.1 无菌工艺制备（下列剂型加工操作） 1.1.1.7 大容量液体制剂 1.1.1.8 冻干制剂 1.1.1.9 半固体制剂 1.1.1.10 小容量液体制剂 1.1.1.11 固体制剂和植入剂 1.1.1.12 其他无菌工艺制备产品＜自由文本＞
	1.1.2 最终灭菌（下列剂型加工操作） 1.1.2.6 大容量液体制剂 1.1.2.7 半固体制剂 1.1.2.8 小容量液体制剂 1.1.2.9 固体制剂和植入剂 1.1.2.10 其他无菌工艺制备产品＜自由文本＞
	1.1.3 批次认证
1.2	非无菌产品
	1.2.1 非无菌产品（下列剂型加工操作） 1.2.1.1 硬胶囊剂 1.2.1.2 软胶囊剂 1.2.1.3 咀嚼剂 1.2.1.4 浸出剂 1.2.1.5 外用液体制剂 1.2.1.6 口服液体制剂 1.2.1.7 医用气体 1.2.1.8 其他固体剂型 1.2.1.9 加压制剂 1.2.1.10 放射性核素发生器 1.2.1.11 半固体制剂 1.2.1.12 栓剂 1.2.1.13 片剂 1.2.1.14 透皮贴剂 1.2.1.15 瘤胃内控释制剂 1.2.1.16 兽用预混剂 1.2.1.17 其他非无菌药品＜自由文本＞
	1.2.2 批次认证
1.3	生物制品

	1.3.1 生物制品 　1.3.1.1 血液制品 　1.3.1.2 免疫产品 　1.3.1.3 细胞治疗产品 　1.3.1.4 基因治疗产品 　1.3.1.5 生物技术产品 　1.3.1.6 人或动物提取产品 　1.3.1.7 组织工程产品 　1.3.1.8 其他生物制品＜自由文本＞
	1.3.2 批次认证（产品类型目录） 　1.3.2.1 血液制品 　1.3.2.2 免疫产品 　1.3.2.3 细胞治疗产品 　1.3.2.4 基因治疗产品 　1.3.2.5 生物技术产品 　1.3.2.6 人或动物提取产品 　1.3.2.7 组织工程产品 　1.3.2.8 其他生物制品＜自由文本＞
1.4	其他产品或加工活动
	1.4.1 生产 　1.4.1.1 草药产品 　1.4.1.2 顺势疗法产品 　1.4.1.3 其他＜自由文本＞
	1.4.2　原料药/赋形剂/制剂的灭菌 　1.4.2.1 过滤法 　1.4.2.2 干热法 　1.4.2.3 湿热法 　1.4.2.4 化学法 　1.4.2.5 γ射线辐照法 　1.4.2.6 电子束法
	1.4.3　其他＜自由文本＞
1.5	包装
	1.5.1 内包装 　1.5.1.18 硬胶囊剂 　1.5.1.19 软胶囊剂 　1.5.1.20 咀嚼剂 　1.5.1.21 浸出剂 　1.5.1.22 外用液体制剂 　1.5.1.23 口服液体制剂 　1.5.1.24 医用气体 　1.5.1.25 其他固体剂型 　1.5.1.26 加压制剂 　1.5.1.27 放射性核素发生器 　1.5.1.28 半固体制剂 　1.5.1.29 栓剂 　1.5.1.30 片剂 　1.5.1.31 透皮贴剂 　1.5.1.32 瘤胃内控释制剂 　1.5.1.33 兽用预混剂 　1.5.1.34 其他非无菌药品＜自由文本＞

		1.5.2 外包装
	1.6	质量控制测试
		1.6.5 微生物：无菌检查 1.6.6 微生物：非无菌检查 1.6.7 化学/物理检测 1.6.8 生物学检测
2	不合规的进口活动*	
	2.1	进口药品质量控制测试
		2.1.5 微生物：无菌检查 2.1.6 微生物：非无菌检查 2.1.7 化学/物理检测 2.1.8 生物检测
	2.2	进口药品批次认证
		2.2.2 无菌产品 2.2.2.1 无菌工艺制备 2.2.2.2 最终灭菌
		2.2.3 非无菌产品
		2.2.4 生物制品 2.2.3.9 血液制品 2.2.3.10 免疫产品 2.2.3.11 细胞治疗产品 2.2.3.12 基因治疗产品 2.2.3.13 生物技术产品 2.2.3.14 人或动物提取产品 2.2.3.15 组织工程产品 2.2.3.16 其他生物制品＜自由文本＞
	2.3	其他进口活动
		2.3.1 实际进口场地 2.3.2 需要进一步加工的中间产品进口 2.3.3 其他＜自由文本＞

与本证书有关的任何限制性或解释性备注*：

_____

_____

3	生产活动——原料药
3.1	由化学合成生产的原料药
	3.1.1 原料药中间产品生产 3.1.2 原料药粗品生产 3.1.3 成盐/精制步骤＜自由文本＞（如结晶） 3.1.4 其他＜自由文本＞
3.2	从自然资源中提取原料药
	3.2.1 植物来源提取物 3.2.2 动物来源提取物 3.2.3 人类来源提取物 3.2.4 矿物来源提取物 3.2.5 提取物修饰（指定来源，1、2、3、4） 3.2.6 提取物精制（指定来源，1、2、3、4） 3.2.7 其他＜自由文本＞
3.3	使用生物工艺生产的原料药
	3.3.1 发酵 3.3.2 细胞培养（指定细胞类型）（如哺乳动物/细菌） 3.3.3 分离/精制 3.3.4 修饰 3.3.5 其他＜自由文本＞
3.4	无菌原料药的生产（如果适用，完成第3.1节、第3.2节、第3.3节）
	3.4.1 无菌工艺制备 3.4.2 最终灭菌
3.5	一般成品步骤
	3.5.1 物理工艺步骤（指明）（如干燥、磨粉/微粉化、过筛） 3.5.2 内包装（用直接与物质接触的包装材料密闭/密封原料药） 3.5.3 外包装［将已经密封的内包装放置到外包装材料或容器里。这也包括用来辨识或追溯该活性物质（批号）的任何标签粘贴材料］ 3.5.4 其他＜自由文本＞（用于前面未描述的操作）
3.6	质量控制测试
	3.6.1 物理/化学测试 3.6.2 微生物测试（不包括无菌测试） 3.6.3 微生物测试（包括无菌测试） 3.6.4 生物测试

4	其他活动——原料药＜自由文本＞

与本证书有关的任何限制性或解释性备注＊：

_____

_____

第 3 部分

1. 不合规性质
＜自由文本＞_____

_____

2. 国家主管部门已采取的/已建议的措施
全部/部分＊暂停/变更/废止＊生产许可证（号码为_____）
＜自由文本＞_____

_____

□限制现行有效编号为_____的药品生产质量管理规范证书
＜自由文本＞_____

_____

□暂停/废止/要求变更/拒绝批准＊上市许可_____
＜自由文本＞_____

_____

□召回所有已经放行的批次（后续单独的快速预警）
＜自由文本＞_____

_____

□禁止供应
＜自由文本＞_____

_____

□暂停或撤销 CEPs［欧洲药品质量管理局（EDQM）采取措施］
＜自由文本＞_____

_____

□暂停临床试验
＜自由文本＞_____

_____

□其他
＜自由文本＞_____

_____

3. 其他意见
＜自由文本＞_____

_____

电话会议日期		电话会议时间（欧洲中部时间）		拨入号码	
该场地生产的产品，如已知	*产品*	*剂型*	主审国、成员国或欧盟药品质量管理局		
人用药					
兽药					
临床研究用药	欧盟药品监管机构临床试验数据库（EudraCT）编号				

———／———／———（日期）　　　　　（成员国）主管部门授权人姓名和签名①
———————（姓名、职务、成员国主管部门、联系电话和传真号码如有疑问可联系）
＜自由文本＞————————————————————————————

---

① 不符合声明每页均应当有签名、日期和详细联系方式。

来自第三国主管部门或国际组织的 GMP 严重不合规信息的通知

标题	来自第三国主管部门或国际组织的严重 GMP 不合规信息的通知
批准日期	2012 年 5 月
生效日期	2012 年 11 月底
替代	不适用
修订原因	不适用，新指南
注释	无

（主管部门抬头）

报告编号：＿＿＿/＿＿＿/＿＿＿/＿＿＿

来自第三国主管部门或国际组织的 GMP 严重不合规信息的通知

欧洲经济区国家主管部门（NCAs）在收到生产企业 GMP 严重不合规的通知后进行的信息交换。

第 1 部分

由＿＿＿＿＿＿＿＿＿＿＿＿＿＿＿＿＿＿＿＿＿＿［成员国］主管部门在收到第三国主管部门或国际组织通知后，按照此《欧共体规程汇编》签发。 ＿＿＿＿＿＿＿＿＿＿＿＿＿＿＿＿＿＿＿＿［第三国主管部门/国际组织名称］报告如下： 生产企业＿＿＿＿＿＿＿＿＿＿＿＿＿＿＿＿＿＿＿＿＿＿＿＿＿＿＿＿＿＿＿＿＿＿＿＿＿＿＿ 场所地址＿＿＿＿＿＿＿＿＿＿＿＿＿＿＿＿＿＿＿＿＿＿＿＿＿＿＿＿＿＿＿＿＿＿＿＿＿＿＿ 全球数据编码系统（DUNS）号码（如有）＿＿＿＿＿＿＿＿＿＿＿＿＿＿＿＿＿＿＿＿＿＿＿ 场所联系人姓名、职务、电子邮件、电话和传真号码＿＿＿＿＿＿＿＿＿＿＿＿＿＿＿＿＿＿ ＿＿＿ 第三国主管部门/ 国际组织联系人姓名、职务、电子邮件、电话和传真号码

在＿＿＿/＿＿＿/＿＿＿［日期］执行了最近一次检查，根据对该生产企业检查期间获得的信息，或依据经过确认的信息，参照"评估所用的第三国/国际药品生产质量管理规范标准或法规"所规定的与药品、原料药、赋形剂有关的药品生产质量管理规范基本原则和要求，认为该生产企业不符合药品生产质量管理规范要求。*

第 2 部分

□人用药*
□兽用药*
□人用临床研究用药*

1　不合规的生产活动——药品*	
1.1	无菌产品
	1.1.1 无菌工艺制备（下列剂型加工操作） 　1.1.1.1 大容量液体制剂 　1.1.1.2 冻干制剂 　1.1.1.3 半固体制剂 　1.1.1.4 小容量液体制剂 　1.1.1.5 固体制剂与植入剂 　1.1.1.6 其他无菌工艺制备产品＜自由文本＞
	1.1.2 最终灭菌（下列剂型加工操作） 　1.1.2.1 大容量液体制剂 　1.1.2.2 半固体制剂 　1.1.2.3 小容量液体制剂 　1.1.2.4 固体制剂与植入剂 　1.1.2.5 其他无菌工艺制备产品＜自由文本＞
	1.1.3 批次认证
1.2	非无菌产品
	1.2.1 非无菌产品（下列剂型加工操作） 　1.2.1.1 硬胶囊剂 　1.2.1.2 软胶囊剂 　1.2.1.3 咀嚼剂 　1.2.1.4 浸出剂 　1.2.1.5 外用液体制剂 　1.2.1.6 口服液体制剂 　1.2.1.7 医用气体 　1.2.1.8 其他固体剂型 　1.2.1.9 加压制剂 　1.2.1.10 放射性核素发生器 　1.2.1.11 半固体制剂 　1.2.1.12 栓剂 　1.2.1.13 片剂 　1.2.1.14 透皮贴剂 　1.2.1.15 瘤胃内控释制剂 　1.2.1.16 兽用预混剂 　1.2.1.17 其他非无菌药品＜自由文本＞
	1.2.2 批次认证
1.3	生物制品

	1.3.1 生物制品 　1.3.1.1 血液制品 　1.3.1.2 免疫产品 　1.3.1.3 细胞治疗产品 　1.3.1.4 基因治疗产品 　1.3.1.5 生物技术产品 　1.3.1.6 人或动物提取产品 　1.3.1.7 组织工程产品 　1.3.1.8 其他生物制品＜自由文本＞
	1.3.2 批次认证（产品类型目录） 　1.3.2.1 血液制品 　1.3.2.2 免疫产品 　1.3.2.3 细胞治疗产品 　1.3.2.4 基因治疗产品 　1.3.2.5 生物技术产品 　1.3.2.6 人或动物提取产品 　1.3.2.7 组织工程产品 　1.3.2.8 其他生物制品＜自由文本＞
1.4	其他产品或加工活动
	1.4.1 生产 　1.4.1.1 草药产品 　1.4.1.2 顺势疗法产品 　1.4.1.3 其他＜自由文本＞
	1.4.2 原料药/赋形剂/制剂的灭菌 　1.4.2.1 过滤法 　1.4.2.2 干热法 　1.4.2.3 湿热法 　1.4.2.4 化学法 　1.4.2.5 γ 射线辐照法 　1.4.2.6 电子束法
	1.4.3 其他＜自由文本＞
1.5	包装
	1.5.1 内包装 　1.5.1.1 硬胶囊剂 　1.5.1.2 软胶囊剂 　1.5.1.3 咀嚼剂 　1.5.1.4 浸出剂 　1.5.1.5 外用液体制剂 　1.5.1.6 口服液体制剂 　1.5.1.7 医用气体 　1.5.1.8 其他固体剂型 　1.5.1.9 加压制剂 　1.5.1.10 放射性核素发生器 　1.5.1.11 半固体制剂 　1.5.1.12 栓剂 　1.5.1.13 片剂 　1.5.1.14 透皮贴剂 　1.5.1.15 瘤胃内控释制剂 　1.5.1.16 兽用预混剂 　1.5.1.17 其他非无菌药品＜自由文本＞

	1.5.2 外包装
1.6	质量控制测试
	1.6.1 微生物：无菌检查 1.6.2 微生物：非无菌检查 1.6.3 化学/物理检测 1.6.4 生物学检测

2　不合规的进口活动*	
2.1	进口药品质量控制测试
	2.1.1 微生物：无菌检查 2.1.2 微生物：非无菌检查 2.1.3 化学/物理检测 2.1.4 生物学检测
2.2	进口药品批次认证
	2.2.1 无菌产品 　　2.2.1.1 无菌工艺制备 　　2.2.1.2 最终灭菌
	2.2.2 非无菌产品
	2.2.3 生物药品 　　2.2.3.1 血液制品 　　2.2.3.2 免疫产品 　　2.2.3.3 细胞治疗产品 　　2.2.3.4 基因治疗产品 　　2.2.3.5 生物技术产品 　　2.2.3.6 人或动物提取产品 　　2.2.3.7 组织工程产品 　　2.2.3.8 其他生物制品<自由文本>
2.3	其他进口活动
	2.3.1 实际进口场地 2.3.2 需要进一步加工的中间产品进口 2.3.3 其他<自由文本>

与本证书有关的任何限制性或解释性备注*：_____

3　生产活动——原料药	
3.1	由化学合成生产的原料药
	3.1.1 原料药中间产品生产 3.1.2 原料药粗品生产 3.1.3 成盐/精制步骤＜自由文本＞（如结晶） 3.1.4 其他＜自由文本＞
3.2	从自然资源中提取原料药
	3.2.1 植物来源提取物 3.2.2 动物来源提取物 3.2.3 人类来源提取物 3.2.4 矿物来源提取物 3.2.5 提取物修饰（指定来源，1、2、3、4） 3.2.6 提取物精制（指定来源，1、2、3、4） 3.2.7 其他＜自由文本＞
3.3	使用生物工艺生产的原料药
	3.3.1 发酵 3.3.2 细胞培养（指定细胞类型）（如哺乳动物/细菌） 3.3.3 分离/精制 3.3.4 修饰 3.3.5 其他＜自由文本＞
3.4	无菌原料药的生产（如果适用，完成第3.1节、第3.2节、第3.3节）
	3.4.1 无菌工艺制备 3.4.2 最终灭菌
3.5	一般成品步骤
	3.5.1 物理工艺步骤（指明）（例如，干燥、磨粉/微粉化、过筛） 3.5.2 内包装（用直接与物质接触的包装材料密闭/密封活性物质） 3.5.3 外包装〔将已经密封的内包装放置到外包装材料或容器里。这也包括用来辨识或追溯该活性物质（批号）的任何标签粘贴材料〕 3.5.4 其他＜自由文本＞（用于前面未描述的操作）
3.6	质量控制测试
	3.6.1 物理/化学测试 3.6.2 微生物测试（不包括无菌测试） 3.6.3 微生物测试（包括无菌测试） 3.6.4 生物测试

第 3 部分

1. 不合规性质（检查所有相关框）	
□分析验证	□内务——清洁、整齐
□批次放行规程	□工艺过程控制——生产操作的控制与监测
□测量与测试仪器校准	□中间产品与半成品测试
□对照物质与试剂标定	□异常情况调查
□清洁验证	□生产线清场、隔离与潜在混淆
□投诉与产品召回	□人员问题：关键人员职责
□计算机化系统——文件与控制	□人员问题：卫生／着装
□计算机化系统——验证	□人员问题：培训
□潜在物理/化学污染	□工艺验证
□潜在微生物污染	□生产计划与时间安排
□设备设计与维护保养	□药政问题：与生产许可不符
□厂房设计与维护保养	□药政问题：与上市许可不符
□生产类文件	□药政问题：未经许可的活动
□文件——质量体系要素／规程	□取样——规程与设施
□文件——质量标准与检测	□自检
□环境控制	□原料与包装构件测试
□环境监测	□操作中设备与设施状态标识
□设备确认	□无菌保证
□成品测试	□供应商与外包企业审计及技术协议
□包装构件的处理与控制	□仓储与流通活动

2. 第三国国家官方或国际组织已采取/已建议 * 的措施：
□全部/部分暂停、变更、废止 * 该生产场地所获批准的活动
□撤销现行有效的药品生产质量管理规范证书/声明
□召回已经放行的批次
□禁止供应
□暂停临床试验
□其他＜自由文本＞

3. 其他意见

电话会议日期		电话会议时间 （欧洲中部时间）		拨入号码	
该场地生产的产品，如已知	产品	剂型	主审国、成员国或欧洲药品管理局		
人用药					
兽药					
人用临床研究用药	欧盟药品监管机构临床试验数据库（EudraCT）编号				

_____ ［成员国］主管部门授权人姓名_____

［姓名、职务、国家主管部门名称，如有疑问，联系电话与传真号码］

___／___／___［日期］

*：删除不适用的。

欧洲经济区主管部门之间关于上市许可持有人/生产许可持有人信息交流申请表

标题	欧洲经济区主管部门之间关于上市许可持有人/生产许可持有人信息交流申请表
批准日期	2012 年 5 月
生效日期	2013 年 1 月 2 日
替代	新
修订原因	新
注释	

下列模板的拟订是为了方便欧洲经济区各主管部门之间的信息交换，而针对这些信息交换尚未建立规程或系统数据库（如 EudraGMP）。

参考编号：	页数/附件数：	日期：

发出申请的主管部门	
主管部门/国家	
地址/电话/传真	
联系人	
联系人电子邮件	

接收申请的主管部门

主管部门/国家	
地址/电话/传真	
联系人	
联系人电子邮件	

申请交流的信息（按需要填写）

上市许可持有人的地址/电话/传真/电子邮件	
药物预警质量受权人（QPPV）/药物预警现场主文件场地的地址/电话	
药品/剂型/规格/国际非专利名/上市申请	
生产企业的地址/电话/传真/电子邮件	
要求信息	

欧洲经济区主管部门之间关于上市许可持有人/生产许可持有人信息交流申请表的回复表

按照＿＿＿＿＿＿＿主管部门＿＿/＿＿/＿＿所请求（原始参考编号：＿＿＿＿＿＿

＿＿＿＿），＿＿＿＿＿＿＿＿＿主管部门确认下列信息：

上市许可持有人/药物预警质量受权人（QPPV）/药物预警现场主文件或生产企业
（按照需要删除）＿＿＿＿＿＿＿＿＿＿＿＿＿＿＿＿＿＿＿＿＿＿＿＿＿＿

（药品/剂型/规格/国际非专利名称/上市申请）＿＿＿＿＿＿＿＿＿＿＿＿＿＿＿

地址＿＿＿＿＿＿＿＿＿＿＿＿＿＿＿＿＿＿＿＿＿＿＿＿＿＿＿＿＿＿＿＿＿＿

＿＿＿＿＿＿＿＿＿＿＿＿＿＿＿＿＿＿＿＿＿＿＿＿＿＿＿＿＿＿＿＿＿＿＿＿

＿＿＿＿＿＿＿＿＿＿＿＿＿＿＿＿＿＿＿＿＿＿＿＿＿＿＿＿＿＿＿＿＿＿＿＿

＿＿＿＿＿＿＿＿＿＿＿＿＿＿＿＿＿＿＿＿＿＿＿＿＿＿＿＿＿＿＿＿＿＿＿＿

＿＿＿＿＿＿＿＿＿＿＿＿＿＿＿＿＿＿＿＿＿＿＿＿＿＿＿＿＿＿＿＿＿＿＿＿

＿＿＿＿＿＿＿＿＿＿＿＿＿＿＿＿＿＿＿＿＿＿＿＿＿＿＿＿＿＿＿＿＿＿＿＿

＿＿＿＿＿＿＿＿＿＿＿＿＿＿＿＿＿＿＿＿＿＿＿＿＿＿＿＿＿＿＿＿＿＿＿＿

＿＿＿＿＿＿＿＿＿＿＿＿＿＿＿＿＿＿＿＿＿＿＿＿＿＿＿＿＿＿＿＿＿＿＿＿

报告主管部门负责人姓名和签名：＿＿＿＿＿＿＿

日期：＿＿＿＿＿＿＿

中央注册程序相关规程

中央注册产品的 GMP 检查的统一

标题	中央注册产品的 GMP 检查的统一
批准日期	—
生效日期	—
替代	2001 年 1 月发布的申请审评过程中协调对国外和欧盟许可前检查规程
修订原因	统一欧盟报告格式，以进行中央和非中央的统一检查；范围扩大到日常检查
注释	不适用

1. 简介

本指南应与欧洲药品管理局（EMA）与欧盟成员国主管部门之间的标准协议条款一同阅读。

2. 范围

欧洲经济区（EEA）成员国主管部门应欧洲药品管理局要求进行的 GMP 检查。

3. 法律基础

为了完成中央注册程序下的上市许可申请资料评估，人用药委员会（CHMP）或兽药委员会（CVMP）可以根据欧洲议会和欧盟理事会的 726/2004 号指令第 8 条第 2 款和第 33 条第 2 款，要求对申请资料中的药品生产场地实施检查。

根据第 19 条第 3 款和第 44 条第 3 款的规定，也可要求重复检查（例行复检）。

4. GMP 检查的一般规程

4.1 由欧洲药品管理局协调的检查，使用"统一的药品××质量管理规范（GXP）申请程序"（the Corporate GXP Application）进行管理。

4.2 对于人用药委员会或兽药委员会根据 726/2004 号指令第 18 条或第 43 条的义务要求的所有检查，由成员国监管机构的检查员编写检查报告。

（注：如果监督机构不能在第三国实施检查，则可按照《欧共体职责委托规程》，请求其他主管部门实施检查）

4.3 可由人用药委员会或兽药委员会指定的参加检查的专家协助编写报告。

4.4 欧洲药品管理局要求检查报告必须用英文撰写。

4.5 报告的内容和格式应符合《欧共体规程汇编》要求。

4.6 在检查报告中应处理报告员/联合报告员提出的任何与生产活动和（或）控制

程序评估有关的问题，或由人用药委员会、兽药委员会和欧洲药品管理局确定的任何其他具体问题（如报告的问题、质量缺陷）。

4.7　在相关检查要求的时限内，应完成检查报告并发送给欧洲药品管理局，上传到"统一的药品××质量管理规范（GXP）申请程序"，并由所有检查员签名。

4.8　欧洲药品管理局将确定收到的检查报告是否符合本指南，以及其科学内容和总体质量。如果欧洲药品管理局认为报告有缺陷、不完整或低于所要求的科学标准，将把报告交回负责编写的监管机构，并以书面形式说明不接受报告的理由，建议一个期限以修订检查报告、复检或采取其他补救措施。对于许可前检查，该期限将考虑完成整个申请资料评审所需要的总体时间。

5. 上市许可申请人提交前通知

在提交的通知中，申请人应注明原料药生产企业的名称（包括联系点）和地址、成品，以及在欧洲经济区负责药品批次放行的场所。如有需要，应提供流程图以说明涉及的所有不同场所的职责。自上市许可申请资料递交时起，资料中列出的所有场所应已准备好迎接检查，所有场所应符合欧盟（或等同）药品生产质量管理规范（GMP）。

6. 检查小组的选派及检查准备

对于中央注册程序，由欧洲药品管理局审核递交的资料，并决定在批准或变更上市许可前是否需要对相关生产、质量控制、批次放行及进口场所进行检查，以确认 GMP 合规性。与报告员（副报告员）联合决定是否要求相关委员会批准检查要求。相关委员会在第 90 天或最迟在第 120 天批准上述决定，包括由报告员（副报告员）在第 70 天提交的评估报告或类似时间点中提出的关于上市许可申请的任何具体问题。

除此之外，对于中央注册上市许可中已列出的位于第三国的生产场所，为确认这些场所始终符合 GMP，除非有有效的互认协议或同等协议保障，欧洲药品管理局应确保这些场所受到例行复检，复检频率应符合《欧共体规程汇编》的规定。对位于欧洲经济区的场所，或受有效的互认协议或同等协议约束的场所，由相关国家主管部门负责复检。

欧洲药品管理局将指定国家主管部门组成检查小组。通常，由另一个监管机构支持的监管机构牵头（特别是有一个以上的监管机构）。欧洲药品管理局将根据需要，特别是在复检的情况下，与报告员（副报告员）和欧洲经济区检查机构进行协商，力求在成员国之间分配工作量。

国家主管部门使用"统一的药品××质量管理规范（GXP）申请程序"进行检查。国家主管部门不得提名未列入欧洲药品管理局专家名单中的人作为检查员。欧洲药品管理局在接受提名前，将检查专家提名书面化。

如果监督机构无法在第三国国家进行检查，将根据《欧共体职责委托规程》寻找替代的主管部门。

对于例行复检，与监管机构磋商后，欧洲药品管理局将提出年度检查计划，以便在其他检查机构支持下适当地分配工作量。

7. 联系申请人和被检查的生产企业

一旦人用药委员会或兽药委员会要求检查，欧洲药品管理局通知申请人/上市许可持有人（MAH），提供检查小组的详细资料，并要求支付检查费用。

依照理事会 EEC 2309/93 号指令第 53 条第 3 款规定的收费标准决定检查费用额度。对于欧盟以外的检查，依照已经修订的（EEC）297/95 号条例第 5 条第 4 款，申请人/上市许可持有人直接将（检查员的）差旅费支付给检查机构。检查员直接与生产企业联系以安排检查事宜，确定检查日期，如果在第三国检查，则应通知当地的主管部门。在检查准备过程中，可能要求生产企业或申请人、上市许可持有人提供被查场所和操作的信息（通常通过现场主文件来提供），可能要求申请人向检查小组提供注册资料相关内容副本。

在复检的情况下，欧洲药品管理局将提请检查小组注意已确定的任何具体问题，如最近一次检查发现的问题等。

8. 向（注册资料评审）报告员和欧洲药品管理局提交最终检查报告

检查报告发送给生产企业 1 个月后，检查小组应将检查报告发送至欧洲药品管理局，通过"统一的药品××质量管理规范（GXP）申请程序"签署并上传报告。依照欧盟法规，检查小组组长所代表的主管部门负责签发 GMP 证书或不合规声明，并相应地更新 EudraGMP。

汇编的变更历史

日期	详细情况
2003 年 12 月	由欧洲药品管理局代表欧盟委员会更新并首次发布 2001 年 5 月版本，其中有处理可疑质量缺陷的新规程、更新的快速预警规程，在信息交换格式与规程中增加了确认的验证，以及欧盟检查机构的质量体系框架。
2004 年 2 月（第 1 次修订）	根据 2001/20/EC 指令第 15 条第 5 款，《检查实施规程》中新增了针对临床研究用药的一个附录，并修订了《GMP 检查员培训与资质规程》。
2004 年 9 月（第 2 次修订）	《快速预警处理规程》第 5 节有小变更，将该规程和信息交换用的各类表格进行统一（有一个新表格）。在第三国检查有负面检查结论时，要求在整个欧盟采取统一的管理措施。
2005 年 2 月（第 3 次修订）	修订了第三国 GMP 核查程序。
2005 年 9 月（第 4 次修订）	根据 2004/27/EC 指令第 47 条和 2004/28/EC 指令第 51 条分别修订了 2001/83/EC 指令和 2001/82/EC 指令，分别修订了 GMP 检查报告和生产许可的欧盟格式和 GMP 证书的欧盟格式。根据 2001/83/EC 指令第 111 条第 1 款和经修订的 2001/82/EC 指令第 80 条第 1 款的规定，针对"何时适合对原料药生产企业实施检查"，增加了主管部门指南。同时对欧洲药品管理局要求实施检查的总结报告附录 2 做了一个小的修改。更正了疑似质量缺陷处理规程的标题。
2006 年 7 月（第 5 次修订）	在质量缺陷引起的《快速预警规程》中增加了简介，并做了小变更。对生产许可证格式和 GMP 证书格式进行了修改。
2006 年 9 月（第 5 次修订，制定新格式）	为方便个人从网站下载资料，网站重新编排并为个别文件制定了新格式。文件的主要文本未做任何修改。
2006 年 10 月（第 6 次修订）	引入了一个针对中央注册产品且监管机构委托另一个主管部门实施 GMP 检查的规程。
2007 年 3 月（第 7 次修订）	增加了 GMP 证书签发和更新规程。删除了根据互认协议向各国出口药品的生产企业批次证书的内容，以及中央注册程序下申请相关的检查缺陷的活动/决策图等内容。
2008 年 4 月（第 8 次修订）	按照 ICHQ9 指南，修订了《GMP 检查机构质量体系框架》，增加了质量风险管理方法。
2008 年 8 月（第 9 次修订）	更新了《GMP 检查员培训与资质规程》。
2010 年 3 月（第 10 次修订）	新增了《GMP 严重不合规处理规程》，该规程可确保针对因 GMP 不合规而撤销或暂停 CEP 证书做出一致反应。更新了《处理可疑质量缺陷规程》和《快速预警处理规程》以涵盖原料药、假药及临床试验用药。因为已达成一项协议，即不再需要编写以前需要由欧洲药品管理局要求进行检查的额外总结报告，修订了《GMP 检查报告格式》。

日期	详细情况
2010 年 8 月（第 11 次修订）	新增了《GDP 检查员培训与资质规程》，同时，该规程是与药品 GDP 有关的第一个文件。由于增加了该规程，对简介做了更新。发布了修订版《在申请评审过程中的许可前检查国外与欧共体协调规程》（协调中央注册程序下的药品 GMP 检查）。鉴于 2010 年 3 月引入的《欧共体 GMP 检查报告格式》，删除了 CHMP 或 CVMP 要求的药品 GMP 检查报告编写指南。
2011 年 1 月（第 12 次修订）	新增了对批发分销企业实施检查的检查员培训与资质规程，汇编并合并成一个单独的文档。
2011 年 7 月（第 13 次修订）	删除 GMP/GDP 检查工作小组商定的"欧洲经济区主管部门之间就生产企业的生产和（或）批发分销许可的信息交换"（24-26/05/2011）。
2012 年 5 月（第 14 次修订）	"监管机构使用的表格"部分的新模板（批发分销许可、GDP 证书、GDP 不合规声明）和原料药（人用）注册的生产企业、进口企业或经销商的模板添加了促进录入欧盟数据库的内容（根据欧盟指令 2011/62/）。增加了处理来自第三国主管部门或国际组织的 GMP 严重不合规信息规程。
2012 年 7 月（第 15 次修订）	"生产许可的欧盟格式"已做修订，以便做出统一解释。"GMP 证书的欧盟格式"也做了类似的修改，以便解释，并涵盖原料药生产企业。"GMP 不合规声明"和"来自第三国主管部门或国际组织的 GMP 严重不合规信息的通知"已在"监管机构使用的表格"部分下单独编写。在"监管机构使用的表格"一栏下，增加了一个新的"要求欧洲经济区主管部门就上市许可持有人/生产许可持有人交换信息的表格"模板。
2013 年 6 月（第 16 次修订）	在"与 GDP 检验有关的程序"一节下增加了新模板。创建了一个新章节"解释文件"，并且在该章节中增加了"生产/进口许可解释文件"。修订了《药品生产企业风险检查计划模式》（《GMP 检查规程》），将 PI-037-1-PIC/S 推荐模式纳入 GMP 下的风险检验计划。在"监管机构使用的表格"一节中，增加了"GDP 检查格式"的模板。
2014 年 10 月（第 17 次修订）	"要求采取统一措施以保护公众或动物健康的处理 GMP 严重不合规的规程"取代了"处理 GMP 严重不合规要求或 CEPs 的撤销/暂停程序，因此需要统一的行政行动"。新规程反映了取代程序所取得的经验。"适当情况下主管部门对原料药生产企业、进口企业和分销商以及用作原料的赋形剂的生产企业/进口企业的场地进行检查的指南"一直在修改以符合新医药产品的要求。在"解释文件"一节中介绍了"GMP 证书欧盟格式的解释"。

第三部分
欧盟应对抗菌药物耐药性相关法规

欧洲议会和欧盟理事会关于监测人兽共患病和人兽共患病病原体的 2003/799/EC 号指令

（2003 年 11 月 17 日）

（注：本指令同时修订 90/424/EEC 号决议，并废止理事会 92/117/EEC 号指令）

欧洲议会和欧洲联盟理事会考虑到《建立欧洲经济共同体条约》（以下简称《条约》），特别是其中第 152 条第 4 款（b）点的规定、欧盟委员会的提议、欧洲经济与社会委员会的意见。

经地区委员会协商，按照《条约》第 251 条规定的程序，鉴于：

（1）活畜和动物源性食品已列入《条约》附录Ⅰ。畜牧业和向市场提供动物源性食品是农民收入的重要来源。实施旨在提高欧共体公众和动物健康水平的兽医措施，有助于农业部门实现合理发展。

（2）保护人类健康，使人类免受直接或间接在动物和人类之间传播的疾病和感染（人兽共患病）的侵害，至关重要。

（3）通过食物传播的人兽共患病可能会致人类疾病，给粮食生产和食品行业带来经济损失。

（4）通过食品以外途径传播，尤其是通过野生动物和伴侣动物传播的人兽共患病，也是一个值得关注的问题。

（5）1992 年 12 月 17 日发布的、防范动物和动物源性产品中特定人兽共患病和特定人兽共患病病原体、防止食源性疾病和食物中毒的欧盟理事会 92/117/EEC 号指令规定在成员国和欧盟层面建立特定的人兽共患病监测系统。

（6）在欧盟人兽共患病流行病学参比实验室的帮助下，欧盟委员会每年从成员国收集监测结果，进行汇总。自 1995 年以来，每年公布结果。这些结果为评价人兽共患病和人兽共患病病原体的现状提供了依据。但是，由于数据收集系统不统一，无法在各成员国之间进行比较。

（7）其他欧盟法规对动物种群中某些人兽共患病的检测和控制做出了规定。特别指出，1964 年 6 月 26 日发布的关于影响欧盟内部猪牛贸易的动物卫生问题的理事会 64/432/EEC号指令专门针对牛结核病和牛布鲁氏菌病，1991 年 1 月 28 日发布的关于影响欧盟内部绵羊山羊贸易的动物卫生问题的理事会 91/68/EEC 号指令专门针对绵羊和山羊布鲁氏菌病。本指令不应与现行法规有不必要的重复。

（8）此外，欧洲议会和欧盟理事会未来关于食品卫生的法规应涵盖预防、控制和监测人兽共患病和人兽共患病病原体所必需的具体内容，包括对食品微生物质量的具体要求。

（9）92/117/EEC 号指令规定收集人兽共患病人类病例的数据。1998 年 9 月 24 日发布的欧洲议会和欧盟理事会关于在欧盟内部建立传染病流行病学监测控制网络的 2119/98/EC 号决定，目的也是加强此类数据的收集，进而在欧盟内部加强对传染病的预防和控制。

（10）收集人兽共患病病例和动物、食品、饲料以及人体内人兽共患病病原体的相关数据，对确定人兽共患病的趋势和来源非常必要。

（11）与公共卫生有关的动物检疫科学委员会于 2000 年 4 月 12 日通过关于人兽共患病的意见，认为当时对食源性人兽共患病感染采取的控制措施力度不够。该意见还认为，各成员国收集的流行病学资料不完整，不具可比性。因此，欧盟委员会建议改进监测计划，确定风险管理对象。欧盟委员会确定了沙门菌、弯曲杆菌、肠产毒性大肠杆菌、单核细胞增生性李斯特菌、隐孢子虫、细粒/多房棘球绦虫和旋毛虫作为公共卫生优先管理对象。

（12）有必要对根据 92/117/EEC 号指令建立的现有监测和数据收集系统进行改进。同时，2003 年 11 月 17 日发布的关于控制沙门菌和其他特定食源性人兽共患病病原体的欧洲议会和欧盟理事会（EC）2160/2003 号条例将取代根据 92/117/EEC 号指令建立的具体控制措施。92/117/EEC 号指令应予以废止。

（13）2002 年 1 月 28 日发布的欧洲议会和欧盟理事会（EC）178/2002 号条例对食品法律的一般原则和要求做出了规定，成立了欧洲食品安全局，制定了食品安全事项规程，构建了食品安全科学咨询和科学支持新框架，应在此框架下收集和分析相关数据。

（14）如有必要，为方便数据的汇总和比较，应在协调一致的基础上开展监测。这样可以在欧盟内部对人兽共患病和人兽共患病病原体的趋势和来源进行评估。所收集的数据，连同其他来源数据，应共同为人兽共患病风险评估提供依据。

（15）应优先监测对人类健康构成较大危害的人兽共患病。但是，监测系统也应有助于发现新出现的人兽共患病和新的人兽共患病原菌株。

（16）抗菌药物（如抗菌药物类兽药产品和抗菌药物类饲料添加剂）耐药性应引起人们警觉，同样应对其进行监测。应对此类监测做出规定，不仅要涵盖人兽共患病病原体，还应针对目前危害公共卫生的其他病原体做出规定。特别指出，应对指示微生物进行监测。此类微生物是耐药基因的源头之一，可向致病菌转移。

（17）除了一般监测外，根据具体需要可制订统一监测方案。应特别注意（EC）2160/2003 号条例附录Ⅰ所列的人兽共患病。

（18）进行彻底调查，可为确定食源性人兽共患病病原体、所涉及食物传播媒介和食品加工制作过程中的因素提供帮助。因此，应对此类调查提供适当资助，并在各部门之间进行密切合作。

（19）2001 年 5 月 22 日发布的欧洲议会和欧盟理事会（EC）999/2001 号条例纳入对传染性海绵状脑病的预防、控制和根除的规定。

（20）为确保有效使用收集到的人兽共患病和人兽共患病病原体的信息，应针对所有相关信息的交换制定相应规则。此类信息应在各成员国内收集，以报告的形式向欧盟委员会提交，同时转发欧洲食品安全局，并以适当方式向公众提供，不得拖延。

（21）应每年提交报告。有需要时，也可额外提交报告。

（22）可指定国家和欧盟参比实验室向本指令覆盖的人兽共患病和人兽共患病病原体的分析和测试提供指导和帮助。

（23）1990年6月26日发布的欧盟理事会关于兽医领域支出的90/424/EEC号决定，因为涉及欧盟向某些人兽共患病和人兽共患病病原体监测和控制行动提供资助的详细规则，应予修订。

（24）考虑到技术和科学进步，应制定适当的程序，修订本指令的某些规定，以及采取执行和过渡措施。

（25）考虑到技术和科学进步，欧盟委员会和各成员国之间应在根据（EC）178/2002号条例设立的常设委员会范围内进行密切和有效的合作。

（26）各成员国无法通过单独行动收集可比数据，在欧盟层面上为重点人兽共患病病原体的风险评估提供依据。这些数据的收集可以在欧盟层面上进行。因此，欧盟可按照《条约》第5条规定的辅助性原则采取措施。按照该条款所述的相称原则，本指令不会超出实现这些目标所需的范围。各成员国应承担建立和维护监测系统的责任。

（27）执行本指令所需的措施应根据1999年6月28日发布的理事会1999/468/EC号决定通过，该决定规定了欧盟委员会行使执行权的程序。

兹通过本指令。

第 I 章　介绍性条款

第1条　目的和范围

1. 本指令旨在确保正确监测人兽共患病、人兽共患病病原体以及相关抗菌药物耐药性，对食源性疾病疫情进行合理的流行病学调查，以便在欧盟范围内收集必要的信息，评估相关趋势和来源。

2. 本指令涵盖以下内容：

（a）人兽共患病和人兽共患病病原体的监测；

（b）相关抗菌药物耐药性的监测；

（c）食源性疾病疫情的流行病学调查；

（d）有关人兽共患病和人兽共患病病原体的信息交流。

3. 在不违反关于动物健康、动物营养学、食品卫生、人类传染性疾病、工作场所健康和安全、基因技术和传染性海绵状脑病的欧盟具体规定的前提下，适用本指令。

第2条　定义

本指令适用下列定义。

1. （EC）178/2002号条例对定义做出了规定。

2. 定义如下：

（a）人兽共患病指可在动物和人类之间直接或间接自然传播的任何疾病；

（b）人兽共患病病原体指可能导致人兽共患病的任何病毒、细菌、真菌、寄生虫或其他生物体；

（c）抗菌药物耐药性指某些微生物在特定抗菌药物浓度下能够生存甚至生长的能力，而通常情况下这一浓度足以抑制或杀灭该微生物；

（d）食源性疾病疫情指在特定情况下观察到两例或多例同种疾病和感染，或在某种情况下观察到的病例数超出预期数量，而此类病例的发生很可能与同一食物有关；

（e）监测指收集、分析和发布有关人兽共患病病例、人兽共患病病原体及与之相关的抗菌药物耐药性信息。

第3条　一般义务

1. 各成员国应根据本指令或其他相关法规的规定，确保及时收集、分析和发布有关人兽共患病、人兽共患病病原体及其相关抗菌药物耐药性的信息。

2. 各成员国应就本指令指定一个或多个主管部门，并将指定的主管部门通报欧盟委员会。如果成员国指定多个主管部门，则成员国应当：

（a）将作为欧盟委员会联络点的主管部门告知欧盟委员会；

（b）确保主管部门配合工作，正确执行本指令要求。

3. 各成员国应确保在一般信息自由交流，必要时特定信息自由交流的基础上，根据本指令指定的一个或多个主管部门和下属部门建立起持续有效的合作：

（a）负责实施欧盟动物健康法规的主管部门；

（b）负责实施欧盟饲料法规的主管部门；

（c）负责实施欧盟食品卫生法规的主管部门；

（d）2119/98/EC号决定第1条提及的机构和主管部门；

（e）其他相关机构和组织。

4. 各成员国须确保第2款所述一个或多个主管部门的相关负责人在必要时接受兽医学、微生物学、流行病学的初级和长期培训。

第Ⅱ章　人兽共患病和人兽共患病病原体监测

第4条　人兽共患病和人兽共患病病原体监测的一般原则

1. 各成员国应收集人兽共患病和人兽共患病病原体相关的可比数据，进行危害识别、暴露评估、风险特征描述。

2. 在食物链与人兽共患病或人兽共患病病原体关系最为密切的一个或多个阶段开展监测，即：

（a）初级生产阶段；

（b）食物链的其他阶段，包括食品和饲料。

3. 监测应涵盖附录ⅠA部分所列人兽共患病和人兽共患病病原体。根据某一成员国疾病流行状况，有需要时，也应监测附录ⅠB部分所列人兽共患病和人兽共患病病原体。

4. 鉴于下列标准，欧盟委员会可对附录 I 进行修订，添加或删除人兽共患病或人兽共患病病原体：

（a）在动物和人群（饲料和食品）中的发病率；

（b）对人类影响的严重程度；

（c）对动物和人类健康以及对饲料和食品工业造成的经济影响；

（d）在动物和人群（饲料和食品）中的流行趋势。

按照第 12 条第 4 款所述的紧急优先程序，采取对本指令非必要元素进行修订的措施。

5. 监测应以各成员国现有系统为基础。但是必要时，为方便数据的汇总和比较，可根据第 12 条第 2 款所述程序，考虑已有的关于动物健康、食品卫生和人类传染病等领域的其他欧盟法规，制定附录 I 所列人兽共患病和人兽共患病病原体的具体监测规则。

这些详细规则应规定某些人兽共患病或人兽共患病病原体监测的最低要求。此类规则可特别规定以下内容：

（a）食物链中需要监测的动物种群、亚群或阶段；

（b）所收集数据的性质和类型；

（c）病例定义；

（d）需要使用的抽样方案；

（e）用于检测的实验室方法；

（f）报告频率，包括地方、地区和中央机构之间的报告准则。

6. 当考虑是否需要按照第 5 款制定详细规则，对人兽共患病和人兽共患病病原体的常规监测进行统一时，欧盟委员会应优先考虑附录 I 所列人兽共患病和人兽共患病病原体。

第 5 条 统一监测方案

1. 如果通过第 4 条规定的常规监测收集的数据不够充分，欧盟委员会可针对一种或多种人兽共患病和人兽共患病病原体制订统一监测方案，在成员国或欧盟层面评估人兽共患病和人兽共患病病原体的风险，或设定其基准值，在具体需求已确定的情况下尤需如此。应根据第 12 条第 3 款所述审查监管程序，采取对本指令非必要元素进行修订的措施。

2. 在建立统一监测方案的情况下，应特别参照（EC）2160/2003 号条例附录 I 所列动物种群中的人兽共患病和人兽共患病病原体。

3. 附录 III 规定了建立统一监测方案的最低标准。

第 6 条 食品企业经营者的职责

1. 各成员国应确保食品企业经营者根据第 4 条第 2 款的监测规定对现有人兽共患病和人兽共患病病原体进行检查时：

（a）保存检查结果，在主管部门规定的时间内留存任何相关的分离株；

（b）一旦要求，立即向主管部门报告检查结果或向其提供分离株。

2. 可根据第 12 条第 2 款所述程序，制定本条款实施细则。

第Ⅲ章　抗菌药物耐药性

第 7 条　抗菌药物耐药性监测

1. 各成员国应按照附录Ⅱ的规定，确保监测对公共卫生构成威胁的人兽共患病病原体或其他病原体中的抗菌药物耐药性，提供具有可比性的数据。

2. 上述抗菌药物耐药性监测应作为对根据 2119/98/EC 号决定开展的人源株监测的补充。

3. 可根据第 12 条第 2 款所述程序，制定本条款实施细则。

第Ⅳ章　食源性疾病疫情

第 8 条　食源性疾病疫情的流行病学调查

1. 各成员国应确保食品企业经营者根据 178/2002 号条例第 19 条第 3 款向主管部门提供信息时，所涉食品或其相应样品保存完好，不会妨碍实验室检查或对食源性疾病疫情的调查。

2. 主管部门应与 2119/98/EC 号决定第 1 条所述的机构合作，对食源性疾病疫情进行调查。调查应提供流行病学概况、受影响的食品和疫情潜在原因的相关数据。调查应尽可能包括充分的流行病学和微生物学研究。主管部门应向欧盟委员会转交（由其发送至欧洲食品安全局）调查结果总结报告，其中包括附录ⅣE 部分所述信息。

3. 可根据第 12 条第 2 款所述程序，制定有关食源性疾病疫情调查的详细规则。

4. 在不违背欧盟关于产品安全、人类传染性疾病预防控制及预警应急系统、食品卫生，以及食品法律的一般要求，特别是在不违背从市场上召回食品和饲料的紧急措施和程序的相关规定的前提下，适用第 1 款和第 2 款。

第Ⅴ章　信息交换

第 9 条　人兽共患病、人兽共患病病原体及抗菌药物耐药性趋势和来源的评估

1. 各成员国应在其领土范围内，对人兽共患病、人兽共患病病原体及抗菌药物耐药性的趋势和来源进行评估。

各成员国应于每年 5 月底向欧盟委员会提交人兽共患病、人兽共患病病原体及抗菌药物耐药性趋势和来源的报告，其中包含过去一年中根据第 4 条、第 7 条和第 8 条规定收集的数据，保加利亚和罗马尼亚可在 2008 年 5 月底提交首次报告。报告及其全部摘要须公开。

报告还应包含（EC）2160/2003 号条例第 3 条第 2 款（b）项中所述信息。

附录Ⅳ对相关报告的最低要求做出了规定。可根据第 12 条第 2 款所述程序，制定评估此类报告的具体规则，包括格式和必须提供的信息。

实际情况需要时，欧盟委员会可要求提供额外的具体信息，一旦要求，成员国须向欧盟委员会提交报告，也可主动提交。

2. 欧盟委员会应向欧洲食品安全局通报第 1 款所述的报告，由欧洲食品安全局对报告进行审查，于 11 月底发布欧盟内部人兽共患病、人兽共患病病原体及抗菌药物耐药性趋势和来源的总结报告。

编制总结报告时，欧洲食品安全局可考虑由下列欧共体法律框架提供的其他资料：

- 64/432/EEC 号指令第 8 条；
- 9/397/EEC 号指令第 14 条第 2 款；
- 90/424/EEC 号决定第 24 条；
- 2119/98/EC 号决定第 4 条。

3. 各成员国应向欧盟委员会提供根据第 5 条制定的统一监测方案结果。欧盟委员会应将结果发送至欧洲食品安全局。结果及其全部摘要须公开。

第Ⅵ章　实验室

第 10 条　欧盟及国家参比实验室

1. 可根据第 12 条第 2 款所述程序，指定一个或多个欧盟参比实验室，用于人兽共患病、人兽共患病病原体和抗菌药物耐药性的分析测试。

2. 在不损害 90/424/EEC 号决定有关规定的前提下，应根据第 12 条第 2 款所述程序，制定欧盟参比实验室的责任和任务，特别是协调自身与国家参比实验室的责任和任务。

3. 各成员国应为已设立欧盟参比实验室的每个领域指定国家参比实验室，并将情况通知欧盟委员会。

4. 可根据第 12 条第 2 款所述程序，制定国家参比实验室的责任和任务，特别是协调自身与相关成员国实验室的责任和任务。

第Ⅶ章　实施

第 11 条　附录及过渡性措施或执行措施的修订

欧盟委员会可对附录Ⅱ、附录Ⅲ、附录Ⅳ进行修订。可根据第 12 条第 2 款所述监管程序，采取其他过渡性措施或执行措施。

第 12 条　委员会程序

1. 根据（EC）178/2002 号条例设立的食品链与动物健康常设委员会应向欧盟委员会提供帮助，或在适当的情况下，由根据 2119/98/EC 号决定设立的委员会向欧盟委员会提供帮助。

2. 引用本款时，适用 1999/468/EC 号决定第 5 条和第 7 条，同时参考第 8 条规定。1999/468/EC 号决定第 5 条第 6 款规定的期限应定为 3 个月。

3. 引用本款时，适用 1999/468/EC 号决定第 5a 条第 1 款至第 4 款，同时参考第 8 条规定。

4. 引用本款时，适用 1999/468/EC 号决定第 5a 条第 1 款、第 2 款、第 4 款、第 6 款及第 7 条，同时参考第 8 条规定。

第 13 条　与欧洲食品安全局协商

欧盟委员会应就本指令范围内可能对公共卫生产生重大影响的问题，与欧洲食品安全局进行协商，特别是在提议修订附录Ⅰ或附录Ⅱ，或根据第 5 条制订统一监测方案之前。

第 14 条　转换为国家法律

1. 各成员国应通过并颁布必要的法律、法规和行政命令，以便在 2004 年 4 月 12 日前符合本指令要求。各成员国须将相关情况及时通知欧盟委员会。

各成员国须于 2004 年 6 月 12 日之前实施上述措施。

各成员国采纳上述措施时，应包含对本指令的引用，或在其官方出版物中附上此类引用。各成员国应自行确定以何种方式引用。

2. 各成员国应向欧盟委员会传达其针对本指令涉及领域制定的国家法律法规的文本。

第Ⅷ章　最终条款

第 15 条　废止

2004 年 6 月 12 日起废止理事会 92/117/EEC 号指令。

但是，各成员国根据 92/117/EEC 号指令第 8 条第 1 款采取的措施、根据指令第 10 条第 1 款实施的方案以及根据指令第 8 条第 3 款批准的计划皆继续有效，直至根据 (EC) 2160/2003 号条例第 5 条批准相应的控制方案。

第 16 条　理事会 90/424/EEC 号决定的修订

现将 90/424/EEC 号决定修订如下。

1. 第 29 条替换如下：

第 29 条

1. 各成员国可以在第 24 条第 2～11 款规定的框架内，就第 2 组附录中特定人兽共患病的监测和控制，寻求欧盟财政支持。

2. 对于人兽共患病的控制，欧盟财政支持应作为国家控制方案的一部分。在 2003 年 11 月 17 日发布的关于控制沙门菌和其他特定食源性人兽共患传染病病原体的欧洲议会和欧盟理事会（EC）2160/2003 号条例第 5 条中，提及了此方案。欧盟财政最高支持额度为执行强制性控制措施所产生费用的 50%。

2. 插入以下条款：

第 29a 条

各成员国可以就 92/117/EEC 号指令批准的国家计划，寻求第 29 条第 2 款所述的欧盟财政支持，直至相应的控制方案根据（EC）2160/2003 号条例获得批准。

3. 应向附录第 2 组列表中加入以下内容：

- 弯曲杆菌病及其病原体；
- 李斯特菌病及其病原体；
- 沙门菌病（人兽共患沙门菌）及其病原体；
- 旋毛虫病及其病原体；
- 肠产毒性大肠杆菌。

第 17 条　生效

本指令在欧盟官方公报出版之日起生效。

第 18 条　适用对象

本指令针对所有成员国。

2003 年 11 月 17 日签署于布鲁塞尔

欧洲议会　　　　　　　　　　　　　　　　　　　　　　　　欧盟理事会
主席　　　　　　　　　　　　　　　　　　　　　　　　　　主席
P. 考克斯　　　　　　　　　　　　　　　　　　　　　　　　G. 阿莱曼诺

附录 I

A. 列入监测的人兽共患病和人兽共患病病原体

- 布鲁氏菌病及其病原体
- 弯曲杆菌病及其病原体
- 棘球蚴病及其病原体
- 李斯特菌病及其病原体
- 沙门菌病及其病原体
- 旋毛虫病及其病原体
- 牛型分枝杆菌引起的结核病
- 肠产毒性大肠杆菌

D. 需根据流行病学状况监测的人兽共患病和人兽共患病病原体清单

1. 病毒性人兽共患病

- 杯状病毒
- 甲型肝炎病毒
- 流感病毒
- 狂犬病病毒
- 通过节肢动物传播的病毒

2. 细菌性人兽共患病

- 包柔螺旋体病及其病原体
- 肉毒毒素中毒及其病原体
- 钩端螺旋体病及其病原体
- 鹦鹉热及其病原体
- A 项之外的结核病
- 弧菌病及其病原体
- 耶尔森鼠疫杆菌肠道病及其病原体

3. 寄生虫性人兽共患病：

- 异尖线虫病及其病原体
- 隐孢子虫病及其病原体
- 囊虫病及其病原体
- 弓形体病及其病原体

4. 其他人兽共患病和人兽共患病病原体

附录Ⅱ　第7条所述抗菌药物耐药性监测要求

A. 一般要求

各成员国必须确保第7条规定的抗菌药物耐药性监测系统至少提供以下信息：

1. 列入监测的动物种类；
2. 列入监测的细菌菌种和菌株；
3. 监测所使用的抽样策略；
4. 列入监测的抗菌药物；
5. 用于检测耐药性的实验室方法；
6. 用于鉴定微生物分离株的实验室方法；
7. 数据收集方法。

B. 特殊要求

各成员国必须确保监测系统至少提供来自猪、牛、家禽及其加工制成的动物源性食品的具有代表性数量的沙门菌、空肠弯曲菌和结肠弯曲菌分离株的相关信息。

附录Ⅲ　第5条所述统一监测方案

建立统一监测方案时，至少须明确方案的以下特点：
- 目的；
- 持续时间；
- 地理区域；
- 涉及的人兽共患病和人兽共患病病原体；
- 样品和所需其他数据单位的类型；
- 最小采样方案；
- 实验室检测方法类型；
- 主管部门的任务；
- 资源分配；
- 成本预算及资金获得途径；
- 结果报告的方法和时间。

附录Ⅳ 第9条第1款所述提交报告的要求

第9条第1款所指报告必须至少提供以下信息。A至D部分适用于按照第4条或第7条开展监测的报告。E部分适用于按照第8条开展监测的报告。

A. 开始时，须对每种人兽共患病和人兽共患病病原体做如下描述（之后只有发生变化时才予以报告）

（a）监测系统（采样策略、采样频率、标本类型、病例定义、使用的诊断方法）；

（b）疫苗接种政策和其他预防措施；

（c）控制机制及相关方案；

（d）阳性结果或个案情况下采取的措施；

（e）适当的通知系统；

（f）该国国内的疾病和感染史。

B. 每年须说明以下情况

（a）相关的易感动物（附上相关数字和日期）：

• 牛群或羊群数量；

• 动物总数；

• 相关情况下涉及的养殖方式。

（b）参与监测的实验室和机构的数量和一般描述。

C. 每年须说明以下每种人兽共患病病原体及相关数据类别的详细资料及结果

（a）所述系统的变化；

（b）上述方法的变更；

（c）调查或进一步归类的结果，或其他实验室特征方法（各类别分别报告）；

（d）最近感染情况、趋势和来源的国家级评估；

（e）与人兽共患病的相关性；

（f）动物和食品调查结果作为人类传染源与人类病例的相关性；

（g）认可的控制策略，可用于预防或减少人兽共患病病原体向人类传播；

（h）如有必要，成员国决定采取的具体行动，或根据最近状况，向欧盟建议采取的具体行动。

D. 检查结果报告

出具结果时，应说明所调查的流行病学单位（羊群、牛群、样品、批次）及根据病例定义得出的阳性病例数量。在必要时，结果应以显示人兽共患病或人兽共患病病原体地理分布的方式呈现。

E. 食源性疾病疫情数据

（a）过去一年中的疫情总数；

（b）疫情引发的人类死亡数和病例数；

（c）疫情病原体，在可能的情况下，包括病原体血清型或其他明确特征，凡无法鉴定病原体的，应说明无法鉴定的原因；

  （d）受疫情牵连的食品及其他潜在的传播媒介；

  （e）确定肇事食品生产、销售的场所类型；

  （f）成因，如食品加工过程卫生状况不良等。

欧盟委员会执行决定
监测和报告人兽共患病病原体和共生菌
抗菌药物耐药性
（2013/652/EU）

欧盟委员会考虑到欧盟运作条约，欧洲议会和欧盟理事会于 2003 年 11 月 17 日通过的关于"监测人兽共患病和人兽共患病病原体"的 2003/99/EC 号指令，特别是其中的第 7 条第 3 款和第 9 条第 1 款第 4 项，欧盟委员会决定修订理事会 90/424/EEC 号决定并废止理事会 92/117/EEC 号指令。

鉴于：

（1）2003/99/EC 号指令规定，各成员国应确保对公共卫生构成威胁的人兽共患病病原体或其他病原体中的抗菌药物耐药性的监测，以提供具有可比性的数据。

（2）2003/99/EC 指令还规定，各成员国应评估抗菌药物耐药性在其领土内的趋势和来源，并每年向欧盟委员会递交一份报告，报告包括根据该指令收集的数据。

（3）欧盟委员会在 2011 年 11 月 15 日向欧洲议会提交的关于应对抗菌药物耐药性不断上升的行动计划中，提议根据 12 项关键行动（包括加强抗菌药物耐药性监测）制订一项抗击抗菌药物耐药问题的五年行动计划。

（4）在欧盟理事会 2012 年 6 月 22 日关于卫生部门和兽医部门受抗菌药物耐药性影响的"同一健康"的结论中，呼吁欧盟委员会采取具体措施跟进 2011 年 11 月 15 日交流中提出的 12 项关键行动，同时与欧洲疾病预防控制中心（ECDC）、欧洲食品安全局（EFSA）和欧洲药品管理局（EMA）进行密切合作，加强对欧盟内部的人群、动物和食品中抗菌药物耐药性问题的预估与评价。

（5）在 2012 年 12 月 11 日的全体会议上，欧洲议会通过了一份关于"微生物的挑战——抗菌药物耐药性不断上升的威胁"的报告。在这份报告中，欧洲议会非常认同欧盟委员会关于应对抗菌药物耐药性的五年行动计划，并认为需要尽快执行欧盟委员会建议的措施。欧洲议会特别呼吁欧盟委员会和各成员国在人类、动物、鱼类和食品中有关病原菌的早期发现、预警和协调反应程序方面寻求更大的协调与合作，以便持续监测抗菌药物耐药性的程度和发展速度。

（6）根据 FAO/WHO 的联合食品标准计划，食品法典委员会在日内瓦举行的第 34 届会议上通过了《食源性抗菌药物耐药性风险分析指南》，其中强调了抗菌药物耐药性是一项重大的全球公共卫生问题和食品安全问题。在食品动物和农作物中使用抗菌药物是传播抗菌药物耐药性微生物的潜在重要危险因素，也是通过摄食途径从动物和农作物传播到人类的决定因素。

（7）食品法典委员会指南还特别指出，对食源性抗菌药物耐药性流行情况的监测计划提供了对抗菌药物耐药性风险分析过程的所有部分都有用的信息。监测计划的方法应尽可能在国际上协调一致。使用标准化和验证过的抗菌药物敏感试验方法和统一的解释标准对于确保数据的可比性至关重要。

（8）世界动物卫生组织的陆生动物卫生法典在第 6.7 章"国家抗菌药物耐药性监测和监测项目的统一"，强调了对抗菌药物耐药性的监测和控制是为了评估和确定抗菌药物耐药细菌的发展趋势和来源，为了发现新出现的抗菌药物耐药机制，为了提供必要的数据用以进行有关动物和人类健康的风险分析，为动物和人类健康的政策建议提供基础，并为评价抗菌药物处方实践和谨慎使用抗菌药物建议提供信息。

（9）2008 年 7 月 9 日，欧洲食品安全局通过了一项科学意见，认为食源性抗菌药物耐药性是一种生物危害。2009 年 10 月 28 日，欧洲疾病预防控制中心、欧洲食品安全局、欧洲药品管理局和欧盟委员会关于新兴和新发现的健康风险的科学委员会（SCENIHR）发表了一份关于抗菌药物耐药性的联合科学意见，重点讨论了从动物和食物传播给人类的感染性疾病（人兽共患病）。2009 年 3 月 5 日，欧洲食品安全局通过了一项科学意见，评估耐甲氧西林金黄色葡萄球菌（MRSA）的公共卫生意义。2011 年 7 月 7 日，欧洲食品安全局通过了《在食品和食品动物中存在的产超广谱 β 内酰胺酶和（或）头孢菌素酶的菌株的公共卫生风险的科学意见》。2011 年 10 月 3 日，欧洲食品安全局通过了一份关于"欧洲食品安全局用于抗菌药物耐药性风险评估方法"的技术报告，重点强调共生微生物。上述意见和报告的主要结论是，对抗菌药物耐药性的公共卫生关注日益增加，采用统一方法和流行病学界限值对确保各成员国数据的可比性是必要的，同时也便于比较成员国之间抗菌药物耐药性的发生率。

（10）2012 年 6 月 14 日，欧洲食品安全局发布了《通过食物传播的沙门菌、弯曲杆菌、指示共生菌大肠杆菌和肠球菌的抗菌药物耐药性统一监测和报告技术规范》。2012 年 10 月 5 日，欧洲食品安全局发布了《食品动物和食品中耐甲氧西林金黄色葡萄球菌耐药性统一监测和报告技术规范》。这些科学报告建议应对食品动物和食品中的抗菌药物耐药性流行情况的统一监测和报告制定细则，特别是所涵盖的微生物的范围、微生物分离株的来源、需要监测的分离株的数量、所使用的抗菌药物敏感试验、对耐甲氧西林金黄色葡萄球菌和产超广谱 β 内酰胺酶或头孢菌素酶细菌的特殊监测，以及数据的收集和报告等。欧洲疾病预防控制中心参与此项工作将确保食品动物和食品部门的数据与人类部门的数据之间的可比性。

（11）根据这些报告和意见的结果，在确定要纳入统一监测和报告的抗菌药物耐药性的细菌种类、食品动物种类和食品组合时，必须从公共卫生的角度优先考虑最重要的因素。为了尽量减少负担，监测工作应尽可能在已建立的国家监测方案框架内收集的生物样本或分离株中进行。

（12）欧洲议会和欧盟理事会（EC）2160/2003 号条例规定，各成员国应制订国家控制计划，包括在食物链的不同阶段对沙门菌进行抽样检测。欧盟委员会（EC）2073/2005 号条例制定了某些微生物的微生物学标准及食品企业经营者须遵守的规则。主管部门尤其要确保食品企业经营者遵守欧洲议会和欧盟理事会 888/2004 号条例中的规定和准则。对沙门菌抗菌药物耐药性的监测应集中于从国家控制计划中获得的分离株以及由主管部门根据 2073/2005 号条例第 1 条规定经过检测和验证其合规性的分离株。

（13）欧盟委员会 2007/407/EC 号决定制定了详细规则，以指导各成员国在 2007 年至 2012 年期间在家禽、火鸡和屠宰猪中实施沙门菌抗菌药物耐药性监测。这种统一的监测应继续跟随抗菌药物耐药性发展趋势，将监测范围扩大到其他病原体和共生菌的抗菌药物耐药性，以满足公众对这些微生物的抗菌药物耐药性的关注需求。因此，根据 2003/99/EC 号指令第 7 条和第 9 条进行的监测和报告应符合抗菌药物耐药性统一监测和报告的相关条例和技术要求，这些规定应考虑到欧洲食品安全局提出的建议。

（14）为了明确欧盟立法，应立即废止 2007/407/EC 号决定。

（15）为了使各成员国能够自行组织并方便执行本决定所规定的监测和报告，本决定自 2014 年 1 月 1 日起实施。

（16）本决定中规定的措施采纳了食物链与动物健康常设委员会的意见。

兹通过本决定。

第 1 条　目的与范围

1. 本决定根据 2003/99/EC 号指令第 7 条和第 9 条及其附录 ⅡB 和附录 Ⅳ，为各成员国实施抗菌药物耐药性的统一监测和报告制定了细则。

监测和报告应包括从某些食品动物和食品中抽样获得的下列细菌：

（a）沙门菌；

（b）空肠弯曲菌和结肠弯曲菌；

（c）指示共生菌大肠杆菌；

（d）指示共生菌粪肠球菌和屎肠球菌。

2. 本决定为在某些食品动物和食品中产生以下酶的沙门菌和大肠杆菌的统一监测和报告制定了具体的要求：

（a）超广谱 β 内酰胺酶；

（b）头孢菌素酶；

（c）碳青霉烯酶。

第 2 条　各成员国的抽样框架及分离株的收集

1. 各成员国应确保按照附录 A 部分所规定的技术要求对抗菌药物耐药性进行监测抽样。

2. 各成员国应根据附录 A 部分所规定的技术要求收集下列细菌的代表性分离株：

（a）沙门菌；

（b）空肠弯曲菌；

（c）指示共生菌大肠杆菌；

（d）产超广谱 β 内酰胺酶、头孢菌素酶、碳青霉烯酶的沙门菌和大肠杆菌。

3. 各成员国也可以根据附录 A 部分所规定的技术要求收集下列细菌的代表性分离株：

（a）大肠杆菌；

（b）指示共生菌粪肠球菌和屎肠球菌。

第 3 条　从食品企业经营者处采集的沙门菌分离株

如果由于各成员国中细菌污染率较低或流行病学单位数量较少，导致由主管部门按照附录 A 部分第 1 条（a）点的要求在官方监测时所采集的沙门菌分离株的最小数量不足以达到完成抗菌药物敏感试验所需的最小数量要求，主管部门可以使用从食品企业经营者处采集的沙门菌分离株，但必须按照下列规定获得分离株：

（a）2160/2003/EC 号条例第 5 条规定的国家监测方案；

（b）2073/2005/EC 号条例附录Ⅰ第 2 章第 2.1.3 条、第 2.1.4 条和 2.1.5 条所述的加工过程卫生规范。

第 4 条　由国家参比实验室分析

1. 抗菌药物耐药性国家参比实验室应进行以下分析：

（a）附录 A 部分第 2 条和第 3 条中所述的分离株的抗菌药物敏感试验；

（b）附录 A 部分第 4 条中所述的针对产超广谱 β 内酰胺酶、头孢菌素酶、碳青霉烯酶的沙门菌和大肠杆菌的特殊监测。

2. 主管部门可根据 882/2004/EC 号条例第 12 条的规定来指定非国家参比实验室进行第 1 款规定的分析。

第 5 条　评估和报告

各成员国应根据第 2 条和第 3 条的规定对抗菌药物耐药性监测结果进行评估，并将评估结果列入 2003/99/EC 号指令第 9 条第 1 款所规定的关于人兽共患病趋势和来源的报告中。

第 6 条　数据的公布与保密

欧洲食品安全局应按照 2003/99/EC 号指令第 9 条第 2 款公布以国家分离株为基础的定量抗菌药物耐药性数据和本决定第 4 条规定的分析结果。

第 7 条　废止

废止 2007/407/EC 号决定。

第 8 条　生效

本决定自 2014 年 1 月 1 日起生效。

第9条　适用对象

本决定针对所有成员国。

2013 年 11 月 12 日签署于布鲁塞尔

欧盟理事会执行委员会

托尼奥·博格

附录　技术要求

A 部分　抽样框架及分析

1. 分离株的来源

各成员国应收集具有代表性的分离株用以监测至少以下几种动物和食品中的抗菌药物耐药情况。

（a）沙门菌分离自：

（Ⅰ）根据 2160/2003/EC 号条例第 5 条的规定而制定的国家统一监测框架下进行抽样的产蛋鸡、肉鸡和育肥火鸡；

（Ⅱ）根据 2073/2005/EC 号条例附录Ⅰ第 2 章第 2.1.5 条的要求，抽样检验和合规性验证的肉鸡和育肥火鸡的肉尸；

（Ⅲ）根据 2073/2005/EC 号条例附录Ⅰ第 2 章第 2.1.4 条的要求，抽样检验和合规性验证的育肥猪的肉尸；

（Ⅳ）根据 2073/2005/EC 号条例附录Ⅰ第 2 章第 2.1.3 条的要求，在每年猪肉和一岁龄以下的牛肉产量超过 10000 吨的成员国中，抽样检验和合规性验证的该年龄段牛的肉尸。

（b）在每年火鸡肉产量超过 10000 吨的成员国中，屠宰肉鸡和育肥火鸡时收集到的盲肠样本中分离到的空肠弯曲菌。

（c）指示共生菌大肠杆菌分离自：

（Ⅰ）在每年火鸡肉产量超过 10000 吨的成员国中，屠宰肉鸡和育肥火鸡时收集到的盲肠样本；

（Ⅱ）在每年猪肉和一岁龄以下的牛肉产量超过 10000 吨的成员国中，屠宰育肥猪和一岁龄以下的牛时收集到的盲肠样本。

（d）产超广谱 β 内酰胺酶、头孢菌素酶、碳青霉烯酶的大肠杆菌分离自：

（Ⅰ）在每年火鸡肉产量超过 10000 吨的成员国中，屠宰肉鸡和育肥火鸡时收集到的盲肠样本；

（Ⅱ）在每年猪肉和一岁龄以下的牛肉产量超过 10000 吨的成员国中，屠宰育肥猪和一岁龄以下的牛时收集到的盲肠样本。

（Ⅲ）在销售商处收集到的鸡肉、猪肉和禽肉。

（e）各成员国根据第 2 条第 3 款（a）项决定检测的大肠杆菌分离自：

（Ⅰ）肉鸡屠宰时收集到的盲肠样本；

（Ⅱ）育肥猪屠宰时收集到的盲肠样本。

（f）各成员国根据第 2 条第 3 款（b）项决定检测的粪肠球菌和屎肠球菌分离自：

（Ⅰ）在每年火鸡肉产量超过 10000 吨的成员国中，屠宰肉鸡和育肥火鸡时收集到的盲肠样本；

（Ⅱ）在每年猪肉和一岁龄以下的牛肉产量超过 10000 吨的成员国中，屠宰育肥猪和一岁龄以下的牛时收集到的盲肠样本。

对于各成员国通过第（a）点到（f）点之外的来源获得的分离株，主管部门可在自愿的基础上检测抗菌药物耐药性，并根据附录B部分第2条的要求单独报告。进行此类抗菌药物耐药性检测时应符合第3条、第4条和第5条的具体技术要求。

2. 抽样频率、样本含量和抽样设计

2.1 抽样频率。

各成员国应每两年对本部分第1条所列的细菌种类、动物种类和食品种类的样本类型，按照第2条至第4条的规定，进行抽样、收集和抗菌药物敏感试验。并根据本部分第4条，按照下列的轮换制度对产超广谱β内酰胺酶、头孢菌素酶、碳青霉烯酶的沙门菌和大肠杆菌进行特殊监测：

（a）分别在2014年、2016年、2018年和2020年对蛋鸡、肉鸡及其鲜肉和育肥火鸡进行抽样，但根据第4.1条，在2014年并不强制要求对产超广谱β内酰胺酶、头孢菌素酶、碳青霉烯酶的指示共生菌大肠杆菌进行特殊监测；

（b）分别在2015年、2017年和2019年对猪、一岁龄以下的牛、猪肉和牛肉进行抽样。

2.2 样本含量。

各成员国应对来自第1条（a）、（b）、（c）、（e）和（f）点所列的每种细菌、动物和食品样本的170个分离株进行抗菌药物敏感试验。但是在每年禽肉和猪肉产量均低于100000吨的成员国中，只对每种细菌、动物和食品样本的85个而不是170个分离株进行抗菌药物敏感试验。

如果成员国在任一年份，从第1条（a）、（b）、（c）、（e）和（f）点所列的细菌、动物和食品样本中获得较多分离株，则所有分离株或具有代表性的、数量等于或大于第一段中所要求数量的随机抽样分离株样本应进行抗菌药物敏感试验。

在那些细菌的流行率低或流行病学单位数量少的成员国，在任一年份直到监测结束从第1条（a）、（b）、（c）、（e）和（f）点所列的细菌、动物和食品样本中获得的分离株数量都不能达到第一段的要求，所有分离株应进行抗菌药物敏感试验。

对于第4.1条所述的对产超广谱β内酰胺酶、头孢菌素酶、碳青霉烯酶的指示共生菌大肠杆菌进行特殊监测，各成员国只分析300个第1条（d）点中所列的动物及食品的样本。然而，在每年鸡肉产量少于100000吨、猪肉少于100000吨和牛肉产量少于50000吨的成员国应分析150个而不是300个相应动物及食品的样本。

2.3 抽样设计。

按照第2条的规定用来进行抗菌药物敏感试验的分离株，应根据随机抽样设计原则从监测计划中获得。第2条所述的细菌分离株必须来源于随机选择的流行病学单位，或者在屠宰场内随机选择。在对患病动物进行取样时，应按B部分第2条的要求，对其抗菌药物敏感试验结果进行单独报告。

主管部门应确保抽样方案的随机性及其正确实施。

在根据A部分第1条规定的屠宰场进行抽样时，应在负责加工处理该成员国至少60％的特定家畜的屠宰场进行抽样，从生产量最大的屠宰场开始。

本决定所规定的监测中，每年来自同一个流行病学单位的同种细菌的分离株数量不应超过 1 个。产蛋鸡、肉鸡和育肥火鸡以群作为流行病学单位。育肥猪和一岁龄以下牛应以持有量为流行病学单位。

2.3.1 屠宰样本的代表性抽样。

随机抽样计划应根据屠宰场年产量占每年国内生产动物数量的比例进行分层，将从屠宰场采集的样本量分配到每个屠宰场。

在屠宰时采集的样品应在一年的每个月均匀分布，以覆盖不同的季节。

每个流行病学单位仅采集一例具有代表性的盲肠内容物样本进行分类，不论其来自一具肉尸还是若干具肉尸。此外，抽样应基于每月随机选择抽样日，以及在选定的抽样日随机选择抽样批次。

为了达到分离株的数量要求，应根据所监测的细菌种类的流行情况来确定 A 部分第 1 条（a）、（b）、（c）、（e）和（f）点中要求收集的生物样本的数量。

2.3.2 在针对相关动物中的沙门菌的国家监测计划和 2073/2005/EC 号条例的框架下收集具有代表性的沙门菌分离株。

每年对来自同一流行病学单位的每种沙门菌血清型进行不超过 1 株的抗菌药物敏感试验。

一些成员国每年从动物中收集的沙门菌分离株的数量高于第 2.2 点所要求的分离株数量，这些成员国应至少随机抽取 170 或 85 株分离株，这样在某种程度上可以确保抽样的地理代表性和采样日期在一年中均匀分布。相反，在一些患病率低的成员国中，所有收集到的沙门菌都应进行抗菌药物敏感试验。

2.3.3 收集零售样本。

各成员国应在没有食物来源预选样本的情况下，在零售点随机抽取新鲜鸡肉、猪肉和牛肉样本。

3. 抗菌药物敏感试验、流行病学界限值和分离株用于抗菌药物敏感试验的浓度范围

各成员国应根据表 1、表 2 和表 3 中所述的流行病学界限值和的浓度范围来进行抗菌药物敏感试验并解释结果，以确定沙门菌、大肠杆菌、空肠弯曲菌、指示共生菌大肠杆菌、屎肠球菌和粪肠球菌的药敏性。

稀释法应采取被视为国际参考方法（ISO 标准 20776-1：2006）的欧洲抗菌药物敏感试验委员会（EUCAST）和美国临床和实验室标准协会（CLSI）描述的方法。

表 1 纳入抗菌药物耐药性监测的抗菌药物、EUCAST 耐药阈值及
沙门菌和指示共生菌大肠杆菌在试验中的浓度范围（第一组）

抗菌药物	菌种	说明性抗菌药物耐药性阈值（mg/L）		浓度范围（mg/L）（括号中为孔数）
		流行病学界限值[a]	临床折点[b]	
氨苄青霉素	沙门菌	>8	>8	1~64（7）
	大肠杆菌	>8	>8	

续表1

抗菌药物	菌种	说明性抗菌药物耐药性阈值（mg/L）		浓度范围（mg/L）（括号中为孔数）
		流行病学界限值[a]	临床折点[b]	
头孢噻肟	沙门菌	>0.5	>2	0.25~4（5）
	大肠杆菌	>0.25	>2	
头孢他啶	沙门菌	>2	>4	0.5~8（5）
	大肠杆菌	>0.5	>4	
美罗培南	沙门菌	>0.125	>8	0.03~16（10）
	大肠杆菌	>0.125	>8	
萘啶酸	沙门菌	>16	NA	4~128（6）
	大肠杆菌	>16	NA	
环丙沙星	沙门菌	>0.064	>1	0.015~8（10）
	大肠杆菌	>0.064	>1	
四环素	沙门菌	>8	NA	2~64（6）
	大肠杆菌	>8	NA	
粘菌素	沙门菌	>2	>2	1~16（5）
	大肠杆菌	>2	>2	
庆大霉素	沙门菌	>2	>4	0.5~32（7）
	大肠杆菌	>2	>4	
甲氧苄氨嘧啶	沙门菌	>2	>4	0.25~32（8）
	大肠杆菌	>2	>4	
磺胺甲恶唑	沙门菌	NA	NA	8~1024（8）
	大肠杆菌	>64	NA	
氯霉素	沙门菌	>16	>8	8~128（5）
	大肠杆菌	>16	>8	
阿奇霉素	沙门菌	NA	NA	2~64（6）
	大肠杆菌	NA	NA	
替加环素	沙门菌	>1[*]	>2[*]	0.25~8（6）
	大肠杆菌	>1	>2	

（a）：EUCAST 规定的流行病学界限值。

（b）：EUCAST 规定的临床耐药性折点。

（*）：来自 EUCAST 的数据，可用于肠炎沙门菌、鼠伤寒沙门菌、伤寒和副伤寒沙门菌。

NA：无法获得。

表 2　纳入抗菌药物耐药性监测的抗菌药物、EUCAST 耐药阈值及
空肠弯曲菌和结肠弯曲菌在试验中的浓度范围

抗菌药物	菌种	说明性抗菌药物耐药性阈值（mg/L）		浓度范围（mg/L）（括号中为孔数）
		流行病学界限值[a]	临床折点[b]	
红霉素	空肠弯曲菌	>4	>4	1～128（8）
	结肠弯曲菌	>8	>8	
环丙沙星	空肠弯曲菌	>0.5	>0.5	0.12～16（8）
	结肠弯曲菌	>0.5	>0.5	
四环素	空肠弯曲菌	>1	>2	0.5～64（8）
	结肠弯曲菌	>2	>2	
庆大霉素	空肠弯曲菌	>2	NA	0.12～16（8）
	结肠弯曲菌	>2	NA	
萘啶酸	空肠弯曲菌	>16	NA	1～64（7）
	结肠弯曲菌	>16	NA	
链霉素[c]	空肠弯曲菌	>4	NA	0.25～16（7）
	结肠弯曲菌	>4	NA	

（a）：EUCAST 规定的流行病学界限值。
（b）：EUCAST 规定的临床耐药性折点。
（c）：基于自愿的基础。
NA：无法获得。

4. 对产超广谱 β 内酰胺酶、头孢菌素酶、碳青霉烯酶的沙门菌和大肠杆菌的特殊监测

4.1　对肉鸡、育肥火鸡、育肥猪、一岁龄以下的牛及新鲜鸡肉和牛肉中的产超广谱 β 内酰胺酶、头孢菌素酶、碳青霉烯酶的大肠杆菌的检测方法。

为了估计根据本部分第 1 条（d）点的要求从肉鸡、育肥火鸡、育肥猪、一岁龄以下的牛、新鲜鸡肉、猪肉和牛肉采集的盲肠样品中含产超广谱 β 内酰胺酶、头孢菌素酶、碳青霉烯酶的大肠杆菌样品的比例，采用以下方法。

检测产超广谱 β 内酰胺酶、头孢菌素酶的大肠杆菌的方法：第一步进行增菌，然后根据欧盟抗菌药物耐药性参比实验室最新版本操作规程，将其接种在含有特定浓度的第三代头孢菌素的麦康凯琼脂上。采用适当的方法鉴定大肠杆菌的种类。

各成员国可以根据流行病学状况，同时增加一个额外的选择性平板试验。该平板可以抑制产头孢菌素酶的大肠杆菌的生长，以完善对产超广谱 β 内酰胺酶的大肠杆菌的特异性检测。当使用这种方法时，根据 B 部分第 2 条报告时，应单独报告该附加的选择性平板试验结果。

各成员国可根据欧盟抗菌药物耐药性参比实验室最新版本操作规程，采用选择性增菌和随后在含碳青霉烯的选择性培养基上接种的方法，检测产生碳青霉烯酶的微生物。

来自阳性盲肠样本和肉类样本的可能产超广谱 β 内酰胺酶、头孢菌素酶、碳青霉烯酶的大肠杆菌分离株，应依照表 1 进行第一组抗菌药物敏感试验。如果根据表 1 中列出的说明性标准（流行病学界限值），这些分离株对头孢噻肟、头孢他啶或美罗培南耐药，则需要进一步进行第 4.2 条所述的扩展药敏试验。

表 3　纳入抗菌药物耐药性监测的抗菌药物、EUCAST 耐药阈值及
粪肠球菌和屎肠球菌在试验中的浓度范围

抗菌药物	菌种	说明性抗菌药物耐药性阈值（mg/L）		浓度范围（mg/L）（括号中为孔数）
		流行病学界限值[a]	临床折点[b]	
庆大霉素	粪肠球菌	>32	NA	8～1024（8）
	屎肠球菌	>32	NA	
氯霉素	粪肠球菌	>32	NA	4～128（6）
	屎肠球菌	>32	NA	
氨苄青霉素	粪肠球菌	>4	>8	0.5～64（8）
	屎肠球菌	>4	>8	
万古霉素	粪肠球菌	>4	>4	1～128（8）
	屎肠球菌	>4	>4	
替考拉宁	粪肠球菌	>2	>2	0.5～64（8）
	屎肠球菌	>2	>2	
红霉素	粪肠球菌	>4	NA	1～128（8）
	屎肠球菌	>4	NA	
奎奴普丁/达福普丁	粪肠球菌	NA	NA	0.5～64（8）
	屎肠球菌	>1	>4	
四环素	粪肠球菌	>4	NA	1～128（8）
	屎肠球菌	>4	NA	
替加环素	粪肠球菌	>0.25	>0.5	0.03～4（8）
	屎肠球菌	>0.25	>0.5	
利奈唑胺	粪肠球菌	>4	>4	0.5～64（8）
	屎肠球菌	>4	>4	
达托霉素	粪肠球菌	>4	NA	0.25～32（8）
	屎肠球菌	>4	NA	
环丙沙星	粪肠球菌	>4	NA	0.12～16（8）
	屎肠球菌	>4	NA	

（a）：EUCAST 规定的流行病学界限值。
（b）：EUCAST 规定的临床耐药性折点。
NA：无法获得。

4.2　对第三代头孢菌素和美罗培南耐药的沙门菌和大肠杆菌进行进一步鉴定和分类的方法。

通过第 4.1 条所述的选择性平板试验后的所有可能产超广谱 β 内酰胺酶、头孢菌素

酶、碳青霉烯酶的大肠杆菌分离株和表 1 中所列的第一组抗菌药物敏感试验中所有对头孢噻肟、头孢他啶或美罗培南耐药的沙门菌和大肠杆菌随机选择分离株，都应进一步进行表 4 所列第二组抗菌物质的药敏试验。该组抗菌物质包括头孢西丁、头孢吡肟、克拉维酸与头孢噻肟和头孢他啶的联合用药，以检测是否产生超广谱 β 内酰胺酶和头孢菌素酶。此外，第二组还包含亚胺培南、美罗培南和厄他培南，以验证是否有可能产生碳青霉烯酶。

表 4　抗菌药物、EUCAST 流行病学界限值和临床耐药折点及沙门菌和指示共生菌大肠杆菌分离株仅用于检测头孢噻肟、头孢他啶或美罗培南耐药性的浓度范围（第二组）

抗菌药物	菌种	说明性抗菌药物耐药性阈值（mg/L）		浓度范围（mg/L）（括号中为孔数）
		流行病学界限值[a]	临床耐药折点[b]	
头孢西丁	沙门菌	＞8	NA	0.5～64（8）
	大肠杆菌	＞8	NA	
头孢吡肟	沙门菌	NA	NA	0.06～32（10）
	大肠杆菌	＞0.125	＞4	
头孢噻肟＋克拉维酸[*]	沙门菌	NA[**]	NA[**]	0.06～64（11）
	大肠杆菌	NA[**]	NA[**]	
头孢他啶＋克拉维酸[*]	沙门菌	NA[**]	NA[**]	0.125～128（11）
	大肠杆菌	NA[**]	NA[**]	
美罗培南	沙门菌	＞0.125	＞8	0.03～16（10）
	大肠杆菌	＞0.125	＞8	
替莫西林	沙门菌	NA	NA	0.5～64（8）
	大肠杆菌	NA	NA	
亚胺培南	沙门菌	＞1	＞8	0.12～16（8）
	大肠杆菌	＞0.5	＞8	
厄他培南	沙门菌	＞0.06	＞1	0.015～2（8）
	大肠杆菌	＞0.06	＞1	
头孢噻肟	沙门菌	＞0.5	＞2	0.25～64（9）
	大肠杆菌	＞0.25	＞2	
头孢他啶	沙门菌	＞2	＞4	0.25～128（10）
	大肠杆菌	＞0.5	＞4	

（a）：EUCAST 规定的流行病学界限值。
（b）：EUCAST 规定的临床耐药性折点。
NA：无法获得。
（*）：4mg/L 克拉维酸。
（**）：这些值应与头孢噻肟和头孢噻肟的值进行比较，并根据 CLSI 或 EUCAST 的联合药敏试验指南进行解释。

4.3　评估产超广谱 β 内酰胺酶、头孢菌素酶的大肠杆菌比例的定量方法。

成员国，尤其是通过第 4.1 条所述的检测方法检测出产超广谱 β 内酰胺酶、头孢菌素酶的大肠杆菌高度流行的成员国，可以确定产超广谱 β 内酰胺酶、头孢菌素酶的大肠杆菌在整个大肠杆菌种群中所占的比例。

根据欧盟抗菌药物耐药性参比实验室最新版本的操作规程，应通过稀释法计数同一个样本中的产超广谱 β 内酰胺酶、头孢菌素酶的大肠杆菌和总大肠杆菌，然后将其接种到选择性培养基和非选择性培养基上。

5. 分离株的质量控制与储存

由主管部门指定的对被纳入统一监测计划的分离株进行抗菌药物敏感试验的实验室应参与质量保证体系，其通过对被纳入统一监测计划的目标菌株进行鉴定、分型和药敏试验的国家级或欧盟级能力测试。

分离株应由抗菌药物耐药性国家参比实验室在−80℃下至少保存五年。也可以使用其他保存方法，前提是确保其活性和菌株特性不发生变化。

B 部分　报告

1. 数据报告的一般规定

当主管部门执行的抗菌药物耐药性监测是针对主管部门在食物链的其他阶段而不是 A 部分第 1 条提及的阶段获得的分离株时，根据 A 部分第 3 条、第 4 条和第 5 条的技术规范要求，抗菌药物耐药性监测的结果应按本部分第 2 条的要求进行报告，但应单独报告，这不会改变按 A 部分第 2 条检测的分离菌株的数量。

2. 独立样本的信息

报告中应包括每个分离株所涉及第 2.1 条至第 2.6 条的信息，分别考虑到每一种细菌和动物组合以及 A 部分第 1 条所述的细菌种类和食品组合。

各成员国应使用欧洲食品安全局提供的数据字典和电子收集表格，以分离株的原始数据的形式提交本决定所规定的抗菌药物耐药性统一监测结果。

2.1　抗菌药物耐药性监测实施的总体描述。

• 描述每种动物和食品的抽样设计、分层和随机化程序。

2.2　一般信息。

• 分离株的标识和编码；

• 细菌种类；

• 血清型（沙门菌）；

• 肠炎沙门菌和鼠伤寒沙门菌噬菌体型（可选）。

2.3　关于抽样的具体信息。

• 食品动物种类或食品种类；

• 抽样的阶段；

• 样品的类型；

• 采样者；

• 抽样策略；

• 抽样日期；

- 分离日期。

2.4 关于抗菌药物敏感试验的具体信息。

- 实验室对分离株进行抗菌药物敏感试验时分离株的标识符和编码；

- 药敏试验的日期；

- 抗菌药物。

2.5 关于稀释法结果的具体信息。

- 最低抑菌浓度（mg/L）。

2.6 联合药敏试验结果。

- 克拉维酸与头孢他啶的联合药敏试验结果；

- 克拉维酸与头孢噻肟的联合药敏试验结果。

欧盟应对抗菌药物耐药性的"同一健康"行动计划（2017）

1. 欧盟对抗菌药物耐药性采取行动的必要性

1.1 现状

> 抗菌药物（Antimicrobials）包括抗生素、抗病毒药物、抗真菌药物和抗寄生虫类药物，是杀死或抑制微生物的人工合成或天然的活性物质，用于常规医疗（如尿路感染、手术和早产儿护理），对预防和治疗人类和动物感染至关重要。
>
> 抗菌药物耐药性（Antimicrobial Resistance，AMR）是微生物（如细菌）对以前敏感的抗菌药物逐渐产生抵抗力的能力。抗菌药物耐药性是自然选择和基因突变的结果。这种突变以抗性的形式被传递，而一些人为因素加速了这一自然选择过程，如在人医和兽医治疗中不恰当地使用抗菌药物、恶劣的卫生条件及在食物链中使用抗菌药物促进耐药微生物的传播。随着时间的推移，抗菌药物的效力降低，最终完全失效。

自 1928 年首次发现青霉素以来，拯救生命的抗菌药物彻底改变了我们的社会和经济。过去的致命疾病已成为普通疾病，只需简单治疗即可痊愈。目前，由于过量或不当使用抗菌药物，越来越多的多重耐药细菌开始出现和传播，造成危险。如果不采取有效行动扭转目前的趋势，我们可能倒退到前抗生素时代，简单的伤口和感染会造成严重的伤害，甚至死亡，常规的医疗程序变得风险非常高。

抗菌药物耐药性在欧盟和全球都是一个严峻的挑战。世界卫生组织（WHO）报告称，抗菌药物耐药性问题在世界许多地区已经达到令人担忧的水平。在 WHO 成员国/地区观察到的很多常见感染（如尿路感染、肺炎、肺结核和淋病）都与细菌的高度耐药性有关。抗病毒药物（如用于治疗艾滋病的药物）的耐药性也在增加。

全球为此付出的努力包括 2016 年联合国大会抗菌药物耐药性问题高级别会议的政治宣言和 2015 年 WHO 抗微生物药物耐药性全球行动计划，后者随后被世界动物卫生组织（OIE）和联合国粮食及农业组织（FAO）采纳。在七国集团（G7）峰会和 20 国集团（G20）峰会上，也讨论了抗菌药物耐药性问题。

抗菌药物耐药性问题已带来严重的社会和经济负担。据估计，每年仅在欧盟就有 2.5 万人因细菌耐药而死亡，全球每年有 70 万人死亡。预计到 2050 年，抗菌药物耐药性造成的死亡人数可能会超过癌症。

除了给人类带来痛苦之外，抗菌药物耐药性还提高了治疗成本，降低了生产力。据估计，仅在欧盟，抗菌药物耐药性每年造成 15 亿欧元的医疗成本支出和生产力损失。世界银行警告，到 2050 年，耐药感染可能造成的全球经济损失，与 2008 年金融危机相当。抗菌药物耐药性也威胁到联合国若干可持续发展目标的实现，特别是良好健康目标（目标 3）。

采取有效措施遏制抗菌药物耐药性问题的进一步恶化可以减轻其对经济产生的负面影响，因此可被视为促进经济增长、通过降低医疗成本对可持续医疗预算的贡献，以及对生产力和健康人口的贡献。

正如 2001 年针对抗菌药物耐药性的欧盟战略所显示，欧盟迅速意识到应对抗菌药物耐药性的重要性。本行动计划是对 2011 年的欧盟委员会行动计划的再次强化，以"同一健康"方针而著称，即强调抗菌药物耐药性同时存在于人类和动物中。

> "同一健康（One Health）"是一个用来描述原则的术语。该原则认为，人类和动物的健康问题是相互联系的，疾病可以从人类传播给动物，反之亦然，因此必须同时解决两方面问题。"同一健康"还包括环境、人类和动物之间的另一种联系，提出新的耐药微生物的潜在来源。该术语已得到全球公认，并在欧盟和 2016 年联合国关于抗菌药物耐药性的政治宣言中被广泛使用。

自 1999 年以来，欧盟委员会在抗菌药物耐药性研究方面的投入已超过 13 亿欧元，使欧洲在该领域处于领先地位。欧盟取得的成就包括启动"针对害虫的新药"（ND4BB）项目，这不仅是全球最大的公私合作抗菌药物耐药性研究项目，也是"创新药物计划"（IMI）的一部分。欧盟还建立了有关抗菌药物耐药性的联合行动计划（JPIAMR），旨在更好地协调并整合全球有关抗菌药物耐药性的研究成果。

尽管如此，近年来，对于多种药物治疗和终末治疗手段产生耐药性的感染病例在欧盟的发生率显著增多。

抗菌药物耐药性在环境中的发展和传播也日益受到关注，需要进一步研究。一些科学研究已经确定耐药微生物或抗菌药物对环境的潜在负面影响。

与此同时，新型抗菌药物的发现、开发、生产及销售在过去 20 年中明显放缓。历史数据显示治疗成功率降低，16 种早期研究的抗生素目前只有 1 种还能够用于临床。

1.2 进展与未来走向

面对全球的抗菌药物耐药性挑战，欧盟站在解决抗菌药物耐药性问题的前沿。然而，没有一项单独的行动能够提供充分的解决办法。耐药细菌和感染性疾病是不分国界的。任何一个成员国或欧盟都无法独自解决这个问题。但鉴于欧盟高度的经济发展和对人类高水平健康保护的承诺，它在采取行动方面处于有利地位。

应各成员国的要求，欧盟委员会在 2016 年 6 月 17 日的报告中提出建立一个新的、全面的、基于"同一健康"方针的应对抗菌药物耐药性问题的欧盟行动计划。

这个新的行动计划建立在对 2011 年行动计划的评估、路线图反馈和公开民意咨询的基础上。

评估结论是：2011 年行动计划具有明确的欧盟附加值，是政治承诺的象征，促进了成员国内部的行动，并加强了国际合作。评估还确认：2011 年计划中涉及的措施在今天仍然适用。然而，需要扩大行动范围，例如将环境因素纳入"同一健康"，并在改进数据收集、监测和监督手段的基础上更全面地处理抗菌药物耐药性问题。建议进一步支持和协助欧盟成员国消除分歧，加强合作，开展更有效和统一的研究以完善相关知识和制定解决办法，并在全球范围内继续发出强有力的欧盟声音。

2016 年 10 月 24 日至 2017 年 3 月 28 日，欧盟关于抗菌药物耐药性的新行动计划路线图收到了 22 个利益相关方的来文。公开咨询调查于 2017 年 1 月 27 日至 4 月 28 日举行。该调查由两份独立的在线问卷组成：一份针对公众，另一份针对政府、协会和其他组织。共收到 421 份来自公众的答复，163 份来自政府、协会和其他组织的答复。随来文所附的概要报告概述了所收到的来文以及准备如何确定具体行动。总体来说，所提交的答复表达了对"同一健康"行动计划的支持，同时也肯定了其重要性。

这项针对抗菌药物耐药性的新的"同一健康"行动计划的动机：欧盟要在抗击抗菌药物耐药性的斗争中发挥主导作用，并为成员国的行动增加价值。其首要目标是保持有效治疗人类和动物感染的可能性。它为继续采取更广泛的行动提供了框架，以减少抗菌药物耐药性的出现和扩散，并增加欧盟内外新型有效抗菌药物的开发和可获得性。

这项新计划的关键目标建立在三个主要支柱上。

（1）让欧盟成为最佳示范区：正如 2011 年行动计划的评估中强调的，需要更好的证据、更好的协调和监测，以及更好的管控措施。欧盟的行动将聚焦于关键领域，并帮助各成员国建立、实施和监督本国的针对抗菌药物耐药性的"同一健康"行动计划，这也是在 2015 年世界卫生大会上各成员国一致同意的。

（2）通过填补现有的知识鸿沟来促进研究、发展和创新，提供预防和治疗感染性疾病的新解决方案和工具，通过提高诊断水平以控制抗菌药物耐药性的传播。

（3）加强欧盟在全球范围内的行动，从而在联系日趋紧密的世界中形成关于抗菌药物耐药性及其相关风险的全球议程。

新计划包含了欧盟增加价值的具体行动。欧盟委员会将在未来数年内制定并强化相应的措施。这些行为都很重要，它们相互依存，需要并行执行，以便实现效益最大化。

2. 让欧盟成为最佳示范区

在欧盟内部，各成员国抗菌药物耐药性状况有很大差异，体现在抗菌药物的使用模式、耐药性的发生，以及实施有效的国家政策来应对抗菌药物耐药性问题的程度。为了解决这一问题，欧盟委员会将聚焦于为各成员国增加最大附加值的关键领域，同时考虑到欧盟的能力所及以及各成员国拥有对本国卫生政策的制定权。

欧盟委员会将继续联合所有相关的欧盟科学机构，特别是欧洲食品安全局（EFSA）、欧洲药品管理局（EMA）和欧洲疾病预防控制中心（ECDC），共同采取适当行动。这将使各成员国能够从最有效的支援和资源中获益，以减少抗菌药物耐药性并保持抗菌药物的有效性。各机构的支援行动将包括预防感染、生物安全措施以及在人类健康和畜牧业（包括水产养殖）方面的管控措施，以减少感染，从而减少对抗菌药物的需求。

欧盟的行动将聚焦于能为各成员国增加最大附加值的领域，例如提倡谨慎使用抗菌药物，加强跨部门合作，改进感染预防措施以及加强对抗菌药物耐药性和抗菌药物使用的监测。

2.1 对抗菌药物耐药性挑战的更多证据和认识

强化"同一健康"下抗菌药物耐药性和抗菌药物使用的监测与报告

耐药微生物存在于人类、动物、食品和环境中。这使得抗菌药物耐药性成为一个复杂的流行病学问题。抗菌药物耐药性产生的主要原因是抗菌药物的滥用。因此，一个来自多个领域的、全面的、协作的和统一的数据收集和分析系统，即抗菌药物耐药性的"同一健康"监测系统，对于了解问题的严重性、确定发展趋势、确定抗菌药物的使用和抗菌药物耐药性之间的联系、评估政策并确定优先事项来说至关重要。尽管在欧盟，不同部门有广泛的监测项目和活动，但监测方面的差距仍然存在。为了全面了解欧盟的抗菌药物耐药性流行病学状况，并更好地确定关键控制点，需要建立一个更加综合的监测系统。在动物卫生领域，一个新的监管框架（《动物卫生法》）为制定管控耐药细菌的详细规则提供了更好的基础。

欧盟委员会将：

• 考虑新的科学发展和数据收集需要，审查欧盟现行的监测家畜和食品中人兽共患病病原体和共生菌抗菌药物耐药性的法规实施情况；

• 考虑新的科学发展和数据收集需要，审查欧盟现行的人类传染病报告的法规实施情况；

• 在 EFSA 的支持下根据《动物卫生法》来确定和评估引起动物传染性疾病的耐药细菌，并在必要时制定监测的统一规则；

• 通过对网络协作和参比实验室活动提供欧盟支持，加强人类卫生部门对抗菌药物耐药性的监测；

• 考虑对环境中的抗菌药物耐药性进行统一监测的方法，包括通过兽医部门的国家参比实验室网络来完成监测。

受益于最好的循证分析和数据

高质量的研究、数据和分析对于制定针对抗菌药物耐药性的新措施和帮助决策者改进现有措施至关重要。虽然已提供给各成员国一些资料，但还需要提供更多可靠资料。

欧盟委员会将：

• 在 ECDC、EMA 和 EFSA 的支持下，提供使用抗菌药物与人类和食品动物中出现抗菌药物耐药性之间的可能联系的循证数据；

• 在 ECDC、EMA 和 EFSA 的支持下，确定抗菌药物耐药性与抗菌药物使用的一定数量的关键结局指标，以此衡量欧盟及其成员国应对抗菌药物耐药性的进展；

• 在经济合作与发展组织（OECD）的支持下，建立一个模型，用以帮助成员国评估抗菌药物耐药性给各国造成的经济负担，并估计各国为减少抗菌药物耐药性所制定的国家政策的成本－效益。

提高认识和理解

自 2010 年以来，对抗菌药物耐药性进行的多项欧盟民意调查显示，人们对抗菌药物使用与抗菌药物耐药性的发展和传播之间关系的认识程度仍然很低。这是人类和动物不合理使用抗菌药物的主要原因。必须采取更多的行动来提高对抗菌药物耐药性的认识和教育。欧盟层面的交流计划应当帮助各成员国增强公众和专业人士对抗菌药物耐药性的认识，促进谨慎使用抗菌药物，支持更明智的临床决策和处方。

欧盟委员会将：

• 通过欧盟民意调查，深入了解公众对抗菌药物使用情况的认识和相关知识；

• 支持各成员国的国家宣传工作，针对目标关键受众，采用特定交流手段，做好一年一度的"欧洲抗菌药物认识"宣传工作。

2.2 更好地协调和遵守欧盟规则，以应对抗菌药物耐药性问题

改善各成员国应对抗菌药物耐药性的"同一健康"措施

随着欧盟内部抗菌药物耐药性问题日趋严重，确保所有成员国都能从成功的战略中吸取教训是至关重要的。为了应对抗菌药物耐药性的跨境健康威胁，各成员国确定和分享最佳措施和政策很关键，即使在一个地区或部门缺乏行动措施时也不会危害其他地区或部门。为了协助并推进这方面的合作，2017 年年初，欧盟委员会建立了由来自人类卫生部门、动物卫生部门、环境部门的政府专家，以及来自欧盟科学机构的人类和动物卫生部门（ECDC、EMA 和 EFSA）的专家组成的抗菌药物耐药性"同一健康"网络。在抗菌药物耐药性"同一健康"网络中，其成员致力于促进相互学习、分享创新想法、建立共识、比较在关键领域取得的进展，并在必要时推动国家采取措施应对抗菌药物耐药性。

欧盟委员会将：

• 在抗菌药物耐药性"同一健康"网络内定期提供抗菌药物耐药性的信息，总结成员国和欧盟层面的抗菌药物耐药性流行情况；

• 通过欧盟委员会和 ECDC 联合访问成员国，支持成员国实施应对抗菌药物耐药性的"同一健康"国家行动计划；

• 发起一项联合行动支持各成员国开展合作活动并制定政策，以应对抗菌药物耐药性和卫生保健相关的感染；

• 增加对欧盟卫生安全委员会和抗菌药物耐药性欧盟委员会工作组在兽医和食品领域的成果的利用，加强工作协调和信息分享；

• 寻求与 WHO 共同出资开展活动，帮助欧盟成员国制定和实施应对抗菌药物耐药性的"同一健康"国家行动计划。

更好地遵守欧盟规则

为了产生持久的效果并创造必要的动力，欧盟抗菌药物耐药性的相关法规（例如食品动物中抗菌药物耐药性的监测规定、兽药和加药饲料的使用规定）必须得到充分执行。这意味着对参与官方控制活动的成员国工作人员进行适当培训，使他们了解欧盟抗菌药物耐药性的相关法规的最新进展，以确保在所有成员国统一和客观地实施监管

措施。

欧盟委员会将：

• 对成员国进行持续的定期复查，评估欧盟关于食品动物和食品中抗菌药物耐药性监测法规的实施效果；

• 在"更好的培训为更安全的食品（BTSF）"倡议下为成员国主管部门制订抗菌药物耐药性的培训计划，通过 ECDC 和欧盟卫生计划为卫生专业人员提供培训；

• 建议成员国借助结构改革支持服务（SRSS）的资助，设计并执行应对抗菌药物耐药性的政策。

2.3　更好地预防和控制抗菌药物耐药性

加强感染预防和控制措施

感染预防、生物安全措施和控制措施对于控制所有感染性微生物至关重要，因为其能减少对抗菌药物的需求，从而减少微生物产生和传播耐药性的机会。

获取新的更为一致的监测数据、研究和技术将为感染预防和控制措施提供创新方式和改进方法。其他控制措施（如接种疫苗）同样可以减少某些疾病的发生和传播，限制对抗菌药物的需求。此外，通过接种疫苗获得免疫是一项最具成本－效益和经济效益的公共卫生干预措施。

欧盟委员会将：

• 通过支持感染预防和控制的良好操作规范，帮助解决医院环境中的患者安全问题；

• 支持由欧盟和成员国共同资助的弱势群体感染预防控制行动，特别是应对结核耐药菌株；

• 促进人群免疫接种作为一项公共卫生措施，以预防感染和减少随后使用抗菌药物；

• 继续改进畜牧业（包括水产养殖和畜牧养殖）和饲养方式，保证动物健康和动物福利条件良好，减少抗菌药物的使用。

促进谨慎使用抗菌药物

谨慎使用抗菌药物对减少抗菌药物耐药性在人类医疗和畜牧业中出现至关重要。

为了减缓抗菌药物耐药性的发展并保持抗菌药物的有效性，有必要采取跨部门的协调行动，促进谨慎使用抗菌药物。这些行动通常被称为"抗菌药物管理行动"，一些部门已开始实施（例如欧盟关于在兽医中谨慎使用抗菌药物指南），但并未包括所有使用中的抗菌药物。

欧盟委员会将：

• 致力于执行欧盟即将颁布的兽药产品和加药饲料法规（一旦欧洲议会和欧盟理事会通过）第 30 条的规定，其中包括人类专用抗菌药物的规定，制定一份不能超标签使用的抗菌药物清单，以及抗菌药物销售和使用数据收集和报告方法；

• 制定在人类医疗中谨慎使用抗菌药物指南；

• 协助成员国实施欧盟关于在兽医中谨慎使用抗菌药物指南，包括确定和宣传良好操作规范；

• 有必要鼓励 EMA 审查所有老抗菌药物收益和风险的可用信息，并考虑是否在成员国修改使用许可。

2.4 更好地发挥环境的作用

人们逐渐认识到，环境是造成抗菌药物耐药性发展和传播的因素，特别是在高风险地区，仍需要强有力的证据来更好地为该地区的决策提供信息。第 3 节讨论了增进知识的具体行动。一旦获得了相关的监测和研究数据，就应该制定风险评估方法来评估其对人类和动物健康的风险。

欧盟委员会将：

• 采取欧盟对环境药物的战略方针；

• 将现有监测数据最大化利用，例如观察《欧盟水框架指令》的监测名单，以提高对环境中抗菌药物耐药性发生和传播的认识，这包括访问化学监测信息平台（IPCheM）来获取相关的监测数据；

• 加强卫生和环境风险科学委员会（SCHER）在提供环境相关的抗菌药物耐药性专业知识方面的作用。

2.5 加强应对抗菌药物耐药性的合作伙伴关系，提高抗菌药物的可获得性

在整个政策制定和执行过程中，如果没有包括产业界、民间社会团体、学术界和非政府专家在内的利益相关方以及欧洲经济与社会委员会（EESC）的持续参加，应对抗菌药物耐药性的相关行动就不会取得成功。欧盟委员会注意到现有的承诺和合作努力，例如制药、生物技术和诊断行业关于应对抗菌药物耐药性的宣言。这为产业界、政府和非政府组织在应对抗菌药物耐药性的全球行动中进一步合作提供了路线图。根据这一宣言，利益相关者之间的定期讨论将鼓励他们制定和分享针对抗菌药物耐药性的战略。与产业界的合作对于促进开发其他有前景的抗菌药物替代品和解决抗菌药物可获得性下降问题（包括从市场上撤出抗菌药物可能导致抗菌药物短缺和缺乏替代疗法）是至关重要的。

防止伪造或假冒抗菌药物进入供应链并危害人类或动物健康也是至关重要的。

欧盟委员会将：

• 与人类健康、动物卫生、食品、水以及环境部门的主要利益相关方开展合作，并支持他们之间的合作，以此鼓励卫生部门以及整个食物链中的相关方负责任地使用抗菌药物，并正确处理废物；

• 与利益相关方合作，以确保人类和兽医对抗菌药物的可获得性并能继续获得现有的药品，提供激励措施，提高诊断准确性，加强抗菌药物替代品和疫苗的使用；

• 协助各成员国和利益相关方成功实现在 2019 年之前在人用药品的包装上标注安全性标志（唯一识别码），以减少伪造药品；

• 在兽药委员会讨论兽用抗菌药物的可获得性，以解决抗菌药物耐药性问题。

3. 促进抗菌药物耐药性的研究、开发和创新

研究、开发（R&D）和创新可以为预防和治疗感染性疾病、改善抗菌药物耐药性、发现和控制传播提供新的解决方案和工具。"同一健康"行动计划不仅推动研究，而且还进一步鼓励创新，为基于科学的政策和法律措施提供有价值的意见和建议，以应对抗菌药物耐药性，并填补环境中的抗菌药物耐药性作用等知识缺口。

拟议的抗菌药物耐药性研究战略涵盖了"同一健康"的所有领域，涉及人类和动物健康以及环境的作用。考虑到 WHO 抗微生物药物耐药性全球行动计划、抗菌药物耐药性联合行动计划（JPIAMR）以及国家行动计划中提出的优先事项，欧盟委员会将与各成员国和各产业（包括中小型企业和创新药物计划）合作，解决在细菌、病毒、真菌以及寄生虫中的抗菌药物耐药性问题。它还将特别关注 WHO 病原体优先清单以及结核病、HIV/AIDS、疟疾和被忽视的传染病。欧盟委员会将在目前和未来的研究和创新框架方案下，利用不同的资助手段和伙伴关系，专注于下列行动。

3.1 提高检测、有效感染控制和监测方面的认知

付出更大努力，以更好地了解感染性疾病的流行病学、发生、流行和疾病负担，进一步调查耐药性如何发展和传播，改善早期发现的手段；更好地了解欧洲卫生保健、畜牧业和食品生产领域所面临的抗菌药物耐药性挑战。

现有技术可以收集和使用来自卫生部门（医院、保健中心、实验室等）和农业食品部门的数据，也可以收集和使用来自社会（物联网、社交网络等）的数据。这些数据相结合，可以更早地发现疾病暴发，并有助于了解传染病如何传播。为此类活动开发的 IT 解决方案在改进监测方法、处方实践、健康自我管理、医疗解决方案以及提高对抗菌药物耐药性的认识等方面具有巨大潜力。

欧盟委员会将：

- 支持在医院、社区等不同环境中预防抗菌药物耐药性发展和传播的干预措施的开发与评估研究；
- 支持了解抗菌药物耐药性流行病学的研究，特别是动物和人类之间的传播途径及其影响；
- 支持对人类和动物的耐药病原体的早期（实时）检测新工具的开发，同时考虑到 IT 解决方案的进展；
- 支持新的电子健康解决方案的研究，以加强处方实践、健康自我管理、医疗解决方案以及提高对抗菌药物耐药性的认识。

3.2 开发新疗法和替代疗法

尽管过去几年做出了巨大努力，仍没有充足的规划中的抗菌药物满足预期需求。抗菌药物耐药性的蔓延也导致了现有抗菌药物的有效性下降。需要进行更多的研究来开发新药、新疗法和替代疗法，以及人类和动物抗感染的创新方法和产品。需要进行更多的研究来促进老抗菌药物的重新利用，提高其活性，并开发新的联合疗法，包括用于治疗

多重耐药结核病（MDR－TB）的联合疗法。此外，检测生物制品和电子健康领域创新的数字技术应扩大使用范围，如支持创新采购和支持中小型企业。

欧盟委员会将：

· 支持针对人类和动物的新型抗菌药物和替代产品的研究，以及老抗菌药物的重新利用或开发新的联合疗法的研究；

· 与 EMA 一同支持中小型企业对用于治疗或预防细菌感染的创新或替代疗法的研发；

· 促进利益相关方分享抗菌药物的研究数据，以指导未来抗菌药物的研发；

· 支持建立一个全欧洲范围的可持续的临床研究网络，加快药物的临床研究，降低成本，并促进临床研究的合作；

· 支持研究和创新，促进支持新疗法和替代疗法的数字技术的使用。

3.3　开发新的预防疫苗

疫苗已被证实在预防感染性疾病方面起到了至关重要的作用，而且具有很高的成本－效益。疫苗在降低抗菌药物耐药性发生率方面也有很大的潜力。例如，肺炎链球菌疫苗的全民覆盖不仅可以挽救很多生命，还可以减少大约 47％ 的抗菌药物使用，从而遏制抗菌药物耐药性的发展。疫苗已在畜牧和水产养殖中起到了预防疾病的重要作用。应进一步促进这方面的工作，从而减少这些行业使用抗菌药物。

欧盟委员会将：

· 继续支持开发新的人类和动物的有效疫苗的研究；

· 尽量减少在医疗和兽医实践中更广泛使用免疫接种的障碍。

3.4　开发新的诊断方法

新颖、快速、可靠的诊断方法对于区分细菌感染和病毒感染以及鉴别抗菌药物耐药性至关重要，能够及时提供最适当的治疗。根据感染病原体的性质及其耐药性调整治疗方法，有助于减少在人类和动物中不必要地使用抗菌药物。

这种新型的诊断方法正在进入市场，但需要进行更多的试验，以更有效地指导现有抗菌药物的使用。

新的诊断方法也有助于招募合适的患者进行新疗法的临床试验，使试验更有效率。

欧盟委员会将：

· 支持研究开发新的诊断工具，特别是人类和动物的现场试验，以指导医生使用抗菌药物；

· 支持开发诊断人类和动物感染时使用 IT 解决方案的工具；

· 鼓励在实践中采用诊断方法。

3.5　开发新的经济模式和激励机制

开发新的抗菌药物或替代疗法需要大量的长期投资。在传统的商业模式中，制药公司通过大量销售药品来收回研发投资。然而，任何一种新的抗菌药物投入市场并大量销售和使用时，耐药性也将迅速发展。需要限制新的抗菌药物的使用，以将耐药性发展的风险降至最低。目前的商业模式导致抗菌药物市场混乱，不利于有效使用抗菌药物。

需要开发新的经济模式，以鼓励抗菌药物的研发，同时将激励措施与负责任的使用相统一。同样，在诊断学领域，考虑到相对于目前抗菌药价格较低，诊断学价格相对较高的情况，需要开发和采用新的诊断学模式。新模式在推广使用新的诊断方法的同时还能够反映抗菌药物的长期效益，以及限制抗菌药物使用的社会价值。这与近年来越来越多地开发与诊断方法相结合的新治疗方法的趋势是一致的。

需要评估新技术附加值和卫生技术评估（HTA）方法，以了解在应对抗菌药物耐药性的过程中不同投资的成本－效益，为在卫生保健系统和服务设施中采取干预措施提供证据。在评估新的抗菌药物和替代疗法、诊断制剂或联合疗法的附加值时，HTA 机构参与抗菌药物耐药性相关的讨论可能会提高他们对抗菌药物耐药性的认识。

欧盟委员会将：

• 增加证据基础，以了解应对抗菌药物耐药性的不同策略的社会成本和效益，包括了解影响采用新诊断方法或预防措施等干预措施的因素；

• 支持对发展新经济模式的研究，探索和分析激励措施，以促进新疗法、替代疗法、疫苗和诊断制剂的开发；

• 分析欧盟监管工具和激励机制，尤其是罕见病用药和儿科用药的立法，以用于目前尚不产生足够投资回报的新型抗菌药物和创新替代医药产品（如疫苗、抗菌药、抗真菌药、抗病毒药）；

• 鼓励各成员国探索欧盟有关新经济商业模式研究项目的成果和建议；

• 开发新的或完善的 HTA 方法，并推动建立方法上的共识，这将有益于抗菌药物耐药性领域的技术和其他技术的结合发展。

3.6 填补环境中抗菌药物耐药性及防止其传播的知识缺口

抗菌药物耐药性是"同一健康"的很好的例子，说明人类健康与动物健康和环境息息相关，只有多学科的共同努力才能有效应对。目前人们普遍缺乏耐药生物在环境中的释放和传播，以及对人类和动物健康造成威胁和风险的知识。例如，应评估通过人类、动物和工业废物流向环境释放抗菌药物的情况，并开发新技术，使污水处理厂、有机废液或环境中的抗菌药物有效而迅速地降解。

需要进一步研究监测方案的可行性和执行情况，包括对环境中抗菌药物和耐药微生物进行统一监测。应利用统一监测和研究数据，制定风险评估方法，以评估对人类和动物健康可能带来的风险。在农业/食品部门，需要进一步研究农业实践、动物卫生与抗菌药物耐药性发展和传播之间的联系。

欧盟委员会将：

• 支持填补耐药微生物和抗菌药物向环境释放及其传播方面的知识缺口；

• 在科学机构的支持下，探索风险评估方法，利用其评估环境中的抗菌药物危害人类和动物健康的风险；

• 支持研究和开发新的监测环境中抗菌药物和耐药微生物的工具；

• 支持技术的发展，使废水和环境中的抗菌药物被高效快速地降解，减少抗菌药物耐药性的传播。

4. 制定全球议程

欧盟及其成员国是这个联系日益紧密的世界的一部分，这个世界以人员的频繁交流和商品的密集交换为特点，在一个地区实施的政策可能对其他地区产生重大影响。

抗菌药物耐药性的传播已被全球广泛认可，国际社会高度赞成并强调 WHO 抗微生物药物耐药性全球行动计划。该计划是应对抗菌药物耐药性的全球行动纲领，已得到 OIE 和 FAO 的认可。2016 年 9 月 21 日联合国大会上发表的政治宣言承诺，高级别支持 WHO 抗微生物药物耐药性全球行动计划。

对 2011 年欧盟行动计划的评估确认了欧盟的干预措施在全球层面的积极影响。持续努力是必要的，概述如下。

4.1 更强的欧盟全球影响力

许多欧盟成员国针对抗菌药物耐药性的政策（例如禁止在食品动物饲料中使用抗菌药物作为生长促进剂）有助于实现应对抗菌药物耐药性问题的国际性目标。然而，抗菌药物耐药性仍然在世界范围内发展蔓延。欧盟应加强与 WHO、OIE、FAO 以及国际峰会等多边组织的交流合作，以便在"同一健康"的指引下，推动应对抗菌药物耐药性的区域和全球行动。

欧盟委员会将：

• 继续积极推动 WHO、OIE、FAO 以及 CAC 制定有关抗菌药物耐药性的国际框架以及标准、规范、指南、方法等；

• 加强与 WHO 及其成员国在 WHO 抗微生物药物耐药性全球行动计划的关键领域进行技术合作，例如在 WHO 全球抗菌药物耐药性监测系统（GLASS）下开发监测系统，提高认识，预防和控制感染；

• 加强支持人用药品注册技术要求国际协调委员会（ICH）和兽药注册技术要求国际协调委员会（VICH）制定的与抗菌药物耐药性有关的国际指南、标准、规范；

• 在联合国论坛、七国集团和二十国集团中努力继续保持对抗菌药物耐药性行动的高度政治关注和承诺；

• 寻求与联合国国际化学品管理战略方针的协同一致，以应对环境药物的新政策问题；

• 与七国集团成员合作，使全球抗菌药物耐药性临床研究网络具有可行性；

• 继续加强与包括欧盟、美国、加拿大和挪威在内的跨大西洋抗菌药物耐药性特别工作组（TATFAR）的持续合作；

• 促进 EMA 与美国食品药品管理局（FDA）和日本药品和医疗器械审批机构（PMDA）等其他监管机构之间的国际监管趋同，以开发新的有前景的抗菌药物。

4.2 更密切的双边伙伴合作关系

欧盟在抗菌药物耐药性方面获得了宝贵的专业知识和经验，而它的一些贸易伙伴在这方面采取了不同的方法，选择了不同的优先事项。与这些伙伴有更多的合作和更密切的联系，以建立协商一致的活动，分享经验和统一方法，造福各方。获益的欧盟候选国和潜在候选国也做出承诺，将与适用欧洲邻国政策（ENP）的邻国或与欧盟有关联协议的国家结盟和执行欧盟抗菌药物耐药性相关的法规。在欧盟机构的帮助下，欧盟委员会将继续通过访问、最佳实践交流和能力建设来支持这些国家。

作为最大的农产品市场之一，欧盟可以通过双边自由贸易协定（FTAs），在提升抗菌药物耐药性相关标准、改进食品生产措施和动物福利方面发挥重要作用。有系统地将与抗菌药物耐药性有关的条款纳入所有新的自由贸易协定中，是欧盟委员会的一贯做法。还可以考虑采取进一步行动，确保欧盟生产者和欧盟贸易伙伴之间有公平的竞争环境。这可能包括将向欧盟贸易伙伴做出的让步与欧盟抗菌药物耐药性具体政策目标联系起来。

欧盟委员会将：

• 在贸易协定中倡导欧盟应对抗菌药物耐药性的标准与措施，并将其纳入贸易协定的合作事项中；

• 与主要的全球参与者和战略国家（如巴西、中国、印度）接触，通过分享经验、倡导最佳实践来刺激欧盟以外的行动，为实现 WHO 抗微生物药物耐药性全球行动计划的目标做出贡献；

• 支持欧盟候选国、潜在候选国以及适用欧盟邻国政策的邻国相互合作，并帮助进行与欧盟抗菌药物耐药性有关的法规和欧盟标准的能力建设；

• 邀请欧洲议会、各成员国和利益相关方就所采取的行动交换意见，以确保欧盟生产商，包括农民，应对抗菌药物耐药性的努力不会使其处于竞争劣势。

4.3 与发展中国家合作

在发展中国家，抗菌药物耐药性对公共卫生的威胁及其所带来的社会和经济负担更大，这可能归因于不同于发达国家的政治、社会、流行病学和经济因素。欧盟的发展策略可以在提高发展中国家的认识、分享经验和支持能力建设方面发挥重要作用，使发展中国家更好地掌握控制感染性疾病和抗菌药物耐药性的能力。可以通过对话、援助和合作活动支持这一进程，同时考虑到伙伴国家在加强卫生系统和执行可持续发展目标，特别是关于健康的第三个目标方面的个别政策重点。应特别注意最需要资助的低收入国家。

欧盟委员会将：

• 继续通过全球疫苗与免疫联盟（GAVI）等项目，帮助发展中国家减少抗菌药物耐药性问题；

• 通过在"更好的培训为更安全的食品"（BTSF）倡议下组织抗菌药物耐药性区域培训研讨会，协助在食品安全和动物卫生领域制定应对抗菌药物耐药性的战略；

- 在适当情况下，通过国际合作及发展手段（如全球公共产品及挑战、欧洲发展基金等）支持合作伙伴国家应对抗菌药物耐药性的政策举措；
- 支持伙伴国家的弹性卫生系统的发展，如推进知识普及，预防和控制感染，保证抗菌药物的质量和使用。

4.4 制定全球研究议程

需要一个更强大、联系更紧密、更开放的抗菌药物耐药性研究环境。欧洲研究议程与全球同行之间的进一步协调将大有益处。正如七国集团（G7）和二十国集团（G20）卫生部长所说，过去几年已启动了许多国际倡议，这些倡议将受益于加强合作，以增强其影响力。

欧盟委员会将：

- 通过促进国际对话以及合作，推动研究活动的全球协作；
- 支持在"抗菌药物耐药性联合行动计划"（JPIAMR）下建立一个虚拟研究所；
- 在欧洲与发展中国家临床试验伙伴关系（EDCTP）的背景下，继续与撒哈拉以南非洲进行合作研究，特别是与结核病、HIV/AIDS、疟疾和一些被忽视的传染病有关的研究；
- 在动物与人兽共患主要传染病研究统筹协调全球战略联盟（STARIDAZ）的动物卫生部门开展抗菌药物耐药性的国际研究与合作。

5. 衡量成功

为了取得预期效果，必须定期密切监测本行动计划下某些关键行动的有效性和执行情况，并在必要时加以修改。

WHO、OIE、FAO 和 CAC 正在制定系统和标准，以监测抗菌药物耐药性的全球影响。

欧盟体系将衡量抗菌药物耐药性对欧盟和各成员国的影响。这可以通过根据已收集的数据来确定有限的关键结果指标来实现。这些指标将在欧盟科学机构（见第 2.1 点）的支持下制定，使各成员国以一种简明的方式来评估在国家层面执行应对抗菌药物耐药性的"同一健康"行动计划所取得的进展。这些指标还将帮助各成员国设立可衡量的目标，以减少在人类和食品动物中关键抗菌药物耐药的微生物导致的感染发生，改善人医和兽医领域抗菌药物的使用情况，使所有部门共同应对抗菌药物耐药性。

这一进展将定期在应对抗菌药物耐药性的"同一健康"网络内进行讨论，以指导各成员国，并确定是否需要在欧盟层面采取新行动。

6. 结论

这一交流为未来应对抗菌药物耐药性的行动提供了框架，目的在于尽最大可能利用欧盟法律框架和政策手段，重点关注欧盟为应对抗菌药物耐药性带来的实际附加值。

大多数行动可以通过调整并加强现有的行动，以采取更综合、更全面、更有效的方式应对抗菌药物耐药性来完成。到目前为止，其他行动的重点是在欧盟应对措施中发现差距，这需要开展新的活动，发现新的知识，建立新的伙伴关系。

欧盟委员会相信这一新的"同一健康"行动计划能够发挥作用，并将改善欧盟在应对抗菌药物耐药性方面的表现。

该行动计划将加强合作和监督，缩小数据差距，并允许欧盟内部分享最佳实践。它将使根据"同一健康"制定的不同政策更加协调一致。因此，该行动计划将支持欧盟及其成员国对抗菌药物耐药性做出创新、有效和可持续的反应。

该行动计划还将从战略角度加强抗菌药物耐药性的研究，并积极促进全球行动。

欧盟委员会邀请欧洲议会和欧盟理事会共同签署"同一健康"行动计划，并呼吁各成员国和所有相关方确保迅速实施应对抗菌药物耐药性的相关措施。只有不断的追求、不变的承诺以及协调一致的行动才能扭转局面，消除这一全球性威胁。

第四部分
国际食品法典指南和操作规范

国际食品法典标准
与食品动物的兽药使用有关的国家食品安全保障监管方案的设计与执行指南
CAC/GL 71−2009

（2014 年修订）

1 简介

现代食品生产系统的设计和管理应保证在食品动物中使用的兽药不会危害人类健康。

涉及食品生产和销售的商业实体应该对食品安全负有主要责任。主管部门的作用是控制兽药的使用，确保兽药销售和食品生产系统中兽药的使用方法恰当，并采取有效措施为消费者健康提供有效保障，维护食品贸易的公平性，实现食品法典的目标。有关各方都有责任为消费者提供信息和培训，以便消费者对动物源性食品做出正确的选择。

以风险为基础、适用所有食品类别的计划方案，应能提供与该食品对消费者产生的潜在风险相一致的控制和检查。基于所有食品类别风险和危害等级确立的方法，应将资源集中在那些更有可能对人类健康产生实际保护效果的方面。

风险危害的预测可能会因国家、地区、动物种类和生产系统的不同而不同。基于风险的控制与检查保障计划应该能够提供必要的依据，证明出口国的出口食品安全性，增强进口国接受这些货物的信心。

事实上，发展中国家尤其需要过渡期和技术援助，以全面实施这些准则。

2 范围

本指南旨在提供基本原则和指导，帮助各国政府在设计、实施国家和贸易相关的食品安全保障计划中解决兽药残留问题。本指南现有的以及将来制定的附录，都会详细阐述关于特定类别产品的控制和检查计划，其阅读应该结合指南中列出的原则。

3 一般原则

食品中兽药残留控制应该遵循以下原则：

ⅰ. 根据现实的风险情况，合理评估与生产系统相联系的食品的风险；

ⅱ. 立足于现实风险，以预防为主，结合考虑生产中已批准或未批准及被禁用兽药的使用情况；

ⅲ．考虑对人类健康的危害，并与其他食品相关危害进行对比；

ⅳ．确保动物源性食品的生产、销售和加工系统的有关各方都担负责任，保证他们在生产或不生产时均不会销售不安全的动物产品；

ⅴ．以收获前控制及操作规范为主要手段，确保食品安全；

ⅵ．审计和抽样程序的主要作用是确保收获前控制及操作规范的有效实施；

ⅶ．注重基于系统和群体的保障措施；

ⅷ．经济实用并得到利益相关方的支持。

应该认识到，由于动物健康、动物福利以及环境保护等原因，兽药在许多国家是被管制的。当兽药的使用方式及相关标准不符合食品法典规定时，应该进行明确的标识，对主管部门药物残留控制计划中的相关部分进行快速调整。

食品法典委员会推荐的食品中兽药残留抽样程序与法典分委会分析和抽样方法中制定的食品一般抽样程序有所不同。因此，这个指南包括可用于整个控制计划的抽样程序。

初级产品以及进口、零售、出口食品的安全性，需要各利益相关方共同参与，采用适合的规则来保证。主管部门应核查计划方案是否正确实施，并采取必要的措施。

实验室结果的可靠性对主管部门的决策非常重要。因此，官方实验室应该采用符合国际公认的质量管理原则（如 ISO 17025）的有效方法。

依据此指南设计和实施的控制计划方案，将为进口国接受出口国认证安全的食品，再次提供保障。

4　基于风险的方法

一个基于风险并且在整个生产链中应用的方法，应允许主管部门将资源集中在可能对消费者健康有高风险的领域。

在食品安全上，持续良好的操作和常规控制比最终产品检验更能发挥作用。

药物残留可能对消费者产生以下不利影响：

（a）慢性毒理学不良影响；

（b）对消费者及其肠道菌群产生急性药理影响；

（c）过敏反应。

在风险评估定义一个或多个对人类健康有重大影响的毒理学终点时，不同种类的控制和检测程序应该得到校正。后续监管行动将针对不符合规定的残留进行检测（如超过最大残留限量水平）。

动物、生产系统会暴露于各种兽药及化学品中，有可能会导致产品出现药物残留。但是，它们对消费者健康的影响会因残留药物的种类和来源不同而不同。

一个需要了解的情况就是每次使用兽药都会对食用这些动物产品的消费者产生风险，对这些风险的评估，在设计适宜纳入国家药物残留控制和验证计划方案的控制和验证程序时是非常重要的。

实施基于风险的控制和验证计划方案能在需要时为出口国家出口食品的安全性提供必要的证明，而进口国家则在必要的附加评估之后接受这些货物。

同样的原则应该适用于出口保障计划。

5　定义（指南的目的）

主管部门：拥有管辖权[①]的官方组织或机构。

许可：被官方授权或者主管部门认可。

基于风险：对发生在消费者身上的不利影响进行风险和严重性评估。

风险概况：食品法典中已有定义。对于兽药，生产系统和对消费者产生的潜在风险联系在一起。风险概况是批准和限制使用措施的基础。

系统验证：获取操作和控制实施的总体信息。

针对风险的检查方案：是指对于特定供应者或者商品进行的检查、审核、抽样、实验室分析，目的在于检测是否有违规行为。

无偏抽样：对于特定群体进行随机抽样，以提供违规药物残留的信息，通常以全国每年度的数据为基础。无偏抽样选定的化合物通常基于风险概况及用于监管目的的实验室方法的可用性。无偏抽样的结果用来检测在更广泛的生产系统领域中所采取的控制和操作方法的有效性和适当性。

调查：收集附加数据，其目的在于调查某特定兽药使用或药物残留的情况。

休药期/停药期（食品收获限制）：已在术语定义表（食品兽药残留）（CAC/MISC 5—1993）中定义。停药期也可以将其他因素或事件结合起来表示。

生产系统：是指生产供消费的食品的方法或活动。

质量控制（残留实验室）：是对与样品测试者分析检测相关的各种因素的监督。

质量保证（残留实验室）：指的是通过独立审核确保分析程序以可以接受的方式进行。

质量管理系统：确保实验室管理和操作符合国际认可的质量标准（例如 ISO/IEC 17025：2005 标准），以获得高质量的数据和结果。

6　规章制度

6.1　职责

参与食品生产、加工和销售的经营者、商业实体对保障食品安全负有主要责任。与食品法典的目标一样，主管部门规范兽药的使用，核实在兽药分销和食品生产体系中是否运用正确的操作方法以及有效的措施，为消费者提供有效的保护，并促进贸易。负责为消费者提供食品保障的主管部门，必须对被销售的并在生产系统中使用的兽药具备足够的知识及控制能力，必须对食品安全有足够的认识。

6.2　主管部门核准

6.2.1　标准

应当建立官方标准。这些标准包括采纳其他主管部门对类似使用方式的评估。审批

---

① 用于有机食品的生产、加工、加标签和销售指南中的定义（CAC/GL 32—1999）。

系统应该：

（a）需要依靠风险分析并制定适宜的最高残留量，对兽药残留对人类健康的影响进行评价。

（b）考虑生产者的需要，减少使用未经批准的兽药或违禁物质的诱惑。

同时，审批系统应该考虑到风险概况及管理措施可能会在不同生产系统和地区间有显著差异。

6.2.2　审批限制

兽药的批准条件应在国家法规中予以规定。为了减少潜在风险，限制条款可能针对以下方面：

（a）剂型；

（b）使用标准（如时间、动物种类等）以及给药途径；

（c）适应证；

（d）休药期/停药期（食品收获限制）。

6.2.3　国家注册

一个国家所有批准的兽用药品制剂均应在国家登记注册表中记录。

6.3　有关兽药的信息

为保护消费者，应对每个批准的兽药制剂，提供有效治疗的合理使用信息和培训计划。

6.4　销售和使用

国家/地区法规应明确规定何种兽药可以出售并如何使用。没有在国家注册表中明确登记者禁止使用，且要通过处罚来约束违规使用。

主管部门根据相关风险概况进行验证后，可能需要对销售和使用某些兽药增加额外条件来确保适当使用，防止误用或滥用。

销售和使用条件包括：

（a）要求所有销售药品，必须遵从兽医或其他具有资质的专业人士的处方；

（b）限制获得批准的个人或专业人士的管理权力；

（c）要求以特定的方式标识所有被治疗过的动物、生产系统；

（d）要求记录所有的兽药使用情况和上报统一的数据信息。

应定期审查兽药的功效及使用的必要性来预防当地风险。在不能提供必要治疗的情况下有可能会促使未批准的兽药或违禁药物的使用。

针对例外情况，主管部门可以建立相关法律或规章，依照兽医的书面建议和监督意见，允许临时使用未批准的药物。这种法规应与相关的国家和（或）国际指导和技术信息一致。

对于提供牛奶、鸡蛋或蜂蜜的动物，兽药必须得到特别批准，才能专用于泌乳期动物、产蛋家禽和蜜蜂。特定的兽药可以豁免，可不按标签使用。

6.5　经营者的责任（最好的实践指导）

生产者只能使用已经批准用于食品动物的兽药，不得使用未经批准的兽药。兽药应严格按照正式批准、认可的说明书使用。不按标签使用的兽药只能依照国家法律法规，按照兽医的书面建议来使用，而这些建议应符合国家和（或）国际指导文件和相关技术信息。

应该鼓励生产者在可能无法得到正确的或不明确的标签指示时，针对休药期求助于兽医或其他具有资质的专业人士的建议。

动物或动物产品在被收获供人类食用之前，应保存所有治疗的细节和休药期/停药期的记录。

应该要求经营者（无论是初级生产者或其他人）在销售及随后的购买时对动物或动物产品适用的停药期进行相互交流。

应该确保经营者只从可以信任的承诺提供适当安全的动物、动物产品的供应商（动物产品的主要生产商或其他人）那里购买和加工动物或动物产品。

生产者应该采取适当的食品安全保障措施，保证食品动物的兽药使用正确，所有直接接触动物的工人应该熟悉这些措施。

生产者应该能够识别所有兽药治疗过的食品动物或动物批次，以确定符合规定的休药期/停药期。

连续的食品安全保证措施（如保存记录），应保证只收获遵循规定的休药期/停药期的产品（如牛奶、鸡蛋、蜂蜜）。

使用或接触过兽药但尚未满足休药期/停药期条件的动物，应与其他未被处理的动物隔离，或被"验明正身"，以减少错误的可能性。

对来自收获限制范围内的动物产品，应该保证其不会和被采收供人消费的产品混在一起。任何可能被污染的设备应在用于其他动物之前做适当的彻底清理。

7　验证计划

7.1　目的

应该实施一种结合审核、检验各控制点和收获点的验证方案。这种方案将减少对化学分析的依赖，并提供较高程度的保证。该验证方案的总体目标是提供一个合适的信任度，即采取的实践和控制措施是适当的，足以确保动物产品消费者的健康。因此，该方案应努力确保残留超出每日允许摄入量（ADI）的情况极少发生。

验证程序可能有助于：

（a）登记过程中所做的假设验证；

（b）鉴定不可接受的生产、销售和建议；

（c）评价兽药标签信息的有效性，因为它关系到食品安全；

（d）评价教育或减少风险方案的效力；

（e）评价质量管理体系；

（f）验证执行情况和纠正措施的有效性。

7.2 一般设计原则

验证方案应尽量包括整个食物链。应实施一个检验、审核和采样、实验室分析相结合的系统。为了提供最有效的控制，其频率、地点和活动类型应以风险评估为基础。验证方案可根据样品选择的目的和标准做以下分类：

（a）系统验证方案；

（b）针对风险的验证方案；

（c）调查；

（d）口岸的入境检测方案。

验证程序可能集中评估：

（a）控制系统的有效性；

（b）个人或组织对规则的遵守情况。

7.3 系统和有针对性的验证方案设计

验证方案应：

（a）定义它们的目标。

（b）确定抽样群体。

（c）无论采用无偏抽样还是有针对性（定向）抽样，应说明：

• 根据统计学确定无偏差抽样点数量；

• 预先确定定向抽样点的针对性标准。

（d）预先确定可应用于结果分析的标准。

（e）确定采样及鉴定程序，以使每个样品可追溯到源头和发生争议时能独立证实结果。

7.4 风险情况

主管部门的责任是确定国家和生产系统的风险状况。

系统验证方案中所要监控的每种药物残留的验证或检查、审计的频率和强度应取决于兽药及其使用情况。有关兽药风险状况的考虑包括：

（a）呈现的危害类型；

（b）与残留物相关的对人类健康的不良影响的类型和程度（如慢性毒性、过敏反应或菌群失调等）；

（c）产生残留所需的使用量和生产环境以及这些残留在生产系统的食品中可能对消费者健康呈现出风险的浓度和频率；

（d）导致残留对消费者健康产生现实风险所需的膳食消费情况。

主管部门应尽力在其权限范围内对兽药的类型、数量和使用方式进行现实的估计。

随后，应考虑以下因素：

（a）每种兽药对消费者健康产生不利影响所需的环境；

（b）此类情况发生的可能性。

在考虑与对生产系统某些阶段中可能呈现的相关兽药残留排序时，应描述其潜在的风险来源和途径。

兽药残留应考虑下列来源：

（a）主管部门权限范围内许可的兽药。

（b）已知的或者被怀疑为误用的兽药。

兽药残留的暴露途径应考虑：

· 有意的，例如直接给予动物的；

· 通过添加至饲料或者间接给予动物的。

（c）通过饲料、水或环境意外污染的。

主管部门应根据本国的风险概况和生产系统，考虑以下潜在的收获前控制点作为验证方案的审计、检测。

（a）兽药的买卖双方：以验证销售的是什么，它是如何被销售的。

（b）兽药的使用者（包括农民、兽医和饲料生产商）：以验证药物在实际中如何被用于生产系统，例如是否依据标签，保存了记录以及如何确定动物的处理状态。

（c）动物和动物产品分销商：以验证能够对任何与动物或产品相关的食品收获限制进行有效的沟通；

（d）加工者和生产商使用的保证系统：以确保动物或产品的适用性和使用目的与预期目的一致。

8　验证方案的选择

8.1　系统验证方案

在制订系统验证方案时，应考虑以下几点：

（a）检查控制系统的相关控制点；

（b）从指定的特性相似的群体中无偏差抽取样品，以便结果可以用来对整个群体的控制程度进行统计学推导。

系统验证方案可以集中在全程的具体控制应用程度上，或者集中在收获点或接近收获点处监测动物或产品的残留物。

应该采用无偏差抽样，以便找出系统中的某个控制点是否需要调整，但不应该依赖无偏差抽样进行产品评价。

尽管主管部门批准某些药品在特许应用的环境或限制情况下使用，以避免误用或滥用，但是对使用条件或使用限制的适宜性还需定期采用风险验证程序进行检查，主要检查其有效性和必要性以便管理因兽药使用产生的风险。

通常无偏差抽样对发现低概率的不符合效率较低。由于这种低概率对于人类健康来说是潜在风险，此时应该实施其他的保证计划。

8.2　风险针对性验证计划

在制订风险针对性验证计划时，应考虑以下几点：

（a）过去的表现，如有无不符合标准的历史。

（b）通常依赖的质量管理要素。

（c）与兽药使用量增加可能相关的潜在风险因素，例如：

- 牛奶中的体细胞数量；
- 动物宰前宰后的检测结果，如注射部位损伤或发生病变。

（d）任何其他不符合标准或者药物使用的有关信息。

主管部门应采用已建立的收获后风险针对性验证计划，作为收获前风险针对性验证计划的补充。

8.3 调查

进行调查是为了：

（a）在一个验证试验开始之前评估最初的情况；

（b）评价特定控制计划的效率和适当性；

（c）监控可变因素，如位置、季节或者年龄，对残留物的可能影响。

8.4 审查

应该经常性地审查控制和验证计划，以确保它们持续有效，同时审查任何改变对风险情况的潜在影响。

如果在任何一年发现有显著的不符合发生率而且对实施的控制计划进行了随后的调整，直到改进行动的有效性被验证之前，更高标准的验证可能是适用的。在符合规则的基础上建立的循环进出计划中应该考虑选用一些低风险兽药，以确保监控范围尽可能大。

9 抽样

9.1 一般原则

必须把防止在选择和抽取样本中可能发生的偏差的适当机制落实到位。

理想的状况是在动物、产品与其他供应商的动物、产品混合之前抽取样本。

9.2 可追溯性/产品追踪

主管部门应该确保所有的样品在经过整个抽样、储存、运输、分析和报告后，能够追溯到来源。每个样品需要清楚地标示，以保证不符合结果时采取合适的后续行动。

如果对一批货物的单元进行采样，应该清楚地仔细标示这些单元。应该采集充足的样本以使未处理的单元得到保留，以便对结果进行独立证实。

10 统计方法

10.1 一般原则

系统验证计划的样品数量可以进行统计预测（详见附录A）。

在设计抽样方案的时候，必须定义计划目的和目标群体。当研究分析结果是否需要采取任何进一步行动的时候，特别是当这些标准和行动直接关系到保护人类健康的时候，同样重要的是确定使用的标准。

最后，由"消费食物单元"组成的"群体"与人类健康关系最为密切。然而，正是由于应用了收获前操作和控制以确保食品安全，可以使用一个验证收获前操作和控制的适宜性和执行程度的抽样策略以保证消费者健康不受到影响。一般来说，针对收获前适宜性验证信息的目标群体将是那些应用共同的方法和控制的群体单元。例如：

（a）投入生产系统的兽药的经销者；

（b）生产者；

（c）向加工者提供动物或动物产品的供应者；

（d）加工者。

然而，由于大型生产部门（农场）失控对人体健康的潜在影响更大，因此通常收获前的随机抽样群体是在任何时候出售的生产标准化单元，如个体动物、大桶牛奶、桶装蜂蜜或者定义重量的水产品。这样，大型生产商和供应商应该有更大的机会被抽样，同时保持抽样操作的随机性。

如果在生产季节发现问题，可能已经采取纠正行动，并开始在生产季节或年份结束之前产生正面效果。对于较小群体、低风险或者合理稳定的暴露情形，可能需要几个生产季节或者年份，来收集统计样本数据以产生必需的可信度。

当需要进一步定义和描述与已定义的风险因素如季节、地区或者特定生产类型有关的被影响群体时，需要根据这些变化的因素来修订抽样方案。

采样点的关键在于具体计划的目标。若目标是验证供应阶段控制的有效性，通常应在销售或收获时抽取样品，以把供应商或者生产商与抽样联系起来。

农场抽样也可以作为收获前质量保证计划的一部分。关注主管部门禁用物质的可能使用情况。如果目的是验证系统确保普通人群的暴露量少于 ADI 的整体有效性，那么多个样本单元可以在分析前混合，或进行混合产品的抽样和分析。

如果目的是验证出口国控制和验证方案的可信度和有效性，则样品应从入境口岸的出口标准单元中抽取。这种二次验证方案根据其目标、相关人群和确定的违规发生反应的类型有截然不同的设计考虑。附录 A 中的统计表与这些方案无关，并且样品数量应反映进口国对出口国的信心。

10.2　实验室分析中的货物扣留

主管部门不应例行扣留与随机选择的样品有关的大批产品。只有当风险针对性检测显示不符合结果，可能对消费者健康产生潜在危害时，主管部门才可按惯例扣留这批产品。

10.3　结果说明

如果基于统计的系统无偏差抽样和风险针对性验证方案（指定供应商或产品）同时进行，类似上述情况的验证计划可以达到较高的可信度。

通过单纯风险针对性验证方案的结果不能得出普通人群暴露于兽药残留的结论。

普通人群暴露于兽药残留的结论可综合以下结果得出：

（a）无偏差抽样的基于统计的系统验证计划；

（b）风险针对性验证计划。

10.4 入境口岸检验（具体要求）

主管部门应该只把口岸入境检验计划作为第二系统验证工具。

入境口岸计划所用的模板与国家验证计划有所不同。

除非有发现或推测的健康风险，有证明的产品应该根据出口国家的符合率记录以进口国家确定的频率接受无偏差抽样和放行程序。交付的动物产品货物可能本质不同，并且经常混杂有多种动物、多个农场和不同加工日期的产品。结果应反映国家控制和验证系统的整体表现，而不应该从交付货物中其他单元的具体判断来推导结果，除非具有共同的收获前风险因素以及表明有直接的健康威胁。

入境口岸抽样计划中的直接或针对性抽样，只有在已知或怀疑产品具有相同风险情况时才适用。

然而，如果在口岸入境计划中发现不符合的结果，进口国家应在一段时间内增加来源于出口国相关动物产品的总体检验频率，作为对出口国家正在采取的额外控制措施的有效性的附加验证。

在解释交付动物产品的实验室检测结果时，应该考虑它们是由各种动物、不同农场和不同生产日期的产品混合组成的，是非均质的。正因如此，结果不应作为判断其他交付货物单元的依据，除非那些单元具有共同的收获前风险因素和被发现或怀疑对健康有直接危害。

只有采用对特定基质和被测物充分验证的方法确证后，入境口岸检验计划的结果才可以进行交流。

结果不符合标准的实验报告应该包括：

（a）使用方法的描述；

（b）分析方法的性能特点（包括结果的置信区间）。

结果不符合标准的实验报告应该分发给所有相关机构（如货物所有人和出口国的发证主管部门）。

进口国的主管部门应该定期为出口国家提供本国验证计划的结果，包括可追溯性和产品追踪信息。

当出现不符合食品安全标准的结果后，出口国的主管部门应该进行追溯，采取适当的纠正行动，给进口国提供简要报告。

检测的不符合类型、发生率引起对进口是否满足进口国设定的人类保护健康标准的关注时，则可能要求格外的保证。

进口国也可以选择增加口岸入境的验证次数，以确保切实解决问题。

如果在入境口岸检测时发现出口国和进口国的食品动物出现不得在食品动物中使用的物质残留，则双方主管部门应通力合作，以鉴别和确定可能被污染的动物源食品，并解决更广泛的待控制问题。

解决上述问题需要出口国进行分析以确定这些残留物的可能来源，鉴定国家自身控制和监控系统的缺陷，随后应用适当的额外的控制措施来解决问题。

如果出口国是发展中国家，应该考虑由进口国提供技术援助，帮助解决这些问题。

新的抽样和测试方法的应用可能揭示一方或双方以前未知的残留物存在的类型和浓度。确定这些残留物的来源和意义可能需要一些时间。

如果这些残留物与先前已接受的生产规范相关，应实施相关的改变措施，这被认为是必需的，可能需要一段时间开展能力建设。

11　监管行动

11.1　对不符合标准产品的调查

主管部门应该对每一个不符合标准的结果进行调查，以确定是什么因素导致的。应努力找出在食品中的物质和其对消费者健康的影响。

当动物组织/食品中含有超过收获点的相关 MRL 残留物时，应考虑以下可能性：

（a）兽药没有按照标签或者处方说明使用；

（b）使用了未批准的兽药或制剂；

（c）没有遵守推荐的休药期或者不合适；

（d）治疗和未治疗的动物混合；

（e）由非故意的饲料、饮水或者环境污染暴露引起；

（f）食品来自统计学上预测比例很小的动物部分，即使要求的休药期已过，但其残留仍然超过 MRL；

（g）样本污染，分析方法有问题或者分析错误。

实验室应报告还没能用建立的确认标准确认为阳性的所有疑似阳性样本，以便主管部门确定不符合标准的可能类型。

11.2　不符合标准时采取的措施：管理

主管部门应该根据消费者健康危害的相对重要性调整相应的不符合标准。当不符合标准的结果被认为是由疏忽或者刻意造成时，主管部门应该采取相应的行动。

主管部门应该在排除由疏忽或者刻意造成的错误的前提下，要求相关方遵守适当的建议和培训措施。

如果证实是疏忽或刻意行为，应该考虑与法典成员刑法制度一致的惩罚措施（如谴责、罚款、行动控制等），以起到威慑作用。

在普遍不符合标准的情况下，主管部门应建议利益相关方和各业务部门采取必要的改变。

主管部门应该确定相关部门采取合适的纠正行动，通过检查、审计、抽查、实验室分析来监督这些措施的执行。

11.3 不符合标准时采取的措施：产品

不安全的产品不应为适应人类消费而通过检测，并且应正确处理或销毁。

当风险针对性验证方案的农场抽样结果无法为证实该批其他部分产品采用合适的生产和控制方法生产提供必要可信度时，该批产品不应通过检测供人类消费，直到获得足够的信息确保其是安全的。

当结果表明某产品对消费者健康有直接危害时，应该努力跟踪并清除所有类似的受影响产品。

在无偏差抽样方案中，不确定部分可能比确定部分对消费者存在更大的潜在威胁，所以，任何针对已确定的不符合标准的批次采取的行动都不如对整个系统采取的行动效果明显。

当收获前控制没有实行或者滥用兽药事件发生率高时，更频繁的收获后验证可为消费者提供适当的保障。这应该作为一项临时性措施，直到对监控计划采取了适当的纠错行动并随后证明行动有效。

11.4 不符合标准时的纠正行动

根据调查的结果，可采取局部或系统的纠正行动。

如果不符合标准的调查显示药物的使用和分配不恰当，主管部门应采取适当的纠正行动，如修改批准和销售规定。

如果不符合标准的调查指出存在局部或系统控制失败，主管部门应确保在相关控制点采取适当的纠正行动。

主管部门应该对所采取的方法进行验证。应该根据对消费者健康产生危害的时间和强度，以及不符合标准的规模、频率采取相应行动。

如果错误超出了经营者的直接控制范围，主管部门应通过在相关控制点采取适当的措施，防止再次出现类似情况。

12 两个主管部门控制计划的相互配合

主管部门应相互配合，确保所有国家的消费者健康受到保护。合作的目的在于实现更大程度的保证，而不是单纯依赖入境口岸检测计划。贸易国之间应定期交换控制和验证程序的副本以及前几年应用这些程序的结果。为促进发展中国家的贸易往来，应考虑给予较长的过渡期和残留控制计划所有方面的技术援助。

残留控制分析方法

残留控制分析方法总则

13　简介

用来确定符合兽药最大残留限量的分析方法，应当符合成员国主管部门用来检测所有兽药残留和可能用作兽药的物质残留的检测计划的常规应用要求。其中包括可作为兽药使用和作为残留出现在商品的某些杀虫剂。这些残留控制分析方法可用于以下几个方面：分析国家法规控制计划中随机抽取的调查样本是否符合已建立的兽药最大残留限量标准；当有理由怀疑不符合兽药的最大残留限量标准时，分析针对性样品；收集数据用于估计摄入量。

常规监控计划中还需要有食品法典委员会还没有建立每日允许摄入量和兽药最大残留限量标准的物质残留的分析方法。某些物质的毒性评估报告导致每日允许摄入量和兽药最大残留限量标准无法建立。对这些物质而言，首要关注的是确定可检测到的残留的最低浓度和确认其在食品中是否存在。与定量分析有关的性能特性对这些物质可能并不重要，因为检测和确认这种物质是否是残留物才是主要的问题。对检测到的物质和已知疑似残留物的一系列特点进行比较后，才能确认是否含有某种残留物。

对所有可能的兽药残留和食品的组合并不总是有适当的已经验证的分析方法。负责设计全国残留监控计划的主管部门应采取适当的残留分析方法来确定样品符合兽药最大残留限量标准。这可能需要建立和验证新的分析方法或对现有的分析方法的验证进行扩展，包括新的被测物和食品基质的组合。然后针对假劣产品采取适当的监管行动，行动应与分析数据的可靠性保持一致。

14　残留控制分析方法整合

食品中兽药残留分析方法必须可靠地检测被测物是否存在，确定其浓度并正确地鉴别被测物。当检测到批准使用的兽药的残留浓度超过兽药最大残留限量标准时，在确定结果可信后才可采取监管行动。若检测发现存在主管部门禁止在食品动物中使用的物质，或者对于由于毒理学原因没有确定 ADI 和兽药最大残留限量（MRLVDs）的物质，确认食品中有任何浓度的残留存在都可采取监管限制。

残留监控计划中所用分析方法要求能简单地检测、定量或确认目标残留物的存在。完成全部协作研究[①]不是识别这种方法是否被列为三大类别方法之一的要求。

筛选方法在本质上是定性和半定量的，用以确定来自畜群或批次的样品中是否存在超过兽药残留最大限量或者其他由主管部门规定的监管限量的残留。这些方法可能无法提供残留浓度的准确信息或确认残留物结构，但可用于快速确定哪些产品需要进一步测试，哪些产品可以放行。它们适用于有待进入食物链的样本、检验现场或实验室样品

---

① Horwitz W, 1995. 设计、实施和方法性能研究解释的协议 [J]. 纯理论和应用化学, 67：331-343。

等，以确定这些样本是否含有可能超过监管限量的残留。这些方法通常具有较好的分析效率，有时可以在非实验室的环境下操作，用作常规监控计划比在实验室内进行测试时费用更低。使用筛选方法筛选后实验室资源应集中用于鉴定可能的疑似阳性样本。这些方法虽然具有确定的、较低的假阴性率，但是在没有适宜的经过验证的定量和确证方法可用于已鉴别为可能不符合兽药最大残留限量的任何样品时，不得单独用于残留监控计划的官方样品检测。

定量方法只提供检测某一特定样本中的残留是否超过兽药最大残留限量或其他监管限量的量化信息，不能提供残留物存在的确切验证。这种能提供定量结果的分析方法必须在包括兽药最大残留限量或监管限量的分析范围内以良好的统计控制来操作。

确证方法能够对残留物的存在提供确切验证，同时也可进行定量分析。确证方法是最为权威的方法，通常基于色谱和质谱联用技术，如液相色谱-质谱联用（LC/MS）。当用确证方法确认残留存在时，它能在已建立的检测区间内提供明确的结构信息。当确证方法不能提供定量信息时，原始定量方法的定量结果应通过用原始定量方法或其他适宜的验证过的替代定量方法分析重复测试部分加以验证。

筛选、定量和确证这三类方法拥有一些共同的性能特点。此外，每类方法都有其特定的考虑。理解三类方法之间的关系对建立和执行残留控制计划是至关重要的。这三类方法可以在残留监控计划中依次使用。

用筛选方法检测出的可疑"阳性"样品通常要用更精确的方法去做进一步的实验室检测，包括采用更典型的定量筛选方法或实验室确证方法对所测试的留样样品进行重复检测以确定样品中不含有超过监管限量的残留。这样的检测只能用于最初筛选检测所用样品材料的新的测试部分，以确认最初检测中发现的被测物是所要检测的可疑化合物，并且实际上已经超过兽药的最大残留限量（或由主管部门建立的其他监管限量）。筛选、定量、确证的性能特点或属性必须在方法验证中进行确定，并列于"食品中兽药残留分析方法的属性"部分。

15　分析方法的选择和验证

15.1　方法要求

15.1.1　识别方法适用范围

分析方法的目的通常在适用范围的声明中给出，这个适用范围定义被测物（残留）、基质（组织、牛奶、蜂蜜等）以及方法适用的浓度范围；同时，也指出这个方法是否适用于筛选、定量或确证。主管部门必须为每个已经建立兽药残留最大限量的药物建立适当的残留标示物，并且确定化验取样的靶组织。

15.1.2　残留标示物

兽药最大残留限量以残留标示物形式表示，残留标示物可能是母体药物、主要代谢物或者是在药物残留分析时形成的反应产物。在某些情况下，母体药物或代谢物可能以结合物残留的形式存在，这些残留需要化学和酶的处理才能释放出来以便检测。无论何时，残留标示物都应为药物存在提供明确的证据。在罕见的情况下，有必要使用可能来自药物暴露以外的化合物作为残留标示物。在这种情况下，需要额外的信息来确定残留来源于药物暴露。这种情况的例子是使用可能来自其他来源的半碳酰肼作为药物呋喃西林的残留标示物。

15.1.3　靶组织

在残留监控计划中，主管部门选定的用于检测药物残留的靶组织是食用组织，因为在这里残留物出现的浓度最高、最持久。对于亲脂性物质，通常的靶组织是脂肪。对于大多数其他物质，靶组织是肝脏或肾脏，这由主要的排泄途径而定。这些组织中的一种通常用作检测本地生产的动物源食品的靶组织。因为无法获得器官组织用于检测进口产品，所以肌肉组织可以作为靶组织以检测这些商品。某些情况下，例如通过注射给药，通常需要可疑注射部位的肌肉组织作为测试组织。法规计划管理者和实验室管理者需要清楚区分用不同靶组织、残留标示物和浓度范围要求的测试目的和分析要求，以确保在监控计划中采用适宜的方法。在某些情况下，主管部门也会检测生物体液，如尿或血清，以确定有关残留是否存在。

15.2　实施其他食品法典委员会指南

食品法典委员会为参与食品进出口检验的实验室颁布了相关指南[①]，建议此类实验室应：

（a）贯彻内部质量控制流程，如《分析化学实验室内部质量管理指南》[②]；

（b）参加符合《化学分析实验室水平测试国际方案》要求的食品分析水平测试[③]；

（c）符合 ISO/IEC−Guide−17025：2005 "校验和检测实验室能力总体要求"的一般标准；

（d）尽可能使用按照食品法典委员会规定的原则进行验证的方法。

用于分析食品中兽药残留的方法应该能够检测残留监控计划中的化合物。对目标食品的回收率和精密度分析应该满足本文件中的标准。方法应在符合上文提到的内部质量控制原则的实验室质量管理体系下使用。若将未经多家实验室性能测试的方法用于食品中兽药残留控制监管计划，需要对这些方法的质量控制和质量保证程序进行仔细的定义、实施和监测。对于那些通过多家实验室测试的方法，其性能特点如回收率和精密度应用研究结果来定义。对于只在一家实验室验证的方法，必须有足够数据来确定该实验室分析者使用这种方法可获得所期望的性能特征。持续的性能须在实验室质量管理体系下进行监控。

15.3　方法验证及其用途

方法验证的过程旨在证明一种方法符合目标要求。这就意味着经过适当训练的分析

---

① 包括在进出口食品控制中的测试实验室能力评估指南（CAC/GL 27−1997）。

② Thompson M，Wood R，1995. 分析化学实验室中内部质量控制的协调指南［J］. 纯理论和应用化学，67：649−666。

③ Thompson M，Ellison S L R，Wood R，2006. 化学分析实验室熟练度测试的国际协调协议［J］. 纯理论和应用化学，78：145−196。

人员使用指定的设备和材料，并遵循方法验证过程中描述的程序，通过分析指定的样本，在一定的统计范围内获得可靠、一致的结果。方法的验证应该解决残留标示物、靶组织和由实验室与残留方案管理者协商界定的浓度范围等问题。当方法确定后，使用合适的分析标准，任何有经验的残留控制实验室的经过训练的分析人员都应从相同的或等效的样本材料中获得已建立的性能范围内的结果。

实验室方法性能研究一般满足监管计划中采用的分析要求。这些方法要经过适当设计的由分析人员在独立的实验室内进行的实验室之间的比较研究，以便于参与者使用不同来源的试剂、材料和设备。

除了使用高度复杂的设备或具有不同寻常的分析要求以外（在这些情况下，至少需要5个实验室参与），定量方法至少需要8个实验室共同参与。这种研究协作的定量方法是在1995年由美国官方分析化学家协会（AOAC）、国际理论与应用化学联合会（IUPAC）和国际标准化组织（ISO）协商修订的。定量方法的合作研究目前要求至少10个实验室参与。在一个可接受的统计设计研究中，1995年之前进行的协同研究至少需要6个实验室参与。这些实验室的方法性能研究通常能够满足监管计划采用的分析要求，通过不同的实验室、分析人员的研究可以获得方法性能的信息。然而，目前食品中兽药残留控制计划所用的分析方法已经不采用这种研究验证。协同研究的设计是基于对编码的实验材料复制品的分析，这些材料复制品代表了被测物、基质和在方法允许范围内的浓度的集合，并且还包括一个独立同行对该项研究设计和结果的评审。某些情况下，这些实验室研究可能在不符合协同研究最小数量的实验室的条件下进行，当这些研究采用与协同研究相同的科学设计、评估和审查原则进行时，也可以提供多个实验室不同分析人员关于方法性能的有用信息，但是无法提供与协同研究结果相同程度的统计置信度。

多个实验室和协同研究通常不包括后续可能应用的所有残留物、组织和动物种类的可能组合。这些研究可以通过完成其他的实验室研究扩展到相关的被测物、其他组织、动物种类或产品中去（或许不是原始的多家实验室研究中上述对象的组合）。扩展研究的分析结果在应用于监管计划之前可能要求额外的评估。只要有可能，用还没有通过传统的实验室间研究验证的方法获得的分析结果都应该同已经通过协同或多家实验室研究验证的方法或用公认的性能计划中的样本材料验证的方法获得的结果相比较。这种比较应该建立在使用相同（匀质）样本的研究设计的基础上。这些研究数据应该由具有资质的第三国（如质量保证单位、监管科学家组成的同行小组、国家认证组织的审计师）来进行独立的评估以确定方法性能的可比性。

一些已经被证明适用于判定是否符合兽药最大残留限量的残留控制方法已经在专业实验室中使用，但是目前还没有进行正式的多家实验室比较研究。这些方法被证明适用于基本的监管用途，并且在缺少替代的已验证过的方法或是由于在国家计划的监管约束下利用现有技术、成本、可靠性和适应性它们仍作为首选的情况下，已经持续使用了一段时间。尽管还缺乏正式的协同或多家实验室研究的证据，但其成功的应用和过往实验室质量控制数据可以证实此种方法的性能。

大多数监管实验室主要采用没有在多家实验室研究中用过的兽药残留检测方法。造成这种情况的原因包括对专业技术或设备的要求高、研究的成本低、缺乏有效的实验室协作、被测物或样本不稳定和缺乏快速发展的技术。虽然多年来分析结果的等效性主要关注是否采用了基于协同研究定义的性能特点的标准化方法，但是现在的认证实验室作为个体实验室有责任表明其使用的方法和产生的分析结果能够满足与客户协商所建立的实施标准。在缺乏多家实验室比较研究验证方法的情况下，监管实验室必须经常使用那些已经在自己实验室使用的分析方法去比较鉴别这种方法的性能。

15.4 单个实验室验证标准方法

单个实验室验证方法的指导文件——《分析方法单个实验室验证指导》由国际理论与应用化学联合会（IUPAC）出版作为其技术报告①。《FAO/WHO 食品法典委员会程序手册》指出多家实验室验证方法并不总是有效或适用，尤其是对多重被测物、多基质和新被测物。在这种情况下，方法可以在单个实验室经过验证以满足分析方法选择的一般标准和附加标准：

（a）方法按照国际公认的方案予以验证（如上面提到的国际理论与应用化学联合会的指南）；

（b）方法的应用包括在符合 ISO/IEC17025：2005 标准或实验室良好操作规范的质量管理体系中；

（c）该方法应通过以下信息证明准确度：

- 尽可能定期参与能力测试；
- 尽可能采用法定标准物质校正；
- 在期望的被测物浓度下进行回收率研究；
- 尽可能用其他验证方法再次验证结果。

这种结合单个实验室验证模型和满足特定性能要求的标准方法已经被一些监管部门采用。

食品中兽药残留分析方法的属性

16 简介

用于判定是否符合兽药最大残留限量的分析方法的性能必须被定义和用推荐方法进行相应的评估。这将保证分析结果的可靠性并为国际贸易商品提供食品中兽药残留的安全保证。"残留控制分析方法的一般影响因素"部分讨论了监管方法的一般类型，并且提供了在监管框架下基于预期目的使用这些分析方法的方案。下文将列出用于判定符合食品法典兽药最大残留限量的三类方法（确证、定量和筛选）的共同属性。只适用于一类或两类方法者也将被讨论。

---

① Thompson M，Ellison S L R，Wood R，2002. 为个体实验室分析方法认证的协调性指南［J］. 纯理论和应用化学，74（5）。

17　方法发展因素

分析方法的发展要求分析人员熟练掌握采用的分析技术，有合适的实验室、设备和财务支持。在采用方法之前，应确定残留控制计划中方法的使用目的以及所需的性能参数。其他因素包括所用方法的适用范围（有关的化合物或某类化合物和样本材料的类型）、潜在干扰物、测量系统所需的性能特点、影响方法性能的相关物理和化学特性、期望的测试系统特性及其评估、被测物和试剂的稳定性数据和试剂纯度、满足方法性能要求的可接受的操作条件、样品制备指导、影响方法性能的环境因素、安全因素以及其他与程序有关的具体信息因素。特别是标准品的稳定性，在正常存储、使用以及在样品处理过程中的稳定性，都需进行评估。在分析前样本的典型存储条件下，包括为证实而等待进行重复分析的样品保留期间的任何时期，应该检测被测物在样品中的稳定性。

建立方法属性至关重要，因为这些属性为食品安全机构开发和管理公共卫生项目提供必要的信息。分析方法的属性也为未来规划、评价和产品处置的良好管理决策提供依据。它同时为动物保健行业开发分析程序所需要的性能提供明确的指导。所有行业都会因分析方法性能明确而受益。方法性能取决于该方法是否用于筛选、定量或确认已建立最大残留限量，或每日允许摄入量和兽药最大残留限量尚未被推荐的药物残留。在后一种情形下，主管部门必须建立满足监控目的的分析方法最低性能标准。然而若食品中这些化合物的不安全浓度范围尚未确立，主管部门应定期重新评估这些限量标准以确保它们能反映分析技术和能力的提高。当主管部门尚未正式确定这些限量标准时，则这些限量标准通常由监管实验室采用方法的实际检测能力确定。

18　性能特点分析

18.1　筛选方法的性能特点

通常筛选方法是定量或半定量的，它把不含阈值以上（阴性）残留的样品同那些含有超过阈值（阳性）残留的样品区分开。所以说，该验证策略侧重于建立一个浓度阈值，超过阈值的为"阳性"，之后确定统计学意义的假阴性和假阳性比率，以检测有无干扰和建立合适的使用条件。

对于筛选试验尤其是那些检测试剂盒技术，灵敏度表示在一定统计范围内目标被测物可以被检测到的最低浓度。基于 AOAC 检测试剂盒方法性能方案（灵敏度通过测定至少 30 个无残留样本添加目标浓度的被分析物而获得），检测样品应至少取材于 6 个不同的来源（即至少 6 个来源，每个来源有 5 个重复样本），所有样品在添加目标浓度后应得到阳性结果。出现三个或更多的阴性结果表明灵敏度试验失败。如果出现一个或两个阴性结果，则应重复实验，若再出现两个阴性结果则表明试验失败。如果样品易获得，则应该在目标浓度下用实际样品进行重复实验。

筛选方法的选择性指的是能够得出阴性结果的样品实际为阴性的测试能力。试验还必须能够把存在的目标化合物或一组化合物和可能出现在样本材料中的其他物质区分开。筛选方法通常不同于定量方法，因为筛选方法常常利用一组或一类化合物具有的共同结构特点。通常符合筛选方法范畴的这些方法常以抑制微生物生长、免疫分析或无法明确鉴别化合物的显色反应为基础。使用层析或其他分离技术作为检测系统，筛选方法的选择性将会增加。为了证实至少 90％ 的选择具有 95％ 的置信度（适用于筛选分析），应对至少 6 个不同来源的代表性的空白样本进行 30 次重复分析。所有的结果都应该是阴性的。对潜在干扰和交叉反应的实验可以通过将潜在干扰物质添加于空白待测材料中进行，例如用于动物治疗的其他药物、潜在的环境污染物、药物代谢物或化学上相关的其他化合物。此外，当这些化合物在合理浓度下预期可能存在于被测样本中时，其结果应该是阴性的。

某种化合物的检测界值或临界值通过浓度反应实验得以确立，这种实验通常需要对添加一系列增加浓度的每个样本（至少 6 个不同来源）进行 30 次重复分析。如果全部 30 次重复分析给出阳性反应和阴性反应的浓度得到确立，要用添加了介于全阳性和全阴性之间的 4 个等间距浓度的空白材料来重复试验。需要在高于全阳性浓度 20％ 的水平进行额外测试。统计分析结果使得用户在要求的置信水平上（通常是 95％ 置信水平）建立可靠的检测浓度值[1]。

18.2　定量方法的性能特点

食品中兽药残留的监控计划中，分析方法的选择性在定义方法的性能上特别重要。选择性是分析方法在样本中可能存在其他化合物的情况下能检测并区分一种化合物的信号响应的能力。有两个方面必须考虑：一是方法可以排除来自样品或样品提取物中其他化合物干扰而提供信号响应的能力，二是方法能够明确地辨认与特定化合物相关的信号响应的能力。对于定量方法，要求用于量化的信号只与目标被测物有关，而不包含共同提取物的信号。不能完全区分峰值的色谱分析提供的量化结果不准确。使用针对特定元素的检测器、特定波长和针对特定化合物或结构的质量选择检测器，再加上色谱分析，可提高用于食品中兽药残留分析的定量分析方法的选择性。

除方法的选择性外，还需要验证方法获得可靠的定量结果的能力。这包括两个因素：

（a）结果与样本材料中被测物浓度的真值和可接受值的近似度，以准确度、真实度、偏差等术语表示；

（b）方法中对重复测定保持一致性的能力，以精密度（重复性和重现性）等术语来表示。

建议用于支持食品法典兽药最大残留限量的方法应满足表 1 中列出的真实度和精密度的性能标准，其中 CV_A 是提取前空白基质添加试验测得的变异系数，CV_L 是整个实验的变异性，其中包括样本处理变异 10％ 的估计[2]。

① Finney D J，1978. 生物分析统计法［M］. 3 版. 美国纽约麦克米伦出版公司。
② Fajgelj A，Ambrus A，2000. 方法验证原理［M］. 英国皇家化学学会。

表 1　应用于支持食品中兽药残留最大限量的定量分析方法的性能标准[①]

浓度 ($\mu g/kg$)	变异系数（CV）（%）				真实度 平均回收率 范围（%）
	重复性 (实验室内，CV_A)	重复性 (实验室内，CV_L)	重现性 (实验室间，CV_A)	重现性 (实验室间，CV_L)	
≤1	35	36	53	54	50～120
1～10	30	32	45	46	60～120
10～100	20	22	32	34	70～120
100～1000	15	18	23	25	70～120
≥1000	10	14	16	19	70～120

　　方法的准确度，可以通过分析认证的标准品进行确定，通过将所得出的结果与使用另一种以前已经稳固地建立性能参数的方法（典型的协作研究方法）获得的结果进行比较，或者在没有标准品或缺乏实验室之间验证的方法的情况下，通过对添加在已知空白样本材料中的被测物回收率来确定。作为准确度的回收率常在食品中兽药残留方法的验证中进行测定，因为认证的标准品和实验室之间验证的方法常常缺乏。测量的准确度与系统误差（分析方法偏差）和被测物的回收率（以回收的百分比衡量）密切相关。对方法的准确度要求取决于对结果计划的监管应用。准确度应该在兽药最大残留限量或监管限制浓度附近（通常为目标浓度的 0.5～2.0 倍），以确保只对被证明含有超过了确定的统计置信度限量的残留的样本采取监管行动。

　　回收率通常用已知浓度添加到样品材料后测得的被测物百分数来表示，并且应添加覆盖该方法的分析浓度范围的被测物。在解释回收率时，必须认识到添加到样品中的被测物与相同的经生物代谢的被测物（兽药残留）的表现形式可能不同。在大多数情况下，提取的实际残留量（收获量或回收的部分）少于实际存在的总残留量。这可能是因为提取中的损失、残留物在细胞内的结合、结合物的存在以及不能通过用被测物添加空白组织进行的回收率实验来完全代表的其他因素等。在相对较高的浓度下，被测物的回收率期望值接近 100%。而在低浓度下，特别是采用广泛涉及提取、分离和浓缩步骤的方法，回收率会更低。无论可测到的平均回收率是多少，总是期望得到变异度低的回收率，以便必要时用一个可靠的回收率校正度对最终结果进行校正。回收率的校正应该与食品法典委员会提供的指导相一致。

　　精密度，用于对相同样本材料重复测试之间的变化进行量化，也是判定一个样本中的残留是否超过了兽药最大残留限量或其他监管标准限值的一个重要决定因素。当一种方法经历过多个实验室验证后，这种方法的精密度通常是以实验室内的变异（重复性）和实验室间的变异（重现性）来表示。对于一个单一实验室方法的验证，应该使用至少6 种不同组织、不同批次试剂、不同设备以及不同分析人员等在不同日期进行的实验来

---

　　① 分析测试中回收率信息使用的协调性 IUPAC 指南（CAC/GL37－2001）；也可见 Thompson M，Ellison S L R，Fajgelj A，et al，1999. 分析测试中回收率信息使用的协调性指南［J］. 纯应用化学，71：337－348。

确定精密度。方法的精密度通常表示为标准偏差。另一个有用的术语是相对标准偏差或变异系数（标准偏差除以算术平均数的绝对值），可以用百分比表示。

在开发方法的实验室获得的方法变异度通常低于随后使用这种方法的其他实验室得到的变异度。如果一个方法不能在开发它的实验室中达到合适的性能标准，估计在别的实验室也不能做得更好。

定量分析方法通常基于一个样本中被测物的反应与已知浓度的标准溶液中被测物的反应的比较。在方法开发与验证过程中，应该首先确定标准曲线以评价检测器对一定浓度范围内的标准物质响应的能力。这些浓度（至少5个，再加上空白）应该涵盖所有的目标被测物浓度范围，由此产生的标准曲线应该以统计形式表述。然而，尽管建议实验中使用一个合适的空白对照样本，但是这并不意味着外推至该曲线低于最低浓度的区域所得出的量化结果是可接受的。分析性能与从不同浓度样品材料中回收的被测物在整个分析浓度范围内的反应有关。对在一个特定的样本材料（基质）中已经建立了兽药最大限量或监管限制浓度的被测物，其反应通常由已知空白样品材料和在兽药最大残留限量上下添加不同浓度被测物的添加样本决定（建议使用6种不同来源的空白材料）。

性能实验的数据也可以用来计算每个浓度被测物的回收率，并且当现有的基质提取物与标准被测物相比较改变了被测物反应时，性能实验的数据尤为重要。线性取决于性能实验的分析函数并且是通过对目标浓度的添加样本材料的分析而获得曲线的统计学指标。假设为线性反应的话，线性曲线通常来源于对数据的线性回归分析。这种通过建立标准曲线进行定量分析的方法在食品兽药残留检测中越来越普遍，其中标准曲线是将适当的浓度范围的标准物〔包括目标值（分析函数）在内〕加入已知的有代表性的空白材料中分析获得的。对这样的"组织标准曲线"进行校准并将回收率校正后结合到所获得的分析结果中。

建立下限也是必要的，在这一下限上可以用一种特定的分析方法来可靠地检测、量化和确认被测物。实际上检测限可以描述为样本中可被检测出的被测物的最低浓度。检测限可以用上述分析函数试验产生的标准曲线进行线性回归分析得到的标准差（S_x）估计出来[①]。使用这种方法，检测限可以通过求曲线的截距（假设为正值）加上3倍的标准差 $S_{y/x}$ 计算出来。这种方法为检测限提供了一个保守估计。检测限也可以通过将有代表性的试验材料作为空白样品中被测物的相关反应最弱的测量结果加上3倍标准差估算出来。当使用这种方法时，通常有必要用将几乎检测不到反应浓度的被测物添加到实验材料中，以获得空白的标准偏差的近似值。

定量检测限（LOQ），也被称为定量限，可以通过相同实验中使用曲线的截距值加上10倍标准差确定。对于这些用于支持食品法典委员会建立的兽药最大残留限量的方法，定量限应该满足表1中的准确度和精密度（回收率）标准，应该等于或者小于兽药最大残留限量的一半值。然而，当一种方法的定量限低于检测到的符合兽药最大残留量的实际浓度时，这种方法的验证和随后的应用应该根据最低校准水平（LCL）而定，LCL通常是兽药最大残留限量的0.5倍。当一种方法用于管理项目中的兽药残留估计

---

① Miller J C U, Miller J N, 1993. 统计分析化学〔M〕. 3 版. Chichester, EllisHorwood 公司。

时，如果检测的残留物浓度低于兽药残留最大限量，或者分析的残留物没有关于每日允许摄入量或兽药最大残留限量的标准，则检测限和定量限都是重要的参数。对于检测符合兽药最大残留限量的样品，重要的是 LCL 分析充分表明可以可靠地测定最大残留限量的浓度。一种用于支持兽药最大残留限量的方法其最低校准水平应该不小于 LOQ。《FAO/WHO 食品法典委员会程序手册》中建议在标准方法使用的术语中使用检测限这个术语。

18.3 确证方法的性能特点

选择性指方法明确无疑地辨别与特定化合物相关的专有信号的响应能力，是验证方法的首要考虑点。某些仪器技术如傅里叶变换红外光谱或质谱可以有足够的选择以提供明确的标识。这些通常是验证方法所依靠的基础技术。

通常，满足监管方法的可接受的性能标准至少需要 4 个识别点。基于高分辨质谱的方法被认为具有更高的可靠性，原因在于通过更精密的质量测量能得到比使用低分辨的质谱技术更可靠的结果。表 2 列出了低分辨的气相色谱/质谱（GC/MS）和液相色谱/质谱（LC/MS）的验证方法的性能要求，这些要求最近已由国际专业机构出版[①]。

表 2　各种质谱分析技术对相对离子强度的性能要求（与标准样品相比）

相对离子强度（基峰%）	GC－MS（EI）（相对）	GC－MS（CI），GC－MS/MS，LC－MS，LC－MS/MS（相对）
>50%	≤10%	≤20%
20%～50%	≤15%	≤25%
10%～20%	≤20%	≤30%

通常认为使用低分辨率质谱检测时每个结构显著的离子片段都应该指定一个标识点。当使用一个串联低分辨率仪器如"三重四极"质谱仪时，第二级碎片从由光谱仪的第一阶段分离出的初级碎片中被检测出来。事实上，这些结构显著的碎片是由一个与能够提高可信度的分子相联系的主要片段（母离子或前体离子）形成的，并且每个片段的子片段或产品离子被赋值 1.5 的识别点。当在确证方法中应用低分辨率仪器时，一个前体离子和两个产品离子的组合提供 4 个所需的识别点。

当在确证方法中使用高分辨率质谱仪时，可提供额外的置信度，因为高分辨率可提供更为精确的质谱并且可以用来预测每个碎片的元素构成。对于一个高分辨率质谱仪，每个被检测到的结构的重要碎片都被赋值 2 个识别点，而在高分辨率试验中产生的每个产品离子被赋予 2.5 个识别点。此外，至少一个离子比例必须能够被检测到，以消除类似结构同重的化合物产生同等质量碎片的可能性。

当其他技术联合使用时，作为验证技术可以获得一个相当程度的选择性。例如，可

---

① Bethem R，Boison J O，Gale J，et al，2003. 建立质谱法应用目的的适合性［J］. 美国质谱协会期刊，14：528－541。

以通过各种方法的组合来验证识别：

（a）薄层色谱法；

（b）特定元素气相色谱法和伴随的检测系统；

（c）特定衍生物的形成，加额外的色谱分析技术；

（d）使用几种不同极性的色谱分析技术测定化合物特定的相对保留时间。

这样的程序必须适用于被测物的指定的兽药最大残留限量。当确证方法如质谱技术无法获得时，在一个样本中与某种兽药残留分析相关的选择性信息可以从各种不同的渠道获得[①]。这种信息可从一种结构性日志文件的所有信息中查找，根据文件中的信息可得出关于某种方法的结论，即在已报道的测定浓度下，采用这种方法可以从样品中检测到某特定的化合物。尽管没有单一的测量或分析方法能提供明确的证据验证目前要求的化合物的特性和数量，经过汇总的综合信息证明，分析人员已做出认真的努力，以取得与数据和其他可获得信息一致的合乎逻辑的结果。表3总结了一些适用于物质确证性分析的检测方法。

表3　由米什科尔茨研讨会推荐的适用于物质确证性分析的检测方法

检测方法	标准
液相色谱或气相色谱和质谱分析法	是否监测到足够数量的碎片离子
液相色谱——二极管阵列检测器	是否有紫外吸收光谱
液相色谱——荧光检测	结合其他技术
2-D-薄层色谱法（分光光度）	结合其他技术
气相色谱电化学检测器，氮磷检测器	结合两种或两种以上的分离技术[a]，火焰光度检测器
衍生作用	如果不是首选方法
液相色谱——免疫	结合其他技术
液相色谱——紫外/可见光识别系统（单一波长）	结合其他技术

[a]：其他色谱系统（应用固定相和不同选择性的流动相）或其他技术。

尽管确证方法一般都是仪器程序，但如果有足够的选择性和精密度的话，对可特异性地确定暴露在某类兽药中的病理或其他形态变化的观察也可以成为一种潜在的确证方法。

18.4　监管控制程序中所用方法的一般性能

食品中兽药残留监管控制计划选择合适的方法还应考虑到的一些事项。方法应该坚固耐用，性价比高，相对简单，方便、能在有效的时间内同时处理多个样本。被测物的稳定性也必须明确。

---

① Stephany R W，2003. SPECLOG——特性日志. CRD-9，食品法典委员会关于食品中兽药残留，第十四部分，美国阿林顿，3月4-7日。

耐用性测验应使用标准析因设计方法来确定任何关键控制点[①]。设计中应包括的典型因素包括试剂体积或浓度的变化、pH 值、孵育或反应时间、温度、化学试剂质量、不同批次或来源的试剂或色谱分析材料。如果确证方法显著不同于先前验证的定量方法，则可能要求对方法的耐用性进行测试（如果这种方法使用与定量方法不同的提取方法或衍生程序）。性价比是指能够从本地供应商很容易地获得符合纯度要求的试剂和用品，而且设备的零部件和服务也一应俱全。当多个样本可以同时进行分析时，该方法的效率可以提高。这样不仅减少了单个样本要求的分析时间，而且降低了每个样本的成本，因为不管是单独还是较大规模地进行样本分析都会伴随一定的固定成本。当大批样品必须在短期之内或固定时期内进行分析时，能够适合成批处理多个样品的方法显得非常重要。方便性是指分析方法能够从一个地点转移到另一个地点，而不丧失其已形成的分析性能。

分析过程中被测物的稳定性必须通过标准物和样本材料中存在的被测物进行确定，这一过程包括对在监控程序中使用的所有方法进行完整分析，以及当样品等待分析的时候样品在特定的储存条件保存的过程。当样本材料被保存用于进行所有必要的分析，包括筛选、定量和确证时，在储存过程中稳定期的选取应该包括预期的时间。在完成所有筛选、定量和确证分析并报告研究结果所需的预期时间的基础上至少延长至 90 天进行储存研究，以防遇到挑战和重新进行分析的要求。这种做法是明智之举。

19　残留控制方法的形成和验证

19.1　选择适当的验证试验材料

实验室必须证明用于检测样本的方法已被适当地验证。传统上，多家实验室方法验证研究一直是提供分析数据确定方法性能的首选方法。其他已开发的模式包括通过比进行全面协作研究所需实验室数量更少的多家实验室进行研究以及单个实验室验证。这种模式是基于方法性能自身的严格评估，以质量管理体系为支撑，对分析能力和可供选择的标准物质进行独立审核和分析。

在发展和验证一个残留监控方法的过程中，数据应该来自三种类型的样本材料。来自未经处理的动物的对照试验材料可以提供有关分析背景和基质干扰方面的信息。添加被测物的试验材料，包括添加了已知含量被测物的对照材料，能够提供在可控条件下回收目标被测物的方法能力的相关信息。从多种来源获得的组织样本可以涵盖各种因素，如饮食、饲养方法、动物的性别和品种等因素造成的变异。推荐样本材料至少有 6 个不同的来源。

在某些情况下，残留监控实验室可能无法获得已知无药物存在的样本材料。在这种情况下，可以使用等效的样本材料。这些等效的样本材料或者是由未知来源的与试验样品基质相同的基质组成，或者是由一个与样本基质比较接近的已知无药物存在的不同基

---

① Youden W J，Steiner E H，1975. 官方分析化学家协会的统计手册［S］. 美国官方分析化学家协会，美国盖士。

质组成。无论何种情况，残留控制实验室必须证明等效的样本材料不受药物干扰，并使添加样品达到满意的回收率。另外，当使用一种来源不明的材料进行筛选或定量时，推荐采用另外的第二种方法来证明该基质不包含药物残留。证明样品材料的等效适用性是残留控制实验室的责任。

最后，对已经使用药物进行处理的食品动物的生物学组织进行分析，可以提供在分析残留控制样本时可能出现的有关生物或其他相互作用的信息。

19.2　测量的不确定性

实验室应向其客户提供有关测量结果的不确定性或对每个定量方法产生的定量结果的置信度的说明信息。评价测量结果不确定性的指南正在由国际理论与应用化学联合会（IUPAC）开发并且已由其他独立的科研机构公布。

19.3　内标的使用

残留分析方法有时候使用内标进行分析控制。正确使用内标可弥补一些分析误差，提高测量精密度。反之，不恰当地使用内标则会掩盖作为分析测量的重要组成部分的变量。如果使用一个内标，应该在分析过程中尽可能早地加到测试样本中，最好是在开始分析之前就加到检测材料中。内标必须以统一和可预见的方式反映目标被测物的回收率。一个不能反映目标被测物行为的内标将会导致最后的结果计算发生严重的错误。应当慎重地选择内标，以确保它们没有改变被测物的回收率或干扰测量过程。重要的是了解所用内标对一个分析方法的影响程度和可预见性。如果使用正确，内标能够极大地增强方法的性能。

19.4　环境因素

如果残留控制方法可能受到不同物理检测环境变化的影响，这些变化因素应该在开发和验证这些方法时考虑进去。解决这些问题有助于提高方法的耐用性。更热的环境可能要求试剂具有较强的热稳定性，尽管在分析中使用的试剂不能是易挥发的，并且测试的样本应该更具有耐热性。较凉的环境要求试剂和溶剂具有不同的物理特性，例如更低的冰点和更高的溶解特征，以有效提取分析物。环境温度可能会影响完成分析所需要的时间以及反应速率、重力分离和颜色的形成。这些因素可能会影响标准化的方法在不同环境中的应用效果，需要调整方法来弥补这些因素的影响。当考虑到一种方法使用的物理环境时，牢记容量玻璃器皿和许多分析仪器要在特定温度下或一个可控的温度范围内经过校准后才能使用，这一点是十分重要的。超出这些温度范围的操作可能会削弱实验结果的可靠性。

19.5　验证模型的选择

仅在一个实验室中开发和使用的分析方法在残留控制计划中的应用是有限的，除非采取谨慎态度，确认检测实验室所采用的单一实验室方法验证能够满足 ISO/IEC17025 或等效认证程序要求。即使是采用严格的质量控制程序，报告数值的可靠性也可能产生问题，除非有来自一项正在进行的性能改进程序的数据支持，与一个在实验室内验证过的合适的方法或其他形式的实验室试验结果的比较。最理想的情况是，一个方法至少由3个实验室验证。那些在单个实验室中经过仔细验证（包括经过适宜的耐用性测试）的方法，应该能够成功地经受至少8家不同的实验室的协作研究。

单个实验室方法验证、多个实验室方法验证或协作研究的原则是相同的。评估方法性能的样本应该不为分析者所知，以随机可重复的方式，包括有接近 MRL VD 的兽药残留或者其他的目标浓度，以及被测物浓度超过或低于目标浓度的样本和空白测验样本。应该在3个不同的分析时期至少产生3个不同的数据集，在至少3个不同的场合（至少相隔一天）进行重复分析，以改进方法性能的统计评估，并提供对不同试验日的变异度的估计。应该注意到这仅仅是最低的要求。基于统计学的方法性能标准的建立通过增加独立分析人员和测验这种方法的实验室以及检测样本的数量而实现。在单个实验室方法验证中，建议由多个分析人员测试该方法，为保证实验室内的性能提供合适的措施。建议将方法验证推广到其他实验室，最好是协作研究中所需要的实验室。协作研究方法的验证可以随后在单个专门实验室进行，根据需要扩大到采用额外的组织和动物品种。

19.6 质量控制和管理系统

质量管理系统是残留分析的重要组成部分。它既包括监控那些与分析者分析样本相关的各种因素，也提供独立评审员的监管，以确保分析程序以可接受的方式执行。质量管理系统的使用对于支持残留物控制机构的决策制定，提高分析结果的可靠性，并为残留控制计划提供质量数据，向消费者、生产者和与食品中兽药残留有关的法律制定者证明食品是安全的都是非常重要的。推荐应用与国际理论与应用化学联合会发布的原则相一致的质量控制措施。

附录 A　抽样策略

A1　无偏差抽样

A1.1　目的

无偏差抽样的目的是提供资料信息，特别是指定时期内对一个特定动物/食品群体的控制或保障体系的应用范围或性能方面的信息。

A1.2　样本规模的统计学考虑

无偏差抽样的样本数量应基于统计学，抽样量有可能受群体量大小（当群体量小于5000）、测定为显著的不合格发生率、结果的置信度以及经济考虑的影响。

基于二项分布的样本含量总是等于或者大于基于超几何分布的样品含量[①]。如果群体规模小，不重复抽样效果显著，抽样分布应以超几何分布为基础。若群体规模超5000单位，不重复抽样效果可忽略不计，因此可采用二项分布的抽样方法确定合适的样本数量。对超过5000单位的群体，样本含量在确定置信度的情况下可稳定为一定数量。

A1.3　抽样可信度报告

在检测到不符合标准的结果时，可以粗略地估计出一般群体中可能的发生率。但是，如果没有发现不符合标准的结果，那么任何关于发生率的声明都需要以一个确定的置信度明确不符合的发生率不会超过一个特定的比例。统计所需的样本数量可以在表4中查到。其他有科学依据的统计方法也可以使用。

表4　在一个已知有不符合标准发生率的群体中以预定的概率（90%、95%和99%）检测出至少一个不符合标准结果所需要的样本数量

不符合标准的发生率（占总数的百分比）（%）	在不同的置信水平下检测出不符合标准的结果所需的最小样本量		
	90%	95%	99%
35.0	6	7	11
30.0	7	9	13
25.0	9	11	17
20.0	11	14	21
15.0	15	19	29
10.0	22	29	44
5.0	45	59	90
1.0	230	299	459

---

①　在概率论和统计学中，超几何分布是一个离散（是由无关不相连的部分组成）概率分布，描述了从一个无替代有限人口中成功提取 n 序列的次数。

不符合标准的发生率 （占总数的百分比）（%）	在不同的置信水平下检测出不符合标准的结果所需的最小样本量		
	90%	95%	99%
0.5	460	598	919
0.1	2302	2995	4603

不能检测到与特定目标机制相关的不符合发生率的概率见表5。由于检测低不符合发生率的抽样方法的低效性，在预期为低不符合发生率的地方采用其他保障机制显得更为重要。

表5　不能检测到不符合发生率的概率

发生率 （%）	样品检验中动物/单位产品的数量									
	5	10	25	50	75	100	200	250	500	1000
1	0.951	0.904	0.779	0.605	0.471	0.366	0.134	0.081	0.007	0.000
2	0.904	0.817	0.603	0.364	0.220	0.133	0.018	0.006	0.000	
3	0.859	0.737	0.467	0.218	0.102	0.048	0.002	0.000		
4	0.815	0.665	0.360	0.130	0.047	0.017	0.000			
5	0.774	0.599	0.277	0.077	0.021	0.006				
6	0.734	0.539	0.213	0.045	0.010	0.002				
7	0.696	0.484	0.163	0.027	0.004	0.001				
8	0.659	0.434	0.124	0.015	0.002	0.000				
9	0.590	0.389	0.095	0.009	0.001					
10	0.528	0.349	0.072	0.005	0.000					
12	0.470	0.279	0.041	0.002						
14	0.418	0.221	0.023	0.001						
16	0.371	0.175	0.013	0.000						
18	0.328	0.137	0.007							
20	0.254	0.107	0.004							
24	0.193	0.064	0.001							
28	0.193	0.037	0.000							
32	0.145	0.021								
36	0.107	0.012								
40	0.078	0.006								
50	0.031	0.001								
60	0.010	0.000								

A2 定向或有针对性抽样

A2.1 目的

定向或有针对性的抽样用来对比一般群体具有更大不符合可能性的供应商或产品进行更大力度的检验、审核。

定向或有针对性的抽样是无法从不符合的结果中推断出有关一般群体的结论的，因为一般认为具有较大不符合可能性的亚群体会被抽取（偏差抽样）。但是，如果符合结果证实了无偏差抽样的结果，就可以提供更多的保证证明该系统运行有效。

附录 B 商品抽样

B1 范围

本附录适用于下列商品：在本附录表 A、表 B 和表 C 中列出的动物源性初级农产品和动物源性食品的加工产品，以及下列来源和处理方法得到的蜂蜜。

(a) 主要来源于花蜜腺的花或花蜜；

(b) 主要来自植物的分泌物或活体部分蜜露；

(c) 蜜蜂储存在新建成的无巢蜂巢里的蜂巢蜜，以密封的整个蜂巢或部分蜂巢形式销售；

(d) 将打开的无巢的蜂巢离心后提取的蜂蜜；

(e) 通过加热或不加热的方式挤压无巢蜂巢得到的浓缩蜂蜜。

B2 定义

批次：指作为食品使用的可识别的一群动物或动物产品，具有由官方抽样确定的共同的特征，如品种来源、包装类型、包装商或货主、标识。多个批次可以构成一个交付货物。

交付货物：指按照一个特定的合同货运单描述的可识别的作为食品使用的一群动物或动物产品。交付货物中的批次可能来源不同，也可能在不同的时间交付。

初始样品：指从一个动物（或一组动物）身上或从一个批次的一个地点获取的具有代表性的生物材料。当样品数量不够做残留分析时，可以从多个动物（或多组动物）或多个地点采集，并合并为初始样品（如家禽器官）。

整批样品：指从同一批次采取的所有初始样品的总和。

最终实验室样品：指用于实验室分析的初始样品或大样品，或者部分有代表性的初始样品或整批样品。

最终实验室测试部分：指用于分析的最终实验室样品的代表性部分。在某些情况下，所有实验室样品均用于分析，但通常会被分为几个有代表性的部分进行分析。这部分测试样品的制备是将初始样品进行组合和完全混匀后取样。

蜂蜜批次：指在同一时间进行分销的分散数量的蜂蜜，并具有由官方抽样确定的共同特征，如产地、品种、包装类型、包装商或货主、标识。

蜂蜜交付货物：指按照一个特定的合同货运单描述的分散数量的蜂蜜。一批交付货物可以由不同批次组成。

蜂蜜初始样品：指从某个批次的一点采集的蜂蜜，除非这个数量不够用于残留分析。当采集数量不足时，可以将从多处采集的样品合并作为初始样品。

B3 抽样程序

抽样必须由具有这方面正式授权的人员操作。每一个要检查的批次，必须分别抽取。在采集和处理样品的过程中，必须注意防止样品污染或者发生其他变化，影响分析测定，避免使实验室测试的部分样品不能代表整批实验室样品。

表 A（肉类和家禽产品）和表 B（牛奶、鸡蛋和奶制品）中提供了针对不同商品的样品类型和数量的指导。以下是一般性的说明：

（a）每个初始样品应当从一个批次的单个动物（或动物群）或单元采集，且在可能条件下进行随机抽样。

（b）当初始样品的样本大小需要多个动物时（如家禽肝脏），样品应在初始随机选择后连续收集。

（c）冷冻产品采样前不应解冻。

（d）罐装或包装的产品抽样时不能打开，除非包装大小是最终实验室样品的两倍以上。最终实验室样品应包含产品周围有代表性的液汁部分。

（e）构成最终实验室样品的产品应在未开封、完整的情况下送交实验室进行分析。

（f）送交实验室进行分析之前，应由授权的检查员打开包装将内含物按（d）所述的要求进行冷冻。

（g）大型带骨的产品单元（即初切物）应收集可食用部分作为初始样品。

（h）当一个单元的可取部分小于所描述的初始样品时，需要额外的样本单元以满足批量的样本需求。

（i）最终实验室样品的剩余部分，应存放在冷冻的条件下，并保持样品的完整性。

初始样品采集数将取决于一个批次是否被认为可疑。如果有以下情况，该批次视为可疑：

（a）有不符合兽药最大残留限量规定的历史。

（b）在运输过程中有出现污染的证据。

（c）在屠宰前后检查发现有中毒（全身中毒）迹象。

（d）有提供给授权的官方检查人员的其他相关资料。

应当从可疑批次中收集 6~30 个初始样品。当全部批次都预计存在怀疑的残留时，样品数量可以较少。对不执行符合 MRLVD 验证程序的国家的进口货物应作为可疑批次进行抽样。

B4 蜂蜜样品制备的具体说明

（a）在采用下列方法制备后收集 250mL 的液体或者滤过的蜂蜜。

（b）液化蜂巢蜜：将蜂巢从顶部切开，如果密封，则用筛子压紧蜂巢将其彻底分开，筛子的筛孔由编织线形成 0.5mm×0.5mm 的方孔（ISO 565：1990）①。

（c）如果存在异物如蜡、棍棒、蜜蜂、蜂巢颗粒等，采样前要在 40℃水浴中加热样品并用纱布过滤。

当样品无颗粒杂质时，充分搅拌或震动以混合均匀；如果样品呈颗粒状，则要将样品放在密闭的热水容器中但不要淹没，60℃加热 30 分钟。之后如有必要 65℃加热直至样品液化。时不时地晃动样品是必要的。一旦样本液化，就彻底混匀并快速冷却。

B5 统计相关事项

对于非可疑批次，在统计的基础上的无偏差抽样方案值得推荐。以下类型的抽样方

---

① 这种筛子可以被具有第 40 号标准屏的美国筛子代替（尺寸＝0.420mm）。

法可以使用。

B5.1 分层随机抽样

在交付货物被混合时，不能采用简单随机标准，而应当考虑分层随机抽样。分层随机抽样过程中，货物被分为非重叠的组或层，如根据原产地域、性别、时间等。应从每层中抽样。每一层的同质性要比整个群体好。国家或地理区域被认为是农业实践中统一的天然分层。为了方便、有效率和监测季节性变化，通常采用时间层次（如月份、季度）。应该采用随机数字表[①]或者其他客观的技术以确保群体中所有元素都有一个平等和独立的机会出现在样本中。

B5.2 系统抽样

在系统抽样中，应以一定的间隔从群体中抽样作为单位（如一小时一次，每隔一批一次，等等）。

当有可靠的确定抽样间隔的产品数量信息时，系统抽样就可使用，抽样间隔可保证随着时间的推移提供所需数量的样本。

但是：

（a）如果抽样系统预见性很强，它可能会被滥用。

（b）货物必须是同质的，因为系统抽样单位均匀分布在整个群体中。

B5.3 有偏差或估计最差的情况下抽样

在有偏差或估计最差的情况下抽样，调查人员根据他们对群体、批次或抽样架构的判断和经验来决定主要选择哪些初始样品。

应该确定可能出现最大风险的群体，但从收集数据（非随机样本）的抽样群体不能得出一般性的结论。

B6 实验室样品的制备

最终实验室样品被送到实验室进行分析。一些国家或区域的法规可能要求将最终实验室样品分成两个或多个部分单独分析。每部分都应能代表最终实验室样品。应遵守抽样程序提出的注意事项。实验室测试部分应采取一个适当减少的方法从最终实验室样品中制备。

B7 实验室样品的装运

最终实验室样品按如下要求准备：

（a）每个样品应放置在清洁、隔热、化学惰性的容器中，以防止样品在运输中被污染、解冻和损坏。

（b）样品容器应密封，以便及时发现是否有非法打开。

（c）样品容器应尽快送到实验室，必须采取预防措施以免泄露和损坏样品。

（d）为了运输，所有易腐烂的样品采集后应立即冷冻保存在-20℃并用合适的包装容器包装，延缓解冻。应在运输过程中使用冷冻包装或其他合适的制冷剂以维持冷冻温

---

① 随机数字表包含一个随机产生的数字系列（0～9）。为提高可读性，应留有空间。例如在每四位后和每十行后。可在任何地方开始阅读（随机），但一旦开始，要继续跨线或向下一列阅读且不能跳读。例如：摘录一个随机抽样数字表：3680 2231 8846 5418 0498 5245 7071 2597。

度。样品和冷冻包装应在运送前冷冻至−20℃。

（e）最终实验室样品的复制部分，应按国家或地区法律法规要求保留在一个干净、化学惰性的容器中以保护样品不受污染，且密封容器防止未经授权而随意开启，样品储存在合适的条件下，以防止样品或任何可能存在的残留物发生改变，其结果需要与提交给实验室的样品材料得到的分析结果进行进一步的比较。

B8 对实验结果的解释

为了达到控制目的，MRLVD 应用于从某批次抽取的每个实验室样品中发现的兽药残留浓度。当实验室测试部分的平均分析结果并不表示残留物的存在超出了 MRLVD 时，该批次的结果才与 MRLVD 相符合。

B9 采样记录

每个初始或整批样品以及每个最终实验室样品都需要样品类型、分析要求、样品来源（如国家、州或镇）、采集地点、采样日期以及必需的后续行动所要求的其他资料信息关联的唯一的记录。

如果出现与建议的抽样程序不同的偏差，随同样品的记录应当详细描述实际遵循的程序。

不同商品取样类型和取样数量指南

表 A 肉类和家禽产品

商品	取样方法	实验室样本最少需要量
Ⅰ.030 组（哺乳动物肉类）		
A. 全部胴体或一边，单位重量通常为 10kg 或更多	仅从一头动物收集膈，必要时用颈部肌肉补充	500g
B. 小的胴体（如兔）		去皮和骨后 500g
C. 新鲜/冷藏部分		
1. 去除骨头，最低重量单位为 0.5kg（如四等分、肩膀、烤肉）	从一个单位搜集肌肉	500g
2. 重量单位少于 0.5kg（如肋骨肉、肉片）	从已经选定的容器中收集，数量单位满足实验室样本的要求	去骨后 500g
D. 散装冷冻部分	从选定的容器中取一个冷冻横截面，或从一个大部分中取肌肉	500g
E 零售包装的冷冻/冷藏的部分，或批发用的独立包装单位	对于大块部分，从一个单位收集肌肉或从多个单位中获取样本以满足实验样品的需求	去骨后 500g
Ⅰa.030 组（MRL 用胴体脂肪中的含量表示的哺乳动物肉类）		
A. 屠宰时采集的动物样本	参考 031 组第Ⅱ部分内容	

商品		取样方法	实验室样本最少需要量
B. 其他部分肉		收集 500g 可见的脂肪，或足够产出 50～100g 脂肪用作分析的产品（通常需要 1.5～2.0kg 的没有剔除脂肪的肉）	足够产出 50～100g 脂肪
Ⅱ.031 组（哺乳动物的脂肪）			
A. 采集的动物，通常重量不低于 10kg		从一头动物身上收集肾、腹部或皮下脂肪	500g
B. 采集的小动物		从一头动物或者多头动物身上收集腹部和皮下脂肪	500g
C. 散装脂肪		在容器的三个位置收集相同大小的脂肪组织	500g
Ⅲ.032 组（哺乳动物的食用副产品）			
A. 肝		取一个整肝或者可以满足实验室样本大小要求的一部分肝	400～500g
B. 肾		从一头动物取一个肾或双肾，或者从多头动物中采集满足实验室样本大小要求的肾；如果样本量大小符合最低要求，则不要从多个动物中取肾	250～500g
C. 心脏		取一个全心或者满足实验室样本大小要求的心室部分	400～500g
D. 其他新鲜或冷藏、冷冻的可食用副产品		从一头动物身上取样，除非需要从多个动物身上取样以满足实验室样本大小要求；对散装冷冻产品可以取一个横截面	500g
Ⅳ.036 组（家禽肉类）			
A. 大家禽的全部胴体，通常重量在 2～3kg 或更重（如火鸡，成熟的鸡、鹅、鸭）		从一只禽身上收集大腿、小腿和其他深色肉	去皮和骨后 500g
B. 家禽的全部胴体，通常重量在 0.5～2.0kg（如仔鸡、小鸭、珍珠鸡）		根据样本大小，从 3～6 只禽身上收集腿、小腿和其他肉	去皮和骨后 500g
C. 小家禽的全部胴体，通常重量小于 500g（如鹌鹑、鸽子）		取至少 6 只整个胴体	250～500g 的肌肉组织
D. 新鲜或冷藏部分			
批发包装	a. 大包装	从选择的容器中选取里面部分	去皮和骨 500g
	b. 小包装	选择容器中的一层取足够多的部分	去皮和骨 500g

续表A

商品	取样方法	实验室样本最少需要量
零售包装	从选定容器中取满足实验室样本大小要求的数量单位	去皮和骨 500g
Ⅳa.036 组（MRLVD 用脂肪中的含量表示的家禽肉类）		
A. 屠宰时取样的禽类	参考 037 组第Ⅴ部分内容	
B. 其他家禽肉类	收集 500g 脂肪或者足够产出 50~100g 脂肪的组织（通常需要 1.5~2.0kg）	500g 脂肪或能够产出 50~100g 脂肪的组织
Ⅴ.037 组（家禽脂肪）		
A. 屠宰时取样的禽类	从 3~6 只禽中取腹部脂肪，家禽数量取决于样本大小	能够产出 50~100g 的脂肪
B. 大块脂肪组织	从容器的三个不同位置取相同大小的脂肪部分	500g
Ⅵ.038 组（家禽食用副产品）		
A. 肝	取 6 个整肝或者能够满足实验室样本大小要求的肝	250~500g
B. 其他新鲜或冷藏/冷冻食用副产品	从 6 只禽中取合适的部分，如果是大块冷冻产品，取容器的一个横截面	250~500g
Ⅶ.E 类——种类 16（次级肉类和家禽产品）		
A. 来自单一种类的新鲜或冷藏/冷冻的粉碎产品	从一个选定的容器或者包装单位中取一个有代表性的新鲜或者冷冻横截面	500g
B.080 组（晾干的肉类）	从一个选定的容器中取一定数量的包装单位以满足实验室样本大小的要求	500g；如果脂肪含量少于 5% 并且 MRLVD 以脂肪中的含量表示，则需要 1.5~2.0kg
Ⅷ.E 类——种类 18（加工的、单一成分的动物产品）		
A. 罐头制品（如火腿、牛肉、鸡），单位重量为 1kg 或更大	从一批产品中选择一罐，当单位重量大时（大于 2kg），应选择包括液汁在内的代表性样本	500g；如果脂肪含量少于 5% 并且 MRLVD 以脂肪中的含量表示，则需要 1.5~2.0kg
B. 腌制、烟熏或熟制品（如咸肉板、火腿、火鸡、煮牛肉），单位重量至少 1kg	根据大小，从一个大单位（大于 2kg）中取一部分，或者取整个单位	500g；如果脂肪含量少于 5% 并且 MRLVD 以脂肪中的含量表示，则需要 1.5~2.0kg
Ⅸ.E 类——种类 19（加工的、含多种成分的动物产品）		
A. 香肠和午餐肉卷，单位重量至少 1kg	根据大小，从一个大单位（大于 2kg）中取一个横截面，或者取整个单位	500g

注：当所附的脂肪不足以提供一个合适的样本时，分析无骨商品，最大残留限量适用于该无骨商品。

表 B 牛奶、鸡蛋和乳制品

商品	采样方法	实验室样本最少需要量
Ⅰ.033 组（奶）		
全脂液态奶：原奶、巴氏消毒奶、超高温灭菌奶	散装：彻底混匀，立即用勺取样；零售容器：采集足够的单位以满足实验室样本要求	500mL
Ⅱ.082 组（二次加工奶制品）		
A. 脱脂奶：脱脂和半脱脂	全部液态奶仔细混合，从容器的侧面和底部刮去附着的材料；去除 2～3L，重复搅拌，取 500mL 作为样本	500mL
B. 炼乳：蒸发全脂和脱脂	小型零售容器：采集充足单位以满足实验室样本要求	500mL
C. 奶粉		
1. 全脂奶粉	散装容器：用一个干的针管以均匀的速率多次插入奶粉中取样，取足 500g；小型零售容器：取足够的数量单位以满足实验室样本要求	500g
2. 低脂奶粉	全部奶粉	500g
Ⅲ.087 组（衍生乳制品）		
A. 奶油：新鲜、冷冻和超高温；单倍奶油、鲜奶油、泡沫奶油、双倍奶油和凝结奶油	散装容器：快速充分混匀，避免起泡，用勺取 200mL 作为样本；小容器：取充足的数量单位以满足实验室样本要求	200mL
B. 黄油：包括含乳脂肪的乳清黄油和低脂肪黄油	散装容器：取两处或者更多黄油，实验室样本要求最小量不低于 200g；罐装或桶装：对于单位重量超过 250g 的，把它分为 4 份，取对角；对于单位重量低于 250g 的，取一整块作为样本	200g
C. 酥油：包括无水酥油和无水乳脂肪	充分混合，取 200g 作为样本	200g
Ⅳ.090 组（加工奶制品，单一成分）		
A. 酸奶从天然、低脂肪到全脂	取满足实验室样本要求的数量单位	500g

商品	采样方法	实验室样本最少需要量
B. 乳酪：所有品种	如果乳酪有一个圆形底座，则沿乳酪的中心一分为二，底座是长方形，则与边平行一分为二；被切除的乳酪块大小应符合实验室样品数量的要求，对于小乳酪和包装乳酪，则取足够的单位数量以满足实验室样本要求	200g
V.092 组（加工奶制品，多种成分）		
A. 牛奶冰激凌：含 5% 或更多乳脂肪的冰激凌	选择的块或单位满足实验室样本要求	500mL
B. 加工的乳酪制品	选择的单位满足实验室样本要求	200g
C. 风味酸奶	同天然酸奶	500g
D. 甜炼乳	同炼乳	500mL
VI.039 组（鸡蛋或蛋制品）		
A. 液体和冷冻鸡蛋	使用样品清单；子样本为 250mL 液体或从容器中无菌抽取 500mL	500g
B. 蛋粉产品	使用样品清单；对 500g 或不足 500g，25mL 或不足 25mL 的容器，每个子样本至少采集 2 个单位；对于 500g 至 10kg 的容器，每个子样本至少选 1 个单位；对于 10kg 以上的容器，从每批样本中采集 1kg；用无菌技术采集	500g
C. 带壳蛋	使用样品清单；子样本为 12 个鸡蛋；对于 15 个以内的包装，每个包装取 12 个鸡蛋，最少 24 个鸡蛋；对于 16 个或者更大的包装，随机从 15 个包装中取 12 个鸡蛋	500g 或 10 个鸡蛋
1. 零售包装		
2. 商业包装		

表 C　水产品

商品	采样方法	实验室样本最少需要量
Ⅶ. 分类 B—08（水生动物产品）		
A. 包装鱼肉：新鲜、冷冻、烟熏、腌制的，或贝类（牡蛎除外）		
1. 大包装	选择的单位满足实验室样本要求	可食用组织 500g
2. 零售包装	选择的单位满足实验室样本要求	可食用组织 500g
B. 散装鱼	根据鱼体大小，选取足够多的鱼，收集可食用组织部位	可食用组织 500g
C. 散装贝类	根据贝类大小，选取足够多的样品	可食用组织 500g
Ⅶ. 分类 E—17（水生动物衍生产品）		
A. 罐头鱼和贝类（牡蛎除外）	选择的单位满足实验室样本要求	可食用组织 500g
B. 其他鱼和贝类产品	选择的单位满足实验室样本要求	500g

附录 C 兽药多残留检测方法的性能特点

C1 范围

本附录概括了兽药多残留分析方法的性能特点，以便为该方法提供国际认可的可信度，从而产生适合于评价国内或国际贸易中兽药残留的结果。用途可能包括筛选、定量和确认。每个用途都有不同的性能要求。

本附录提供的多残留检测方法（MRMs）可用于各种兽药多残留检测，或其他用作兽药的物质的多残留检测。这些多残留物质包括一些特定的农药（当作兽药使用，因此可能在商品中产生残留）。针对非兽药使用的其他农药多残留检测的指南可参见 CAC/GL40－1993。

本附录所指的多残留检测方法是针对 3 个或更多兽药（一类或以上）。多残留检测方法用于可能存在兽药残留样品的筛选、定量、确证分析。本指南覆盖了以上 3 种使用条件。需要指出的是，一个确证的多残留检测方法可能使一些分析物的定量分析要求得到满足，而另一些分析物的精密度、回收率或确证数据的要求没有满足。因此，这些分析物必须在方法中被明确地指出，而且也不能用于针对这些分析物的定量与确证，除非方法已经被证明可以用于这些目的。

C2 定义

阴性结果：检测结果表明目标分析物不存在或低于方法的最低检出浓度（可参见 CAC/GL72－2009）。

确证方法：在一个可接受的确定水平（在可接受限或感兴趣的水平），为鉴别待测物提供完整或补充信息的方法。

决定限（CCα）：样品中分析物的检测结果超过在误差概率 α 时的限量，可获得样品不符合规定的结论（假阳性）。

检测容量（CCβ）：样品中分析物可被准确检测的最低浓度（假阴性）。

添加残留：预先估计基质中分析物的残留量，在样品中添加相当残留量，即为添加残留。

允许限量：指在法规中确定的物质的最大残留限量、最高水平和其他最大耐受量。

基质：样品中除分析物之外的所有组分。

基质空白：指未检出分析物存在的样品。

方法：从接到样品到分析得到最终结果的系列过程。

多残留方法：适用于一系列分析物的筛选、确认和定量的方法，通常在多种不同食品基质中，包括三种及以上的同一类分析物或一种以上兽药。

假定或可疑阳性结果：分析物的浓度等于或高于最低标定浓度。

阳性结果：分析物已被确认存在或高于最低标定浓度。

定量方法：能产生结果的方法，用有恰当单位的数值表示，该数值具有适合的准确度和精密度。

样品制备：如有必要，去除非分析的部分，将实验室样品转换成分析样品的过程。

样品处理：样品在去除分析部分之前，可采用切割、研磨、搅拌等方法使分析物在分析样品中分布均匀。

筛选方法：可检出一种化合物或一组化合物浓度等于或高于最低关注浓度的方法。为了避免假阳性结果（置信水平＝5％），需用确证或参考方法予以确认。

C3 多残留分析方法的性能参数

受试的每个分析物和每个基质均需要计算下列性能参数。

（a）选择性：

（ⅰ）不受干扰物的影响；

（ⅱ）若发生基质效应，方法能控制；

（ⅲ）定性、定量或确证支持参数计算。

（b）标准曲线：

（ⅰ）灵敏度；

（ⅱ）标准曲线线性范围；

（ⅲ）标准曲线方程；

（ⅳ）LOD、LOQ、CCα、CCβ。

（c）方法的可靠性：

（ⅰ）回收率；

（ⅱ）准确度（真实度和精密度）；

（ⅲ）测量不确定度；

（ⅳ）耐用性，在测定条件如环境、方法过程、实验室、人员等有小的变动时，测定结果不受影响的承受程度。

（d）分析物的稳定性：

（ⅰ）样品提取液和标准溶液中的稳定性；

（ⅱ）样品处理和分析中的稳定性；

（ⅲ）冷藏和反复冻融中的稳定性。

（e）添加残留试验：

（ⅰ）证实添加的残留物被有效地提取；

（ⅱ）证实方法中的每个步骤能按照需要释放化学结合残留物；

（ⅲ）证实回收率和精密度的一致性。

C4 多残留分析方法的性能特点

在此段中列出的关于多残留分析方法的性能特点，要求使用和测量每一个待测分析物。最佳的做法是在方法修改后，或者方法不再有其他改变和修正后，再进行分析。从这点而言，相关的要求与之前单一化合物的分析方法要求类似（见"性能特点分析"部分）。为避免重复，本附录只指出与之前单一化合物分析要求不同的地方。

与单一化合物分析方法相比，对复杂的食品基质中的多种不同兽药残留进行多残留分析，必然引起样品中其他干扰物不良影响的风险增加。当这种多残留分析方法用于分析不同基质或来源于不同种类样品的同一基质时，这种风险增大。因此，当考虑多残留分析方法的性能要求时，必须特别注意方法在检测能力和选择性方面的性能表现。

C5 多残留分析方法用于筛选的性能特点

多残留分析方法常常用于系列分析物、不同样品和基质的定性分析，目的是将可能的阴性样品（样品没有检测到残留物）和阳性样品（样品中包含超过一定限量的残留物）区别开来。

筛选方法对已经批准使用的兽药应该有 90％ 的（95％ 置信限）选择性，以及良好的灵敏度（在方法的最低检出浓度上，目标分析物能够被可靠地检出，95％ 置信限）。从监管的角度，这些筛选方法能够容忍一部分假阳性样品的存在。因为任何被筛选为"阳性/假定阳性/疑似阳性"的样品都需要进一步确证分析或定量分析，以确定被怀疑残留物真实存在及其具体含量。对于其他未被批准使用的兽药，本附录可用于报告结果，以进一步制定相关标准。

有关筛选方法的浓度阈值的要求可参见本指南"筛选方法的性能特点"。

C6 用于定量分析的多残留分析方法的性能特点

与单一分析物提取相比，同时提取多种兽药残留会降低多残留分析方法的选择性。在多残留分析方法中，使用较少的选择性提取和净化步骤很有可能导致最终提取物中存在较多的共提物。这些共提物的数量和含量有很大差异，主要依赖于单个样品的处理过程。因此，针对这种多残留定量分析方法制定相关质量标准（精密度和真实度）时，必须确保定量结果不会被样品基质中存在其他的化合物干扰。建议用于支持 CAC 制定的相关 MRLs 的多残留定量分析方法，其质量标准（精密度和真实度）要满足本指南正文表 1 中的要求。当评估方法的性能是否满足这些标准时，需要考虑到不同样品的基质效应，因此推荐这些质量参数的计算按照本指南"定量方法的性能特点"进行。从这些不同样品中添加回收率实验得到的实验室间精密度（而不是重复性精密度）与正文表 1 进行比较。

然而，当针对某一分析物没有制定相应指南，因而没有特定浓度可以比较时，选取的数值是基于对公共卫生风险的评估，而不是分析仪器自身的最低检测限。

现在越来越多的部门针对兽药残留分析方法采用基质加标法进行定量，即在空白样品中加入一系列的标准溶液，其浓度范围覆盖了待测物的浓度。采用这种方法进行定量计算，本身就对回收率结果进行了校正，这种校正可能引入一种偏差，其来源于建立这种标准曲线所使用的特定基质。有关使用基质加标法进行定量分析，针对方法真实度的标准推荐参考本指南"定量方法的性能特点"部分。

对方法进行验证还可以使用决定限 CC_α 和检测容量 CC_β 两个参数。这两个参数本身整合了对测量不确定度的考虑。

C7 多残留确证方法的性能特点

选择多残留确证方法必须要考虑到所选择的方法能够将干扰物的效应最小化。最后，分析人员有责任按照正文概述的科学原理和判定标准做出选择，提供数据，解释结果（见 18.3 节）。

有关采用低分辨率质谱 GC—MS 和 LC—MS 作为多残留确证方法的内容，本指南正文部分的表 2 中已列出，包括相对离子强度低于 10％。在这种情况下，标准样品和测试样品之间相对离子强度为 50% 是可以接受的。

附录表 1 中列出了采用质谱连用技术进行确证分析时，所需要获得的识别点数。一般而言，物质的确认需要最少 4 个识别点。因此，当使用低分辨率质谱进行确证分析时，1 个母离子加 2 个子离子的组合可以满足 4 个识别点的要求。不使用质谱进行确证分析的方法参见本指南正文部分的表 3。

不管使用的质谱分辨率高还是低，至少一个离子比率是必须被测定的，以消除来源于其他结构类似物的可能分子碎片。当使用质谱时，应该采用保留时间（或者最佳相对保留时间）来避免可能的假确证结果。

高分辨率质谱已经开始慢慢得到应用。如果采用这种仪器进行多残留确证分析，建议采用较高的质量精度和分辨率来对化合物进行确证。

C8 多残留分析方法的验证

在上述提到的针对所有待测物和基质的有关参数的计算在多残留分析的范围中列出，允许对监管控制项目中使用的分析方法的适用性进行评估。对于筛选方法，其测定结果在后面的确证试验中，能够有 ≥90% 的结果被确证，则认为方法是可行的。

"选择适当的验证试验材料"章节推荐使用生物添加材料用于分析方法的验证，但是使用这种材料的费用较高，可能不现实。但是，可以考虑给予食品动物几种不同的兽药，以获得相应的添加材料。这种实验方法可以考虑针对少量特定的、有代表性的兽药，这种选择主要考虑可能使用的广泛度，以及可能引起超过 MRLs 的情况。在这种添加实验中，目标添加浓度应该与 MRL 值或预期浓度接近。

在个别情况下，有需要时，替代方法也可用于多残留分析方法的验证。

表 1　质谱连用技术获得识别点数的例子（n＝一个整数）

技术	离子数	识别点数（IPs）
GC-MS（EI 或 CI）	n	N
GC-MS（EI+CI）	2（EI）+2（CI）	4
GC-EIMS 或 GC-CIMS（2 个衍生物）	2（衍生物 A）+2（衍生物 B）	4
LC-MS	n	N
GC-MS/MS	1 个母离子+2 个子离子	4
LC-MS/MS	1 个母离子+2 个子离子	4
GC-MS/MS	2 个母离子，每个有 1 个子离子	5
LC-MS/MS	2 个母离子，每个有 1 个子离子	5
LC-MS/MS/MS	1 个母离子，1 个子离子，2 个次级子离子	5.5
HRMS	N	$2n$
GC-MS 和 LC-MS	2+2	4
GC-MS 和 HRMS	2+1	4
LC-HRMS/MS 和 GC-HRMS/MS	1 个母离子+2 个子离子	6

国际食品法典标准
食源性抗菌药物耐药性风险分析指南
CAC/GL 77—2011

1. 引言

抗菌药物耐药性（AMR）是一个重大的全球性公共卫生和食品安全问题。当病原体对抗菌药物产生耐药性后，会造成更大的人类健康风险。抗菌药物耐药性相关的问题与抗菌药物（人用或非人用）在各种环境中的使用有内在关联。食品动物/作物中抗菌药物的使用是动物/作物中的抗菌药物耐药性微生物和耐药基因决定簇通过食品向人类传播的一个潜在的重要危险因素。

根据食品法典的原则，风险分析是评估食源性抗菌药物耐药性微生物对人类的健康风险，并确定适当的风险管理策略来控制这些风险的重要工具。过去十年，在使用风险分析方法解决抗菌药物耐药性问题方面有重大发展。FAO/OIE/WHO 关于抗菌药物耐药性的一系列专家磋商已达成一致意见，即食源性抗菌药物耐药性微生物是潜在的微生物性食品安全危害。因此，有必要开发结构化和统一的抗菌药物耐药性风险分析方法[1,2,3,4]。WHO/FAO 和 OIE 关于风险分析的指南提供了广泛的、结构化的方法[5,6]，用以应对通过食品获得的动物/作物抗菌药物耐药性微生物对公共卫生的潜在危害。然而，由于抗菌药物耐药性的生物复杂性，抗菌药物耐药性涉及从食品生产到消费的完整连续过程的多个领域，需要找到适宜的风险管理策略，有必要建立一个专门针对食源性抗菌药物耐药性风险分析的综合框架。

更具体地说，这些指南提供了一种结构化的风险分析框架，以应对与食品和动物饲料（包括水产养殖）有关的人类健康风险，以及与非人用抗菌药物相关的抗菌药物耐药性微生物和耐药基因决定簇通过食品和动物饲料传播的风险。

风险分析框架的起始部分包括一组统称为"初步风险管理活动"的任务，由风险管理者执行。因此，风险管理者可以决定采取何种行动，如制定风险评估政策、委托风险

---

① http://www.who.int/foodsafety/micro/meetings/nov2003/en/。

② http://www.who.int/foodsafety/publications/micro/mar04/en/index.html。

③ ftp://ftp.fao.org/ag/agn/food/aquaculture_rep_13_16june2006.pdf。

④ ftp://ftp.fao.org/docrep/fao/010/i0204e/i0204e00.pdf。

⑤ ftp://ftp.fao.org/docrep/fao/009/a0822e/a0822e00.pdf。

⑥ http://www.oie.int/eng/normes/mcode/en_sommaire.htm。

评估或其他适当行动。如果决定委托风险评估，则初步的风险管理活动将为承担该任务的风险评估人员提供所需的一些基本信息。风险分析框架接下来的部分包括识别、评估、选择和实施适当的风险管理活动，如有必要，尽量减少和控制已知的人类健康风险。风险管理者负责验证所实施的风险管理措施是否获得预期结果，限制与措施相关的意外结果的出现并最终实现风险管理目标。风险评估人员、风险管理者和利益相关方之间的良好沟通对于进行透明而公开的风险分析来说至关重要。

上述指南以风险分析过程的时间顺序列出了食源性抗菌药物耐药性风险分析的组成部分。为了便于阅读，"食源性抗菌药物耐药性风险交流"以及"监测抗菌药物的使用、抗菌药物耐药性微生物和耐药基因决定簇"等章节放在本文件的末尾，因为这些章节中确定的活动在整个过程中都是适用的。

本文应与《食品安全风险分析　国家食品安全管理机构应用指南》（CAC/GL 62－2007）、《微生物风险评估的实施原则和指南》（CAC/GL 30－1999）、《微生物风险管理的实施原则和指南》（CAC/GL 63－2007）、《最大限度减少和控制抗菌药物耐药性的操作规范》（CAC/RCP 61－2005）、《肉制品生产卫生操作》（CAC/RCP 58　2005）、《乳及乳制品卫生规范》（CAC/RCP 57－2004）以及《蛋及蛋制品卫生规范》（CAC/RCP 15－1976）一起阅读。动物饲料的抗菌药物耐药性风险分析还可考虑《良好动物饲养规范》（CAC/RCP 54－2004）和《动物饲料对食品安全的影响》[①]，以及与《陆生动物卫生法典》中抗菌药物耐药性控制相关的章节。

2. 范围

本文件旨在评估与食品和动物饲料（包括水产养殖）有关的人类健康风险，以及与非人用抗菌药物相关的抗菌药物耐药性微生物和耐药基因决定簇通过食品和动物饲料传播的风险，为减少此类风险的适当风险管理活动提供建议。本文件将进一步解决其他不同行业出现的抗菌药物的使用风险问题，如兽医应用、植物保护或食品加工等。

根据现有的食品法典或国际公认的指南，与抗菌药物或抗菌药物耐药性相关的以下领域不在本文件涵盖范围内：食品中的抗菌药物残留、重组 DNA 植物和重组 DNA 微生物中的抗菌药物耐药性标记基因[②]、由于工艺原因有意添加入食品中的非转基因微生物（如发酵剂）[③]、某些可能携带抗菌药物耐药性基因的食品成分（如益生菌[④]）。

3. 定义

食品法典以及《微生物风险评估的实施原则和指南》（CAC/GL 30－1999）中的定

---

①　ftp://ftp.fao.org/docrep/fao/010/a1507e/a1507e00.pdf。

②　对在重组 DNA 植物中使用耐药性标记基因进行的食品安全性评估参见《重组 DNA 植物食品安全性评估准则》（CAC/GL 45－2003）。

③　对在重组 DNA 微生物中使用耐药性标记基因进行的食品安全性评估参见《重组 DNA 微生物食品安全性评估准则》（CAC/GL 46－2003）。

④　对在食品中使用益生菌进行的食品安全性评估参见 FAO/WHO 联合工作小组对食品中益生菌评估准则草稿的报告（FAO/WHO，2002 年）。

义适用于本文件。

健康危害（Adverse Health Effect）：对人类造成的不良或有害的结果。在本文件中，其指存在于食物或动物源/植物源食品中的抗菌药物耐药性微生物和耐药基因决定簇造成人类感染和治疗失败病例增多、失去治疗机会以及感染程度加重，具体表现为病程延长、住院治疗增加和死亡率升高等。

抗菌药物（Antimicrobial Agent）：通过与特定靶点相互作用杀死微生物或抑制微生物生长且在活的有机体内达到一定浓度的天然、半合成或合成物质。

同类抗菌药物（Antimicrobial Class）：具有相关分子结构的抗菌药物，由于与相似的靶点相互作用，往往具有相似的作用方式，因而具有相似的耐药机制。同类抗菌药物性质的变化往往是由不同的分子被取代而引起的，产生不同的药代学和药动学特性或模式。

抗菌药物耐药性（Antimicrobial Resistance，AMR）：一种微生物相对于同类微生物中的敏感菌株，能够在一种抗菌药物存在的情况下繁殖或存活的能力。

抗菌药物耐药基因决定簇（Antimicrobial Resistance Determinant）：编码微生物抵御抗菌药物作用的遗传因素。这些遗传因素位于染色体内或染色体外，可能与可移动遗传因子（如质粒、整合子或转位子）有关，从而实现将耐药性向敏感菌株扩散。

共生微生物（Commensal）：具有共生关系的微生物。在共生关系中，一个物种获益，而另一个物种不受影响。通常情况下，共生微生物在其正常栖息地被认为是非致病微生物，但在某些情况下，可能成为条件致病微生物。

共同耐药（抗性）（Co-Resistance）：由于具有不同的耐药机制，微生物在不同种类抗菌药物存在的情况下繁殖或存活的能力。

交叉耐药（抗性）（Cross-Resistance）：由于具有共同的耐药机制，微生物在其一类或不同类抗菌药物存在的情况下繁殖或存活的能力。

超说明书用药（Extra-or Off-Label Use）：未按照获准的产品标签使用抗菌药物。

食源性病原体（Foodborne Pathogen）：存在于食品中的病原体，食用被病原体污染的食品和（或）病原体生产的生物毒素可引起人类疾病。

食品动物（Food Producing Animals）：为人类提供食物而饲养的动物。

解释标准（Interpretive Criteria）：一些特定值，如最低抑菌浓度（MICs）或抑菌环直径等，根据这些特定值，细菌可被划分为"敏感""中介"或"耐药"等不同种类。

病原体（Pathogen）：可引起感染、不适或疾病的微生物。

风险管理措施（Risk Management Option，RMO）：在食品从生产到消费的整个连续过程的各个控制点，可以实施的具体行动，能减少风险。

4. 食源性抗菌药物耐药性风险分析的一般原则

《食品安全风险分析 国家食品安全管理机构应用指南》（CAC/GL 62－2007）适用于食源性抗菌药物耐药性风险分析的各方面。食源性抗菌药物耐药性风险分析的一般原则如下。

原则1：食源性抗菌药物耐药性风险分析应考虑因使用非人用抗菌药物造成的食源

性抗菌药物耐药性对人类健康的影响。

原则 2：食源性抗菌药物耐药性风险分析应考虑食品从生产到消费的连续过程中食源性抗菌药物耐药性的传播。

原则 3：食源性抗菌药物耐药性风险分析应考虑相关国际文件（如《FAO/WHO 关于极其重要抗菌药物的联合专家会议的建议》），以确定风险评估和风险管理活动的优先事项。

原则 4：食源性抗菌药物耐药性风险分析应考虑使用抗菌药物的国家和地区差异、食源性抗菌药物耐药性微生物和耐药基因决定簇的人类暴露和传播，以及现有的风险管理措施（RMOs）。

原则 5：食源性抗菌药物耐药性风险分析应基于《微生物风险评估的实施原则和指南》（CAC/GL 30－1999）和《微生物风险管理的实施原则和指南》（CAC/GL 63－2007），此外还需考虑与抗菌药物敏感性微生物有关的因素和抗菌药物耐药性微生物造成人类疾病治疗的相关结果。

原则 6：食源性抗菌药物耐约性风险分析应集中于明确定义的食品、抗菌药物耐药性微生物和耐药基因决定簇，以及表现耐药性的抗菌药物组合。在特定情况下，应考虑共同耐药和交叉耐药。

原则 7：监测抗菌药物使用、抗菌药物耐药性微生物和耐药基因决定簇对于评估已实施的风险管理措施的有效性以及形成风险分析等级至关重要。

原则 8：评估收获前食源性抗菌药物耐药性风险管理措施应酌情考虑与食品安全有关的动物健康问题。在考虑动物健康问题时，食源性抗菌药物耐药性风险分析应考虑相关 OIE 标准。

5. 食源性抗菌药物耐药性风险分析框架

图 1 概括了本文件中介绍的食源性抗菌药物耐药性风险分析框架。该图通过确定决策点和风险分析的各组成部分的相互联系，来帮助风险管理者。例如：①初步风险管理活动所包含的步骤；②进行风险评估的步骤；③风险管理措施的识别、评估、选择、实施、监控和复查过程；④整个过程中的组成要素和活动，包括抗菌药物使用和抗菌药物耐药性的风险交流和监测，尽管监测并非风险分析的常规步骤，但仍被视作食源性抗菌药物耐药性风险分析每个步骤中不可或缺的部分。

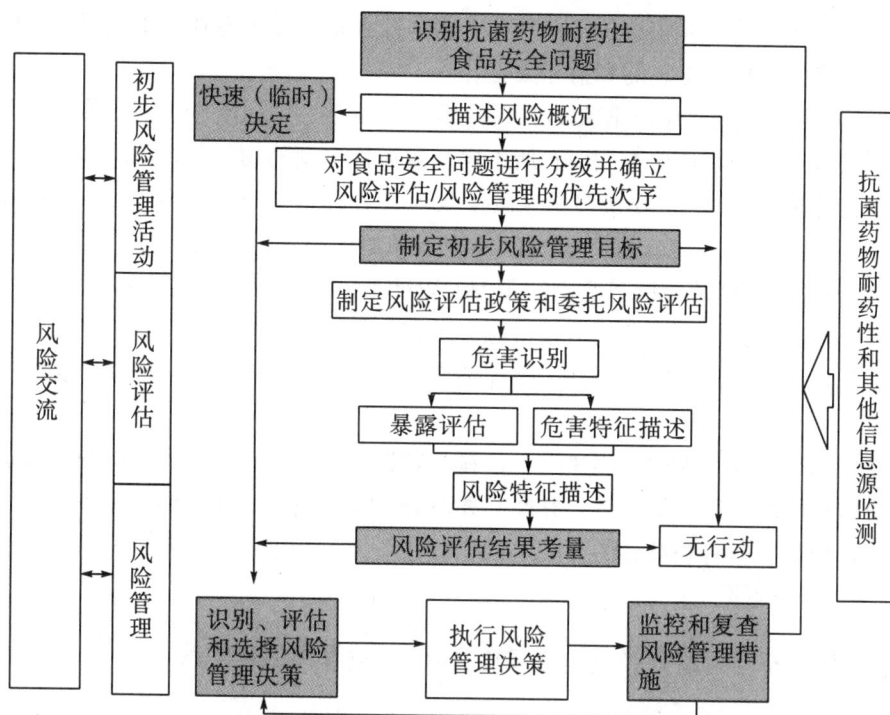

图1 食源性抗菌药物耐药性风险分析框架

注：灰色文本框强调食源性抗菌药物耐药性风险分析框架中的关键决策点。

6. 食源性抗菌药物耐药性的初步风险管理活动

当抗菌药物耐药性微生物或耐药基因决定簇存在于食品中和通过食品传播给人类时，可能出现潜在的食品安全问题。食源性抗菌药物耐药性微生物或耐药基因决定簇的暴露也会对人类健康产生不利影响。风险管理者应通过初步的风险管理活动启动风险管理过程，以确定食品安全问题的范围和程度，并在必要时开展活动来管理已确定的风险。

6.1 识别食源性抗菌药物耐药性食品安全问题

这是风险管理者简要描述抗菌药物耐药性食品安全问题的初始步骤，如已确定的危害组合（抗菌药物耐药性微生物和耐药基因决定簇）、已产生耐药性的抗菌药物和已完成危害识别的食品。抗菌药物耐药性食品安全问题可根据第26段所述的各来源信息确定。

6.2 描述食源性抗菌药物耐药性风险概况

食源性抗菌药物耐药性风险概况是对食品安全问题及其背景的描述。风险概况简要介绍与食品安全问题有关的当前状况，描述已确定的当前控制措施和风险管理措施，以及将影响进一步行动的食品安全政策背景。必须注意，风险概况用于说明和定义可能影响由危害引发的风险的范围，这一点非常重要，它不是风险评估的简化版。风险概况通常由食品安全领域的掌握相关抗菌药物耐药性风险评估方法的专业人士完成。也应咨询熟悉食品生产链和生产工艺的利益相关方。

食源性抗菌药物耐药性风险概况的深度和广度可能会因风险管理者的需求以及食品安全问题的复杂性和紧迫性不同而有所不同。食源性抗菌药物耐药性风险概况应考虑的因素见本文件附录1。其他要素参见《微生物风险管理的实施原则和指南》（CAC/GL 63-2007）。此外，还可考虑国际组织以及国家或地区制定的极其重要的抗菌药物清单（例如：参见关于极其重要抗菌药物的 FAO/WHO/OIE 联合专家会议[①]）。

对风险概况中提供的信息的考量可能会导致一系列最初的决定，如确定无需进一步行动、委托食源性抗菌药物耐药性风险评估、确定附加信息收集途径或立即实施风险缓解管理。

当有证据表明存在人类健康风险，但科学数据不足或不完整时，风险管理人员可做出临时决定，同时获得附加信息，并在必要时修改临时决定。在这些情况下，在做出初步决定时，应告知所有利益相关方决定的临时性质、重新审议临时决定的时间表或条件（如完成风险评估后）。

6.3　食品安全问题分级及确立风险评估/风险管理的优先次序

进行风险评估和实施风险管理决策具有潜在的高资源成本，抗菌药物耐药性风险概况为风险管理者提供了主要资源，用于在众多其他食品安全问题中对某抗菌药物耐药性食品安全问题进行风险分级或设置管理优先级。

除风险概况中抗菌药物耐药性食品安全问题的描述之外，还可以使用其他标准进行风险分级，并设置管理优先级。这些标准通常由风险管理者和利益相关方共同决定，他们与风险评估人员就问题的科学性进行协商。

6.4　制定初步的风险管理目标

在对食品安全问题进行分级并确立风险评估/风险管理的优先次序后，风险管理者应确定后续步骤（若有）的初步风险管理目标，以解决抗菌药物耐药性食品安全问题。

6.5　制定风险评估政策

做出进行风险评估的决定后，风险管理者应在委托风险评估之前制定风险评估政策。风险评估政策应由风险评估人员和所有其他利益相关方协商制定。本步骤旨在确保风险评估的系统性、完整性、公正性和透明性。风险管理者应尽可能明确风险评估人员的职责，并就风险评估的范围、解决不确定性的必要性以及在现有数据不一致或不完整时应使用哪些假设提供指导。在必要的情况下，风险管理者应要求风险评估人员评估不同的风险管理措施带来的风险的潜在变化。

---

　　① 如需了解 WHO 极其重要抗菌药物（CIA）清单，请登录：www. who. int/foodborne _ disease/resistance/cia/en，OIE List of Antimicrobials of Velerinary at：http://www. oie. int/downld/Antimicrobials/OIE _ list _ antimicrobials. pdf。

6.6　委托食源性抗菌药物耐药性风险评估

风险管理者可以委托风险评估，对相关的科学知识进行透明、系统的评价，并据此对适当的风险管理活动做出决定。在委托风险评估过程中可能记录的信息包括：

- 特定抗菌药物耐药性食品安全问题的说明（定义见"抗菌药物耐药性风险概况"）；
- 风险评估的范围和目的；
- 风险评估需要回答的具体问题；
- 风险评估的首选类型（如定量或定性）；
- 风险评估所需的专业知识和资源；
- 重大事件、风险评估时间表。

7. 食源性抗菌药物耐药性风险评估

本节中描述的食源性抗菌药物耐药性风险评估提供了一个透明且科学的方法，用以识别和评估影响人类经食品暴露于抗菌药物耐药性微生物频率和数量的一系列连锁反应，并描述暴露造成的健康危害的严重性。针对特定人群中特定风险的抗菌药物耐药性风险评估，研究抗菌药物耐药性微生物和耐药基因决定簇对所有食品（国产和进口）的污染负荷和污染的可能性，及其在食品中传播的相关影响因素。

7.1　信息来源

考虑到食源性抗菌药物耐药性风险评估可能需要多个数据，而且这些数据可能是有限的，因此应该详细描述它们的优势、局限性、差异和差距。

可能的信息源：

- 监测计划（见段落 68～71）；
- 与抗菌药物耐药性微生物相关的暴发和散发病例的流行病学调查；
- 临床研究，包括有关食源性传染病发病率、一级和二级传播、抗菌药物治疗和耐药性对疾病发生频率和严重程度的影响的病例报告；
- 食源性微生物的国家或地区治疗指南，包括关于目标或其他微生物对替代治疗的耐药性增加的医学重要性和潜在影响的信息；
- 对食品从生产到消费的连续过程中微生物与所处环境之间相互作用的研究（如垃圾、水、粪便和污水）；
- 对抗菌药物耐药性微生物和耐药基因决定簇（体外和体内）特性的研究；
- 抗菌药物特性研究，包括其耐药性（体内和体外）选择能力、遗传元件转移以及抗菌药物耐药性微生物在环境中的扩散等；
- 研究微生物耐药性、毒性和适应度（如生存能力）之间的联系；
- 在任何特定环境中，与抗菌药物耐药性选择有关的药物代谢动力学/药效学研究；
- 研究抗菌药物使用和耐药性之间联系的实验和田间动物/作物试验（特别是区域

数据）；

- 科学的专家意见；
- 现有的微生物和抗菌药物耐药性风险评估。

7.2 食源性抗菌药物耐药性风险评估过程

进行评估前，风险评估人员应考虑风险概况、委托风险评估期间记录的信息以及风险评估政策。此外，风险评估人员可能需要进行初步调查，以定义和筹划抗菌药物耐药性风险评估框架内的工作。

食源性抗菌药物耐药性风险评估由危害识别、暴露评估、危害特征描述和风险特征描述等组成。每个组成部分的建议要素的详细情况见附录2。暴露评估和危害特征描述可同时进行。

食源性抗菌药物耐药性风险分析的一般原则同样适用于定性和定量风险评估。尽管设计上的差异可能会产生不同的输出形式，但这两种方法是互补的。应基于待解决问题的目的或类型以及特定抗菌药物耐药性风险评估的数据可用性选择定性或定量方法。根据《食品安全风险分析　国家食品安全管理机构应用指南》（CAC/GL 62−2007），应尽可能利用定量数据，而不损害可用的定性信息的效力。

7.3 危害识别

危害识别的目的在于描述食源性抗菌药物耐药性危害（附录2）。风险评估人员应审查来自监测计划的文献和信息，以识别可能带来风险的食源性微生物的特定菌株或基因型，后者可能通过特定食品、抗菌药物耐药性微生物和耐药基因决定簇以及产生耐药性的抗菌药物组合带来风险。此外，在不同环境/生态位（如动物饲料或水产养殖环境、食品基质等）中抗菌药物耐药性微生物和耐药基因决定簇的生物学信息，以及同一微生物或相关抗菌药物耐药性微生物和耐药基因决定簇的敏感菌株信息也非常有用。必要时，可向有关专家寻求科学的危害识别意见。

7.4 暴露评估

抗菌药物在不同农业环节及不同生产阶段使用，如动物饲料、食品动物、作物生产和食品加工过程中。使用抗菌药物后，可能发生抗菌药物耐药性微生物和耐药基因决定簇选择，并在上述过程中传播，如在动物饲料和食品动物之间传播，或者在食品动物废弃物与作物之间传播等。其他风险/预防因素可能影响耐药性的选择或传播。

暴露评估的基本活动应包括：①清晰描述或绘制暴露途径；②根据暴露途径详细说明必要的数据要求；③数据汇总。食源性抗菌药物耐药性风险评估注意事项如图2a所示[1]。

---

[1] 暴露评估涵盖OIE风险评估方案中的释放和暴露评估［OIE《陆生动物卫生法典》（对在动物中使用抗生素产生的抗生素耐药性的风险评估）］。

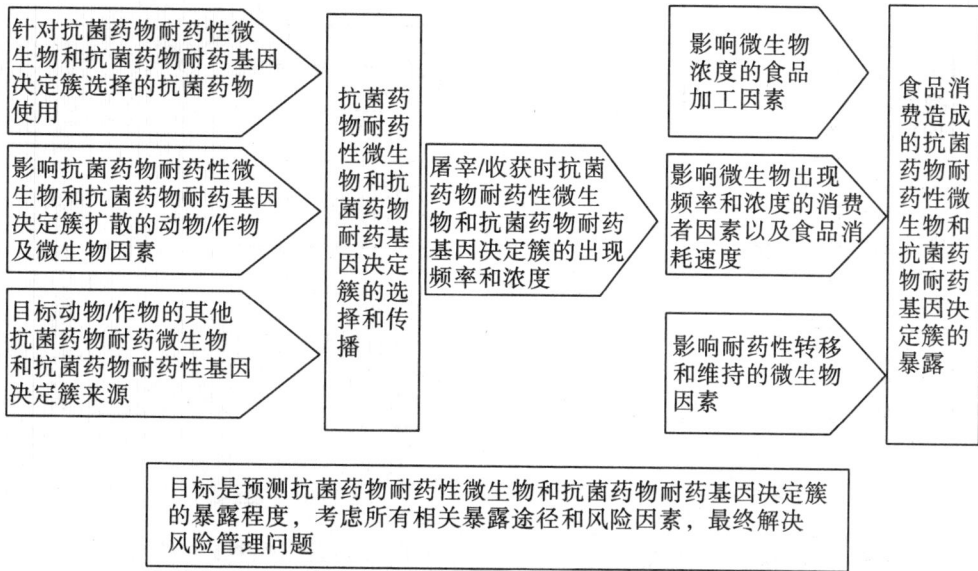

图 2a 食源性抗菌药物耐药性风险评估注意事项——暴露途径

附录 2 第 2.1 节包括估计在动物/作物种群中选择和传播耐药性的可能性的建议的收获前因素。暴露评估的收获前部分的可能结果之一为使用抗菌药物对目标动物/作物中抗菌药物耐药性微生物和耐药基因决定簇传播的影响的预估。附录 2 第 2.2 节考虑了与人类暴露于含有抗菌药物耐药性微生物和耐药基因决定簇的食品有关的可能的收获后因素。暴露评估的收获后部分的可能结果之一为对食源性耐药微生物污染食品的可能性和程度的估计。

当关注的危害仅仅是耐药基因决定簇（包括在共生微生物中）时，则暴露评估应该考虑这些耐药基因决定簇是否会转移到后来具有耐药性的人类病原体。评估动物饲料暴露时，还应考虑动物饲料中存在的微生物的耐药性选择，因为它们接触了饲料中的抗菌药物，并将其传播给食品动物（包括水产养殖品种）（参见《良好动物饲养规范》CAC/RCP 54－2004）。在食源性抗菌药物耐药性风险评估中，可能需要考虑耐药基因决定簇的特定环境储存库。

7.5 危害特征描述

危害特征描述应考虑危害、食品基质和宿主的特征，以确定人体暴露于危害后发生疾病的可能性。食源性抗菌药物耐药性危害特征描述包括获得性耐药的特性，以便估计当人类接触耐药病原体时可能产生的附加后果，如疾病发病频率和严重程度增加等。可能对危害特征描述产生影响的因素如附录 2 第 3 节所述。

危害特征描述的结果应包括可用的剂量反应关系（如有），其有助于将暴露水平转化为一系列不良健康影响或结果的可能性。进行危害特征描述以风险问题和风险管理者的需要为指导。图 2b 用不同的方式（如定性描述、半定量和定量模型），将抗菌药物耐药性微生物暴露与感染和随后的疾病联系起来，并描述由抗菌药物耐药性病原体引起的进一步的不良健康影响。

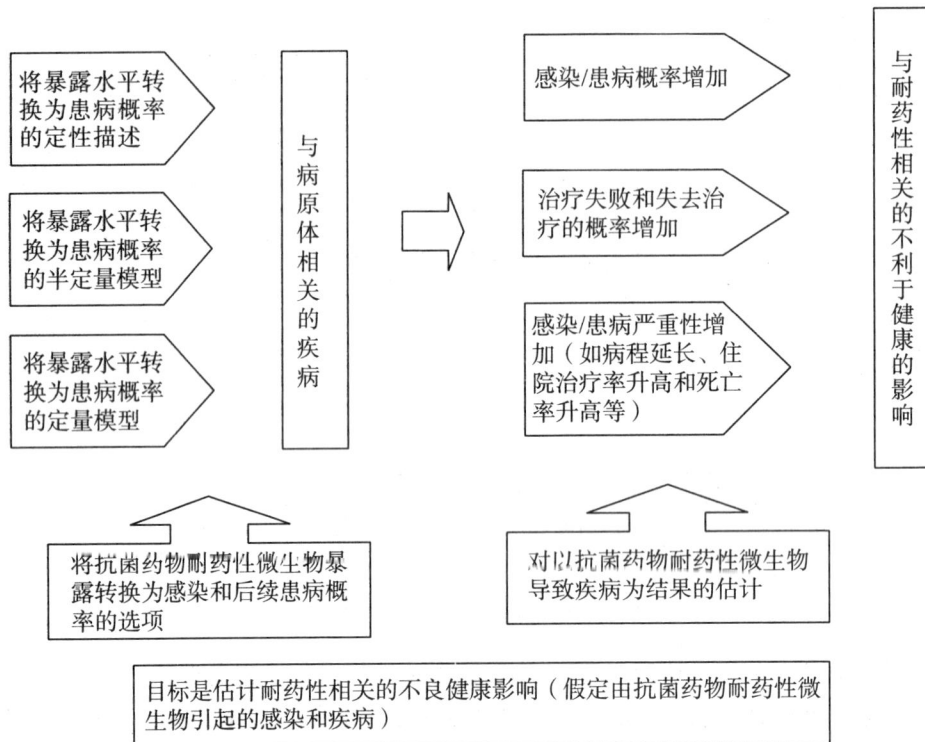

图 2b　食源性抗菌药物耐药性风险评估中危害特征描述的注意事项

　　确定由暴露造成的一种特殊食源性疾病的病例数量的过程，类似于非抗菌药物耐药性微生物风险评估，二者的区别在于前者将耐药微生物的潜在毒性增加和使用相关抗菌药物治疗的患者的选择效应纳入评估。抗菌药物耐药性风险评估中的风险结果（如微生物风险评估重点关注疾病）应特别关注耐药性微生物导致的疾病。风险结果还考虑由获得耐药性的微生物感染而导致的后续治疗失败或其他并发症的风险。还须注意，在适当的情况下，可通过非抗菌药物耐药性微生物危害特征描述来说明抗菌药物耐药性微生物和耐药基因决定簇的危害特征。因此，与非抗菌药物耐药性微生物危害特征描述相比，这些结果可能是初始感染事件后产生的一系列附加后果。危害特征描述估计感染概率，然后根据该事件的条件估计发病率。其他后果取决于附加条件概率，因为感染是由耐药微生物引起的，疾病又是由感染引起。

7.6　风险特征描述

　　风险特征描述考虑危害识别、暴露评估和危害特征描述的关键发现，用以估计风险。风险特征描述采用的形式以及所产生的结果将随着评估作为风险管理要求的功能变化而变化。风险特征描述的考虑要素见附录 2 第 4 节。

　　风险特征描述的额外结果，将根据抗菌药物耐药性风险评估的目的下定义，可能包括在风险评估背景下对风险管理措施进行科学评估[①]。

---

　　① ftp: //ftp. fao. org/ag/agn/food/kiel. pdf.

食源性抗菌药物耐药性风险评估中的不良健康影响包括与耐药性微生物相关的人类感染。风险估计可以用多种风险度量来表示，例如个体风险、人群（包括相关亚群）风险、食用前风险或基于消费的年度风险。健康影响可转化为疾病负担的测量。最终的风险选择通常应在委托抗菌药物耐药性风险评估期间，针对食源性抗菌药物耐药性风险评估的目的进行界定，从而确定用于风险特征描述的恰当的暴露评估和危害特征描述结果。

与风险特征描述有关的需考虑的其他要素取决于风险评估目的和充分描述风险的必要细节，包括：

- 敏感亚型人群（即易感人群）以及是否充分识别潜在风险、暴露。
- 使用的关键科学假设（用清晰易懂的语言表述）及其对评估有效性的影响。
- 对变异性和不确定性的详细说明。对风险的最终估计的可信度将取决于在所有之前步骤中确定的变化性、不确定性和假设[①]。风险评估人员必须保证风险管理者理解上述方面对风险特征描述的影响。
- 敏感性和不确定性分析。首选定量的不确定性分析，但也可通过专业和专家建议完成。在保证质量的前提下，不确定性分析是描述模型预测精度特征的有效方式。结合敏感性分析，不确定性分析还可用于评价模型输入不确定性对模型输出不确定性的相对贡献。
- 风险评估的优缺点和局限性：哪些部分或多或少是可靠的。特别是对于抗菌药物耐药性微生物带来的风险等复杂问题，讨论所使用数据的稳定性（如证据效力）将提高评估的可信度。应当列出与所考虑的微生物种类、数量有限或可获得耐药性数据有关的弱点。
- 备选方案：在何种程度上有合理的替代方案或其他意见？抗菌药物耐药性风险评估是否充分地解决了工作开始时确定的问题？评估人员是否有信心认为决策可以依赖评估结论？
- 关键结论以及重要的数据缺口和研究需求。

附录3提供了定性食源性抗菌药物耐药性风险评估的输出范例。该附录不是暗示定性食源性抗菌药物耐药性风险评估是首选方法，而仅仅是说明可以提供定性结论的方法。定量风险评估可分为点评估和概率评估两种类型，它们的输出形式不同。

抗菌药物耐药性风险评估还可确定研究领域，以填补科学知识中特定风险与特定食品、抗菌药物耐药性微生物和耐药基因决定簇以及表达耐药性的抗菌药物关系的关键空白。风险评估的结论，包括风险估计（如有），应以容易理解和有用的形式提供给风险管理者以及其他风险评估人员和利益相关方，以便其审核评估。

8. 食源性抗菌药物耐药性风险管理

本节旨在向风险管理者提供关于与非人用抗菌药物有关的食源性抗菌药物耐药性微生物和耐药基因决定簇的风险管理方法的建议。

---

① FAO/WHO，1999年. 微生物风险评估的实施原则和指南.（CAC/GL 30－1999）。

风险管理者应同时考虑非监管措施和监管控制。风险管理决策应与风险水平相匹配，无论干预是一项风险管理措施还是一系列风险管理措施的组合。

一旦做出采取行动的决定，应确定、评价、选择、实施、监控和复查风险管理措施，必要时进行调整。

根据抗菌药物耐药性风险管理建议方法，在食品从生产到消费的连续过程中应遵守良好农业规范、良好兽医规范（GVP）以及良好卫生规范（GHP），并执行相关的国际食品法典委员会行为准则：

- 《最大限度减少和控制抗菌药物耐药性操作规范》（CAC/RCP 61－2005）；
- 《与食品动物的兽药使用有关的国家食品安全保障监管方案的设计与执行指南》（CAC/GL 71－2009）；
- 《微生物风险管理的实施原则和指南》（CAC/GL 63－2007）；
- 《良好动物饲养规范》（CAC/RCP 54－2004）；
- 《国际食品法典委员会食品卫生通则》（CAC/RCP 1－1969）；
- 《肉制品生产卫生操作》（CAC/RCP 58－2005）；
- 《乳及乳制品卫生规范》（CAC/RCP 57－2004）；
- 《蛋及蛋制品卫生规范》（CAC/RCP 15－1976）；
- 《新鲜水果和蔬菜卫生规范》（CAC/RCP 53－2003）；
- 《食品微生物标准的制定与实施原则》（CAC/GL 21－1997）。

此外，应参阅 OIE《陆生动物卫生法典》、FAO《水产养殖中抗菌药物的合理使用》[①]以及 WHO《关于控制食品动物抗菌药物耐药性的全球性原则》[②]中的相关章节。

8.1 食源性抗菌药物耐药性风险评估结果考量

风险管理者应考虑食源性抗菌药物耐药性风险评估结果的优缺点。风险管理者而不是风险评估人员负责解决风险评估中所述的不确定性和假设的影响。

8.2 确定食源性抗菌药物耐药性风险管理措施

风险管理者在确定用于解决抗菌药物耐药性食品安全问题的风险管理措施时，应考虑从食品生产到消费连续过程中的一系列关键点，如在收获前和收获后实施的控制措施、负责实施上述控制措施的利益相关方。一般来说，首先确定尽可能广泛的措施选项，然后选择最有可能和适用的干预措施进行更详细的评价。

为了确定风险管理措施用于解决抗菌药物耐药性食品安全问题，风险管理者应确保考虑了前文列出的国际食品法典操作规范、OIE 和 WHO 文件（第 47 段和第 48 段），因为其中可能包含适用于特定抗菌药物耐药性食品安全问题的风险管理措施。在某些情况下，其中的风险管理措施可能只涉及生产到消费连续过程中的特定食品或环境。风险管理者应考虑其对食源性抗菌药物耐药性风险的适用性。风险管理者可识别食源性微生

---

① ftp：//ftp. fao. org/docrep/fao/009/a0282e/a0282e00. pdf。

② http：//whqlibdoc. who. int/hq/2000/who _ cds _ csr _ aph _ 2000. 4. pdf。

物危害的控制点，包括那些可能有助于抗菌药物耐药性微生物和耐药基因决定簇选择和传播的控制点。

风险评估人员、科学家、食品政策分析者和其他利益相关方根据其专业技能和知识在确定风险管理措施中发挥着重要作用。在描述风险概况和风险评估过程中也可确定或拟定特定的风险管理措施。

应考虑基于通用系统（如 HACCP①）整合一项或多项风险管理措施或将其集成为一种综合食品安全管理措施的可能性。

表1提供了食源性抗菌药物耐药性风险管理措施范例，包括但不限于现有国际食品法典操作规范和特定的食源性抗菌药物耐药性风险管理措施。表1分为收获前风险管理措施（包括减少食源性抗菌药物耐药性微生物和耐药基因决定簇选择和传播的风险管理措施）和收获后风险管理措施（包括最大限度地减少抗菌药物耐药性微生物和耐药基因决定簇污染食品的措施）。

表1　食源性抗菌药物耐药性风险管理措施范例

收获前风险管理措施	
动物饲料生产	实施计划，尽可能减少饲料和饲料成分中的抗菌药物耐药性微生物和耐药基因决定簇，避免通过饲料传播。 禁止或限制添加可导致特定食品安全问题的含有抗菌药物耐药性微生物和耐药基因决定簇的饲料原料。
食品动物生产	关于兽用抗菌药物和添加剂的监管控制的范例： • 销售限制； • 限制超出说明书使用； • 限制使用范围； • 限制标签； • 撤销上市许可。 关于兽用抗菌药物和添加剂的非监管控制的范例： 制定和实施针对特定抗菌药物耐药性食品安全问题的国家或地区治疗指南②。 制定并定期更新针对特定抗菌药物耐药性食品安全问题的由专业机构或国际机构（如 OIE）编写的抗菌药物合理使用指南③。推广使用诊断性微生物试验并完善其可用性、速度和准确性。 针对以下内容推广和使用国际标准： • 细菌培养和抗菌药物敏感试验④； • 解释标准。 实施生物安全、动物卫生和感染控制计划，尽可能减少食源性抗菌药物耐药性微生物和耐药基因决定簇的存在及其在动物之间、动物与人之间以及禽畜群之间的传播。

---

①　危害分析和关键控制点（HACCP）：一个识别、评估和控制对食品安全有非常严重的危害的系统。

②　全国或地区治疗指南（非监管控制）：动物或作物种类指南，旨在应对特定疾病或感染，可作为监管控制（如回收抗微生物药或实施重要标签限制）前的一个自发步骤。

③　负责任使用指南：明智使用、负责任使用和谨慎使用指南都是涵盖与微生物管理相关的原则的文件，部分指南可能针对特定物种。根据本文件，上述指南将被称为负责任使用指南。可在《最大限度减少和控制抗菌药物耐药性的操作规范》（CAC/RCP 61－2005）与《陆生动物卫生法典》（兽医公共卫生章节）中查找到负责任使用指南。http：//www.oie.int/eng/normes/mcode/en_sommaire.htm。

④　OIE《陆生动物诊断实验和疫苗手册》（细菌抗菌药物敏感试验的实验室方法）。

续表

收获前风险管理措施	
粮食作物生产	关于作物使用抗菌药物的监管控制的范例： • 上市前评估和审批； • 限制销售； • 限制超出说明书使用； • 限制使用范围； • 已知作物处于患病风险中时限制使用； • 撤销上市许可。 评估用于食品和饲料作物生产的活体微生物的安全性，以了解其引入和传播抗菌药物耐药性的可能性。 关于作物使用抗菌药物的非监管控制的范例： 实施针对特定疾病的抗菌药物替代策略。 • 采用非抗菌药物（化学和非化学）替代抗菌药物，如不可行，结合替代治疗使用抗菌药物①； • 只针对治疗最有效的特定疾病发展阶段进行治疗，而不是疾病发展的所有阶段。 制定和实施针对特定抗菌药物耐药性食品安全问题的国家或地区治疗指南。 推广使用诊断性微生物试验并完善其可用性、速度和准确性。 针对以下内容制定、推广和使用国际标准： • 细菌培养和抗菌药物敏感试验； • 解释标准。 实施生物安全和感染控制计划，尽可能减少食源性抗菌药物耐药性微生物和耐药基因决定簇的存在，避免其在作物之间及从作物向人传播。 实施控制措施，通过确保人兽废物（生物固体、污水、粪肥和其他废物制成的肥料）在食品和动物饲料生产领域适当使用，限制抗菌药物耐药性微生物和耐药基因决定簇通过其他污染源传播。 设计处理程序，以控制可能出现在生物固体、废水、粪肥和其他废物制成的肥料中的可能导致特定食品安全问题的抗菌药物耐药性微生物和抗菌药物。
收获后管理措施	
	当发现含有抗菌药物耐药性微生物的食品对公共卫生构成威胁时，应立即采取行动，防止其进入消费者手中。如果已投放市场，则可在市场上召回上述食品进行再加工或销毁。 制定微生物标准并检查符合性，该标准根据《食品微生物标准的制定与实施原则》（CAC/GL21－1997），定义产品或食品批次的可接受性，并在不符合标准时采取以下行动： • 分类； • 再加工； • 废弃； • 进一步调查。

8.3 评价食源性抗菌药物耐药性风险管理措施

在确定一系列风险管理措施后，下一步是根据其降低风险的能力评价一项或多项措

---

① 国家或地区治疗指南（非监管控制）：动物或农作物种类指南，旨在应对特定疾病或感染，可作为监管控制（如回收抗生素或实施重要标签限制）前的一个自发步骤。

施，从而实现 ALOP[①]或公共卫生目标。对于抗菌药物耐药性来说，耐药性食源性传染性疾病发病率这一具体指标可以用于衡量 ALOP。《食品安全风险分析 国家食品安全管理机构应用指南》介绍了设定 ALOP 或公共卫生目标的各种方法。评价风险管理措施的过程可能因具体的风险管理措施及其对食品从生产到消费连续过程中不同控制点的影响不同而有所不同。也应该评估不采取任何行动的情况。

理想情况下，应该提供以下信息来评价一项或多项风险管理措施。风险管理者可以要求风险评估人员开发这些信息：

- 对应用不同风险管理措施（单一措施或多种措施组合）的风险估计，无论是定性还是定量。
- 关于实施不同措施的可行性和实用性的技术信息。
- 验证风险管理措施正确实施的工具和资源。

评估风险管理措施时，应考虑其对公共卫生的所有正面和负面影响。风险管理者还应考虑是否存在替代方法，如替代抗菌药物、非抗菌药物治疗、畜牧业/食品生产规范变化等。始终考虑风险管理措施所针对的抗菌药物的替代方法。

应考虑交叉耐药或共同耐药对不同风险管理措施的影响。例如，使用替代抗菌药物时应考虑是否会对人类健康至关重要的抗菌药物产生共同耐药。

食品安全方法/系统，如 HACCP，包括在食品生产链的特定步骤中控制危险的基于风险的目标的概念。制定具体的食品安全定量指标，如食品安全目标（FSO）、性能目标（PO）和性能标准（PC），将有助于评价风险管理措施。

抗菌药物耐药性风险管理措施应该根据它们对食品、抗菌药物耐药性微生物和耐药基因决定簇以及在整个食品从生产到消费连续过程中规定控制点处产生耐药性的抗菌药物组合的影响，对其进行评价。风险管理措施在满足既定的 PO 或 FSO 时是否有效取决于特定危害的性质。风险管理措施对实现既定 FSO 的相对贡献将为风险管理者选择风险管理措施提供标准。

8.4　选择食源性抗菌药物耐药性风险管理措施

从风险管理措施评价获得的信息（相对于特定食品、抗菌药物耐药性微生物和耐药基因决定簇以及产生耐药性的抗菌药物组合）可用来确定实现期望目标或 ALOP 的最有效方法。

减少整个食品从生产到消费连续过程中人类接触抗菌药物耐药性微生物的一种重要方法是尽可能保证遵循良好卫生规范和 HACCP（《国际食品法典委员会食品卫生通则》CAC/RCP 1—1969）。除了良好卫生规范，特定的风险管理措施可解决抗菌药物耐药性问题。

---

① 适当保护水平（ALOP）：在领土范围内保护人类、动物或者植物生命或健康的卫生和植物检疫措施的、世界贸易组织成员认为适当的保护水平［世界贸易组织实施卫生和动植物检疫措施协定（WTO SPS）］。

8.5　实施食源性抗菌药物耐药性风险管理措施

风险管理者应制订一个实施计划，描述决策将如何被执行、由谁执行和何时执行。国家或地区监管部门应确保适当的监管框架和基础设施。

为有效执行食品安全控制措施，涉及食品生产链的各方通常会使用全面完整的食品控制方法，如良好农业规范、良好兽医规范（GVP）、良好生产规范（GMP）、良好卫生规范（GHP）和 HACCP。应扩大这些方法的范围，加入针对食源性抗菌药物耐药性的风险管理措施。

8.6　监控和检查食源性抗菌药物耐药性风险管理措施

风险管理者应建立一个流程，监控和检查风险管理措施是否合理实施。这一流程还应包括对临时决策的监控和检查。风险管理措施的有效性应根据具体的食品安全指标、ALOP 和公共卫生目标进行评估。

- 农场阶段食源性抗菌药物耐药性微生物和耐药基因决定簇的传播；
- 屠宰/收获时食源性抗菌药物耐药性微生物和耐药基因决定簇在食品中的传播；
- 销售阶段食品中食源性抗菌药物耐药性微生物和耐药基因决定簇的传播；
- 在人类临床分离菌株中食源性抗菌药物耐药性微生物和耐药基因决定簇的传播；
- 由食源性抗菌药物耐药性微生物和耐药基因决定簇造成的不良健康影响，如治疗失败、病程延长、感染频率增加、住院治疗率升高以及死亡率升高等。

旨在监测抗菌药物耐药性微生物的存在和抗菌药物使用情况的国家监测方案可以帮助建立一个基线，以评估风险管理措施的有效性。

应测量与执行风险管理决策有关的控制点，以评估其有效性和潜在可调整的需求。可测量附加控制点以确定关于特定食品安全问题的新信息。风险管理者负责验证风险管理措施的有效性和适宜性，并监控潜在的意外后果。

9. 监测抗菌药物使用、抗菌药物耐药性微生物和耐药基因决定簇

对抗菌药物使用和食源性抗菌药物耐药性传播的监测计划提供了对风险分析各流程均有用的基线数据等信息。这些数据可用于研究在人类、食品动物、作物、粮食、饲料、饲料原料和生物固体、粪肥和其他废物制成的肥料中的抗菌药物使用与抗菌药物耐药性微生物传播之间的潜在关系，作为风险描述和风险评估的输入量，衡量干预措施的效果并判断趋势。

监测计划的方法应尽可能在国际范围内保持一致。使用经过验证的标准化的抗菌药物敏感性测试方法和统一解释标准是确保数据具有可比性的必要条件。

对抗菌药物使用的监测应尽量包括食品动物和作物生产中使用的所有抗菌药物。理想情况下，此类监测应按动物或作物种类提供数据。国家或地区监管部门可使用 OIE《陆生动物卫生法典》"畜牧业中使用的抗菌药物数量监测"和 WHO 的相关指南等准则。

理想情况下，食品动物、作物和食品微生物中抗菌药物耐药性的监测计划应与人类

耐药性监测计划相结合。上述计划还应考虑加入动物饲料、饲料原料和生物固体、污水、粪肥和其他废物制成的肥料。国家或地方主管部门可使用既定准则，如 OIE《陆生动物卫生法典》中"国家抗菌药物耐药性检测和监控计划一致性"和 WHO 的相关指南等，对计划的主要组成部分进行说明，从而监测食源性抗菌药物耐药性微生物在动物中的传播。

10. 食源性抗菌药物耐药性风险交流

为更好地定义食品安全问题，风险管理者可能需要从该问题相关的专业知识中寻找信息。通过一个公开的过程，风险管理者明确界定食品安全问题并与风险评估人员以及受影响的消费者和行业人员进行交流，这对于准确定义、充分理解和普及相关知识是至关重要的。

应尽早推动与所有利益相关方之间的交流，并将其纳入风险分析的所有阶段。这将有助于所有利益相关方（包括风险管理者）更好地理解风险和风险管理方法。风险交流还应有详细的记录。

在国家或地区层面建立利益相关方食品安全决策日常化机制。为进行食源性抗菌药物耐药性风险分析，交流时将行业（生产商、食品加工商和制药商等）、消费者代表、政府和其他利益相关方（公共卫生专家和医务工作者等）汇聚在一起，共同讨论食品安全问题、优先事项和战略。

10.1 作为风险管理工具的食源性抗菌药物耐药性风险交流

制药或其他相关行业应以标签、数据表或宣传单等形式提供抗菌药物信息，以确保按照国家法规安全有效地使用抗菌药物。

食品行业负责开发和应用食品安全控制系统，以有效地执行风险管理决策。根据决策性质，可能需要进行风险交流活动，如整个食品供应链（视情况而定，可能包括消费者）的有效交流、员工培训以及企业内部交流等。

行业（制药、食品生产、食品加工等）协会制定的指导文件、培训计划、技术公报和其他信息可能有助于减少食源性抗菌药物耐药性。

涉及监管机构、制药行业、兽医部门、研究机构、专业协会等的培训，对确保消费者安全，从而保护公共卫生安全至关重要。

公共教育计划、适当的标示和公众利益信息是重要的工具，使消费者能够遵守与食品安全有关的指示，从而降低健康风险。消费者组织在向消费者传递这些信息方面扮演着重要的角色。

消费者信息推广计划等风险管理措施通常很有必要，例如，通过招聘卫生保健工作者来传播信息。告知和吸引特定受众的信息需要在适当的媒体上发布。

附录 1　描述食源性抗菌药物耐药性风险的因素

食源性抗菌药物耐药性风险描述的目标是提供关于已知食品安全问题的首要科学信息，从而在做出决策前告知风险管理者。风险描述应"适用于目的"，且在某些情况下这是一项基本工作。本清单用于进行简单说明但并不详尽，并非所有要素都适用于所有情况。风险描述应尽可能结合以下信息：

1. 抗菌药物耐药性的食品安全问题的描述

抗菌药物耐药性的食品安全问题由以下部分组成：

- 相关抗菌药物耐药性危害，如抗菌药物耐药性微生物和耐药基因决定簇；
- 产生耐药性的抗菌药物；
- 发现抗菌药物耐药性危害的食品。

2. 关于抗菌药物耐药性微生物和耐药基因决定簇的信息

- 已知食源性微生物的特征：

    来源和传播途径；

    特定菌株的致病性；

    食品从生产到消费的连续过程中食源性抗菌药物耐药性微生物的生长和存活能力；

    毒性及其与耐药性的联系；

    在食品中失活（如 D 值、生长的最低 pH 值等）；

    食物链中抗菌药物耐药性危害的分布、频率和浓度。

- 抗菌药物耐药性微生物和耐药基因决定簇的耐药性特征：

    抗菌药物耐药性微生物的耐药机制和定植；

    与其他抗菌药物的交叉耐药性和共同耐药性；

    耐药基因决定簇在不同微生物之间的可转移性。

3. 产生耐药性的抗菌药物信息

ⅰ. 抗菌药物的种类。

ⅱ. 非人用抗菌药物：

- 抗菌药物的配方；
- 抗菌药物的分布、成本和可获得性；
- 在饲料、食品动物、农作物生产、食品加工过程中抗菌药物的使用目的和用途；
- 抗菌药物的使用方法、给药途径（个体/群体给药、局部/整体给药）和频率；
- 获批抗菌药物可能超标签/非标签使用以及使用未获批抗菌药物；
- 在食品生产中使用其他抗菌药物时交叉耐药性或共同耐药性的潜在作用；
- 在农业和水产养殖业中使用抗菌药物的趋势以及在食品供应链中新出现耐药性的信息；
- 在相关食品中使用抗菌药物与出现抗菌药物耐药性微生物或耐药基因决定簇之

间关系的信息。

ⅲ．人用抗菌药物：

• 抗菌活性作用谱和治疗指征；

• 抗菌药物的重要性；

• 抗菌药物的分布、成本和可获得性；

• 替代抗菌药物的可获得性；

• 抗菌药物在人群中的使用趋势和由微生物对抗菌药物耐药而引发的新的疾病信息。

4. 食品信息

ⅳ．携带已知抗菌药物耐药性危害的食品或原材料的来源（国产或进口）、产量、分布以及人均消费量：

• 可能影响风险管理的食品特征（如深加工、煮熟食用、pH 值和水分活性等）；

• 食品从生产到消费的连续过程（如初级生产、加工、储存、搬运、配送和消费）以及影响相关食品微生物安全性的风险因素的描述。

5. 危害公共卫生安全的信息

ⅴ．由已知的食源性抗菌药物耐药性微生物或经食物获得耐药基因决定簇的病原体导致的疾病特征：

• 食源性抗菌药物耐药性疾病的趋势；

• 病死率、住院率和远期并发症等；

• 易感人群和危险因素；

• 流行病学特点（暴发或散发）；

• 由抗菌药物耐药性危害造成的食源性疾病发病的地区、季节和种族差异；

• 关于食品中出现抗菌药物耐药性微生物或耐药基因决定簇对人体产生危害的附加信息。

ⅵ．抗菌药物耐药性对疾病转归的影响：

• 丧失治疗机会和治疗失败；

• 增加感染的频率和严重程度，包括病程迁延、血液感染频率增加、住院率和死亡率升高。

6. 风险管理信息

ⅶ．明确风险管理措施，以控制从生产到消费的连续过程中的抗菌药物耐药性危害，包括收获前和收获后阶段：

• 减少和选择与传播食源性抗菌药物耐药性微生物相关的风险的措施；

• 最大限度地减少由食源性抗菌药物耐药性微生物造成的食品污染和交叉污染的措施。

ⅷ．基于监测数据或其他来源信息实施的管理措施的有效性。

7. 对可用信息和主要知识缺口的评价

ⅸ．可用信息的不确定性。

ⅹ．存在可能阻碍风险管理活动〔包括（如需）风险评估〕的重大信息缺口的领域。

附录2 食源性抗菌药物耐药性风险评估的建议考虑因素

本附录列出了抗菌药物耐药性风险评估中应包括的建议内容,数据的详细程度可能因个案而异。本清单只用于说明,内容并非详尽无遗,而且并非所有要素都适用于所有情况。

1. 危害识别

1.1 识别相关危害:食源性抗菌药物耐药性微生物和耐药基因决定簇。

1.2 微生物和耐药性的相关信息:

- 潜在的人类病原体(通过表型和基因型鉴定)可能在非人类宿主中获得耐药性;
- 具有耐药基因决定簇(通过表型和基因型鉴定)的共生菌及其转移至人类病原体的能力;
- 抗菌药物耐药性机制,耐药基因决定簇的位置、转移频率以及在人类和非人类正常菌群之间的传播;
- 效力可能因受影响而降低的其他抗菌药物的共同耐药性和交叉耐药性及其重要性;
- 致病性、毒性及二者与耐药性的关系。

1.3 抗菌药物及其特性:

- 抗菌药物的描述,如名称、配方等;
- 抗菌药物的类别;
- 作用方式和活性谱;
- 抗菌药物的药物(代谢)动力学;
- 抗菌药物及相关药物的现有或潜在的人用和非人用用途。

2. 暴露评估

2.1 影响危害传播的收获前因素:

- 耐药性选择压力。

——种群水平的抗菌药物使用特点:

在规定时期内暴露于抗菌药物的动物数量或作物范围;

抗菌药物使用的地理分布和使用抗菌药物的农场数量;

目标(动物/作物)种群中使用抗菌药物的感染/疾病流行情况;

获批抗菌药物的超说明书使用以及未获批抗菌药物的使用;

抗菌药物使用趋势和有关新出现疾病信息的数据、可能影响抗菌药物使用的农场生产系统变化或其他变化;

个体水平的抗菌药物使用特点。

——抗菌药物给药方法和途径(个体/群体给药、局部/系统给药):

治疗方案和用药持续时间;

动物的药代学和药效学;

从抗菌药物给药至采收动物或作物的时间；

在特定时间内使用其他抗菌药物的累积效应；

影响耐药性形成和传播的目标动物或作物和微生物因素。

——食源性抗菌药物耐药性微生物传播的时间和季节变化。

——食源性抗菌药物耐药性微生物（人兽共生/共患病）的感染/治愈时间。

——使用抗菌药物后，目标动物中人兽共生/共患病微生物的耐药性发展速度。

——耐药机制、耐药基因决定簇的位置和出现频率以及微生物之间的耐药性转移率。

——基于表型或基因型的其他抗菌药物的交叉耐药性/共同耐药性。

——人兽共生和共患病微生物在目标种群中的传播以及对抗菌药物产生耐药性的比例。

——目标动物/作物之间以及从动物/作物至环境又回到目标动物/作物的抗菌药物耐药性微生物和耐药基因决定簇的传播。

——动物管理因素。

——粮食生产/管理因素。

• 目标动物/作物中食源性抗菌药物耐药性微生物的其他可能来源。

——非目标动物/植物种类；

——动物饲料和饲料成分；

——土壤、水、动物和人类废弃物（生物固体、废水、粪肥和其他废物制成的肥料）。

2.2　影响食物中抗菌药物耐药性微生物频率和浓度的收获后因素：

• 食品的初级污染水平。

——动物/作物产品采收时食源性抗菌药物耐药性微生物和耐药基因决定簇的频率和浓度；

——零售食品中存在的食源性抗菌药物耐药性微生物和耐药基因决定簇的频率和浓度；

——食品基质因素（食品配方）。

• 食品加工因素。

——食品加工的卫生水平和工艺控制以及可能产生的环境污染；

——加工方法（包括卫生和工艺控制，如 GMP、GHP 和 HACCP）；

——交叉污染环节；

——可能使用的食品添加剂和防腐剂（对微生物的生长或数量产生影响）；

——包装；

——销售和储存；

——餐饮和食品服务业。

• 消费者因素。

——人口数据；

——食品储存、烹饪和处理；

——带有危害的食品的总体人均消费量；

——消费结构和社会经济、文化、种族和区域差异；

——食品消费场所（家庭、商业设施或其他场所）。

- 微生物因素。

——食源性抗菌药物耐药性微生物将耐药性转移至人类共生微生物和病原微生物的能力；

——食品从生产到消费的连续过程中抗菌药物耐药性微生物的生长和存活特点及归宿；

——食品的微生物生态学：食品从生产到消费的连续过程中食源性抗菌药物耐药性微生物的存活能力和再分布。

3. 危害特征描述

3.1　人类宿主和对健康的不利影响：

- 宿主因素和易感人群；
- 感染、疾病的性质；
- 诊断因素；
- 流行病学特点（暴发或散发）；
- 抗菌治疗和住院治疗；
- 抗菌药物在人类医学领域的重要性；
- 感染和治疗失败的频率增加；
- 感染的严重程度增加，包括病程延长、血液感染频率增加、住院率和死亡率升高；
- 危害在人体内残留。

3.2　与食品基质相关的因素，它们可能影响微生物通过胃肠道时的生存能力。

3.3　剂量反应关系：暴露水平与产生不良结果概率之间的数学关系（如感染、疾病和治疗失败等）。

4. 风险特征描述

4.1　风险评估时考虑的因素：

- 患病人数和由抗菌药物耐药性微生物引起的食源性疾病患病人数；
- 对敏感人群的影响；
- 由于耐药性，与易感微生物相比，抗菌药物耐药性微生物造成的感染频率、治疗失败率、感染性疾病的严重程度或持续时间、住院率和死亡率都有所增加；
- 每年的患病人日数；
- 与抗菌药物耐药性微生物所致食源性疾病相关的死亡人数（普通人群、高暴露人群、易感人群的年死亡人数、年死亡概率或寿命）；
- 目标微生物在病理学中的重要性；
- 是否存在替代治疗方案；
- 采用另一种替代抗菌药物的潜在影响（如替代抗菌药物的毒性可能更高）；
- 允许将包括结局在内（如疾病和住院）的不同风险影响进行加权求和。

4.2　对风险管理措施的评价：
- 比较干预前后的公共卫生负担；
- 对食品安全相关的动物健康的潜在影响。

4.3　敏感性分析：
- 模型输入值的变化和假设对模型输出的影响；
- 模型结果（输出）的稳定性。

4.4　不确定性和可变性分析：
- 模型预测的范围和可能性；
- 描述模型预测的精度；
- 模型输入的不确定性对模型输出不确定性的相对贡献。

附录 3　食源性抗菌药物耐药性定性风险评估范例

尽管鼓励进行定量风险评估，但定性风险评估由于其潜在的数据需求较低，往往更受青睐。然而，定性方法所采用的检查、审核以及逻辑和推理标准的水平不得低于定量方法的相关水平。

下面的范例介绍了可用于进行定性风险评估的方法。但是，不应将这些方法视为推荐或接受的默认方法。围绕暴露评估或危害特征描述类别（如"罕见"和"高"等）的思维过程和讨论，以及这些类别如何转化为最终风险结果，是决策和风险管理过程的关键部分。定性风险评估具有三项基本任务：

• 制定暴露评估的定性说明或评分（如"高""中"等），并仔细考虑其含义和解释；

• 制定形成危害特征描述的定性说明或评分（如"轻微""中等""严重"等），并仔细考虑其含义和解释；

• 将不同的暴露水平和危害特征类别或评分相结合形成整体风险水平的过程（如将"低"暴露和"高"危害特征描述转化为中等风险）。

目前无可使用的预先定义的危害特征描述或暴露评估类别，不同的分类适合不同的情况。用于整合暴露评估和危害特征描述的方法也可能有所不同。

例 1　说明性暴露评估评分

通常，在定性风险评估中，人群暴露于风险的概率被转化为一系列定性说明。定性风险评估需要专家意见或其他正式、透明且成文的流程来获取现有证据，并将其转化为暴露概率的衡量标准。举例来说，概率可转换为以下类别和评分：

• 可忽略不计（0）——暴露于危害的概率几乎为零；

• 中（1）——具有一定的暴露概率；

• 高（2）——具有很高的暴露概率。

在本例中，既有反映暴露概率的语句，又有相应的分数，以促进随后暴露评估和危害特征描述的整合过程。对分类说明的描述包括一项对每个类别隐含释义提供更详细说明的评估。

说明性危害特征描述评分

危害特征描述将该步骤的结果转化为反映暴露于危害的影响的定性说明。以下是在食源性人兽共患病情况下可能有用的类别举例：

• 可忽略不计（0）——暴露于抗菌药物耐药性微生物后患病的概率与易感微生物相同，疾病的后果也无差异；

• 轻微（1）——暴露于抗菌药物耐药性微生物后患病的概率与易感微生物相同，但疾病的后果更严重，需要住院治疗；

• 中等（2）——暴露于抗菌药物耐药性微生物后患病的概率更高，疾病的后果更严重，需要住院治疗；

• 严重（3）——暴露于抗菌药物耐药性微生物后患病的概率更高，疾病的后果更严重，需要住院治疗，有可能出现治疗失败导致长期住院治疗。

说明性风险特征描述结果

最后，为了评估风险，需要将暴露评估和危害特征描述整合到风险特征描述中。给每个定性类别（如"高""中"等）分配一个分值（如0、1和2），只需通过简单地将分值相乘就能一目了然地得到结果。由此产生的风险特征描述得分可以被转换为有意义的定性风险类别。在本例中，暴露评估和危害特征描述性结果被划分为以下类别：

无附加风险：0；

一定的附加风险：1~2；

高附加风险：3~4；

极高附加风险：5~6。

结果也可以用表1表示。

表1 暴露评估和危害特征描述性结果划分

		暴露评估		
		可忽略不计	中等	高
危害特征描述	可忽略不计	0	0	0
	轻微	0	1	2
	中等	0	2	4
	严重	0	3	6

图例	
可忽略不计	0＝无附加风险
轻微	1~2＝有一定附加风险
中等	3~4＝高附加风险
严重	5~6＝极高附加风险

例2 说明性暴露评估评分

"可忽略不计""低""中""高"和"无法评估"的排序可用于定性描述在特定食品或饲料、动物或植物中，人类暴露于特定抗菌药物耐药性微生物的概率。不同排序的定义如下：

• 可忽略不计——易感人群的暴露概率极低；
• 低（不可能）——易感人群的暴露概率低，但存在可能性；
• 中（可能/大概）——易感人群可能暴露；
• 高（几乎是肯定的）——易感人群的暴露概率确定或非常高；
• 无法评估——易感人群的暴露概率无法评估。

说明性危害特征描述评分

对与抗菌药物耐药性相关的危害人类健康的影响（如风险终点）可进行如下定性排序[①]。在本范例中，一般认为，与对其他抗菌药物具有耐药性的微生物相比，对人类治疗药物中极其重要的抗菌药物具有耐药性的微生物可能对人类健康产生的危害更严重：

- 可忽略不计——无或在正常范围内无危害人类健康的后果；
- 轻微——症状轻微，无需治疗；
- 中等——比轻微症状更加明显或更具全身性，但不会危及生命，通常有明确的治疗方法；
- 严重——症状可能危及生命，需要全身治疗和（或）住院治疗，食源性抗菌药物耐药性微生物可导致病情加重；
- 致命——直接或间接导致患者死亡，食源性抗菌药物耐药性微生物可导致治疗失败。

说明性风险特征描述评分

在定性风险评估中，风险预估可以整合为"可忽略不计""低""中""高""极高"等定性描述，这些结果来自暴露评估和危害特征描述步骤。整合的范例见表2。

表2　将危害特征描述和暴露评估的输出结果整合入定性风险特征描述

暴露评估 （暴露概率）	危害特征描述 （对健康的不利影响的严重性）	定性风险特征描述
可忽略不计	可忽略不计	可忽略不计
低（不可能）	可忽略不计	可忽略不计
中（可能）	可忽略不计	低
高（几乎确定）	可忽略不计	低
可忽略不计	低（轻微）	低
低（不可能）	低（轻微）	低
中（可能）	低（轻微）	中
高（几乎确定）	低（轻微）	中
可忽略不计	中（中等）	低
低（不可能）	中（中等）	低
中（可能）	中（中等）	高/中
高（几乎确定）	中（中等）	高
可忽略不计	高（严重）	低
低（不可能）	高（严重）	中

---

① 英国国家癌症研究所修改，2006年. 不良反应事件通用术语标准3.0［EB/OL］. http://ctep. cancer. gov/protocolDevelopment/electronic _ applications/docs/ctcaev3. pdf。

续表2

暴露评估 （暴露概率）	危害特征描述 （对健康的不利影响的严重性）	定性风险特征描述
中（可能）	高（严重）	高
高（几乎确定）	高（严重）	极高
可忽略不计	极高（致命）	中/低
低（不可能）	极高（致命）	高
中（可能）	极高（致命）	极高
高（几乎确定）	极高（致命）	极高

缩略词表

ALOP	适宜保护水平
AMR	抗菌药物耐药性
CAC/GL	食品法典委员会/指南
CAC/RCP	食品法典委员会/推荐性规范
CCRVDF	国际食品法典兽药残留委员会
FAO	联合国粮农组织
FSO	食品安全目标
GHP	良好卫生规范
GMP	良好生产规范
GVP	良好兽医规范
HACCP	危害分析关键控制点
MICs	最低抑菌浓度
OIE	世界动物卫生组织
PC	性能标准
PO	性能目标
RMO	风险管理措施
WHO	世界卫生组织
WTO/SPS	世界贸易组织实施卫生与植物卫生措施协定

最大限度减少和控制抗菌药物耐药性操作规范
CAC/RCP 61－2005

1. 引言

为负责和谨慎地对食品动物使用抗菌药物，在 CAC/RCP 38－1993 兽药使用管理的国际推荐操作规范的基础上，制定本规范作为补充指导。本规范的目标是最大限度地减少抗菌药物的不当使用对公共卫生造成的潜在负面影响，尤其是产生耐药性；同时，提供安全有效的兽用抗菌药物使用方法，维持其药效。本规范界定了包括国家监管部门、兽药生产商、兽医、动物食品的经销商和生产商在内的抗菌药物相关各方的职责。

通过明确的标签标识、使用方法和警告声明，上市审批程序对建立谨慎的食品动物使用抗菌药物的制度发挥重要作用。

不同的组织机构制定了大量有关兽药抗菌药物使用的规程。本规范参考了现有的标准，并引用了其中的一些内容。

在与食品法典目的一致的前提下，本规范重点关注食品动物使用抗菌药物。人们认识到，耐药性是一个生态问题，耐药性管理可能需要解决环境中持续产生的耐药微生物问题。尽管这个问题与 CCRVDF 所述的食品动物最为相关，但该原则也适用于潜伏有耐药微生物的宠物。

2. 目的和目标

参与食品动物用抗菌药物的许可、生产、销售、供应、处方、使用的所有各方行为合法、负责并高度谨慎是至关重要的。这有利于限制动物之间耐药微生物的传播和保护消费者健康。

抗菌药物是控制动物和人感染性疾病的有力工具。本规范和现有的指南，包括推荐性建议，用于指导食品动物正确使用抗菌药物，以控制或减少潜伏于动物和人类的耐药性微生物。

- 通过确保人类消费的食品动物的安全来保护消费者健康。
- 最大限度地防止或减少抗菌药物耐药性微生物或耐药基因决定簇在动物之间以及食品动物与人之间直接或间接传播。
- 防止食品动物因摄入抗菌药物残留量超过最大残留限量（MRL）所致的污染。
- 遵循道德义务和经济需要，维护动物健康。

本规范不涉及食品动物使用抗菌药物产生耐药性的环境相关问题，但鼓励在执行该规范时考虑各种生态问题。尽力确保环境中兽用抗菌药物、抗菌药物耐药性微生物及耐药基因决定簇降到最低水平。尤其是：

• 监管部门应根据国家或国际公认的准则［VICH（2000）. Guidelines on Environmental Impact Assessment for Veterinary Medicinal Products. Phase I. http://vich. eudra. org/pdf/2000/Gl06 st7. pdf］对推荐使用的兽用抗菌药物进行环境影响评价。

• 应研究环境中的抗菌药物耐药性微生物及耐药基因决定簇在微生物中转移的程度。

负责任地在食品动物中使用抗菌药物：

• 由兽医专业人员或其他具有专业人员的团体管控。

• 遵循良好兽医规范和良好动物饲养规范，应考虑通过疫苗接种和改善动物饲养管理条件等措施防止疾病的发生。

• 根据批准和预期用途，限制兽用抗菌药物的使用，根据在食品动物养殖过程中的现场抽样和检测，必要时在问题显现时做出适当调整。

• 应基于耐药性监测、检测（微生物培养和药敏试验）结果及临床经验。

• 在缺乏风险分析的情况下，可能引起正在使用（或提交报批）的人用抗菌药物产生交叉耐药性。风险分析应：

由适当的国家监管部门实施；

立足于充分的科学证据；

着眼于人用抗菌药物耐药性的潜在可能。

针对有关团体，如：

监管和科研机构；

兽药企业；

经销商及其他处理兽用抗菌药物的人；

兽医、药剂师和食品动物养殖者。

3. 监管部门的职责

国家监管部门负责发放食品动物用抗菌药物上市许可，制定许可条款，并通过产品标签和其他方式为兽医提供有用信息，确保食品动物谨慎使用抗菌药物。监管部门有责任制定有关兽用抗菌药物应用评估数据要求的最新准则。作为遏制抗菌药物耐药性国家战略的一个组成部分，各国政府应与公共卫生专业人员合作，采取积极主动的措施，对食品动物慎用抗菌药物。国家战略还应包括良好动物饲养规范、疫苗接种政策、农场一级的动物卫生保健。如第 2 条所述，在没有风险分析的情况下，应停止或逐步停止人用或兽用抗菌药物作为促生长剂使用（或报批）。

药品企业或赞助方（定义见《VICH 良好临床操作指南》，http://vich. eudra. org/pdf/2000/G109 st7. pdf）的责任是提供监管部门要求的上市许可审批数据。

食品动物用抗菌药物的安全性、质量及药效均达标后，需经监管部门批准才能上市销售。

对档案资料/药品申请的审查应包括对动物和人类因食品动物使用抗菌药物而造成的风险评估。评估应侧重于每一种兽用抗菌药物，但要考虑到特定的活性物质所属的抗菌药物类别。

安全性评价应考虑报批的食品动物用抗菌药物对人类健康的潜在危害，包括在食品动物中发现的微生物耐药性产生的人类健康影响与兽用抗菌药物使用有关的环境问题。

如果药品有不同的剂量范围或治疗时间，监管部门对已获批的产品应给予指导，在产品标签中标明相关条件，尽量减少耐药性的产生。

监管部门应确保所有用于食品动物的抗菌药物均由兽医或其他国家法规授权的经过培训的人员开具，均在国家法规规定的条件下使用（见 OIE《抗菌药物耐药性指南：负责谨慎地在兽医领域使用兽用抗菌药物》和《陆生动物卫生法典》附录 3.9.3）。

只有当兽用抗菌药物通过评估，得到相关部门批准，或通过标签外的指南或法规批准，才能用于动物。对于有控制耐药性潜力的新型兽用抗菌药物，监管部门尽可能加快审批。

对于那些没有条件实现兽用抗菌药物许可审批的国家和兽用抗菌药物依赖进口的国家：

• 确保进口兽用抗菌药物管理程序的有效性；

• 在其他国家寻求有关许可审批的有效信息；

• 与有经验的监管部门开展必要的技术合作，检测进口兽用抗菌药物药效及推荐使用条件的有效性。

另外，国家监管部门可委托相关机构提供兽用抗菌药物的质量认证。

各国应该尽一切努力，积极打击制造、推广、交易、销售、使用非法和假冒散装活性药物原料和产品的行为。如有可能，进口国家的监管部门可以要求制药企业提供由出口国监管部门出具的质量认证证书或良好生产规范证书。

3.1 兽用抗菌药物的质量控制

监管部门应确保根据国际质量控制准则进行指导，符合良好生产规范，特别是：

• 确保兽用抗菌药物的销售剂型在推荐的储存条件下能维持质量和浓度（稳定性）至有效期末；

• 确保兽用抗菌药物与饲料或水混合时的稳定性；

• 确保所有兽用抗菌药物的质量和适宜纯度。

3.2 疗效评估

收集临床前试验数据用于建立适当的给药方案，确保兽用抗菌药物疗效和限制抗菌药物耐药性微生物的选择。在适用的情况下，该临床前试验应包括药效学和药物代谢动力学的研究，以指导建立最适当的给药方案。

药效学的重要信息包括：

• 作用方式；

• 药物的抗菌活性范围；

- 确定因使用兽用抗菌药物而自然产生的耐药性细菌的种类；
- 抗菌药物的最低抑菌和杀菌浓度；
- 确定抗菌药物是否存在活性与时间或浓度依赖性或共同依赖性；
- 感染部位的药物活性评价。

药物代谢动力学的重要信息包括：

- 根据给药途径的生物利用度；
- 兽用抗菌药物在感染部位的浓度和在接受治疗动物体内的分布；
- 可能导致兽用抗菌药物灭活的代谢；
- 排泄途径。

兽用抗菌药物固定配伍的使用，需考虑：

- 药效方面（加和或协同效应对目标微生物的影响）；
- 药物代谢动力学方面（整个治疗阶段，产生加和或协同效应的抗菌药物在感染部位需维持的浓度）。

收集临床试验数据用于确证根据临床前试验数据建立的适应证和给药方案的有效性。

需考虑的标准包括：

- 定性和定量评估药效参数；
- 开展临床试验时病例的多样性；
- 遵守良好药品临床试验规范，如 VICH 准则（VICH Good Clinical Practice Guideline，http：//vich. eudra. org/pdf/2000/G109 st7. pdf）；
- 基于适当的临床和微生物标准，入选临床病例研究的资格条件。

3.3　评估兽用抗菌药物产生抗菌药物耐药性微生物的可能性

在适用的情况下，应使用临床前试验或临床试验的数据评估目标微生物、食源性和共生微生物产生或获得耐药性的可能。

应提供适当的资料，以支持对正在审批的食品动物用抗菌药物的安全性进行充分的评估。监管部门应制定此类评估的标准，并解释其结果。现有的抗菌药物耐药性风险评估准则，如 OIE 指南（http：//www. oie. int/eng/publicat/rt/2003ar20314. htm），可提供更全面的信息。这些用于评估的信息可能包括但不限于以下内容：

- 人类暴露于食源性或其他抗菌药物耐药性微生物的途径和水平；
- 同类抗菌药物或不同抗菌药物间交叉耐药性的程度；
- 现有的引起人类肠道感染的病原体的耐药水平（基线测定）；
- 在规定的剂量水平下动物肠道中活性化合物的浓度。

3.4　制定兽用抗菌药物的每日允许摄入量（ADIs）、最大残留限量（MRLs）及休药期

制定兽用抗菌药物的每日允许摄入量和最大残留限量时，应根据国际准则进行安全性评价，确定微生物效应（如对人类肠道菌群的潜在生物效应）、毒理学和药理学作用。

针对某些特殊食品（如肉、奶、蛋、水产品和蜂蜜），应制定每种抗菌药物对应的每日允许摄入量和最大残留限量。制定最大残留限量便于官方认可的检测实验室能够监测到兽用抗菌药物正在合规使用。还应针对每种抗菌药物制定相应的休药期，才有可能使食品动物用抗菌药物不超过最大残留限量。

制定兽用抗菌药物休药期时应考虑：

- 兽用抗菌药物的最大残留限量；
- 剂型；
- 目标动物的种类；
- 治疗方案和治疗持续时间；
- 给药途径。

3.5 制定用于食品动物的兽用抗菌药物的产品特性概要

该产品特性概要包含了正确使用兽用抗菌药物的重要信息。它是兽用抗菌药物的官方介绍，包括标签和药品说明书的依据。概要应包括以下内容：

- 药理学特性；
- 目标动物的种类；
- 适应证；
- 目标微生物；
- 剂量和给药途径；
- 休药期；
- 配伍禁忌；
- 有效期；
- 操作人员安全须知；
- 使用前的特别注意事项；
- 退回或妥善销毁未使用或过期产品的说明；
- 慎用抗菌药物准则，包括与耐药性选择潜力相关的用法的任何信息；
- 兽用抗菌药物的种类和活性成分。

3.6 监测方案

监管部门应制订结构化的方案来调查和报告抗菌药物耐药性的发生率和流行情况。基于本规范的目的，应优先考虑食源性抗菌药物耐药性微生物的评估。

为了提高效率，建立该方案（实验技术、抽样、兽用抗菌药物及微生物的选择）时，应尽可能与国际准则协调一致（http://www.oie.int/eng/publicat/rt/2003/a—r20318.htm 和 http://www.oie.int/eng/publicat/rt/2003/ar20317.htm）。

进行抗菌药物耐药性流行病学监测时，应同时提供兽医和其他特许人员对食品动物使用兽用抗菌药物的数据。这些数据可以通过如下一个或多个来源获得：

- 生产商的生产数据；
- 进口商和出口商的数据；

- 如果可能，生产商、批发商和零售商的估计和实际数据，包括饲料加工和兽医处方记录；
- 兽医、农场主及食品动物养殖者的调查。

监管部门应制订药物警戒计划，以监测和报告兽用抗菌药物的不良反应，包括微生物耐药性相关的预期功效不足。通过药物警戒计划获得的信息应成为降低微生物耐药性的综合策略的一部分。

在某些情况下，根据药物警戒和其他常规监测收集到的数据，如有针对性地监测抗菌药物耐药性，应重新审查特定的兽用抗菌药物的适用条件，监管部门应努力促成这一重新评价。

3.7　兽用抗菌药物在兽医领域的派发

监管部门应确保所有食品动物用抗菌药物尽可能：
- 根据国家法律规定由兽医或其他受过专门培训的人员发放；
- 只能由经过许可/授权的分销系统提供；
- 由兽医（在兽医的监督下）或其他受过专门培训的人员给动物开具处方；
- 正确地保存用药记录（见"7. 兽医的职责：记录"）。

3.8　广告管理

兽用抗菌药物的广告应与谨慎使用准则和产品的具体监管建议保持一致。
有关部门应管理所有兽用抗菌药物的广告。
监管部门应确保兽用抗菌药物的广告做到：
- 符合特定市场，尤其符合产品特性概要的内容；
- 符合各国的法律法规。

3.9　培训兽用抗菌药物使用者

开展培训有利于确保消费者食用的动物食品的安全性，保护公共卫生。培训对象应包括所有相关的专业组织、监管部门、医药企业、兽医院校、科研机构和其他获准使用的用户，如农场主和食品动物养殖者。重点是：
- 疾病预防信息和降低兽用抗菌药物使用的管理策略；
- 相关的药物代谢动力学和药效学信息，使兽医谨慎地使用兽用抗菌药物；
- 兽用抗菌药物选择食品动物中可能引起动物或人类健康问题的耐药微生物的能力；
- 必须遵守上市许可和兽医建议，在畜牧业中负责地使用兽用抗菌药物。

3.10　研发

监管部门应鼓励公立和私营机构研究：
- 抗菌药物的作用机制，以便优化给药方案和药效；
- 耐药基因决定簇的选择、产生和传播机制；

- 建立实用模型，将风险评估理念运用到评估耐药性引发的公共卫生问题；
- 在许可审批过程中提出科学实验报告，预测特定兽用抗菌药物导致耐药性发生的速度和程度；
- 建立和鼓励感染性疾病预防的替代方法。

3.11　收集和销毁未使用的兽用抗菌药物

监管部门应制定有效的程序处理未使用或过期的兽用抗菌药物。

4. 兽药企业的职责

4.1　用于食品动物的兽用抗菌药物上市许可

兽药企业的职责是：

- 向国家监管部门提供需要的所有信息，以制定兽用抗菌药物的质量、安全性和药效标准；
- 确保这些信息是基于良好生产规范、良好实验室规范、良好临床实践。

4.2　兽用抗菌药物的销售和出口

只有官方许可或批准的兽用抗菌药物才能通过获准的销售系统进行销售：

- 只有达到进口国的质量标准的兽用抗菌药物才能从生产国出口；
- 向国家监管部门提供评估兽用抗菌药物销售量的必要信息。

4.3　广告

兽药企业有义务根据本规范 3.8 节监管部门的职责中广告监管部分的要求，为兽用抗菌药物打广告，且没有直接针对用于食品动物养殖者的不恰当宣传。

4.4　培训

兽药企业有义务根据本规范 3.8 节的要求，参加对兽用抗菌药物使用者的培训。

4.5　研究

兽药企业有义务根据本规范 3.10 节的要求，为兽药研发做贡献。

5. 批发商和零售商的职责

销售兽用抗菌药物的零售商只能根据兽医或其他根据国家法律法规获得授权的受过专门培训人员的处方销售，且所有药品均应有合适的标签。

销售商应鼓励兽药使用者遵守国家的各项指南，负责任地使用兽用抗菌药物，还应按照国家法律法规的规定，保存详细的记录，包括：

- 销售日期；
- 开具处方兽医的姓名；

- 使用者的姓名；
- 药品的名称；
- 批号；
- 提供的数量。

零售商有义务根据本规范 3.8 节的要求，参加对兽用抗菌药物使用者的培训。

6. 兽医（在某些情况下，也可指被国家法律认可的经过特别培训的人员）的职责

兽医有责任查明疾病复发问题，并制定预防或治疗感染性疾病的替代措施。这些措施可能包括动物饲养条件的改变及防疫事项。

兽用抗菌药物应仅发放给自己照料的动物，这意味着：

- 兽医对养殖者和养殖者机构的动物或牲畜的健康负责；
- 该责任是务实的，而不仅是名义上的；
- 在开具处方提供药物前应立刻检查动物或牲畜；
- 兽医应对动物或牲畜最近的健康状况有足够了解，进而诊断及开具处方；
- 兽医应保存动物或牲畜的治疗记录。

建议兽医专业组织为其会员制定具体的兽用抗菌药物临床实践操作指南。

兽用抗菌药物仅在必要时，并以适当的方式使用：

- 兽用抗菌药物的处方必须准确注明治疗计划、剂量、服药间隔期、治疗持续时间、休药期及根据剂量、数目、被治疗动物的体重计算的抗菌药物的用量；
- 所有的兽用抗菌药物的处方及使用应符合国家法律法规的规定。

在实践中适当使用兽用抗菌药物是一项临床决策，应根据处方兽医的经验和专业知识，并根据适当的诊断程序做出准确的诊断。在某些情况下，一群可能接触到病原体的动物，出于阻断临床疾病发展及动物福利的原因，可能不经准确的诊断和抗菌药物敏感试验即开始治疗。

兽用抗菌药物选择的决定因素如下。

一是预期的治疗效果，基于：

- 兽医的临床经验；
- 所涉及病原体的抗菌药物活性谱；
- 饲养单位的动物流行病史，在理想情况下，尤其是考虑所涉及病原体的抗菌药物耐药情况，在治疗开始前应建立抗菌药物谱。如果第一次抗菌药物治疗失败或该病复发，使用第二种兽用抗菌类药物应以微生物试验的结果为依据；
- 适当的给药途径；
- 最初治疗结果；
- 已知的药物动力学或组织分布，以确保所用的抗菌药物在感染部位有活性；
- 预后。

二是减少微生物耐药性危害的需要，基于：

- 特定微生物的靶向作用；

- 已知的或通过药物敏感试验可预知的易感性；
- 最佳给药方案；
- 有效的兽用抗菌药物配伍使用；
- 抗菌药物对兽医和人类医学的重要性；
- 给药途径。

药品标签在法律允许的情况下灵活使用。兽医应考虑给药方案：长到动物有效恢复，短到不引起食源性或共生微生物产生耐药性的适宜的给药时间。

6.1 超说明书用药

在特定情况下，允许兽用抗菌类药物超说明书用药。使用时应遵循包括确定的休药期在内的国家法律法规。在这种情况下，兽医有责任确定治疗方案、给药途径、治疗持续时间。不允许抗菌药物类生长促进剂超说明书用药。

6.2 记录

兽用抗菌药物记录的保存应与国家法律规定保持一致。兽医也可以参考相关国家法律法规（也指《兽药使用管理的国际推荐操作规范》CAC/RCP 38-1993）所涵盖的记录信息。尤其对抗菌药物耐药性的观察，兽医应：

- 记录抗菌药物敏感试验结果；
- 观察兽用抗菌药物的副作用，包括耐药性引起的药效丧失，适时向监管部门报告。

兽医也应定期审查农场兽用抗菌药物的使用记录，确保兽用抗菌药物的使用符合要求。

6.3 培训

兽医专业组织应加入如3.9节所描述的兽用抗菌药物使用者的培训。

7. 养殖者的职责

养殖者有责任阻止疾病的暴发，在农场内实施动物健康和动物福利计划。在适当的时候，他们可以寻求兽医或其他经过专门训练人员的帮助。所有与食品动物有关的人，都有责任保证兽用抗菌药物的正确使用。

食品动物养殖者有以下责任：

（1）仅在必要时使用兽用抗菌药物，且兽用抗菌药物不能替代良好的管理和农场卫生，或其他疾病预防方法，如动物疫苗接种。

（2）与兽医合作对动物执行健康计划，并列出预防措施（如乳房炎计划、驱虫和疫苗接种计划等）。

（3）在兽群内使用兽用抗菌药物，用法和剂量应符合标签、处方、产品标识说明或熟悉动物和产地的兽医的建议。

（4）在有关部门批准的情况下，迅速隔离病畜、处理死畜。

（5）根据核准的产品标签，妥善储存兽用抗菌药物。

（6）提出有关人（兽医、饲养者、农场主、儿童）与病畜的卫生条件。

（7）遵循推荐的休药期，确保食品动物使用抗菌药物残留不会对消费者造成危害。

（8）不使用过期的兽用抗菌药物及根据产品标签上的指示销毁所有未使用的抗菌药物。

（9）通知兽医处理疾病复发的动物。

（10）保存所有国家监管部门所需的微生物和药物敏感试验的临床和实验室记录，在兽医治疗动物时，这些资料应能提供，以便最佳地使用抗菌药物。

（11）保存所有使用过的抗菌药物的记录，包括：

- 抗菌药物或活性物质的名称和批号；
- 供应商的名称；
- 用药的日期；
- 使用抗菌药物的动物或兽群的身份识别；
- 治疗条件；
- 抗菌药物使用的数量和持续时间；
- 休药期；
- 实验室检测结果；
- 治疗结果；
- 开具处方的兽医或其他经国家法律授权经过培训的人员姓名。

（12）确保妥善地管理动物废弃物及其他物质，避免抗菌药物耐药性微生物和耐药基因决定簇散布到环境中。

（13）防止抗菌药物耐药性微生物的不必要接触和转移到人员，包括农场工人。

（14）协助监管部门开展抗菌药物耐药性监测项目。

8. 结论

兽用抗菌药物是控制许多动物和人类感染性疾病的重要手段。建立适宜的、经得起检验的系统以确保兽用抗菌药物生产、上市、销售、处方及使用科学合理，对所有国家都是重要的。

本规范提供了一个框架，各国可以在合适的时间内，根据各自的实际情况执行。很多国家可能更适合分阶段地执行本规范。

保证兽用抗菌药物持续有效，对于动物福利、动物健康及人类健康都是至关重要的。这最终依赖负责任地使用兽用抗菌药物，涉及食品动物用抗菌药物的许可、生产、监管、销售和使用的人。

尾注（略）。

缩略词表

ADI	每日允许摄入量
CAC	食品法典委员会
CAC/RCP	食品法典委员会/推荐性规范
CCRVDF	国际食品法典兽药残留委员会
FAO	联合国粮农组织
MRL	最大残留限量
OIE	世界动物卫生组织
VICH	兽药注册技术要求国际协调委员会
WHO	世界卫生组织

术语和定义

兽用抗菌药物（Veterinary Antimicrobial Drug）：表现出杀灭微生物或抑制微生物生长的抗菌活性的天然、半合成或合成物质。如果抗球虫产品具有抗菌活性，则视为兽用抗菌药物，除了那些被国家法律法规排除的种类。

疾病治疗用途（Disease Treatment/Therapeutic Use）：为了特定目的对临床诊断为感染性疾病的动物使用抗菌药物。

疾病预防用途（Disease Prevention/Prophylactic Use）：对于存在感染风险的动物或临床感染性疾病发病前对健康动物使用抗菌药物。疾病预防用途包括：

- 对兽群内临床诊断为感染性疾病的控制；
- 未被临床诊断的感染性疾病的预防。

促生长作用（Growth Promotion）：使用抗菌药物类物质而不是纯营养方法提高动物体重增长速率或饲料利用率。本术语不适用于为了特定目的，治疗、控制或预防感染性疾病时使用抗菌药物，即便可能会伴有偶然的生长反应。

附：

2017 年 7 月 17 日至 22 日，国际食品法典委员会第 40 届会议通过关于修订《最大限度减少和控制抗菌药物耐药性操作规范》（CAC/RCP 61－2005）的新工作建议，以保护消费者健康，促进公平的食品贸易。

FAO/WHO 食品标准计划
食品法典委员会第 40 届会议

瑞士日内瓦
2017 年 7 月 17 日至 22 日

委员会、执行委员会和附属机构的报告事项
抗菌药物耐药性工作组的报告

英国伦敦
2016 年 11 月 29 日至 12 月 2 日

1. 2016 年 11 月 29 日至 12 月 2 日，抗菌药物耐药性工作组在英国伦敦举行了一个向所有成员和观察员开放的会议，以承担食品法典委员会第 39 届会议分配的任务。工作会议由英国担任主席国，由澳大利亚和美国共同主持，有 110 人出席，包括 33 个成员国、1 个成员组织、13 个观察员组织、FAO 和 WHO 以及食品法典委员会秘书处。

2. 经过广泛而热烈的讨论，并通过电子预磋商，工作会议审查并修订了以下项目文件：

• 关于修订《最大限度减少和控制抗菌药物耐药性操作规范》（CAC/RCP 61－2005）的新工作建议；

• 关于在综合监测抗菌药物耐药性指南方面的新工作建议。

3. 工作组就修订的项目文件达成共识。该文件将提交食品法典委员会第 40 届会议通过。

4. 通过相同的程序，工作组还审查并修订了《关于提供抗菌药物耐药性的科学咨询的职权范围》。FAO/WHO 已收到工作组达成共识的文本。由 WHO 和 FAO 将有关工作告知美国抗菌药物耐药性工作组，并将继续提出建议。

5. 工作组审议了在食品法典委员会第 40 届会议通过的新工作提案之后，拟制文本草案以供美国抗菌药物耐药性工作组第一次会议审议。工作组的结论：电子工作组是一种合适的机制，可以通报两个领域详细信息的文本，并同意将其推荐给食品法典委员会第 40 届会议。

项目文件 1　关于修订《最大限度减少和控制抗菌药物耐药性操作规范》（CAC/RCP 61－2005）的新工作建议

1. 目的

这项拟议的新工作的目的是修订《最大限度减少和控制抗菌药物耐药性操作规范》（CAC/RCP 61－2005），通过扩大其范围，减少和遏制抗菌药物耐药性（AMR），并根据食品法典的规定，针对整个食物链制定基于风险的指导方针。其目标是将食源性抗菌药物耐药性发展和传播对公共卫生的危害降到最低。

该文件应得到科学支持，并考虑新的发展，包括当前和未来对重要的抗菌药物清单的修订，以及 FAO、WHO 和 OIE 在这一领域的工作。

2. 范围

操作规范的修订应解决食品和动物饲料存在的人类健康风险问题，以及通过食品和动物饲料，抗菌药物耐药性微生物和耐药基因决定簇传播的风险问题。应对食物链中的有关措施提供指导，以尽可能减少食源性抗菌药物耐药性的发展和传播，包括指导在农业和水产养殖中负责和谨慎地使用抗菌药物。

3. 相关性和及时性

食品法典委员会在 FAO 和 WHO 的参与下，通过制定标准，积极参与应对抗菌药物耐药性的斗争。食品法典委员会的主要成就是通过了由 CCRVDF 制定的《最大限度减少和控制抗菌药物耐药性操作规范》（CAC/RCP 61－2005）和 TFAMR 开发的《食源性抗菌药物耐药性风险分析指南》（CAC/GL 77－2011）。

2014 年 5 月，世界卫生大会通过了第 68/20 号决议，呼吁制订一项关于抗菌药物耐药性的全球行动计划，并加强与 FAO、OIE 和 WHO 在"同一健康"框架内的合作。

第二次 FAO/WHO 营养国际会议（ICN2）于 2014 年 11 月 19 日至 21 日举行，会议通过了《营养问题罗马宣言》。该宣言承认，食品系统应有助于预防和应对传染病，包括人兽共患病，并应对抗菌药物耐药性。2015 年 FAO 和 WHO 积极促进 WHO "抗微生物药物耐药性全球行动计划"的制订。该计划于 2015 年 5 月由世界卫生大会 WHA 第 68.7 号决议通过。

2016 年 9 月，联合国大会通过了一份关于抗菌药物耐药性的宣言，要求成员国根据"同一健康"方针，制订多部门国家行动计划。

拟议的新工作是针对日益增长的抗菌药物耐药性公共卫生威胁，包括在食物链中使用抗菌药物的抗菌药物耐药性，以及抗微生物药物耐药性全球行动计划中要求采取的行动，并符合 FAO 和 WHO 成员在这两个法定机构组织中所做的承诺。

4. 涵盖的主要方面

修订将涉及减轻风险的措施，包括在食物链中抗菌药物的所有用途，并提供最新资料，特别是关于：

• 确定并解决执行操作规范过程中存在的差距问题，并对必要的语言、引文或工具进行更新；

- 预防或减少使用抗菌药物的策略；
- 极其重要的抗菌药物清单；
- 食物链中所有食品相关者的相应责任，从初级生产者到最终消费者，包括参与抗菌药物生产、销售和使用的人；
- 使用抗菌药物作为生长促进剂。

修订工作还将考虑 FAO、WHO 和 OIE 专家会议关于抗菌药物耐药性问题的成果和建议（见第 8 节）。修订后的操作规范应提供一个框架，供各国根据自身能力在合理期限内实施。分段的方法包括正确地执行修订的操作规范的所有要素。

5. 对制定工作优先事项的标准进行评估

通用标准

从卫生、食品安全的角度来保护消费者，确保公平的食品贸易，并考虑发展中国家的需要。这项建议中的新工作是为了应对日益增长的抗菌药物耐药性的公共卫生威胁，包括在食物链中使用抗菌药物而产生的抗菌药物耐药性。

适用于一般主体的标准

（a）国家立法的多样化和对国际贸易造成的明显的或潜在的障碍。

虽然一些国家已经利用国家立法和其他手段，采纳并正在应用《最大限度减少和控制抗菌药物耐药性操作规范》（CAC/RCP 61－2005）的全部或部分建议，但另一些国家则没有，也没有关于抗菌药物耐药性的立法。

（b）工作范围和确定各工作部门的优先次序。

参考第 4 部分。

（c）其他国际组织在这一领域已经进行的工作和有关国际政府间机构所建议的工作。

这项工作将考虑到 FAO、WHO 和 OIE 在这一领域进行的旨在减少重复、避免矛盾和确保一致性的工作。这项工作与 WHO "抗微生物药物耐药性全球行动计划"行动框架的目标 2 "FAO 和 WHO 应定期审查和更新《最大限度减少和控制抗菌药物耐药性操作规范》和《食源性抗菌药物耐药性风险分析指南》"相对应。

（d）对标准化提案主题的适应性。CCRVDF 在两届会议上（CCRVDF14 和 CCRVDF15）拓展了以前关于这一主题的工作。

（e）审议该问题或其规模。联合国以及 FAO、WHO 和 OIE 的理事机构最近的决议确认了全球抗菌药物耐药性的规模（见第 3 节）。

6. 与食品法典战略目标的相关性

根据食品法典委员会的章程，拟开展的工作直接涉及食品法典委员会的宗旨，即保护消费者健康，确保食品贸易的公平，以及 "2014—2019 年食品法典委员会战略规划"战略目标 1 "制定国际食品标准，解决当前和新出现的食品问题"；同时与具体目标 1.2 "积极确定新出现的问题和成员国的需要，酌情制定相关食品标准"一致。此外，修订工作有助于活动 1.2.2 "根据成员国确定的需求以及食品安全、营养和公平食品贸易的影响因素，视需要制定并修订国际和区域标准"，也符合具体目标 1.3 "加强与其他国际标准制定组织的协调与合作，减少重复工作，优化流程"。

7. 关于建议与其他现有法典文件相联系的信息

这项工作将考虑到《食源性抗菌药物耐药性风险分析指南》（CAC/GL 77－2011）、《与食品动物的兽药使用有关的国家食品安全保障监管方案的设计和执行指南》（CAC/GL 71－2009）、《良好动物饲养操作规程》（CAC/RCP 54－2004）、《鱼类和渔业产品操作规范》（CAC/RCP 52－2003）、《食品卫生通用规范》（CAC/RCP 1－1969）以及其他特定产品的卫生规范。

8. 确定对专家科学建议的需求和可用性

需要提供科学建议，以扩大操作规范的范围，并就扩大范围的相关实践和管理措施提供建议。

9. 确定是否需要对外部机构的标准进行技术输入，以便执行计划

与 OIE 合作将有助于减少重复工作，避免矛盾，并确保食品法典和 OIE 文本的一致性。应考虑与相关的 OIE 文本进行交叉引用（参见 REP14/CAC 第 104 段）。

10. 完成新工作和其他条件

完成新工作的时间表包括开始日期、第 5 条提出的建议日期以及委员会通过的建议日期。

批准新工作：2017 年；

讨论步骤 3：2017 年；

通过步骤 5：2019 年；

通过步骤 8：2020 年。